Akustische Überwachung mittels informationstechnischer Systeme zur Strafverfolgung und Gefahrenabwehr

Internationales und Europäisches Strafverfahrensrecht

Herausgegeben von Hans-Heiner Kühne und Robert Esser

Band 17

PETER LANG

Birthe Wiese

Akustische Überwachung mittels informationstechnischer Systeme zur Strafverfolgung und Gefahrenabwehr

Eine Betrachtung aus technischer und rechtlicher Sicht

PETER LANG

Bibliografische Information der Deutschen Nationalbibliothek
Die Deutsche Nationalbibliothek verzeichnet diese Publikation in der Deutschen Nationalbibliografie; detaillierte bibliografische Daten sind im Internet über http://dnb.d-nb.de abrufbar.

Zugl.: Passau, Univ., Diss., 2018

Umschlaggestaltung: © Olaf Gloeckler, Atelier Platen, Friedberg

D 739
ISSN 1611-275X
ISBN 978-3-631-78133-3 (Print)
E-ISBN 978-3-631-78297-2 (E-PDF)
E-ISBN 978-3-631-78298-9 (EPUB)
E-ISBN 978-3-631-78299-6 (MOBI)
DOI 10.3726/b15346

Peter Lang – Berlin· Bern · Bruxelles · New York · Oxford · Warszawa · Wien

Diese Publikation wurde begutachtet.

www.peterlang.com

Vorwort

Die vorliegende Arbeit wurde im Sommersemester 2018 von der juristischen Fakultät der Universität Passau als Dissertation angenommen. Bis Ende Januar 2018 konnten Rechtsprechung und Literatur berücksichtigt werden.

Die in der Arbeit genannten Vorschriften des Bundesdatenschutzgesetzes (§ 3, 4, 4a BDSG) beziehen sich auf die bis zum 24. Mai 2018 in Kraft gewesene Fassung. Durch die Neufassung des Bundesdatenschutzgesetzes wurden diese Vorschriften geändert und nunmehr entsprechen Regelungen in der Verordnung (EU) 2016/679 des Europäischen Parlaments und des Rates vom 27. April 2016 zum Schutz natürlicher Personen bei der Verarbeitung personenbezogener Daten, zum freien Datenverkehr und zur Aufhebung der Richtlinie 95/46/EG (Datenschutz-Grundverordnung) den genannten Vorschriften (Art. 4, 6 und 7 EU-DSGVO).

Ein herzlicher Dank gebührt meinem Doktorvater Herrn *Professor Dr. Robert Esser*. Er regte das Thema der vorliegenden Arbeit an und nahm sich immer Zeit für Gespräche und Diskussionen. Für die rasche Erstellung des Erstgutachtens und die sehr gute Betreuung der Promotion danke ich ihm. Ebenso möchte ich Frau *Professorin Dr. Bettina Noltenius* für die zügige Erstellung des Zweitgutachtens sowie Herrn *Professor Dr. Martin Asholt* für die Übernahme des Vorsitzes der Prüfungskommission danken.

Danken möchte ich auch *Bastian Wetzel* für die zahlreichen Diskussionen und aufmunternden Worte sowie meinen Freunden, die immer ein offenes Ohr für mich hatten.

Ein besonderer Dank gilt meiner Familie, meinen Eltern *Burkhard* und *Gisela Wiese* sowie meinen Geschwistern *Odette Wiese* und *Hendrik Wiese*. Sie haben mich während meines Studiums und meiner Promotionszeit stets unterstützt und motiviert und damit wesentlich zum Gelingen der Arbeit beigetragen.

Zuletzt danke ich *Kevin Maurer* für seine Unterstützung und sein Verständnis. Er konnte mich stets motivieren und fand immer die richtigen Worte.

Wustermark, November 2018
Birthe Wiese

Inhaltsverzeichnis

Abkürzungsverzeichnis

A.	Österreich
a.A.	andere Ansicht
a.E.	am Ende
a.F.	alte Fassung
AEUV	Vertrag über die Arbeitsweise der Europäischen Union
Anm.	Anmerkung
App	Applikation/Anwendung auf einem informationstechnischen System
ARPA	Advanced Research Projects Agency
ARPANET	Advanced Research Projects Agency Network
Art.	Artikel
ASOG Bln	Allgemeines Sicherheits- und Ordnungsgesetz Berlin
Aufl.	Auflage
BayVBl.	Bayerische Verwaltungsblätter
BbgLVerfG	Brandenburgisches Landesverfassungsgericht
BbgPolG	Brandenburgisches Polizeigesetz
Bd.	Band
BDSG	Bundesdatenschutzgesetz
BGBl.	Bundesgesetzblatt
BGH	Bundesgerichtshof
BGHSt	Entscheidungen des Bundesgerichtshofes in Strafsachen
BGHZ	Entscheidungen des Bundesgerichtshofes in Zivilsachen
BKAG	Gesetz über das Bundeskriminalamt und die Zusammenarbeit des Bundes und der Länder in kriminalpolitischen Angelegenheiten (Bundeskriminalamtgesetz)
BR-Drs.	Bundesrat Drucksachen
BremPolG	Bremisches Polizeigesetz
BSI	Bundesamt für Sicherheit in der Informationstechnik
BSIG	Gesetz über das Bundesamt für Sicherheit in der Informationstechnik
BT-Drs	Bundestag Drucksachen
BVerfGE	Entscheidungen des Bundesverfassungsgerichts
BVerfGK	Kammerentscheidungen des Bundesverfassungsgerichts
bzw.	Beziehungsweise
CD	Compact Disc

CH	Schweiz
CR	Computer und Recht
D	Deutschland
d.h.	das heißt
DDoS	Distributed Denial of Service
ders.	derselbe
dies.	dieselben
DNS	Domain Name System
DÖV	Die Öffentliche Verwaltung
DRiZ	Deutsche Richterzeitung
Dt.	deutsch
DuD	Datenschutz und Datensicherheit
DVBl.	Deutsches Verwaltungsblatt
EGMR	Europäischer Gerichtshof für Menschenrechte
EL.	Ergänzungslieferung
EMRK	Konvention zum Schutz der Menschenrechte und Grundfreiheiten
EU	Europäische Union
EuGH	Europäischer Gerichtshof
EuGRZ	Europäische Grundrechtezeitschrift
EUV	Vertrag über die Europäische Union
EuZW	Europäische Zeitschrift für Wirtschaftsrecht
F	Frankreich
f./ff.	Folgende
FAQ	Frequently asked questions
FIN	Finnland
GA	Goltdammer's Archiv
GG	Grundgesetz
GM	General Motors
GRCh	Charta der Grundrechte der Europäischen Union
HRRS	Höchstrichterliche Rechtsprechung zu Strafrecht
Hrsg.	Herausgeber
Hs.	Halbsatz
HSOG	Hessisches Gesetz über die öffentliche Sicherheit und Ordnung
i.V.m.	In Verbindung mit
IEEE	Institute of Electrical and Electronics Engineer
IK	Internationaler Kommentar

IMEI	International Mobile Equipment Identity
IMSI	International Mobile Subscriber Identity
IoT	Internet of Things
IP	Internet Protocol
IPBPR	Internationaler Pakt über bürgerliche Rechte und politische Rechte
IPv4/IPv6	Internet Protocol Version 4/6
ISP	Internet Service Provider
IT	Informationstechnik
JA	Juristische Arbeitsblätter
JR	Juristische Rundschau
JuS	Juristische Schulung
JZ	Juristenzeitung
K&R	Kommunikation und Recht
Kap.	Kapitel
KritV	Kritische Vierteljahresschrift für Gesetzgebung und Rechtswissenschaft
LAN	Local Area Network
LG	Landgericht
LR	Löwe-Rosenberg
LVerfG	Landesverfassungsgericht
LVwG	Landesverwaltungsgesetz Schleswig-Holstein
m.	mit
m.w.N.	mit weiteren Nachweisen
MMR	Multimedia und Recht
MOL	Moldau
M-V	Mecklenburg- Vorpommern
n.F.	Neue Fassung
Nds.SOG	Niedersächsisches Gesetz über die öffentliche Sicherheit und Ordnung
NJW	Neue Juristische Woche
NL	Niederlande
NLMR	Newsletter Menschenrechte
No./Nr.	Nummer
NOR	Norwegen
NStZ	Neue Zeitschrift für Strafrecht
NVwZ	Neue Zeitschrift für Verwaltungsrecht
ÖJZ	Österreichische Juristen-Zeitung

PAG	Bayerische Polizeiaufgabengesetz
PC	Personal Computer
PIK	Praxis der Informationsverarbeitung und Kommunikation
Pkw	Personenkraftwagen
POG	Polizei- und Ordnungsbehördengesetz Rheinland-Pfalz
PolDVG	Gesetz über die Datenverarbeitung der Polizei (Hamburg)
PolG	Polizeigesetz Baden-Württemberg
PolG NRW	Polizeigesetz des Landes Nordrhein-Westfalen
Q&A	Questions & Answers
Quellen-TKÜ	Quellen-Telekommunikationsüberwachung
RabelsZ	Rabels Zeitschrift für ausländisches und internationales Privatrecht
RL	Richtlinie
Rn.	Randnummer
RUS	Russland
S.	Seite
SächsPolG	Polizeigesetz des Freistaates Sachsen
SIM	Subscriber identity module
SK	Systematischer Kommentar
SOG LSA	Gesetz über die öffentliche Sicherheit und Ordnung des Landes Sachsen-Anhalt
SOG M-V	Sicherheits- und Ordnungsgesetz Mecklenburg-Vorpommern
sog.	sogenannte
SPolG	Saarländisches Polizeigesetz
StGB	Strafgesetzbuch
StPO	Strafprozessordnung
StraFo	Strafverteidiger Forum
StV	Strafverteidiger
T	Türkei
ThLVerfG	Thüringer Landesverfassungsgericht
ThPAG	Polizeiaufgabengesetz Thüringen
TKG	Telekommunikationsgesetz
TV	Television
u.a.	unter anderem/und andere
UK	United Kingdom
URL	Uniform Resource Locator
USA	United States of America

USB	Universal Serial Bus
VerfH	Verfassungsgerichtshof
vgl.	vergleiche
Vol.	Volume
VW	Volkswagen
WEP	Wired Equivalent Privacy
WLAN /Wi-Fi	Wireless Local Area Network
WPA/WPA 2	Wi-Fi Protected Access
WWW	World wide web
z.B.	zum Beispiel
ZaöRV	Zeitschrift für ausländisches öffentliches Recht und Völkerrecht
ZD	Zeitschrift für Datenschutz
ZFIS	Zeitschrift für Innere Sicherheit in Deutschland und Europa
ZIS	Zeitschrift für Internationale Strafrechtsdogmatik
ZRP	Zeitschrift für Rechtspolitik
ZStW	Zeitschrift für die gesamte Strafrechtswissenschaft

A. Einleitung

„Spione im Kinderzimmer“

So betitelte die *Süddeutsche Zeitung* am 29. August 2017[1] einen Artikel über smarte Spielzeuge, also Spielzeuge, die eine Internetverbindung herstellen können und Daten an die Hersteller übertragen. Doch nicht nur smarte Spielzeuge lassen sich in Haushalten finden, daneben werden auch immer mehr Alltagsgegenstände „smart“, sind mit dem Internet verbunden und lassen sich zentral per Sprachsteuerung beispielsweise über den *Amazon Echo* steuern.

Die Nutzung solcher „smarten“ Systeme könnte auch für die Strafverfolgungs- und Gefahrenabwehrbehörden interessant sein.

I Problemstellung

Das Internet und informationstechnische Systeme rücken immer stärker in den Fokus der Strafverfolgung sowie der Gefahrenabwehr. So beschloss der Bundestag im Juni 2017 kurz vor der Sommerpause im Rahmen des Gesetzes zur effektiveren und praxistauglicheren Ausgestaltung des Strafverfahrens die Online-Durchsuchung und die Quellen-Telekommunikationsüberwachung zur Strafverfolgung, welche am 24. August 2017 in Kraft traten.[2] Zur Gefahrenabwehr bestanden in einigen Bundesländern zuvor schon Regelungen zu der einen, zu der anderen oder zu beiden Maßnahmen.[3]

Beide Maßnahmen sind mit einem heimlichen Zugriff auf informationstechnische Systeme verbunden und ermöglichen es entweder das System als Ganzes auszuspähen oder die Telekommunikation vor der Verschlüsselung zu erfassen.[4]

Ob auch eine akustische Überwachung von Verdächtigen einer Straftat bzw. von Personen, die im Verdacht stehen eine Straftat zu begehen, über internetfähige Systeme zulässig ist, ist bei der Quellen-Telekommunikationsüberwachung

---

1 http://www.sueddeutsche.de/digital/smartes-spielzeug-spione-im-kinderzimmer-1.3644846 (abgerufen am 07.10.2017).

2 BT-Drs. 18/11277; BGBl. 2017 I, S. 3202.

3 § 10c PolDVG; § 15b HSOG; § 31 III POG; § 34a II ThPAG (Quellen-Telekommunikationsüberwachung); § 31c POG; Art. 34d PAG (Online-Durchsuchung).

4 *Ebert/Seel*, ThPAG§ 34a Rn. 69; *Käß*, BayVBl. 2010, 1 (4 f.).

und Online-Durchsuchung in den Hintergrund geraten. In der Literatur wird die akustische Überwachung über beispielsweise den Laptop teilweise ohne nähere Begründung angenommen.[5] Ebenso weist das Bundesverfassungsgericht in seinem Urteil zur Online-Durchsuchung in diese Richtung, indem es andeutet, dass das Aktivieren der Mikrofone in Laptops zur akustischen Überwachung einen Eingriff in Art. 13 I GG darstelle.[6] Jedoch schließen sich nicht alle Stimmen in der Literatur dieser Sichtweise an.[7]

Diese Arbeit möchte klären, ob und wann eine akustische Überwachungsmaßnahme unter Einsatz informationstechnischer oder anderer internetfähiger Systeme möglich ist. Ob eine akustische Überwachung überhaupt rechtlich zulässig ist, wird dabei nicht näher untersucht, da dies den Rahmen der Untersuchung sprengen würde. Entscheidend ist vielmehr, welche technischen Möglichkeiten es gibt und wie im Vergleich zur derzeitigen Methode vorgegangen werden kann. Dabei ist nicht nur, wie bei der Online-Durchsuchung oder der Quellen-Telekommunikationsüberwachung an das Infiltrieren eines informationstechnischen Systems mit einer Überwachungssoftware zu denken, sondern eine internetbasierte Maßnahme bietet weitere Möglichkeiten, wie eine Verpflichtung der Hersteller bzw. Betriebssystemhersteller oder den physischen Zugriff auf das informationstechnische System.

Ebenso werden vielfach Spracherkennungs- und Steuerungssysteme in Systemen intergiert und auch verwendet, wobei die Verwendung in den nächsten Jahren weiter ansteigen wird.[8] Diese Systeme, wie der *Amazon Echo*, sind für die Online-Durchsuchung uninteressant, da sie keine Daten speichern. Ob und wie diese Systeme für eine akustische Überwachung dagegen relevant sein können, wird in die Betrachtung überblicksartig miteinbezogen.

Das Thema der akustischen Überwachung wird seit dem Urteil des Bundesverfassungsgerichts[9] über deren grundsätzliche Vereinbarkeit mit dem Grundgesetz nur noch am Rande diskutiert. Insbesondere im Bereich des Internets

---

5 Vgl. *Gudermann*, Online-Durchsuchung, S. 29; *Kohlmann*, Online-Durchsuchungen und andere Maßnahmen mit Technikeinsatz, S. 51, 102; *Schantz*, KritV 2007, 310 (311; 314).

6 BVerfGE 120, 274 (310).

7 *Bunzel*, Strafprozessualer Zugriff auf IT-Systeme, S 349 (Fn. 1747); *Weiß*, Online-Durchsuchung im Strafverfahren, S. 73; *Heinemann*, Computer-Grundrecht, S. 96; *Gercke* CR 2007, 245 (252).

8 https://de.statista.com/infografik/5627/nutzung-von-digitalen-virtuellen-assistenten/ (abgerufen am 24.07.2017).

9 BVerfGE 109, 279; BVerfGK 11, 164.

liegt der Fokus dort auf anderen Schwerpunkten, wie dem autonomen Fahren, der Online-Durchsuchung und dem Grundrecht auf Gewährleistung der Vertraulichkeit und Integrität informationstechnischer Systeme.[10]

Da dies jedoch nur ein Bruchteil von dem ist, wofür das Internet genutzt werden kann, soll mit dieser Arbeit ein Beitrag dazu geleistet werden, schon länger bestehende Ermittlungsbefugnisse zu überdenken und die Maßnahmen an das Internet-Zeitalter anzupassen. Die akustische Überwachung eignet sich dazu besonders gut, weil diese schon mit technischen Mitteln durchgeführt wird und diese konkreten technischen Mittel sich nur verändern.

Die technischen Möglichkeiten für eine akustische Überwachung mittels informationstechnischen Systemen sind mit diversen rechtlichen Fragen verbunden, wobei nicht nur die Vereinbarkeit mit höherrangigem Recht bedeutend ist. Darüber hinaus stellt sich die vorgelagerte Frage, ob es einer Ermächtigungsgrundlage bedarf und wenn ja, ob diese geeignet ist, einen möglichen Grundrechtseingriff zu rechtfertigen. An die zu ermächtigende Rechtsgrundlage sind je nach betroffenem Grundrecht verschiedene Anforderungen zu stellen. So kann eine Ermächtigungsgrundlage einen Eingriff in Art. 10 I GG rechtfertigen, jedoch nicht unbedingt auch in Art. 13 I GG oder Art. 2 I i.V.m. Art. 1 I GG in der Ausprägung des Rechts auf Gewährleistung der Vertraulichkeit und Integrität informationstechnischer Systeme. Die Feststellung, welches Grundrecht durch eine internetbasierte akustische Überwachung mittels informationstechnischer Systeme betroffen ist, ist daher für die Ermächtigungsgrundlage und die Anforderungen an diese wesentlich.

Doch nicht nur die Frage, ob eine Grundrechtsbeeinträchtigung vorliegt, muss beantwortet werden, sondern auch ob diese überhaupt gerechtfertigt werden kann, soll durch die vorliegende Arbeit untersucht werden. Können Hersteller informationstechnischer Systeme einfach verpflichtet werden, eine Backdoor zu integrieren? Wenn diese Frage zu bejahen ist, stellt sich die daran anschließende Frage, welche Vor- und Nachteile eine ab Werk integrierte Backdoor für die Nutzer und für den Staat bringt.

---

10 Vgl. nur *Maurer/Gerdes/Lenz/Winner* [Hrsg.], Autonomes Fahren; *Gudermann*, Online-Durchsuchung; *Kohlmann*, Online-Durchsuchungen und andere Maßnahmen mit Technikeinsatz; *Weiß*, Online-Durchsuchung im Strafverfahren; *Ziebarth*, Online-Durchsuchung; *Heinemann*, Grundrechtlicher Schutz informationstechnischer Systeme; *Herrmann*, Das Grundrecht auf Gewährleistung der Vertraulichkeit; *Uerpmann-Wittzack* [Hrsg.], Das Neue Computergrundrecht; *Drallé*, Das Grundrecht auf Gewährleistung der Vertraulichkeit und Integrität.

Vielleicht ist überhaupt keine Verpflichtung der Hersteller notwendig, sondern die akustische Überwachung kann im Rahmen der neu eingefügten Online-Durchsuchung (§ 100b StPO) durchgeführt werden, wenn die Ermächtigungsgrundlage zu dieser es auch ermöglicht, die Mikrofone an informationstechnischen Systemen zu aktivieren oder es könnte sogar schon § 100c StPO in seiner derzeitigen Fassung genügen, um informationstechnische Systeme zur akustischen Überwachung zu nutzen.

Diese und noch weitere Fragen stellen sich bei der Untersuchung der akustischen Überwachung mittels informationstechnischer Systeme. Die Fragen können jedoch nur vollständig bearbeitet werden, wenn sich auch mit den technischen Fragen auseinandergesetzt wird, wobei insbesondere zu klären ist, wie auf ein informationstechnisches System via Internet zugegriffen werden kann. Ferner gibt es verschieden informationstechnische Systeme, die unterschiedliche Anforderungen an den heimlichen Zugriff stellen können. Dabei wird auch entscheidend sein, wie das informationstechnische System mit dem Internet verbunden ist und welche Schutzvorkehrungen die Systeme gegen einen heimlichen Zugriff via Internet typischerweise aufweisen.

Daher wird die Untersuchung auch intensiv die technischen Aspekte der akustischen (Wohnraum-) Überwachung mittels informationstechnischer Systeme beleuchten, um die oben angesprochenen rechtlichen Fragen klären zu können.

II Gang der Untersuchung

In einem einleitenden Teil wird zunächst die Bedeutung des Internets und internetfähiger Systeme im alltäglichen Leben beleuchtet (B). Das Internet ist allgegenwärtig und mittlerweile können auch viele Alltagsgegenstände mit diesem verbunden werden.[11] Die Arbeit beschränkt sich darauf, einige wenige Systeme zu nennen, die mehr oder weniger bekannt sind, allerdings können die Ausführungen auch auf andere informationstechnische Systeme übertragen werden, die eine Internetverbindung herstellen können. Ferner werden nur solche Systeme berücksichtigt, die in der Regel ein Mikrofon aufweisen sowie in vielen Haushalten vorhanden und daher für die Untersuchung besonders von Bedeutung sind.

Daran anschließend werden die Funktionsweise des Internets und die Verbindungsmöglichkeiten mit diesem erläutert (C). Diese technischen Grundlagen sind wichtig, um im weiteren Verlauf der Arbeit die einzelnen Möglichkeiten

11 Vgl. *Miller*, The Internet of Things, S. 6 ff.; 44; 92 ff.

einer internetbasierten akustischen Überwachungsmaßnahme (D) aus technischer Sicht verstehen zu können. Diese technischen Möglichkeiten einer akustischen Überwachung reichen von einer Verpflichtung der Hersteller oder Betriebssystemhersteller, dauerhaft aktivierte Mikrofone zu installieren, bis hin zu einem physischen Zugriff auf ein informationstechnisches System.

Obwohl aus technischer Perspektive viele Möglichkeiten einer akustischen Überwachung bestehen, ist fraglich, ob diese auch aus rechtlicher Sicht durchgeführt werden dürfen. Die Prüfung der rechtlichen Zulässigkeit erfolgt anhand des Grundgesetzes, der Europäischen Menschenrechtskonvention und der Charta der Grundrechte der Europäischen Union[12]. Bevor allerdings auf die einzelnen Maßnahmen eingegangen wird, werden auch hier die für die Untersuchung relevanten Grund- und Menschenrechte in einem allgemeinen Teil dargestellt und grundlegende Fragen geklärt (E; F; G).

Den Schwerpunkt der Arbeit bilden die Prüfungen der einzelnen Abhörmaßnahmen zur Strafverfolgung (H; I; J) sowie zur Gefahrenabwehr (K; L). Die zu Beginn erläuterten technischen Möglichkeiten werden bei den einzelnen Prüfungspunkten aufgegriffen und auf ihre rechtliche Zulässigkeit geprüft.

Darüber hinaus wird ein Ausblick auf weitere interessante Systeme für eine akustische Maßnahme sowie die Entwicklung in näherer Zukunft gegeben (L). In einem abschließenden Fazit (M) werden die Ergebnisse der Untersuchung zusammenfassend dargestellt.

12 Im Folgenden als EU-Grundrechtecharta bezeichnet.

B. Internet der Dinge (Internet of Things)

I Die Entwicklung des Internets

Das *Internet*, so wie es heute bekannt ist, entwickelte sich aus einem Forschungsprojekt, mit dem die 1958 in den USA gegründete Forschungsgruppe *Advanced Research Projects Agency (ARPA)* befasst war.[13] Diese dem Verteidigungsministerium unterstellte Forschungsgruppe erhielt den Auftrag, die Forschung im universitären und akademischen Bereich zu verbessern und die Nutzung von Ressourcen zu optimieren.[14] Um dies zu erreichen, arbeitete die Gruppe an einer Möglichkeit, Computer an verschiedenen Universitäten miteinander zu verbinden, damit die Wissenschaftler und Forscher von einem Computer auf einen anderen zugreifen können, um so Ressourcen zu sparen.[15] Im Rahmen dieses Forschungsprojekts wurde das sogenannte *ARPANET* entwickelt.

Das *ARPANET* verband Ende 1969 Computer von vier Universitäten in den USA miteinander[16] und in den darauffolgenden Jahren wurden immer mehr Computer an das *ARPANET* angeschlossen.[17] Durch die Preisentwicklung für Computer bzw. durch den ersten von *Apple* hergestellten und für Verbraucher bezahlbaren Computer, konnte dieser Einzug in Privathaushalte halten und nach und nach wurden auch Computer in Privathaushalten an das „Netz“ angeschlossen.[18] Das *ARPANET* als Vorläufer des Internets wurde in den 1990er Jahren jedoch eingestellt.[19] In den folgenden Jahren bekam das „Netz“, über das die Computer verbunden waren, die Bezeichnung *Internet*.[20] Der Einzug des

---

13 *Braun, T.*, Entstehung und Funktionsweise des Internets, S. 15; *Braun, T.*, Informatik Spektrum, Vol. 33, Nr. 2, 2010, S. 201.

14 Vgl. *Braun, T.*, Entstehung und Funktionsweise des Internets, S. 15; *Braun, T.*, Informatik Spektrum, Vol. 33, Nr. 2, 2010, S. 201.

15 *Comer*, Computer Networks and Internets, S. 51 f.

16 *Bleicher*, Internet, S. 21; Braun, T., Entstehung und Funktionsweise des Internets, S. 18; *Braun, T.*, Informatik Spektrum, Vol. 33, Nr. 2, 2010, S. 203.

17 Vgl. *Comer*, Computer Networks and Internets, S. 52; *Kurose/Ross*, Computernetzwerke, S. 83 ff.; *Tanenbaum*, Computernetzwerke, S. 71 f.

18 *Bleicher*, Internet, S. 23.

19 *Kurose/Ross*, Computernetze, S. 79.

20 Vgl. *Cerf/Kahn*, A Protocol for Packet Network Intercommunication, IEEE, S. 637 ff., 640; *Comer*, Computer Networks and Internets, S. 52; vgl. Tanenbaum, Computernetzwerke, S. 74.

Internets in Privathaushalte wurde durch die Entwicklung des *World Wide Web*[21] begünstigt.[22]

Das *Internet* besteht nicht wie das *ARPANET* in dessen Anfangsjahren aus einer Verbindung zwischen einzelnen Computer, sondern vielmehr setzt sich das heutzutage als *Internet* bezeichnete Netz aus sehr vielen (Sub-)Netzen zusammen.[23] Durch die Verknüpfung der Netze miteinander, wirkt das *Internet* wie ein großes Netz, dass alle am *Internet* angeschlossene Computer miteinander verbindet.[24]

In den letzten Jahren hat sich das *Internet* weiterentwickelt.[25] Die zunächst an das *Internet* angeschlossenen Privatcomputer waren Desktop-PCs,[26] die heutzutage zum Teil von Laptops, Tablets und Smartphones verdrängt worden sind.[27] In den nächsten Jahren wird es weitere technische Neuerungen und Entwicklungen geben, die insbesondere Alltagsgegenstände betreffen und vielfach mit dem Stichwort *Internet der Dinge* [engl. *Internet of Things* (*IoT*)] bezeichnet werden.

II Beschreibung des Internets der Dinge

Ursprünglich diente das *Internet* dazu, die Kommunikation zwischen den Menschen zu vereinfachen.[28] Diese Form des Internets als Kommunikationsplattform zwischen Menschen hat sich schnell verbreitet und ist nach wie vor sehr beliebt. Hierbei handelt es sich um ein „Internet der Menschen".[29] Es sind nicht die Systeme, wie Laptop, PC oder Smartphone, die miteinander kommunizieren, sondern die Menschen, die diese Geräte bedienen.[30]

---

21 Bei dem *World Wide Web* handelt es sich um das, was häufig als *Internet* bezeichnet wird, jedoch ist es nur eine Facette des Internets und hat sich durch seine benutzerfreundliche Bedienoberfläche schnell verbreitet. (vgl. *Berners-Lee/Cailliau/Luotonen/Nielsen/Secret,* Communications of the ACM 1994, 76 (76 ff.); *Braun, T.*, Informatik Spektrum, Vol. 33, Nr. 2, 2010, S. 201 (205)).

22 *Kurose/Ross*, Computernetzwerke, S. 85.

23 *Braun, T.*, Informatik Spektrum, Vol. 33, Nr. 2, 2010, S. 201 (204); *Kurose/Ross*, Computernetze, S. 23; *Tanenbaum*, Computernetzwerke, S. 74.

24 Vgl. *Braun, T.*, Informatik Spektrum, Vol. 33, Nr. 2, 2010, S. 201 (204).

25 *Andelfinger/Hänisch*, in: Andelfinger/Hänisch [Hrsg.], Internet der Dinge, S. 9.

26 Vgl. *Kurose/Ross*, Computernetzwerke, S. 24.

27 http://de.statista.com/statistik/daten/studie/222914/umfrage/genutzte-internetzugaenge-in-deutschland/ (aufgerufen am 02.04.2016).

28 Vgl. *Comer*, Computer Networks and Internets, S. 51 f.

29 *Miller*, The Internet of Things, S. 6 f.

30 *Miller*, The Internet of Things, S. 6 f.

Mittlerweile ist es allerdings möglich, sehr kleine Chips und Sensoren herzustellen und diese in diversen Gegenständen zu verarbeiten.[31] Diese Gegenstände sind in der Lage, auch untereinander zu kommunizieren, beispielsweise die via Bluetooth mit dem Smartphone kommunizierenden Fitnessarmbänder.[32] Ebenso bekannt sind Smartwatches, welche es durch eine Verbindung zum Smartphone u.a. ermöglichen, Nachrichten zu lesen und zu verfassen sowie Anrufe entgegenzunehmen.[33] In Zukunft werden weitere Alltagsgegenstände hinzukommen, wobei es schon jetzt möglich ist, dass der Stromverbrauch und der Heizungsverbrauch aus der Ferne abgelesen wird. Notwendig ist dazu lediglich eine Internetverbindung dieser Gegenstände bzw. eine Verbindung der Gegenstände untereinander.[34] Viele weitere Gegenstände befinden sich in der Planung oder sind zu enormen Preisen auf dem Markt erhältlich. Unter dem Stichwort *Smart living* oder auch *Smart Home* werden vernetzte Häuser entwickelt.[35] Nicht nur die Heizung, sondern auch der Kühlschrank, das Licht und sogar die Türen und Alarmanlagen sollen mit dem Internet verbunden werden und untereinander kommunizieren können.[36] Das *Internet der Dinge* ist damit ein Netz zwischen Gegenständen (Dingen), die miteinander kommunizieren und über das Internet gesteuert werden.[37]

Ein Gegenstand, der zum *Internet der Dinge* gezählt wird, obwohl er nicht zwingenden dazu gehört, ist der Smart-TV.[38] Der Smart-TV kann zwar eine Verbindung zum Internet herstellen, jedoch kommuniziert er nicht grundsätzlich mit weiteren Gegenständen bzw. Systemen.[39] Entscheidend für das *Internet der Dinge* ist allerdings die Kommunikation zwischen Gegenständen untereinander und, dass diese an einem zentralen Punkt mit dem Internet verbunden sind; nicht so sehr entscheidend ist eine Internetverbindung der einzelnen Gegenstände.

---

31 *Sprenger/Engemann*, in: dies. [Hrsg.], Internet der Dinge, S. 7 (7 f.).
32 *Miller*, The Internet of Things, S. 30 f., 122 ff.
33 *Miller*, The Internet of Things, S. 119.
34 *Miller*, The Internet of Things, S. 16 f.
35 *Andelfinger/Hänisch*, in: dies. [Hrsg.], S. 9 (32).
36 *Andelfinger/Hänisch*, in: dies. [Hrsg.], S. 9 (15); *Miller*, The Internet of Things, S. 8.
37 *Miller*, The Internet of Things, S. 7.
38 *Miller*, The Internet of Things, S. 44, 57.
39 *Miller*, The Internet of Things, S. 57.

III Bedeutung für die Untersuchung

Im Rahmen der Untersuchung geht es um Abhörmaßnahmen via Internet zur Strafverfolgung sowie zur Gefahrenabwehr. Daher sind zunächst einmal alle Gegenstände interessant, die mit dem Internet verbunden werden können, was im Rahmen des *Internets der Dinge* immer mehr Gegenstände werden können. Je schneller die Entwicklung des *Internets der Dinge* voranschreitet, desto mehr Möglichkeiten bestehen prinzipiell, um über eine Internetverbindung (akustische) Überwachungsmaßnahmen durchzuführen.

Abgesehen von einer Internetverbindung müssen diese Gegenstände jedoch über ein Mikrofon zur akustischen Überwachung verfügen. Zunächst wird man davon ausgehen, dass damit viele Alltagsgegenstände aus der Betrachtung ausscheiden und das *Internet der Dinge* somit weniger relevant für die Untersuchung wird. Jedoch gibt es auch Gegenstände, die über ein Mikrofon verfügen, bei denen man es nicht vermutet. So wurden schon Lampen und weitere Alltagsgeräte entwickelt, die mit einem kleinen Mikrofon ausgestattet waren.[40] Diese Mikrofone können unter anderem dazu dienen, per Sprachsteuerung Geräte zu bedienen.[41]

Durch die technische Entwicklung insbesondere im Bereich des *Smart living* und der Ausweitung der Sprachsteuerung, werden in den nächsten Jahren mehr Alltagsgegenstände über Mikrofone verfügen.[42] Daher lohnt ein Blick auf die Möglichkeiten, die durch das *Internet der Dinge* entstehen.

IV Ausgewählte Beispiele

Das *Internet der Dinge* kann aus vielen Alltagsgegenständen bestehen. Eine Untersuchung aller möglichen Gegenstände übersteigt jedoch den Rahmen der Arbeit, weshalb sich die Arbeit auf einige ausgewählte Beispiele konzentriert,

---

40 https://www.heise.de/newsticker/meldung/CES-2016-Gluehbirne-hoert-mit-3056853.html (abgerufen am 21.01.2017); http://www.samsung.com/de/news/product-/samsung-erfindet-seinen-kuehlschrank-neu (abgerufen am 22.01.2017).

41 Vgl. *Miller*, The Internet of Things, S. 45; vgl. http://www.apple.com/de/ios/siri/ (abgerufen am 22.01.2017); https://support.google.com/websearch/answer/6031948?co=GENIE.Platform%3DAndroid&hl=de (abgerufen am 22.01.2017).

42 Vgl. https://heise.de/-3056853; https://heise.de/-3587445 (alle Seiten abgerufen am 23.09.2017); Handbuch zu Samsung Kühl-/Gefrierkombination RB38K, S. 37 (abrufbar unter http://downloadcenter.samsung.com/content/UM/201706/20170609160944931/DA68-03511A-06_EN_DE_IT_FR__MANUAL_USERS_Approved.pdf).

die häufig anzutreffen sind, jedoch noch nicht zwingend zum *Internet der Dinge* zählen und im Folgenden dargestellt werden.

1 Multimedia-Geräte

Die Beispiele lassen sich in zwei Gruppen einteilen. Die erste Gruppe umfasst Multimedia-Geräte, wobei es sich um Geräte handelt, die dynamische (z.B. Ton, Film) und statische (z.B. Text) Medien miteinander verbinden.[43] Im Alltag werden viele solcher Gegenstände verwendet und weisen auch schon jetzt eine Verbindungsmöglichkeit zum Internet auf. Zudem haben die meisten Multimedia-Geräte, die hier betrachtet werden, ein integriertes Mikrofon oder verfügen über die Möglichkeit, ein Mikrofon anzuschließen.

a Smart-TV

Wie oben[44] schon angedeutet, ist mit der Bezeichnung Smart-TV in der Regel ein internetfähiger Fernseher gemeint, mit dem eine Verbindung zum Internet hergestellt werden kann.[45] Dies erlaubt dem Nutzer, internetbasierte Programme zu nutzen, so ist es bei einem Smart-TV möglich, Filme von internetbasierten Portalen, wie *Netflix* oder *Amazon Instant Video*, abzuspielen.[46] Zudem kann Musik, beispielsweise über *Spotify*, abgespielt werden und über eine vorinstallierte Browser-App können Webseiten aufgerufen werden.[47] Bei Smart-TVs handelt es sich somit eher um einen Computer, der nebenbei die Funktion eines Fernsehers aufweist, als um einen Fernseher.[48] Neben diesen Funktionen verfügen Smart-TVs oft auch über eingebaute Mikrofone und Kameras, wodurch die Fernseher mittels Sprache oder Gestik gesteuert werden können.[49]

b Personal Computer (PC)/Laptop

Ebenso fallen Personal Computers (PC) und Laptops in die Kategorie Multimedia-Gerät, weil sie mittlerweile grundsätzlich über eine Sound- und Grafikkarte verfügen und somit dynamische und statische Medien wiedergeben können. PCs verfügen in der Regel nicht über ein integriertes Mikrofon, sondern über

43 Siehe zu Multimedia: Brockhaus, "Multimedia".
44 Oben S. 46 ff.
45 *Miller*, The Internet of Things, S. 44.
46 *Miller*, The Internet of Things, S. 46.
47 *Miller*, The Internet of Things, S. 56.
48 *Michéle*, Smart TV Security, S. 2.
49 *Michéle/Karpow*, Watch and be Watched, S. 351 (353).

einen Anschluss für ein externes Mikrofon. Demgegenüber gibt es in Bezug auf Kameras sowohl Desktops, die eine Kamera integriert haben, als auch PCs, die nur über einen entsprechenden Anschluss verfügen.[50] Im Gegensatz dazu ist in vielen Laptops eine Kamera am oberen Bildschirmrand integriert,[51] die, wie vor Längerem nachgewiesen wurde, aus der Ferne aktiviert werden kann, um den Raum zu beobachten.[52] Zudem können Laptops auch über integrierte Mikrofone verfügen, die ebenso durch einen Zugriff aus der Ferne eingeschaltet werden können.[53]

Weil ein Laptop im Gegensatz zu einem PC transportabel ist und an verschiedenen Orten genutzt werden kann, ist dieser für eine akustische Überwachung Erfolg versprechender als ein Desktop PC.

c *Smartphone/Tablet*

Das ursprüngliche Handy (Mobiltelefon) wurde in den letzten Jahren zum größten Teil von Smartphones abgelöst.[54] Das Smartphone entwickelte sich rasant weiter und ist mittlerweile mit einem Computer vergleichbar.[55] Trotz allem handelt es sich weiterhin um ein Telefon und besitzt selbstverständlich ein integriertes Mikrofon, welches bei aktivierter Sprachsteuerung und Spracherkennungsfunktion von *Google*, *Apple* oder *Windows* ständig „lauscht", damit es auf Stichwörter („OK Google"/„Hey Siri"/„Hey Cortana") reagieren kann.[56] Ferner kann das Smartphone eine Verbindung zum Internet herstellen und via der Mobilfunkverbindung (sog. mobiler Daten[57]) ständig mit dem Internet verbunden sein.[58]

---

50 Vgl. *Gercke,* CR 2007, 245 (248); *Buermeyer,* HRRS 2007, 154 (161).

51 Vgl. *Gercke,* CR 2007, 245 (248).

52 *Schaar*, Überwachung total, S. 42.

53 *Kraft/Weyert*, Network Hacking, S. 68; *Buermeyer,* HRRS 2007, 154 (161); *Gercke,* CR 2007, 245 (248).

54 Vgl. http://de.statista.com/statistik/daten/studie/168759/umfrage/besitzer-eines-handys-oder-smartphones/ (abgerufen am 04.02.2016).

55 *Andelfinger/Hänisch*, in: dies. [Hrsg.], Internet der Dinge, S. 9 (60 ff.); *Schreiner*, Computernetzwerke, S. 179; vgl. auch *Kugelmann*, EuGRZ 2003, 16 (17).

56 Vgl. https://support.apple.com/de-de/HT204389#hey (abgerufen am 29.04.2016); https://support.google.com/websearch/answer/6031948 (abgerufen am 29.04.2016).

57 Bei sog. *mobilen Daten* handelt es sich um eine Funkverbindung über das Mobilfunknetz zum Internet. Ausführlicher zu *mobilen Daten* siehe S. 63.

58 *Andelfinger/Hänisch*, in: Andelfinger/Hänisch [Hrsg.], Internet der Dinge, S. 9 (64).

Des Weiteren handelt es sich bei einem Tablet um einen kleinen, transportablen PC,[59] das wie ein Smartphone auch häufig über ein integriertes Mikrofon und eine Kamera verfügt. Von der Bedienweise sind sie ähnlich dem Smartphone und verfügen ebenso über Spracherkennungsfunktionen. Neben WLAN können einige Tablets auch mittels einer SIM-Karte via einer Mobilfunkverbindung (sog. *mobile Daten*[60]) mit dem Internet verbunden sein.

d Smart Car

Bei einem sogenannten *Smart Car* handelt es sich nicht nur um ein selbstfahrendes (autonom fahrendes) Auto.[61] Dies dürfte zwar das bekannteste Beispiel darstellen, zumal es häufig in der Diskussion ist,[62] jedoch gibt es neben den autonom fahrenden Autos weitere Beispiele für „smarte" Autos, die sogar schon auf den Straßen zu finden sind, wie Autos mit automatischer Abstandserkennung und Bremsfunktion. Die meisten Autos heutzutage verfügen ferner über eine ganze Reihe an verschiedenen (kleinen) Computern,[63] zu welchen unter anderem auch das Unterhaltungssystem (sog. Infotainmentsystem) zählt.[64] Während früher ein einfaches Radio und unter Umständen noch ein CD-Player in einem Auto eingebaut waren, welche durch Knöpfe am Armaturenbrett bedient wurden, beinhalten die neueren Systeme weitaus mehr, indem sie beispielsweise via Bluetooth eine Verbindung zum Smartphone herstellen können, Navigationssysteme integriert haben und über eine Fernsprechanlage verfügen.[65]

Neben einem USB-Anschluss und einem Touchscreen am Bordcomputer, die in einigen Autos schon vorhanden sind, entwickeln Unternehmen weitere Funktionen. So ist es bei der *CarPlay* Technologie von *Apple* möglich, die Funktionen des „Unterhaltungssystems" mittels Sprachsteuerung zu bedienen.[66] Eine ähnliche Funktion weist auch *Google*'s *Android Auto System* auf.[67] Damit eine

59 *Andelfinger/Hänisch*, in: Andelfinger/Hänisch [Hrsg.], Internet der Dinge, S. 9 (60 ff.).

60 Dazu siehe Fn. 57 sowie S. 63.

61 *Miller*, The Internet of Things, S. 167.

62 https://heise.de/-3749184 (abgerufen am 11.08.2017); http://www.sueddeutsche.de/1.3484561; https://www.springerprofessional.de/automatisiertes-fahren/sicherheit-fahrbezogener-daten/rechtliche-rahmenbedingungen-verhindern-autonomes-fahren/13294192 (abgerufen am 27.07.2017); http://www.faz.net/-13801018.html; https://www.tagesschau.de/wirtschaft/autonomes-auto-103.html (abgerufen am 26.11.2015).

63 *Miller*, The Internet of Things S. 158.

64 *Miller*, The Internet of Things S. 158 f.

65 *Miller*, The Internet of Things S. 163 ff.

66 *Miller*, The Internet of Things S. 163 f.

67 *Miller*, The Internet of Things S. 164 f.

Sprachsteuerung oder auch die Freisprechanlage funktionieren kann, muss jedoch ein Mikrofon in dem Auto integriert sein wie beispielsweise in den Autos des Typs „OnStar“ von *General Motors* (GM).

Zudem können Autos mit dem Internet verbunden werden, um beispielsweise Routen zu berechnen, Verkehrsinformationen abzurufen oder Daten des Fahrzeuges an einen Sever zu übertragen.[68] Für die Internetverbindung wird in der Regel das Mobilfunknetz genutzt,[69] wozu beispielsweise eine SIM-Karte von den Herstellern in das Auto integriert werden kann.[70]

2 Spielzeuge

Neben den oben genannten Geräten, bei denen zum Großteil bekannt ist, dass diese ein Mikrofon und/oder eine Kamera integriert haben, gibt es verschiedene Spielzeuge, die über Mikrofone und die Möglichkeit einer Internetverbindung verfügen.[71] Anders als in den zuvor genannten Systemen wird in dieser Kategorie nicht gleich vermutet, dass sie ein Mikrofon aufweisen und daher Gespräche abhörbar sind.

Die vier im Folgenden dargestellten Spielzeuge sind grundsätzlich schon im Handel erhältlich, allerdings werden die Barbie-Puppe „Hello Barbie“ wie der Dinosaurier „Cognitoy“ nicht in Deutschland verkauft,[72] und auch die Puppe „My friend Cayla“ nicht mehr verkauft wird.[73]

---

68 Vgl. *Kurose/Ross*, Computernetzwerke, S. 24; *Coppola/Morisio*, ACM Computing Surveys 2016, Art. 46, S. 2; *Bécsi/Aradi/Gáspár*, Models and Technologies for Intelligent Transportation Systems 2015, S. 477 (477 f.); *Gerla/Lee, E./Pau/Lee, U.*, IEEE World Forum in Internet of Things 2014, S. 241 (242 f., 245).

69 *Coppola/Morisio*, ACM Computing Surveys 2016, Vol. 49, No. 3, Art. 46, S. 4, 11; *Mosyagin*, Using 4G Wireless Technology in the Car, S. 1 ff [2010 12th International Conference on Transparent Optical Networks; IEEE]; *Kollaikal/Ravuri/Ruvinsky*, Connected Cars, S. 3, 17.

70 Vgl. *Coppola/Morisio*, ACM Computing Surveys 2016, Vol. 49, No. 3, Art. 46, S. 11 f.

71 Vgl. http://hellobarbiefaq.mattel.com/about-hello-barbie/ (abgerufen am 24.04.2016); https://cognitoys.com//about (abgerufen am 24.04.2016).

72 Diese beiden Spielzeuge sind jedoch im Online-Handel erhältlich.

73 Bundesnetzagentur, Pressemitteilung v. 17.02.2017, Bundesnetzagentur zieht Kinderpuppe „Cayla“ aus dem Verkehr.

a Barbie-Puppe „Hello Barbie"

Die Barbie-Puppe ist eines der bekanntesten Spielzeuge der Firma *Mattel* und schon seit Jahrzehnten in Kinderzimmern zu finden,[74] wobei es sich gerade bei Mädchen um ein beliebtes Spielzeug handelt.[75] Trotz aller Beliebtheit gingen in den letzten Jahren die Verkaufszahlen der Barbie-Puppe zurück.[76] Aus diesem Grund wurde eine neue Barbie-Puppe auf den Markt gebracht, die den Namen „Hello Barbie" trägt. Im Unterschied zu herkömmlichen Barbie-Puppen besitzt die neue Barbie-Puppe die Möglichkeit, sich mit dem Internet zu verbinden.[77] Sie verfügt über einen eingebauten Knopf am Gürtel, mit dem sie eingeschalten werden kann.[78] Die Gürtelschnalle dient zum Aktivieren eines integrierten Mikrofons und muss grundsätzlich während der Kommunikation gedrückt werden.[79] Wenn diese Verbindung besteht, ist die Barbie-Puppe in der Lage, sich mit dem Kind zu „unterhalten" und kann Fragen, die das Kind über das Mikrofon an die Barbie-Puppe richtet, beantworten.[80]

Die Gespräche zwischen den Kindern und den Barbie-Puppen werden in der Cloud (d.h. auf den Servern des US-Unternehmens *ToyTalk*) gespeichert.[81] Diese Speicherung erfolgt zu dem Zweck, dass die Barbie-Puppe passende Antworten geben und sich erinnern kann, was bisher gesprochen wurde.[82] Zum anderen

---

74 Mattel Geschichte, S. 1, aufrufbar unter http://www.mattel.de/pdfs/mattel_history.pdf (abgerufen am 15.03.2016).

75 Mattel Geschichte, S. 1, aufrufbar unter http://www.mattel.de/pdfs/mattel_history.pdf (abgerufen am 15.03.2016).

76 http://www.statista.com/statistics/370361/gross-sales-of-mattel-s-barbie-brand/ (abgerufen am 12.02.2016).

77 http://kids.barbie.com/en-us/shop/productdetail?id=10005221&ProductName=Hello-Barbie-Doll-Blonde-Hair&Category=toytype&SubCategory=Dolls&SeoName=Dolls (abgerufen am 12.02.2016).

78 http://hellobarbiefaq.mattel.com/about-hello-barbie/ (abgerufen am 24.04.2016).

79 http://hellobarbiefaq.mattel.com/about-hello-barbie/ (abgerufen am 24.04.2016).

80 http://kids.barbie.com/en-us/shop/productdetail?id=10005221&ProductName=Hello-Barbie-Doll-Blonde-Hair&Category=toytype&SubCategory=Dolls&SeoName=Dolls (abgerufen am 12.02.2016).

81 Vgl. Mattel, hellobarbie-faq, Version 2, S. 4, 5; abrufbar unter: http://hellobarbiefaq.mattel.com/faq/ (abgerufen am 12.02.2016).

82 Vgl. Mattel, hellobarbie-faq, Version 2, S. 3, 4; abrufbar unter: http://hellobarbiefaq.mattel.com/faq/ (abgerufen am 12.02.2016).

erhalten die Eltern in regelmäßigen Abständen die Gespräche, um kontrollieren zu können, über was ihre Kinder sich mit der Barbie-Puppe unterhalten.[83]

b Dinosaurier „Cognitoy“

Neben der Barbie-Puppe „Hello Barbie“ existiert der von *elementary path* entwickelte Dinosaurier „Cognitoy“.[84] Ebenso wie die Barbie-Puppe ist auch der Dinosaurier „Cognitoy“ in der Lage sich mit dem Internet zu verbinden. Sobald eine Internetverbindung hergestellt wurde, kann sich das Kind über das integrierte Mikrofon mit dem Dinosaurier unterhalten.[85] Dieser ist dabei nicht nur in der Lage, auf das Gesagte des Kindes zu reagieren, sondern er kann auch selbst Fragen stellen und so den Lernprozess des Kindes mitverfolgen. Die Gespräche zwischen dem Dinosaurier und dem Kind sind in einer Cloud, d.h. auf Servern des Unternehmens, gespeichert.[86]

Der Dinosaurier kann nicht nur die direkt an ihn gerichteten Worte aufnehmen, sondern er kann auch Raumgespräche erfassen, wenn das Mikrofon durch Drücken des Bauchs eingeschaltet ist.

Der Dinosaurier „Cognitoy“ ist zwar grundsätzlich nur in den USA und in Kanada erhältlich,[87] jedoch besteht auch in Deutschland die Möglichkeit, den Dinosaurier über einen Online-Shop zu bestellen.[88]

c Puppe „My friend Cayla“

Die Puppe „My friend Cayla“ der Firma *Vivid Toy Group* funktioniert grundsätzlich ähnlich wie die „Hello Barbie“. Jedoch kann die Puppe im Gegensatz zur Barbie-Puppe keine direkte Internetverbindung aufbauen, sondern sich nur via Bluetooth mit einem Smartphone oder Tablet verbinden. Über eine entsprechende App („My friend Cayla App“) auf dem System lässt sich die Puppe steuern und unter anderem das Mikrofon bedienen. Nur sofern das System eine

---

83 Vgl. ToyTalk's Privacy Policy zur “Hello Barbie”, abrufbar unter: https://www.toytalk.com/hellobarbie/privacy/ (abgerufen am 12.02.2016).

84 https://cognitoys.com/# (abgerufen am 12.02.2016).

85 https://cognitoys.com/# (abgerufen am 12.02.2016).

86 https://www-03.ibm.com/press/de/de/pressrelease/46289.wss (abgerufen am 17.03.2016); https://cognitoys.com/buy (abgerufen am 17.03.2016).

87 Vgl. https://elementalpath.zendesk.com/hc/en-us (abgerufen am 18.08.2017).

88 https://www.amazon.de/CogniToys-Dino-Green-by/dp/B01GDOUFLU/ref=sr_1_1?ie=UTF8&qid=1489499484&sr=8-1&keywords=cognitoy (abgerufen am 14.03.2017).

Bluetooth-Verbindung zur Puppe und eine Internetverbindung aufgebaut hat, kann die Puppe Fragen beantworten.[89]

d Roboter „i-QUE"

Ähnlich funktioniert auch der Roboter „i-QUE" der Firma *Vivid Toy Group*. Bei diesem handelt es sich um eine Actionfigur, die sich mittels Bluetooth mit einem Smartphone oder Tablet verbindet und mittels einer speziellen App („i-Que Intelligent Robot App") gesteuert werden kann. Bei einer Verbindung des Smartphones oder Tablets mit dem Internet beantwortet der Roboter beispielsweise Fragen.[90]

---

89 Vgl. dazu http://myfriendcayla.de/ (abgerufen am 23.07.2017).
90 Vgl. dazu http://ique-robot.de/ (abgerufen am 23.07.2017).

C. Technische Grundlagen

I Die Funktionsweise des Internets

Das Internet besteht aus vielen Netzen, die alle miteinander verknüpft sind.[91] Nur durch diese Verknüpfungen können wir das Internet so nutzen, wie wir es heutzutage kennen. Bevor auf die einzelnen Verbindungsmöglichkeiten eingegangen werden kann, ist es jedoch wichtig, zu verstehen, wie das Internet funktioniert.[92]

Mit Hilfe des Internets bzw. (genauer) mit Hilfe der vielen verknüpften Netze können Computer[93] miteinander verbunden werden, wobei Computer sowohl Endgeräte oder auch Server sein können.[94] Die Bezeichnung *Endgeräte* betrifft diejenigen Computer, die im privaten Haushalt oder auch am Arbeitsplatz zu finden sind.[95] Demgegenüber werden unter *Server* die Computer verstanden, die von großen Anbietern betrieben werden und auf denen beispielsweise E-Mails zwischengespeichert oder Webseiten hinterlegt werden.[96] Im Grunde handelt es sich bei Servern jedoch auch um Computer, die allerdings in der Regel viel leistungsstärker als PCs sind und täglich viele tausende Anfragen bearbeiten können.[97]

Damit beispielsweise ein E-Mail Dienst funktionieren kann, muss die E-Mail an den richtigen Computer weitergeleitet werden. Im Internet sind aufgrund seiner Größe nicht mehr einzelne Computer wie beim *ARPANET* direkt miteinander verbunden,[98] sondern die Computer sind an Netze angeschlossen, die Teil des Internets sind.[99] Damit die Daten, beispielsweise die E-Mail, bei dem richtigen Computer (in diesem Fall einem Server) ankommen, müssen diese

91 *Kurose/Ross*, Computernetze, S. 23, 321.

92 Zu der Funktionsweise des Internets ausführlich: *Kurose/Ross*, Computernetzwerke; *Schreiner*, Computernetzwerke; *Tanenbaum*, Computernetzwerke.

93 Im Folgenden wird einheitlich von Computer gesprochen. Damit sind jedoch nicht nur der Laptop und der Desktop-PC gemeint, sondern auch alle anderen internetfähigen Systeme.

94 *Kurose/Ross*, Computernetze, S. 28; *Kurose/Ross*, Computernetzwerke, S. 30 f.

95 *Kurose/Ross*, Computernetze, S. 28; *Kurose/Ross*, Computernetzwerke, S. 31.

96 Vgl. *Kurose/Ross*, Computernetze, S. 28; *Kurose/Ross*, Computernetzwerke, S. 31.

97 *Kurose/Ross*, Computernetze, S. 28,; *Kurose/Ross*, Computernetzwerke, S. 31 f.

98 Vgl. *Kurose/Ross*, Computernetze, S. 21 f.; *Kurose/Ross*, Computernetzwerke, S. 24; *Braun, T.*, Informatik-Spektrum, Vol. 33, Nr. 2, 2010, S. 201 (203).

99 Vgl. *Kurose/Ross*, Computernetze, S. 21; *Kurose/Ross*, Computernetzwerke, S. 24.

entsprechend weitergeleitet werden. Diese Aufgabe übernehmen sogenannte Router bzw. innerhalb eines (Sub-) Netzes sogenannte *Switches*[100].[101] Dazu müssen sie allerdings die Zieladresse kennen. Jedem Computer ist eine IP-Adresse (Internet Protocol Adresse) dauerhaft (statisch) oder für die Zeit der Internetnutzung (dynamisch) zugeteilt.[102] Diese besteht bei IPv4[103] aus 32-Bit-Zahlen in Dezimalzahlschreibweise, die jeweils durch einen Punkt voneinander getrennt sind („Beispiel: 192.168.10.221").[104]

Ebenso verfügt jeder Router über eine (statische oder dynamische) IP-Adresse.[105] Anhand dieser Adresse ist der Router in der Lage, die in Paketen verpackten Daten weiterzuleiten.[106] Allerdings wird in der Regel nicht die IP-Adresse eingegeben, sondern die E-Mail-Adresse (z.B. m.muster@muster.de) zum Versenden einer E-Mail oder die Adresse der Webseite (z.B. www.uni-passau.de) zum Aufrufen dieser. Diese Adressen müssen zunächst in eine IP-Adresse umgewandelt werden, um weitergeleitet werden zu können, wozu das *Domain Name System* (DNS) dient.[107] Zum einen kann eine Liste bestehen, in der die schon aufgerufenen *Uniform Resource Locator* (URL)[108] mit der dazu gehörigen IP-Adresse gespeichert sind;[109] zum anderen kann dem Router die Adresse unbekannt sein. In diesem Fall löst er den Teil der Adresse auf, die ihm bekannt ist.[110] Dies

100 Switche leiten Daten innerhalb eines (Sub-) Netzes weiter und verbinden nicht wie Router Netze miteinander; vgl. *Kurose/Ross*, Computer Networking, S. 502 ff.

101 Vgl. *Kurose/Ross*, Computernetze, S. 22; *Kurose/Ross*, Computernetzwerke S. 24; *Schreiner*, Computernetzwerke, S. 87 f.

102 *Comer*, Computer Networks and Internets, S. 67; *Kurose/Ross*, Computernetzwerke, S. 215; *Tanenbaum*, Computernetzwerke, S. 479.

103 IPv4 (Internet Protocol Version 4) reicht aufgrund der großen Anzahl von Computern, die am Internet angeschlossen sind, nicht mehr aus. Aus diesem Grunde wurde IPv6 (Internet Protocol Version 6) entwickelt. Bei dieser Version stehen mehr Adressen zur Verfügung. Zu Zeit wird IPv6 noch nicht viel genutzt; *Schreiner*, Computernetzwerke, S. 187 ff.

104 *Schreiner*, Computernetzwerke, S. 66; *Kurose/Ross*, Computernetze, S. 303; *Kurose/Ross*, Computernetzwerke, S. 367; *Tanenbaum*, Computernetzwerke S. 480.

105 *Tanenbaum*, Computernetzwerke, S. 479.

106 Vgl. *Tanenbaum*, Computernetzwerke, S. 353.

107 *Comer*, Computer Networks and Internets, S. 67; *Schreiner*, Computernetzwerke, S. 90 ff.

108 Beispiel eines URL: www.uni-passau.de; siehe zu URL: *Kurose/Ross*, Computernetzwerke, S. 123.

109 *Kurose/Ross*, Computernetze, S. 44; vgl. *Kurose/Ross*, Computernetzwerke, S. 46.

110 *Schreiner*, Computernetzwerke, S. 92 ff.

kann beispielsweise der Ländercode „.de“ für Deutschland sein, woran der Router erkennt, dass es sich um eine deutsche Webseite handelt und leitet den URL mit einer entsprechenden Anfrage an einen ihm bekannten *DNS-Server*[111] – in diesem Fall für deutsche Domains – weiter, der die weitere Aufschlüsselung übernimmt.[112] Dieser leitet die URL an hierarchisch untergelagerte DNS-Server weiter, solange bis die Adresse entschlüsselt ist.[113] Der URL wird nach der Auflösung mit der IP-Adresse an den Ausgangsrouter zurückgesendet.[114] Anschließend sucht der Router den besten „Weg“ zum Zielcomputer,[115] wobei die Pakete auch mehrere Router durchlaufen können.[116] Der Zielcomputer sendet eine Antwort an den anfragenden Computer zurück.[117] Erst wenn diese Antwort den Router erreicht, werden weitere Daten gesendet, z.B. der Request eine Webseite aufzurufen oder eine E-Mail, die gesendet werden soll.[118] Die Zielrouter senden jeweils eine „Erhalten“-Antwort und die Daten, die bei einer Webseite angefordert werden.[119] Im Falle der E-Mail wird diese auf dem Server des Anbieters im Postfach des E-Mail-Empfängers gespeichert.[120]

Gerade bei persönlichen Daten ist es wichtig, dass diese verschlüsselt sind und nicht von jedem „mitgelesen“ werden können. Zum Verschlüsseln der Daten gibt es verschiedene Möglichkeiten, so können beispielsweise die miteinander kommunizierenden Computer einen Schlüssel austauschen, mit dem sie die Daten verschlüsseln und auch wieder entschlüsseln können (symmetrische Verschlüsselung).[121] Jedoch wird dieser Schlüssel unverschlüsselt versendet und

---

111 DNS-Server sind Server, die mit der Auflösung von URL befasst sind. Dabei gibt es verschiedene Ebenen, die hierarchisch aufgebaut sind; *Kurose/Ross*, Computer Networking, S. 160 ff.

112 *Schreiner*, Computernetzwerke, S. 92 ff.

113 *Schreiner*, Computernetzwerke, S. 92 ff.

114 *Schreiner*, Computernetzwerke, S. 92.

115 *Kurose/Ross*, Computernetze, S. 273 ff., 281.

116 *Kurose/Ross*, Computernetze, S. 281.

117 *Kurose/Ross*, Computernetze, S. 27 ff.; *Kurose/Ross*, Computernetzwerke, S. 29; *Schreiner*, Computernetzwerke, S. 92.

118 *Kurose/Ross*, Computernetze, S. 27 ff.; *Kurose/Ross*, Computernetzwerke, S. 142 ff.

119 *Kurose/Ross*, Computernetze, S. 27 ff.; *Kurose/Ross*, Computernetzwerke, S. 29; Eine Antwort erhält der Router nur, wenn das Transmission Control Protocol (TCP) verwendet wird. Bei der Verwendung des User Datagram Protocol (UDP) wird keine Bestätigung gesendet. Dieses Protokoll wird verwendet, wenn eine Bestätigung nicht sinnvoll ist; vgl. *Schreiner*, Computernetzwerke, S. 109 ff.

120 *Scherff*, Grundkurs Computernetzwerke, S. 342.

121 *Scherff*, Grundkurs Computernetzwerke, S. 359; *Schreiner*, Computernetzwerke, S. 144.

kann daher auf dem Übertragungsweg mitgelesen werden.[122] Wenn schon der Schlüssel abgefangen wird, kann auch die weitere Kommunikation entschlüsselt werden. Ebenso besteht die Gefahr, dass die Verschlüsselung aufgelöst werden kann, wenn genügend Nachrichten mitgelesen werden, weshalb diese Verschlüsselungsmethode nicht besonders sicher ist.[123]

Eine weitere Möglichkeit besteht in einem öffentlichen (public key) und einen privatem (private key) Schlüssel (asymmetrische Verschlüsselung).[124] Die gesendete Nachricht wird mithilfe eines öffentlichen Schlüssels, der beispielsweise auf einer Homepage bekannt gegeben wurde, verschlüsselt. Diese Nachricht kann nur durch den privaten Schlüssel, den der Empfänger besitzt, entschlüsselt werden.[125] Dieses Verfahren erfordert einen großen mathematischen Aufwand.[126] Auch, wenn die Verschlüsselung vom Computer vorgenommen wird und der Nutzer davon nicht viel bemerkt, nimmt die Entschlüsselung doch Rechenleistung in Anspruch.[127]

Ferner können die beiden Methoden auch verbunden werden (Hybrid-Verschlüsselung).[128] Der einfache Schlüssel wird mithilfe des öffentlichen Schlüssels verschlüsselt und mithilfe des privaten Schlüssels entschlüsselt.[129] Die Nachteile der symmetrischen und asymmetrischen Verschlüsselung sind dadurch aufgehoben.[130] Dennoch können die Nachrichten entschlüsselt werden, wenn genügend Daten mitgelesen werden.[131] Aus diesem Grunde wird der Schlüssel vielfach nach einer gewissen Zeit, die abhängig von der Menge der übertragenen Daten ist, erneuert.[132]

Zusammenfassend bedeutet dies, dass jeder mit dem Internet verbundene Computer Teil eines aus vielen Netzen bestehenden Netzwerkes ist. Die Router bilden Verbindungspunkte bzw. Knotenpunkte zwischen den einzelnen Netzen und sind für die Weiterleitung der Datenpakete im Internet zuständig. Je nach

---

122 *Schreiner*, Computernetzwerke, S. 144.
123 *Kurose/Ross*, Computernetzwerke, S. 720; *Schreiner*, Computernetzwerke, S. 145.
124 *Scherff*, Grundkurs Computernetzwerke, S. 359; *Schreiner*, Computernetzwerke, S. 145.
125 *Schreiner*, Computernetzwerke, S. 145.
126 *Schreiner*, Computernetzwerke, S. 145.
127 *Schreiner*, Computernetzwerke, S. 145.
128 *Schreiner*, Computernetzwerke, S. 146.
129 *Schreiner*, Computernetzwerke, S. 146.
130 Vgl. *Schreiner*, Computernetzwerke, S. 146.
131 *Schreiner*, Computernetzwerke, S. 144, 146.
132 *Schreiner*, Computernetzwerke, S. 146.

Verschlüsselungsart, soweit eine solche überhaupt erfolgt, ist das Auslesen der Daten eher aufwendig, jedoch wird nur sehr wenig verschlüsselt übertragen.[133]

II Verbindungsmöglichkeiten

Um ein Gerät mit dem Internet zu verbinden, haben sich im Laufe der Zeit, auch aufgrund der neuen technischen Systeme, verschiedene Möglichkeiten entwickelt. Nicht alle Systeme können allerdings jede Verbindungsmöglichkeit nutzen und die Verbindungsmöglichkeiten unterscheiden sich vor allem in ihrem Schutz vor Angriffen.[134]

1 LAN-Verbindung

Eine Verbindungsart mit dem Internet ist die LAN-Verbindung, wobei LAN für *Local Area Network* steht.[135] Das internetfähige Gerät wird mittels eines Kabels (Ethernet) an einem Router oder einem Modem angeschlossen.[136] Dieses ist wiederum meistens über die Telefondose mit einem Router des Internet Service Providers (ISP), also dem Internetanbieter, verbunden.[137] Wenn der Computer eine Verbindung zum Internet aufbaut, läuft diese immer über sein Modem oder seinen Router und den Router des Internetanbieters.

Der Nutzer sendet in einem solchen Fall eine Anfrage an seinen Router, welcher die Anfrage an den Router des Internet Service Providers (sog. Grenz-Router) weiterleitet.[138] Von da an verläuft das Senden und Empfangen von Daten wie oben[139] beschrieben.

Diese Verbindungsart ist vergleichsweise sicher,[140] da das Endgerät direkt über ein Kabel mit einem Router verbunden ist und sich ein Angreifer somit

133 Vgl. beispielsweise E-Mails: https://dc.statista.com/statistik/daten/studie/641025/umfrage/nutzung-von-schutzmassnahmen-gegen-cyberkriminalitaet/ (abgerufen am 19.04.2017); anders mittlerweile bei über Messangerdienste versendete Nachrichten, vgl. *Claus*, jurisPR-StrafR 18/2017 Anm. 1; *Warken* NZWiSt 2017, 329 (331).

134 Siehe zu den Verbindungsmöglichkeiten: *Scherff*, Grundkurs Computernetzwerke, S. 253 ff.

135 *Scherff*, Grundkurs Computernetzwerke, S. 29; *Schreiner*, Computernetzwerke, S. 27; *Tanenbaum*, Computernetzwerke S. 31.

136 *Kurose/Ross*, Computernetze, S. 404 f.; *Kurose/Ross*, Computernetzwerke, S. 36 ff.

137 *Kurose/Ross*, Computernetze, S. 47 f.

138 *Kurose/Ross*, Computernetze, S. 47.

139 Siehe oben S. 61 f.

140 *Ma/Tsudik*, Security and Privacy in emerging wireless networks, S. 13; *Stallings*, Network Security Essentials, S. 223 ff.

nicht zwischen das Endgerät und den Router schalten kann, ohne zuvor schon einmal Zugriff auf das Netzwerk gehabt zu haben.[141]

2 WLAN-Verbindung

Eine weitere Möglichkeit ist die Verbindung mittels WLAN (*Wireless Local Area Network*).[142] Wie der Name schon sagt, handelt es sich um eine kabellose Verbindung. Zunächst einmal muss das Endgerät, also das System, welches mit dem Internet verbunden werden soll, WLAN-fähig sein.[143] Dazu ist in dem Gerät eine WLAN-Karte eingebaut, über die heutzutage Laptops, Tablets und Smartphones zum Großteil verfügen,[144] oder es wird ein WLAN-Adapter angeschlossen.[145] Eine weitere Voraussetzung ist ein WLAN-fähiger Router, das heißt, es muss, wie auch bei der LAN-Verbindung, einen Router (access point) geben, der mit der Telefondose/-leitung verbunden ist.[146] Darüber hinaus muss dieser Router WLAN unterstützen. Das WLAN-fähige Gerät, beispielsweise der Laptop, verbindet sich über Funkwellen mit dem Router,[147] der das empfangene Signal bzw. die Anfrage an den Router des Internet Service Providers weiterleitet.[148] Der weitere Ablauf unterscheidet sich nicht von einer LAN-Verbindung.

Der Vorteil dieser Verbindungsart im Vergleich zu einer LAN-Verbindung liegt auf der Hand. Die Endgeräte sind nicht fest mit dem Router verbunden, sondern transportabel, da sie überall dort eine Internetverbindung aufbauen können, wo sie das Funksignal des Routers empfangen.[149] Ebenso sind mehrere Endgeräte in der Lage, sich mit dem gleichen Router zu verbinden.[150]

Jedoch hat diese Verbindungsart auch Nachteile. Ein bedeutender Nachteil ist die Sicherheit.[151] Die Endgeräte suchen nach einem Router, um eine Verbindung

---

141 *Kraft/Weyert*, Network Hacking, S. 468 ff.

142 Vgl. dazu *Scherff*, Grundkurs Computernetzwerke, S. 29; *Schreiner*, Computernetzwerke, S. 147 ff.; *Möllers/Vogelgesang*, DuD 2016, 497 f.

143 *Schreiner*, Computernetzwerke, S. 149.

144 *Schreiner*, Computernetzwerke, S. 149.

145 *Schreiner*, Computernetzwerke, S. 149.

146 *Kurose/Ross*, Computernetze, S. 51; *Kurose/Ross*, Computernetzwerke, S. 37; *Schreiner*, Computernetzwerke, S. 149.

147 Vgl. *Kurose/Ross*, Computernetze, S. 51.

148 *Schreiner*, Computernetzwerke, S. 153 ff.; *Ma/Tsudik*, Security and Privacy in emerging wireless networks, S. 12.

149 *Schreiner*, Computernetzwerke, S. 150 ff.

150 *Kurose/Ross*, Computernetzwerke, S. 563, 565.

151 *Choi/Robles/Hong/Kim*, Wireless Network Security, S. 77; *Stallings*, Network Security Essentials, S. 223 ff.

zum Internet aufzubauen.[152] Dabei gibt es offene und geschlossene WLANs. In ein offenes WLAN kann sich jedes WLAN-fähige Endgerät einloggen, ohne dass ein Passwort erforderlich ist.[153] Die Übertragung in einem offenen WLAN ist jedoch nicht verschlüsselt, d.h. die übertragenen Daten sind theoretisch für jeden lesbar.[154]

Dem stehen die geschlossenen WLANs gegenüber. Wenn sich ein WLAN-fähiges Gerät mit einem Router eines geschlossenen WLANs verbinden möchte, fragt dieser nach Anmeldeinformationen.[155] Grundsätzlich kann der Anwender dieses Netz nur nutzen, wenn er das Passwort kennt. Die Übertragung zwischen Router (access point) und Endgerät erfolgt in einem geschlossenen WLAN grundsätzlich verschlüsselt,[156] dadurch sind die Daten besser geschützt.

Allerdings besteht die Möglichkeit, dass ein Angreifer einen Router aufstellt und dieser dem Endgerät vorspiegelt, es handelt sich um den richtigen Router.[157] In diesem Fall werden die Daten nicht über den gesicherten Router übertragen, sondern über den vom Angreifer aufgestellten Router. Der Angreifer hat dann wiederum die Möglichkeit, die Daten mitzulesen.

Dieses Dazwischenschalten zwischen Router und Endgerät ist ein wesentlicher Sicherheitsnachteil im Vergleich zu einer LAN-Verbindung, bei der das Endgerät direkt mit dem Router verbunden ist. Dennoch ist WLAN aufgrund der vielen mobilen Systeme beliebt.[158]

3 Mobile Daten

Neben dem WLAN gibt es eine weitere Verbindungsart, die gleichzeitig auch mobil ist und vor allem bei Smartphones und Tablets genutzt wird. Dabei handelt es sich um eine Funkverbindung zum Internet mittels sogenannter *mobiler Daten*.[159] Wenn beispielsweise ein Smartphone Empfang hat, ist es in einer

---

152 *Kurose/Ross*, Computernetzwerke, S. 564 ff.

153 *Sauter*, Grundkurs Mobile Kommunikationssysteme, S 351 f.

154 *Sauter*, Grundkurs Mobile Kommunikationssysteme, S. 352; *Schiller*, Mobilkommunikation, S. 242; *Stallings*, Network Security Essentials, S. 239 ff.

155 Vgl. *Kurose/Ross*, Computernetzwerke, S. 763 ff.; *Stallings*, Network Security Essentials, S. 28 f.

156 *Stallings*, Network Security Essentials, S. 239.

157 *Choi/Robles/Hong/Kim*, Wireless Network Security, S. 79; *Stallings*, Network Security Essentials, S. 224.

158 Vgl. http://de.statista.com/statistik/daten/studie/171510/umfrage/im-haushalt-genutzte-internetzugangsarten/ (abgerufen am 02.04.2016).

159 Ausführlich zu mobilen Daten: *Kurose/Ross*, Computernetzwerke, S. 581 ff.; *Scherff*, Grundkurs Computernetzwerke, S. 371 ff.

Funkzelle eingeloggt, d.h. das Smartphone kann Funksignale von einem Sendemast empfangen und umgekehrt.[160] Über dieses Funksignal können nun nicht nur Anrufe getätigt und empfangen werden, sondern es ist auch möglich, eine Internetverbindung herzustellen. Der Funkmast empfängt die Daten und leitet diese über das Telefonnetz an einen Router weiter,[161] der die Adresse mithilfe von DNS-Servern auflöst. Anhand der IP-Adresse kann die Zieladresse festgestellt werden und die Daten können wie oben[162] beschrieben dorthin weitergeleitet werden.

Wenn das Smartphone kein Funksignal empfängt, kann auch keine Internetverbindung aufgebaut werden.

Da es sich um eine Funkverbindung handelt, bestehen die gleichen Nachteile wie bei einer WLAN-Verbindung. Hinzu kommt, dass eine Internetverbindung von dem jeweiligen Mobilfunkanbieter abhängig ist.

4 Fazit

Es gibt verschiedene Arten, ein internetfähiges System mit dem Internet zu verbinden. Die einzelnen Möglichkeiten bieten sowohl Vor- als auch Nachteile, insbesondere im Bereich des Komforts und der Sicherheit zeigen sich Unterschiede. Die sicherere Verbindung mittels eines Kabels zum Router ist zugleich auch die am wenigstens komfortable. Im Gegensatz dazu bieten die mobilen Verbindungsmöglichkeiten größere Angriffsflächen für einen Zugriff von außen.

Wenn jedoch erst einmal eine Verbindung zum Internet hergestellt wurde, verläuft die Übertragung bei allen Verbindungsarten gleich ab.

III Zugriff auf Geräte aus der Ferne („Hacking")

Um ein mit dem Internet verbundenes Endgerät durch einen Fernzugriff bedienen zu können, gibt es diverse Möglichkeiten. Gegebenenfalls vorhandene Sicherheitsvorkehrungen können vielfach überwunden werden.[163] Gerade bei neueren technischen Geräten, wie beispielsweise einem Smart-TV, sind die Sicherheitsstandards derzeit noch nicht sehr hoch und Sicherheitsupdates erfolgen nicht mehr, wenn das Smart-TV seine Lebensdauer überschritten hat.[164]

160 *Kurose/Ross*, Computernetzwerke, S. 581 ff.
161 *Kurose/Ross*, Computernetzwerke, S. 581 ff.
162 Dazu oben S. 61 f.
163 Statt vieler *Kraft/Weyert*, Network Hacking, S.73 ff.; 317 ff.
164 Vgl. *Michéle/Karpow*, Watch and be Watched, S. 351.

Zudem nimmt das Schließen der gefundenen Sicherheitslücken einige Zeit in Anspruch.[165]

Bereits auf der *Black Hat Conference 2013*[166] in den USA wurden verschiedene Szenarien dargestellt, wie ein Fernzugriff auf einen Smart-TV ablaufen kann. Da es sich bei einem Smart-TV im Wesentlichen nur um einen Computer handelt, gibt es die gleichen Angriffsmöglichkeiten auch bei (anderen) Computern, Smartphones und Tablets.[167]

Zunächst werden die einzelnen Zugriffsmöglichkeiten aus der Ferne abstrakt dargestellt, um im Anschluss einzelne Beispiele zu betrachten. Die Darstellung erfolgt aus rein technischer Sicht und lässt das Rechtliche zunächst außen vor.

1 Zugriffsmöglichkeiten

Grundsätzlich sind verschiedene Möglichkeiten[168] denkbar, wie sich jemand Zugriff aus der Ferne auf einen Computer[169] verschaffen kann.

a Infizierte Anwendung [Application (App)]

Eine Möglichkeit, sich aus der Ferne Zugriff auf einen fremden Computer zu verschaffen, besteht darin, unbemerkt ein Programm auf dem Gerät zu installieren. Dieses Programm kann zum einen eine Hintertür („Backdoor“[170]) enthalten,

---

165 *Michéle*, Smart TV Security, S. 86 f.; vgl. https://heise.de/-3603108 (abgerufen am 22.01.2017).

166 https://www.blackhat.com/us-13/briefings.html#Lee (briefing of Lee; abgerufen am 19.02.2016).

167 *Michéle*, Smart TV Security, S. 2.

168 Zu den vier Möglichkeiten https://media.blackhat.com/us-13/US-13-Lee-Hacking-Surveilling-and-Deceiving-Victims-on-Smart-TV-Slides.pdf (Folie 13) (abgerufen am 24.04.2016); dazu auch *Buermeyer* HRRS 2007, 154 (163); *Gercke* CR 2007, 245 (248).

169 In der abstrakten Beschreibung wird einheitlich von „Computer“ gesprochen. Damit sind auch die Endgeräte gemeint, die große Ähnlichkeit mit einem Computer aufweisen wie beispielsweise einem Smart-TV oder einem Smartphone.

170 Eine Backdoor ist eine in das System integrierte Hintertür, die es einem oder mehreren Nutzern ermöglichen soll, aus der Ferne auf das Gerät zuzugreifen, ohne die Sicherheitsvorkehrungen zu überwinden. Dabei kann vom Entwickler durch „Anweisungen“ im Code begrenzt werden, worauf mit Hilfe der Backdoor zugegriffen werden kann und welche Funktionen genutzt werden können; vgl. *Koehler/Wollschlaeger*, The digital transformation of the automobile, S. 210; *Tanenbaum/Bos*, Moderne Betriebssysteme, S. 789 ff.

um den Zugriff auf das Gerät zu ermöglichen,[171] und zum anderen kann auch die schädliche Software direkt beispielsweise das Mikrofon einschalten und die Daten an den „Angreifer“ senden oder über einen bestimmten Port[172] ansprechbar sein.[173]

Zum Installieren des schädlichen Programms besteht die Möglichkeit, eine Anwendung [Application (App)] zu erstellen und diese auf der jeweiligen Plattform der Anbieter[174] zur Verfügung zu stellen. Neben dem Code für das eigentliche Programm enthält die App auch einen schädlichen Code.[175] Durch das Herunterladen der App gelangt das schädliche Programm auf das System und kann die vom Angreifer gewünschte Tätigkeit ausführen.

Wenn es sich um ein Programm handelt, welches eine Hintertür öffnet, kann der Angreifer nun über das Internet durch diese Hintertür auf das Gerät zugreifen und unbemerkt Programme starten.[176] Dazu muss allerdings eine Internetverbindung bestehen.

Wenn es sich um ein Programm handelt, welches automatisch beim Hochfahren des Systems gestartet wird, kann es direkt die vom Angreifer gewünschte Funktion ausführen und die entsprechenden Daten über das Internet an ihn senden.[177]

Ferner kann es einen Port öffnen, über den der Angreifer das Programm ansprechen und steuern kann. Sobald das Programm gestartet ist, ist es auch über den Port ansprechbar.[178]

In den übrigen Fällen ist es sinnvoll, das schädliche Programm mit *root*[179]-Rechten auszustatten, damit es einen Energiezirkel überlebt und nach einem

---

171 *Kraft/Weyert*, Network Hacking, S. 437, 453 f.,586 ff.; *Michéle/Karpow*, Watch and be Watched, S. 351 (356).

172 Ein Port ist ein Zugangspunkt in einem Computersystem, der es ermöglicht dieses System von einem anderen System aus anzusprechen, *Vogelgesang/Möllers/ Hessel/ Potel*, DuD 2017, 501 (502).

173 *Michéle/Karpow*, Watch and be Watched, S. 351 (353).

174 Beispielsweise der „App Store“ von *Apple* oder „Play Store“ von *Google*.

175 *Lee/Kim*, Hacking, Surveilling, and Deceiving victims on Smart TV, Folie 22 f. [Black Hat Conference 2013, abrufbar unter: https://media.blackhat.com/us-13/US-13-Lee-Hacking-Surveilling-and-Deceiving-Victims-on-Smart-TV-Slides.pdf].

176 *Kraft/Weyert*, Network Hacking, S. 584 ff., 590.

177 *Kraft/Weyert*, Network Hacking, S. 67 f., 219 ff.; *Michéle/Karpow*, Watch and be Watched, S. 351 (353).

178 Vgl. *Vogelgesang/Möllers/Hessel/Potel*, DuD 2017, 501 (502).

179 *Root* bezeichnet den Benutzernamen, der über alle Recht auf dem System verfügt; vgl. *Kraft/Weyert*, Network Hacking, S. 113 f.; http://www.linfo.org/root.html (abgerufen am 11.08.2017).

Neustart die gewünschten Funktionen ausführt und nicht so leicht von Anti-Viren-Programmen gefunden werden kann.[180]

b *Infizierte Webseite*

Eine weitere Möglichkeit besteht darin, eine *infizierte* Webseite zu erstellen.[181] Dabei enthält der Code der Webseite zusätzlich den schädlichen Programmcode. Zum Ausführen dieses schädlichen Codes bestehen zwei Möglichkeiten.[182] Zum einen kann die Webseite so aufgebaut sein, dass der Nutzer verführt wird, einen „Button“ anzuklicken, beispielsweise um ein kostenloses Angebot zu erhalten, wobei beim Anklicken des Buttons das schädliche Programm dann heruntergeladen wird.[183]

Die zweite Möglichkeit besteht darin, Sicherheitslücken in den Webbrowsern auszunutzen. Dabei werden präparierte Webseiten angeboten, die beispielsweise einen *Buffer-Overflow*[184] im Browser auslösen, und dadurch kann anschließend ein beliebiger *Shellcode*[185] auf dem betroffenen Gerät ausgeführt werden.[186]

Das schädliche Programm kann dabei wiederum eine Hintertür für den Angreifer enthalten, die es ihm ermöglicht, auf das System zuzugreifen.[187]

---

180 *Michéle/Karpow*, Watch and be Watched, S. 351 (355); *Kraft/Weyert*, Network Hacking, S. 588.

181 *Lee/Kim*, Presentation BlackHat Cornference 2013, Folie 39 ff. (https://media.blackhat.com/us-13/US-13-Lee-Hacking-Surveilling-and-Deceiving-Victims-on-Smart-TV-Slides.pdf; abgerufen am 26.01.2018); vgl. *Bratke*, Quellen-Telekommunikationsüberwachung, S. 97.

182 *Kraft/Weyert*, Network Hacking, S. 449 ff.

183 *Kraft/Weyert*, Network Hacking, S. 449 f.

184 *Buffer-Overflow* (dt. „Pufferüberläufe“): Ein Programm ist bei der Verarbeitung von Informationen aus einer externen Quelle überfordert; vgl. *Klein*, Buffer overflows und Format-String-Schwachstellen, S. 7; *Erickson*, Hacking, S. 119.

185 Ein *Shellcode* wird ausgeführt, wenn die Angreifbarkeit eines Systems ausgenutzt wurde. Der Code wird dabei vom Angreifer extra für das System geschrieben. Die Aufgabe des Shellcodes ist es, eine Aufgabe für den Angreifer möglichst effizient auszuführen; vgl. *Foster*, Sockets, Shellcode, Porting & Coding, S. 334. Somit handelt es sich bei einem Shellcode um ein Programm des Angreifers, welches auf Maschinenebene ausgeführt wird; *Tanenbaum/Bos*, Moderne Betriebssysteme, S. 772. Die Shell ist die Schnittstelle für den Benutzer zum Betriebssystem. Sie nimmt Anweisungen entgegen und erzeugt Prozesse; *Stallings*, William, Betriebssysteme, S. 103.

186 *Kraft/Weyert*, Network Hacking, S. 449.

187 *Kraft/Weyert*, Network Hacking, S. 584 ff., 590.

Ebenso ist es auch möglich, dass das Programm gestartet wird, sobald das Gerät hochgefahren ist und die vorgesehene Funktion ausführt.[188] Die aufgezeichneten Daten werden dann wiederum über das Internet an den Angreifer gesendet.[189]

Ferner kann das Programm einen Port öffnen und der Angreifer über diesen das Programm steuern.

Auch hier ist der Angreifer jedoch auf die Mitwirkung des Nutzers angewiesen. Nur wenn dieser die Webseite aufruft und je nach Methode den Button anklickt, kann das Programm auf dem Gerät installiert werden.

c Zugriff auf das Netzwerk

Eine dritte Möglichkeit besteht darin, dass der Angreifer sich direkt Zugriff auf das fremde System verschafft, ohne auf eine aktive Mitwirkung des Nutzers angewiesen zu sein. Zunächst versucht der Angreifer in das (Heim-) Netzwerk zu gelangen, in dem sich das (zu infizierende) System befindet, um leichter auf dieses zugreifen zu können.

Bei einem offenen WLAN kann sich der Angreifer mit dem Access Point verbinden, wenn er in der Nähe ist, wozu ein Passwort nicht erforderlich ist.[190]

Bei einem geschlossenen WLAN muss der Angreifer zunächst das Passwort erfahren, um sich mit dem Access Point verbinden zu können. Dazu existieren verschiedene Tools.[191] Diese Tools helfen, den Netzwerkverkehr zu beobachten, damit der Angreifer feststellen kann, wann eine neue Verbindung zum Access Point erfolgt. Bei dem Verbindungsaufbau kann er dann das (z.B. mit WPA2)[192] verschlüsselte Passwort mitlesen. Auch zum Auflösen der Verschlüsselung stehen diverse Tools zur Verfügung.[193] Obwohl WPA2 schwerer zu entschlüsseln ist als WEP, ist es mit ausreichender Rechnerleistung nicht unmöglich.[194]

Eine Möglichkeit das Passwort zu entschlüsseln, ist der sogenannte *Wörterbuchangriff*,[195] bei dem alle in Betracht kommenden Wörter, die in Wörterbüchern aufzufinden sind, automatisch getestet werden. Je größer die Rechenleistung ist,

---

188 *Michéle/Karpow*, Watch and be Watched, S. 351 (353 ff.).

189 *Kraft/Weyert*, Network Hacking, S. 69 f., 219 f.; *Michéle/Karpow*, Watch and be Watched, S. 351 (353).

190 *Sauter*, Grundkurs Mobile Kommunikationssysteme, S. 351 f.

191 *Kraft/Weyert*, Network Hacking, S. 362 ff.

192 *Schreiner*, Computernetzwerke, S. 153.

193 *Kraft/Weyert*, Network Hacking, S. 376 f., 382 ff.

194 Vgl. *Kraft/Weyert*, Network Hacking, S. 376 ff.

195 *Kraft/Weyert*, Network Hacking, S. 380 ff. (auch im Folgenden).

desto schneller kann das Passwort ermittelt werden. Diese Möglichkeit führt jedoch nicht zum Erfolg, wenn das Passwort kein Wort aus einem Wörterbuch ist. Statt eines Wörterbuchangriffs kann auch ein *Brute-force-Angriff* durchgeführt werden,[196] wobei alle in Betracht kommenden Zeichenkombinationen automatisch ausprobiert werden.[197]

Bei beiden Methoden gibt das jeweilige Programm eine Meldung mit dem Passwort an den Angreifer aus und dieser kann sich mithilfe des Passwortes mit dem Access Point verbinden, wodurch er sich im gleichen Netzwerk wie das zu infizierende System befindet.[198]

Um Zugriff auf das Gerät zu erlangen, könnte ein Angreifer das Programm, welches auf dem Gerät installiert und ausgeführt werden soll, auch an das entsprechende Gerät im Netzwerk senden. Jedoch haben auch die Geräte vielfach noch Sicherheitsvorkehrungen, beispielsweise eine Firewall. Diese muss der Angreifer unbemerkt überwinden, damit seine Aktion erfolgreich sein kann. Wenn das Programm ungeschützt, d.h. nicht versteckt, zu dem fremden Gerät geschickt wird, wird die Firewall es im Zweifel abblocken bzw. es würde eine Nachricht auf dem Gerät erscheinen und der Nutzer wäre gewarnt.[199]

Geschickter ist es daher, das Programm in ein anderes Programm zu integrieren, welches nicht von beispielsweise der Firewall blockiert wird.[200] Der Angreifer kann daher unter anderem das Programm als ein Update des Systemherstellers tarnen.

Sobald dieses „Update" auf dem Gerät zugelassen wird, kann das vom Angreifer erstellte Programm tätig werden. Je nach Programmierung werden dann entweder die Daten an den Angreifer gesendet oder eine Backdoor für ihn geöffnet. Besonders „geschickte" Programme (Rootkits) können sich im System verstecken und ihre Spuren für den Anwender verwischen.[201]

Eine weitere Möglichkeit, ein Programm einzuschleusen, ist der sogenannte *Man-in-the-Middle-Angriff*.[202] Hierbei ist es nicht erforderlich, sich im gleichen Netzwerk zu befinden – jedoch vereinfacht auch dies die Methode. Wie

---

196 *Kraft/Weyert*, Network Hacking, S. 376; 382.

197 *Koehler/Wollschlaeger*, The digital transformation of the automobile, S. 216; *Kraft/Weyert*, Network Hacking, S. 289 ff.; *Kurose/Ross*, Computernetze, S. 560.

198 Vgl. *Kraft/Weyert*, Network Hacking, S. 289 ff.

199 *Kraft/Weyert*, Network Hacking, S. 432 ff.

200 *Kraft/Weyert*, Network Hacking, S. 432 ff.; *Kurose/Ross*, Computer Networking, S. 381; zum Einfügen von Datenpaketen vgl. *Barrett/Silverman*, SSH, S. 19; 112 f.

201 *Kraft/Weyert*, Network Hacking, S. 436 ff.

202 *Kurose/Ross*, Computernetzwerke, S. 751; *Tanenbaum*, Computernetzwerke, S. 869 ff.

der Name schon sagt, ist bei dieser Methode jemand „in der Mitte“ oder auch „dazwischen“. Die gesamten Daten, welche über das Internet gesendet werden, gehen dabei über den Computer des Angreifers, der so in der Lage ist, die Informationen mitzulesen, zu verändern und etwas hinzuzufügen.[203] Das heißt, auch mit einem solchen Angriff kann ein Programm in das System des abzuhörenden Geräts eingeschleust werden, wozu der Angreifer ein Datenpaket so verändern muss, dass dieses sein Programm bzw. den Code für sein Programm enthält.

Des Weiteren ist auch die Methode, schädliche Programme getarnt als nützliche Programme[204] per E-Mail zu versenden nach wie vor weitverbreitet.[205] In diesem Fall spielt es keine Rolle in welchem Netzwerk sich der Angreifer befindet, da der Angreifer sein Programm gezielt an Nutzer per E-Mail sendet.[206] Dabei hat er die Möglichkeit, das schädliche Programm in einem Anhang zu „verstecken“ oder in der E-Mail selbst einen Link zu integrieren, der auf eine gefälschte Webseite führt. Obwohl diese beiden Varianten schon länger existieren und auch bekannt sind, gibt es dennoch viele Nutzer, die einen solchen Anhang öffnen oder auf den Link klicken, wodurch das schädliche Programm installiert wird.[207]

Zudem können auch vorhandene Sicherheitslücken ausgenutzt werden, um auf das System zuzugreifen. In diesem Fall sucht der Angreifer nach einer unbewussten Lücke in einer Software und nutzt diese anschließend, um auf das System zuzugreifen (sog. *Exploits*[208]).[209] Jedoch werden diese Lücken regelmäßig durch Systemupdates geschlossen und bieten sich dann nicht mehr als Zugriffspunkt an.[210]

---

203 *Kurose/Ross*, Computernetzwerke, S. 751; vgl. *Kurose/Ross*, Computernetze, S. 575.

204 Das scheinbar nützliche Programm wird auch Trojaner genannt. Ein Trojaner ist Malware, die im Hintergrund unbemerkt schädliche Komponenten installiert; *Kraft/Weyert*, Network Hacking, S. 422; *Schäfer/Roßberg*, Netzsicherheit, S. 456.

205 Vgl. http://docweb.rz.uni-passau.de:2150/statistik/daten/studie/12627/umfrage/internetsicherheit---verbreitung-unterschiedlicher-schadprogramme/ (abgerufen am 24.04.2016).

206 Vgl. *Kraft/Weyert*, Network Hacking, S. 411 ff.; *Bratke*, Quellen-Telekommunikationsüberwachung, S. 96.

207 Vgl. http://docweb.rz.uni-passau.de:2150/statistik/daten/studie/12635/umfrage/verbreitungswege-der-schadprogramme-im-internet/ (abgerufen am 24.04.2016).

208 *Koehler/Wollschlaeger*, The digital transformation of the automobile, S. 250.

209 *Erickson*, Hacking, S. 118.

210 Vgl. *Erickson*, Hacking, S. 319 f., 451 f.

d Physischer Zugriff auf das Gerät

Die letzte hier vorgestellte Möglichkeit setzt voraus, dass der Angreifer zunächst physischen Zugriff auf das System nehmen kann.[211] Wie bei den vorherigen Zugriffsweisen muss ein schädliches Programm unbemerkt auf das (zu infizierende) System gelangen. Dabei kann das Programm zuvor beispielsweise auf einem USB-Stick gespeichert worden sein und von diesem USB-Stick das Programm installiert werden. Solange der Autostart für externe Speichermedien aktiviert ist, kann das Programm problemlos installiert und ausgeführt werden.[212] Andernfalls muss die Installation manuell gestartet werden. Nach der Installation kann das Programm unbemerkt im Hintergrund seine Aufgaben ausführen und die Daten an den Ersteller senden oder eine Backdoor oder einen Port öffnen, über den der Angreifer das Programm steuert. Damit erfolgt zwar die Installation des schädlichen Programms nicht aus der Ferne, jedoch kann der Ersteller des Programms nach der Installation auf das System aus der Ferne zugreifen und dieses bzw. das Programm steuern. Daher kann der Zugriff noch als Zugriff aus der Ferne angesehen werden.

e Vergleich der einzelnen Methoden

Jede Methode bietet sowohl Vor- als auch Nachteile für denjenigen, der die Nutzer über ihr informationstechnisches System abhören möchte. Teilweise ist der Angreifer auf die Mitwirkung des Nutzers angewiesen. Bei den unter *a.* und *b.* genannten Möglichkeiten ist dies besonders deutlich, da das schädliche Programm nur auf dem Computer installiert werden kann, wenn der Nutzer die App herunterlädt bzw. die Webseite besucht und gegebenenfalls den Button anklickt.

Zusätzlich ist das Bereitstellen der App auf der jeweiligen Plattform des Anbieters für den Angreifer schwierig. Den Betreibern der Plattformen ist daran gelegen, keine schädlichen Apps zu vertreiben, weshalb diese in der Regel zuvor überprüft werden.[213]

---

211 *Bratke*, Quellen-Telekommunikationsüberwachung, S. 99 f.; *Lee/Kim*, Black hat Conference 2013, Folie 47, (abrufbar unter: https://media.blackhat.com/us-13/US-13-Lee-Hacking-Surveilling-and-Deceiving-Victims-on-Smart-TV-Slides.pdf), abgerufen am 26.01.2018.

212 *Michéle/Karpow*, Watch and be Watched, S. 351 (353); vgl. *Kraft/Weyert*, Network Hacking, S. 650 f.

213 Vgl. Nutzungsbedingungen von Google Play Store, Nr. 3 (abrufbar unter: https://play.google.com/intl/de_de/about/play-terms.html; abgerufen am 26.01.2018); *Lee/Kim*, Hacking, Surveilling, and deceiving victims on Smart TV, Folie 22 (abrufbar

Jedoch hat diese Möglichkeit den Vorteil, dass der Angreifer weitestgehend untätig bleiben kann. Er muss lediglich die App oder Webseite erstellen und hoffen, dass ein Nutzer das Programm unbewusst herunterlädt, wodurch allerdings kein System gezielt infiziert wird.

Im Gegensatz dazu muss der Angreifer bei den anderen Möglichkeiten aktiv tätig werden. Gerade bei dem Versuch aktiv in ein (geschlossenes) Netzwerk zu gelangen, besteht die Gefahr, frühzeitig entdeckt zu werden und somit keine Möglichkeit zu haben, das Schadprogramm auf dem System einzuschleusen. Allerdings bietet diese Variante den Vorteil, dass der Angreifer nicht auf die aktive Mitwirkung des Nutzers angewiesen ist und gezielt vorgehen kann.

Das gleiche gilt bei dem physischen Zugriff, weil auch dort der Angreifer nicht auf die Mitwirkung des Nutzers angewiesen ist und gezielt ein System infiltrieren kann; jedoch besteht dort noch mehr die Gefahr des Entdecktwerdens bei der Installation, da er sich zunächst physisch Zugang zu dem System verschaffen muss.

f Fazit

Es gibt verschiedene technische Möglichkeiten auf ein informationstechnisches System aus der Ferne zuzugreifen. Zum einen kann mithilfe einer infizierten App oder einer infizierten Webseite eine (Überwachungs-) Software auf dem informationstechnischen System installiert werden (C.III.1.a.; b.). Zum anderen kann auch ein direkter elektronischer Zugriff über das Netzwerk auf das informationstechnische System erfolgen, um das System aus der Ferne steuern zu können (C.III.1.c.). Dabei kommt es insbesondere darauf an, wie das System mit dem Internet verbunden ist. Die letzte Möglichkeit besteht darin, die Software bei einem physischen Zugriff auf dem informationstechnischen System zu installieren (C.III.1.d.). Je nach Kenntnisstand und den zur Verfügung stehenden Mitteln kann der Angreifer zwischen den Möglichkeiten wählen.

Alle Möglichkeiten bieten sowohl Vor- als auch Nachteile für den Überwachenden. Welche Möglichkeit der Angreifer wählt, hängt von verschiedenen Faktoren ab, insbesondere davon, ob ein gezielter Fernzugriff erfolgen soll oder nicht und zudem, ob er die technischen Fähigkeiten und entsprechenden Programme besitzt, um einen solchen Fernzugriff durchzuführen.

---

unter: https://media.blackhat.com/us-13/US-13-Lee-Hacking-Surveilling-and-Deceiving-Victims-on-Smart-TV-Slides.pdf; abgerufen am 26.01.2018).

2 Die einzelnen Gegenstände

Bei den einzelnen Systemen verläuft der Zugriff aus der Ferne im Ganzen recht einheitlich.

a PC/Laptop

Bei einem Personal Computer (PC) bzw. Laptop bieten sich fast alle oben genannten Möglichkeiten an. Insbesondere Laptops sind häufig über WLAN mit dem Internet verbunden und bieten dadurch leichtere Zugriffsmöglichkeiten als ein Desktop-PC, beispielsweise auch mittels eines *Man-in-the-Middle-Angriffs*.

Zudem rufen viele Menschen ihre E-Mails am Laptop oder PC ab,[214] sodass sich auch das Infizieren mittels eines E-Mail-Anhangs als möglich erweist, zumal der Aufwand wesentlich geringer ist, als sich auf eine andere Weise Zugriff auf den PC oder Laptop zu verschaffen.

Lediglich Apps werden bei Computern in der Regel noch nicht von den entsprechenden Plattformen der Anbieter heruntergeladen. Jedoch nimmt auch die Nutzung von Plattformen zum Herunterladen von Apps beim PC, beispielsweise bei Windows 10, zu. Nichtsdestoweniger ist diese Methode derzeit noch begrenzt.

Bei alledem ist jedoch zu beachten, dass PCs und Laptops in der Regel über hohe Sicherheitsvorkehrungen, wie Firewall und Anti-Viren-Programme, verfügen. Daher können schädliche Programme unter Umständen schnell entdeckt und vom Nutzer entfernt werden.

b Smartphone/Tablet

Sowohl Smartphones als auch Tablets weisen nicht alle einen USB-Typ-A-Anschluss[215] auf. Daher muss in diesen Fällen ein anderes Speichermedium bei einem physischen Zugriff gewählt oder ein Adapter verwendet werden. Diese Möglichkeit ist damit nicht ausgeschlossen, allerdings kann sie mit zusätzlichem Aufwand verbunden sein.

Smartphones und Tablet verfügen über die zusätzliche Möglichkeit, sich über mobile Daten mit dem Internet zu verbinden,[216] wobei die Verbindung

---

214 Vgl. http://de.statista.com/statistik/daten/studie/418171/umfrage/umfrage-zu-aktivitaeten-am-desktop-laptop-in-deutschland/ (abgerufen am 28.04.2016).

215 Um einen USB-Typ-A handelt es sich beispielsweise bei dem Standard-USB-Anschluss bei einem Desktop-PC; vgl. *Labs,* c't 01/2016, 92 (92 ff.).

216 Siehe oben S. 63.

über mobile Daten wie beim WLAN über Funkwellen verläuft.[217] Daher ist die Reichweite zwar begrenzt, jedoch sind die Sendemasten so verteilt, dass fast eine ununterbrochene Verbindung bestehen kann.[218] Um sich zwischen das System und den Sendemast zu schalten, muss der Angreifer wissen, in welchem Funkzellenbereich sich das System befindet.[219] Relevant ist dies vor allem, um das Programm auf dem System installieren zu können oder einen *Man-in-the-Middle-Angriff* durchzuführen.

Bei Smartphone und Tablet bietet sich besonders das Erstellen einer App an. Viele Nutzer laden – oft unüberlegt und aus reiner Neugierde – Apps herunter, wenn diese ihnen vorgeschlagen werden oder besonders beliebt sind.[220] Ferner werden Apps von den jeweiligen Plattformen der Anbieter heruntergeladen, wenn sie den Interessen des Nutzers entsprechen und er diese testen möchte.[221]

Zudem werden immer mehr E-Mails via Smartphone und Tablet abgerufen.[222] Solange das schädliche Programm ein geeignetes Format hat, können auch hier Dateien mit diesem per E-Mail versendet werden.

c Smart-TV

Grundsätzlich sind auch bei Smart-TVs die gleichen Methoden anwendbar. Da Smart-TVs noch recht neu sind und nur über wenige Sicherheitsvorkehrungen verfügen,[223] kann ein Zugriff aus der Ferne recht leicht erfolgen.

Ebenso bietet sich auch ein *Man-in-the-middle-Angriff* bei Smart-TVs an. In diesem Fall kann der Angreifer über das Internet auch die Kontrolle über die Kamera oder das Mikrofon übernehmen.[224]

---

217 *Scherff*, Grundkurs Computernetzwerke, S. 371 ff.

218 *Scherff*, Grundkurs Computernetzwerke, S. 371.

219 Vgl. oben S. 68 ff.

220 Vgl. *Niklas*, Akzeptanz und Nutzung mobiler Applikationen, S. 54 ff.

221 https://think.storage.googleapis.com/docs/mobile-app-marketing-insights.pdf (abgerufen am 01.04.2017); *Niklas*, Akzeptanz und Nutzung mobiler Applikationen, S. 54 ff.

222 Vgl. http://docweb.rz.uni-passau.de:2150/statistik/daten/studie/170601/umfrage/genutzte-angebote-von-handy--smartphonebesitzern-fuer-das-mobile-internet/ (abgerufen am 24.04.2016); http://docweb.rz.uni-passau.de:2150/statistik/daten/studie/486821/umfrage/ausuebung-von-internetaltivitaeten-ueber-das-smartphone-in-deutschland/ (abgerufen am 24.04.2016).

223 *Miller*, The Internet of Things, S. 55.

224 *Miller*, The Internet of Things, S. 55 f.

Zudem weisen Smart-TVs diverse Anschlüsse für externe Medien auf, über die durch einen physischen Zugriff auf das System ein „Überwachungsprogramm“ installiert werden kann.

Viele Smart-TVs verfügen des Weiteren über einen Mediaplayer, mit dem Musik und Videos in diversen Formaten abgespielt werden können.[225] Diese Mediaplayer bieten einen weiteren Angriffspunkt auf Smart-TVs. Ähnlich wie bei einer Webseite oder einer App stellt der Angreifer eine infizierte Datei, in diesem Fall ein Video, ins Internet.[226] Wenn der Nutzer das Video herunterlädt und auf seinem Smart-TV abspielt, kann das schädliche Programm des Angreifers ausgeführt werden.

d Smart Car

Ebenso verfügen Autos über Computer, die miteinander verbunden sind.[227] Jedoch weisen Smart Cars zurzeit noch sehr wenige bis keine Sicherheitsvorkehrungen auf, um Angriffe auf die Systeme abzuwenden.[228] Aus diesem Grund sind die Computersysteme eines Smart Cars vergleichsweise einfach zu hacken.

Bei einem Smart Car besteht vor allem die Möglichkeit, sich direkt Zugriff auf das Auto zu verschaffen. Da der Angreifer hierbei in der Regel noch keine Sicherheitsvorkehrungen überwinden muss,[229] erleichtert dies den Zugriff und verringert die Gefahr entdeckt zu werden.

Zudem verbinden sich Smart Cars unter anderem mittels Mobiler Daten mit dem Internet,[230] weshalb insbesondere auch ein *Man-in-the-Middle-Angriff* möglich ist.

Ferner bietet sich der physische Zugriff auf das Auto an, wenn der Angreifer die Möglichkeit hat, in das Auto zu gelangen und ein Speichermedium anzuschließen.

e Spielzeuge

Im Gegensatz zu Smartphone, Tablet, Smart TV und Smart Car sowie den neueren Betriebssystemen von *Windows* auf PCs und Laptops, die Apps von der

---

225 *Michéle/Karpow*, Watch and be Watched, S. 351 (352).

226 *Michéle/Karpow*, Watch and be Watched, S. 351 (353).

227 *Miller*, The Internet of Things, S. 158 ff.; *Brummer/Hoch*, Kriminalistik 2017, 643 (643 ff.).

228 *Miller*, The Internet of Things, S. 166.

229 Vgl. *Miller*, The Internet of Things, S. 166.

230 Vgl. *Stingl*, in: Jahnel [Hrsg.], Datenschutz, S. 164.

jeweiligen Plattform der Anbieter verwenden, sind nicht alle Spielzeuge per App steuerbar. Sofern dies allerdings der Fall ist, wie bei der Puppe „My friend Cayla“ und dem Roboter „i-QUE“, kann auch hier die App mit einem schädlichen Code versehen werden. Andernfalls scheiden die ersten beiden vorgestellten Methoden aus. Jedoch sind diese Spielzeuge in der Lage, eine Internetverbindung via WLAN herzustellen, weshalb sie dort einen Angriffspunkt bieten. Während eines erfolgreichen Zugriffs kann ein Programm installiert werden, um das Mikrofon einzuschalten oder über einen Port ansprechbar zu sein, sodass der Angreifer im Anschluss via Internet die Raumgespräche mithören kann.

Sofern die Spielzeuge eine Bluetooth-Verbindung herstellen, kann es auch schon ausreichen, sich in der Nähe der Spielzeuge mit einem Smartphone, auf dem die entsprechende App installiert und Bluetooth eingeschaltet ist, zu befinden, um das Mikrofon zu aktivieren.[231]

3 Fazit

Es gibt diverse Methoden, sich heimlich Zugriff auf internetfähige Multimedia-Geräte und Spielzeuge zu verschaffen. Die jeweiligen Zugriffsmöglichkeiten sind technisch alle mit mehr oder weniger Aufwand umsetzbar. Jedoch können sie sich in der konkreten Vorgehensweise je nach System unterscheiden. Insbesondere Systeme, die schon länger bestehen und damit über mehr Sicherheitsvorkehrungen verfügen, stellen eine Herausforderung für den Zugriff und das Einschleusen einer Schadsoftware bzw. Überwachungssoftware dar; dennoch sind auch diese Systeme nicht sicher vor einem Zugriff aus der Ferne.

Um ein System gezielt zu infizieren, kann weder eine schädliche App noch eine infizierte Webseite erstellt werden, da hier der betroffene Personenkreis nicht überschaut werden kann. Zudem ist dort die Mitwirkung des jeweiligen Nutzers erforderlich.

IV Fazit

Durch die technische Entwicklung sind immer mehr Systeme internetfähig und daher auch an das Internet „angeschlossen“, wobei das Internet aus vielen Netzen besteht. Die Nachrichtenübermittlung im Internet erfolgt mithilfe von Routern und DNS-Servern, die für die Auflösung der Adressen zuständig sind, wobei die Übermittlung im Internet unabhängig von der jeweiligen Verbindungsart ist.

---

231 Vgl. *Hessel*, JurPC Web-Dok. 13/2017, Abs. 1–39 (Abs. 18).

Eine Verbindung zum Internet kann auf unterschiedliche Art aufgebaut werden und ist von den Voraussetzungen des jeweiligen Systems abhängig. Ein Tablet oder Smartphone wird sich in der Regel via WLAN oder mobiler Daten mit dem Internet verbinden, während ein Desktop-PC grundsätzlich via LAN mit dem Internet verbunden sein wird.

Abhängig von der Art der Internetverbindung gestaltet sich der Zugriff auf die internetfähigen Systeme aus der Ferne. Der Zugriff auf ein System, das via WLAN verbunden ist, gestaltet sich einfacher als auf ein System, das via LAN verbunden ist, da sich beispielsweise ein „Dazwischen-Schalten", um die Datenpakete mitzulesen, bei einem Funknetzwerk einfacher zu bewerkstelligen ist als bei einer LAN-Verbindung, die kabelgebunden ist.

Nichtsdestoweniger bestehen für alle Verbindungsarten diverse Zugriffsmöglichkeiten, um eine Schadsoftware bzw. Überwachungssoftware zu installieren (III.1.). Jedoch eigenen sich nicht alle Zugriffsmöglichkeiten für alle Systeme, wobei insbesondere die Spielzeuge zwar geringere Schutzvorkehrungen aufweisen, aber gleichzeitig auch weniger Angriffspunkte bieten.

D. Technische Möglichkeiten internetbasierter Abhörmaßnahmen

Um bei Multimedia-Geräten oder bei Spielzeugen die integrierten Mikrofone aus der Ferne zu nutzen, gibt es aus technischer Sicht verschiedene Möglichkeiten. Wie der Zugriff auf die Systeme an sich gestaltet werden kann, wurde schon gezeigt.[232] Im Folgenden werden genauer technische Methoden dargestellt, mit deren Hilfe eine akustische Überwachung durch den Staat von Nutzern informationstechnischer Systeme durchgeführt werden kann.[233]

I Zusammenarbeit mit den Herstellern oder Betriebssystemherstellern bzw. Verpflichtung der Hersteller

Eine Möglichkeit der akustischen Überwachung einer Person durch Multimedia-Geräte oder Spielzeuge besteht in der Zusammenarbeit staatlicher Behörden mit den Herstellern bzw. den Betriebssystemherstellern.

Zur Abgrenzung zwischen Hersteller und Betriebssystemhersteller ist ein für die Untersuchung einheitliches Begriffsverständnis notwendig. Grundsätzlich ist ein Hersteller eine Person oder eine Firma, die Waren produziert.[234] Zum einen können Hersteller daher die Firmen sein, die die Gräte, wie beispielsweise Laptop, Smart-TV, Smartphone, produzieren und zum andere die Entwickler der Betriebssysteme, wie *Microsoft Windows* oder *Apple*. Im Folgenden werden die zuerst genannten mit dem Begriff „Hersteller" und die anderen als „Betriebssystemhersteller" bezeichnet.

Bei der Zusammenarbeit zwischen Behörden und Herstellern kann grundsätzlich zwar ähnlich vorgegangen werden wie bei einer Zusammenarbeit zwischen Behörden und Betriebssystemherstellern. Jedoch unterscheiden sie sich in der Geeignetheit bzw. Durchführbarkeit bei den einzelnen Multimedia-Geräten und Spielzeugen.

---

232 Dazu siehe S. 57 ff.

233 Nichtsdestoweniger sind einige der Methoden, insbesondere das Einschleusen einer Überwachungssoftware, nicht alleine auf staatliche Maßnahmen beschränkt, sondern können – aus technischer Sicht – auch durch Private verwendet werden. Eine Betrachtung der Überwachung durch Private erfolgt im Rahmen dieser Untersuchung jedoch nicht.

234 Duden Bedeutungswörterbuch „Herstellung"; vgl. § 4 I, II ProdHaftG.

1 Allgemeines

Zunächst besteht die (technische) Möglichkeit, dass die Mikrofone an den Geräten dauerhaft eingeschaltet sind und alle Gespräche bzw. Geräusche in der Umgebung aufzeichnen. Diese aufgezeichneten Gespräche können über eine Internetverbindung an die Server der Hersteller bzw. Betriebssystemhersteller gesendet und dort für eine gewisse Zeit gespeichert werden. Dauerhaft eingeschaltete Mikrofone führen jedoch zu einem höheren Stromverbrauch der Geräte, sodass zumindest Geräte, welche grundsätzlich nur im Akku-Betrieb laufen, schnell am Ende ihrer Kapazität sind.[235] Für die Durchführung dieser Art der Zusammenarbeit müssten die Hersteller bzw. Betriebssystemhersteller wirksam durch ein Gesetz verpflichtet werden, ihre Systeme dementsprechend zu entwickeln und die Daten zu speichern.

Anstelle einer dauerhaften Aufzeichnung könnten die Mikrofone auch auf Geräusche reagieren und sich dann aktiv schalten, wenn Gespräche in der Nähe geführt werden. Dieses Prinzip funktioniert ähnlich wie eine Sprachsteuerungsfunktion. Bei einer aktivierten Sprachsteuerung „lauschen" die Mikrofone der Geräte nach entsprechenden Signalwörtern, wie beispielsweise nach „Hey Siri, …" bei Produkten der Marke *Apple*.[236] Wenn die Signalwörter ausgesprochen wurden, wird das Gerät aktiv und reagiert auf Sprachbefehle des Nutzers.

In diesem Fall würde es jedoch nicht sinnvoll sein, die Mikrofone nur auf bestimmte Signalwörter reagieren zu lassen. Damit alle Gespräche aufgezeichnet werden können, müssten die Mikrofone der Systeme reagieren, sobald sie Stimmen registrieren. Diese Gespräche könnten anschließend wiederum auf den Servern der Hersteller bzw. Betriebssystemhersteller gespeichert werden.

Eine weitere Möglichkeit besteht darin, dass die Mikrofone zwar bei Gesprächen im Umfeld diese übertragen, jedoch die Gespräche nicht gespeichert werden. Eine Speicherung erfolgt erst, wenn eine Anordnung für eine akustische Überwachung erfolgte. Dadurch bedienen sich die Behörden nur eines Dritten, ohne dass eine Rundum-Überwachung samt Speicherung stattfindet.

Bei allen Vorgehensweisen ist es erforderlich, dass die Behörden den Hersteller bzw. Betriebssystemhersteller kennen und diese ein System dem Betroffenen zuordnen können, was beispielsweise durch eine Registrierung des Systems

235 Vgl. FAQ zur Hello Barbie, Hello Barbie Messaging/Q&A, Mattel 2015, S. 1; http://www.apple.com/de/iphone/compare/; http://www.motorola.de/products/moto-g-family (abgerufen am 12.02.2016).

236 Vgl. https://support.apple.com/en-gb/HT204389 (abgerufen am 12.07.2016).

beim ersten Anschließen geschehen kann. Betriebssystemhersteller verlangen schon jetzt vielfach die Registrierung von Systemen.[237]

Grundsätzlich wäre ein solches Vorgehen zwar technisch möglich, jedoch würde derzeit das Internet bei der Menge an Daten, die übertragen werden müssten, überlastet sein.[238] Solange das Internet diese Datenmengen nicht bewältigen kann, ist die Zusammenarbeit nur in begrenzten Umfang nutzbar. Weil nicht ausgeschlossen werden kann, dass das Internet in Zukunft noch größere Datenmengen bewältigen kann, wird diese Maßnahme dennoch in die spätere rechtliche Betrachtung mit einbezogen.

2 Einzelne Systeme

Je nachdem welches System für die Maßnahme verwendet wird, eignet sich die Zusammenarbeit mit den Herstellern bzw. Betriebssystemherstellern nicht in gleicher Weise. Dies ist insbesondere davon abhängig, wie lange es die Geräte-Art schon gibt und wie viele Hersteller diese produzieren. Je mehr Hersteller eines Systems es gibt, desto schwieriger wird es für die Behörden, herauszufinden, von welchem Hersteller das jeweilige Gerät stammt, mit dessen Hilfe die Maßnahme durchgeführt werden soll. Ebenso ist es bei älteren Systemen schwieriger, die notwenigen Systemänderungen durchzuführen, da dies nur mittels eines Updates geschehen kann und somit nicht alle Systeme erfasst werden.

a Smart-TV

Bei einem Smart-TV handelt es sich im Vergleich zu den meisten anderen Geräten um eine noch recht neue Erscheinung. Aus diesem Grund ist zwar die Anzahl der großen Smart-TV Hersteller überschaubar, jedoch gibt es ständig neue Geräte der Hersteller.[239] Grundsätzlich wäre jedoch eine Zusammenarbeit mit den Herstellern denkbar. Dazu müsste den Behörden allerdings bekannt sein, um welchen Hersteller es sich handelt, damit genau von diesem die Informationen erlangt werden können. Angesichts der Tatsache, dass derzeit nur vier große Smart-TV Hersteller (*Philips*; *LG*; *Toshiba*; *Panasonic*) in Deutschland vertreten sind, sollte dies grundsätzlich möglich sein.[240] Wenn eine Registrierung erfolgt, können die Hersteller in ihren Kundendaten sehen, ob der von der Maßnahme

---

237 Näheres dazu unter S. 67 f.

238 Vgl. nur *Steinmetz/Mühlhäuser/Welzl*, in: Rechenberg/Pomberger [Hrsg.], Informatik Handbuch, S. 429 (443 ff.; 451 ff.); *Kurose/Ross*, Computer Networking, S. 61 ff.

239 Vgl. http://www.smarttv-alliance.org/list-devices.html (abgerufen am 08.08.2017).

240 Vgl. http://www.smarttv-alliance.org/list-devices.html (abgerufen am 08.08.2017).

Betroffene bei ihnen Kunde ist und den Behörden die entsprechenden Aufzeichnungen herausgeben. Bei einer Registrierung von Kundendaten ist jedoch das Datenschutzrecht zu beachten, wonach nicht jeder einfach personenbezogene Daten einer anderen Person speichern darf (§ 4 I BDSG). Die Speicherung personenbezogener Daten darf nur aufgrund einer Rechtsvorschrift oder durch freiwillige Einwilligung des Nutzers erfolgen (§ 4 I BDSG,[241] wobei die Einwilligung des Nutzers nur wirksam ist, wenn sie den Voraussetzungen des § 4a BDSG genügt.[242] In jedem Fall muss der Nutzer auf die Speicherung seiner Daten hingewiesen werden, bevor eine solche Speicherung erfolgt (§§ 4 III, 4a I 2 BDSG).[243]

Ferner ist eine Zusammenarbeit mit den Betriebssystemherstellern möglich. Smart-TVs basieren in der Regel auf *Linux*.[244] *Linux* ist ein „opensource-Programm“, das heißt eine Grundversion steht frei zur Verfügung und kann von den einzelnen Geräte-Herstellern nach ihrem Belieben angepasst und verändert werden.[245] Daraus folgt, dass die Betriebssysteme auf den jeweiligen Hersteller Geräten individuell sind und es in dem Sinne keinen Betriebssystemhersteller mehr gibt; vielmehr überschneiden sich hier Hersteller und Betriebssystemhersteller.

Eine Zusammenarbeit zwischen den Behörden und den Herstellern von Smart-TVs ist grundsätzlich technisch in allen genannten Weisen möglich.

b PC/Laptop

Sowohl PCs als auch Laptops wurden schon lange vor den Smart-TVs entwickelt. Dementsprechend ist auch auf dem Markt eine größere Anzahl von Herstellern vertreten. Wenn den Behörden bekannt ist, um welchen Hersteller es sich handelt, ist eine Zusammenarbeit mit den Herstellern bzw. Verpflichtung dieser durchaus auch hier denkbar. Aufgrund der Breite an Herstellern ist es jedoch bedeutend schwieriger herauszufinden, von welchem Hersteller das System des Betroffenen stammt. Eine Anfrage an sämtliche Hersteller würde sehr viel Zeit in Anspruch nehmen. Daher ist eine Zusammenarbeit mit den Herstellern zwar technisch möglich, aber nicht unbedingt erfolgsversprechend.

---

241 Vgl. dazu *Gola/Klug/Körffer*, in: Gola/Schomerus [Hrsg.], BDSG, § 4 Rn. 3 ff.; 15 f.

242 Zur Einwilligung *Gola/Klug/Körffer*, in: Gola/Schomerus [Hrsg.], BDSG, § 4a Rn. 2 ff.; 19 ff.; *Gola* K&R 2017, 145 (147).

243 *Gola/Klug/Körffer*, in: Gola/Schomerus [Hrsg.], BDSG, § 4 Rn. 29 ff.; § 4a Rn. 26 ff.

244 *Michéle*, Smart TV Security, S. 2.

245 Vgl. *Gumm/Sommer*, Einführung in die Informatik, S. 66 f., 542, 562; *Tanenbaum/Bos*, Moderne Betriebssysteme, S. 864 ff. *Koehler/Wollschlaeger*, The digital transformation of the automobile, S. 278; *Michéle*, Smart TV Security, S. 2.

Hier könnte sich daher eine Zusammenarbeit mit den Betriebssystemherstellern anbieten. Es gibt nur drei weit verbreitete Betriebssysteme, namentlich *Mac OS* (*Apple*), *Windows* (*Microsoft*) und *Linux*.[246] Dabei sind insbesondere die Betriebssysteme von *Apple* und *Microsoft* verbreitet.[247] Bei *Linux* ist jedoch eine Zusammenarbeit in der Regel ausgeschlossen, da es als *opensource*-Programm keinen bestimmten Entwickler gibt und der Code frei verfügbar ist.

Eine Zusammenarbeit mit den Herstellern von PCs oder Laptops wäre zwar auch technisch möglich, jedoch bietet sich diese aufgrund der Vielzahl von Herstellern nicht an. Demgegenüber ist eine Zusammenarbeit mit den Betriebssystemherstellern möglich, solange festgestellt werden kann, welches Betriebssystem der Betroffene nutzt. Diesem kann man wiederum mit einer Registrierungspflicht begegnen.

c *Smartphone/Tablet*

Ebenso wie Laptops und PCs sind auch Smartphones sowie Tablets mittlerweile weit verbreitet[248] und es gibt mehrere Hersteller, sodass sich auch dort aus den genannten Gründen die Zusammenarbeit mit den Herstellern als schwierig herausstellt.

Somit könnte wiederum eine Zusammenarbeit mit den Betriebssystemherstellern erfolgreicher sein. Sowohl die meisten Smartphones als auch die meisten Tablets basieren auf den Betriebssystemen *Android* oder *iOS*.[249] *iOS* wird von *Apple* entwickelt und ist daher auf allen mobilen Apple-Produkten zu finden.[250]

246 *Gumm/Sommer*, Einführung in die Informatik, S. 540.

247 Vgl. https://de.statista.com/statistik/daten/studie/157902/umfrage/marktanteil-der-genutzten-betriebssysteme-weltweit-seit-2009/ (abgerufen am 17.01.2017); https://de.statista.com/statistik/daten/studie/158102/umfrage/marktanteile-von-betriebssystemen-in-deutschland-seit-2009/ (abgerufen am 17.01.2017).

248 http://de.statista.com/statistik/daten/studie/198959/umfrage/anzahl-der-smartphonenutzer-in-deutschland-seit-2010/ (abgerufen am 12.07.2016); http://de.statista.com/statistik/daten/studie/256712/umfrage/anzahl-der-tablet-nutzer-in-deutschland/ (abgerufen am 12.07.2016).

249 Vgl. http://de.statista.com/statistik/daten/studie/246004/umfrage/weltweiter-bestand-an-smartphones-nach-betriebssystem/ (abgerufen am 12.07.2016); vgl. http://de.statista.com/statistik/daten/studie/196140/umfrage/marktanteile-der-fuehrenden-betriebssysteme-im-tablet-markt-seit-2010/ (abgerufen am 12.07.2016); *Gumm/Sommer*, Einführung in die Informatik, S. 600.

250 *Gumm/Sommer*, Einführung in die Informatik, S. 600.

Anders sieht dies bei *Android* aus. Alle *Android*-Geräte basieren in den Grundzügen auf *Linux* und die Software *Android* wurde von *Google* entwickelt.[251] Allerdings verändern die Hersteller das Betriebssystem jeweils nach ihren Vorstellungen,[252] weshalb nur im Kern das Betriebssystem von allen *Android*-Systemen gleich ist.[253] Eine Zusammenarbeit käme hier in dem Sinne in Betracht, dass sie mit *Google* stattfindet und nicht mit den einzelnen Herstellern.

Damit ein Smartphone oder ein Tablet genutzt werden kann, werden die Nutzer gebeten, sich anzumelden. Bei *Android* ist es nicht zwingend notwendig. Das System kann auch in Betrieb genommen werden, ohne ein Konto einzurichten. Jedoch stehen dann nicht alle Funktionen zur Verfügung.[254] Folglich liegen *Apple* und *Google* in der Regel Daten (beispielsweise der Name) zu einem Nutzer vor, sodass eine Anfrage der Behörden anhand des Namens bearbeitet werden kann und die Gespräche auf diese Weise zugeordnet werden können.

Problematisch ist jedoch der Stromverbrauch bei Smartphones und Tablets. Beide Systeme sind auf einen Akku angewiesen. Schon ohne ein dauerhaft eingeschaltetes Mikrofon hält der Akku bei Smartphones und Tablets nicht sehr lange, je nach Nutzung oft nur wenige Tage.[255]

Viel stromsparender stellt sich auch die zweite Möglichkeit nicht dar. Dort ist das Mikrofon zwar nur bei konkreten Geräuschen eingeschaltet. Jedoch wird insbesondere das Smartphone häufig bei sich getragen, sodass ständig Geräusche und Stimmen zu hören sind, auf welche das Mikrofon dann reagieren muss, weshalb es dauerhaft in Betrieb ist.

Eine Zusammenarbeit der Behörden mit den Betriebssystemherstellern ist zwar grundsätzlich möglich, aber die Akku-Laufzeit der Geräte muss verbessert werden, um diese sinnvoll als Abhörgerät nutzen zu können.

---

251 *Gumm/Sommer*, Einführung in die Informatik, S. 600; *Tanenbaum/Bos*, Moderne Betriebssysteme, S. 956 ff.; *Koehler/Wollschlaeger*, The digital transformation of the automobile, S. 204.

252 *Denker/Hartl/Denker*, in: Mobile Apps, Kap. 1, Rn. 26; Kap. 2, S. 10 Rn. 9; *Koehler/Wollschlaeger*, The digital transformation of the automobile, S. 204.

253 Vgl. *Tanenbaum/Bos*, Moderne Betriebssysteme, S. 956 f.

254 Vgl. http://www.heise.de/ct/ausgabe/2014-2-Android-ohne-Google-betreiben-2162553.html (abgerufen am 12.07.2016).

255 Vgl. nur http://www.apple.com/de/ipad/compare/; http://www.apple.com/de/iphone/compare/; http://www.motorola.de/products/moto-g-family; http://www.samsung.com/de/consumer/mobile-devices/tablets/galaxy-tab-s/SM-T815NZKEDBT/ (abgerufen am 12.07.2016).

d Smart Car

Ebenso wie Smart-TVs stellen auch Smart Cars eine neuere technische Erscheinung dar. Neben den bisherigen Autoherstellern drängen neue Hersteller auf den Markt, welche sich mit dem Thema Smart Car bzw. Connected Car beschäftigen.[256] Aufgrund der Erkennbarkeit des Herstellers im Straßenverkehr, also der Automarke, bietet sich trotz der steigenden Anzahl eine Zusammenarbeit mit den Herstellern an. Es erfordert keine zusätzlichen (heimlichen) Maßnahmen, um zu erkennen, welches Auto der Betroffene fährt. Der Hersteller und das Modell sind im Straßenverkehr offen wahrnehmbar. Dadurch, dass die Autohersteller eigene Gruppen für die Entwicklung der Technik und insbesondere der IT, welche größtenteils auf *Linux* basiert,[257] gründen,[258] bietet sich hier die Zusammenarbeit an.

Daneben sind jedoch weitere Betriebssysteme vertreten.[259] Mit welchem Betriebssystem die Autos ausgestattet sind, hängt von den jeweiligen Autoherstellern ab und einer möglichen Zusammenarbeit dieser mit Entwicklern der verschiedenen Plattformen.

Bei Smart Cars bietet sich daher eine Zusammenarbeit der Behörden mit den Herstellern an, zumal die Hersteller auch ihre eigene Technik verwenden. Notwendig ist dabei allerdings, dass die Hersteller einer Person ein Auto zuordnen können.

e Spielzeuge

Bei der *Hello Barbie* des Herstellers *Mattel* werden die Gespräche, welche das Kind mit der Barbie führt, schon gespeichert.[260] Dabei werden die Gespräche nur aufgenommen, solange die Gürtelschnalle (*Push-and-hold-button*) gedrückt wird.[261] Zunächst einmal müsste die Barbiepuppe so verändert werden, dass sie

---

256 *Kienbaum*, Connected Car Studie 2016, S. 6.

257 Vgl. *Kocher*, ATZ-Elektronik 2008, 28 (28 ff.).

258 *Kienbaum*, Connected Car Studie 2016, S. 20 f.

259 Vgl. *Tanenbaum/Bos*, Moderne Betriebssysteme, S. 956; *Coppola/Morisio*, ACM Computing Surveys 2016, Vol. 49, No. 3, Art. 46, S. 14 f.

260 FAQ zur Hello Barbie, Hello Barbie Messaging/Q&A, Mattel 2015, S. 2, 4 (abgerufen am 12.02.2016).

261 FAQ zur Hello Barbie, Hello Barbie Messaging/Q&A, Mattel 2015, S. 2 (abgerufen am 12.02.2016).

dauerhaft aufzeichnen kann. Allerdings hat der Akku der *Hello Barbie* eine sehr begrenzte Kapazität von nur einer Stunde.[262]

Ähnlich wie die *Hello Barbie* funktioniert auch der Dinosaurier *Cognitoy*.[263] Dabei werden insbesondere persönliche Daten und Gespräche gespeichert.[264] Im Gegensatz zur *Hello Barbie* ist jedoch kein Akku integriert, sondern es sind vier Batterien erforderlich.[265] Wie lange eine Aufzeichnung hier möglich ist, hängt von den jeweiligen Batterien ab.

Grundsätzlich speichern die Puppe „My friend Cayla" und der Roboter „i-QUE" keine Daten.[266] Ansonsten ist eine Zusammenarbeit wie auch bei der „Hello Barbie" und dem „Cognitoy" möglich.

Zwar ist eine Zusammenarbeit mit den Herstellern grundsätzlich möglich, jedoch aufgrund der begrenzten Akkukapazität nicht unbedingt sinnvoll.

3 Fazit

Bei den Multimedia-Geräten ist eine Zusammenarbeit mit den Herstellern bzw. Betriebssystemherstellern bzw. eine Verpflichtung dieser grundsätzlich denkbar. Je nach System bietet sich dabei jedoch eher eine Zusammenarbeit mit den Betriebssystemherstellern an, da bei manchen Systemen sehr viele Hersteller existieren. Die Spielzeuge, die schon erhältlich sind, bieten sich zurzeit für eine solche Zusammenarbeit weniger an. Die Akku- bzw. Batteriekapazität ist viel zu gering, als dass die Mikrofone dauerhaft eingeschaltet sein könnten.

II Integrierte Backdoor

Eine weitere Möglichkeit ist der Zugriff auf das Gerät durch eine ab Werk integrierte Backdoor.[267] Auch bei dieser Möglichkeit ist eine Zusammenarbeit mit den Herstellern bzw. Betriebssystemherstellern notwendig.

---

262 FAQ zur Hello Barbie, Hello Barbie Messaging/Q&A, Mattel 2015, S. 1 (abgerufen am 12.02.2016).

263 Vgl. https://cognitoys.com/about (abgerufen am 12.02.2017).

264 Private Policy von Cognitoy, abrufbar unter: https://cognitoys.com/privacy (abgerufen am 12.02.2017).

265 https://cognitoys.com/about (abgerufen am 12.02.2017).

266 Vgl. http://myfriendcayla.de/hilfe; http://ique-robot.de/hilfe (abgerufen am 24.07.2017).

267 *Bratke*, Quellen-Telekommunikationsüberwachung, S. 99; zur Backdoor auch *Buermeyer*, HRRS 2007, 154 (157).

1 Allgemeines

Die Funktionsweise einer Backdoor wurde bereits oben beschrieben.[268]

Durch die Backdoor können die Hersteller bzw. Betriebssystemhersteller auf das jeweilige Gerät zugreifen, dieses aus der Ferne steuern und so beispielsweise das Mikrofon einschalten. Für die Nutzung der Backdoor ist dabei eine Internetverbindung erforderlich.[269] Über diese Backdoor können die Hersteller bzw. Betriebssystemhersteller auf Verlangen der Behörden auf die Systeme zugreifen und das Mikrofon einschalten.

Eine Alternative zu einem Zugriff auf das System durch die Hersteller oder Betriebssystemhersteller besteht darin, dass die Behörden selbst die ab Werk integrierte Backdoor nutzen.[270] Nach wie vor wird die Backdoor von den Herstellern bzw. Betriebssystemherstellern in die Systeme integriert. Anschließend wird den Behörden mitgeteilt, wo sich diese Backdoor befindet und wie diese genutzt werden kann. Durch ein „Betreten" der Systeme mit Hilfe der Backdoor erlangen die Behörden Zugriff auf das System und können so die Mikrofone einschalten und die Gespräche im Umfeld der Geräte mithören.

Damit diese beiden Varianten möglich sind, muss wiederum eine Zusammenarbeit mit den Herstellern bzw. Betriebssystemherstellern erfolgen. Diese müssen verpflichtet werden, eine Backdoor zu integrieren. Dabei stellen sich ähnliche Probleme wie bei der oben beschriebenen Zusammenarbeit mit den Herstellern bzw. Betriebssystemherstellern. Eine solche Verpflichtung kann nur aufgrund eines Gesetzes geschehen, da die freiwillige Mitarbeit der Hersteller dazu führen würde, dass nicht alle, wenn überhaupt irgendein Hersteller, eine Backdoor integrieren würde.[271] Für die Hersteller ist in diesem Fall vor allem auch relevant, wie sie dem Nutzer sichere Systeme anbieten können.[272]

2 Einzelne Geräte

Nachdem die Möglichkeiten einer Backdoor abstrakt dargestellt wurden, soll nun eine Betrachtung anhand der einzelnen Geräte erfolgen.

268 Zur Backdoor oben S. 65 ff

269 Vgl. *Buermeyer*, HRRS 2007, 154 (157); *Jahn/Kudlich*, JR 2007, 57 (58).

270 Vgl. statt vieler *Buermeyer*, HRRS 2007, 154 (157).

271 Vgl. *Kohlmann*, Online-Durchsuchungen und andere Maßnahmen mit Technikeinsatz, S. 31.

272 Vgl. https://www.apple.com/customer-letter/; https://technet.microsoft.com/de-de/library/dn425036.aspx; https://www.google.com/about/appsecurity/reward-program/; https://support.apple.com/en-us/HT201220 (alle abgerufen am 21.01.2018).

a PC/Laptop

Bei einem PC oder einem Laptop gibt es viele Hersteller bei nur wenigen Betriebssystemherstellern. Eine Backdoor sollte daher am besten im Betriebssystem verankert sein. Das Betriebssystem sorgt dafür, dass auf dem Computer Programme (Anwendungen) laufen können.[273] Dazu gibt es einen Kern in jedem System. Dieser Kern ist grundsätzlich nicht veränderbar und eignet sich daher am ehesten für eine Backdoor, bei der die Mikrofone unbemerkt eingeschaltet werden können.

b Smart-TV

Ein Smart-TV basiert grundsätzlich auf *Linux* und wird durch die einzelnen Hersteller individuell nach ihren Vorstellungen angepasst.[274] Eine Backdoor kann daher im Prinzip nur von den Herstellern integriert werden. Die Backdoor muss in das Betriebssystem des jeweiligen Smart-TV integriert werden und darf vom Nutzer nicht geschlossen werden können; das heißt auch hier ist eine Verankerung im Kern des Systems notwendig.

c Smartphone/Tablet

Sowohl Smartphones als auch Tablets basieren entweder auf dem Betriebssystem *Android* von *Google*, auf *iOS* von *Apple* oder auf *Microsoft Windows* von *Microsoft*. Das Integrieren der Backdoor durch eine Verpflichtung der Betriebssystemhersteller bietet sich daher an. In diesem Fall sind es lediglich drei, während es eine Vielzahl an Herstellern gibt.

d Smart Car

Die Autohersteller haben vielfach ihre eigenen Entwickler für die Bordcomputer und damit auch für die Ausgestaltung einer möglichen Internetverbindung des Smart Cars via WLAN oder Mobiler Daten.[275] Eine Backdoor müsste in die Bordcomputer integriert werden, damit auch die Mikrofone eingeschaltet werden können.

---

273 Vgl. *Tanenbaum/Bos*, Moderne Betriebssysteme, S. 28 ff.

274 Siehe oben S. 81.

275 Vgl. *Kienbaum*, Connected Car Studie 2016, S. 20 ff.

e Spielzeuge

Auch bei den Spielzeugen ist es möglich, eine Backdoor zu integrieren. Da es derzeit nur wenige Hersteller gibt, kommt es auf eine Verpflichtung dieser an.

3 Fazit

Eine integrierte Backdoor ist technisch in jedem System möglich. Ob die Backdoor durch die Hersteller oder Betriebssystemhersteller integriert wird, hängt unter anderem davon ab, wie viele Hersteller es gibt und, ob das Betriebssystem ein *opensource*-System ist.

III Direkter elektronischer Zugriff auf das Netzwerk

Neben der mehr oder minder zufälligen Infizierung mit einer Überwachungssoftware kann diese auch aktiv eingeschleust werden, indem die in dem System vorhandenen Sicherungsvorkehrungen überwunden werden und sich der „Hacker" direkt Zugriff auf das System verschafft. Dabei kann für das später leichtere Eindringen eine Backdoor installiert werden.

1 Allgemeines

Für die Behörden, die eine konkrete Person überwachen wollen, kommt insbesondere die gezielte Infiltration des Systems in Betracht. Bei einer infizierten Webseite und dem damit verbundenen *Drive-by-Download*[276] können viele Personen von der Überwachungssoftware betroffen sein, die gar nicht Ziel der Maßnahme waren bzw. werden sollten.

Ebenso stellt sich die Situation bei einer infizierten App dar.[277] Sobald die App auf den Plattformen der Anbieter vorhanden ist, können alle Nutzer diese und damit die Überwachungssoftware herunterladen, weshalb eine gezielte Infizierung eines Systems mit der Überwachungssoftware nicht möglich ist.

Allerdings kommt das gezielte Infizieren eines Systems mithilfe eines E-Mail-Anhangs in Betracht.[278] Die E-Mail wird dabei an die zu überwachende Person gesendet. Diese E-Mail kann so manipuliert sein, dass der Betroffene am ehesten dazu geneigt ist, den Anhang zu öffnen, beispielsweise getarnt als eine Rechnung, eine Bestellbestätigung oder Ähnliches. Jedoch ist die Mitwirkung

---

276 Diese Methode wird oben auf S. 67 f. genauer beschrieben.

277 Vgl. *Lachenmann*, in: Mobile Apps, Kap. 3 Rn. 1 ff.; dazu auch oben S. 65 ff.

278 Dazu S. 68 ff.

des Betroffenen notwendig. Die Behörden haben folglich keine Garantie, dass sie ihre Maßnahme auf diese Art und Weise tatsächlich durchführen können. Zudem besteht die Gefahr, dass der Betroffene durch die E-Mail gewarnt wird.

Bei all diesen Methoden sind die Ermittlungsbehörden auf die Mitwirkung eines Dritten – in den meisten Fällen des von der Maßnahme Betroffenen – angewiesen. Die Maßnahme ist zwar technisch leicht umsetzbar, jedoch ist sie nur in geringem Maße geeignet, eine Überwachungsmaßnahme durchzuführen, da der Betroffene selbst den Erfolg in den Händen hält und er selbst aufgrund einer Täuschung entscheidend dazu beitragen würde, dass eine akustische Überwachung durchgeführt werden kann, weshalb in diesem Fall aus rechtlicher Sicht die Selbstbelastungsfreiheit Bedeutung erlangt.[279]

Eine weitere Möglichkeit ist das direkte Einschleusen der Überwachungssoftware, indem diese einem Paket beigefügt wird, Sicherheitslücken ausgenutzt werden oder die Überwachungssoftware getarnt als ein nützliches Programm, z.B. einem Update, an das Gerät gesendet wird.

Die Behörden verschaffen sich dabei durch Ausnutzen einer bekannten, aber von den Herstellern nicht mit Absicht integrierten Sicherheitslücke Zugang zu dem System oder es wird durch den Datenverkehr, der zwischen dem System und dem Internet Service Provider läuft, ein Datenpaket mit der Überwachungssoftware eingeschleust.[280] Diese Möglichkeiten sind zwar nicht von der Mitwirkung des Nutzers abhängig, jedoch zugleich auch die aufwendigsten. Zunächst muss eine Sicherheitslücke aufgespürt werden und diese kann nur genutzt werden, solange sie nicht geschlossen wurde. Daher sind immer wieder neue Sicherheitslücken notwendig. Zwar gibt es diverse Tools, die diese Aufgaben erfüllen und teilweise das Einschleusen erleichtern,[281] dennoch müssen die vorhandenen Sicherheitsvorkehrungen des Systems bewusst und durch einen Menschen überwunden werden.

Auch hierbei besteht die Gefahr, dass der Betroffene von der Maßnahme Kenntnis erlangt und gewarnt wird. Zwar soll das Programm ausschließlich im Hintergrund tätig werden, jedoch kann nicht ausgeschlossen werden, dass die Tätigkeit des Programms von einem Antiviren-Scanner entdeckt wird.[282] Ebenso kann die Firewall, soweit eine solche vorhanden ist, erkennen, wenn Daten über

---

279 Da es sich hier nur um die technische Darstellung handelt, erfolgen an dieser Stelle keine weiteren Ausführungen zur Selbstbelastungsfreiheit. Diese wird im Rahmen der rechtlichen Untersuchung betrachtet, dazu S. 130 ff.

280 Vgl. dazu auch *Buermeyer,* HRRS 2007, 154 (163).

281 Vgl. *Kraft/Weyert*, Network Hacking, S. 67 f.; 91 ff.; 119 ff.; 127 ff.

282 So auch *Buermeyer,* HRRS 2007, 154 (165); *Schantz,* KritV 2007, 310 (312).

das Internet versendet werden und das Programm gegebenenfalls auch als „Eindringling“ erkennen.[283] Des Weiteren kann derjenige, der den *Traffic*[284] seiner Internetverbindung beobachtet, schnell merken, ob ungewollt Daten gesendet oder empfangen werden. Die meisten Menschen denken jedoch sehr praktisch und kommen nicht auf die Idee den *Traffic* zu beobachten. Solange sie einen Antiviren-Scanner installiert und eine Firewall aktiviert haben, handeln sie in dem Glauben, dass ihre Systeme und damit auch die dort gespeicherten Daten ausreichend geschützt sind.[285]

Der Vorteil dieser Methode ist zunächst, dass sie gezielt auf bestimmte Personen angewendet werden kann. Zudem ist die Mitwirkung des Betroffenen nicht erforderlich und die Entdeckungsgefahren sind geringer, insbesondere bei Geräten, die weder über Firewalls noch über Antiviren-Programme verfügen. Im Hinblick auf die technische Entwicklung wird es in den nächsten Jahren nicht nur mehr internetfähige Geräte im Haus geben, sondern diese Geräte werden, wie auch Smart-TVs, zunächst nicht über ausreichende Sicherheitsvorkehrungen verfügen.[286]

Neben den vielen Vorteilen gibt es jedoch auch erhebliche Nachteile. So ist diese Vorgehensweise mit höherem Arbeitsaufwand verbunden. Die Überwachungssoftware muss entwickelt und eingeschleust werden. Neben dem Arbeitsaufwand spielen auch die IT-Kenntnisse eine große Rolle. Ohne Kenntnisse in der Informatik und Netzwerktechnik bzw. Netzwerkstrukturen kann ein Programm nicht programmiert und eingeschleust werden. Zudem sind Sicherheitslücken nur in begrenzter Zahl bekannt und den Softwareherstellern ist daran gelegen, die bekannten Lücken schnell zu schließen.[287]

Grundsätzlich ist diese Maßnahme jedoch auch für eine akustische Überwachung denkbar. Insbesondere im Hinblick auf die verschiedenen Verbindungsmöglichkeiten mit dem Internet kann nicht generell davon gesprochen werden, dass diese Maßnahme zu aufwendig oder erfolglos ist.

---

283 *Buermeyer* HRRS 2007, 154 (165); *Schantz,* KritV 2007, 310 (312).

284 Dt. „Verkehr“: Datenverkehr in einem Netzwerk; ein- und ausgehende Daten (Duden online „Traffic“).

285 Vgl. *Stimmel*, Detecon Management Report blue, 2014 S. 10 f.

286 Pressemitteilung des BSI vom 25.10.2016, abrufbar unter https://www.bsi.bund.de/DE/Presse/Pressemitteilungen/Presse2016/Cyber-Angriffe_durch_IoT-Botnetze_25102016.html (abgerufen am 01.04.2017).

287 *Buermeyer,* HRRS 2007, 154 (163).

2 Einzelne Geräte

Wie erfolgreich eine Überwachungssoftware auf ein System geschleust werden kann, hängt von dem jeweiligen System ab.

a Smart-TV

Bei einem Smart-TV sind die Sicherheitsvorkehrungen wie gesehen noch relativ gering.[288] Mit dem Datenverkehr zwischen dem Smart-TV und einem Server im Internet könnte ein zusätzliches Programm eingeschleust werden. Solange der Smart-TV nicht über eine Firewall verfügt, kann das Programm sogar aktiv an den Smart-TV geschickt werden, ohne dass es blockiert wird. Jedoch ist dabei zu berücksichtigen, dass viele Router über eine Firewall verfügen.[289] Um diese zu umgehen, ist es daher einfacher, ein Paket zu senden, wenn sich das sendende Gerät im gleichen (Heim-) Netzwerk befindet, sprich mit dem gleichen Router verbunden ist.

Weitere Möglichkeiten, um eine Überwachungssoftware auf einem Gerät zu installieren, wurden bereits oben[290] ausführlich beschrieben. Für einen Smart-TV bieten sich all diese Möglichkeiten an. Zwar kann bezweifelt werden, dass derzeit E-Mails am Smart-TV gelesen werden, jedoch ist auch dies theoretisch möglich, soweit der Smart-TV über einen Browser verfügt.

b PC/Laptop

Demgegenüber stehen Laptop und PC, bei denen die Sicherheitsvorkehrungen schon recht weit ausgebaut sind. Dementsprechend ist es schwerer, sich direkten Zugriff auf das System zu verschaffen. Dies kann entweder wieder unter Ausnutzen von Sicherheitslücken geschehen, die jedoch immer erst aufgespürt werden müssen und in der Regel vergleichsweise schnell geschlossen werden, oder durch Einschleusen eines Datenpakets mit einer Überwachungssoftware.[291]

Computer verfügen in der Regel über eine Firewall. Wenn diese aktiviert ist, kann sie schnell erkennen, wenn ein nicht angefordertes Paket geschickt wird und dieses abweisen. Auch bei dem Einschleusen eines Pakets in eine Datenübertragung besteht die Gefahr, dass die Überwachungssoftware als solche dennoch erkannt wird. Dieses Risiko ist hier nie ganz auszuschließen.[292]

---

288 Vgl. *Michéle/Karpow*, Watch and be Watched, S. 351.

289 *Kurose/Ross*, Computernetzwerke, S. 383.

290 Siehe S. 64 ff.

291 Dazu oben S. 68 ff.

292 Vgl. *Kraft/Weyert*, Network Hacking, S. 217 f.; 427.

Ferner bieten sich hier die weiteren genannten Methoden eines E-Mail-Anhangs oder sogar auch einer App an.[293]

c *Smartphone/Tablet*

Bei einem Smartphone bzw. Tablet ist insbesondere entscheidend, wie das Gerät mit dem Internet verbunden ist. Sollte es mittels WLAN verbunden sein, können die Methoden wie oben beschrieben angewandt werden. Insbesondere kann die Überwachungssoftware aus dem gleichen Netzwerk an das Gerät gesendet werden. Der Zugriff funktioniert bei einer bestehenden WLAN-Verbindung wie bei einem Laptop bzw. PC.

Bei mobilen Daten handelt es sich ebenso um eine drahtlose Verbindung. Daher ist auch in diesem Fall ein „Dazwischen-Schalten“ leichter als bei einer LAN-Verbindung.[294]

Ferner ist insbesondere an das Erstellen einer App zu denken. Zwar verfügen Smartphone und Tablet in der Regel über eine Beschränkung in den Einstellungen, sodass nur Apps von der Plattform des jeweiligen Anbieters[295] heruntergeladen werden können, jedoch kann der Nutzer auch bewusst diese Beschränkung ausschalten und im Anschluss eine App herunterladen, die nicht auf der offiziellen Plattform des jeweiligen Anbieters vorhanden ist.

Die Apps auf den Plattformen der jeweiligen Anbieter werden von dem jeweiligen Betreiber (*Google* oder *Apple*) auf schädliche Inhalte geprüft, bevor sie zur Verfügung gestellt werden.[296] Dennoch kann es vorkommen, dass schädliche Apps erhältlich sind. Zudem benötigen Apps teilweise auch Zugriff auf das Mikrofon oder die Kamera.

d *Smart Car*

Oben[297] wurden schon die geringen Sicherheitsvorkehrungen in einem Smart Car angesprochen. Aus diesem Grunde kann auf dieses auch vergleichsweise

---

293 Dazu oben S. 65 ff.

294 Vgl. *Kraft/Weyert*, Network Hacking, S. 157 ff.; *Schäfer/Roßberg*, Netzsicherheit, S. 379 f.; 386.

295 zum Beispiel „App-Store“ von *Apple*, „Play Store“ von *Google* sowie „Microsoft Store“ von *Microsoft*.

296 https://support.google.com/accounts/answer/2812853?hl=de (abgerufen am 01.04.2017); https://developer.apple.com/app-store/review/ (abgerufen am 01.04.2017); *von Elm*, rt-retail technology 2013, Heft 1, S. 82 (83).

297 Siehe oben S. 75.

einfach aus der Ferne direkt zugegriffen werden. Bei einem solchen Zugriff können die drahtlosen Zugriffspunkte, wie Bluetooth, Mobile Daten oder WLAN, genutzt werden, um das Auto aus der Ferne steuern zu können.[298] Dies kann beispielsweise über eine App auf dem Smartphone geschehen, welches sich dazu im Netzwerk des Autos befinden und zudem über eine Internetverbindung verfügen muss.[299]

e *Spielzeuge*

Zwei der genannten Spielzeuge – die Barbie-Puppe „Hello Barbie“ sowie der Dinosaurier „Cognitoy“ – werden via WLAN verbunden, wenn dieses aktiviert ist und sich in Reichweite befindet. Wie auch bei den anderen Geräten kann hier eine Überwachungssoftware direkt eingeschleust werden. Auf Grund mangelnder Schutzvorkehrungen kann ein Angreifer schnell die Kontrolle über das Spielzeug übernehmen.[300] Daher ist das Infizieren bei diesen Spielzeugen einfacher als bei einem Computer.

Ferner können die via Bluetooth mit einem Smartphone oder Tablet verbundenen Spielzeuge direkt über ein Smartphone bedient werden. Daher ist auch hier eine App möglich.

3 Fazit

Der direkte elektronische Zugriff auf das Gerät mit Hilfe des Internets ist wohl die schwierigste Möglichkeit. Zum einen besteht die Gefahr, dass der Angriff entdeckt wird, bevor überhaupt relevante Ergebnisse erlangt werden können, also bevor die Überwachungssoftware installiert ist. Zum anderen ist diese Vorgehensweise mit sehr viel Aufwand verbunden. Es muss ein Programm geschrieben und dieses unbemerkt auf dem Zielgerät installiert werden. Für einen solchen Zugriff sind Fachkenntnisse erforderlich und somit auch Fachkräfte in den Behörden. Auf der anderen Seite ist dies eine Vorgehensweise, die unabhängig von der Mitwirkung Dritter ist und keine zusätzlichen Sicherheitsrisiken

---

298 *Coppola/Morisio*, ACM Computing Surveys 2016, Vol. 49, No. 3, Art. 46, S. 27; *Koscher u.a.*, IEEE Symposium on Security and Privacy, 2010, 447 (450); ausführlich zu einer Zugriffsmethode auf ein Smart Car: *Woo/Jin Jo/Lee*, IEEE Transactions on Intelligent Transportation Systems, 2015, Vol. 16, No.2, 993 ff.; insgesamt zur Fernsteuerung eines Smart Cars: *Smith*, The Car Hacker's Handbook.

299 *Woo/Jin Jo/Hoon Lee*, IEEE Transactions on Intelligent Transportation Systems, April 2015, Vol. 16, No.2, 993 (996 f.).

300 Vgl. *Gibbs*, The Guardian vom 26. November 2015 (abgerufen am 01.04.2017).

eröffnet. Weiterhin ist sie aus technischer Sicht für alle hier betrachteten Geräte und Spielzeuge möglich.

IV Physischer Zugriff

Anstelle von reinen Fernzugriffen ist auch ein physischer Zugriff zum Installieren der Überwachungssoftware und einem anschließenden Steuern des Systems aus der Ferne möglich.[301]

1 Allgemeines

Um sich physischen Zugriff auf das Gerät verschaffen zu können, wird in der Regel das Betreten der Wohnung erforderlich sein. Dies ist nur dann nicht erforderlich, wenn die Geräte auch außerhalb der Wohnung genutzt werden und die Behörden dort auf sie zugreifen können.

Soweit das System Passwort geschützt ist oder eine andere Sicherheitsvorkehrung aufweist, muss diese zunächst überwunden werden. Anschließend lässt sich das Programm von einem externen Speichermedium auf dem System speichern.

2 Einzelne Geräte

Bei einem physischen Zugriff läuft der Zugriff zum Installieren und Steuern des Systems auf allen Geräten grundsätzlich sehr ähnlich ab.

a Smart-TV

Wenn der Zugriff auf ein Smart-TV möglich ist, kann ein schädliches Programm entweder von einem externen Speichermedium, beispielsweise einem USB-Stick, installiert oder auch aus dem Internet heruntergeladen werden.

b PC/Laptop

Die gleichen Möglichkeiten wie bei einem Smart-TV sind auch bei einem Laptop und einem PC möglich.

301 Dazu oben S. 71.

c Smartphone/Tablet

Sowohl Smartphones als auch Tablets verfügen in der Regel nicht über eine Schnittstelle für einen USB-Stick. Daher scheidet diese Möglichkeit zunächst aus. Jedoch ist es mit einem Adapter möglich, einen (normalen) USB-Stick mit den Geräten zu verbinden oder es kann ein externes Speichermedium mit einem für diese Geräte passenden Anschluss verwendet werden. Daher kann auch dann von einem externen Speichermedium eine Überwachungssoftware auf dem betroffenen Gerät installiert werden.

d Smart Car

Ebenso ist es bei einem Smart Car möglich, mit Hilfe eines externen Datenträgers eine Überwachungssoftware zu installieren, welches das Mikrofon einschalten kann. Mittlerweile verfügen fast alle neuen Autos über einen USB-Anschluss.[302] Weiterhin verfügen sie vielfach über eine Schnittstelle, über die die Bordelektronik in Werkstätten ausgelesen werden kann.[303] Auch dieser Zugriffspunkt eignet sich bei einem physischen Zugriff für das Einschleusen von Überwachungssoftware zur akustischen Überwachung.

e Spielzeuge

Soweit ersichtlich, verfügen die hier untersuchten Spielzeuge nicht über eine Schnittstelle für einen externen Datenträger.[304] Daher ist ein physischer Zugriff auf diese Spielzeuge nicht zielführend.

3 Fazit

Der physische Zugriff ist bei fast allen Systemen möglich. Gegebenenfalls muss dazu eine Zugangssperre zu dem System überwunden werden, um die Installation der Software vom externen Speichermedium auszuführen.

Soweit insbesondere die Spielzeuge nicht über eine Schnittstelle für einen externen Datenträger verfügen, scheidet der physische Zugriff auf das System aus.

---

302 Vgl. *Coppola/Morisio*, ACM Computing Surveys 2016, Vol. 49, No. 3, Art. 46, S. 27.

303 *Coppola/Morisio*, ACM Computing Surveys 2016, Vol. 49, No. 3, Art. 46, S. 27; *Koscher u.a.*, IEEE Symposium on Security and Privacy 2010, 447 (447, 450).

304 Vgl. http://hellobarbiefaq.mattel.com/about-hello-barbie/; https://cognitoys.com/about (abgerufen am 13.08.2016); http://myfriendcayla.de/cayla; http://ique-robot.de/ (abgerufen am 23.07.2017).

V Zugriff auf gespeicherte Gespräche bei Unternehmen

Nicht nur durch Überwachungssoftware oder Verpflichtungen der Hersteller bzw. Betriebssystemhersteller zur Übertragung bzw. Speicherung können die Behörden an Gespräche gelangen. Eine weitere Möglichkeit ist die Herausgabe gespeicherter Gespräche durch Unternehmen.

1 Allgemeines

Bei diesem Vorgehen müssen Gespräche durch die Nutzer freiwillig auf Servern der jeweiligen Unternehmen gespeichert werden. Eine solche „freiwillige" Speicherung ist schon jetzt bei einigen Multimedia-Geräten zu beobachten, wenn die Sprachsteuerungsfunktion genutzt wird.[305]

Sofern die Sprachsteuerungsfunktion aktiviert ist, lauscht das System und wartet auf das Signalwort. Die Auswertung der Signalworte erfolgt grundsätzlich auf dem System selbst, sodass erst im Anschluss die geführten Gespräche an den Server der Unternehmen übertragen und gespeichert werden.[306]

Ein bekanntes Gerät, das selbst das Signalwort auswertet, ist der *Amazon Echo*.[307] Der *Amazon Echo* verfügt über insgesamt sieben Mikrofone und kann daher Geräusche aus jeder Ecke des Zimmers aufnehmen.[308] Die aufgenommenen Worte werden an einen Server des Unternehmens geschickt und dort ausgewertet. Da der *Amazon Echo* die Sprachgegebenheiten des Nutzers lernen kann, müssen Gespräche zwingend gespeichert werden.[309]

Nicht nur beim *Amazon Echo* kann so vorgegangen werden. Darüber hinaus können auch weitere Systeme mit Spracherkennung und Sprachsteuerung die Gespräche an Server des jeweiligen Unternehmens übertragen und die Gespräche speichern. Im Gegensatz zu oben verwendet der Nutzer hier bewusst die Sprachsteuerung und damit auch die Speicherung durch die Unternehmen.

---

305 Vgl. https://support.google.com/websearch/answer/6030020?hl=de&ref_topic=6032684 (abgerufen am 01.04.2017); https://www.amazon.de/Amazon-SK705DI-Echo-Schwarz/dp/B01GAGVCUY (abgerufen am 01.04.2017).

306 Vgl. https://support.google.com/websearch/answer/6030020 (abgerufen am 18.08.2017); https://www.amazon.de/gp/help/customer/display.html?nodeId=201602230 (abgerufen am 18.08.2017).

307 https://www.amazon.de/gp/help/customer/display.html?nodeId=201602230 (abgerufen am 14.03.2017).

308 Vgl. https://www.amazon.de/dp/B01GAGVCUY (abgerufen am 02.02.2017).

309 Vgl. auch https://www.amazon.de/gp/help/customer/display.html?nodeId=201602230 (abgerufen am 14.03.2017).

2 Einzelne Geräte

Weil auch die hier untersuchten Systeme über eine Spracherkennungs- bzw. Sprachsteuerungskomponente verfügen können, wird im Folgenden kurz auf die Systeme eingegangen.

a Smart-TV

Smart-TVs können über eine Sprachsteuerung und -erkennung verfügen. Bei aktivierter Spracherkennung lauschen die Mikrofone des Smart-TV den Gesprächen im Raum, um ihr Signalwort nicht zu verpassen. Ob die Unternehmen die Gespräche speichern, ist jeweils von deren Nutzungsbedingungen abhängig.

b PC/Laptop

Ebenso besteht bei Laptops und PCs die Möglichkeit einer Sprachsteuerung, wenn diese über ein integriertes Mikrofon sowie über eine Sprachsteuerungsfunktion verfügen und die Sprachsteuerung eingerichtet ist. Wiederum ist es hier von den Nutzungsbedingungen der Software bzw. des Betriebssystemherstellers abhängig, ob (Raum-) Gespräche gespeichert werden.

c Smartphone/Tablet

Sowohl das Smartphone als auch das Tablet verfügen über Mikrofone und in der Regel über eine Sprachsteuerung. Wie zuvor ist es auch hier von den Bedingungen des jeweiligen Unternehmens abhängig.

d Smart Car

Bei einem Smart Car ist es erneut von den Nutzungsbedingungen des jeweiligen Unternehmens abhängig, sofern der Boardcomputer mit einer Sprachsteuerung ausgestattet ist.

e Spielzeuge

Bei der Barbie-Puppe „Hello Barbie“ werden die Gespräche auf Servern des Unternehmens *ToyTalk* gespeichert, damit die Barbie-Puppe dazulernen kann und sich an das erinnert, was zuvor mit dem Kind gesprochen wurde.[310] Ebenso

---

310 Mattel, FAQ, S. 3 f. (abrufbar unter: http://hellobarbiefaq.mattel.com/wp-content/uploads/2015/12/hellobarbie-faq-v3.pdf; abgerufen am 29.03.2017).

lernt auch der Dinosaurier „Cognitoy“ dazu. Daher werden auch bei diesem Spielzeug die Gespräche gespeichert.[311]

Im Gegensatz dazu werden die Gespräche mit der Puppe „My friend Cayla“ und dem Roboter „i-QUE“ nicht gespeichert.[312] Daher scheidet der Zugriff auf gespeicherte Daten aus.

3 Fazit

Schon jetzt werden von Nutzern bewusst Sprachsteuerungen verwendet. Diese Mikrofone müssen ständig lauschen und übertragen je nach System auch jegliche Geräusche, um diese auf das Signalwort auszuwerten. Mit Voranschreiten der Technik wird sich die Sprachsteuerung immer mehr etablieren und in mehr Geräten zu finden sein.

Jedoch betrifft der Zugriff auf durch die Sprachsteuerung erzeugte Daten einen von der akustischen Wohnraumüberwachung differenzierten Umfang, da die Nutzer diese bewusst nutzen und lediglich der Zugriff auf gespeicherte Daten heimlich erfolgen soll. Daher ist diese Maßnahme grundsätzlich verschieden von heimlichen akustischen Überwachungsmaßnahmen, weshalb sie im Folgenden außen vor gelassen wird.[313]

VI Fazit

Aus technischer Sicht gibt es viele verschiedene Möglichkeiten, eine akustische Überwachung einer Person via Internet und informationstechnische Systeme durchzuführen. Zum einen kann eine Verpflichtung der Hersteller bzw. Betriebssystemhersteller erfolgen (D.I.; D.II.); zum andern können die Behörden eine Software mit den entsprechenden Funktionen auf dem System installieren (D.III.; D.IV.).

Alleine aus technischer Sicht ist keine dieser Methoden zur Durchführung einer akustischen Überwachung auszuschließen, da sie technisch alle eingesetzt werden könnten. Bei staatlichen Maßnahmen ist jedoch nicht nur entscheidend, welche technischen Möglichkeiten bestehen, sondern auch ob es für die Vorgehensweise einer Eingriffsermächtigung bedarf, und wenn ja, ob diese den

---

311 https://www-03.ibm.com/press/de/de/pressrelease/46289.wss (abgerufen am 29.03.2017).

312 Vgl. http://myfriendcayla.de/hilfe; http://ique-robot.de/hilfe (abgerufen am 24.07.2017).

313 Zum heimlichen Zugriff auf in einer Cloud gespeicherte Daten ausführlich *Dalby*, Grundlagen der Strafverfolgung im Internet und in der Cloud, S. 147 ff.

Anforderungen an einen Grundrechtseingriff gerecht wird. Ob ein Grundrechtseingriff vorliegt, bemisst sich anhand der konkreten technischen Maßnahmen, weshalb nach einer abstrakten Darstellung der in Betracht kommenden Grundrechte die technischen Möglichkeiten an den Grundrechten gemessen werden.

E. Grundrechte

Bevor die technischen Maßnahmen auf ihre rechtliche Zulässigkeit untersucht werden, werden im Folgenden die für die Untersuchung relevanten Grundrechte abstrakt dargestellt.

I Unverletzlichkeit der Wohnung (Art. 13 I GG)

Bei einer akustischen Wohnraumüberwachung ist Art. 13 I GG relevant, da das Grundrecht den „elementaren Lebensraum" eines jeden Menschen sichern und der Entfaltung seiner Persönlichkeit dienen soll,[314] weshalb dieser hier zu betrachten ist. Ferner befinden sich auch informationstechnische Systeme in der Wohnung, sodass bei einem Zugriff auf diese gegebenenfalls Art. 13 I GG betroffen sein könnte.

1 Schutzbereich

a Sachlicher Schutzbereich

Der sachliche Schutzbereich des Art. 13 I GG umfasst das Recht auf die Unverletzbarkeit der Wohnung. Der Begriff der Wohnung war im Laufe der Zeit Änderungen unterworfen, indem insbesondere durch die Industrialisierung eine Trennung von Arbeiten und Wohnen erfolgte und in neuerer Zeit ein Trend zurück zur Heimarbeit besteht.[315] Jedoch ist der Wohnungsbegriff nicht unumstritten.

Nach einer (engen) Ansicht wird der Wohnungsbegriff des Art. 13 I GG wie im allgemeinen Sprachgebrauch verstanden und eine Ausdehnung auf Betriebs- und Geschäftsräume abgelehnt.[316] Demnach ist eine Wohnung ein „Raum, der einem Menschen allein oder gemeinsam mit anderen dazu dient, geschützt vor ungewolltem Eindringen jedweder Art von Seiten Dritter zu schlafen, zu essen, seine persönliche Habe aufzubewahren und allen anderen Aktivitäten nachzugehen, denen er unbehelligt von anderen nachzugehen wünscht".[317] Dabei wird

314 BVerfGE 51, 97 (110); 89, 1 (6, 12); 103, 142 (150 f.); 115, 166 (196 Rn. 114); vgl. *Hermes*, in: Dreier [Hrsg.], GG, Art. 13 Rn. 12.

315 *Hermes*, in: Dreier [Hrsg.], GG, Art. 13 Rn. 14 f.; *Jarass*, in: Jarass/Pieroth [Hrsg.], GG Art. 13 Rn. 5.

316 *Voßkuhle*, DVBl. 1994, 611 (612); *Hermes*, in: Dreier [Hrsg.], GG, Art. 13 Rn. 16.

317 *Hermes*, in: Dreier [Hrsg.], GG, Art. 13 Rn. 16; *Herdegen*, in: Bonner Kommentar-GG, Art. 13 Rn. 26; *Jarass*, in: Jarass/Pieroth [Hrsg.], GG, Art. 13 Rn. 1.

zum Teil verlangt, dass eine Willensbetätigung notwendig ist und die Wohnung somit kraft Widmung zum Schutz der Privatheit gehört.[318]

Auf der anderen Seite gehören zur Wohnung im Sinne des Art. 13 I GG nach der Rechtsprechung des Bundesverfassungsgerichts sowie nach Teilen der Literatur nicht nur Wohnungen im allgemeinen Sprachgebrauch, sondern es wird eine weite Auslegung, mit welcher die räumliche Privatsphäre geschützt werden soll, gewählt.[319] Demnach fallen auch Arbeits-, Geschäfts- und Büroräume unter den Wohnungsbegriff, soweit diese nicht allgemein zugänglich sind. Der Wohnungsbegriff umfasst daher Räume, „die der allgemeinen Zugänglichkeit durch eine räumliche Abschirmung entzogen und zur Stätte privaten Lebens und Wirkens gemacht sind".[320]

Für eine enge Auslegung des Wohnungsbegriffs sprechen zunächst der Wortlaut der Norm[321] und das allgemeine Verständnis des Begriffs „Wohnung".[322] Zudem beinhalte Art. 13 GG einen persönlichen Gehalt, der nur natürlichen Personen zukommen kann und mit dem eine weite Auslegung nicht vereinbar sei.[323]

Früher waren Arbeits- und Geschäftsräume vielfach mit der Wohnung verbunden, da in der Wohnung gearbeitet wurde. Daher fielen auch Arbeits- und Geschäftsräume in den Schutzbereich des Art. 13 I GG. Durch die Industrialisierung hat sich dieses Bild verändert. Heute sind Wohnungen und Arbeitsstätten überwiegend getrennt. Dennoch können sich Menschen auch in ihrer Arbeitsstätte vor den Einblicken Dritter geschützt fühlen, solange die Arbeitsstätte nicht

---

318 *Hermes*, in: Dreier [Hrsg.], GG, Art. 13 Rn. 17; *Kühne*, in: Sachs [Hrsg.], GG, Art. 13 Rn. 2; *Herdegen*, in: Bonner Kommentar-GG, Art. 13 Rn. 27.

319 BVerfGE 32, 54 (69 ff.); 42, 212 (219); 44, 353 (371); 76, 83 (88); 120, 274 (309 f. Rn. 192); BGHZ 31, 285 (289); *Herdegen*, in: Bonner Kommentar-GG, Art. 13 Rn. 34; *Papier*, in: Maunz/Dürig [Hrsg.], GG, Art. 13 Rn. 1; 10; *Stern*, in: Stern/Becker [Hrsg.], GG, Art. 13 Rn. 31 ff.; *Gornig*, in: v. Mangoldt/Klein/Starck [Hrsg.], GG, Art. 13 Rn. 22 ff.

320 *Jarass*, in: Jarass/Pieroth [Hrsg.], GG, Art. 13 Rn. 4; vgl. auch BGHSt 44, 138 (140); *Papier*, in: Maunz/Dürig [Hrsg.], GG, Art. 13 Rn. 10 f.

321 Vgl. BVerfGE 32, 54 (60 f.); anders sieht dies *Herdegen*, nach dem der Wortlaut nicht zwingend dazu führt, dass Geschäfts- und Betriebsräume ausgeschlossen sind (*Herdegen*, in: Bonner Kommentar-GG, Art. 13 Rn. 30).

322 Wohnung: „Einheit von mehreren Räumen als ständige Unterkunft für eine oder mehrere Personen" (Duden Bedeutungswörterbuch „Wohnung").

323 Vgl. *Hermes*, in: Dreier [Hrsg.], GG, Art. 13 Rn. 26; *Jarass*, in: Jarass/Pieroth [Hrsg.], GG, Art. 13 Rn. 5.

allgemein zugänglich ist.[324] Zudem verbringen viele Menschen einen Großteil ihrer Zeit in der Arbeitsstätte und nicht in ihrer Wohnung. Der Mensch entfaltet sich auch nicht nur in seiner Wohnung, sondern gerade auch bei der Arbeit.[325] Da Art. 13 GG auch die freie Entfaltung schützt,[326] sollte auch dieser Bereich erfasst sein. Zwar mag dort das Schutzbedürfnis geringer sein, weil es sich nicht um eine private Tätigkeit handelt, jedoch besteht auch dort ein Interesse des Betroffenen, dass er nicht (durch den Staat) heimlich beobachtet bzw. belauscht wird. Zudem erfolgt nicht immer eine klare Trennung zwischen Arbeiten und Wohnen (beispielsweise bei der Heimarbeit).[327]

Somit fallen Büro- und Geschäftsräume ebenso unter den Wohnungsbegriff des Art. 13 I GG wie Nebenräume und abgetrennte Gärten oder Innenhöfe.[328]

Fraglich ist ferner, ob neben Betriebs- und Geschäftsräumen auch Kraftfahrzeuge (Kfz), insbesondere Pkw, vom Wohnungsbegriff des Art. 13 GG erfasst sind. Obwohl bei Art. 13 I GG ein weiter Wohnungsbegriff gilt,[329] werden Kraftfahrzeuge grundsätzlich nicht als Wohnung verstanden, sondern als Mittel der Fortbewegung und zum Transport von Gegenständen.[330] Anders ist es bei Wohnmobilen und Wohnwagen, die als Wohnung genutzt werden und daher von Art. 13 GG erfasst sind.[331] Bei einem weiten Verständnis des Wohnungsbegriffs kommt es jedoch grundsätzlich nicht darauf an, ob die Räume tatsächlich zum Wohnen genutzt werden. Andernfalls könnten auch Geschäfts- und Betriebsräume nicht unter den Wohnungsbegriff fallen. Nach der Wohnungsdefinition

---

324 Vgl. *Herdegen*, in: Bonner Kommentar-GG, Art. 13 Rn. 34; *Hermes*, in: Dreier [Hrsg.], GG, Art. 13 Rn. 14 f.

325 Vgl. *Herdegen*, in: Bonner Kommentar-GG, Art. 13 Rn. 34.

326 BVerfGE 51, 97 (110); 89, 1 (6,12); 103, 142 (150 f.); 115, 166 (196 (Rn. 114); *Hermes*, in: Dreier [Hrsg.], GG, Art. 13 Rn. 12; *Jarass*, in: Jarass/Pieroth [Hrsg.], GG, Art. 13 Rn. 4; *Herdegen*, in: Bonner Kommentar-GG, Art. 13 Rn. 1.

327 Vgl. *Herdegen*, in: Bonner Kommentar-GG, Art. 13 Rn. 34.

328 Vgl. *Herdegen*, in: Bonner Kommentar GG, Art. 13 Rn. 26; 30 ff.

329 BVerfGE 32, 54 (69 ff.); 42, 212 (219); 44, 353 (371); 76, 83 (88); 120, 274 (309 f. Rn. 192); BGHZ 31, 285 (289); *Herdegen*, in: Bonner Kommentar-GG, Art. 13 Rn. 34; *Papier*, in: Maunz/Dürig [Hrsg.], GG, Art. 13 Rn. 1; 10; *Stern*, in: Stern/Becker [Hrsg.], GG, Art. 13 Rn. 31 ff.; *Gornig*, in: v. Mangoldt/Klein/Starck [Hrsg.], GG, Art. 13 Rn. 22 ff.

330 Vgl. BVerfG NJW 2010, 287 (288); BGH NStZ 1998, 157; BGH NJW 2012, 945 (946); LG Stendal NStZ 1994, 556 m. Anm. *Mahnkopf/Döring* (556 f.); *Jahn/Geck*, JZ 2012, 561 (562); *Mitsch*, NJW 2012, 1486 (1487); *Warg*, NStZ 2012, 237 (238); *Mosbacher*, JuS 2012, 705.

331 Vgl. statt vieler *Papier*, in: Maunz/Dürig [Hrsg.], GG, Art. 13 Rn. 10.

im Sinne des Art. 13 I GG ist jeder Ort eine Wohnung, an dem sich Menschen aufhalten und den sie als Rückzugsort betrachten, sich sicher und ungestört fühlen und sich entfalten können.[332]

Ein Pkw ist ein umschlossener Raum, der grundsätzlich auch andere von der Nutzung ausschließt. Zwar ist davon auszugehen, dass Personen in einem Pkw nicht den gleichen Schutz bzw. nicht die gleiche Vertraulichkeit erwarten können, wie in einer Wohnung (wörtliches Verständnis),[333] jedoch schließt dies nicht die Subsumtion unter den Begriff der Wohnung im Sinne des Art. 13 I GG aus, da auch in Geschäftsräumen nicht die gleiche Vertraulichkeit erwartet werden kann.

Es ist zutreffend, dass ein Pkw im öffentlichen Straßenverkehr bewegt wird und daher nicht die gleiche Privatheit aufweist wie eine Wohnung, da die Geschehnisse innerhalb des Pkw leichter wahrnehmbar sind als in einer Wohnung oder auch in einem Wohnmobil und Wohnwagen. Jedoch können getönte Scheiben dazu führen, dass Blicke in das Innere des Autos erschwert werden. Ebenso können bei geschlossenem Fenster die Gespräche, die im Inneren des Autos geführt werden, nicht von außen wahrgenommen werden. Es kann also nicht grundsätzlich davon ausgegangen werden, dass man in einem Pkw (vor Zuhörern) weniger geschützt ist als in seiner Wohnung.[334] Auch dort kann nur bei geschlossenem Fenster darauf vertraut werden, dass die Gespräche nicht von außerhalb der Wohnung gehört werden.[335]

Es stimmt ferner, dass ein Pkw ein Transport- und Fortbewegungsmittel ist. Jedoch hat sich die Technik in den letzten Jahren auch innerhalb des Pkw so gravierend geändert, dass er nicht mehr *nur* ein Fortbewegungsmittel ist.[336] Ein

---

332 Vgl. BVerfGE 32, 54 (69 ff.); 42, 212 (219); 51, 97 (110); 89, 1 (6,12); 103, 142 (150 f.); 120, 274 (309 f.).

333 *Warg*, NStZ 2012, 237 (238).

334 Vgl. *Wesemann*, StV 1997, 597 (600), der zumindest während des Gespräches das Auto als vom Schutzbereich des Art. 13 I GG erfasst ansieht. Dies führt jedoch zu unübersichtlichen Situationen, wann ein Auto erfasst werden soll. Zudem sind unterschiedliche Voraussetzungen für Überwachungsmaßnahmen möglich. Eine optische Überwachung zu Strafverfolgungszwecken ist in einer Wohnung nicht möglich, außerhalb jedoch schon (vgl. § 100h StPO). Mit der Ansicht von *Wesemann* wäre eine optische Überwachung folglich möglich, solange keine Gespräche geführt werden.

335 So wird auch bei Wohnungen vertreten, dass nur das gesprochene Wort unter den Schutzbereich des Art. 13 I GG fällt, welches nicht ohne den Einsatz von technischen Mitteln wahrgenommen werden kann; *Kohlmann*, Online-Durchsuchung und andere Maßnahmen mit Technikeinsatz, S. 205.

336 Vgl. *Wesemann*, StV 1997, 597 (600).

Pkw beinhaltet mittlerweile alle möglichen Arten von Unterhaltungsmedien. So können beispielsweise auf den Rücksitzen Filme in Monitoren angeschaut werden, die in die Kopfstützen der Vordersitze integriert oder an diesen angebracht sind.[337] Ebenso wird sich das Auto in Zukunft weiter entwickeln und damit zu noch mehr werden als einem bloßen Fortbewegungsmittel.[338] Man mag argumentieren, dass es trotz allem ein Fortbewegungsmittel bleibt, welches nur einen höheren Komfort bietet, aber dennoch nicht einen zentralen Punkt in der Lebensgestaltung einnimmt.[339] Jedoch ist es nicht nur der Komfort, sondern vielmehr, dass Pkw in Zukunft vieles aufweisen können, das auch in einer Wohnung zu finden ist. Durch das autonome Fahren, welches sicher irgendwann ganz ohne menschliche Aufsicht möglich ist und erlaubt sein wird,[340] kann der „Fahrer" schlafen, frühstücken oder Zeitung lesen, während der Pkw (bzw. das Smart Car) ihn zum Ziel bringt. Zwar ist die Fortbewegung auch dann noch ein wichtiger Aspekt, jedoch treten andere Aspekte, wie die oben genannten, stärker in den Vordergrund.

Zudem hat der BGH festgestellt, dass Art. 13 I GG auch andere Räume als typische Wohnräume schützt, „soweit sie als Räume der Freizeit, Räume der Mobilität, kultusbezogene oder der sozialen Beratung zuzuordnen sind und die Privatheit der Lebensgestaltung ermöglichen".[341] Ein Pkw ist ein Raum der Mobilität, der auch für die Lebensgestaltung verwendet wird. Das einzige Merkmal, an dem gezweifelt werden kann, ist die Privatheit, welche gerade von Art. 13 GG geschützt wird.[342]

Nach hier vertretender Ansicht ermöglicht jedoch auch ein Pkw Privatheit.[343] Grundsätzlich ist ein privater Pkw nicht öffentlich, da die Geschehnisse im Pkw größtenteils privat bleiben, obwohl er auf öffentlichen Straßen verwendet

---

337 Vgl. http://www.daserste.de/information/ratgeber-service/auto-reise-verkehr/sendung/swr/ruecksitzmonitore-100.html (abgerufen am 30.08.2016); vgl. Autoherstellerwerbung, z.B. von *VW* (http://www2.volkswagen-zubehoer.de/de/produktwelten/infotainment/rear-seat-entertainment.html; abgerufen am 30.08.2016).

338 Vgl. *Miller*, Internet of Things, S. 158 ff.

339 Vgl. *Mahnkopf/Döring*, NStZ 1994, 556 (557), nach denen auch im Wandel der Zeit ein Pkw nicht unter den Wohnungsbegriff des Art. 13 I GG zufassen sein wird.

340 In Kalifornien sollen bereits 2017 die ersten autonom fahrenden Autos zugelassen werden; https://heise.de/-376945 (abgerufen am 14.07.2017).

341 BGHSt 50, 206 (211).

342 *Papier*, in: Maunz/Dürig [Hrsg.], GG, Art. 13 Rn. 1; 10.

343 Auch der Bundesgerichtshof erkennt, dass ein Pkw ein Rückzugsort sein kann und Personen sich dort unbeobachtet fühlen. Dennoch schließt der Bundesgerichtshof aus, dass es sich um eine Wohnung im Sinne des Art. 13 I GG handelt. Das Auto verdiene nur geringeren Schutz als eine Wohnung. Dieses Schutzdefizit könne jedoch im

wird.[344] Zwar können Geschehnisse aus einem Pkw auch außerhalb dessen wahrgenommen werden, insbesondere wenn die Scheiben nicht getönt, die Fenster geöffnet sind oder es sich um ein Cabrio mit geöffneten Verdeck handelt. Allerdings sind dies Sonderfälle und den Insassen ist durchaus bewusst, dass sie gesehen und gehört werden können. Jedoch ist auch die Wahrnehmbarkeit von Geschehnissen innerhalb einer Wohnung nicht ausgeschlossen, wenn die Fenster geöffnet sind, dennoch sind diese grundsätzlich vom Schutzbereich des Art. 13 I GG erfasst und nur in den Fällen, in denen die Geschehnisse ohne weiteres von außerhalb der Wohnung wahrgenommen werden, fallen diese nicht in den Schutzbereich.

Ein Pkw kann eventuell dann nicht mehr als privat angesehen werden, wenn er für den Transport von (fremden) Personen verwendet wird. So ist die Erwartung an vertrauliche Gespräche in einem Taxi geringer als in einem privaten Pkw. Das Gleiche gilt, wenn jemand sein Pkw als Mitfahrgelegenheit fremden Personen anbietet (beispielsweise bei *Blablacar*). Auch dort liegt keine Privatheit mehr vor.

Grundsätzlich kann der Pkw daher, insbesondere in der heutigen Zeit, auch als Wohnung gelten. Dass technische Neuerungen die Zuordnung eines Gegenstands zu einer Gruppe ändern können, zeigt auch das folgende Beispiel:

Früher war das Handy ein reines Telekommunikationsmittel, mit dem telefoniert wurde und SMS verschickt wurden, weshalb grundrechtlich in der Regel Art. 10 GG bei Eingriffen betroffen war. Demgegenüber beinhaltet das Smartphone heute viele Funktionen, die früher einem Computer vorbehalten waren. Daher ist auch der bloße Schutz des Art. 10 I GG nicht ausreichend, weshalb das Grundrecht auf Gewährleistung der Vertraulichkeit und Integrität informationstechnischer Systeme entwickelt wurde.[345] Durch technische Veränderungen war es nicht nur notwendig, Grundrechte anders auszulegen, sondern vielmehr wurde ein neues Grundrecht „erschaffen".[346]

Einzelfall durch den Schutz des Kernbereichs privater Lebensgestaltung kompensiert werden; vgl. BGH NJW 2012, 945 (946).

344 So auch *Mitsch*, NJW 2012, 1486 (1487), obwohl er den Pkw nicht als vom Wohnungsbegriff erfasst ansieht, erkennt er, dass gerade auch in einem Pkw der Kernbereich der Privatsphäre betroffen sein kann und daher der Pkw einen ähnlichen Schutz bedarf. Anstatt den Pkw jedoch unter § 100c StPO zu subsumieren, kritisiert *Mitsch* die Gesetzgebung zu § 100f StPO.

345 BVerfGE 120, 274 (306 ff., 314).

346 Vgl. BVerfGE 120, 274 (313 f.).

Diese Veränderung zeigt, dass alleine durch technische Änderungen neue Bewertungen im Rahmen des Grundgesetzes erforderlich werden können, weshalb auch der Pkw, welcher nicht mehr nur der Fortbewegung dient, von Art. 13 I GG zu erfassen ist.

Ferner lässt sich anführen, dass sogar Schlafwagenabteile und Hotelzimmer vom Wohnungsbegriff erfasst sind.[347] Solange es sich nicht um eine Gemeinschaftsunterkunft handelt, ist in einem Hotelzimmer in der Regel die gleiche Privatsphäre gegeben wie in der eigenen Wohnung, auch wenn der Aufenthalt nur vorübergehend ist.[348]

Auf der anderen Seite ist es nicht überzeugend, Schlafwagen im Personenschienenverkehr von Art. 13 I GG zu erfassen, während ein Pkw nicht erfasst wird. Ebenso wie der Pkw dient auch ein Zug der Fortbewegung. Zwar sind Schlafwagen auf eine bestimmte Personenzahl begrenzt, jedoch sind dies bei Alleinreisenden auch häufig fremde Personen. Zudem kann man als Kunde nicht unbedingt beeinflussen, mit wem man sich das Abteil teilt.[349] Auch dadurch, dass die Türen von innen verriegelt werden können, führt dieses nicht zu Privatsphäre, wenn sich das Abteil mit fremden Personen geteilt wird. Bei einem Pkw kann man selbst beeinflussen, mit wem dieser geteilt bzw. wer mitgenommen wird. Auch ist die Wahrscheinlichkeit persönlicher Gespräche in einem Pkw deutlich höher als in einem (öffentlichen) Zug. Vor diesem Hintergrund sind die Schutzbedürftigkeit des Bürgers und die Privatsphäre vielmehr in einem Pkw als in einem Schlafwagenabteil gegeben. Folglich ist es daher durchaus berechtigt, auch einen Pkw unter den Wohnungsbegriff des Art. 13 GG zu fassen.

Allerdings wird Persönlichkeitsschutz nicht nur durch Art. 13 I GG gewährleistet. Der Schutz der Persönlichkeit endet nicht an der Wohnungstür, sondern wird darüber hinaus garantiert.[350] Außerhalb der Wohnung stellt Art. 2 I GG i.V.m. Art. 1 I GG diesen Schutz sicher.[351] Daher ist der Bürger in einem Pkw

---

347 Vgl. BGHSt 50, 206 (210); BGHZ 31, 285 (289); *Herdegen*, in: Bonner Kommentar-GG, Art. 13 Rn. 29; *Jarass*, in: Jarass/Pieroth [Hrsg.], GG, Art. 13 Rn. 4; *Gornig*, in: v. Mangoldt/Klein/Starck [Hrsg.], GG, Art. 13 Rn. 18; *Kühne*, in: Sachs [Hrsg.], GG, Art. 13 Rn. 1; *Mosbacher*, JuS 2012, 705; *Jahn* JuS 2006, 91.

348 Vgl. *Papier*, in: Maunz/Dürig [Hrsg.], GG, Art. 13 Rn. 10; *Hermes*, in: Dreier [Hrsg.], GG, Art. 13 Rn. 18; differenzierend: *Stern*, in: Stern/Becker [Hrsg.], GG, Art. 13 Rn. 30.

349 Bei einer Buchung eines Mehrbett-Schlafwagens ist es lediglich notwendig, das Geschlecht anzugeben, um gemischte Abteile auszuschließen.

350 *Singelnstein/Putzer*, GA 2015, 564 (569).

351 *Singelnstein/Putzer*, GA 2015, 564 (56 f.).

nicht schutzlos, wenn dieser nicht unter den Wohnungsbegriff des Art. 13 I GG fällt. Jedoch können die Schrankenvoraussetzungen bei Art. 2 I i.V.m. Art. 1 I GG deutlich geringer als bei Art. 13 GG sein.[352]

Da der Pkw mittlerweile mehr als nur ein Fortbewegungsmittel ist, der Persönlichkeitsentfaltung dient und nicht weniger schutzwürdig als ein Schlafwagenabteil ist, ist er nach hier vertretener Ansicht von Art. 13 I GG erfasst.

Darüber hinaus ist fraglich, ob auch eine sogenannte *Cloud* vom Wohnungsbegriff des Art. 13 I GG erfasst sein könnte. Bei einer *Cloud* handelt es sich um einen Server, auf dem Daten außerhalb des eigenen Computers bzw. des informationstechnischen Systems gespeichert werden können, wobei dem jeweiligen Nutzer in der Regel der Standort des Servers nicht bekannt ist.[353] Der Zugriff auf die *Cloud* erfolgt via Internet und ist daher grundsätzlich von jedem internetfähigen System standortunabhängig herzustellen. Eben dies spricht schon dagegen, die Cloud als vom Wohnungsbegriff des Art. 13 I GG erfasst anzusehen, da nicht mehr die typische räumliche Privatsphäre wie bei einer Wohnung besteht.[354] Ferner ist selbst der heimliche Zugriff auf das informationstechnische System in einer Wohnung nicht von Art. 13 I GG erfasst, sondern vom Recht auf Gewährleistung der Vertraulichkeit und Integrität informationstechnischer Systeme.[355] Daher sollte erst recht ein Server, bei dem der Standort dem Nutzer im Normalfall gänzlich unbekannt ist, nicht von Art. 13 I GG erfasst sein.

Unabhängig von der Weite des Wohnungsbegriffs schützt Art. 13 I GG einen absoluten Kernbereich privater Lebensgestaltung, der als Teil der Menschenwürde auch von Art. 13 GG umfasst ist.[356] Danach soll jedem Menschen ein Bereich bleiben, der staatlicher Überwachung absolut entzogen ist. Es soll jedem ein Rückzugsort bleiben, an dem er sich (ganz) frei und ungestört entfalten kann.[357]

---

352 Zu den Schranken bei Art. 2 I i.V.m. Art. 1 I GG S. 133.

353 Vgl. *Heinemann*, Grundrechtlicher Schutz informationstechnischer Systeme, S. 43; *Süptitz/Utz/Eymann,* DuD 2013, 307 (307 f.); *Brodowski/Eisenmenger,* ZD 2014, 119 (121).

354 BVerfGE 120, 274 (310 f.); *Brodowski/Eisenmenger,* ZD 2014, 119 (121).

355 Vgl. nur BVerfGE 120, 274 (310 f.); ausführlich zum Recht auf Gewährleistung der Vertraulichkeit und Integrität informationstechnischer Systeme S. 127 ff.

356 BVerfGE 32, 54 (73); 75, 318 (328); 109, 279 (313); *Gornig*, in: v. Mangoldt/Klein/Stark [Hrsg.], GG, Art. 13 Rn. 1; 4; *Schoch,* Jura 2010, 22 (28).

357 BVerfGE 32, 54 (75); 51, 97, (110); 75, 318 (328); 109, 279 (313); BGHSt 31, 296 (299 f.); 57, 71 (75 f.); *Gornig*, in: v. Mangoldt/Klein/Stark [Hrsg.], GG, Art. 13 Rn. 4.

b Persönlicher Schutzbereich

Art. 13 I GG grenzt den persönlichen Schutzbereich nicht ein. Daher kann sich grundsätzlich jede natürliche Person auf Art. 13 I GG berufen, soweit sie Inhaber oder Bewohner einer Wohnung ist.[358] Für Besucher oder sich zufällig in der betroffenen Wohnung aufhaltende Personen gilt der Schutz des Art. 13 GG nicht. Stattdessen bleibt nur der Rückgriff auf Art. 2 I GG i.V.m. Art. 1 I GG.[359]

Ferner können sich gemäß Art. 19 III GG auch inländische juristische Personen des Privatrechts auf den Schutz des Art. 13 I GG berufen.[360] Zu den inländischen juristischen Personen zählen neben deutschen Unternehmen mit Sitz in Deutschland auch Tochterunternehmen ausländischer Unternehmen, die ihren Sitz in Deutschland haben und nach deutschem Recht gegründet wurden.[361] Jedoch ist bei Geschäfts-, Arbeits- und Büroräumen von einem abgestuften Schutz auszugehen, da der Schutz durch Art. 13 I GG bei zugänglichen Arbeitsstätten geringer als bei privaten oder verschlossenen Arbeitsstätten und nicht mit dem Schutzniveau in einer Wohnung im engeren Sinn vergleichbar ist.[362]

c Fazit

Art. 13 I GG schützt sowohl Wohnungen im allgemeinen Sprachgebrauch als auch Arbeits-, Geschäfts- und Büroräume und nach hier vertretener Ansicht auch Pkw, da diese nicht mehr nur der Fortbewegung dienen, sondern auch für die Lebensgestaltung zentral sind. Demgegenüber ist eine Cloud nicht von Art. 13 I GG erfasst, weil es sich bei dieser um einen Server, also Computer, handelt, der sich in der Regel nicht in der Wohnung befindet. Berufen kann sich auf das Grundrecht aus Art. 13 I GG jede natürliche Person, sowie bei Arbeits-, Geschäfts-, und Büroräumen auch juristische Personen des Privatrechts. Zudem erfasst Art. 13 I GG einen absoluten Schutz des Kernbereichs privater Lebensgestaltung, in den ein Eingriff nicht gerechtfertigt werden kann.

---

358 Vgl. BVerfGE 109, 279 (326); *Hermes*, in: Dreier [Hrsg.], GG, Art. 13 Rn. 21; *Gornig*, in: v. Mangoldt/Klein/Starck [Hrsg.], GG, Art. 13 Rn. 27.

359 BVerfGE 109, 279 (326); *Jarass*, in: Jarass/Pieroth, GG, Art. 13 Rn. 2.

360 BVerfGE 32, 54 (71 f.); 42, 212 (219); *Hermes*, in: Dreier [Hrsg.], GG, Art. 13 Rn. 20; *Gornig*, in: v. Mangoldt/Klein/Starck [Hrsg.], GG, Art. 13 Rn. 36; *Papier*, in: Maunz/Dürig [Hrsg.], GG, Art. 13 Rn. 17 f.

361 Vgl. *Manssen*, in: v. Mangoldt/Klein/Starck [Hrsg.], GG, Art. 19 Rn. 299; *Sachs*, in: Sachs [Hrsg.], GG, Art. 19 Rn. 54.

362 Vgl. *Papier*, in: Maunz/Dürig [Hrsg.], GG, Art. 13 Rn. 14.

2 Eingriff

Nach dem modernen Eingriffsbegriff handelt es sich bei jeder Verkürzung des Schutzbereichs um einen Eingriff.[363] Art. 13 II GG bis Art. 13 V GG bezeichnen verschiedene Arten von Eingriffen, bei denen die Wohnung nicht verletzt ist, wenn akustische oder optische Überwachungsmaßnahmen der Vorgänge innerhalb einer Wohnung stattfinden.[364]

Voraussetzung für einen Eingriff ist jedoch, dass eine „räumliche Barriere" überwunden wird, die dazu dient, den Bewohner der Wohnung vor Blicken durch die Außenwelt zu schützen.[365] Folglich liegt in jeder heimlichen akustischen Wohnraumüberwachung immer auch ein Eingriff in Art. 13 I GG.

3 Rechtfertigung

Die Rechtfertigung eines Eingriffs in Art. 13 I GG ist nur unter den engen Voraussetzungen des Art. 13 II–VII GG möglich. Art. 13 II GG stellt besondere Anforderungen für die Durchsuchung einer Wohnung auf, während Art. 13 III–VI GG Anforderungen für eine akustische Überwachung mit technischen Mitteln aufstellen. Art. 13 VII GG stellt Voraussetzungen auf, unter denen Eingriffe und Beschränkungen zur Gefahrenabwehr, abgesehen von den zuvor genannten Eingriffen, gerechtfertigt sein können und nennt dazu Beispiele wie die Bekämpfung von Seuchengefahren.

Hier ist besonderes Augenmerk auf Art. 13 III GG und Art. 13 IV GG zu richten, da die vorliegende Untersuchung akustische Überwachungsmaßnahmen und Vorbereitungsmaßnahmen zu diesen betrachtet.

Art. 13 III 1 GG erlaubt den Einsatz technischer Mittel zur akustischen Wohnraumüberwachung zur Aufklärung schwerer Straftaten, wenn die Sachverhaltsaufklärung auf anderem Wege unverhältnismäßig erschwert oder aussichtslos wäre.

Die zunächst erfolgte Umsetzung der Schrankenbestimmung des Art. 13 III GG mit § 100c I Nr. 3 StPO a.F. (1998)[366] wurde vom Bundesverfassungsgericht mit Entscheidung vom 03. März 2004 für teilweise verfassungswidrig

363 Vgl. *Sachs*, in: Sachs [Hrsg.], GG, Vor Art. 1 Rn. 83 ff.; *Jarass*, in: Jarass/Pieroth [Hrsg.}, GG, Vorb. vor Art. 1 Rn. 28 f.; *Dreier*, in: Dreier [Hrsg.], GG, Vorb. vor Art. 1 Rn. 125 ff.

364 BVerfGE 109, 279 (309; 327); *Schantz*, KritV 2007, 310 (314).

365 *Böckenförde*, JZ 2008, 925 (926).

366 Eingefügt durch das Gesetz zur Verbesserung der Bekämpfung der Organisierten Kriminalität, v. 04. Mail 1998, BGBl. 1998 I, S. 845.

erklärt, da nicht in hinreichendem Maße der Kernbereich privater Lebensgestaltung, der Verhältnismäßigkeitsgrundsatz sowie die Gewährung effektiven Rechtsschutzes berücksichtigt wurden.[367]

Eine erneute Verfassungsbeschwerde gegen § 100c StPO in der Fassung vom 01. Juli 2005[368] hat das Bundesverfassungsgericht nicht zur Entscheidung angenommen, weil weder ein Annahmegrund nach § 93a II BVerfGG vorlag noch Aussicht auf Erfolg der Beschwerde bestand.[369]

Ferner verlangt die Rechtfertigung eines Eingriffs in Art. 13 I GG nach Art. 13 III 3, 4 GG, dass die Anordnung einer akustischen Wohnraumüberwachung grundsätzlich nur durch drei Richter und nur in Ausnahmefällen (Gefahr im Verzug) durch einen Richter erfolgen darf, was mit § 100e II StPO umgesetzt wurde.

Art. 13 IV 1 GG erlaubt den Einsatz technischer Mittel zur Gefahrenabwehr innerhalb der Wohnung. Dabei sind die technischen Mittel nicht auf akustische Mittel begrenzt, sondern es können zur Gefahrenabwehr auch optische Mittel eingesetzt werden.[370] Diese Eingriffe in Art. 13 I GG sind jedoch an strenge Voraussetzungen gebunden. So muss der Einsatz zur Abwehr einer dringenden Gefahr für die öffentliche Sicherheit, insbesondere einer gemeinen Gefahr oder einer Lebensgefahr, erfolgen (Art. 13 IV 1 GG). Eine dringende Gefahr ist dabei eine konkrete Sachlage oder ein Verhalten, dass „bei ungehindertem Ablauf des objektiv zu erwartenden Geschehens mit hinreichender Wahrscheinlichkeit in allernächster Zukunft einen größeren Schaden verursachen wird".[371] Die Anordnung erfolgt grundsätzlich durch den Richter und nur in Ausnahmefällen durch eine andere gesetzlich bestimmte Stelle (Art. 13 IV 2 GG).

Beiden Schranken ist immanent, dass sie eine Verletzung des absoluten Kernbereichs privater Lebensgestaltung nicht rechtfertigen können und in diesem Bereich die gleichen Kriterien aufweisen.[372] Wie im Schutzbereich erläutert, ist

367 BVerfGE 109, 279 (325 ff.).

368 Eingefügt durch das Gesetz zur Umsetzung des Urteils des Bundesverfassungsgerichts vom 3. März 2004 (akustische Wohnraumüberwachung) vom 24. Juni 2005, BGBl. 2005 I, S. 1841.

369 BVerfGK 11, 164 (169).

370 *Jarass*, in: Jarass/Pieroth [Hrsg.], GG Art. 13 Rn. 28; *Stern*, in: Stern/Becker [Hrsg.], GG, Art. 13 Rn. 121 f.; *Gornig*, in: v. Mangoldt/Klein/Starck [Hrsg.], GG, Art. 13 Rn. 129.

371 *Gornig*, in: v. Mangoldt/Klein/Starck [Hrsg.], GG, Art. 13 Rn. 124; vgl. auch BVerwGE 47, 31 (40).

372 *Hermes*, in: Dreier [Hrsg.], GG, Art. 13 Rn. 84; sächs. VerfH NVwZ 2005, 1310 (1314 f.);. VerfGH Rheinland-Pfalz MMR 2007, 578 (580 f.); *Kötter*, DöV 2005, 225 (228 f.);

der Kernbereich derjenige Bereich, der absoluten Schutzes bedarf und in den der Staat unter keinen Umständen eingreifen darf.[373]

Zudem muss, wie bei jedem Grundrechtseingriff, der Verhältnismäßigkeitsgrundsatz gewahrt werden. Ein Eingriff muss einem legitimen Ziel dienen, die in Art. 13 III, IV GG genannt sind. Weiterhin muss der Eingriff geeignet, erforderlich und angemessen sein. Geeignet ist ein Eingriff, wenn der angestrebte Zweck gefördert wird. Für die Erforderlichkeit darf kein anderes milderes Mittel zur Verfügung stehen, um das Ziel zu erreichen. Auch diese Einschränkung wurde in § 100c I Nr. 4 StPO und § 100f I StPO berücksichtigt („auf andere Weise unverhältnismäßig erschwert"). Den letzten Punkt der Verhältnismäßigkeitsprüfung stellt die Angemessenheitsprüfung dar. Im Rahmen der Angemessenheitsprüfung erfolgt eine Interessenabwägung zwischen den betroffenen Interessen. Dies ist bei akustischen Überwachungsmaßnahmen auf Seite des Staates das Interesse einer effektiven Strafverfolgung bzw. der Verhütung von Straftaten. Demgegenüber steht das Interesse des Betroffenen an einer geschützten Privatsphäre.[374]

4 Fazit

Sowohl der Wortlaut des Art. 13 I GG („Die Wohnung ist unverletzlich") als auch die Judikatur des Bundesverfassungsgerichts zu diesem zeigen, dass Art. 13 I GG ein überaus bedeutsames Grundrecht ist, welches innerhalb der Verfassung einen besonderen Stellenwert hat.[375] Umfasst ist dabei nicht nur die Wohnung im engeren Sinn, sondern auch Geschäfts-, Büro-, und Arbeitsräume, sowie nach hier vertretener Ansicht Pkw, da diese eben nicht mehr nur der Fortbewegung, sondern auch der Lebensgestaltung dienen. Eingriffe in Art. 13 I GG sind nur unter engen Voraussetzungen (Art. 13 III, IV GG) gerechtfertigt, wobei Eingriffe in den absoluten Kernbereich nicht gerechtfertigt werden können. Konkurrenzfälle können insbesondere mit dem allgemeinen Persönlichkeitsrecht (Art. 2 I i.V.m. Art. 1 I GG) auftreten. Soweit der Schutzbereich des Art. 13 I GG eröffnet ist, geht dieser Art. 2 I i.V.m. Art. 1 I GG vor, da beide die Privatsphäre schützen und Art. 13 I GG daher das speziellere Grundrecht ist.[376]

Gusy, JuS 2004, 457 (458 f., 461); *Kutscha* NJW 2005, 20 (20, 22) [a.A. *Haas,* NJW 2004, 3082 (3084), dieser bezieht die Ausführungen des Bundesverfassungsgerichts zur akustischen Wohnraumüberwachung nur auf die Strafverfolgung].

373 Zum Kernbereich privater Lebensgestaltung schon oben S. 101 ff.

374 Zur Verhältnismäßigkeit statt vieler *Merten*, in: Merten/Papier [Hrsg.], Handbuch der Grundrechte, Bd. III, § 68 Rn. 50 ff.

375 Vgl. BVerfGE 51, 97 (105 ff.); 89, 1 (11 f.); 109, 279; *Denninger,* ZRP 2004, 101 (104).

376 Vgl. BVerfGE 51, 97 (105); 109, 279 (327).

II Fernmeldegeheimnis (Art. 10 I GG)

Da eine **internetbasierte** akustische Überwachung Gegenstand der Untersuchung ist, spielt auch Art. 10 I GG für die Vorbereitungshandlungen eine Rolle, sofern eine Überwachungssoftware via Internet eingeschleust wird und daher gegebenenfalls die Internetverbindung zunächst überwacht werden muss. Ebenso wie Art. 13 I GG hat Art. 10 I GG innerhalb des Grundgesetzes einen hohen Rang und dient dem Schutz der freien Persönlichkeitsentfaltung.[377]

1 Schutzbereich

a Sachlicher Schutzbereich

Art. 10 I GG schützt das Brief-, das Post- und das Fernmeldegeheimnis. Allen Schutzgütern ist gemeinsam, dass sie eine räumliche Distanz zwischen den Kommunikationspartnern überbrücken sollen.[378] Geschützt wird dabei die Vertraulichkeit einer nicht öffentlichen Kommunikation, bei der die Kommunikationspartner auf die Mitwirkung Dritter, wie beispielsweise Telekommunikationsunternehmen, angewiesen sind.[379] Unter anderem sind der Inhalt, der Ort und die Zeit sowie die Art und Weise der Kommunikation geschützt.[380]

Jedoch ist die Vertraulichkeit nur bis zum Abschluss der Kommunikation gewährleistet. Nachdem der Kommunikationsvorgang vollständig abgeschlossen ist, fallen die Daten, die übertragen wurden, nicht mehr in den Schutzbereich des Art. 10 I GG. Sie sind dann gegebenenfalls von anderen Grundrechten, wie Art. 2 I i.V.m. Art. 1 I GG (Recht auf informationelle Selbstbestimmung), geschützt.[381]

Unter dem hier relevanten Fernmeldegeheimnis wird jede unkörperliche Übermittlung von Informationen verstanden, die nicht an die Allgemeinheit

---

377 BVerfGE 67, 157 (171); 110, 33 (53); 85, 386 (395 f.); 113, 348 (391); *Jarass*, in: Jarass/Pieroth [Hrsg.], GG, Art. 10 Rn. 1.

378 BVerfGE 85, 386 (396); 106, 28 (36); *Jarass*, in. Jarass/Pieroth [Hrsg.], GG, Art. 10 Rn. 1; *Pagenkopf*, in: Sachs [Hrsg.], GG, Art. 10 Rn. 14 f.; *Hermes*, in: Dreier [Hrsg.], GG, Art. 10 Rn. 15.

379 BVerfGE 85, 386 (396); 106, 28 (36); 115, 166 (182); BVerfG NJW 2016, 3508 (3509); *Jarass*, in: Jarass/Pieroth [Hrsg.], GG, Art. 10 Rn. 1; *Hermes*, in: Dreier [Hrsg.], GG, Art. 10 Rn. 15.

380 BVerfGE 113, 348 (364); 115, 166 (183); 129, 208 (240 f.); 130, 151 (180 f.); *Jarass*, in: Jarass/Pieroth [Hrsg.], GG, Art. 10 Rn. 9; *Pagenkopf*, in: Sachs [Hrsg.], GG, Art. 10 Rn. 14; *Gusy*, in: v. Mangoldt/Klein/Starck [Hrsg.], GG, Art. 10 Rn. 24.

381 *Jarass*, in: Jarass/Pieroth [Hrsg.], GG, Art. 10 Rn. 5.

gerichtet ist.[382] Eine unkörperliche Übermittlung von Informationen findet auch in Computernetzen statt,[383] zu denen das Internet zählt. Demgegenüber sieht *Pagenkopf* die Übertragung von Daten im Internet als unsicher an und damit haben diese Nachrichten nicht das inne, was von ihm für eine unter den Schutzbereich der Kommunikationsfreiheit fallende Kommunikation gefordert wird.[384] Bei der Kommunikation sei es erforderlich, dass ihr etwas „Verborgenes" und „Geheimes" anhafte. Durch die vielen dazwischen geschalteten Stellen im Internet würde dieses „Geheime" nicht gewahrt, die Kommunikation sei daher unsicher.[385]

Zwar stimmt es, dass im Internet verschiedene Stellen (sog. Router) notwendig sind, um die Datenpakete entsprechend weiterzuleiten.[386] Jedoch können diese Datenpakete nicht zwingend und immer von jedem mitgelesen werden, da die Möglichkeit einer verschlüsselten Übertragung der Daten besteht.[387]

Die Kommunikation im Internet ist daher nicht weniger unsicher als die Kommunikation mit einem Telefon oder, unabhängig von technischen Systemen mit Blick auf das Postgeheimnis, die Postkarte, welche auch von Art. 10 I GG erfasst wird, obwohl sie grundsätzlich von jedem gelesen werden kann.[388] Gerade, wenn die Kommunikation durch die technischen Möglichkeiten nicht ganz geschützt ist, muss, schon alleine aus der Schutzpflicht, die für den Staat daraus abgeleitet werden kann,[389] dieser Kommunikationsvorgang von Art. 10 I GG erfasst sein.

Damit fällt auch die Kommunikation mittels Internet in den Schutzbereich des Art. 10 I GG, solange sie noch nicht abgeschlossen ist.[390]

---

382 Vgl. BVerfGE 106, 28 (36); 115, 166 (182); 120, 274 (306 f.); 124, 43 (54); 125, 260 (309); *Jarass*, in: Jarass/Pieroth [Hrsg.], GG, Art. 10 Rn. 5 f.; *Durner*, in: Maunz/Dürig [Hrsg.], GG, Art. 10 Rn. 81 f.; *Gusy*, in: v. Mangoldt/Klein/Starck [Hrsg.], GG, Art. 10 Rn. 40.

383 Vgl. *Gusy*, in: v. Mangoldt/Klein/Starck [Hrsg.], GG, Art. 10 Rn. 40; *Jarass*, in: Jarass/Pieroth [Hrsg.], GG, Art. 10 Rn. 5.

384 *Pagenkopf*, in: Sachs [Hrsg.], GG, Art. 10 Rn. 14b f.

385 *Pagenkopf*, in: Sachs [Hrsg.], GG, Art. 10 Rn. 14b; vgl. auch *Brüning/Helios*, Jura 2001, 155 (156), die letztlich doch den E-Mail-Verkehr als von Art. 10 I GG erfasst ansehen (159).

386 Siehe zur Funktionsweise des Internets S. 57 ff.

387 Zur Verschlüsselungsmöglichkeit oben S. 57 ff.

388 Statt vieler *Gusy*, in: v. Mangoldt/Klein/Starck [Hrsg.], GG Art. 10 Rn. 27; *Badura*, in: Bonner Kommentar-GG, Art. 10 Rn. 47 f.

389 Vgl. BVerfGE 106, 28 (37); *Hermes*, in: Dreier [Hrsg.], GG, Art. 10 Rn. 92; *Jarass*, in: Jarass/Pieroth [Hrsg.], GG Art. 10 Rn. 14.

390 *Gusy*, in: v. Mangoldt/Klein/Starck [Hrsg.], GG, Art. 10 Rn. 40; *Jarass*, in: Jarass/Pieroth [Hrsg.], GG, Art. 10 Rn. 5.

In diesem Zusammenhang stellt sich die Frage, ob nicht in der sogenannten *Cloud*[391] gespeicherte Daten in den Schutzbereich des Art. 10 I GG fallen.

Da es sich bei der *Cloud* um einen Server handelt, der von einem Dritten verwaltet wird und auf dem dem Nutzer nur Speicherplatz zur Verfügung gestellt wird, könnte die *Cloud* ebenso wie E-Mails im Postfach einzuordnen sein. Solange die E-Mails ungelesen auf dem Server des Diensteanbieters verweilen und darüber hinaus nach überwiegender Ansicht auch, wenn die E-Mails zwar gelesen, jedoch nicht heruntergeladen wurden, ist der Schutzbereich des Art. 10 I GG eröffnet.[392] Die E-Mail befinde sich noch auf dem Übertragungsweg und auch nach dem Lesen, aber Verweilen der E-Mail auf dem Server des Anbieters sei die typische Gefährdungslage des Art. 10 I GG gegeben, da der Grundrechtsberechtigte weiterhin auf einen Dritten angewiesen sei.[393] Damit unterscheide sich die Cloud nicht von abgerufenen E-Mails, da auch bei der *Cloud* ein Dritter den Server verwalte und die gleiche Gefährdungslage wie bei E-Mails bestehe und wie bei der Übertragung der Daten.[394] Ferner sei bei Art. 10 I GG vom Wortlaut her keine Kommunikation gefordert, sondern das Fernmeldegeheimnis solle geschützt werden, was all jenes erfasse, bei denen der Grundrechtsberechtigte auf einen Dritten angewiesen sei.[395]

Andererseits wird Art. 10 I GG auch „Kommunikationsgrundrecht" genannt, da allen Schutzgütern (Brief-, Post-, Fernmeldegeheimnis) gemeinsam ist, dass sie an einen individuellen Empfänger gerichtet sind.[396] Ein solcher Vorgang liegt gerade bei der Speicherung von Daten in der *Cloud* nicht vor. Die Daten sollen weiterhin nur dem Nutzer zustehen, der sich lediglich eines externen Speicherplatzes bedienen möchte. Daher ist die Speicherung auch nicht mit einer E-Mail vergleichbar, die für einen Empfänger bestimmt ist. Zwar kann nicht ausgeschlossen

---

391 Zum Begriff der *Cloud* siehe oben S. 101 ff.

392 BVerfGE 124, 43 (54 ff.); *Dalby*, CR 2013, 361 (367 f.), zum Ganzen auch *Zimmermann*, JA 2014, 321 (324 ff.).

393 Vgl. BVerfGE 124, 42 (54 ff.); *Gähler*, HRRS 2016, 340 (343 ff.); *Gersdorf*, in: BeckOK Informations- und Medienrecht, Art. 10 GG, Rn. 18; *Puschke/Singelnstein*, NJW 2008, 113 (115) Brodowski/Eisenmenger, ZD 2014, 119 (121).

394 *Gersdorf*, in: BeckOK Informations- und Medienrecht, Art. 10 GG, Rn. 18; *Gähler*, HRRS 2016, 340 (346).

395 *Gähler* HRRS 2016, 340 (343).

396 Vgl. BVerfGE 85, 386 (396); 106, 28 (36); *Jarass*, in. Jarass/Pieroth [Hrsg.], GG, Art. 10 Rn. 1; *Pagenkopf*, in: Sachs [Hrsg.], GG, Art. 10 Rn. 14a; *Hermes*, in: Dreier [Hrsg.], GG, Art. 10 Rn. 15; *Albrecht/Braun*, HRRS 2013, 500 (502); *Hiéramente*, StraFo 2013, 96 (98 f.).

werden, dass die *Cloud* zur Kommunikation genutzt wird, jedoch ist dies nicht die Regel.[397] Eine *Cloud* ist daher grundsätzlich mit einer heimischen Festplatte vergleichbar, die aus Speicherplatzgründen ausgelagert wurde.[398]

Obwohl der Nutzer sowohl bei der Übertragung als auch bei der Speicherung auf Dritte angewiesen ist und der Server sich nicht in seinem Herrschaftsbereich befindet, der Nutzer somit den typischen Gefahren einer Fernkommunikation ausgesetzt ist,[399] ist der Übertragungsvorgang mit Erreichen des Servers abgeschlossen. Ferner sind die Daten nicht an einen individuellen Empfänger gerichtet, weshalb keine Kommunikation vorliegt und der Schutzbereich des Art. 10 I GG nach Abschluss der Übertragung der Daten nicht mehr eröffnet ist.[400] Die Speicherung der Daten in der *Cloud* und damit auf einem Server ist an sich das gleiche wie die Speicherung auf der heimischen Festplatte, auch wenn ein Dritter den Server verwaltet.[401] Daher ist die *Cloud* gegebenenfalls vom Recht auf Gewährleistung der Vertraulichkeit und Integrität informationstechnischer Systeme erfasst.[402]

b Persönlicher Schutzbereich

Vom persönlichen Schutzbereich des Art. 10 I GG sind jedermann sowie auch inländische juristische Personen des Privatrechts unter den Voraussetzungen des Art. 19 III GG erfasst.[403]

2 Eingriff

Ein Eingriff besteht in jeder „Kenntnisnahme, Aufzeichnung [oder auch] Verwertung“[404] (beispielsweise durch die Weitergabe) der erlangten Informationen.[405]

---

397 *Dalby*, CR 2013, 361 (367 f.); *Hiéramente*, StraFo 2013, 96 (100).

398 Vgl. *Dalby*, Grundlagen der Strafverfolgung im Internet und in der Cloud, S. 222 ff.; *Dalby*, CR 2013, 361 (367 f.); *Gähler*, HRRS 2016, 340 (345).

399 Vgl. *Bär*, MMR 2013, 700 (703); *Brodowski/Eisenmenger*, ZD 2014, 119 (121).

400 Vgl. *Dalby*, Grundlagen der Strafverfolgung im Internet und in der Cloud, S. 222; *Dalby*, CR 2013, 361 (368).

401 Vgl. *Dalby*, Grundlagen der Strafverfolgung im Internet und in der Cloud, S. 222 ff.; *Dalby* CR 2013, 361 (367 f.); *Gähler*, HRRS 2016, 340 (345).

402 Zum Recht auf Gewährleistung der Vertraulichkeit und Integrität informationstechnischer Systeme siehe unten S. 127 ff.

403 BVerfGE 100, 313 (356 f.); *Jarass*, in. Jarass/Pieroth [Hrsg.], GG, Art. 10 Rn. 10; *Hermes*, in: Dreier [Hrsg.], GG, Art. 10 Rn. 26; *Gusy*, in: v. Mangoldt/Klein/Starck [Hrsg.], GG, Art. 10 Rn. 47.

404 BVerfGE 100, 313 (366); 125, 260 (310); BVerwGE 149, 359 (265).

405 BVerfGE 124, 43 (58); 125, 260 (309 f.); BVerwGE 149, 359 (365); *Jarass*, in: Jarass/Pieroth [Hrsg.], GG, Art. 10 Rn. 11.

Ebenso ist die Anordnung einer solchen Maßnahme oder die Ermächtigung Dritter zu einer solchen Maßnahme als Eingriff zu werten.[406]

3 Rechtfertigung

Der Schutz der Telekommunikation steht unter dem einfachen Gesetzesvorbehalt des Art. 10 II 1 GG.[407] Jedoch werden, aufgrund der Bedeutung des Grundrechts für die Persönlichkeitsentfaltung,[408] hohe Anforderungen an das einschränkende Gesetz gestellt. Es muss nicht nur ausreichend bestimmt sein, sondern darüber hinaus vorhersehbar sein, dass das Gesetz einen Eingriff in Art. 10 I GG bezweckt.[409] Zudem muss es dem Gemeinwohl dienen,[410] weshalb eine Datenerhebung auf Vorrat zu einem unbestimmten Zweck unzulässig ist.[411] Im Rahmen der Verhältnismäßigkeitsprüfung spielen verschiedene Abwägungskriterien eine Rolle. Dabei sind unter anderem die Heimlichkeit der Maßnahme und die Einwirkungsmöglichkeiten des Betroffenen zu berücksichtigen,[412] was insbesondere bei der heimlichen akustischen Überwachung mittels informationstechnischer Systeme Bedeutung erlangen könnte.

4 Fazit

Das Telekommunikationsgrundrecht ist eines der bedeutendsten Grundrechte des Grundgesetzes.[413] Aufgrund seiner Formulierung ist es in der Lage, sich an die technische Entwicklung anzupassen und neue Gefährdungen, die durch diese Entwicklung entstehen, zu erfassen.[414] Die Kommunikation über das

---

406 BVerfGE 107, 299 (313 f.); 124, 43 (58); *Jarass*, in: Jarass/Pieroth [Hrsg.], GG, Art. 10 Rn. 11; vgl. *Hermes*, in: Dreier [Hrsg.], GG Art. 10 Rn. 56.

407 Vgl. nur *Jarass*, in: Jarass/Pieroth [Hrsg.], GG, Art. 10 Rn. 16; *Pagenkopf*, in: Sachs [Hrsg.], GG, Art. 10 Rn. 31.

408 BVerfGE 110, 33 (53); 85, 386 (395 f.); 113, 348 (391); *Jarass*, in: Jarass/Pieroth [Hrsg.], GG, Art. 10 Rn. 1; *Pagenkopf*, in: Sachs [Hrsg.], GG, Art. 10 Rn. 6a ff.

409 Vgl. BVerfGE 141, 220 (264 ff.); *Zöller*, ZStW 2012, 411 (421 f.).

410 BVerfGE 125, 260 (316); *Jarass*, in: Jarass/Pieroth [Hrsg.], GG, Art. 10 Rn. 17 ff.

411 BVerfGE 125, 260 (316 f.); *Jarass*, in: Jarass/Pieroth [Hrsg.], GG, Art. 10 Rn. 20.

412 Vgl. *Jarass*, in: Jarass/Pieroth [Hrsg.], GG, Art. 10 Rn. 22.

413 Vgl. BVerfGE 67, 157 (171); *Jarass*, in: Jarass/Pieroth [Hrsg.], GG, Art. 12 Rn. 1.

414 Es handelt sich um ein entwicklungsoffenes Grundrecht; vgl. BVerfGE 46, 120 (144); 106, 28 (36); *Jarass*, in: Jarass/Pieroth [Hrsg.], GG, Art. 10 Rn. 5; *Pagenkopf*, in: Sachs [Hrsg.], GG, Art. 10 Rn. 6; *Gusy*, in: v. Mangoldt/Klein/Starck [Hrsg.], GG, Art. 10 Rn. 23; *Hermes*, in: Dreier [Hrsg.], GG, Art. 10 Rn. 19 ff.

Internet ist von Art. 10 I GG erfasst und kann nur unter den Voraussetzungen des Art. 10 II GG eingeschränkt werden, wobei insbesondere die Verhältnismäßigkeit beachtet werden muss.

Demgegenüber ist die *Cloud* nicht vom Fernmeldegeheimnis (Art. 10 I GG) erfasst, da zum einen keine Kommunikation vorliegt und zum anderen die *Cloud* in der Regel wie eine heimische Festplatte genutzt wird.

III Informationsfreiheit (Art. 5 I 1 Hs. 2 GG)

Das Internet könnte eine allgemein zugängliche Informationsquelle darstellen, die durch informationstechnische Systeme aufgerufen werden kann. Durch eine Verpflichtung der Hersteller bzw. Betriebssystemhersteller, dauerhaft eingeschaltete Mikrofone oder eine Backdoor zu installieren, könnte möglicherweise die Informationsquelle „Internet" eingeschränkt sein. Daher wird die Informationsfreiheit (Art. 5 I 1 Hs. 2 GG) im Folgenden abstrakt dargestellt.

1 Schutzbereich

Art. 5 I GG umfasst den Schutz verschiedener Grundrechte. Neben der Meinungsfreiheit (Art. 5 I 1 Hs. 1 GG) und der Presse- und Rundfunkfreiheit (Art. 5 I 2 GG) wird auch die Informationsfreiheit (Art. 5 I 1 Hs. 2 GG) erfasst. Vor dem Hintergrund der Bedeutung der Informationsfreiheit für die öffentliche Meinungsbildung und das Demokratieprinzip[415] sowie der Bedeutung der Informationsfreiheit für die Persönlichkeitsentfaltung,[416] erscheint eine Betrachtung dieser im Hinblick auf eine internetbasierte Überwachung erforderlich, da das Internet als Informationsquelle genutzt werden könnte.

a Sachlicher Schutzbereich

Die Informationsfreiheit wird in Art. 5 I 1 Hs. 2 GG als das Recht, sich aus allgemein zugänglichen Quellen ungehindert zu unterrichten, bezeichnet. Eine Quelle ist in diesem Zusammenhang jeder Träger von Informationen, wozu

---

415 Vgl. BVerfGE 7, 198 (208); 27, 71 (81 f.); 35, 202 (221); 77, 65 (74); 90, 27 (31 f.); 103, 44 (59 f.); *Bethge*, in: Sachs [Hrsg.], GG, Art. 5 I, II, Rn. 51; *Schulze-Fielitz*, in: Dreier [Hrsg.], GG, Art. 5 I, II Rn. 43.

416 Vgl. nur BVerfGE 27, 71 (81 f.); *Jarass*, in: Jarass/Pieroth, [Hrsg.] GG, Art. 5 Rn. 21; *Bethge*, in: Sachs [Hrsg.], GG, Art. 5 I, II Rn. 52; *Gröschner/Masing*, VVDStRL 63 (2004), 344 (363 ff.).

auch das Internet zählt.[417] Allgemein zugänglich ist eine Quelle, wenn sie von der Allgemeinheit zum Verschaffen von Informationen genutzt werden kann,[418] was der Fall ist, wenn sie sich an eine unbestimmte Anzahl an Personen richtet und Informationen enthält.[419] Geschützt werden sowohl das bloße Entgegennehmen von Informationen als auch das aktive Beschaffen.[420] Des Weiteren wird auch das Beschaffen und das Nutzen von notwendigen technischen Einrichtungen sowie die Entscheidung, welcher Quelle man sich bedient, vom Schutzbereich der Informationsfreiheit erfasst.[421]

Im Internet, genauer im *World Wide Web*[422], kann sich jeder auf frei zugänglichen Webseiten über das Geschehen in der Welt und über viele andere Dinge informieren. Diese Quelle kann mit internetfähigen technischen Systemen ebenso wie mit den oben genannten Spielzeugen genutzt werden, da diese zum Beantworten von Fragen teilweise das Internet durchsuchen.

b Persönlicher Schutzbereich

Die Informationsfreiheit steht jeder natürlichen Person zu. Darüber hinaus sind auch inländische juristische Personen des Privatrechts und weitere Personenvereinigungen über Art. 19 III GG Träger des Grundrechts aus Art. 5 I 1 GG, soweit die Voraussetzungen des Art. 19 III GG vorliegen.[423]

2 Eingriff

Ein Eingriff ist jede staatliche Maßnahme, soweit sie in den Schutzbereich final regelnd eingreift, also die Beschränkung intendiert, oder eine faktische

---

417 *Schulze-Fielitz*, in: Dreier [Hrsg.], GG, Art. 5 I, II Rn. 77; *Jarass*, in: Jarass/Pieroth [Hrsg.], GG Art. 5 Rn. 22; *Bethge*, in: Sachs [Hrsg.], GG, Art. 5 Rn. 54; *Degenhart*, in: Bonner Kommentar-GG, Art. 5 I, II Rn. 161 f.

418 Statt vieler *Schulze-Fielitz*, in: Dreier [Hrsg.], GG, Art. 5 I, II Rn. 78.

419 BVerfGE 27, 71 (83); 33, 52 (65); 90, 27 (32); 103, 44 (60); *Bethge*, in: Sachs [Hrsg.], GG, Art. 5 Rn. 55; *Schulze-Fielitz*, in: Dreier [Hrsg.], GG, Art. 5 I, II Rn. 78; *Jarass*, in: Jarass/Pieroth [Hrsg.], GG, Art. 5 Rn. 23.

420 Statt vieler: *Schulze-Fielitz*, in: Dreier [Hrsg.], GG, Art. 5 I, II Rn. 83.

421 BVerfGE 90, 27 (32, 38); *Jarass*, in: Jarass/Pieroth [Hrsg.], GG, Art. 5 Rn. 25; *Bethge*, in: Sachs [Hrsg.], GG, Art. 5 Rn. 54; *Schulze-Fielitz*, in: Dreier [Hrsg.], GG, Art. 5 I, II Rn. 83.

422 Siehe oben S. 45 ff.

423 *Bethge*, in: Sachs [Hrsg.], GG, Art. 5 Rn. 58; *Schulze-Fielitz*, in: Dreier [Hrsg.], GG, Art. 5 I, II Rn. 114; *Jarass*, in: Jarass/Pieroth [Hrsg.], GG, Art. 5 Rn. 26.

Beschränkung, die die Ausübung des Grundrechts erheblich erschwert oder verhindert.[424]

Die Informationsfreiheit ist daher bei jeder rechtlichen oder faktischen Verhinderung dieser oder einer wesentlichen Erschwerung von Informationszugängen betroffen.[425] Eine faktische Beeinträchtigung kann unter anderem in einer Registrierung des Informationsverhaltens bestehen.[426]

3 Rechtfertigung

Die Rechtfertigung eines Eingriffs in die Informationsfreiheit ist nur innerhalb der Schranken des Art. 5 II GG möglich, wobei insbesondere die Schranke der allgemeinen Gesetze Bedeutung erlangt. Der Begriff der allgemeinen Gesetze wurde unter anderem durch die Rechtsprechung des Bundesverfassungsgerichts, insbesondere durch die „Lüth-Entscheidung“[427], geprägt. Allgemeine Gesetze sind demnach Gesetze, „die sich nicht gegen die Äußerung der Meinung als solche richten, die vielmehr dem Schutze eines schlechthin, ohne Rücksicht auf eine bestimmte Meinung, zu schützenden Rechtsgut dienen“.[428] Diese „Formel“ ist eine Zusammenführung der Sonderrechtslehre und der Abwägungslehre. Nach der Sonderrechtslehre sind Gesetze allgemein, wenn sie „dem Schutze eines schlechthin, ohne Rücksicht auf eine bestimmte Meinung zu schützenden Rechtsguts dienen“.[429] Die Abwägungslehre spricht von einem allgemeinen Gesetz, wenn „das in ihnen geschützte gesellschaftliche Gut materiell höherwertig ist als die Meinungsfreiheit“.[430] Da für die Informationsfreiheit die gleiche

---

424 *Schulze-Fielitz*, in: Dreier [Hrsg.], GG, Art. 5 I, II, Rn. 124; *Grabenwarter*, in: Maunz/Dürig [Hrsg.], GG, Art. 5 I, II Rn. 102.

425 Statt vieler *Schulze-Fielitz*, in: Dreier [Hrsg.], GG, Art. 5 I, II Rn. 126; *Schmitt Glaeser*, Jura 1987, 567 (572).

426 BVerfGE 65, 1; *Degenhart*, in: Bonner Kommentar-GG, Art. 5 Rn. 177 f.; *Schulze-Fielitz*, in: Dreier [Hrsg.], GG, Art. 5 I, II Rn. 130.

427 BVerfGE 7, 198.

428 Zitiert nach BVerfGE 7, 198 (209 f.). Vgl. ferner BVerfGE 62, 230 (243 f.); 71, 162 (175); 95, 220 (235 f.); 97, 125 (146); 111, 147 (155); 113, 63 (78); 117, 244 (260); 124, 300 (322 f.); *Starck*, in: v. Mangold/Klein/Starck [Hrsg.], GG, Art. 5 I, II Rn. 194; *Schulze-Fielitz*, Jura 2008, 52 (53); *Schulze-Fielitz*, in: Dreier [Hrsg.], GG, Art. 5 I, II Rn. 142; *Bethge*, in: Sachs [Hrsg.], GG, Art. 5 Rn. 143; *Jarass*, in: Jarass/Pieroth [Hrsg.], GG, Art. 5 Rn. 67.

429 *Rothenbücher*, VVDStRL 4 (1928), 3 (20); *Schulze-Fielitz*, in: Dreier [Hrsg.], GG, Art. 5 I, II, Rn. 139.

430 *Schulze-Fielitz*, in: Dreier [Hrsg.], GG, Art. 5 I, II, Rn. 140; vgl. auch *Smend*, VVDStRL 4 (1928), 44 (52); *Scheuner*, Pressefreiheit, S. 81; *Häberle*, Wesensgehaltsgarantie, S. 32.

Schranke gilt, können die Grundsätze, die im Rahmen der Meinungsfreiheit entwickelt wurden, auf die Informationsfreiheit übertragen werden, was bedeutet, dass sich die Regelung nicht gegen bestimmte Informationen richten darf.[431]

Über diese Voraussetzung hinaus muss der Eingriff wiederum verhältnismäßig sein.[432]

4 Fazit

Die Informationsfreiheit ist von großer Bedeutung für die Demokratie und verdient daher einen besonderen Schutz, weshalb sie umfassend durch Art. 5 I 1 Hs. 2 GG geschützt ist. Ein Eingriff kann sowohl in einer finalen als auch in einer faktischen Beschränkung bestehen. Aufgrund der großen Bedeutung bestehen besondere Schranken, von denen insbesondere das allgemeine Gesetz sowie die Verhältnismäßigkeitsprüfung für die akustischen Überwachungsmaßnahmen relevant werden können.

IV Berufsfreiheit (Art. 12 I GG)

Aufgrund der technischen Möglichkeit einer Verpflichtung der Hersteller bzw. Betriebssystemhersteller[433], die in der Form erfolgen kann, dass die Hersteller eine Backdoor für staatliche Stellen integrieren oder ihre informationstechnischen Systeme so herstellen, dass die Mikrofone dauerhaft aktiviert sind und Gespräche übertragen, erlangt auch Art. 12 I GG in der Untersuchung Bedeutung, da durch diese Verpflichtungen die Hersteller oder Betriebssystemhersteller in ihrer Berufsfreiheit betroffen sein könnten.

1 Schutzbereich

a Sachlicher Schutzbereich

Art. 12 I GG schützt sowohl die Berufsausübungs- als auch die Berufswahlfreiheit.[434]

---

431 Vgl. *Schulze-Fielitz*, in: Dreier [Hrsg.], GG, Art. 5 I, II, Rn. 137 ff.; 146; *Bethge*, in: Sachs [Hrsg.], GG, Art. 5 Rn. 136 ff.; *Jarass*, in: Jarass/Pieroth [Hrsg.], GG, Art. 5 Rn. 66.

432 Dazu oben S. 110 ff.

433 Siehe oben S. 79 ff.; 86 ff.

434 Vgl. BVerfGE 7, 377 (397 ff.); 33, 303 (330); 92, 140 (151); *Mann*, in: Sachs [Hrsg.], GG, Art. 12 Rn. 78 ff.; *Jarass*, in: Jarass/Pieroth [Hrsg.], GG, Art. 12 Rn. 9 f.

Beruf ist „jede auf eine gewisse Dauer angelegte, der Schaffung und Erhaltung einer Lebensgrundlage dienende Tätigkeit".[435] Welche Tätigkeit jemand ausüben möchte, ist von der Berufswahl(-freiheit) umfasst. Wenn es dagegen darum geht, wie diese Tätigkeit ausgeübt wird, beispielsweise an welchem Ort und in welchem Umfang, ist die Berufsausübung(-sfreiheit) betroffen.[436]

b Persönlicher Schutzbereich

Grundrechtsträger sind alle Deutschen im Sinne des Art. 116 I GG.[437] Zudem fallen auch inländische juristische Personen des Privatrechts nach Maßgabe des Art. 19 III GG in den persönlichen Schutzbereich des Art. 12 I GG.[438] Damit sind wie auch sonst im Rahmen des Art. 19 III GG Tochterunternehmen von ausländischen Firmen von Art. 12 I GG erfasst, sofern diese einen Sitz in Deutschland haben.[439]

2 Eingriff

Ein Eingriff in die Berufsfreiheit kann sowohl in einer unmittelbaren (finalen) Beschränkung als auch in einer mittelbaren (faktischen) Beschränkung liegen.[440] Dabei muss bei einer faktischen Beschränkung als eingrenzendes Kriterium eine „berufsregelnde Tendenz" vorliegen.[441] Unter einer berufsregelnden Tendenz

---

435 *Mann*, in: Sachs {Hrsg.], GG, Art. 12 Rn. 45; vgl. auch BVerfGE 7, 337 (397); 50, 290 (362); 54, 301 (313); 102, 197 (212); 105, 252 (265); 110, 304 (321); 111, 10 (28); 115, 276 (300); 119, 59 (78); BVerwGE 1, 92 (93); 1, 269 (279); 22, 286 (287); 96, 136 (140); 96, 293 (296); 96, 302 (307); 97, 12 (22); *Scholz*, in: Maunz-Dürig [Hrsg.], GG, Art. 12 Rn. 29; *Jarass*, in: Jarass/Pieroth [Hrsg.], GG, Art. 12 Rn. 5.

436 Vgl. BVerfGE 58, 358 (364); *Mann*, in: Sachs [Hrsg.], GG, Art. 12 Rn. 78 f.; *Jarass*, in: Jarass/Pieroth [Hrsg.], GG, Art. 12 Rn. 9 f.; *Manssen*, in: v. Mangoldt/Klein/Starck [Hrsg.], GG, Art. 12 Rn. 67.

437 Vgl. *Jarass*, in: Jarass/Pieroth [Hrsg.], GG, Art. 12 Rn. 12; *Mann*, in: Sachs [Hrsg.], GG, Art. 12 Rn. 33.

438 BVerfGE 102, 197 (212 f.); 115, 205 (229);126, 112 (136); BVerwGE 97, 12 (23); *Mann*, in: Sachs [Hrsg.], GG, Art. 12 Rn. 37; *Jarass*, in: Jarass/Pieroth [Hrsg.], GG, Art. 12 Rn. 13.

439 Vgl. *Manssen*, in: v. Mangoldt/Klein/Starck [Hrsg.], GG, Art. 12 Rn. 272; *Mann*, in: Sachs [Hrsg.], GG, Art. 12 Rn. 37 f.

440 *Mann*, in: Sachs [Hrsg.], GG, Art. 12 Rn. 93 ff.; *Jarass*, in: Jarass/Pieroth [Hrsg.], GG, Art. 12 Rn. 14 ff.

441 BVerfGE 128, 1 (82); 95, 267 (302); 98, 218 (258); 110, 177 (288); 111, 191 (213); *Mann*, in: Sachs [Hrsg.], GG, Art. 12 Rn. 95; *Jarass*, in: Jarass/Pieroth [Hrsg.], GG, Art. 12 Rn. 15.

versteht man solche Regelungen, die „nach Entstehungsgeschichte und Inhalt im Schwerpunkt Tätigkeiten betreffen, die typischerweise beruflich ausgeübt werden".[442] Entscheidend kommt es dabei auf die tatsächlichen Auswirkungen der Regelung für einen bestimmten Beruf an.[443] Sofern die Ausübung eines solchen erheblich beeinträchtig wird, ist das Ziel der Regelung unerheblich.[444]

Strafprozessuale Normen haben allerdings grundsätzlich keine berufsregelnde Tendenz, da sie in der Regel nicht eine Tätigkeit betreffen, die beruflich ausgeübt wird, sondern die Durchsetzung des staatlichen Strafanspruches fördern sollen.[445] Da jedoch die Untersuchung eine mögliche Verpflichtung der Hersteller bzw. Betriebssystemhersteller in Betracht zieht, könnte diese Verpflichtung einen Eingriff darstellen.[446]

3 Rechtfertigung

Ein Eingriff in die Berufsfreiheit kann durch oder auf Grund eines Gesetzes gemäß Art. 12 I 2 GG gerechtfertigt werden. Da die Berufsfreiheit als ein einheitliches Grundrecht angesehen wird, wird auch der Gesetzesvorbehalt des Art. 12 I 2 GG für das gesamte Grundrecht herangezogen.[447]

Neben den „normalen" Voraussetzungen an eine Grundrechtsschranke, wie dem Bestimmtheitsgebot und dem Wesentlichkeitsgebot, werden im Rahmen der Verhältnismäßigkeit weitere Grenzen bei Eingriffen in Art. 12 I GG gezogen.[448]

Das Bundesverfassungsgericht hat für die Rechtfertigung eines Eingriffs in Art. 12 I GG die Dreistufentheorie entwickelt.[449] Je nach Eingriff werden

---

442 BVerfGE 97, 228 (254).

443 BVerfGE 61, 261 (308 f.); 110, 226 (254); *Jarass*, in: Jarass/Pieroth [Hrsg.], GG, Art. 12 Rn. 15.

444 Vgl. *Jarass*, in: Jarass/Pieroth [Hrsg.], GG, Art. 12 Rn. 15.

445 Vgl. BVerfGE 113, 29 (48); 129, 208 (267); *Pieroth*, in: Jarass/Pieroth [Hrsg.], GG, Art. 12 Rn. 16.

446 Zur Beeinträchtigung der Berufsfreiheit bei einer Verpflichtung der Hersteller S. 198 ff.; 219 ff.

447 BVerfGE 33, 125 (159); 54, 237 (246); 102, 197 (213); 110, 304 (321); 115, 277 (303 f.); *Jarass*, in: Jarass/Pieroth [Hrsg.], GG, Art. 12 Rn. 27; *Mann*, in: Sachs [Hrsg.], GG, Art. 12 Rn. 106 f.

448 Vgl. BVerfGE 38, 373 (381); *Jarass*, in: Jarass/Pieroth [Hrsg.], GG, Art. 12 Rn. 30 ff.; *Wieland*, in: Dreier [Hrsg.], GG, Art. 12 Rn. 83 f.

449 BVerfGE 7, 377 (405 ff.); 25, 1 (11 ff.).

unterschiedlich strenge Anforderungen an die Rechtfertigung bzw. an die Verhältnismäßigkeit gestellt.

Ein Eingriff auf erster Stufe liegt bei einer (bloßen) Berufsausübungsregelung vor. Im Rahmen der Verhältnismäßigkeit sind dort vernünftige Gründe des Allgemeinwohls als legitimer Zweck ausreichend.[450]

Bei einem Eingriff in die Berufswahl wird unterschieden zwischen subjektiver und objektiver Berufswahlregelung. Bei der subjektiven Berufswahlregung werden subjektive Voraussetzungen, wie persönliche Eigenschaften oder Fähigkeiten, festgesetzt. Demgegenüber kommt es bei der objektiven Berufswahlregelung allein auf objektive Kriterien an, welche nicht von dem Betroffenen beeinflusst werden können.[451]

Eine subjektive Berufswahlregelung muss dem Schutz eines überragend wichtigen Gemeinschaftsgutes dienen,[452] wohingegen für eine objektive Berufswahlregelung erforderlich ist, dass diese der Abwehr „nachweisbarer oder höchstwahrscheinlich schwerwiegender Gefahren für ein überragend wichtiges Gemeinschaftsgut dient".[453]

Darüber hinaus kann in Einzelfällen eine Berufsausübungsregel so schwer wiegen, dass der Beruf nicht mehr sinnvoll ausgeübt werden kann und damit die Ausübungsregel so schwer wie eine Berufswahlregel wiegt.[454] Die vom Bundesverfassungsgericht entwickelten Stufen und deren Eingriffsrechtfertigung werden nicht starr angewendet, sodass unter den zuvor genannten Voraussetzungen bzw. Auswirkungen für den Beruf auch höhere Anforderungen an die Rechtfertigung (die nächste Stufe) zu beachten sind.[455]

---

450 BVerfGE 7, 337 (405 f.); 16, 286 (297); 65, 116 (125); 77, 308 (332); 78, 155 (162); 81, 70 (84); 85, 248 (259); 93, 362 (369); 101, 331 (347); 103, 1 (10); 104, 357 (364); 106, 216 (219); 109, 64 (85); 111, 10 (32); 114, 196 (251 f.); 121, 317 (357); 123, 186 (238 f.); *Jarass*, in: Jarass/Pieroth [Hrsg.], GG, Art. 12 Rn. 34, 45 f.; *Mann*, in: Sachs [Hrsg.], GG, Art. 12 Rn. 126.

451 BVerfGE 9, 338 (345); 7, 377 (407); 126, 112 (137 f.); *Jarass*, in: Jarass/Pieroth [Hrsg.], GG, Art. 12 Rn. 35 ff.; *Mann*, in: Sachs [Hrsg.], GG, Art. 12 Rn. 130; *Scholz*, in: Maunz-Dürig [Hrsg.], GG, Art. 12 Rn. 351 ff.

452 BVerfGE 69, 209 (218) 103, 172 (183); *Jarass*, in: Jarass/Pieroth [Hrsg.], GG, Art. 12 Rn. 46; *Mann*, in: Sachs [Hrsg.], GG, Art. 12 Rn. 131.

453 BVerfGE 102, 197 (214); 75, 284 (296); 126, 112 (140 f.); *Mann*, in: Sachs [Hrsg.], GG, Art. 12 Rn. 133; vgl. *Jarass*, in: Jarass/Pieroth [Hrsg.], GG, Art. 12 Rn. 48.

454 Vgl. BVerfGE 123, 186 (239 ff.); BGH I ZR 127/14 (Rn. 26); *Jarass*, in: Jarass/Pieroth [Hrsg.], GG, Art. 12 Rn. 37; *Manssen*, in: v. Mangoldt/Klein/Starck [Hrsg.], GG, Art. 12 Rn. 143.

455 Vgl. BVerfGE 25, 1 (12); 123, 186 (239 ff).

4 Fazit

Auch die Berufsfreiheit ist ein persönlichkeitsbezogenes Grundrecht.[456] Sie schützt sowohl die Berufswahl als auch die Berufsausübung und kann durch Regelungen mit berufsregelnder Tendenz eingeschränkt werden. Auf der Rechtfertigungsebene sind je nach Eingriffsbereich (Berufsausübung, subjektive oder objektive Berufswahl) unterschiedliche Anforderungen im Rahmen der Verhältnismäßigkeit zu berücksichtigen, da die Eingriffe unterschiedlich schwer wiegen. Diese Anforderungen im Rahmen der Verhältnismäßigkeit gelten jedoch nicht starr, sondern können unter Umständen anzupassen sein (Stufenverschiebung).[457]

V Allgemeines Persönlichkeitsrecht (Art. 2 I i.V.m. Art. 1 I GG)

Neben diesen Grundrechten ist das Allgemeine Persönlichkeitsrecht (Art. 2 I i.V.m. Art. 1 I GG) bei einer internetbasierten akustischen Überwachungsmaßnahme von Bedeutung. Das Allgemeine Persönlichkeitsrecht ist ein Abwehr- bzw. Freiheitsgrundrecht, das viele verschiedene Ausprägungen sowie einen uneinschränkbaren Kern beinhaltet,[458] welche im Folgenden dargestellt werden.

1 Schutzbereich

a Sachlicher Schutzbereich

Das Allgemeine Persönlichkeitsrecht schützt zunächst einmal den persönlichen Lebensbereich von jeder Person.[459] Es wird dadurch ermöglicht, sich frei zu entfalten und eine von staatlichen Einblicken und Eingriffen freie Sphäre zu schaffen.[460] Bei dem Allgemeinen Persönlichkeitsrecht wird grundsätzlich zwischen zwei Sphären unterschieden, die eine Einordnung der Schutzbedürftigkeit ermöglichen sollen. Die engste Sphäre ist die Intimsphäre, in die kein Eingriff gerechtfertigt werden kann. Diese stellt damit den engsten Kernbereich einer Person dar.[461]

---

456 BVerfGE 30, 292 (334); *Jarass*, in: Jarass/Pieroth [Hrsg.], GG, Art. 12 Rn. 2.

457 Vgl. BVerfGE 25, 1 (12); 123, 186 (239 ff.).

458 *Jarass*, in: Jarass/Pieroth [Hrsg.], GG, Art. 2 Rn. 36.

459 BVerfGE 121, 69 (90); 54, 148 (153 f.); 72, 155 (170); 96, 56 (61); *Jarass*, in: Jarass/Pieroth [Hrsg.], GG, Art. 2 Rn. 39.

460 BVerfGE 27, 1 (6); 90, 255 (260 f.); 90, 263 (270); 101, 361 (382 f.); *Dreier*, in: ders. [Hrsg.], GG, Art. 2 Rn. 70.

461 BVerfGE 34, 238 (245); *Mosbacher*, JuS 2012, 705 (706); *Jahn/Geck* JZ 2012, 561 (563).

Daneben besteht die Privatsphäre als zweite Sphäre, welche das Miteinander von Personen in einem privaten Umfeld erfasst und dem Einzelnen einen Rückzugsort bietet.[462] Diese Sphäre ist weiter als die Intimsphäre und ein gerechtfertigter Eingriff ist nicht ausgeschlossen, jedoch im Rahmen des Verhältnismäßigkeitsgrundsatzes strengen Anforderungen unterworfen.[463]

Ferner ist vom Allgemeinen Persönlichkeitsrecht das Recht am eigenen Wort erfasst. Jeder soll selbst bestimmen dürfen, für wen die Kommunikation zugänglich ist und ob seine Worte aufgezeichnet werden.[464]

(1) Recht auf informationelle Selbstbestimmung

Daneben besteht als weitere Ausprägung des Allgemeinen Persönlichkeitsrechts das Recht auf informationelle Selbstbestimmung, welches im Rahmen des Volkszählungsurteils entwickelt wurde[465] und im Laufe der Zeit zu einem eigenständigen Grundrecht wurde.[466] Geschützt werden die (personenbezogenen) Daten eines jeden Menschen.[467] Jeder soll selbst bestimmen können, welche Daten über ihn bekannt werden und was privat bleibt.[468] Personenbezogene Daten sind Daten, die Angaben über die persönlichen oder sachlichen Verhältnisse einer bestimmten oder bestimmbaren Person beinhalten (vgl. § 3 I BDSG).

Bei einer heimlichen akustischen Überwachung können personenbezogene Daten den Behörden bekannt werden.[469] Zudem wird mittlerweile vom Bundesverfassungsgericht die Auffassung vertreten, dass es aufgrund der umfassenden Möglichkeiten einer Überwachung keine unbedeutenden Daten mehr gibt und daher alle Daten, unabhängig von ihrer Personenbezogenheit, Rückschlüsse

---

462 Vgl. BVerfGE 54, 148 (153 f.); 120, 180 (199); 120, 224 (238 f.); *Murswiek/Rixen*, in: Sachs [Hrsg.], GG, Art. 2 Rn. 69 f.; *Jarass*, in: Jarass/Pieroth [Hrsg.], GG, Art. 2 Rn. 47.

463 Vgl. BVerfGE 27, 344 (351); 33, 367 (376 f.); 120, 224 (239 ff.); *Murswiek/Rixen*, in: Sachs [Hrsg.], GG, Art. 2 Rn. 103 ff.; *Jarass*, in: Jarass/Pieroth [Hrsg.], GG, Art. 2 Rn. 62; *Dreier*, in: ders. [Hrsg.], GG, Art. 2 I Rn. 92 f.

464 BVerfGE 34, 238 (246 f.); 130, 1 (35).

465 BVerfGE 65, 1.

466 Vgl. *Böckenförde*, JZ 2008, 925 (927.

467 BVerfGE 65, 1 (42 f.); 113, 29 (46); 115, 166 (190); 118, 168 (184 f.); *Jarass*, in: Jarass/Pieroth [Hrsg.], GG, Art. 2 Rn. 43; Dreier, in: ders. [Hrsg.], GG, Art. 2 Rn. 81.

468 BVerfGE 130, 1 (35); 118, 168 (184); 120, 274 (312); 128, 1 (42); 65, 1 (42 f.); 115, 320 (341); *Jarass*, in: Jarass/Pieroth [Hrsg.], GG, Art. 2 Rn. 42; *Dreier*, in: ders. [Hrsg.], GG Art. 2 Rn. 79; *Murswiek/Rixen*, in: Sachs [Hrsg.], GG, Art. 2 Rn. 72 ff.

469 Vgl. *Brodowski*, Verdeckte technische Überwachungsmaßnahmen, S. 62 f.

auf das Verhalten des Betroffenen zulassen und somit unter den Schutz des Art. 2 I i.V.m. Art. 1 I GG fallen.[470]

Dieser Ansicht des Bundesverfassungsgerichts ist zuzustimmen, da fast jeder Mensch in der heutigen Zeit eine Datenspur in irgendeiner Weise hinterlässt. Durch die Verbreitung der Internets und informationstechnischer Systeme können einzelne Daten ohne weiteres mit anderen Informationen verknüpft werden und so Rückschlüsse auf die Person und ihr Verhalten zulassen. Schon allein ein Name ermöglicht es, in der Regel ohne großen Aufwand mithilfe von Internetsuchmaschinen Informationen über die gesuchte Person herauszufinden.

Das Recht auf informationelle Selbstbestimmung ist jedoch nicht einschlägig, wenn der Schutzbereich eines spezielleren Grundrechts eröffnet ist.[471]

(2) Recht auf Gewährleistung der Vertraulichkeit und Integrität informationstechnischer Systeme

Des Weiteren ist der Schutzbereich des Rechts auf Gewährleistung der Vertraulichkeit und Integrität informationstechnischer Systeme zu betrachten. Dieses „neue Grundrecht“ wurde vom Bundesverfassungsgericht in seiner Entscheidung zur „Online-Durchsuchung“[472] aus dem Allgemeinen Persönlichkeitsrecht (Art. 2 I i.V.m. Art. 1 I GG) entwickelt. Die Notwendigkeit für die Entwicklung eines weiteren Grundrechts sah das Bundesverfassungsgericht darin, dass es die bestehenden Grundrechte, namentlich die Unverletzlichkeit der Wohnung (Art. 13 I GG), der Schutz der Telekommunikationsfreiheit (Art. 10 I GG) sowie das Recht auf informationelle Selbstbestimmung (Art. 2 I i.V.m. Art. 1 I GG), für nicht ausreichend erachtete, da diese Grundrechte der neuen Gefährdungslage durch technische Möglichkeiten nicht gerecht würden. Allerdings sei das Grundrecht subsidiär zu den zuvor genannten Grundrechten anzuwenden.[473] Diese Rechtsprechung ist in der Literatur teilweise auf Ablehnung gestoßen.[474] Kritische Stimmen gehen insbesondere davon aus, dass es keines neuen Grundrechts bedurfte, sondern dass ein ausreichender Schutz durch das Recht auf informationelle Selbstbestimmung (Art. 2 I i.V.m. Art. 1 I GG) bzw. der Unverletzlichkeit der Wohnung (Art. 13 I GG) bestehe.[475] Jedoch wird mit dem

---

470 BVerfGE 118, 168 (184 f.); 120, 274 (312).

471 Vgl. BVerfGE 125, 260 (310); 141, 220 (286); BverfG NJW 2016, 3508 (3510 f.).

472 BVerfGE 120, 274 (313 ff.).

473 BVerfGE 120, 274 (313).

474 Vgl. nur *Gudermann*, Online-Durchsuchung, S. 157 ff.; *Lepsius*, in: Roggan [Hrsg.], S. 21 (28 f.); *Hornung*, CR 2008, 299 (301 f.); *Kutscha*, NJW 2008, 1042 (1042 f.).

475 *Lepsius*, in: Roggan [Hrsg.], S. 21 (28 f.); *Hornung*, CR 2008, 299 (301 f.).

„Computer-Grundrecht" eine neue Gefährdungslage erfasst, die von anderen Grundrechten nicht umfassend erfasst wird, da informationstechnische Systeme über eine Vielzahl an Daten verfügen und so allein durch einen Zugriff auf das informationstechnische System Rückschlüsse auf das Verhalten der Person möglich ist.[476] Im Gegensatz dazu erfasst die informationelle Selbstbestimmung nur einzelne Daten.[477] Ferner ist der Zugriff auf das System „unabhängig vom Standort [des Systems], so dass ein raumbezogener Schutz nicht in der Lage ist, die spezifische Gefährdung des informationstechnischen Systems abzuwehren".[478]

Das Recht auf Gewährleistung der Vertraulichkeit und Integrität informationstechnischer Systeme setzt sich aus zwei Komponenten – der Vertraulichkeit und der Integrität – zusammen. Zum einen soll die Vertraulichkeit der Daten in einem informationstechnischen System gewährleistet werden.[479] Informationstechnische Systeme sind dabei solche Systeme, die „aus Hard- oder Software sowie aus Daten besteh[en] [und die] der Erfassung, Speicherung, Verarbeitung, Übertragung und Anzeige von Informationen und Daten dien[en]".[480] Damit fallen beispielsweise die oben angesprochenen Systeme wie Laptop, PC, Smartphone und Tablet unter den Begriff des informationstechnischen Systems.[481] Ferner speichert auch ein Smart-TV unter Umständen personenbezogene Daten und ermöglicht bei einem heimlichen Zugriff auf das System das Erheben von allen gespeicherten Daten, die über eine einzelne Datenerhebung hinausgeht, und daher zu einem umfassenden Persönlichkeitsprofil führen kann.[482]

Fraglich ist, ob dies auch für das Smart Car sowie die genannten Spielzeuge gilt. Auch ein Smart Car verarbeitet viele personenbezogene Daten und erlaubt es, ein umfassendes Bewegungsprofil zu erstellen.[483] Zudem lassen sich allerdings

---

476 *Herrmann*, Das Grundrecht auf Gewährleistung der Vertraulichkeit, S. 62 f.

477 Vgl. BVerfGE 120, 274 (312 f.).

478 BVerfGE 120, 274 (310).

479 BVerfGE 120, 274 (314 f.); *Jarass*, in: Jarass/Pieroth [Hrsg.], GG, Art. 2 Rn. 46; *Murswiek/Rixen*, in: Sachs [Hrsg.], GG, Art. 2 Rn. 73c f.

480 BMI, Fragenkatalog der Justiz, S. 2; vgl. BVerfGE 120, 274 (303 ff.); *Gudermann*, Online-Durchsuchung, S. 13.

481 Vgl. auch *Dreier*, in: ders. [Hrsg.], GG, Art. 2 Rn. 83, der beispielhaft den PC, den Laptop und Mobiltelefone als informationstechnische Systeme nennt; ebenso nennt das Bundesverfassungsgericht beispielhaft Mobiltelefone und elektronische Terminkalender (BVerfGE 120, 274 (314)).

482 Vgl. *Michéle/Karpow*, Watch and be Watched, 351 (352), *Vogel*, in. Traeger [Hrsg.], 417 (420).

483 Vgl. dazu nur *Stingl*, in: Jahnel [Hrsg.] Datenschutzrecht, 164 (164 f.); *Brummer/Hoch*, Kriminalistik 2017, 643 (643 ff.).

durch einen Fernzugriff auf das Smart Car nicht nur Daten erfassen, sondern dieses lässt sich auch aus der Ferne steuern und die Ressourcen des Smart Cars können genutzt werden. Ein ausreichender Schutz durch das Recht auf informationelle Selbstbestimmung besteht nicht, da auch hier die Erhebung über einzelne Daten hinausgehen kann und ein Bewegungs- und gegebenenfalls sogar ein umfassendes Persönlichkeitsprofil erstellt werden kann. Nicht nur werden Daten über die Fahrweise der jeweiligen Person gespeichert, auch können Informationen wie beispielsweise die gefahrene Route, das im Smart Car verwendete Smartphone sowie die gehörte Musik gespeichert und abgerufen werden.[484] Aus diesem Grunde sollte auch das Smart Car ein informationstechnisches System im Sinne des Rechts auf Gewährleistung der Vertraulichkeit und Integrität informationstechnischer Systeme (Art. 2 I i.V.m. Art. 1 I GG) sein.

Demgegenüber ist dies bei den betrachteten Spielzeugen nicht der Fall. Zwar können auch diese aus der Ferne bedient werden, jedoch entsteht dadurch keine noch nicht erfasste Gefahr für das Persönlichkeitsrecht. Die Spielzeuge speichern selbst keine persönlichen Daten, sondern leiten diese nur über eine Internetverbindung an einen Server weiter, auf dem die Daten dann hinterlegt werden. Eine Bedienung der Spielzeuge aus der Ferne führt daher nicht zu einer weiteren Persönlichkeitsbeeinträchtigung.

Ferner ist fraglich, ob die sogenannte *Cloud*[485] vom Recht auf Gewährleistung der Vertraulichkeit und Integrität geschützt wird. Zwar soll dieses nur als Auffanggrundrecht fungieren und daher nur eingreifen, wenn insbesondere Art. 13 GG oder Art. 10 GG nicht eingreifen, jedoch ist dies nach hier vertretener Ansicht der Fall, da die *Cloud* in jedem Fall keine Wohnung im Sinne des Art. 13 I GG darstellt[486] sowie jedenfalls nach Speicherung der Daten keine Telekommunikation mehr vorliegt.[487] Zunächst einmal ist eine *Cloud* ein Server und damit als Computer ein informationstechnisches System.[488] Daneben muss die *Cloud* allerdings auch den persönlichen Gehalt aufweisen, der bei den übrigen erfassten Systemen wie beispielsweise dem Laptop oder Smartphone gegeben ist. Gemeinsam ist den erfassten Systemen, dass sie alle über eine Vielzahl von personenbezogenen Daten verfügen und durch einen (heimlichen) Zugriff diese

484 Vgl. *Reibach*, in: Traeger [Hrsg.], 13 (13 f.; 24 f.); *Walder/Hansjakob*, Kriminalistisches Denken, S. 145; *Brummer/Hoch*, Kriminalistik 2017, 643 (643 f.).

485 Zum Begriff der *Cloud* oben S. 101 ff.

486 Siehe oben S. 101 ff.

487 Siehe oben S. 113 ff.

488 Zum Begriff des Servers oben S. 57 ff.

erhoben und für ein Persönlichkeitsprofil verwendet werden können.[489] Zwar handelt es sich bei dem Server um einen fremden Server, jedoch kann nur der berechtigte Nutzer auf den Teil des Servers zugreifen und legt dort unter anderem seine persönlichen Daten ab. Damit handelt es sich im Prinzip nur um eine ausgelagerte Festplatte,[490] die ebenso viele Daten erfassen kann wie ein Smartphone. Zudem ist zu berücksichtigen, dass beispielsweise bei einem Smartphone oder Tablet die Daten nicht nur auf dem System, sondern direkt in der Cloud gespeichert werden, damit sie mit jedem Gerät abrufbar sind.[491] Daher verdient die *Cloud* den gleichen Schutz wie auch der heimische Computer oder das Smartphone und ist somit vom Recht auf Gewährleistung der Vertraulichkeit und Integrität informationstechnischer Systeme erfasst.[492]

Insgesamt soll mit dem „Computergrundrecht" das Interesse der Nutzer an seinen Daten, die auf dem informationstechnischen System gespeichert sind, geschützt werden, und damit das Interesse der Nutzer, dass die gespeicherten Daten nicht an Dritte gelangen, sondern vertraulich bleiben.[493]

Daneben soll jedoch auch das informationstechnische System als solches geschützt werden. Der Nutzer soll darauf vertrauen können, dass das informationstechnische System nicht von Dritten, beispielsweise unbefugt durch eine Backdoor, genutzt werden kann.[494]

(3) Selbstbelastungsfreiheit (Nemo tenetur se ipsum accusare)

Die Selbstbelastungsfreiheit oder auch *nemo tenetur se ipsum accusare* ist im Grundgesetz nicht explizit geregelt, sondern wird aus dem Allgemeinen Persönlichkeitsrecht bzw. genauer aus dem Recht auf informationelle Selbstbestimmung hergeleitet.[495]

---

489 Vgl. BVerfGE 120, 274 (302 ff.; 313).

490 *Dalby* CR 2013, 361 (367).

491 Vgl. https://www.apple.com/de/icloud/ (abgerufen am 28.08.2017); https://support.google.com/photos/answer/6193313?co=GENIE.Platform%3DAndroid&oco=1 (abgerufen 23.08.2017).

492 Vgl. auch *Herrmann*, Das Grundrecht auf Gewährleistung der Vertraulichkeit und Integrität informationstechnischer Systeme, S. 118.

493 BVerfGE 120, 274 (314); *Dreier*, in: ders. [Hrsg.], GG, Art. 2 Rn. 83.

494 Vgl. BVerfGE 120, 274 (314); *Jarass*, in: Jarass/Pieroth [Hrsg.], GG, Art. 2 Rn. 46; *Murswiek/Rixen*, in: Sachs [Hrsg.], GG, Art. 2 Rn. 73b.

495 BVerfGE 56, 37 (41 ff.); 65, 1 (45 f.); 96, 171 (181); *Di Fabio*, in: Maunz/Dürig [Hrsg.], GG, Art. 2 I Rn. 187.

Die Selbstbelastungsfreiheit schützt den Betroffenen davor, gezwungen zu werden, ihn belastende Informationen preiszugeben.[496] Dieses Recht ist zwar in der Verfassung nicht ausdrücklich normiert, wird jedoch durch einfach gesetzliche Regelungen wie beispielsweise § 136a StPO oder auch § 55 I StPO gesichert.[497]

Dadurch, dass die akustische Überwachung heimlich durchgeführt wird und gerade dem Zweck dient, Gespräche des Beschuldigten abzuhören, um Beweise gegen ihn zusammen, ist ein besonderes Augenmerk auf die Selbstbelastungsfreiheit zu richte.

(4) Zusammenfassung

Durch das Allgemeine Persönlichkeitsrecht sowie in seinen Ausprägungen als Recht auf informationelle Selbstbestimmung als auch als Recht auf Gewährleistung der Vertraulichkeit und Integrität informationstechnischer Systeme werden die Privat- und Intimsphäre geschützt, soweit sie nicht von einem anderen spezielleren Grundrecht geschützt werden.[498]

Zudem schützt die Selbstbelastungsfreiheit den Beschuldigten davor, sich in Vernehmungen oder vernehmungsähnlichen Situation unter Druck oder Zwang oder durch Täuschung selbst zu belasten.

b Persönlicher Schutzbereich

Vom persönlichen Schutzbereich umfasst ist zunächst jede natürliche Person („jeder“).[499] Nicht so eindeutig ist der Schutz, den juristische Personen genießen. Das Allgemeine Persönlichkeitsrecht knüpft an die Person an, weshalb juristische Personen des Privatrechts nach Art. 19 III GG nur erfasst werden können, soweit ihnen eine Eigenschaft zustehen kann, was beispielsweise nicht bei Äußerungsformen oder Beziehungen, die nur bei natürlichen Personen vorkommen können, der Fall ist.[500]

---

496 BVerfGE 38, 105 (113 f.); *Di Fabio*, in: Maunz/Dürig [Hrsg.], GG, Art. 2 I, Rn. 187; *Jarass*, in: Jarass/Pieroth [Hrsg.], GG, Art. 2 Rn. 68; *Murswiek/Rixen*, in: Sachs [Hrsg.], GG, Art. 2 Rn. 71.

497 Vgl. BVerfGE 38, 105 (113); *Di Fabio*, in: Maunz/Dürig [Hrsg.], GG, Art. 2 I Rn. 187.

498 BVerfGE 90, 255 (260); 125, 260 (310); 138, 377 (387); *Jarass*, in: Jarass/Pieroth [Hrsg.], GG Art. 2 Rn. 47.

499 *Jarass*, in: Jarass/Pieroth [Hrsg.], GG, Art. 2 Rn. 51; *Dreier*, in: ders. [Hrsg.], GG Art. 2 Rn. 85;

500 BVerfGE 118, 168 (203); BGHZ 98, 94 (97); *Dreier*, in: ders. [Hrsg.], GG, Art. 2 Rn. 86; *Jarass*, in: Jarass/Pieroth [Hrsg.], GG, Art. 2 Rn. 52; *Lorenz, D.*, in: Bonner Kommentar, Art. 2 Rn. 383 f.

2 Eingriff

Ein Eingriff in das Allgemeine Persönlichkeitsrecht ist wiederum jede Verkürzung des Schutzbereichs, unabhängig davon, ob dies final oder faktisch erfolgt.[501] Damit liegt ein Eingriff in das Recht auf informationelle Selbstbestimmung vor, wenn personenbezogene Daten erhoben, gesammelt, gespeichert, verwendet oder weitergegeben werden.[502]

In das Recht auf Vertraulichkeit und Integrität informationstechnischer Systeme wird unter anderem bei einem heimlichen Zugriff aus der Ferne auf das System eingegriffen.[503]

Bei einer heimlichen akustischen Überwachung insbesondere mittels informationstechnischen Systemen ist es durchaus denkbar, dass der Betroffene Informationen über sich preisgibt, die er in einer (offenen) Vernehmung nicht mitgeteilt hätte und somit in seinem Recht auf Selbstbelastungsfreiheit beeinträchtigt wird. Hinzu kommt, dass der Betroffene gegebenenfalls nicht bei der Nutzung informationstechnischer Systeme damit rechnet, dass der Staat diese nutzt, um eine akustische Überwachung durchzuführen. Zudem sind informationstechnische Systeme wie Smartphones häufig überall anzutreffen. Ferner beinhalten die technischen Möglichkeiten teilweise die Täuschung des Betroffenen, beispielsweise beim Zusenden der Überwachungssoftware in einer getarnten E-Mail, und der Betroffene so eigenständig erst die Möglichkeit schafft, akustisch Überwacht zu werden, weshalb eine Beeinträchtigung der Selbstbelastungsfreiheit nicht auszuschließen sein könnte.[504] Wobei die Täuschung vom heimlichen Vorgehen abzugrenzen ist, da bei jedem heimlichen Vorgehen auch eine Täuschung beinhaltet ist. Die Täuschung hier umfasst daher nur das bewusste Vorspiegeln falscher Tatsachen.[505]

---

501 Vgl. *Dreier*, in: ders. [Hrsg.], GG, Art. 2 Rn. 88; *Murswiek/Rixen*, in: Sachs [Hrsg.], GG, Art. 2 Rn. 132.

502 BVerfGE 65, 1 (43); 84, 239 (279 f.); *Jarass*, in: Jarass/Pieroth [Hrsg.], GG, Art. 2 Rn. 53; *Gusy*, KritV 2000, 25 (54 f.); *Dreier*, in: ders. [Hrsg.], GG, Art. 2 Rn. 87, *Murswiek/Rixen*, in: Sachs [Hrsg.], GG, Art. 2 Rn. 73; 88.

503 BVerfGE 120, 274 (314); *Braun, F.*, jurisPR-ITR 18/2013 Anm. 5.

504 Zur Beeinträchtigung beim Zusenden von E-Mails siehe S. 250 f.

505 Vgl. *Nowrousian*, Heimliches Vorgehen, S. 33 ff.

3 Rechtfertigung

Trotz des Verweises auf Art. 1 I GG ist anerkannt, dass das Allgemeine Persönlichkeitsrecht sowie seine Ausprägungen unter dem einfachen Schrankenvorbehalt das Art. 2 I GG stehen.[506]

Somit ist zunächst jedes Gesetz erfasst, das allerdings auch bestimmt genug sein und den Verhältnismäßigkeitsgrundsatz beachten muss.[507] Für die Rechtfertigung eines Eingriffs in das Recht auf informationelle Selbstbestimmung ist dazu erforderlich, dass es regelt, welche Daten erhoben werden und für welchen Zweck diese verwendet werden dürfen.[508]

Auch für die Rechtfertigung eines Eingriffs in das Recht auf Gewährleistung der Vertraulichkeit und Integrität informationstechnischer Systeme sind strenge Maßstäbe anzusetzen.[509] So sind für eine Rechtfertigung eines gefahrenabwehrrechtlichen Zugriffs auf ein informationstechnisches System „tatsächliche Anhaltspunkte einer konkreten Gefahr für ein überragend wichtiges Rechtsgut" notwendig.[510]

Insgesamt ist im Rahmen der Verhältnismäßigkeit eine „Abwägung zwischen dem Gewicht und Belang des staatlichen Eingriffsinteresses im Verhältnis zum individuellen Abwehrinteresse"[511] herzustellen. Berücksichtigt werden muss dabei unter anderem die Heimlichkeit der Maßnahme auf der Seite des Betroffenen sowie die Effizienz der Strafverfolgung bzw. der Gefahrenabwehr und die Sicherheit der Bevölkerung auf Seiten des Staates. Da das Allgemeine Persönlichkeitsrecht einen unantastbaren Kern beinhaltet, ist ein Eingriff in diesen nie gerechtfertigt.[512]

4 Fazit

Das Allgemeine Persönlichkeitsrecht ist ein entwicklungsoffenes Grundrecht. Der genaue Schutzumfang ist schwer zu erfassen und wird durch die Rechtsprechung des Bundesverfassungsgerichts in Form von Ausprägungen konkretisiert.

---

506 BVerfGE 97, 228 (269); 99, 185 (195); 114, 339 (347); 120, 180 (201 f.); *Jarass*, in: Jarass/Pieroth [Hrsg.], GG, Art. 2 Rn. 58; *Di Fabio*, in: Maunz-Dürig [Hrsg.], GG, Art. 2 Rn. 133; *Murswiek/Rixen*, in: Sachs [Hrsg.], GG, Art. 2 Rn. 89 ff.

507 Vgl. *Jarass*, in: Jarass/Pieroth [Hrsg.], GG, Art. 2 Rn. 59, 62.

508 BVerfGE 65, 1 (44 ff.).

509 *Dreier*, in: Dreier [Hrsg.], GG, Art. 2 Rn. 83; *Böckenförde*, JZ 2008, 925 (928).

510 BVerfGE 120, 274 (328); *Hornick* StraFo 2008, 281 (282).

511 *Dreier*, in: ders. [Hrsg.], GG, Art. 2 Rn. 92.

512 Statt vieler *Dreier*, in: ders. [Hrsg.], GG, Art. 2 Rn. 92 f. m.w.N.; dazu auch oben S. 125 ff.

Dabei sind die Fallgruppen nicht abschließend, sondern können bei Bedarf erweitert werden.[513]

Weiterhin ist es als „Auffanggrundrecht“ konzipiert, sodass es nicht einschlägig ist, wenn der Schutzbereich eines anderen spezielleren Grundrechts eröffnet ist und ausreichend Schutz gewährleistet. Insbesondere muss das Grundrecht auf Gewährleistung der Vertraulichkeit und Integrität informationstechnischer Systeme von Art. 10 GG und Art. 13 GG sowie dem Recht auf informationelle Selbstbestimmung (Art. 2 I i.V.m. Art. 1 I GG) abgegrenzt werden.[514]

Ferner wird der Schutz der Selbstbelastungsfreiheit dem Allgemeinen Persönlichkeitsrecht zugeordnet und schützt davor, dass der Beschuldigte ihn belastende Informationen preisgibt.

Im Rahmen der verfassungsrechtlichen Rechtfertigung ist ein einfacher Gesetzesvorbehalt ausreichend. Jedoch werden an diese Gesetze teilweise strenge Anforderungen gestellt, insbesondere wenn es sich um heimliche Maßnahmen handelt. Ferner gibt es einen unantastbaren Bereich (auch Intimsphäre genannt), in den unter keinen Umständen eingegriffen werden darf und in den ein erfolgter Eingriff nicht gerechtfertigt werden kann.[515]

VI Fazit

Im Rahmen der vorliegenden Untersuchung sind verschiedene Grundrechte relevant. Bei den akustischen Wohnraumüberwachungen ist insbesondere Art. 13 I GG mit seinen engen Grenzen zu beachten. Dabei werden nach hier vertretener Ansicht nicht nur Wohnungen, Geschäfts-, Arbeits-, und Büroräume vom Schutzbereich des Art. 13 I GG erfasst, sondern auch Pkw, die nicht mehr nur der Fortbewegung, sondern der Lebensgestaltung dienen. Hinzu kommt, dass für eine Einschränkung des Art. 13 I GG durch akustische Überwachungsmaßnahmen mittels informationstechnischer Systeme im Bereich der Strafverfolgung der spezifische Gesetzesvorbehalt des Art. 13 III GG und im Bereich der Gefahrenabwehr Art. 13 IV GG beachtet werden muss.

Weiterhin sind, wie bei allen akustischen Überwachungen, das Recht auf informationelle Selbstbestimmung und das Recht am eigenen Wort als Ausprägung des Allgemeinen Persönlichkeitsrechts (Art. 2 I i.V.m. Art. 1 I GG) relevant, bei denen ein einfacher Gesetzesvorbehalt besteht.

---

513 BVerfGE 54; 148 (153 f.); 72, 155 (170); 114, 339 (346).

514 *Böckenförde*, JZ 2008, 925 (927).

515 Statt vieler *Dreier*, in: ders. [Hrsg.], GG, Art. 2 Rn. 92 f. m.w.N.

Ferner ist das Recht auf Gewährleistung der Vertraulichkeit und Integrität informationstechnischer Systeme sehr bedeutsam für die vorliegende Untersuchung, da dieses an der Privatheit informationstechnischer Systeme anknüpft, welche bei internetbasierten Maßnahmen eine Rolle spielen. Obwohl hier auch ein einfacher Gesetzesvorbehalt gilt, sind im Rahmen der Verhältnismäßigkeit enge Voraussetzungen zu beachten, weil die erfassten Systeme viele persönliche Daten beinhalten.

Zudem ist die Selbstbelastungsfreiheit im Rahmen einer heimlichen akustischen Überwachung von Bedeutung, da der Betroffene bei einer Überwachung ungewollt belastende Informationen über sich preisgeben könnte.

Ebenso ist das Fernmeldegeheimnis (Art. 10 I GG) für die Untersuchung relevant, da dieses auch die Kommunikation via Internet erfasst, weshalb bei einer internetbasierten Maßnahme dieses beeinträchtigt sein könnte. Ein Eingriff kann durch einen einfachen Gesetzesvorbehalt unter Berücksichtigung des Verhältnismäßigkeitsgrundsatzes gerechtfertigt werden.

Des Weiteren schützt Art. 5 I 1 Hs. 2 GG die Informationsfreiheit, die auch die Freiheit umfasst, sich im Internet zu informieren, und welche nur durch ein allgemeines Gesetz eingeschränkt werden kann. Insbesondere durch die möglichen Verpflichtungen der Hersteller, die alle informationstechnischen Systeme von Anfang an betrifft, könnte die Informationsfreiheit sämtlicher Nutzer eingeschränkt werden, wenn diese das Internet nicht mehr frei als Informationsquelle nutzen können.

Schließlich wurde auch Art. 12 I GG betrachtet, welcher die Berufsfreiheit schützt. Bei einer herkömmlichen akustischen Überwachung ist dieser nicht betroffen, da im Folgenden allerdings auch die Verpflichtung der Hersteller bzw. Betriebssystemhersteller untersucht werden soll, könnte dies hier anderes sein. Ein Eingriff in die Berufsausübungsfreiheit steht unter dem einfachen Gesetzesvorbehalt.

F. Europäische Menschenrechtskonvention (EMRK)

Neben dem Grundgesetz ist im Folgenden die Konvention zum Schutze der Menschenrechte und Grundfreiheiten (EMRK)[516] zu betrachten.

Für eine akustische internetbasierte Überwachung von Verdächtigen einer Straftat bzw. von Personen, die verdächtigt werden, eine Straftat begehen zu wollen, sind vor allem Art. 8 EMRK sowie Art. 10 EMRK von Bedeutung. Darüber hinaus könnte bei der Verwertung der Erkenntnisse das Recht auf ein faires Verfahren (Art. 6 EMRK) Bedeutung erlangen, zumal es sich um eine heimliche Maßnahme handelt. Hier werden im Folgenden die genannten Rechte zunächst abstrakt betrachtet.

Obwohl auch an Art. 5 I EMRK gedacht werden könnte, ist dieser hier nicht näher zu betrachten. Art. 5 I EMRK schützt zwar neben der Freiheit auch die Sicherheit, jedoch ist mit „Sicherheit" nicht gemeint, dass der Staat Abwehrmaßnahmen im Rahmen der öffentlichen Sicherheit und Ordnung trifft. Vielmehr ist die Sicherheit in Bezug zu setzen mit dem Freiheitsentzug und soll vor staatlicher Willkür schützen.[517]

I Recht auf Achtung des Privat- und Familienlebens (Art. 8 I EMRK)

Art. 8 I EMRK schützt mit dem Recht auf Achtung des Privat- und Familienlebens sowie der Wohnung und der Korrespondenz gleich mehrere Rechte.

1 Schutzbereich

Die von Art. 8 I EMRK geschützten Rechte sind im Grundgesetz zwar in verschiedenen Grundrechten (Art. 10, 13, 6 GG und Art. 2 I GG i.V.m. Art. 1 I GG) gewährleistet, dennoch verbürgt Art. 8 EMRK ein sehr ähnliches Schutzniveau wie die Gewährleistungen des Grundgesetzes.[518] Die einzelnen Gewährleistungen des Art. 8 I EMRK sind nicht immer eindeutig voneinander abgrenzbar,[519]

---

516 Allgemein (und so auch im Folgenden) bezeichnet als Europäische Menschenrechtskonvention.

517 Vgl. *Esser*, in: LR-StPO, Bd. 11; Art. 5 EMRK Rn. 11, 97.

518 *Esser*, in: LR-StPO, Bd. 11, Art. 8 EMRK Rn. 10.

519 *Esser*, in: LR-StPO, Bd. 11, Art. 8 EMRK Rn. 2.

sollen jedoch den gesamten privaten Lebensbereich vor ungerechtfertigten staatlichen Maßnahmen schützen.[520]

Zunächst wird das Privatleben geschützt. Der Begriff des Privatlebens ist weit zu verstehen und umfasst sämtliche Vorgänge, die nicht der Öffentlichkeit, also dem Leben in der Gemeinschaft, zugerechnet werden.[521] Dem Einzelnen soll ein Raum frei von staatlicher Überwachung bleiben.[522] Zudem gehört zum Recht auf Achtung des Privatlebens auch der Schutz (persönlicher) Daten. Der Begriff der persönlichen Daten umfasst jegliche Information, die eine bestimmte oder bestimmbare Person betrifft.[523]

Die explizit genannte Wohnung wird in der Europäischen Menschenrechtskonvention als eine Räumlichkeit verstanden, die tatsächlich bewohnt wird.[524] Ein Kriterium dafür ist eine hinreichende Bindung an einen Ort von gewisser Dauer.[525] Darüber hinaus erweitert der Europäische Gerichtshof für Menschenrechte diesen Begriff auch auf Geschäftsräume[526] und weitere Räumlichkeiten, solange diese dem Wohnen dienen[527].

---

520 Vgl. EGMR Urteil v. 02.08.1984 – Malone/UK, § 64 = EuGRZ 1985, 17 (17 ff.); Urteil v. 12.07.1976 – Brüggemann u. Scheuten/D; *Esser*, in: LR-StPO, Bd. 11, Art. 8 EMRK Rn. 1.

521 Vgl. EGMR Urteil v. 12.06.2003 – van Kück/D, § 69 f. = NJW 2004, 2505 (2507 f.); *Esser*, in: LR-StPO, Bd. 11, Art. 8 EMRK Rn. 58 ff.

522 Vgl. EGMR Urteil v. 20.09.2001 – P.G. u. J.H./UK, § 56 ff.; Urteil v. 05.11.2002 – Allan/UK, § 42 ff. (in Bezug auf Art. 6 EMRK); *Esser* JR 2004, 98 (99 f.).

523 Vgl. EGMR Urteil v. 20.09.2001 – P.G. u. J.H./UK, § 56 ff.; *Esser*, in: LR-StPO, Bd. 11, Art. 8 EMRK Rn. 85.

524 EGMR Urteil v. 13.05.2008 – McCann/UK, § 46 f.; *Esser*, in: LR-StPO, Bd. 11, Art. 8 EMRK Rn. 131 f.; *Frowein*, in: Frowein/Peukert [Hrsg.], EMRK, Art. 8 Rn. 42.

525 EGMR Urteil v. 03.11.2009 – Hartung/F; Urteil v. 24.11.1986 – Gillow/UK, § 46; *Esser*, in: LR-StPO, Bd. 11, Art. 8 EMRK Rn. 131.

526 EGMR Urteil v. 13.03.2013 – Bernh Larsen Holding AS/NOR, § 104; Urteil v. 15.11.2011 – Frank GmbH/D; Urteil v. 28.04.2005 – Buck/D, § 31 = NJW 2006, 1495; Urteil v. 27.09.2005 – Petri Sallinen u.a./FIN, § 70; Urteil v. 16.04.2002 – Société Colas Est u.a./F, §§ 40f.; Urteil v. 16.12.1992 – Niemietz/D, § 30 = NJW 1993, 718 (719); Urteil v. 09.04.2009 – Kolesnichenko/RUS, § 29 = NJW 2010, 2109; *Pätzold*, in: Karpenstein/Mayer [Hrsg.], Art. 8 EMRK Rn. 57.

527 EGMR Urteil v. 25.09.1997 – Buckley/UK, § 54 = ÖJZ 1997, 313; *Schweizer* DuD 2009, 462 (465).; *Marauhn/Thorn*, in: Dörr/Grote/Marauhn [Hrsg.], Kap. 16 Rn. 55; *Breitenmoser*, Der Schutz der Privatsphäre, S. 257.

Eine weitere Räumlichkeit, die vom Schutzbereich des Art. 8 I EMRK erfasst sein könnte, ist der Pkw.[528] Dies hat sich jedoch nicht durchgesetzt, wie das Urteil des Europäischen Gerichtshofs für Menschenrechte in *Ernst u.a. gegen Belgien* zeigt.[529] Demnach fallen Autos weiterhin nur unter den Begriff des Privatlebens, da Pkw, auch wenn sie nicht zur Wohnung gezählt werden, eine gewisse Privatsphäre aufweisen.[530]

Bereits in den1980er Jahren hat sich *Breitenmoser* mit der Frage auseinandergesetzt, ob ein Pkw vom Wohnungsbegriff des Art. 8 I EMRK umfasst sein kann.[531] Die Rechtsprechung von Gerichten, insbesondere US-Gerichten, sah er als ein Anzeichen dafür an, dass eine Ausdehnung des Wohnungsbegriffs wahrscheinlich ist und auch Autos unter diesen gefasst werden können. Es käme dabei auf die Umgrenzung der Räumlichkeit und der Privatheit an, welche auch bei einem Auto gegeben sind.[532]

Obwohl sich die Ansicht *Breitenmosers* nicht durchgesetzt hat, zeigt sie, dass es schon vor 30 Jahren Bestrebungen gab, den Wohnungsbegriff weiter zu fassen und auch den Pkw unter diesen zu subsumieren. Nach hier vertretener Ansicht sollte auch genau dies geschehen. Gerade vor dem Hintergrund der Bedeutung des Pkw für die Menschen sollte dieser dem ohnehin schon weiten Wohnungsbegriff zugerechnet werden.[533]

Fraglich ist ferner, ob das Privatleben einen ähnlichen Schutz wie das Recht auf Gewährleistung der Vertraulichkeit und Integrität informationstechnischer Systeme (Art. 2 I i.V.m. Art. 1 I GG) im Rahmen des Grundgesetzes aufweist. Soweit ersichtlich ist dazu noch kein Urteil des Europäischen Gerichtshofs für Menschenrechte ergangen. Wie auch das Allgemeine Persönlichkeitsrecht schützt Art. 8 EMRK das Privatleben umfassend, ohne jedoch ein Auffanggrundrecht darzustellen.[534] Da das Privatleben umfassend geschützt wird, zählen

528 Schon bei Art. 13 I GG wurde überlegt, den Pkw dem Begriff der Wohnung zuzuordnen, oben S. 101 ff.

529 Vgl. EGMR Urteil v. 15.07.2003 – Ernst u.a./Belgien.

530 Vgl. EGMR Urteil v. 15.07.2003 – Ernst u.a./Belgien; *Wildhaber*, in: IK-EMRK, Art. 8 Rn. 467 f.

531 *Breitenmoser*, Der Schutz der Privatsphäre, S. 260 ff.

532 *Breitenmoser*, Der Schutz der Privatsphäre, S. 263.

533 Zu den Argumenten oben S. 101 ff.

534 *Uerpmann-Wittzack*, in: ders. [Hrsg.], Das neue Computergrundrecht, S. 99 (99 f.); *Uerpmann-Wittzack*, in: Ehlers [Hrsg.] Europäische Grundrechte und Grundfreiheiten, § 3 Rn. 3 ff.

dazu auch informationstechnische Systeme, welche eine wichtige Rolle in der Gesellschaft einnehmen.[535]

Demgegenüber vertritt *Drallé* die Ansicht, dass sich derzeit weder in der Rechtsprechung des Europäischen Gerichtshofs für Menschenrecht noch in der Europäischen Menschrechtskonvention Anhaltspunkt dafür ergeben, dass diese ein ähnliches Recht wie das „Computer-Grundrecht" aufweist.[536] Art. 8 EMRK normiere kein Allgemeines Persönlichkeitsrecht wie Art. 2 I i.V.m. Art. 1 I GG und erfasse somit auch nicht alle Bereiche der Persönlichkeitsentfaltung. Es sei daher nicht möglich, alleine aus dem Bestehen des Computer-Grundrechts auf einen entsprechenden Schutz in der Europäischen Menschenrechtskonvention zu schließen. Im Rahmen dieser würden nur die vom Europäischen Gerichtshof anerkannten Fallgruppen gelten.[537]

Der Mensch entfaltet sich in der heutigen Zeit auch durch die Nutzung informationstechnischer Systeme. Es handelt sich daher um einen neuen Lebenssachverhalt, auf den auch die Europäische Menschenrechtskonvention durch Auslegung angepasst werden muss.[538] Soweit daher durch den heimlichen Zugriff auf diese Systeme eine Gefahr für das Privatleben besteht, ist dies von Art. 8 I EMRK umfasst.

Neben dem Privatleben und der Wohnung schützt Art. 8 I EMRK die private Kommunikation. Unter privater Kommunikation werden alle Formen der Nachrichten- und Datenübermittlung gefasst, um damit einen möglichst umfassenden Schutz für die Kommunikation zu ermöglichen.[539] Geschützt wird der Vorgang der Kommunikation, die Kommunikation als solche sowie der Weg als auch die dazugehörigen elektronischen Daten.[540] Dabei schützt Art. 8 I EMRK nur die gezielte Kommunikation an einen oder mehrere bestimmte Empfänger, nicht dagegen die Massenkommunikation.[541] Unter Individualkommunikation

---

535 *Uerpmann-Wittzack*, in: ders [Hrsg.]., Das neue Computergrundrecht, S. 99 (102); *Edenharter*, in: Uerpmann-Wittzack [Hrsg.], Das neue Computergrundrecht S. 108 (114); *Ziebarth*, Online-Durchsuchung, S. 147.

536 *Drallé*, Das Grundrecht auf Gewährleistung der Vertraulichkeit und Integrität informationstechnischer Systeme, S. 152.

537 *Drallé*, Das Grundrecht auf Gewährleistung der Vertraulichkeit und Integrität informationstechnischer Systeme, S. 154 ff.

538 *Uerpmann-Wittzack*, in: ders. [Hrsg.], Das neue Computergrundrecht, S. 99 (107).

539 *Marauhn/Thorn*, in: Dörr/Grote/Marauhn [Hrsg.], Kap. 16 Rn. 60 ff.; *Esser*, in: LR-StPO, Bd. 11, Art. 8 EMRK Rn. 153 ff.

540 *Kugelmann* EuGRZ 2003, 16 (21 ff.); *Pätzold*, in: Karpenstein/Mayer [Hrsg.], Art. 8 EMRK Rn. 59.

541 *Kugelmann*, EuGRZ 2003, 16 (17, 21 ff.).

im Sinne des Art. 8 I EMRK fallen insbesondere auch Kommunikationsformen mittels Internet, wobei unerheblich ist, ob es sich um eine offene oder verschlüsselte Kommunikation handelt. Unverschlüsselte Kommunikation ist leichter mitzulesen und verdient daher erst recht, wie auch eine Postkarte, den Schutz des Art. 8 I EMRK.[542]

2 Eingriff

Ein Eingriff liegt in staatlichen Maßnahmen, welche die Privatheit ganz oder teilweise aufheben oder beeinträchtigen,[543] weshalb ein Eingriff beispielsweise bei einer heimlichen Abhörmaßnahme gegeben ist. Entscheidend für einen Eingriff sind die Dauer und die Speicherung der Gespräche.[544] Zudem ist ein Eingriff in das Recht auf Achtung der Wohnung immer auch zugleich ein Eingriff in das Privatleben.[545] Ein solcher Eingriff liegt vor bei staatlichen Maßnahmen innerhalb der Wohnung ohne Einverständnis des Berechtigten oder bei Maßnahmen, die Geschehnisse aus der Wohnung erfassen, welche der natürlichen Wahrnehmung entzogen sind,[546] wie dies bei der akustischen Überwachung der Fall ist.

Staatliche Überwachungsmaßnahmen können auch einen Eingriff in die Kommunikationsfreiheit darstellen, wie beispielsweise, wenn Telefongespräche abgehört oder E-Mails mitgelesen werden. Nicht nur eine konkrete Maßnahme, sondern bereits das Bestehen einer Vorschrift, die eine heimliche Überwachungsmaßnahe erlaubt, kann die Ausübung der Rechte aus Art. 8 I EMRK in der Form beeinträchtigen, dass die Nutzer keine Telekommunikationssysteme mehr verwenden, um sicherzustellen, dass sie nicht überwacht werden. Daher ist bereits durch die Vorschrift ein Eingriff gegeben.[547]

---

542 *Kugelmann*, EuGRZ 2003, 16 (21 f.).

543 Vgl. *Frowein*, in: Frowein/Peukert [Hrsg.], EMRK, Art, 8 Rn. 45 f. *Grabenwarter/Pabel*, Europäische Menschenrechtskonvention, § 22 Rn. 26 ff.

544 EGMR Urteil v. 16.02.2000, Amann/CH, § 45 = NLMR 2000, 50; *Pätzold*, in: Karpenstein/Mayer [Hrsg.], Art. 8 EMRK Rn. 77.

545 Vgl. EGMR Urteil v. 25.09.2001 – P.G. u. J.H./UK, § 37 = ÖJZ 2002, 911 (911); *Esser*, in: LR-StPO, Bd. 11, Art. 8 EMRK Rn. 137 ff.

546 EGMR Urteil v. 10.03.2009 – Bykov/RUS, § 72 = NLMR 2009, 77 (78); *Pätzold*, in: Karpenstein/Mayer [Hrsg.], Art. 8 EMRK Rn. 86.

547 *Kugelmann*, EuGRZ 2003, 16 (18, 21).

3 Rechtfertigung

Nach Art. 8 II EMRK ist ein Eingriff in die Schutzgüter des ersten Absatzes gerechtfertigt, wenn der Eingriff gesetzlich vorgesehen und in einer demokratischen Gesellschaft zur Erreichung eines der genannten Ziele notwendig ist, wobei die genannten Ziele nach Art. 18 EMRK abschließend sind.[548] Zunächst ist daher eine gesetzliche Grundlage notwendig. Wenn diese vorliegt, erfolgt in einem weiteren Schritt die Prüfung, ob ein legitimes Ziel im Sinne des Art. 8 II EMRK erreicht werden soll.

Der Zweck der Strafverfolgung fällt unter das Ziel der Aufrechterhaltung der Ordnung oder das Ziel der Verhütung von Straftaten.[549] Ferner kann das Ziel der nationalen Sicherheit schwerwiegende Eingriffe in den Schutzbereich des Art. 8 I EMRK rechtfertigen.[550]

Sowohl bei der Auswahl des Zieles als auch bei der Beurteilung der Notwendigkeit der Regelung billigt der Europäische Gerichtshof für Menschenrechte den Staaten Beurteilungsspielraum zu.[551] Eine Regelung bzw. Maßnahme ist grundsätzlich dann notwendig, wenn für diese dringende gesellschaftliche Gründe sprechen und sie darüber hinaus verhältnismäßig ist.[552] Im Beurteilungsspielraum der Staaten spielen folgende Aspekte eine Rolle: (1) die Art des Eingriffs; (2) die besonderen Umstände des Einzelfalls; (3) das Gewicht der konkurrierenden Interessen; (4) die Auswirkungen der Maßnahme im Einzelfall; (5) die Bedeutung des von dem Eingriff betroffenen Rechts für die Gesellschaft.[553] Je nach Eingriffsintensität kann dieser Beurteilungsspielraum jedoch auch eingeschränkt sein. Dies ist insbesondere der Fall bei Eingriffen, die einen „besonders

---

548 Vgl. EGMR Urteil v. 21.02.1975 – Golder/UK, § 45; *Frowein*, in: Frowein/Peukert [Hrsg.], EMRK Vorb. zu Art. 8–11 Rn. 10; *Esser* JR 2004, 98 (101 f.).

549 *Esser*, in: LR-StPO, Bd. 11, Art. 8 EMRK Rn. 47; *Wildhaber/Breitenmoser*, in: IK-EMRK, Art. 8 Rn. 620 ff.

550 Vgl. EGMR Urteil v. 06.09.1978 – Klass u.a./D, §§ 44 ff.; *Marauhn/Thorn*, in: Dörr/Grote/Marauhn [Hrsg.], Kap. 16 Rn. 90.

551 -EGMR Urteil v. 28.03.1990 – Groppera Radio AG u.a./CH, § 72 = EuGRZ 1990, 255 (259); *Pätzold*, in: Karpenstein/Mayer [Hrsg.], Art. 8 Rn. 98.

552 EGMR Urteil v. 18.10.2006 – Üner /NL, §§ 56 ff. = NVwZ 2007, 1279 (1280 ff.); Urteil v. 16.06.2005 – Sisojeva u.a./Latvia, § 106 f.; *Esser*, in: LR-StPO, Bd. 11, Art. 8 EMRK Rn. 54.

553 *Esser*, in: LR-StPO, Bd. 11, Art. 8 EMRK Rn. 55.

wichtigen Aspekt der persönlichen Identität und des Lebens“[554] betreffen, sowie bei solchen, die „mit Mittel[n] des Strafrechts erfolgen“.[555]

Voraussetzungen für einen rechtmäßigen Eingriff durch heimliche Ton- bzw. Bildaufzeichnungen erfordern zunächst eine hinreichend bestimmte Ermächtigungsgrundlage, was nicht durch generalklauselartige gesetzliche Ermittlungsbefugnisse erfüllt wird.[556] Zudem sind angemessene Gründe für diese Maßnahme erforderlich, d.h. die Verhältnismäßigkeit muss gewahrt sein und es muss ein Ziel des Art. 8 II EMRK verfolgt werden.[557]

Dabei hat der Europäische Gerichtshof für Menschenrechte Mindeststandards für eine gesetzliche Regelung aufgestellt, die eine heimliche Überwachung erlaubt. Demnach muss eine gesetzliche Regelung (1) die Art der Straftat regeln, für die sie gelten soll; (2) die Personengruppe, bei der eine Überwachung durchgeführt werden darf, benennen; (3) die Dauer der Überwachung begrenzen; (4) das Verfahren für die Auswertung, Verwendung und Speicherung regeln; (5) eine mögliche Übermittlung an Dritte festlegen; sowie (6) festlegen, unter welchen Umständen eine Aufzeichnung zu löschen ist.[558]

Des Weiteren ist auch grundsätzlich eine richterliche Anordnung erforderlich, um einen (heimlichen) Eingriff in Art. 8 I EMRK zu rechtfertigen.[559]

4 Fazit

Art. 8 I EMRK schützt wie Art. 10, 13 und 2 I i.V.m. 1 I GG die Privatsphäre gegen staatliche Eingriffe. Nach hier vertretener Ansicht sind sowohl Pkw als auch informationstechnische Systeme von Art. 8 EMRK erfasst, wobei Pkw als

554 *Esser*, in: LR-StPO, Bd. 11, Art. 8 EMRK Rn. 55; vgl. EGMR (GK) Urteil v. 04.12.2008 – S.u. Marper/UK, § 102 = EuGRZ 2009, 299 (311); Urteil v. 04.12.2007 – Dickson/UK, § 78; Urteil v. 27.05.2004 – Connors/UK, § 82.

555 *Esser*, in: LR-StPO, Bd. 11, Art. 8 EMRK Rn. 55; vgl. Urteil v. 22.10.1981 – Dudgeon/UK, § 52.

556 Vgl. EGMR Urteil v. 25.09.2001 – P.G. u. J.H./UK = ÖJZ 2002, 911 (912); Urteil v. 12.01.2010 – Khan/UK = JZ 2000, 993;, Urteil v. 02.08.1984 – Malone/UK = EuGRZ 1985, 17 (20 f.).

557 *Esser*, in: LR-StPO, Bd. 11, Art. 8 EMRK Rn. 80; *Frowein*, in: Frowein/Peukert [Hrsg.], EMRK, Art. 8 Rn. 16.

558 Vgl– EGMR Urteil v. 10.02.2009 – Iordachi u.a./MOL, §§ 37 ff.–; Urteil v. 06.09.1978 – Klass u.a./D, §§ 42 ff. ; *Esser*, in: LR-StPO, Bd. 11, Art. 8 EMRK Rn. 82; *Hauck* ZStW 2012, 473 (477).

559 Vgl. EGMR Urteil v. 02.11.2006 – Volokhy/Ukraine, § 52; *Hauck*, ZStW 2012, 473 (481 f.).

Wohnung geschützt sind und nicht nur unter den Begriff des Privatlebens fallen, da sie durch die technische Veränderung mehr sind als nur Transportmittel. Ebenso ist der Schutz informationstechnischer Systeme wichtiger geworden, da sie viele Daten speichern, weshalb sie vom Schutz des Privatlebens zu erfassen sind. Bei Eingriffen in Art. 8 I EMRK werden insbesondere an heimliche Eingriffe hohe Anforderungen für die Rechtfertigung gestellt. Allerdings steht den Vertragsstaaten für die Beurteilung ein Spielraum zu, der vom Europäischen Gerichtshof für Menschenrechte nur eingeschränkt kontrolliert wird.

II Freiheit der Meinungsäußerung (Art. 10 EMRK)

Wie Art. 5 I GG die Informationsfreiheit schützt, wird diese Freiheit auch von Art. 10 I EMRK gewährleistet.

1 Schutzbereich

Art. 10 I EMRK schützt sowohl die Freiheit, eine Meinung zu bilden, als auch die Freiheit, diese Meinung zu äußern.

Damit eine Meinung gebildet werden kann, ist es unerlässlich, sich zu informieren. Daher schützt Art. 10 I 2 EMRK auch die Informationsfreiheit. Es soll sich jeder aus frei zugänglichen Quellen Informationen beschaffen und diese als Grundlage für seine Meinungsbildung nutzen können.[560] Zudem fällt unter Art. 10 I EMRK auch grundsätzlich der Zugang zum Internet als frei zugängliche Quelle, soweit die technischen Voraussetzungen schon bestehen.[561]

2 Eingriff

Zwar nennt Art. 10 II EMRK beispielhaft Eingriffsmöglichkeiten, jedoch ist diese Aufzählung nicht abschließend. Vielmehr kann ein Eingriff in jeder unmittelbaren und mittelbaren Beschränkung der Freiheiten liegen.[562] Bei mittelbaren Eingriffen wird nicht direkt in die Freiheit eingegriffen, sondern aufgrund anderer Vorschriften, die Beschränkungen oder Sanktionen erhalten können, wird es den Grundrechtsberechtigten erschwert oder unmöglich gemacht, die Informationsfreiheit auszuüben.[563]

---

560 *Esser*, in: LR-StPO, Bd. 11, Art. 10 EMRK Rn. 16.

561 Vgl. *Giegerich*, RabelsZ 1999, 471 (476 f.); *Kugelmann*, EuGRZ 2003, 16 (20).

562 Vgl. *Mensching*, in: Karpenstein/Mayer [Hrsg.], Art. 10 EMRK Rn. 25 ff.

563 Vgl. EGMR Urteil v. 26.09.1995 – Vogt/D, §§ 43 f. = NJW 1996, 375 (375 f.); Urteil v. 13.02.2007 – Erdel/D; *Mensching*, in: Karpenstein/Mayer [Hrsg.], Art. 10 EMRK Rn. 27.

Bei einem Eingriff durch ein Gesetz ist erforderlich, dass sich dieses **„gegenwärtig und unmittelbar“** auf Art. 10 I EMRK auswirkt.[564]

3 Rechtfertigung

Eingriffe in den Schutzbereich des Art. 10 I EMRK sind nur unter den Voraussetzungen des Art. 10 II EMRK zulässig. Auch hier muss eines der aufgezählten Ziele angestrebt werden. Des Weiteren muss eine hinreichend bestimmte gesetzliche Regelung vorliegen und die Maßnahme in einer demokratischen Gesellschaft notwendig sein.[565]

Wie bei Art. 8 II EMRK wird zunächst geprüft, ob eine gesetzlich hinreichend bestimmte Ermächtigungsgrundlage für einen Eingriff vorliegt. Wenn dies der Fall ist, wird weiter geprüft, ob ein legitimes Ziel verfolgt wird und ob die Maßnahme notwendig ist.

Eine Regelung ist bestimmt genug, wenn jeder Bürger erkennen kann, wann die Maßnahme durchgeführt werden darf, wobei unbestimmte Rechtsbegriffe möglich und dadurch entstehende Spielräume hinzunehmen sind.[566]

Das Ziel dient als Grundlage für die Bestimmung der Notwendigkeit der Maßnahme in einer demokratischen Gesellschaft, welche den dritten Prüfungspunkt darstellt.[567]

Im Rahmen der Notwendigkeit sind dringende Gründe sowie die Verhältnismäßigkeit maßgeblich. Dabei wird der Europäische Gerichtshof für Menschenrechte nicht zu einer zusätzlichen Instanz im nationalen Rechtsweg, weshalb den Mitgliedstaaten ein Beurteilungsspielraum zugebilligt wird.[568] Wie groß dieser

---

564 *Mensching*, in: Karpenstein/Mayer [Hrsg.], Art. 10 EMRK Rn. 29 (Hervorhebung auch im Original); vgl. auch EGMR Urteil v. 29.10.1992 – Open Door und Dublin Well Woman/Irland, § 44; Urteil v. 18.12.1986 – Johnston u.a./Irland, § 42.

565 EGMR Urteil v. 08.10.2009 – Gsell/CH, §§ 51 ff.; Urteil v. 11.03.2004 – Krone Verlag/A, §§ 22 ff. = ÖJZ 2004, 316; vgl. auch *Payandeh*, JuS 2016, 690 (693 f.); *Esser*, in: LR-StPO, Bd. 11, Art. 10 EMRK Rn. 39 ff.; *Giegerich*, RabelsZ 1999, 471 (475).

566 Vgl. EGMR Urteil v. 22.10.2007 – Lindon, Otchakovsky-Laurens and July/F, § 41; Urteil v. 13.01.2011 – Hoffer und Annen/D, § 41; *Mensching*, in: Karpenstein/Mayer [Hrsg.], Art. 10 EMRK Rn. 41 ff.; *Grabenwarter/Pabel*, Europäische Menschenrechtskonvention, § 18 Rn. 11.

567 *Mensching*, in: Karpenstein/Mayer [Hrsg.], Art. 10 EMRK Rn. 47.

568 Vgl. EGMR Urteil v. 26.09.1995 -Vogt/D, § 52 = NJW 1996, 375 (376 f.); Urteil v. 22.10.2007 – Lindon, Otchakovsky-Laurens and July/F, § 45; Urteil v. 17.12.2004 – Cumpana und Mazare/Rumänien, §§ 88 ff.; Urteil v. 02.10.2008 – Leroy/F, §§ 36 ff. *Mensching*, in: Karpenstein/Mayer [Hrsg.], Art. 10 EMRK Rn. 52 ff.

Beurteilungsspielraum ist, hängt unter anderem davon ab, in welches Recht eingegriffen wird und wie intensiv der konkrete Eingriff sich auswirkt. Weitere Aspekte sind das Eingriffsziel sowie das Bestehen von Einigkeit zwischen den Vertragsstaaten.[569]

Eingriffe in die Informationsfreiheit sind unter bestimmten Kriterien zulässig, wobei unter anderem entscheidende Kriterien sind, wie weit ein Verbot reicht, die Bedeutung der Information für den Empfänger und Verbreiter sowie die Möglichkeit, die Information auf anderem Wege zu erhalten.[570]

4 Fazit

Art. 10 I 2 EMRK und Art. 5 I GG ähneln sich in weiten Teilen, beide gewährleisten das Recht, sich aus frei zugänglichen Quellen zu informieren. Für die Rechtfertigung eines Eingriffs in die Informationsfreiheit sind, wie auch bei Art. 8 I EMRK, enge Voraussetzungen notwendig, bei denen jedoch den Mitgliedstaaten ein Beurteilungsspielraum zusteht.

III Recht auf ein faires Verfahren (Art. 6 I EMRK)

Art. 6 I EMRK enthält verschiedene Verfahrensgarantien, wobei das „Kernstück der Verfahrensgarantien von Art. 6 EMRK" das Recht auf ein faires Verfahren (*fair trial*) ist.[571] Der Begriff des fairen Verfahrens ist denkbar weit, dennoch ist nicht jedes staatliche Handeln davon erfasst. Die Prüfung einer Verletzung des Rechts auf ein faires Verfahren folgt nicht der klassischen Unterteilung in Eingriff und Rechtfertigung wie bei Freiheitsrechten;[572] entscheidend ist vielmehr eine Gesamtschau des Verfahrens.[573]

---

569 EGMR Urteil v. 23.05.1991 – Oberschlick/Österreich, §§ 58 f.; Urteil v. 29.10.1992 – Open Door und Dublin Well Woman/Irland, § 64 ff.; *Mensching*, in: Karpenstein/Mayer [Hrsg.], Art. 10 EMRK Rn. 56; *Grote/Wenzel*, in: Dörr/Grote/Marauhn [Hrsg.], Kap. 18 Rn. 100 ff.; vgl. dazu auch *Frenz*, Europarecht Bd. 4, Rn. 1862 ff.; zum Beurteilungsspielraum der Vertragsstaaten auch *Prepeluh*, ZaöRV 2001, 771 (774 ff.).

570 Vgl. EGMR Urteil v. 29.10.1992 – Open Door und Dublin Well Woman/Irland, §§ 72 ff.; *Mensching*, in: Karpenstein/Mayer [Hrsg.], Art. 10 EMRK Rn. 100; *Grabenwater/Pabel*, Europäische Menschenrechtskonvention, § 23 Rn. 37.

571 *Esser*, in: LR-StPO, Bd. 11, Art. 6 EMRK Rn. 177.

572 *Grabenwarter/Pabel*, in: Dörr/Grote/Marauhn [Hrsg.], Kap. 14 Rn. 175.

573 EGMR Urteil v. 22.04.1992 – Vidal/Belgien = EuGRZ 1992, 440 (442 f.); Urteil v. 13.07.2000 – Elsholz/D, § 66 = NJW 2001, 2315 (2318) = EuGRZ 2001, 595 (601); Urteil v. 12.06.2003 – Van Kück/ D, §§ 47 f. = NJW 2004, 2505 (2505 f.); Urteil v. 26.03.1996 – Doorson/NL = ÖJZ 1996, 715 (716 ff.); Urteil v. 23.04.1997 – van

1 Schutzbereich

Grundsätzlich steht jedermann die Berufung auf Art. 6 I, III EMRK zu.[574] Voraussetzung dafür ist jedoch, dass es sich um eine in Art. 6 I EMRK genannte Verfahrensart handelt. Dabei ist der Begriff der strafrechtlichen Anklage autonom und unabhängig von den nationalen Regelungen auszulegen.[575] Zur Bestimmung des Begriffs hat der Europäische Gerichtshof für Menschenrechte in seinem Urteil *Engel u.a./Niederlande* Kriterien aufgestellt:[576] (1) rechtliche Einordnung der Handlung im nationalen Recht; (2) die Art des Vergehens; (3) die Art und die Schwere der im nationalen Recht angedrohten Sanktion.[577]

Die Voraussetzungen für eine „strafrechtliche Anklage" sind spätestens dann erfüllt, wenn der Beschuldigte durch eine hoheitliche Mitteilung Kenntnis davon erhält, dass gegen ihn ermittelt wird.[578]

Weiterhin ist der Begriff des fairen Verfahrens zu bestimmen. Dabei ist dieser Begriff nicht zu weit auszulegen und soll nicht als „Auffangrecht" jedes denkbare staatliche Verhalten erfassen. Es gilt vielmehr staatliche Willkür zu verhindern und für ein ausgeglichenes gesamtes Verfahren mit Waffengleichheit zu sorgen.[579] Einige Ausprägungen eines fairen (Straf-) Verfahrens sind in Art. 6 III EMRK mit den Mindestrechten jeder angeklagten Person genannt.[580] Bei einer

---

Mechelen u.a./NL = ÖJZ 1998, 274 (275 f.); *Esser*, in: LR-StPO, Bd. 11, Art. 6 EMRK Rn. 179, 202 ff.; *Esser*, Auf dem Weg zu einem europäischen Strafverfahren, S. 402.

574 *Esser*, in: LR-StPO, Bd. 11, Art. 6 EMRK Rn. 21; *Frowein*, in: Frowein/Peukert [Hrsg.], EMRK, Art. 6 Rn. 4.

575 EGMR Urteil v. 08.06.1976 – Engel u.a./NL = EuGRZ 1976, 221 (232); Urteil v. 21.02.1984 – Öztürk/D = EuGRZ 1985, 62 (66 ff.); Urteil v. 28.06.1984 – Campbell u. Fell/UK, = EuGRZ 1985, 534 (538 f.); *Esser*, in: LR-StPO, Bd. 11, Art. 6 EMRK Rn. 68.

576 Sog. Engel-Kriterien, EGMR, Urteil v. 08.06.1976 – Engel u.a./NL = EuGRZ 1976, 221 (232); *Esser*, in: LR-StPO, Bd. 11, Art 6 EMRK Rn. 70 ff.

577 Ausführlich zu den Engel-Kriterien: *Esser*, in: LR-StPO, Bd. 11, Art. 6 EMRK Rn. 70 ff.; *Grabenwater/Pabel*, in: Dörr/Grote/Marauhn [Hrsg.], Kap. 14 Rn. 20 (ff.).

578 EGMR Urteil v. 27.02.1980 – Deweer/ B = EuGRZ 1980, 667 (667, 671 f.); Urteil v. 10.12.1982 – Foti u.a./I = EuGRZ 1985, 578 (581); *Esser*, in: LR-StPO, Bd. 11, Art. 6 EMRK Rn. 92 f.; *Peukert*, in: Frowein/Peukert [Hrsg.], EMRK, Art. 6 Rn. 41.

579 EGMR Urteil v. 26.03.1996 – Doorson/NL = ÖJZ 1996, 715 (716 f.); Urteil v. 23.04.1997 – van Mechelen u.a./NL = ÖJZ 1998, 274 (275 f.); *Esser*, in: LR-StPO, Bd. 11, Art. 6 EMRK Rn. 167, 208.

580 EGMR Urteil v. 13.05.1980 – Artico/I, § 32; *Grabenwarter/Pabel*, EMRK, § 24 Rn. 66; *Meyer*, in: Karpenstein/Mayer [Hrsg.], EMRK, Art. 6 Rn. 171.

Verletzung dieser (Mindest-)Grundsätze kann das Verfahren grundsätzlich insgesamt nicht mehr als fair angesehen werden.[581]

Ob ein Verfahren den Anforderungen des Art. 6 EMRK genügt, ist anhand einer Gesamtbetrachtung für den jeweiligen Einzelfall festzustellen.[582] Dabei kann nicht direkt auf das Prinzip des fairen Verfahrens zurückgegriffen werden. Zunächst muss die in Frage stehende Norm verfassungs- und konventionskonform ausgelegt werden.[583] Nur, wenn dies nicht zum Erfolg führt, kann im Einzelfall eine Korrektur durch den Grundsatz des fairen Verfahrens erreicht werden. Zudem kann dieser herangezogen werden, um Schutzlücken der EMRK zu füllen, deren Beseitigung notwendig ist.[584]

Eine Verletzung des Grundsatzes des fairen Verfahrens kann beispielsweise durch eine Beweiserhebung oder aber auch durch die spätere Beweisverwertung in der Hauptverhandlung geschehen.[585] Hier ist insbesondere an verdeckte (heimliche) Ermittlungsmaßnahmen zu denken. Heimliche Abhörmaßnahmen sind dabei grundsätzlich zulässig,[586] jedoch kann im Einzelfall etwas Anderes gelten. Relevant ist in diesem Zusammenhang vor allem Art. 8 EMRK,[587] wobei allerdings zu beachten ist, dass ein Beweis, der unter Verletzung des Art. 8 I EMRK gewonnen wurde, nicht zwingend auch zu einer Verletzung des Rechts auf ein faires Verfahren führt. Hier ist weiterhin entscheidend, ob das gesamte Verfahren fair war.[588] So kann dieser Verstoß grundsätzlich ausgeglichen werden,

---

581 Vgl. EGMR Urteil v. 13.05.1980 – Artico/I = EuGRZ 1980, 662 (664); Urteil v. 02.06.1986 – Bönisch/A, = EuGRZ 1986, 127 (131 f.); Urteil v. 19.06.2001 – Atlan/UK, §§ 39 f. = StraFo 2002, 52; *Esser*, in: LR-StPO, Bd. 11, Art. 6 EMRK Rn. 199; *Kühne*, StV 2001, 73 (77); *Kühne/Nash*, JZ 2000,–996 (997).

582 EGMR Urteil v. 22.04.1992 – Vidal/Belgien = EuGRZ 1992, 440; Urteil v. 13.07.2000 – Elsholz/D, § 66 = NJW 2001, 2315 (2318) = EuGRZ 2001, 595 (601); Urteil v. 12.06.2003 – van Kück/D, §§ 47 f. = NJW 2004, 2505 (2505 f.); *Esser*, in: LR-StPO, Bd. 11, Art. 8 EMRK Rn. 179 ff., 195; *Zöller*, ZStW 2012, 411 (423); *Ambos*, ZStW 2003, 583 (611 ff.); *Esser*, Auf dem Weg zu einem europäischen Strafverfahrensrecht, S. 402 f.

583 *Esser*, in: LR-StPO, Bd. 11, Art. 6 EMRK Rn. 191 f.

584 *Herdegen*, NStZ 1984, 337 (343); *Meyer*, JR 1984, 173 (173 f.); *Esser*, in: LR-StPO, Bd. 11, Art. 6 EMRK Rn. 191 f.; *Hamm*, in: Festschrift für Salger, 273 (290 f.); *Meyer-Goßner*, NStZ 1982, 353 (362).

585 Vgl. *Esser*, in: LR-StPO, Bd. 11, Art. 6 EMRK Rn. 268 ff.

586 *Esser*, in: LR-StPO, Bd. 11, Art. 6 EMRK Rn. 936; andere Ansicht *Klesczewski* StV 2010, 462 (465), der fordert, dass grundsätzlich heimliche Überwachungen unterbleiben, soweit kein konkreter Verdacht besteht, dass beide Seiten an der Straftat beteiligt sind.

587 Dazu oben S. 137 ff.

588 Vgl. nur. EGMR Urteil v. 03.03.2016 – Prade/D, §§ 32 ff. = NJW 2017, 2811 (2812).

wenn der Betroffene die Möglichkeit bekommt, zu dem Beweis Stellung zu nehmen.[589]

Der Begriff des fairen Verfahrens ist nur schwer zu konkretisieren. Es geht dabei darum, dass der Betroffene nicht zu einem bloßen Objekt im Strafverfahren werden darf, sondern weiterhin noch die Möglichkeit hat, sich effektiv zu verteidigen, und Waffengleichheit zwischen den Strafverfolgungsbehörden und dem Beschuldigten besteht.[590]

Weitere Aspekte in Bezug auf ein faires Verfahren sind der Grundsatz der Selbstbelastungsfreiheit (*nemo tenetur se ipsum accusare)* und das Recht des Beschuldigten zu schweigen. Diese beiden grundlegenden Rechte des Beschuldigten sind nicht explizit in der Europäischen Menschenrechtskonvention geregelt und werden daher dem Recht auf ein faires Verfahren entnommen.[591] Insbesondere bei heimlichen Ermittlungsmaßnahmen kann die Selbstbelastungsfreiheit betroffen sein, da der Beschuldigte sich in einem heimlich abgehörten Gespräch selbst belasten könnte.[592] Grundsätzlich sind heimliche Abhörmaßnahmen zwar zulässig, jedoch dürfen diese nicht in einer vernehmungsähnlichen Situation unter Druck oder Zwang stattfinden.[593] Unter einer vernehmungsähnlichen Situation versteht der Europäische Gerichtshof für Menschenrechte das gezielte Fragen einer vom Staat instruierten Privatperson, wobei sich der Beschuldigte in einer besonderen Drucksituation befinden muss und daher seine Belastung nicht gänzlich freiwillig ist. Dabei sei unter anderem entscheidend, ob sich der Betroffene in Untersuchungshaft befindet, sich auf sein Recht, zu schweigen berufen hat, oder völlig ahnungslos ist.[594]

---

589 EGMR Urteil v. 12.01.2010 – Khan/UK, = JZ 2000, 993 (994 f.) [abweichende Meinung des Richters *Loucaides* zum fairen Verfahren = JZ 2000, 993 (995 f.); ebenso einen Verstoß gegen das Recht auf ein faires Verfahren bejahend *Kühne/Nash* JZ 2000, 996 (997)]; EGMR Urteil v. 05.11.2002 – Allan/UK, § 42 ff.; *Meyer-Ladewig/Harrendorf/König*, in: Meyer-Ladewig/Nettesheim/von Raumer [Hrsg.], EMRK, Art. 6 Rn. 144.

590 *Zöller*, ZStW 2012, 411 (422).

591 EGMR Urteil v. 05.11.2002 – Allan/UK, § 44; *Grabenwarter/Pabel*, EMRK, § 24 Rn. 138.

592 Vgl. *Hauck*, NStZ 2010, 17 (20).

593 Vgl. *Meyer*, in: Karpenstein/Mayer [Hrsg.], Art. 6 EMRK, Rn. 139 ff.; *Meyer-Ladewig/Harrendorf/König*, in: Meyer-Ladewig/Nettesheim/Von Raumer [Hrsg.], EMRK, Art. 6 Rn. 134; *Esser*, in. LR-StPO, Bd. 11, Art. 6 EMRK Rn. 936.

594 EGMR, Urteil v. 05.11.2002 – Allan/UK, § 50; Urteil v. 21.01.2009 – Bykov/RUS, §§ 88 ff.; vgl. auch *Kasiske*, StV 2014, 423 (423 f.); *Müller*, EuGRZ 2001, 546 (557); *Esser* JR 2004, 98 (106 f.); *Gaede*, JR 2009, 493 (497 f.).

Eine Beeinträchtigung der Selbstbelastungsfreiheit liegt demnach vor, wenn der sich in Untersuchungshaft befindende Beschuldigen bewusst der Zelle einer Vertrauensperson der Polizei zugeteilt wird und diese den Beschuldigten gezielt ausfragt, um die Informationen an die Polizei weiterzugeben.[595]

Allerdings verletzt nicht jeder Verstoß gegen die Selbstbelastungsfreiheit auch das Recht auf ein faires Verfahren, da es kein absolutes Recht ist und somit Beschränkungen unterworfen werden kann.[596] Um festzustellen, ob eine Verletzung der Selbstbelastungsfreiheit vorliegt, bedient sich der Europäische Gerichtshof für Menschenrechte einer Abwägung zwischen der Art und der Schwere des Zwangs und dem öffentlichen Interesse an der Verfolgung der Straftat auf der anderen Seite.[597]

Folglich müssen der Grundsatz der Selbstbelastungsfreiheit und das Recht des Beschuldigten zu schweigen bei heimlichen Abhörmaßnahmen berücksichtigt werden, diese beiden Rechte schließen allerdings heimliche Maßnahme nicht von vornherein aus.[598]

2 Fazit

Das Recht auf ein faires Verfahren ist sehr weit und sollte nicht überstrapaziert werden, d.h. nicht als Auffanggrundrecht für jegliche staatliche Maßnahme im Anwendungsbereich des Art. 6 I EMRK angesehen werden. Abgesehen von den geschriebenen Anforderungen in Art. 6 I, III EMRK ist nur im Einzelfall auf dieses Recht zurückzugreifen, um Fehler zu korrigieren.[599] Nicht jeder Fehler muss dabei das Recht auf ein faires Verfahren beeinträchtigen. Diese können im Laufe des Verfahrens ausgeglichen werden. Entscheidend für eine Verletzung ist eine Gesamtschau des Verfahrens, weshalb eine Betrachtung des Ermittlungsverfahrens allein nicht zu einem Verstoß gegen das Recht auf ein faires Verfahren führen kann. Im weiteren Verlauf des Verfahrens kann eine Benachteiligung

---

595 EGMR, Urteil v. 05.11.2002 – Allan/UK, § 52; vgl. *Grabenwarter/Pabel*, EMRK, § 24 Rn. 13; *Esser*, in: LR-StPO, Bd. 11, Art. 6 EMRK Rn. 929 ff.

596 *Grabenwarter/Pabel*, EMRK, § 24 Rn. 138; *Esser*, in: LR-StPO, Bd. 11, Art. 6 EMRK Rn. 879 ff.

597 EGMR, Urteil v. 05.11.2002 – Allan/UK, §§ 51 f.; Urteil v. 21.01.2009 – Bykov/RUS, §§ 94 ff.; *Grabenwarter/Pabel*, in: Dörr/Grote/Marauhn [Hrsg.], Kap. 14 Rn. 165; *Meyer*, in: Karpenstein/Mayer [Hrsg.], Art 6 EMRK, Rn. 130; Hauck, NStZ 2010, 17 (21); *Esser* in: LR-StPO, Bd. 11, Art. 6 EMRK, Rn. 893.

598 Esser, in: LR-StPO, Bd. 11, Art. 6 EMRK Rn. 936.

599 *Esser*, in: LR, StPO, Bd. 11, Art 6 EMRK Rn. 195 m.w.N.

im Ermittlungsverfahren, beispielsweise durch Benachrichtigungspflichten bei heimlichen Ermittlungsmaßnahmen, ausgeglichen werden.[600]

IV Fazit

In der Europäischen Menschenrechtskonvention sind wesentliche Rechte festgelegt, die auch das Strafverfahren in weiten Teilen beeinflussen. Hier ist insbesondere Art. 8 I EMRK (Recht auf Achtung des Privat- und Familienlebens) sowie Art. 10 I EMRK (Freiheit der Meinungsäußerung) und Art. 6 I, III EMRK (Recht auf ein faires Verfahren) bedeutend. Die Prüfung der Rechtfertigung eines Eingriffs in die von Art. 8 I EMRK und Art. 10 I 2 EMRK geschützten Rechte ist in weiten Teilen vergleichbar. Sofern ein legitimes Ziel verfolgt wird, muss die eingreifende Maßnahme in einer demokratischen Gesellschaft auch notwendig sein, wobei den Vertragsstaaten ein Beurteilungsspielraum zu steht.

Demgegenüber erfolgt die Prüfung einer Verletzung des Art. 6 I EMRK einem anderen Aufbau und die Entscheidung wird anhand einer Gesamtbetrachtung gefällt, wobei nicht jeder Verstoß gegen den Grundsatz des fairen Verfahrens auch gleichzeitig zu einer Verletzung von Art. 6 EMRK führt. Lediglich eine Beeinträchtigung dieses Grundsatzes, die sich auf das gesamte Verfahren auswirkt und auch im Verlauf des Verfahrens nicht ausgeglichen wird oder werden kann, führt zu einer Verletzung des Grundsatzes des fairen Verfahrens.[601]

---

600 Vgl. *Zöller*, ZStW 2012, 411 (423 f.).

601 Vgl. EGMR Urteil v. 22.04.1992 – Vidal/Belgien = EuGRZ 1992, 440; Urteil v. 13.07.2000 – Elsholz/D, § 66 = NJW 2001, 2315 (2318) = EuGRZ 2001, 595 (601); Urteil v. 12.06.2003 – van Kück/D, §§ 47 f. = NJW 2004, 2505 (2505 f.); *Esser*, in: LR-StPO, Bd. 11, Art. 8 EMRK Rn. 179 ff., 195.

G. Charta der Grundrechte der Europäischen Union

Neben der Europäischen Menschenrechtskonvention existiert innerhalb der Europäischen Union die Charta der Grundrechte der Europäischen Union (GRCh).[602] Mit dem Vertrag von Lissabon wurde die EU-Grundrechtecharta bindendes Recht der Europäischen Union (Art. 6 I EUV).[603] Zudem sieht der Vertrag über die Europäische Union den Beitritt zur Europäischen Menschenrechtskonvention vor (Art. 6 II EUV). Zwar ist ein solcher Beitritt bisher noch nicht erfolgt, jedoch orientiert sich der Gerichtshof der Europäischen Union bei der Auslegung der EU-Grundrechtecharta an der Auslegung der Europäischen Menschenrechtskonvention und an der Rechtsprechung des Europäischen Gerichtshofs für Menschenrechte.[604]

I Anwendbarkeit der EU-Grundrechtecharta

Die Grundrechtecharta gilt in der Europäischen Union soweit Organe der Union handeln oder Mitgliedsstaaten Unionsrecht ausführen (Art. 51 I GRCh). Als Mitgliedstaat der Europäischen Union ist Deutschland daher an die EU-Grundrechtecharta gebunden. Dies gilt jedoch nur, soweit Unionsrecht ausgeführt wird. Um Unionsrecht handelt es sich beim Primärrecht, also den Verträgen der Union, soweit die Mitgliedstaaten dadurch gebunden werden, sowie beim Sekundärrecht und aufgrund von Sekundärrecht erlassenen Rechtsvorschriften.[605]

Unionsrecht wird nach dem Europäischen Gerichtshof schon immer dann durchgeführt, wenn eine mitgliedstaatliche Maßnahme im Anwendungsbereich des Unionrechts liegt.[606] Das heißt, der betroffene Bereich muss von der Union geregelt sein und die Maßnahme muss einen ausreichenden Anknüpfungspunkt

---

602 Im Folgenden bezeichnet als EU-Grundrechtecharta.

603 *Kingreen*, in: Calliess/Ruffert [Hrsg.], EUV, AEUV, Art. 6 EUV Rn. 10, 12.

604 Vgl. dazu nur EuGH Urteil v. 15.02.2016 – J.N. = EuGRZ 2016, 126 (130); *Kingreen*, in: Calliess/Ruffert [Hrsg.], EUV, AEUV, Art. 52 GRCh Rn 32 f.

605 *Jarass*, GRCh, Art. 51 Rn. 17; *Kasivelas*, MMR 2017, 286 (288); *Ohler*, NVwZ 2013, 1433.

606 Vgl. EuGH, Urteil v. 26.02.2013 – C-617/10 – Fransson = EuGRZ 2013, 124 (138 ff.); *Oppermann/Classen/Nettesheim*, Europarecht, § 17 Rn. 13 ff.; *Wegner*, HRRS 2013, 126 (127 ff.); *Stotz*, in: Festschrift für Dauses, S. 409 (424 ff.).

zum Unionsrecht aufweisen.[607] Dazu ist jedoch erforderlich, dass die mitgliedstaatliche Maßnahme über eine enge Verknüpfung zum Unionsrecht verfügt und sich nicht nur auf einen unionsrechtlich geregelten Bereich auswirkt,[608] was jedoch schon dann der Fall ist, wenn eine Verpflichtung der Mitgliedstaaten durch Unionsrecht besteht.[609]

Bei einer akustischen Überwachung – sei es zu Strafverfolgungszwecken oder zur Gefahrenabwehr – werden von den Betroffenen personenbezogene Daten erhoben. Für den Schutz personenbezogener Daten, die zur Gefahrenabwehr oder zur Strafverfolgung erhoben werden, haben das Europäische Parlament und der Rat der Europäischen Union im Hinblick auf einen gemeinsamen Raum der Freiheit, der Sicherheit und des Rechts eine Richtlinie erlassen.[610] Bei der Erhebung von personenbezogenen Daten im Anwendungsbereich der Richtlinie wird damit Unionsrecht durchgeführt. Die Richtlinie ist im Bereich der Strafverfolgung und der Gefahrenabwehr (Art. 1 I, 2 I RL 2016/680) anwendbar, wobei jedoch unter anderem die Verarbeitung personenbezogener Daten bei einer Tätigkeit, die nicht in den Anwendungsbereich des Unionsrechts fällt (Art. 2 III lit. a RL 2016/680), ausgeschlossen ist.

Akustische Überwachungsmaßnahmen zur Strafverfolgung sind auf Fälle schwerer Kriminalität begrenzt (§§ 100c I Nr. 1, 100b II StPO; §§ 100f I, 100a II StPO). Bei einigen der Katalogstraftaten im Rahmen des § 100b II StPO handelt es sich um Straftaten, für deren Harmonisierung die die Europäische Union die Befugnis hat, Richtlinien zu erlassen.[611] Diese Befugnis ist jedoch mit Blick auf die Hoheitsrechte der Staaten und dem Strafrecht als Ausprägung staatlicher Hoheitsgewalt auf bestimmte Fälle beschränkt.[612] So ist

---

607 EuGH, Urteil v. 26.02.2013 – C-617/10 – Fransson = EuGRZ 2013, 124 (138 ff.); *Jarass*, GRCh, Art. 51 Rn. 18 ff.; *Latzel*, EuZW 2015, 658 (659).

608 Vgl. EuGH Urteil v. 06.03.2014 – C-206/13 – Siragusa, Rn. 24; *Jarass*, GRCh, Art. 51 Rn. 26.

609 *Latzel*, EuZW 2015, 658 (659).

610 Richtlinie (EU) 2016/680 des Europäischen Parlaments und des Rates vom 27. April 2016 zum Schutz natürlicher Personen bei der Verarbeitung personenbezogener Daten durch die zuständigen Behörden zum Zwecke der Verhütung, Ermittlung, Aufdeckung oder Verfolgung von Straftaten oder der Strafvollstreckung sowie zum freien Datenverkehr und zur Aufhebung des Rahmenbeschlusses 2008/977/JI des Rates (Abl. L119/89).

611 Vgl. *Rosenau/Petrus*, in: Vedder/Heintschel von Heinegg [Hrsg.], Art. 83 AEUV Rn. 8 ff.; Rn. 22 ff.

612 *Rosenau*, ZIS 2008, 9 (15, 19); *Rosenau/Petrus*, in: Vedder/Heintschel von Heinegg [Hrsg.], Art. 83 AEUV Rn. 1 f.

eine Befugnis nur in den Fällen gegeben, in denen die Europäische Union selbst betroffen ist wie beispielsweise durch einen Betrug zu Lasten der Europäischen Union (Art. 325 III AEUV) oder es sich typischer Weise um grenzüberschreitende Sachverhalte bzw. Straftaten handelt.[613] Damit kann die Durchführung einer akustischen Überwachungsmaßnahme im Anwendungsbereich des Unionsrechts liegen und somit ist auch der Anwendungsbereich der EU-Grundrechtecharta eröffnet.

Ferner gehört zu einem gemeinsamen Raum der Freiheit, der Sicherheit und des Rechts (vgl. Art. 3 II EUV; Art. 67 I AEUV) auch die Abwehr von Gefahren für die öffentliche Sicherheit. Der Anwendungsbereich der Richtlinie (RL 2016/680) umfasst überdies die Verhütung von Straftaten, für die die Europäische Union die Kompetenz zum Erlass von Vorschriften hat.[614] Somit sind also die gleichen grenzüberschreitenden Straftaten wie bei der Strafverfolgung erfasst. Soweit es sich daher bei einer akustischen Überwachung zur Gefahrenabwehr um solche Straftaten handelt, die insbesondere einen grenzüberschreitenden Bezug aufweisen, ist der Anwendungsbereich der Richtlinie (RL 2016/680) eröffnet.

Somit ist grundsätzlich der Anwendungsbereich der EU-Grundrechtecharta eröffnet, wenn ein grenzüberschreitender Bezug gegeben ist (Art. 51 I GRCh), daher werden im Folgenden einige relevante Grundrechte der EU-Grundrechtecharta betrachtet.

II Recht auf Freiheit und Sicherheit (Art. 6 GRCh)

Art. 6 GRCh gewährt jedem Menschen das Recht auf Freiheit und Sicherheit.

1 Schutzbereich

Der Schutzbereich des Art. 6 GRCh umfasst grundsätzlich die gleichen Rechte wie Art. 5 EMRK.[615] Insbesondere ist daher die körperliche Bewegungsfreiheit geschützt. Darüber hinaus betont der Europäische Gerichtshof, dass auch die Sicherheit des Menschen geschützt wird.[616] Die Sicherheit der Menschen vor jeglichen Gefahren wie beispielsweise Terrorismus wird durch die Abwehr von Gefahren und Verbrechen sichergestellt. Dennoch kann in Art. 6 GRCh kein

---

613 *Rosenau/Petrus*, in: Vedder/Heintschel von Heinegg [Hrsg.], Art. 83 AEUV Rn. 7, 11 ff.

614 Vgl. *Kingreen*, in: Calliess/Ruffert [Hrsg.], EUV, AEUV, Art. 67 AEUV Rn. 81; 87 Rn. 18 ff.

615 *Jarass*, GRCh, Art. 6 Rn. 1; zu Art. 5 EMRK schon oben S. 137.

616 EuGH Urteil v. 08.04.2014 – C- 293/12 – Digital Rights Ireland u.a. = EuGRZ 2014, 292 (298); Urteil v. 15.02.2016 – C-601/15 PPU – N. = EuGRZ 2016, 126 (131).

grundrechtlich verbürgter Anspruch auf Sicherheit gesehen werden,[617] da dieser praktisch nicht umsetzbar ist. Zwar hat der Staat die Pflicht, für einen ausreichenden Schutz der Bürger und seiner Rechtsgüter zu sorgen, jedoch steht ihm dabei die Wahl des Mittels zu. Ferner gibt es keine absolute Sicherheit, sodass der Staat einen Anspruch nie vollständig erfüllen könnte.[618] Das Recht auf Sicherheit kann daher vom Staat nur durch den Rechtsgüterschutz und die Gefahrenabwehr verwirklicht werden.[619]

2 Fazit

Im Hinblick auf die im Folgenden zu untersuchenden Maßnahmen ist weder das Recht auf Freiheit noch das Recht auf Sicherheit von Bedeutung. Das Recht auf Freiheit umfasst die körperliche Bewegungsfreiheit, in die hier in keiner Weise eingegriffen wird. Ebenso wird nicht in das Recht der Sicherheit eingegriffen, da der Staat durch die akustischen Überwachungsmaßnahmen gerade für eine größere Sicherheit der Menschen vor jeglichen Gefahren wie beispielsweise Terrorismus oder andere Verbrechen sorgen möchte.

III Achtung des Privat- und Familienlebens (Art. 7 GRCh)

Art. 7 GRCh schützt wie Art. 8 I EMRK das Privatleben, die Wohnung sowie die Kommunikation einer jeden Person.[620]

1 Schutzbereich

Der Schutzbereich des Art. 7 GRCh umfasst somit vier Bereiche. Zunächst wird das Privatleben geschützt, wozu unter anderem ein Allgemeines Persönlichkeitsrecht zählt.[621] Zudem wird die persönliche Entwicklung und die freie Bestimmung über die Lebensführung eines jeden erfasst.[622] Zum Privatleben und damit

---

617 Vgl. *Ogorek*, in: Stern/Sachs [Hrsg.], GRCh, Art. 6 Rn. 8.

618 Vgl. *Schwabenbauer*, Heimliche Grundrechtseingriffe, S. 249; *Roßnagel*, DRiZ 2007, 229.

619 Vgl. *Hetzer*, ZFIS 1999, 131 (133).

620 Vgl. Erläuterungen zur Charta der Grundrechte, ABl. 2007, C 303/17, S. 20; *Jarass*, GRCh, Art. 7 Rn. 1; zu Art. 8 I EMRK oben S. 137 ff.

621 *Jarass*, GRCh, Art. 7 Rn. 3, 13 ff.; *Augsberg, I.*, in: von der Groeben/Schwarze/Hatje [Hrsg.], Europäisches Unionsrecht, Art. 7 GRCh, Rn 5.

622 EGMR Urteil v. 03.11.2011 – S.H. u.a./A, § 80; *Kingreen*, in: Calliess/Ruffert [Hrgs.], EUV, AEUV, Art. 7 GRCh, Rn. 4; *Grabenwarter/Pabel*, Europäische Menschenrechtskonvention, § 22 Rn. 13 f.

zur Privatsphäre gehört es auch, sich in der Öffentlichkeit frei und ohne staatliche Beobachtung zu bewegen.[623]

Ebenso wird der Schutz der Wohnung wie bei Art. 8 I EMRK verstanden.[624] Die Wohnung ist als privater Rückzugsort geschützt, der eine räumliche Sphäre des Privatlebens darstellt.[625] Es werden nicht nur die unmittelbar zu Wohnzwecken genutzten Räume erfasst, sondern auch weitere abgegrenzte Bereiche, die dem Wohngebäude nahe sind und der persönlichen Entfaltung dienen.[626] Ebenso sind Betriebs- und Geschäftsräume vom Wohnungsbegriff umfasst[627] sowie nach hier vertretener Ansicht auch der Pkw.[628]

Fraglich ist, ob das Privatleben im Sinne des Art. 7 GRCh auch informationstechnische Systeme erfasst. Allein aus dem Wortlaut „Privatleben" folge nicht, dass informationstechnische Systeme von Art. 7 GRCh geschützt werden. Eine Erweiterung der Auslegung müsse vom Gerichtshof der Europäischen Union bzw. vom Europäischen Gerichtshof für Menschenrechte erfolgen.[629] Daher besteht nach *Drallé* ein mit dem Recht auf Gewährleistung der Vertraulichkeit und Integrität informationstechnischer Systeme vergleichbares Recht in der EU-Grundrechtecharta derzeit nicht.[630]

Jedoch ist das Privatleben nicht abschließend definiert, sondern kann bei Bedarf erweitert werden.[631] Informationstechnische Systeme beinhalten viele persönliche Daten über den oder die Nutzer, die teilweise bewusst gespeichert oder unbewusst vom System erzeugt werden. Daher kann der Zugriff auf informationstechnische Systeme viel über das Verhalten und Leben des Betroffenen aussagen. Diese Daten sind der Privatsphäre und damit auch dem Privatleben zugeordnet.[632] Ferner werden informationstechnische Systeme dem Privatleben

623 *Frenz*, Handbuch Europarecht, Band 4, Rn. 1182.

624 *Weber*, in: Stern/Sachs [Hrsg.], GRCh, Art. 7 Rn. 42; zu Art. 8 I EMRK oben S. 137 f.

625 *Jarass*, GRCh, Art. 7 Rn. 5; *Grabenwarter/Pabel*, Europäische Menschenrechtskonvention § 22 Rn. 23.

626 *Jarass*, GRCh, Art. 7 Rn. 5; *Grabenwarter/Pabel*, Europäische Menschenrechtskonvention § 22 Rn. 23.

627 EuGH Urteil v. 22.10.2002 – C- 94/00 – Roquette Frères; Rn. 29; Urteil v. 18.06.2015 – C- 583/13 – DB u.a.; Rn. 20.

628 Dazu oben S. 57 ff.; 91 ff.

629 *Drallé*, Das Grundrecht auf Gewährleistung der Vertraulichkeit und Integrität informationstechnische Systeme, S. 156.

630 *Drallé*, Das Grundrecht auf Gewährleistung der Vertraulichkeit und Integrität informationstechnische Systeme, S. 156.

631 Vgl. *Uerpmann-Wittzack*, in: ders. [Hrsg.], S. 99 (99 f.).

632 *Edenharter*, in: Uerpmann-Wittzack [Hrsg.], S.111 (115).

im Sinne des Art. 8 I EMRK zugeordnet.[633] Da die Auslegung der EU-Grundrechtecharta an die Auslegung der Europäischen Menschenrechtskonvention angelehnt wird (Art. 52 III GRCh),[634] ist es nur konsequent auch im Rahmen der EU-Grundrechtecharta informationstechnische Systeme zu erfassen. Jedoch beinhaltete die EU-Grundrechtecharta im Unterschied zur Europäischen Menschenrechtskonvention explizit in Art. 8 I GRCh auch den Schutz personenbezogener Daten, weshalb der Schutz informationstechnischer Systeme unter Art. 8 I GRCh fallen könnte. Da informationstechnische Systeme eine Vielzahl personenbezogener Daten beinhalten und auch schon der Zugang zu diesen geschützt wird,[635] erscheint es naheliegender, dass informationstechnische Systeme unter den Schutz des Art. 8 GRCh fallen. Jedoch ist die Auslegung von Art. 8 I GRCh wie auch die Auslegung von Art. 7 GRCh an Art. 8 I EMRK orientiert, sodass sich die Schutzbereiche nicht zwingend eindeutig voneinander abgrenzen lassen.[636]

Insgesamt ist festzustellen, dass informationstechnische Systeme auch von der EU-Grundrechtecharta erfasst sind, wobei sich nicht abschließend feststellen lässt, ob diese Art. 7 GRCh oder Art. 8 I GRCh zugeordnet werden.[637] Insofern wird eine Entscheidung des Gerichtshofs der Europäischen Union abzuwarten sein.

Der Schutz der Kommunikation umfasst die Individualkommunikation. Schutzbedürftig und damit erfasst sind solche Kommunikationsformen, bei denen ein Dritter eingeschaltet werden muss, wie die Kommunikation mittels Briefes oder die Telekommunikation.[638]

---

633 *Uerpmann-Wittzack*, in: ders. [Hrsg.], S. 99 (99 ff.; 104); dazu oben S. 137 ff.

634 Vgl. *Jarass*, in: ders. [Hrsg.], GRCh, Art. 52 Rn. 56; 62 f.; *Krämer*, in: Stern/Sachs [Hrsg.], GRCh, Art. 52 Rn. 70; *Edenharter*, in: Uerpmann-Wittzack [Hrsg.], S. 111 (117).

635 *Edenharter*, in. Uerpmann-Wittzack [Hrsg.], S. 111 (115 f.).

636 Vgl. EuGH, Urteil v. 08.04.2014 – C-293/12 – Digital Rights Ireland u.a., Rn. 30 ff.; *Jarass*, in: ders. [Hrsg.], GRCh, Art. 8 Rn. 4; *Edenharter*, in: Uerpmann-Wittzack [Hrsg.], S. 111 (116 f.; 118).

637 Vgl. *Edenharter*, in: Uerpmann-Wittzack [Hrsg.], S. 111 (116 ff.).

638 *Jarass*, GRCh, Art. 7 Rn. 6, 25; *Augsberg, I.*, in: von der Groeben/Schwarze/Hatje [Hrsg.], Europäisches Unionsrecht, Art. 7 GRCh, Rn. 9; *Streinz*, in: Streinz [Hrsg.], EUV/AEUV, Art. 7 GRCh, Rn. 16.

2 Eingriff

Ein Eingriff ist zunächst dann zu bejahen, wenn Regelungen durch den Grundrechtsverpflichteten erlassen werden, die einen der geschützten Bereiche belasten.[639]

Das Privatleben ist beispielsweise betroffen, wenn auf Informationen aus diesem Bereich zugegriffen wird, d.h. wenn die Privatsphäre durch die Maßnahme oder Regelung eingeschränkt wird.[640]

Wie auch beim zuvor dargestellten Schutz der Wohnung vor Beeinträchtigungen, liegt ein Eingriff in den Schutzbereich der Wohnung unter anderem vor, wenn die Räume durch Eindringen in diese nicht mehr der staatlichen Wahrnehmung entzogen sind.[641]

Ebenso liegt ein Eingriff in die Kommunikation vor, wenn diese abgehört wird oder die Umstände der Kommunikation, beispielsweise der Ort und die Zeit, bekannt werden.[642]

3 Rechtfertigung

Wie bei allen zuvor geprüften Grund- bzw. Menschenrechten ist auch für die Rechtfertigung eines Eingriffs in Art. 7 GRCh zunächst eine gesetzliche Grundlage erforderlich (Art. 52 I GRCh). Diese muss hinreichend bestimmt und den Bürgern grundsätzlich zugänglich, sprich veröffentlicht, sein.[643] Des Weiteren ist der Verhältnismäßigkeitsgrundsatz zu beachten. Im Rahmen des Art. 7 GRCh sind die in Art. 8 II EMRK normierten Ziele als legitime Ziele anzusehen (Art. 52 III 1 GRCh) und auch im Übrigen sind die gleichen Grundsätze wie bei Art. 8 EMRK anzusetzen.[644] Die Regelung bzw. Maßnahme muss darüber hinaus geeignet, erforderlich bzw. notwendig und angemessen sein.[645]

---

639 *Jarass*, Europäische Grundrechtecharta, Art. 7 Rn. 27; *Weber*, in: Stern/Sachs [Hrsg.], GRCh, Art. 7 Rn. 20.

640 Vgl. EuGH, Urteil v. 08.04.2014 – C-293/12 – Digital Rights Ireland u.a., Rn. 33; *Jarass*, GRCh, Art. 7 Rn. 28.

641 *Jarass*, GRCh, Art. 7 Rn. 30; dazu oben S. 95 ff.; 109 ff.

642 EGMR Urteil v. 03.07.2007 – Copland/UK, §§ 43 f.; *Jarass*, GRCh, Art. 7 Rn. 31.

643 EuGH Urteil v. 20.05.2003 – C-465/00 – Österreichischer Rundfunk u.a., Rn. 77; Urteil v. 06.10.2015 – C-362/14 -Schrems, Rn. 91; EGMR Urteil v. 02.09.2010 – Uzun/D, §§ 60 f.; *Jarass*, GRCh, Art. 7 Rn. 34.

644 Vgl. *Frenz*, Handbuch Europarecht, Bd. 4, Rn. 1164, 1250.

645 EuGH, Urteil v. 20.05.2003 – C-465/00 – Österreichischer Rundfunk u.a., Rn. 80 ff.; Urteil v. 23.09.2003 – C-109/01 – Akrich, Slg. 2003, I-9607 Rn. 59; *Weber*, in: Stern/Sachs [Hrsg.], GRCh, Art. 7 Rn. 24.

4 Fazit

Art. 7 GRCh schützt wie auch Art. 8 I EMRK das Privat- und Familienleben, die Kommunikation sowie die Wohnung. Sowohl der Schutzbereich als auch das Vorliegen eines Eingriffs und die Rechtfertigung sind an Art. 8 I EMRK orientiert und werden entsprechend ausgelegt. Nach hier vertretender Ansicht fällt daher ein Pkw unter den Wohnungsbegriff des Art. 7 GRCh, da der Pkw weit mehr ist als ein bloßes Transportmittel. Ebenso fällt der Schutz informationstechnischer Systeme unter das Recht auf Achtung des Privatlebens (Art. 7 GRCh) oder unter den Schutz personenbezogener Daten (Art. 8 I GRCh), weil informationstechnische Systeme eine zentrale Rolle in der Lebensgestaltung spielen sowie viele persönliche Daten speichern. Nicht nur der Schutzbereich, sondern auch die Rechtfertigung ist an Art. 8 I EMRK orientiert und entspricht daher grundsätzlich der Entscheidung im Rahmen des Art. 8 I EMRK.

IV Schutz personenbezogener Daten (Art. 8 I GRCh)

Art. 8 I GRCh umfasst ein besonderes Recht auf den Schutz personenbezogener Daten. Anders als im Grundgesetz oder in der Europäischen Menschenrechtskonvention wird dieses Recht nicht aus dem Allgemeinen Persönlichkeitsrecht bzw. dem Recht auf Achtung des Privatlebens abgeleitet. Vielmehr ist es eigenständig normiert, was die Bedeutung des Schutzes personenbezogener Daten in der heutigen Gesellschaft unterstreicht.[646]

1 Schutzbereich

Nach dem Wortlaut des Art. 8 I GRCh werden nur personenbezogene Daten geschützt. Dabei handelt es sich um „Informationen über eine bestimmte oder bestimmbare […] Person“.[647] Bestimmbar ist eine Person, wenn sie aufgrund der Daten identifiziert werden kann,[648] wodurch insbesondere Informationen aus der Privatsphäre geschützt sind.[649] Allerdings wird auch in Art. 8 I GRCh wie in Art. 7 GRCh in Anlehnung an Art. 8 I EMRK ein weiter Begriff der Privatsphäre

---

646 Vgl. *Jarass*, GRCh, Art. 8 Rn. 2.

647 Vgl. EuGH, Urteil v. 09.11.2010 – C-92/09 – Schecke u.a./D, Slg. 2010, I-11063 Rn. 52; *Jarass*, GRCh, Art. 8 Rn. 5.

648 *Jarass*, GRch, Art. 8 Rn. 5; *Frenz*, Handbuch Europarecht, Bd. 4, Rn. 1371.

649 Vgl. *Jarass*, GRCh, Art. 8 Rn. 6; *Kingreen*, in: Calliess/Ruffert [Hrgs.], EUV, AEUV, Art. 8 GRCh, Rn. 9; *Augsberg, I.*, in: von der Groeben/Schwarze/Hatje [Hrsg.], Europäisches Unionsrecht, Art. 8 GRCh, Rn. 6.

verwendet, sodass jeglicher Personenbezug ausreichend ist.[650] Informationstechnische Systeme sind auch von Art. 8 I GRCh erfasst, da diese personenbezogene Daten enthalten und alleine die Eröffnung des Zugangs zu diesen Daten von Art. 8 I GRCh geschützt wird.[651]

2 Eingriff

Durch die Verarbeitung persönlicher Daten wird in Art. 8 I GRCh eingegriffen. Ein Eingriff kann allerdings auch schon durch belastende Regelungen erfolgen, insbesondere wenn die belastenden Regelungen die Datenverarbeitung durch einen Grundrechtsverpflichteten regeln.[652]

Kein Eingriff ist demgegenüber gegeben, wenn der Betroffene in die Datenverarbeitung einwilligt und die Daten nur für den festgelegten Zweck verwendet werden (Art. 8 II 1 GRCh).[653]

3 Rechtfertigung

Eine Rechtfertigung ist aufgrund einer gesetzlichen Grundlage möglich. Diese muss neben den Anforderungen des Art. 52 I GRCh auch den Anforderungen des Art. 8 II EMRK genügen (Art. 52 III GRCh).[654] Obwohl Art. 8 I EMRK kein datenschutzspezifisches Grundrecht gewährleistet, ist dennoch über die Rechtsprechung des Europäischen Gerichtshofes für Menschenrechte der Schutz persönlicher Daten von Art. 8 EMRK erfasst, weshalb eine entsprechende Regelung in der Europäischen Menschenrechtskonvention vorliegt und daher die Rechtfertigung eines Eingriffs in Art. 8 GRCh an Art. 8 II EMRK zu messen ist.[655]

Auf der anderen Seite ist der Schutz personenbezogener Daten eben nur im Rahmen des Art. 8 I EMRK durch die Rechtsprechung des Europäischen Gerichtshofs für Menschenrechte entwickelt worden, weshalb keine mit

---

650 *Frenz*, Handbuch Europarecht, Bd. 4, Rn. 1372.

651 *Edenharter*, in: Uerpmann-Wittzack, Das neue Computergrundrecht, S. 111 (116).

652 *Jarass*, GRCh, Art. 8 Rn. 8.

653 Vgl. *Jarass*, GRCh, Art. 8 Rn. 9; *Kingreen*, in: Calliess/Ruffert [Hrgs.], EUV, AEUV, Art. 8 GRCh, Rn. 13; *Augsberg, I.*,in: von der Groeben/Schwarze/Hatje [Hrsg.], Europäisches Unionsrecht, Art. 8 GRCh, Rn. 12.

654 EuGHUrteil v. 09.11.2010 – C-92/09, Schecke u.a./D, Slg. 2010, I-11063 Rn. 52; *Johlen*, in: Stern/Sachs [Hrsg.], GRCh, Art. 8 Rn. 43.

655 Vgl. EGMR, Urteil v. 02.09.2010 – Uzun/D, § 46; Urteil v. 16.02.2000 – Amann/Ch, §§ 65 ff.; EuGH Urteil v. 08.04.2014 – C-293/12 – C-594/12 – Digital Rights u.a., Rn. 38 ff.; *Johlen*, in: Stern/Sachs [Hrsg.], GRCh, Art. 8 Rn. 43

Art. 8 I GRCh vergleichbare Regelung in der Europäischen Menschenrechtskonvention besteht.[656]

Nichtsdestoweniger stimmen das Datenschutzrecht aus Art. 8 I GRCh und das aus Art. 8 I EMRK abgeleitete Datenschutzrecht inhaltlich überein. Die Kodifizierung des Art. 8 I GRCh ist lediglich dem Umstand geschuldet, dass bei Erlass der EU-Grundrechtecharta in vielen Mitgliedstaaten eine Form des „Datenschutzgrundrechts" bestand, ohne jedoch verschriftlicht zu sein, und dieses Recht in der EU-Grundrechtecharta schriftlich festgehalten wurde.[657] Aufgrund des gleichen Schutzniveaus und der Anlehnung an die Europäische Menschenrechtskonvention bei Erlass der EU-Grundrechtecharta sind die Schranken des Art. 8 II EMRK im Rahmen des Art. 8 I GRCh zu berücksichtigen.

Bei Regelungen, die personenbezogene Daten betreffen, kommen – wie auch bei allen anderen Grundrechten der EU-Grundrechtecharta – als legitime Ziele die in Art. 52 II 2 GRCh genannten in Betracht. Daneben sind die Gründe des Art. 8 II EMRK zu berücksichtigen, die allerdings zu keiner weiteren Einschränkung der zulässigen Ziele führen.[658] Der Zweck der Datenerhebung muss in der gesetzlichen Grundlage festgeschrieben sein, da die Zweckbindung als Grundprinzip der Datenerhebung gerade im grundrechtlichen Bereich zu beachten ist.[659] Weiterhin muss die gesetzliche Regelung bzw. die Maßnahme verhältnismäßig sein.[660] Insbesondere darf die Belastung durch das Verarbeiten der Daten nicht in einem unangemessenen Verhältnis zu dem verfolgten Ziel stehen. Daher darf die Maßnahme den Betroffenen nicht über Gebühr belasten und es muss ein angemessener Ausgleich herstellt werden.[661] So überwiegt beispielsweise das Interesse eines Internetnutzers an seinen personenbezogenen Daten grundsätzlich gegenüber dem öffentlichen Informationsinteresse.[662]

---

656 *Fuchs*, in: Holoubek/Lienbacher [Hrsg.], GRCh, Art. 8 Rn. 32; *Kingreen*, in: Callies/Ruffert [Hrsg.], EUV; AEUV, Art. 8 GRCh, Rn. 4.

657 Vgl. *Johlen*, in: Stern/Sachs [Hrsg.], GRCh, Art. 8 Rn. 1 f.; *Raschauer/Riesz*, in: Holoubek/Lienbacher [Hrsg.], GRCh, Art. 8 Rn. 1 f.

658 Vgl. EuGH Urteil v. 20.05.2003 – C-465/00 – Österreichischer Rundfunk u.a., Rn. 76; *Jarass*, GRCh, Art. 8 Rn. 13; Art. 7 Rn. 36.

659 Vgl. *Frenz*, Handbuch Europarecht, Bd. 4, Rn. 1432 ff.

660 EuGH Urteil v. 09.11.2010 – C-92/09 – Schecke u.a./D, Slg. 2010, I-11063, Rn. 72 ff.; Urteil v. 20.05.2003 – C-465/00 – Österreichischer Rundfunk u.a., Slg. 2003, I-4989, Rn. 86 ff.

661 EuGH Urteil v. 13.05.2014 – C-131/12 – Google Spain, Rn. 80 f.; *Jarass*, GRCh, Art. 8 Rn. 14 f.

662 EuGH Urteil v. 13.05.2014 – C-131/12 – Google Spain, Rn. 80.

4 Fazit

Art. 8 I GRCh betrifft den Datenschutz und schützt daher die personenbezogenen Daten eines jeden Einzelnen. Dabei stellt jegliche Verarbeitung der Daten einen Eingriff dar, es sei denn, in die Verarbeitung wird eingewilligt. Obwohl sich in der Europäischen Menschenrechtskonvention kein wortgleiches Äquivalent zu Art. 8 I GRCh findet, orientiert sich die Auslegung dennoch an Art. 8 I EMRK, da dieser im Rahmen des Persönlichkeitsschutzes personenbezogene Daten erfasst.[663] Daher ist auch die Rechtfertigung eines Eingriffs nur unter den Voraussetzungen des Art. 52 II GRCh sowie Art. 8 II EMRK möglich.

V Informationsfreiheit (Art. 11 I 2 GRCh)

Wie Art. 10 I 2 EMRK schützt Art. 11 I 2 GRCh die Informationsfreiheit.

1 Schutzbereich

Geschützt ist von Art. 11 I 2 GRCh das Empfangen und Weitergeben von Informationen.[664] Die Form der Informationsweitergabe ist unerheblich, weshalb sowohl Massenmedien als auch die Individualkommunikation geschützt werden.[665] Das heißt grundsätzlich sind hier nicht nur die gleichen Gewährleistungen gegeben wie in Art. 10 I 2 EMRK, sondern auch wie in Art. 5 I 1 Hs. 2 GG.

2 Eingriff

Auch die möglichen Eingriffe in Art. 11 I GRCh gleichen denen in Art. 10 I EMRK. Dazu zählen alle Handlungen von Grundrechtsverpflichteten, die unmittelbar das Grundrecht beeinträchtigen oder bei denen eine Belastung bezweckt wird.[666] Daneben können auch mittelbare oder faktische Eingriffe in die Informationsfreiheit von Art. 11 I GRCh erfasst sein.[667] Jedoch ist bei faktischen Eingriffen eine Wahrnehmbarkeit des Eingriffs als solchen erforderlich.[668]

663 Dazu oben S. 137 ff.

664 *Von Coelln*, in: Stern/Sachs [Hrsg.], GRCh, Art. 11 Rn. 20 f.

665 *Von Coelln*, in: Stern/Sachs [Hrsg.], GRCh, Art. 11 Rn. 20 f.; *Sporn*, ZUM 2000, 537 (541 f.).

666 EuGH Urteil v. 28.10.1992 – C-219/91 – Ter Voort, Slg. 1992, I-5485, Rn. 36 f.; *Jarass*, GRCh, Art. 11 Rn. 20.

667 *Augsberg, S.*, in: von der Groeben/Schwarze/Hatje [Hrsg.], Europäisches Unionsrecht, Art. 11 GRCh, Rn. 12; *Jarass*, GRCh, Art. 11 Rn. 20.

668 *Frenz*, Handbuch Europarecht, Bd. 4, Rn. 1833; *Ehlers*, in: ders. [Hrsg.], Europäische Grundrechte und Grundfreiheiten, § 14 Rn. 98.

3 Rechtfertigung

Die Rechtfertigung eines Eingriffs ist bei Vorliegen einer gesetzlichen Grundlage möglich (Art. 52 I 1 GRCh). Diese Ermächtigungsgrundlage muss ein legitimes Ziel verfolgen. Dazu kommen aufgrund von Art. 52 III 1 GRCh die in Art. 10 II EMRK genannten Ziele in Betracht.[669] Weiterhin muss die Regelung oder Maßnahme verhältnismäßig – also geeignet, erforderlich und angemessen – sein.[670]

4 Fazit

Art. 11 I 2 GRCh schützt wie Art. 10 I 2 EMRK die Informationsfreiheit, also das Recht sich auch allgemein zugänglichen Quellen ungehindert zu informieren. Aufgrund der Vergleichbarkeit mit Art. 10 I 2 EMRK wird auch im Rahmen des Art. 11 I 2 GRCh die Auslegung des Art. 10 I 2 EMRK berücksichtigt und die Rechtfertigung eines Eingriffs ist nur möglich, wenn ein in Art. 10 II EMRK genanntes Ziel verfolgt wird sowie die einschränkende Maßnahme in einer demokratischen Gesellschaft notwendig ist.

VI Berufsfreiheit (Art. 15 I GRCh) und unternehmerische Freiheit (Art. 16 GRCh)

Im Gegensatz zur Europäischen Menschenrechtskonvention umfasst die EU-Grundrechtecharta einen Schutz der Berufsfreiheit (Art. 15 I GRCh) und der unternehmerischen Freiheit (Art. 16 GRCh).

1 Schutzbereich

Vom persönlichen Schutzbereich sind im Rahmen des Art. 15 I GRCh neben natürlichen Personen auch juristische Personen (des Privatrechts) erfasst.[671] Ebenso sind von Art. 16 GRCh natürliche sowie juristische Personen des

---

669 Erläuterungen zur Charta der Grundrechte, Abl. 2007 C 303/17, S. 21; EuGH Urteil v. 06.03.2001 – C-274/99; Slg. 2001, I-1611, Rn. 40; *von Coelln*, in: Stern/Sachs [Hrsg.], GRCh Art. 11 Rn. 48;) *Streinz*, in: Streinz [Hrsg.], EUV/AEUV, Art. 11 GRCh, Rn. 13; *Frenz*, Handbuch Europarecht, Bd. 4, Rn. 1743, 1846; zu den Zielen im Einzelnen S. 145 f.

670 *Jarass*, GRCh, Art. 11 Rn. 33 ff.

671 *Ruffert*, in: Ehlers [Hrsg.], Europäische Grundrechte und Grundfreiheiten, § 19 Rn. 25 f.; *Blanke*, in: Stern/Sachs [Hrsg.], GRCh, Art. 15 Rn. 39 f.; *Frenz*, Handbuch Europarecht, Bd. 4, Rn. 2525, 2534.

Privatrechts erfasst, da die unternehmerische Freiheit aus der Berufsfreiheit entstammt und somit die gleichen Personen berechtigt.[672]

Im Rahmen des sachlichen Schutzbereichs schützt Art. 15 I GRCh umfassend die „wirtschaftliche Betätigung".[673] Dazu zählt das Recht, einen Beruf auszuüben und einen Beruf zu wählen.[674] Zur Berufsausübungsfreiheit gehört die freie Wahl, wie der jeweils gewählte Beruf ausgeübt werden soll.[675] Daneben wird von Art. 16 GRCh gerade das Recht von Unternehmern geschützt, frei zu entscheiden, wie und in welchem Bereich sie tätig werden wollen.[676]

2 Eingriff

Ein Eingriff in die Berufsfreiheit oder auch in die unternehmerische Freiheit kann in jeder Beeinträchtigung liegen. Dabei können zum einen gesetzliche Vorgaben die Freiheit beeinträchtigen, zum anderen kann die Beeinträchtigung auch durch faktische Maßnahmen erfolgen.[677]

In die unternehmerische Freiheit kann beispielsweise durch Beschränkungen des Handels eingegriffen werden.[678]

Grundsätzlich unterscheidet sich somit ein Eingriff in Art. 15 I, 16 GRCh nicht von einem Eingriff in Art. 12 I GG.

3 Rechtfertigung

Die Rechtfertigung eines Eingriffs ist wiederum möglich, wenn eine Ermächtigungsgrundlage vorliegt (Art. 52 I 1 GRCh) und die Maßnahme verhältnismäßig ist bzw. wenn das Gesetz verhältnismäßig ist (Art. 52 I 2 GRCh). Das legitime Ziel soll dabei dem Gemeinwohl der Europäischen Union dienen.[679] Wie bei den übrigen Grundrechten der EU-Grundrechtecharta sind für die

---

672 *Frenz*, Handbuch Europarecht, Bd. 4, Rn. 1670 f.; *Blanke*, in: Stern/Sachs [Hrsg.], Art. 16 Rn. 11 ff.

673 *Ruffert*, in: Ehlers [Hrsg.], Europäische Grundrechte und Grundfreiheiten, § 19 Rn. 13; *Blanke*, in. Stern/Sachs [Hrsg.], GRCh, Art. 15 Rn. 28; *Frenz*, Handbuch Europarecht, Bd. 4, Rn. 2516 ff.

674 *Ruffert*, in: Ehlers [Hrsg.], Europäische Grundrechte und Grundfreiheiten, § 19 Rn. 10 ff.; *Blanke*, in: Stern/Sachs [Hrsg.], GRCh, Art. 15 Rn. 31.

675 *Frenz*, Handbuch Europarecht, Bd. 4, Rn. 2551.

676 *Blanke*, in: Stern/Sachs [Hrsg.], GRCh, Art. 16 Rn. 6 ff.

677 Vgl. *Ruffert*, in: Ehlers [Hrsg.], Europäische Grundrechte und Grundfreiheiten, § 19 Rn. 29 f.; *Blanke*, in: Stern/Sachs [Hrsg.], GRCh, Art. 15 Rn. 43; Art. 16 Rn. 15 f.

678 Vgl. *Frenz*, Handbuch Europarecht, Bd. 4, Rn. 2704 ff.

679 *Frenz*, Handbuch Europarecht, Bd. 4, Rn. 2618 f.

Verhältnismäßigkeit die Geeignetheit der Maßnahme, die Erforderlichkeit sowie die Angemessenheit ausschlaggebend.[680] Insgesamt billigt der Europäische Gerichtshof den handelnden Organen einen weiten Einschätzungsspielraum zu. Dies führt daher zu einer begrenzten Nachprüfbarkeit des legitimen Ziels sowie der Geeignetheit.[681]

4 Fazit

Die Berufsausübungsfreiheit ist in der Europäischen Menschenrechtskonvention nicht geregelt, weshalb sich auch die Auslegung des Art. 15 I, 16 GRCh nicht an dieser orientieren kann. Der Schutzbereich der Art. 15 I, 16 GRCh ist vergleichbar mit dem Schutzbereich des Art. 12 GG und schützt sowohl die Berufswahl als auch die Berufsausübung. Ein Eingriff in Art. 15 I, 16 GRCh kann allein nach den allgemeinen Anforderungen des Art. 52 I GRCh gerechtfertigt werden, wozu ein legitimes Ziel verfolgt werden sowie die Maßnahme insgesamt verhältnismäßig sein muss.

VII Fazit

Die EU-Grundrechtecharta ist anwendbar, wenn Unionsrecht durch die Mitgliedstaaten ausgeführt wird. Im Bereich des Datenschutzes hat die Europäische Union eine Kompetenz und von dieser auch durch die Datenschutz-Grundverordnung[682] und die Richtlinie (EU) 2016/680 vom 27. April 2016[683] Gebrauch gemacht. Ebenso wurden Regelungen zur Strafverfolgung und Gefahrenabwehr in Bereichen, die die Europäische Union betreffen, getroffen. Soweit daher in

---

680 *Ruffert*, in: Ehlers [Hrsg.], Europäische Grundrechte und Grundfreiheiten, § 19 Rn. 37; *Blanke*, in: Stern/Sachs [Hrsg.], GRCh, Art. 15 Rn. 44 ff.; Art. 16 Rn. 19.

681 Vgl. *Frenz*, Handbuch Europarecht, Band 4, Rn. 2630 ff.

682 Verordnung (EU) 2016/679 des Europäischen Parlaments und des Rates vom 27. April 2016 zum Schutz natürlicher Personen bei der Verarbeitung personenbezogener Daten, zum freien Datenverkehr und zur Aufhebung der Richtlinie 95/46/EG (Datenschutz-Grundverordnung).

683 Richtlinie (EU) 2016/680 des Europäischen Parlaments und des Rates vom 27. April 2016 zum Schutz natürlicher Personen bei der Verarbeitung personenbezogener Daten durch die zuständigen Behörde zum Zwecke der Verhütung, Ermittlung, Aufdeckung oder Verfolgung von Straftaten oder der Strafvollstreckung sowie zum freien Datenverkehr und zur Aufhebung des Rahmenbeschlusses 2008/977/JI des Rates.

diesen Bereichen eine akustische Überwachung stattfindet und ein grenzüberschreitender Bezug besteht, ist die EU-Grundrechtecharta anwendbar.

Diese gewährleistet in weiten Teilen die gleichen Rechte wie die Europäische Menschenrechtskonvention, weshalb die Auslegung der Rechte der EU-Grundrechtecharta durch den Europäischen Gerichtshof unter Berücksichtigung der Rechtsprechung des Europäischen Menschenrechtsgerichtshof zu den entsprechenden Rechten der Europäischen Menschenrechtskonvention erfolgt, sofern korrespondierende Rechte vorhanden sind (Art. 52 III GRCh).[684]

Daher werden insbesondere Art. 7 GRCh sowie Art. 11 I 2 GRCh entsprechend Art. 8 I EMRK sowie Art. 10 I 2 EMRK ausgelegt und die Rechtfertigung von Eingriffen ist nur unter den gleichen Voraussetzungen möglich. Ein besonderer Fall ist im Rahmen des sogenannten Datenschutzgrundrechts (Art. 8 I GRCh) gegeben. Ein solches Recht wird nicht explizit durch die Europäische Menschenrechtkonvention geschützt, sondern lediglich aus Art. 8 I EMRK abgeleitet. Dennoch werden die Rechte gleich interpretiert und an den gleichen Voraussetzungen gemessen, sodass die Rechtsprechung zu Art. 8 EMRK auch bei der Auslegung des Art. 8 GRCh herangezogen werden kann.[685]

Dagegen besteht in der Europäischen Menschenrechtkonvention kein zu Art. 15, 16 GRCh vergleichbares Recht, weshalb allein die Grundsätze der EU-Grundrechtecharta entscheidend sind.

---

684 Vgl. *Kingreen*, in: Calliess/Ruffert [Hrsg.], EUV, AEUV, Art. 52 GRCh Rn 32 f.

685 Vgl. EuGH Urteil v. 09.11.2010 - C-92/09 - Schecke u.a./D, Slg. 2010, I-11063, Rn. 52; Urteil v. 08.04.2014 - C-293/12; 594/12 - Digital Rights Ireland u.a., Rn. 38 ff.; EGMR Urteil v. 02.09.2010 - Uzun/D, §§ 45 ff.; Urteil v. 16.02.2000 - Amann/Ch, §§ 65 ff.; *Johlen*, in: Stern/Sachs [Hrsg.], GRCh Art. 8 Rn. 43.

H. Online-Durchsuchung (§ 100b StPO)

Bevor die einzelnen Ermächtigungsgrundlagen genauer untersucht werden, wird im Folgenden dargestellt, weshalb eine Ermächtigungsgrundlage notwendig ist und welche Anforderungen grundsätzlich an diese zu stellen sind.

I Vorbehalt des Gesetzes und Wesentlichkeitsrechtsprechung

Für staatliche Maßnahmen und insbesondere für strafprozessuale Ermittlungsmaßnahmen, die in der Regel mit Grundrechtseinschränkungen zusammenhängen, spielen der Vorbehalt des Gesetzes sowie die damit zusammenhängende Wesentlichkeitsrechtsprechung des Bundesverfassungsgerichts[686] eine bedeutende Rolle. Aus diesem Grund werden die beiden Grundsätze im Folgenden kurz dargestellt, bevor auf mögliche Ermächtigungsgrundlagen eingegangen wird.

Der Vorbehalt des Gesetzes (Art. 20 III GG) soll als allgemeiner Verfassungsgrundsatz das Verhältnis der Bürger zum Staat regeln und den Bürger vor der „Macht des Staates" schützen.[687] So darf ein Grundrechtseingriff nur erfolgen, wenn dieser durch (oder aufgrund) eines Gesetzes ermöglicht wird.[688] Dies gilt für alle Grundrechte, die darüber hinaus spezielle Anforderungen an die einschränkenden Gesetze stellen können, wie dies beispielsweise in Art. 5 I GG bei der Schranke der allgemeinen Gesetze der Fall ist.[689] Weiterhin soll durch den Vorbehalt des Gesetzes für den Bürger erkennbar sein, wann der Staat in die Grundrechte eingreifen darf und welche Maßnahmen ihm dafür zur Verfügung stehen.[690] Dies bedeutet auch, dass die Exekutive ohne eine gesetzliche Ermächtigungsgrundlage nicht tätig werden darf.

Wie diese Ermächtigungsgrundlage jedoch ausgestaltet sein muss, ergibt sich aus dem Vorbehalt des Gesetzes nicht, weshalb das Bundesverfassungsgericht die Wesentlichkeitsrechtsprechung bzw. -theorie entwickelt hat. Nach dieser Wesentlichkeitstheorie muss der Gesetzgeber bei Grundrechtseingriffen über

---

686 Vgl. BVerfGE 33, 303 (337; 345 f.); 49, 168 (181 f.).

687 Vgl. *Lerche*, in: Merten/Papier [Hrsg.], Handbuch der Grundrechte, Bd. III, § 62 Rn. 22 ff.

688 BVerfGE 33, 1 (10 ff.); *Lerche*, in: Merten/Papier [Hrsg.], Handbuch der Grundrechte, Bd. III, § 62 Rn. 15.

689 Grzeszick, in: Maunz/Dürig [Hrsg.], GG, Art. 20 III Rn. 92

690 *Lerche*, in: Merten/Papier [Hrsg.], Handbuch der Grundrechte, Bd. III, § 62 Rn. 35; *Huster/Rux*, in: BeckOK-GG, Art. 20 Rn. 173 f.

den Vorbehalt des Gesetzes hinaus alle wesentlichen Entscheidungen selbst treffen.[691] Dadurch soll sich der Gesetzgeber nicht seiner Verantwortung, die er als demokratisch legitimiertes Parlament innehat, entziehen können und insbesondere bei Grundrechtseingriffen der Exekutive hinreichend bestimmte Vorgaben zur Durchführung des Gesetzes und des damit verbundenen Grundrechtseingriffes geben.[692] Dies bedeutet dennoch nicht, dass alle in Betracht kommenden Vorgehensweisen explizit in der Ermächtigungsgrundlage aufgenommen werden müssen, sofern die Möglichkeiten zur Durchführung der Maßnahme hinreichend im Gesetzeswortlaut verankert sind und keine weiteren Grundrechte, als das durch die Ermächtigungsgrundlage eingeschränkte, betroffen sind.[693]

II Online-Durchsuchung (§ 100b StPO)

Bevor sich § 100c StPO sowie § 100f StPO gewidmet werden kann, die die akustische Überwachung innerhalb der Wohnung sowie außerhalb der Wohnung regeln, wird der am 24. August 2017 in Kraft getretene § 100b StPO betrachtet, da dieser für eine akustische Überwachung mittels informationstechnischer Systeme relevant sein könnte. § 100b StPO normiert die Online-Durchsuchung, bei der mit Hilfe von eingeschleuster Software heimlich auf das System des Betroffenen zugegriffen werden darf, um Daten zu erheben.

Im Folgenden wird kurz auf das Gesetzgebungsverfahren und die Voraussetzungen für die Online-Durchsuchung eingegangen, bevor ein Blick auf die Möglichkeit einer akustischen Überwachung mittels informationstechnischer Systeme nach § 100b StPO erfolgt.

III Gesetzgebungsverfahren

Durch den Beschluss eines Ermittlungsrichters am Bundesgerichtshof[694] eine Online-Durchsuchung nicht zuzulassen, da keine hinreichende Ermächtigungsgrundlage dafür bestehe, sowie dem Urteil des Bundesverfassungsgerichts vom 27. Februar 2008, in dem die in Nordrhein-Westfalen bestehenden Regelungen zur Online-Durchsuchung für verfassungswidrig erklärt wurden,[695] wurde das Thema Online-Durchsuchung auch in der Literatur vermehrt diskutiert.

---

691 BVerfGE 33,1 (10 ff.); 40, 237 (249 f.); *Krey*, in: Festschrift für Blau, S. 123 (130 f.).

692 Vgl. BVerfGE 33, 303 (345 f.); 45, 393 (399); 49, 168 (181 f.).

693 Vgl. *Leister*, Stillschweigende Annexkompetenzen, S. 158.

694 BGH StB 18/06 vom 31. Januar 2007.

695 BVerfGE 120, 274.

Nach *Hornick* konnte die Online-Durchsuchung nicht auf bestehende Regelungen der Strafprozessordnung gestützt werden. Vielmehr sei eine eigene Rechtsgrundlage notwendig, die an den Voraussetzungen der §§ 100c, 100d StPO zu orientieren sei.[696] Lediglich § 100a StPO sei eine taugliche Ermächtigungsgrundlage, wenn nicht in das Grundrecht auf Gewährleistung der Vertraulichkeit und Integrität informationstechnischer Systeme eingegriffen wird, was jedoch bei einer Online-Durchsuchung grundsätzlich der Fall sei.[697]

Ebenso sahen unter anderem auch *Sankol, Hornung, Jahn* und *Kudlich* sowie *Brodowski* in den bestehenden Normen der Strafprozessordnung keine Ermächtigungsgrundlage für einen solchen intensiven Eingriff in die Grundrechte, der mit der Installation einer Überwachungssoftware auf dem zu überwachenden System und dem Ausleiten der Daten einhergeht.[698]

Auf der anderen Seite wird diese Ermittlungsmaßnahme für notwendig erachtet, um bei der technischen Entwicklung mithalten sowie Straftaten effektiv aufklären zu können, da in Organisationsstrukturen das Internet als Kommunikationsmedium und zur Vorbereitung von Straftaten genutzt wird, ohne dass die Ermittler die Möglichkeit hätten, diesem mit den klassischen Ermittlungsmaßnahmen auf die Spur zu kommen.[699]

Da durch diese Diskussion sowie dem Urteil des Bundesverfassungsgerichts deutlich wurde, dass zum einen keine Ermächtigungsgrundlage bestand und zum anderen die Online-Durchsuchung gefordert wird, beschäftigte sich die Politik mit dem Thema der Online-Durchsuchung. Nach dem Erlass des § 20k BKAG[700], der die präventive Online-Durchsuchung ermöglicht, wurde § 100b StPO kurz vor Ende der 18. Legislaturperiode des deutschen Bundestages in die Strafprozessordnung eingefügt.[701]

Zuvor war die Expertenkommission zur effektiveren und praxistauglicheren Ausgestaltung des allgemeinen Strafverfahrens und des jugendgerichtlichen Verfahrens unter anderem mit dem Thema der Online-Durchsuchung befasst. Da bei diesem Thema etliche Fragen aufgeworfen wurden, wurde nach einem

696 *Hornick*, StraFo 2008, 281 (283).

697 *Hornick*, StraFo 2008, 281 (284).

698 *Sankol*, CR 2008, 13 (17 f.); *Jahn/Kudlich*, JZ 2007, 57 (58 ff.); Hornung, DuD 2007, 575 (576); *Böckenförde*, JZ 2008, 925 (928 f.).

699 *Zierke*, Informatik Spektrum 31_1_2008, 62 (62 ff.).

700 § 20k BKAG wurde mit Urteil vom 20.04.2016 durch das Bundesverfassungsgericht für unvereinbar mit Art. 2 I i.V.m. Art. 1 I GG sowie mit Art. 13 I GG erklärt; BVerfGE 141, 220.

701 BGBl. 2017 I, S. 3202.

Mehrheitsbeschluss das Thema zurückgestellt, da eine Lösung aller Fragen in der vorgegebenen Zeit nicht möglich sei.[702]

Nichtsdestoweniger legte das Bundesministerium für Justiz und Verbraucherschutz eine Formulierungshilfe zur Online-Durchsuchung vor.[703] Diese Regelung zur Online-Durchsuchung wurde von den Fraktionen der SPD sowie der CDU/CSU über einen Änderungsantrag in den Bundestag eingebracht.[704] Zu der Formulierungshilfe hatten zuvor diverse Gutachter in einer öffentlichen Anhörung im Ausschuss für Recht und Verbraucherschutz Stellung genommen und unter anderem angeregt, dass Passagen der Formulierungshilfe geändert werden, da der Vorschlag zu weit gehe. So sei es nach dem Wortlaut möglich, nicht nur auf gespeicherte Daten zuzugreifen bzw. diese auszuleiten, sondern auch auf Hardwarekomponenten zuzugreifen und beispielsweise das Mikrofone einzuschalten.[705]

Größtenteils ist die Online-Durchsuchung als Ermittlungsinstrument jedoch auf Zustimmung gestoßen, da dieses notwendig sei, um eine effektive Strafverfolgung zu gewährleisten.[706]

Letztlich wurde der Änderungsantrag der Bundesregierung trotz Gegenstimmen der Fraktionen *BÜNDNIS 90/DIE GRÜNEN* und *DIE LINKE*, die insbesondere die Art und Weise der Einführung der Online-Durchsuchung in das

---

702 Bericht der Expertenkommission, Anlagenband II – Protokolle, S. 259 ff.; abrufbar unter: https://www.bmjv.de/SharedDocs/Downloads/DE/PDF/Anlage_2_StPO_Kommission.pdf;jsessionid=F1CE9C7CDFD8C1DC0FC1F0D48AA4F424.2_cid334?__blob=publicationFile&v=2.

703 Ausschussdrucksache 18(6)334 vom 15. Mai 2017

704 Vgl. BT Drs. 18/12785 S. 2; 41, Ausschussdrucksache 18(6)334, S. 1.

705 Stellungnahme *Buermeyer*, S. 2 (abrufbar unter: https://freiheitsrechte.org/home/wp-content/uploads/2017/05/Stellungnahme-RiLG-Dr.-Buermeyer-LL.M.pdf; abgerufen am 02.01.2018); Stellungnahme *Sinn*, S. 10 (abrufbar unter: https://www.bundestag.de/blob/509050/6f72dd42df72be6f2da6a024475b3f8a/sinn-data.pdf; abgerufen am 02.01.2018).

706 Stellungnahme *Greven*, S. 1 (abrufbar unter: http://www.bundestag.de/blob/508850/76fc6296143a5eba18aff59fce987bb8/greven_drb-data.pdf; abgerufen am 02.01.2018); Stellungnahme *Henzler*, S. 6 (abrufbar unter: http://www.bundestag.de/blob/509190/ce315ac513c903afc986b8110078ddea/henzler-data.pdf; abgerufen am 02.01.2018); Stellungnahme *Huber*, S. 3 f. (abrufbar unter: http://www.bundestag.de/blob/508912/6736dc0dbb54f1ae6a7d564d9f27160d/huber-data.pdf; abgerufen am 02.01.2018); Stellungnahme *Krauß*, S. 2 (abrufbar unter: http://www.bundestag.de/blob/509046/5aa0ea61c4f3df0429208b5fda260a0a/krauss-data.pdf; abgerufen am 02.01.2018).

Gesetzgebungsverfahren sowie das Ausmaß der Überwachung kritisierten,[707] angenommen und § 100b StPO beschlossen und verkündet.

IV Formelle Voraussetzungen

Für die Anordnung der Online-Durchsuchung nach § 100b StPO ist gemäß § 100e II 1 StPO eine Kammer am Landgereicht (§ 74a IV GVG) zuständig, die auf Antrag der Staatsanwaltschaft entscheidet. Bei Gefahr im Verzug entscheidet der Vorsitzende dieser Kammer, wobei die Entscheidung binnen drei Werktagen von der Kammer zu bestätigen ist. Andernfalls tritt sie außer Kraft (§ 100e II 2, 3 StPO).[708]

Ferner muss die Anordnung schriftlich ergehen (§ 100e III 1 StPO) und den Voraussetzungen des § 100e III 2 StPO genügen, insbesondere den Betroffenen genau bezeichnen (Nr. 1) und den Tatvorwurf enthalten (Nr. 2).

V Materielle Voraussetzungen

Die materiellen Voraussetzungen des neueingefügten § 100b StPO ähneln denjenigen Voraussetzungen der akustischen Wohnraumüberwachung nach § 100c StPO.[709]

Zunächst ist ein qualifizierter Tatverdacht hinsichtlich einer in § 100b II StPO genannten besonderes schweren Straftat notwendig (§ 100b I Nr. 1 StPO), wobei der Tatverdacht konkret und vergleichbar mit dem dringenden Tatverdacht sein sollte,[710] aber nicht die erhöhte Wahrscheinlichkeit wie beim hinreichenden oder dringenden Tatverdacht.[711]

Der Straftatenkatalog des § 100b II StPO entspricht demjenigen Katalog des § 100c II StPO a.F.[712]

Ferner muss die Tat auch im Einzelfall schwer wiegen (§ 100b I Nr. 2 StPO), sodass eine Betrachtung des jeweiligen Falls und der Umstände wie auch bei § 100a StPO bzw. § 100c StPO notwendig ist.[713]

---

707 BT Drs. 18/12785, S. 42.

708 Zum Ganzen *Graf*, in: BeckOK-StPO, § 100e Rn. 6.

709 So auch *Freiling/Safferling/Rückert*, JR 2018, 9 (12).

710 *Knierim/Oehmichen*, in: Knierim/Oehmichen/Beck/Geisler [Hrsg.], Kap. 20 Rn. 71.

711 *Eschelbach*, in: SSW-StPO, § 100b Rn. 8 f.

712 Vgl. auch *Knierim/Oehmichen*, in: Knierim/Oehmichen/Beck/Geisler [Hrsg.], Kap. 20 Rn. 73 ff.

713 *Graf*, in: BeckOK-StPO, § 100b Rn. 14 f.; *Eschelbach*, in: SSW-StPO, § 100b Rn. 12 ff.

Zuletzt besteht auch bei der Online-Durchsuchung eine Subsidiaritätsklausel (§ 100b I Nr. 3 StPO), die dafür Sorge tragen soll, dass dieser grundrechtsintensive Eingriff nur als letztes Mittel zur Anwendung kommt.[714]

Neben diesen in § 100b StPO genannten Voraussetzungen sieht § 100d III StPO vor, dass der Kernbereich privater Lebensgestaltung berücksichtigt werden muss, und daher soweit möglich technisch sicherzustellen ist, dass ein Eingriff in diesen absolut geschützten Bereich nicht erfolgt. Sofern allein Daten aus dem Kernbereich privater Lebensgestaltung erhoben werden, ist der Eingriff unzulässig (§ 100d I StPO). In jedem Fall ist bei einer Maßnahme nach § 100b StPO technisch sicherzustellen, dass Daten aus dem Kernbereich privater Lebensgestaltung nicht erhoben werden (§ 100d III 1 StPO).[715]

Somit ist festzustellen, dass die Voraussetzungen für die Online-Durchsuchung (§ 100b StPO) sowie für die akustische Wohnraumüberwachung (§ 100c StPO) sich in weiten Teilen überschneiden, was an der vergleichbaren Intensität der Grundrechtsbetroffenheit liegt.[716]

VI Kritik

Nicht nur die Art und Weise, in der das Gesetz in das Gesetzgebungsverfahren eingebracht wurde, sondern auch die Regelung an sich hat Kritik erfahren. So wurde schon während der dritten Lesung im Bundestag an der Verfassungsmäßigkeit des Entwurfs gezweifelt, da dieser die Vorgaben des Bundesverfassungsgerichts nicht beachte.[717] Zum einen sei der Straftatenkatalog zu umfassend, weil nicht nur, wie vom Bundesverfassungsgericht im Hinblick auf eine präventive Online-Durchsuchung gefordert, überragend wichtige Rechtsgüter durch die im Straftatenkatalog aufgezählten Straftaten geschützt werden,[718] sondern auch Straftaten wie beispielsweise gewerbsmäßige Hehlerei und Bandendiebstahl

714 *Knierim/Oehmichen*, in: Knierim/Oehmichen/Beck/Geisler [Hrsg.], Kap. 20 Rn. 35; 72.

715 Dazu auch *Knierim/Oehmichen*, in: Knierim/Oehmichen/Beck/Geisler [Hrsg.], Kap. 20 Rn. 84 ff.; 105 ff.; *Freiling/Safferling/Rückert*, JR 2018, 9 (14).

716 Vgl. *Singelnstein/Derin*, NJW 2017, 2646 (2647); *Claus*, jurisPR-StrafR 18/2017 Anm. 1; Stellungnahme *Buermeyer* S. 2 (abrufbar unter: https://freiheitsrechte.org/home/wp-content/uploads/2017/05/Stellungnahme-RiLG-Dr.-Buermeyer-LL.M.pdf; abgerufen am 02.01.2018).

717 Protokoll zur 240. Sitzung am 22. Juni 2017, 24587 (B); 24589 (C, D); 4590 (A)

718 Vgl. BVerfGE 120, 274 (328).

erfasst sind, und zum anderen derzeit nicht überprüfbar sei, welche Möglichkeiten bzw. Funktionen die eingesetzte Überwachungssoftware aufweist.[719]

Diese Kritik hielt nach dem Gesetzesbeschluss an. So kritisieren *Knierim/Oehmichen*, dass die Online-Durchsuchung nicht notwendig sei und zudem die Datenschutzstandards im Strafverfahren nicht die gleichen seien wie bei der Gefahrenabwehr. Da jedoch erhebliche Datenmengen erfasst werden, seien hinreichende Datenschutzstandards erforderlich.[720]

Ebenso sieht *Singelnstein* die neue Regelung zur Online-Durchsuchung kritisch. Es sei schon fraglich, ob eine solche Maßnahme überhaupt notwendig sei, da sich den Ermittlungsbehörden andere Möglichkeiten böten, um auf die Daten zuzugreifen, wie beispielsweise die Beschlagnahme.[721] Zudem seien die Protokollierungspflichten nicht hinreichend, da nicht umfassend zu speichern sei, wie bei der Online-Durchsuchung vorgegangen wurde, sondern lediglich Metadaten den Eingriff dokumentieren.[722]

Zusammenfassend lässt sich feststellen, dass die Online-Durchsuchung trotz der Befassung der Expertenkommission mit dem Thema ohne ausführliche Diskussion in der Öffentlichkeit und dem Bundestag beschlossen wurde, da die Expertenkommission dieses Thema aufgrund der komplexen Struktur zurückgestellt hatte. Zwar gab es öffentliche Anhörungen und Stellungnahmen von Experten im Ausschuss für Recht und Verbraucherschutz, allerdings wurden auch diese zum Teil kritischen Stimmen nicht gehört und der Änderungsantrag dennoch in den Bundestag eingebracht.

Die Regelung zur Online-Durchsuchung (§ 100b StPO) erlaubt tiefe Eingriffe in das Allgemeine Persönlichkeitsrecht (Art. 2 I i.V.m. Art. 1 I GG) der betroffenen Nutzer, da durch den Zugriff auf ein informationstechnisches System viele (personenbezogene) Daten erfasst werden können.[723] Dennoch ist nicht zu leugnen, dass auch die Strafverfolgungsbehörden neue Ermittlungsmethoden benötigen, um bei der technischen Entwicklung mithalten und Straftaten effektiv aufklären zu können. Jedoch wäre es angesichts der Bedeutung dieser

---

719 Protokoll zur 240. Sitzung am 22. Juni 2017, 24589 (C, D).

720 *Knierim/Oehmischen*, in: Knierim/Oehmichen/Beck/Geisler [Hrsg.], Kap. 20 Rn. 3; 59.

721 *Singelnstein*, http://verfassungsblog.de/hacken-zur-strafverfolgung-gefahren-und-grenzen-der-strafprozessualen-online-durchsuchung/ (Beitrag vom 02.07.2017 abgerufen am 02.01.2018).

722 *Singelnstein*, http://verfassungsblog.de/hacken-zur-strafverfolgung-gefahren-und-grenzen-der-strafprozessualen-online-durchsuchung/ (Beitrag vom 02.07.2017; abgerufen am 02.01.2018).

723 Vgl. BVerfGE 120, 274 (303 ff.).

Ermächtigungsgrundlage sicherlich notwendig gewesen, sich in Ruhe mit dem Thema zu befassen, auch wenn dies bedeutet hätte, dass die Online-Durchsuchung nicht vor Ende der 18. Legislaturperiode des deutschen Bundestages beschlossen würde.

VII Ermächtigungsgrundlage zum Einschalten von Mikrofonen

Trotz der Kritik an der Online-Durchsuchung steht den Strafverfolgungsbehörden dieses Mittel nun zur Verfügung, sodass sich die Frage stellt, ob von der Ermächtigungsgrundlage auch das Aktivieren von integrierten oder von am informationstechnischen Systemen angeschlossenen Mikrofonen erfasst ist.

Schon in den Stellungnahmen von *Buermeyer* und *Sinn* zur Formulierungshilfe ist angeklungen, dass die Formulierung des § 100b StPO in der vorgeschlagenen Fassung zu weit geht und dadurch auch das Einschalten des Mikrofons und der Kamera erfasst, da keine Begrenzung auf den Zugriff auf Daten erfolge und mit dem Infiltrieren des informationstechnischen Systems der Zugriff auf das Mikrofon und die Kamera grundsätzlich möglich sei.[724]

Eben diese Ansicht vertritt auch *Beukelmann*, der davon ausgeht, dass die Online-Durchsuchung *„all jene Eingriffe [umfasst], die bisher bereits nach § 100c StPO als akustische Raumüberwachung […] zulässig waren"*.[725]

Zwar weist die Online-Durchsuchung einen engen Bezug zur akustischen Wohnraumüberwachung auf und ist mit dieser vergleichbar[726] bzw. geht sogar in Bezug auf die Grundrechtsbeeinträchtigung über sie hinaus, da weitaus mehr Daten erhoben werden können,[727] jedoch können die beiden Maßnahmen voneinander abgegrenzt werden, da sie unterschiedliche Eingriffsziele haben.[728] Mit der Online-Durchsuchung soll auf das informationstechnische

---

724 Stellungnahme *Buermeyer*, S. 2 (abrufbar unter: https://freiheitsrechte.org/home/wp-content/uploads/2017/05/Stellungnahme-RiLG-Dr.-Buermeyer-LL.M.pdf; abgerufen am 02.01.2018); Stellungnahme *Sinn*, S. 10 (abrufbar unter: https://www.bundestag.de/blob/509050/6f72dd42df72be6f2da6a024475b3f8a/sinn-data.pdf; abgerufen am 02.01.2018).

725 *Beukelmann*, NJW-Spezial 2017, 440.

726 Vgl. *Singelnstein/Derin*, NJW 2017, 2646 (2647); *Claus*, jurisPR-StrafR 18/2017 Anm. 1.

727 Stellungnahme *Buermeyer* S. 2 (abrufbar unter: https://freiheitsrechte.org/home/wp-content/uploads/2017/05/Stellungnahme-RiLG-Dr.-Buermeyer-LL.M.pdf; abgerufen am 02.01.2018).

728 BT Drs.18/12785, S. 47 f.

System zugegriffen werden und daraus sollen Daten erhoben werden, weshalb § 100b I StPO einen Eingriff in das Recht auf Gewährleistung der Vertraulichkeit und Integrität informationstechnischer Systeme (Art. 2 I i.V.m. Art. 1 I GG) rechtfertigen soll.[729] Demgegenüber ermöglicht § 100c StPO „nur" den akustischen Zugriff auf die Wohnung und erlaubt daher auch nur die Erhebung von Daten, die in dem Moment durch Gespräche anfallen. Im Gegensatz zur Online-Durchsuchung ermöglicht § 100c StPO daher einen Eingriff in Art. 13 I GG.[730]

Zwar mag vertreten werden, dass der Wortlaut des § 100b I StPO das Einschalten von integrierten Mikrofonen und Kameras ermöglicht,[731] jedoch genügt dies nicht um rechtmäßig in Grundrechte einzugreifen. Mit § 100b StPO wurde ausweislich der Gesetzesbegründung kein Eingriff in Art. 13 I GG bezweckt.[732]

Zudem kann schon bezweifelt werden, dass der Wortlaut überhaupt das Aktivieren von Mikrofonen und Kameras erlaubt. So heißt es in § 100b I StPO:

Auch ohne Wissen des Betroffenen darf mit technischen Mitteln in ein von dem Betroffenen genutztes informationstechnisches System eingegriffen und dürfen Daten daraus erhoben werden (Online-Durchsuchung), wenn […]

Nach dem Wortlaut dürfen folglich Daten *daraus* erhoben werden. Mit „daraus" kann sinngemäß nur das informationstechnische System gemeint sein, das heißt Daten, die schon auf dem System gespeichert sind.[733] Beim Aktivieren einer Kamera oder des Mikrofons werden keine Daten aus dem System erhoben, sondern es werden erst Daten mithilfe des Systems erzeugt, die dann im Anschluss erhoben werden. Das ermöglicht jedoch der Wortlaut gerade nicht und ist auch nicht vom Gesetzgeber gewollt, der Online-Durchsuchung in der Gesetzesbegründung wie folgt definiert:

> *„verdeckte staatliche Zugriffe auf fremde informationstechnische Systeme über Kommunikationsnetze mittels einer Überwachungssoftware"*[734]

---

729 BT Drs.18/12785, S. 47 f.

730 BT Drs. 18/12785, S. 48.

731 *Eschelbach*, in: SSW-StPO, § 100b Rn. 4; *Beukelmann*, NJW-Spezial 2017, 440; Stellungnahme *Buermeyer*, S. 2 ff. (abrufbar unter https://freiheitsrechte.org/home/wp-content/uploads/2017/05/Stellungnahme-RiLG-Dr.-Buermeyer-LL.M.pdf).

732 BT Drs. 18/12785, S. 47 f.; vgl. *Knierim/Oehmichen*, in: Knierim/Oehmichen/Beck/Geisler [Hrsg.], Kap. 20 Rn. 60 ff.; *Roggan*, StraFo 2017, 821 (826).

733 *Knierim/Oehmichen*, in: Knierim/Oehmichen/Beck/Geisler [Hrsg.], Kap. 20 Rn. 61; *Singelnstein/Derin*, NJW 2017, 2646 (2647); *Blechschmitt*, StraFo 2017, 361 (362 ff.); *Roggan*, StraFo 2017, 821 (826).

734 BT Drs. 18/12785, S. 46.

Somit ist nur der *Zugriff* auf das informationstechnische System, aber nicht auch die Fernsteuerung desselben von der Online-Durchsuchung (§ 100b StPO) erfasst.

Folglich kann das Aktivieren eines in einem informationstechnischen System integrierten Mikrofons nicht auf § 100b StPO gestützt werden. Daher bleibt die Frage bestehen, ob eine Ermächtigungsgrundlage besteht, um informationstechnische Systeme zur akustischen (Wohnraum-) Überwachung einzusetzen.

I. Akustische Wohnraumüberwachung zur Strafverfolgung (§ 100c StPO)

Die Vorschrift zur akustischen Wohnraumüberwachung wurde zum ersten Mal durch das Gesetz zur Verbesserung der Bekämpfung der Organisierten Kriminalität vom 04. Mai 1998 in die Strafprozessordnung eingefügt.[735] Diese Fassung des Gesetzes wurde jedoch vom Bundesverfassungsgericht für verfassungswidrig erklärt, da die einfachgesetzliche Ausgestaltung in § 100c I Nr. 2 StPO in der Fassung vom 04. Mai 1998 insbesondere den Anforderungen an die Verhältnismäßigkeit nicht genügt.[736] Daraufhin wurde die Vorschrift mit Gesetz zur Umsetzung des Urteils des Bundesverfassungsgerichts vom 03. März 2004 (akustische Wohnraumüberwachung) vom 24. Juni 2005 geändert.[737]

Eine erneute Verfassungsbeschwerde wies das Bundesverfassungsgericht durch Beschluss zurück, da der Gesetzgeber die Vorgaben beachtet habe und daher die Verfassungsbeschwerde keinen Erfolg verspräche.[738] Obwohl § 100c StPO in der Folge einigen kleineren Änderungen unterworfen war, blieb er bis zur Einführung der Online-Durchsuchung in weiten Teilen unangetastet.[739]

Bei einer akustischen Wohnraumüberwachung nach § 100c I StPO werden seit der Einführung der Regelung im Jahr 2005 in der Regel Abhöreinrichtungen in Wohnungen angebracht, um schwere Straftaten besser aufklären zu können.[740] Mittlerweile befinden sich jedoch in nahezu allen Wohnungen auch Systeme, die die Ausstattung für eine akustische Überwachung aufweisen, ohne dass Abhörvorrichtungen in der Wohnung angebracht werden müssen. Im Folgenden wird zunächst allgemein auf die Voraussetzungen der akustischen Wohnraumüberwachung eingegangen, bevor die oben[741] erwähnten technischen Möglichkeiten einer akustischen Wohnraumüberwachung rechtlich überprüft werden.

---

735 BGBl. 1998 I, S. 845.

736 BVerfGE 109, 279 (325 ff.).

737 BGBl. 2005 I, S. 1841.

738 BVerfGK 11, 164.

739 Vgl. *Bruns*, in: Karlsruher Kommentar-StPO, § 100c Rn. 1.

740 Vgl. BT-Drs. 15/4533 S. 10; *Wolter*, in: SK-StPO, § 100c Rn. 40; *Eisenberg*, Beweisrecht der StPO, Rn. 2529a.

741 Zu den technischen Möglichkeiten S. 79 ff.

I Allgemeines

Damit eine akustische Wohnraumüberwachung durchgeführt werden kann, sind insbesondere die engen Voraussetzungen des § 100c StPO zu beachten.

1 Formelle Voraussetzung

Für die akustische Wohnraumüberwachung ist eine Anordnung nach § 100e II StPO notwendig. Die Anordnung ergeht gemäß § 100e II 1, 2 StPO auf Antrag der Staatsanwaltschaft grundsätzlich durch eine Kammer des Landgerichts (§ 74a IV GVG) oder bei Gefahr im Verzug durch den vorsitzenden Richter dieser Kammer am Landgericht. Indem eine unabhängige Instanz mit der Anordnung befasst ist, soll ein ausreichender Grundrechtsschutz für den Betroffenen gewährleistet werden.[742] Die Entscheidung des Vorsitzenden bei Gefahr im Verzug muss binnen drei Werktagen von der Strafkammer bestätigt werden (§ 100e II 3 StPO). Daneben enthält § 100e II 4–6 StPO Vorschriften zur Befristung und Verlängerung der Maßnahme, um den Grundrechtsschutz des Betroffenen zu gewährleisten.[743]

2 Materielle Voraussetzungen

a Das nichtöffentlich gesprochene Wort innerhalb der Wohnung

Der Tatbestand des § 100c I StPO erfasst nur das nichtöffentlich gesprochene Wort. Darunter fallen nur solche Äußerungen und Gespräche, die im Rahmen der Wohnung getätigt werden und die nur für den Gesprächspartner bzw. Personenkreis bestimmt sind.[744] Damit wird dieses Merkmal genauso verstanden wie das Tatbestandsmerkmal des nichtöffentlich gesprochenen Wortes in § 201 StGB.[745] Sofern eine Äußerung freiwillig an einen unbestimmten Personenkreis gerichtet wird und somit von jedermann wahrgenommen werden kann, handelt es sich um eine öffentliche Äußerung, für deren Abhören und Aufzeichnen §§ 161, 163 StPO als Ermächtigungsgrundlage ausreichen.[746]

---

742 Vgl. BVerfGE 109, 279 (258, 362); BT-Drs. 13/8650, S. 1, 5; 15/4533 S. 16.

743 Vgl. BVerfGE 109, 279 (361 f.); BT-Drs. 15/4533 S. 16.

744 *Wolter*, in: SK-StPO, Bd. II, § 100c Rn. 37; *Schmitt*, in: Meyer-Goßner/Schmitt [Hrsg.], StPO, § 100c Rn. 3; *Hilger*, NStZ 1992, 457 (462 Fn. 95).

745 *Schmitt*, in: Meyer-Goßner/Schmitt [Hrsg.], StPO, §100c Rn. 3; *Fischer*, StGB, § 201 Rn. 3.

746 *Hilger*, NStZ 1992, 457 (462 Fn. 96); *Hauck*, in: Löwe/Rosenberg, StPO, Bd. 3, § 100c Rn. 92; *Schmitt*, in: Meyer-Goßner/Schmitt [Hrsg.] StPO, § 100c Rn. 2 f.

Das Gespräch muss dabei innerhalb einer Wohnung geführt werden. Der Begriff der Wohnung in § 100c StPO ist gleichbedeutend mit dem Wohnungsbegriff des Art. 13 GG.[747] Demnach ist eine Wohnung jeder Ort, der zur Stätte des Aufenthalts und des Wirkens von Menschen gemacht wird und als Rückzugsort dient.[748] Nach der hier vertretenen Ansicht fallen damit sowohl Wohnräume als auch nicht allgemein zugängliche Geschäfts- und Büroräume sowie Pkw unter den Wohnungsbegriff.[749]

b Verdacht der Beteiligung an einer Katalogtat

Weiterhin müssen bestimmte Tatsachen den Verdacht begründen, dass jemand als Täter oder Teilnehmer eine besonders schwere Straftat begangen oder zu begehen versucht hat, sofern der Versuch strafbar ist (§ 100c I Nr. 1 StPO). Unter den Begriff einer besonders schweren Straftat fallen nur solche, die im Katalog des § 100b II StPO aufgelistet sind (§ 100c I Nr. 1 StPO).[750] Für das Vorliegen einer der genannten Straftaten muss ein sogenannter qualifizierter Tatverdacht gegeben sein, der weder das Maß eines hinreichenden noch eines dringenden Tatverdachts erreichen muss.[751] Jedoch muss der Verdachtsgrad des qualifizierten Tatverdachts über das Vorliegen eines bloßen Anfangsverdachts hinausgehen und aufgrund der Lebenserfahrung und der ermittelten Tatsachen auf einen konkretisierten Verdacht für das Vorliegen einer Katalogstraftat schließen lassen.[752]

c Einzelfallbetrachtung

Zudem ist es erforderlich, dass die Straftat auch im Einzelfall besonders schwer wiegt (§ 100c I Nr. 2 StPO), weshalb jeweils der konkrete Einzelfall betrachtet

---

747 *Wolter*, in: SK-StPO, § 100c Rn. 34. Zum Wohnungsbegriff bei Art. 13 I GG schon oben S. 57 ff.

748 Vgl. BVerfGE 32, 54 (68 ff.; 75); 42, 212 (219); 51, 97 (107, 110); 109, 279 (309, 313 f., 382 f.); BT-Drs. 15/4533, S. 11; *Papier*, in: Maunz/Dürig [Hrsg.], Grundgesetz, Art. 13 Rn. 10.

749 Dazu oben S. 101 ff.

750 Vgl. BT-Drs. 15/4533 S. 13; *Bruns*, in: Karlsruher Kommentar, StPO, § 100c Rn. 9 f.

751 BVerfGE 109, 279 (350 f.); BVerfGK 11, 33 (46 f.); OLG Celle StV 2011, 215 (216); *Bruns*, in: Karlsruher Kommentar, StPO, § 100c Rn. 9; *Wolter*, in: SK-StPO, Bd. II, § 100c Rn. 41.; *Putzke/Scheinfeld*, Strafprozessrecht, Rn. 287; *Hauck*, in: LR, StPO, Bd. 3, § 100c Rn. 90.

752 OLG Celle StV 2011, 215 (216); *Bruns*, in: Karlsruher Kommentar, StPO, § 100c Rn. 9; *Wolter*, in: SK-StPO, Bd. II, § 100c Rn. 41.

werden muss.[753] Nach der Ansicht des Bundesverfassungsgerichts ist dies in den Fällen von Mord und Totschlag indiziert.[754] In den anderen Fällen wird sich bei der Einzelfallbetrachtung an verschiedenen Gesichtspunkten orientiert. Hierzu zählen unter anderem „die Folgen der Tat für die betroffenen Rechtsgüter; die faktische Verzahnung mit anderen Katalogtaten [sowie] das Zusammenwirken von [mehreren] Straftätern".[755]

d Erwartung sachverhaltsrelevanter Äußerungen

Weiterhin müssen tatsächliche Anhaltspunkte dafür bestehen, dass Äußerungen des Beschuldigten durch die Überwachung erfasst werden, die zur Aufklärung des Sachverhalts beitragen oder für die Ermittlung des Aufenthaltsortes eines Mitbeschuldigten von Bedeutung sind (§ 100c I Nr. 3 StPO). Der Begriff der tatsächlichen Anhaltspunkte umfasst an sich weniger als einen Anfangsverdacht („zureichende tatsächliche Anhaltspunkte", § 153 II StPO) und damit einen polizeirechtlichen Begriff, der Ermittlungen mit tiefgreifendem Grundrechtseingriff zur Gefahrenabwehr früher zulässt, als dies in der Strafverfolgung grundsätzlich der Fall ist.[756] Daher muss es sich bei den tatsächlichen Anhaltspunkten um *konkrete* tatsächliche Anhaltspunkte handeln.[757]

e Maßnahmenrichtung

Grundsätzlich darf die Abhörmaßnahme sich nur gegen den Beschuldigten richten und in der Wohnung des Beschuldigten durchgeführt werden (§ 100c II 1 StPO). Dazu müssen ausreichende tatsächliche Anhaltspunkte dafür vorliegen, dass der Beschuldigte sich in seiner Wohnung aufhält,[758] weshalb eine vorsorgliche Überwachung der Wohnung bzw. dauerhafte Überwachung durch Strafverfolgungsbehörden unzulässig ist.[759] Außerdem muss der Beschuldigte die Wohnung auch tatsächlich innehaben,[760] wobei nicht vorausgesetzt wird,

---

753 BT-Drs. 15/4533, S. 12, BVerfGE 107, 299 (322) [zu § 100g StPO] 109, 279 (346); *Wolter*, in: SK-StPO, Bd. II, § 100c Rn. 43.

754 BVerfGE 109, 279 (346).

755 *Wolter*, in: SK-StPO, Bd. II, § 100c Rn. 43; vgl. auch BVerfGE 109, 279 (346).

756 *Wolter*, in: SK-StPO, Bd. II, § 100c Rn. 46.

757 Vgl. BVerfGE 109, 279 (305 f.); *Wolter*, in: SK-StPO, Bd. II, § 100c Rn. 46; *Hauck*, in: LR, StPO, Bd. 3, § 100c Rn. 104.

758 BVerfGE 109, 279 (352); *Wolter*, in: SK-StPO, Bd. II, § 100c Rn. 48.

759 BVerfGE 109, 279 (323, 342); *Wolter*, in: SK-StPO, Bd. II § 100c Rn. 48.

760 *Nack*, in: Karlsruher Kommentar, StPO, 5, Aufl. 2003, §100c a.F. Rn. 47; *Wolter*, in: SK-StPO, Bd. II, § 100c Rn. 50.

dass er auch Eigentümer der Wohnung ist.[761] Er muss diese nur tatsächlich (als Wohnung) nutzen, wobei das der Nutzung zugrunde liegende Rechtsverhältnis unerheblich ist.[762]

Von diesem Grundsatz macht § 100c II 2 StPO jedoch eine Ausnahme und erlaubt das Abhören in Wohnungen, die der Beschuldigte nicht innehat. Dazu muss nach § 100c II 2 StPO aufgrund bestimmter Tatsachen die Annahme bestehen, dass sich der in der Anordnung bezeichnete Beschuldigte in der Wohnung aufhält und dass eine Maßnahme in der Wohnung des Beschuldigten alleine nicht zur Erforschung des Sachverhalts oder zur Ermittlung des Aufenthaltsorts eines Mitbeschuldigten führen wird. Der Beschuldigte muss sich allerdings vermutlich in der abgehörten Wohnung aufhalten und es muss anzunehmen sein, dass der Beschuldigte sich auch äußern wird.[763]

f Subsidiaritätsklausel

Als letzte Voraussetzung des Absatzes 1 muss die Erforschung des Sachverhalts oder das Auffinden von Mitbeschuldigten auf anderem Wege unverhältnismäßig erschwert oder aussichtslos sein (§ 100c I Nr. 4 StPO). Diese Subsidiaritätsklausel bringt zum Ausdruck, dass eine akustische Wohnraumüberwachung nur als Ultima Ratio der Strafverfolgungsbehörde eingesetzt werden soll.[764]

g Unzulässigkeit der Maßnahme (insbesondere Kernbereichsrelevanz)

Eine akustische Wohnraumüberwachung ist unter anderem unzulässig, wenn der Kernbereich privater Lebensgestaltung durch die Maßnahme verletzt würde. Dieser schützt die freie Entfaltung der Persönlichkeit und kann auch das Miteinander zwischen Menschen umfassen.[765] Als eine Ausprägung der Menschenwürde (Art. 1 I GG) ist der Kernbereich bereits durch Art. 13 I GG geschützt.[766]

---

761 Vgl. BVerfGE 109, 279 (326 f.); BVerfG NVwZ 2009, 1281 (1282); *Papier*, in: Maunz/Dürig [Hrsg.], Grundgesetz, Art. 13 Rn. 12.

762 BVerfGE 109, 279 (326 f.); *Papier*, in: Maunz/Dürig [Hrsg.], Grundgesetz, Art. 13 Rn. 12.

763 BVerfGE 109, 279 (352 ff.); *Wolter*, in: SK-StPO, Bd. II, § 100c Rn. 51.

764 BVerfGE 109, 279 (341 ff.); BT-Drs. 15/4533 S. 13; *Wolter*, in: SK-StPO, Bd. II, § 100c Rn. 47.

765 Vgl. BVerfGE 109, 279 (313 f.).

766 BVerfGE 109, 279 (311 f., 325 ff.).

Der Kernbereich privater Lebensgestaltung wird gesetzlich weder definiert noch eingegrenzt.[767] Vielmehr hatte sich der Gesetzgeber dazu entschieden, Regelbeispiele aufzustellen, in denen der Kernbereich in der Regel nicht betroffen ist. Dies ist unter anderem bei Gesprächen in Betriebs- oder Geschäftsräumen der Fall (§ 100c IV 2 StPO a.F.). Ebenso fallen Gespräche über begangene Straftaten oder Äußerungen, mit denen Straftaten begangen werden, nach der Entscheidung des Gesetzgebers (§ 100c IV 3 StPO a.F.) und in Anlehnung an das Bundesverfassungsgericht[768] in der Regel nicht in den Kernbereich privater Lebensgestaltung.

§ 100d IV 1 StPO erlaubt eine Anordnung nur, wenn aufgrund tatsächlicher Anhaltspunkte anzunehmen ist, dass bei der Überwachung keine Äußerungen erfasst werden, die den Kernbereich privater Lebensgestaltung betreffen (negative Prognose).[769] Wenn sich jemand alleine oder ausschließlich mit engvertrauten Personen in der Privatwohnung aufhält, spricht eine Vermutung für Gespräche, die dem Kernbereich privater Lebensgestaltung zuzurechnen sind,[770] weshalb in einem solchen Fall die Überwachung zu unterbleiben hat. Der Kernbereich bestimmt sich nicht anhand bestimmter Räume in der Wohnung, sondern anhand des Inhalts des Gesprächs.[771]

Wenn die Wohnraumüberwachung schon begonnen hat, ist der Abhörvorgang sofort zu unterbrechen, sobald sich Anhaltspunkte dafür ergeben, dass der Kernbereich privater Lebensgestaltung betroffen wird (§ 100d IV 2 StPO); jedoch besteht eine Ausnahme von dieser Pflicht, wenn die Kernbereichsrelevanz nur vorgetäuscht wird.[772] Die Erkenntnisse, die dennoch aus dem Kernbereich gewonnen werden, dürfen nicht von den Strafverfolgungsbehörden verwertet werden (§ 100d II StPO), sondern sind unverzüglich zu löschen (§ 100d II 2 StPO).

Die Abhörmaßnahme darf wieder fortgesetzt werden, wenn eine Prognose ergibt, dass der Kernbereich nicht mehr betroffen sein wird (§ 100d IV 3 StPO).

---

767 Vgl. *Wolter*, in: SK-StPO, Bd. II, § 100c Rn. 54; *Schmitt*, in: Meyer-Goßner/Schmitt [Hrsg.], StPO, § 100c Rn. 15.

768 BVerfGE 80, 367 (375); 109, 279 (319).

769 *Schmitt*, in: Meyer-Goßner/Schmitt [Hrsg.], StPO, § 100c Rn. 14; *Löffelmann*, NJW 2005, 2033; *Löffelmann*, ZIS 2006, 87 (90).

770 BVerfGE 109, 279(313 f.; 319 f.); *Wolter*, in: SK-StPO, Bd. II, § 100c Rn. 57.

771 Vgl. BVerfGE 109, 279 (320 f.); *Schmitt*, in: Meyer-Goßner/Schmitt [Hrsg.], StPO § 100c Rn. 15 f.; *Bruns*, in: Karlsruher Kommentar, StPO, § 100c Rn. 20.

772 *Wolter*, in: SK-StPO, Bd. II, § 100c Rn. 68.

In der Praxis kann das Treffen der Prognose erhebliche Schwierigkeiten bereiten,[773] da es nahezu unmöglich ist, ohne Einschalten der Abhörgeräte herauszufinden, wann der Kernbereichsbezug geendet hat bzw. wann er enden wird.

h Zusammenfassung

Eine akustische Wohnraumüberwachung nach § 100c StPO ist grundsätzlich nur unter engen Voraussetzungen möglich, weil damit ein tiefgreifender Grundrechtseingriff in Art. 13 I GG verbunden ist. Daher wird die Maßnahme nur sehr selten zur Sachverhaltsaufklärung angewendet.[774] So wurde sowohl im Jahr 2014 als auch im Jahr 2015 eine akustische Wohnraumüberwachung zur Strafverfolgung in nur sechs Verfahren durchgeführt.[775]

3 Annexmaßnahme

Zur akustischen Überwachung dürfen technische Mittel eingesetzt werden, wobei die Formulierung bewusst weit gefasst ist, um technische Neuerungen zu erfassen.[776] Technische Mittel im Sinne des § 100c I StPO sind solche, mit denen es möglich ist, das gesprochene Wort abzuhören und aufzunehmen.[777] Dazu zählen beispielsweise „Wanzen", versteckte Mikrofone und Aufzeichnungsgeräte, die sowohl innerhalb als auch außerhalb der Wohnung angebracht werden können.[778]

Zunächst ist fraglich, ob auch informationstechnische Systeme unter den Begriff der technischen Mittel fallen. Zwar sind die Systeme nicht durch die Strafverfolgungsbehörden eingesetzt, jedoch macht § 100c StPO diese Eingrenzung nicht. Technische Mittel sind alle „Vorrichtungen, die das gesprochene Wort durch Verstärkung oder Übertragung wahrnehmbar machen".[779]

---

773 Vgl. BVerfGE 109, 279 (331 f.); *Büddefeld*, Kriminalistik 2005, 204 (205 f.); *Löffelmann*, NJW 2005, 2033 (2034); *Meyer-Wieck*, NJW 2005, 2037 (2038); *Schäuble*, ZRP 2007, 210 (211 f.).

774 Vgl. BT-Drs. 14/8155 S. 4; 18/5900, S. 3; *Wolter*, in: SK-StPO, Bd. II, § 100c Rn. 10 ff.; *Meyer-Wieck*, NJW 2005, 2037 (2037 f.); *Schäuble*, ZRP 2007, 210 (212).

775 BT-Drs. 18/5900, S. 3; 18/9660, S. 3.

776 BVerfG NJW 2005, 1338 (1339 f.); BT-Drs.15/4533 S. 16; *Hegmann*, in: BeckOK-StPO, § 100c Rn. 1, § 100h Rn. 5 f.; *Eschelbach*, in: SSW-StPO, § 100a Rn. 2.

777 *Wolter*, in: SK-StPO, § 100c Rn. 40; *Hauck*, in: LR-StPO, Bd. 3, § 100c Rn. 94; *Schünemann*, in: LK-StGB, Bd. 6, § 201 Rn. 21.

778 *Wolter*, in: SK-StPO, Bd. II, § 100c Rn. 40; *Bär*, in: KMR-StPO, § 100c Rn. 8; *Hauck*, in: LR-StPO, Bd. 3, § 100c Rn. 94; *Berkemann*, in: AK-GG, Art. 13 Rn. 130 (Stand Okt. 2001).

779 *Hauck*, in: LR-StPO, Bd. 3, § 100c Rn. 94.

Informationstechnische Systeme können bei aktiviertem Mikrofon das gesprochene Wort wahrnehmbar machen, in dem sie es verstärken oder an die Strafverfolgungsbehörden übertragen. Ferner zeigt schon der Begriff *informationstechnische Systeme*, dass es sich um technische Systeme, also technische Mittel handelt.

Da § 100c StPO keine genauen Vorgaben zum Einsatz der technischen Mittel macht, sind auch informationstechnische Systeme des Betroffenen grundsätzlich erfasst.

Fraglich ist allerdings, ob sogenannte Annexmaßnahmen, also mit der Primärmaßnahme notwendigerweise verbundene Vorbereitungsmaßnahmen wie beispielsweise das Betreten der Wohnung, um Abhörvorrichtungen anzubringen, oder das Installieren einer Überwachungssoftware auf dem System des Betroffenen, von § 100c I StPO erfasst sind.

Nach wohl überwiegender Ansicht soll das Betreten der Wohnung zum Anbringen von Abhörvorrichtungen erfasst sein.[780] Voraussetzungen dazu seien jedoch, dass die Vorbereitungsmaßnahme die Grundrechtsbeeinträchtigung der Primärmaßnahme nicht an Intensität übersteigt und insbesondere auch die Verhältnismäßigkeit gewahrt wird.[781] Ferner soll der Wortsinn der Ermächtigungsgrundlage die Annexmaßnahme erfassen und die Maßnahme zur Durchführung der Primärmaßnahme notwendig sein.[782]

Demgegenüber wird die Auffassung vertreten, dass Annexmaßnahmen grundsätzlich unzulässig sind, da dies nur dazu führen würde, dass der Vorbehalt des Gesetzes (Art. 20 III GG) umgangen wird. Eine Annexmaßnahme sei nur zulässig, solange sich dafür Anhaltspunkte im Gesetzeswortlaut finden lassen, damit erkennbar sei, in welche Grundrechte eingegriffen werden kann.[783]

Zwar können grundsätzlich weitere Maßnahme notwendig sein, um eine strafprozessuale Maßnahme durchzuführen, jedoch darf dies nicht dazu führen, dass der Vorbehalt des Gesetzes umgangen wird. Eingriffe in die Grundrechte müssen gesetzlich geregelt sein und im Wortlaut einen Niederschlag gefunden

---

780 BGHSt 46, 266; *Wolter*, in: SK-StPO, Bd. II, § 100c Rn. 40; *Bruns*, in: Karlsruher Kommentar, StPO, §100c Rn. 4; *Günther*, in: MüKo-StPO, Bd. 1, § 100c Rn. 50; *Leister*, Stillschweigende Annexkompetenz, S. 309 ff.

781 BGHSt 46, 266; *Wolter*, in: SK-StPO, Bd. II, § 100c Rn. 40; *Bruns*, in: Karlsruher Kommentar, StPO, §100c Rn. 4.

782 *Leister*, Stillschweigende Annexkompetenz, S. 313 ff.

783 *Kühne*, Strafprozessrecht, S. 273 ff.; *Kühne*, JZ 2001, 1158; *Kratzsch*, Die so genannte Annexkompetenz, S. 229 ff.

haben.[784] Obwohl das Betreten der Wohnung zum Anbringen einer Abhörvorrichtung oder zum Installieren einer Überwachungssoftware wie auch die akustische Wohnraumüberwachung an sich in Art. 13 I GG eingreift, ist das Betreten aus dem Wortlaut alleine nicht erkennbar. Zudem handelt es sich nicht um eine absolut notwendige Vorbereitungsmaßnahme, da auch von außen Mikrofone beispielsweise ans Fenster angebracht werden können.[785] Daher ist das Betreten der Wohnung grundsätzlich nicht von § 100c I StPO erfasst.

Ebenso ist das Installieren einer Überwachungssoftware nicht als Annexmaßnahme von § 100c StPO erfasst. Zum einen könnte die Installation der Überwachungssoftware in weitere Grundrechte eingreifen, wie beispielsweise dem Recht auf Gewährleistung der Vertraulichkeit und Integrität informationstechnischer Systeme. Unterstellt, dies wäre so, so kann § 100c StPO auch nach der überwiegend vertretenen Ansicht, diese Vorbereitungsmaßnahme nicht erfassen, weil ein weiteres Grundrecht betroffen wird.[786]

Daneben kennt die Strafprozessordnung auch Maßnahmen, für deren Durchführung die Installation einer Überwachungssoftware explizit in der Norm geregelt ist. So ist bei der Quellen-Telekommunikationsüberwachung (§ 100a I 2 StPO) festgelegt, dass zur Durchführung einer Telekommunikationsüberwachung eine Überwachungssoftware auf dem informationstechnischen System des Betroffenen installiert werden kann. Ebenso ist dies auch bei der Online-Durchsuchung (§ 100b StPO) explizit normiert. Das Installieren der Überwachungssoftware ist also nicht bloß eine notwendige Vorbereitungsmaßnahme, sondern eine eigenständige Maßnahme, die aufgrund des Vorbehalts des Gesetzes (Art. 20 III GG) der expliziten Normierung im Gesetzeswortlaut bedarf.

Zusammenfassend ist festzustellen, dass Annexmaßnahmen wie das Betreten der Wohnung nicht von § 100c StPO erfasst sind, da so der Vorbehalt des Gesetzes umgangen würde und andere Maßnahmen ohne Betreten der Wohnung zur Durchführung einer akustischen Wohnraumüberwachung bestehen. Ferner handelt es sich bei der Verwendung informationstechnischer Systeme zwar um technische Mittel im Sinn des § 100c I StPO, jedoch wird von diesen nicht auch die Installation der Überwachungssoftware erfasst.

---

784 *Kratzsch*, Die so genannte Annexkompetenz, S. 229 ff.; *Kühne*, Strafprozessrecht, S. 273 ff.

785 *Hauck*, in: LR-StPO, Bd. 3, § 100c Rn. 94.

786 Vgl. BGHSt 46, 266; *Wolter*, in: SK-StPO, Bd. II, § 100c Rn. 40; *Bruns*, in: Karlsruher Kommentar-StPO, §100c Rn. 4; *Leister*, Stillschweigende Annexkompetenz, S. 309 ff.

4 Zusammenfassung

§ 100c StPO erlaubt unter engen Voraussetzungen die Durchführung einer akustischen Wohnraumüberwachung. Diese engen Voraussetzungen (2. a–g) sind notwendig, um einen ausreichenden Schutz der Wohnung zu gewährleisten, da die Wohnung durch Art. 13 I GG geschützt wird und dieser strenge Anforderungen an einen gerechtfertigten Eingriff stellt (E.I.). Diese Voraussetzungen umfassen insbesondere einen Straftatenkatalog mit besonders schweren Straftaten sowie eine Subsidiaritätsklausel. Des Weiteren muss verhindert werden, dass Geschehnisse aus dem absolut geschützten Kernbereich erfasst werden, weshalb § 100c IV StPO einen entsprechenden Schutz in Form einer Prognoseentscheidung vorsieht.

Ferner sind nach hier vertretener Ansicht Annexmaßnahmen nicht von § 100c StPO erfasst, da auch Annexmaßnahmen einen hinreichenden Anknüpfungspunkt im Gesetzeswortlaut aufweisen müssen, um nicht den Vorbehalt des Gesetzes zu umgehen.

II Internetbasierte akustische Wohnraumüberwachung

Mit Voranschreiten der Technik und dem Vorhandensein von internetfähigen Systemen in jedem Haushalt, bietet sich eine internetbasierte akustische Wohnraumüberwachung mittels informationstechnischer Systeme an. In technischer Hinsicht gibt es verschiedene Möglichkeiten,[787] welche im Folgenden nun in rechtlicher Sicht zu untersuchen sind. Die Maßnahme wird dabei sowohl an dem Grundgesetz als auch der Europäischen Menschenrechtskonvention und der EU-Grundrechtecharta gemessen.

1 Verpflichtung der Hersteller oder Betriebssystemhersteller[788] zum Integrieren von dauerhaft eingeschalteten Mikrofonen

Eine Verpflichtung der Hersteller, ein dauerhaft eingeschaltete Mikrofon zu integrieren sowie die erfassten Gespräche zu speichern, ist aus technischer Sicht grundsätzlich möglich.[789] Zu untersuchen ist daher im Folgenden, ob auch aus rechtlicher Sicht eine Zusammenarbeit mit den Herstellern zur Durchführung

---

787 Siehe dazu oben S. 79 ff.

788 Zur besseren Lesbarkeit wird im Folgenden lediglich der Begriff *Hersteller* verwendet. Dieser bezeichnet dabei die Hersteller, wie sie oben S. 36 definiert wurden, sowie die Betriebssystemhersteller.

789 Zu den technischen Möglichkeiten siehe oben S. 79 ff.

einer akustischen Wohnraumüberwachung möglich ist, wozu zunächst auf mögliche Ermächtigungsgrundlagen eingegangen wird, bevor die Maßnahme anhand von höherrangigem Recht geprüft wird.

a Ermächtigungsgrundlage

Eine Ermächtigungsgrundlage ist jedenfalls immer dann erforderlich, wenn durch den Staat in Rechte des Bürgers eingegriffen wird (Vorbehalt des Gesetzes).[790] Allein durch eine Verpflichtung der Hersteller wird nicht zwingend in Grundrechte der Nutzer eingegriffen. Entscheidend ist dabei vielmehr, wie die Verpflichtung ausgestaltet ist und welche Informationen bzw. Daten die Strafverfolgungsbehörden dadurch erlangen.

Die Hersteller könnten zunächst die Systeme so herstellen, dass die Mikrofone an den Systemen immer eingeschaltet sind und alle Gespräche via Internet an die Server der Hersteller übertragen und dort gegebenenfalls gespeichert werden. Dieses Vorgehen kann eine akustische Wohnraumüberwachung ermöglichen, ohne dass die Strafverfolgungsbehörden zuvor die Wohnung des Betroffenen betreten müssen, um eine Abhörvorrichtung anzubringen.[791]

Eine Speicherung der Gespräche auf den Servern der Hersteller sollte jedoch nur dann erfolgen, wenn die Voraussetzungen für eine akustische Wohnraumüberwachung grundsätzlich gegeben sind. Andernfalls würde das Vorgehen einer „Rundum-Überwachung“ und einer verdachtslosen Wohnraumüberwachung durch den Staat gleichkommen; beides ist nicht mit den Grundrechten der Nutzer vereinbar.[792]

Im Folgenden soll zunächst untersucht werden, ob eine Ermächtigungsgrundlage eine Verpflichtung in der zuvor beschriebenen Art erfasst, d.h. es müsste eine Ermächtigungsgrundlage bestehen, die zum einen die Hersteller verpflichtet, ihre Systeme mit einem dauerhaft eingeschalteten Mikrofon auszustatten, und zum anderen es den Strafverfolgungsbehörden ermöglicht, die Gespräche aufzeichnen und sich aushändigen zulassen.

(1) § 100c StPO

Bei der Verpflichtung der Hersteller, ihre Systeme so zu produzieren, dass diese über ein dauerhaft eingeschaltetes Mikrofon verfügen und Gespräche

790 *Michael/Morlok*, Grundrechte, Rn. 559 f.; zum Vorbehalt des Gesetzes schon oben S. 120 f.

791 Zur Verpflichtung der Hersteller schon oben S. 79 ff.

792 Vgl. BVerfGE 109, 279 (323, 343 f.).

übertragen, müsste es sich um eine Annexmaßnahme handeln und diese Annexmaßnahme ferner von § 100c I StPO erfasst sein.

Die Verpflichtung der Hersteller stellt jedoch schon keine Annexmaßnahme dar, da eine Annexmaßnahme nur eine notwendige Begleitmaßnahme ist, ohne die die Primärmaßnahme nicht durchgeführt werden kann.[793] Eine Verpflichtung der Hersteller ist allerdings nicht notwendig, um eine akustische Überwachung durchzuführen. Zudem wären durch eine Verpflichtung Dritte betroffen, gegen die sich die akustische Wohnraumüberwachung an sich nicht richtet. Gemäß § 100c II 1 StPO richtet sich die Maßnahme gegen den Verdächtigen einer schweren Straftat und Dritte dürfen nur mitbetroffen sein, soweit dies unvermeidbar ist (§ 100c II 3 StPO). Die Verpflichtung ist jedoch vermeidbar, indem eine andere Durchführung, wie beispielsweise das Anbringen von Abhörvorrichtungen in der Wohnung des Betroffenen, gewählt wird.

Somit ist § 100c StPO keine taugliche Ermächtigungsgrundlage für eine Verpflichtung der Hersteller.

(2) § 100a StPO

§ 100a StPO regelt die Telekommunikationsüberwachung. Was unter Telekommunikation fällt, orientiert sich am Schutzgut des Art. 10 I GG und der Legaldefinition des § 3 Nr. 22 TKG.[794] Dabei ist Telekommunikation unabhängig von der Übertragungsart das Übermitteln, Empfangen oder Aussenden von Informationen gleich in welcher Form mittels Telekommunikationsanlagen.[795] Telekommunikationsanlagen sind solche Einrichtungen, die mittels elektronischer Signale Nachrichten übermitteln, verarbeiten und empfangen können (§ 3 Nr. 23 TKG).

Nicht eindeutig geklärt ist, wann trotz Verwendung von Telekommunikationsanlagen keine Telekommunikation vorliegt. So hat der Bundesgerichtshof

---

793 Statt vieler vgl. *Kühne*, Strafprozessrecht, S. 273 f. (Rn. 414.1 ff.).

794 BGH NJW 2003, 2034; *Hauck*, in: LR-StPO, Bd. 3, § 100a Rn. 29; *Schmitt*, in: Meyer-Goßner/Schmitt [Hrsg.], StPO, § 100a Rn. 6; *Bruns*, in: Karlsruher Kommentar, StPO, § 100a Rn. 4; *Sankol* CR 2008, 13 (14); a.A.: *Fezer*, NStZ 2003, 625 (626 ff.): Der Telekommunikationsbegriff des § 100a StPO orientiere sich nur an Art. 10 GG. Als strafprozessuale Maßnahme solle § 100a StPO einen Eingriff in Art. 10 I GG rechtfertigen. Ein Eingriff könne jedoch nur vorliegen, wenn der Begriff der Telekommunikation in Übereinstimmung mit dem Fernmeldebegriff des Art. 10 I GG ausgelegt wird, sodass eine soziale Komponente erforderlich ist; ähnlich *Hiéramente/Fenina*, StraFo 2015, 365 (369 f.).

795 BVerfGE 124, 43 (54); *Hermes*, in: Dreier [Hrsg.], GG, Art. 10 Rn. 36; *Sievers*, Kommunikation im Internet, S. 129 f.

2003 einer Datenerhebung auf Grundlage von § 100a StPO in einem Fall für rechtmäßig erklärt, bei dem der Überwachte vergessen hatte, eine Verbindung zu beenden, da die Telekommunikationsverbindung zunächst bewusst hergestellt worden war und nur aufgrund einer fehlerhaften Bedienung des Mobiltelefons die Verbindung nicht beendet wurde, sondern mit der Mobilbox fortgeführt wurde, die alles aufzeichnete.[796] Mitgehört werden konnten dabei die Raumgespräche, welche aufgrund der bestehenden Verbindung zur Mobilbox übertragen wurden.

Nach anderer Ansicht handelt es sich bei solchen Raumgesprächen nicht um Telekommunikation.[797] Telekommunikation sei nur die *bewusste* Übertragung von Informationen an einen Kommunikationspartner.[798] Obwohl eine weite Auslegung des Telekommunikationsbegriffs vom Bundesverfassungsgericht gebilligt wurde,[799] könne dennoch nicht jede Übertragung von Informationen mittels Telekommunikationsanlagen als Telekommunikation im Sinne von § 100a StPO eingestuft werden.[800]

Vom Wortsinn her setzt Telekommunikation einen Austausch von Nachrichten und Informationen voraus.[801] Ebenso deutet der Wortursprung *communico*[802] daraufhin, dass eine weitere Person an dem Nachrichten- oder Informationsaustausch beteiligt sein muss, da nur dann jemandem etwas mitgeteilt werden kann, wenn überhaupt jemand auf der anderen Seite ist. Zudem werden bei einem *Austausch* in der Regel beide Seiten tätig, wie sich auch schon aus dem Wortlaut ergibt. Wenn Raumgespräche dauerhaft an einen Server übertragen werden, ist dies eine einseitige Handlung, da nur das informationstechnische System die Daten sendet. Diese Handlung wird zwar teilweise auch als Kommunikation

796 BGH NJW 2003, 2034 (2034 ff.).

797 Vgl. *Bosbach*, Verteidigung im Ermittlungsverfahren, Rn. 559; *Weßlau*, StV 2003, 483 (483 f.).

798 *Roxin/Schünemann*, Strafverfahrensrecht, § 36 Rn. 4; *Schmitt*, in: Meyer-Goßner/Schmitt [Hrsg.], StPO, § 100a Rn. 6, 7d f.; *Weßlau*, StV 2003, 483 (484); a.A.: *Wolter/Greco*, in: SK-StPO, § 100a Rn. 14; *Vassilaki*, JR 2000, 446 (446 f.).

799 BVerfG NJW 2016, 3508 (3508 ff.) = HRRS 2016, 448 m. Anm. *Hiéramente*.

800 *Roxin/Schünemann*, Strafverfahrensrecht, § 36 Rn. 4; *Fezer*, NStZ 2003, 625 (626 f.); *Gercke, B.*, StraFo 2003, 76 (78); *Hiéramente/Fenina* StraFo 2015, 365 (369 f.).

801 Duden deutsche Rechtschreibung „Telekommunikation" sowie „Kommunikation"; Duden Bedeutungswörterbuch „Kommunikation"; *Roxin/Schünemann*, Strafverfahrensrecht, § 36 Rn. 4.

802 Communico (lat.) = jemandes etwas mitteilen; mit jemanden etwas besprechen.

aufgefasst,[803] jedoch fehlt es dort gerade an einem Nachrichten*austausch*, weil nur eine Seite die Informationen sendet. Obwohl bei der Übermittlung im Internet automatische Nachrichten („response“) als Antwort gesendet werden, wenn eine Nachricht empfangen wurde, und das ganze Internet nachrichtenbasiert ist,[804] handelt es sich nicht um einen Nachrichten*austausch* im Sinne einer Telekommunikation. Diese Reaktion des Servers erfährt der Nutzer im Zweifel noch nicht einmal, während bei einer Kommunikation im eigentlichen Wortsinn eine Reaktion des Gegenübers in irgendeiner Form erwartet wird. Dies ist bei der Kommunikation mit dem Server, von dem der Nutzer keine Daten erhalten möchte, wie in dem hier untersuchten Szenario, gerade nicht der Fall. Anders könnte der Fall zu beurteilen sein, wenn bewusst Daten an einen Server gesendet werden, um dann eine Reaktion bzw. eine Antwort von diesem zu erhalten, wie es beispielsweise im Rahmen der Sprachsteuerung erfolgt.[805]

Bei Raumgesprächen im hier untersuchten Szenario würden die Informationen ungewollt übertragen. Zudem werden sie nur an einen Server übertragen, von dem keine Reaktion erwartet wird und der auch nicht für den Nutzer erkennbar auf die Daten reagiert. Damit handelt es sich nicht um Kommunikation im Sinne des § 100a StPO.

Somit stellt § 100a StPO keine taugliche Ermächtigungsgrundlage für eine Verpflichtung der Hersteller dar, weil die dauerhafte, ungewollte Übertragung von Gespräche an einen Server nach hier vertretener Ansicht keine Telekommunikation ist und somit nicht von § 100a StPO erfasst wird.

(3) § 100g I StPO

Als mögliche Ermächtigungsgrundlage kommt § 100g I StPO in Betracht, wonach Verkehrsdaten erhoben werden dürfen, wenn wie bei § 100a StPO der begründete Verdacht einer im Einzelfall erheblichen Straftat, wie insbesondere eine Katalogstraftat des § 100a II StPO, besteht (§ 100g I 1 Nr. 1 StPO) oder wenn eine Straftat mittels Telekommunikation begangen wurde (§ 100g I 1 Nr. 2 StPO), wie beispielsweise dem Ausspähen von Daten (§ 202a StGB).[806] Ferner muss die Erhebung für die Sachverhaltserforschung erforderlich (§ 100g I 1 StPO a.E.)

803 Auch die Kommunikation an eine Maschine sei von § 100a StPO erfasst, *Wolter/Greco*, in: SK-StPO, § 100a Rn. 14; anders *Roxin/Schünemann*, Strafverfahrensrecht, § 36 Rn. 5.

804 Vgl. *Vassilaki,* JR 2000, 446 (447); vgl. zur Funktionsweise oben S. 57 ff.

805 Zur Sprachsteuerung oben S. 97 ff.

806 *Schmitt*, in: Meyer-Goßner/Schmitt [Hrsg.], StPO, § 100g Rn. 13 ff.

bzw. im Falle des § 100g I Nr. 2 StPO die Erforschung des Sachverhalts auf andere Weise aussichtslos sein (§ 100g I 2 StPO).

Verkehrsdaten sind nach § 3 Nr. 30 TKG nur solche „Daten, die bei der Erbringung eines Telekommunikationsdienstes erhoben, verarbeitet oder genutzt werden", das heißt es sind lediglich solche Daten, die rund um den Telekommunikationsvorgang anfallen, jedoch nicht die Inhalte der Telekommunikation.[807] Allerdings begrenzt § 100g I StPO die Erhebung der Verkehrsdaten auf Daten, die nach § 96 I TKG erhoben werden.[808] Demnach dürfen nur die in § 96 I Nr. 1–5 TKG aufgezählten für Abrechnungszwecke notwendigen Verkehrsdaten erhoben werden.[809] Die erhobenen Daten stehen damit immer im Zusammenhang mit einem Telekommunikationsvorgang.

Bei der Aufnahme von Gesprächen in Wohnungen liegt jedoch regelmäßig keine Telekommunikation vor.[810] Zudem zählen zu den Verkehrsdaten nicht die Inhalte der Gespräche.[811] Somit sind die Gespräche nicht von § 98 I TKG erfasst und § 100g I StPO stellt keine taugliche Ermächtigungsgrundlage für das hier untersuchte Vorgehen dar.

(4) § 100g II StPO

Auch § 100g II StPO erlaubt die Erhebung von Daten, soweit diese nach § 113b TKG gespeichert wurden, wobei es sich wiederum um Verkehrsdaten handelt, die gespeichert werden.[812] Folglich ist auch § 100g II StPO keine taugliche Ermächtigungsgrundlage für eine Verpflichtung der Hersteller in der hier untersuchten Art und Weise.

(5) § 100i StPO

§ 100i StPO erlaubt technische Maßnahmen zur Standortermittlung sowie zur Ermittlung der *International Mobile Equipment Identity* (IMEI; Gerätenummer)

---

807 Vgl. *Graf*, in: BeckOK-StPO, § 3 TKG, Rn. 22.

808 Vgl. *Bär*, in: BeckOK-StPO, §100g Rn. 4; *Schmitt*, in: Meyer-Goßner/Schmitt [Hrsg.], StPO, § 100g Rn. 11.

809 Vgl. *Bär*, in: BeckOK-StPO, § 100g Rn. 9; *Schmitt*, in: Meyer-Goßner/Schmitt [Hrsg.], StPO, § 100g Rn. 7 ff.; *Bär*, TK-Überwachung, Vorb. §§ 100a – 100i StPO Rn. 14 ff.

810 Zum Vorliegen von Telekommunikation in dem hier untersuchten Szenario vgl. oben S. 140 ff.

811 Vgl. *Braun*, in: BeckTKG-Komm, § 96 Rn. 1 (4. Aufl. 2013); *Eckhardt*, in: Spindler/Schuster [Hrsg.], TKG, § 96 Rn. 1 f.

812 Vgl. auch *Bär*, in: BeckOK-StPO, § 100g Rn. 27; *Schmitt*, in: Meyer-Goßner/Schmitt [Hrsg.], StPO, § 100g Rn. 22 ff.

und der *International Mobil Subscriber Identity* (IMSI; Kartennummer).[813] Das Abhören von Gesprächen ist damit nicht erfasst.[814]

Zwar bestehen Mitwirkungsplichten der Telekommunikationsunternehmen, jedoch beziehen sich diese nur auf die IMSI bzw. die IMEI und auf Standortdaten.[815] Diese Daten sollen bei der hier konkret untersuchten Maßnahme nicht erhoben werden. Ferner handelt es sich bei den Herstellern nicht um Telekommunikationsunternehmer.

Damit scheidet auch § 100i StPO als taugliche Ermächtigungsgrundlage für einen Auskunftsanspruch in Bezug auf gespeicherte Gespräche und für eine Verpflichtung der Hersteller aus.

(6) § 100j StPO

Nach § 100j I StPO darf von Telekommunikationsdienstleistern nach Maßgabe des § 113 TKG Auskunft über gespeicherte Daten verlangt werden, soweit dies für die Aufklärung einer besonders schweren Tat erforderlich ist. Zu den gespeicherten Daten zählen solche, die nach § 95 TKG oder § 111 TKG erhoben wurden.[816]

Damit ermöglicht § 100j StPO zwar ein Auskunftsverlangen nach § 113 TKG, jedoch sind davon nicht die für diese Untersuchung relevanten Raumgespräche erfasst. Folglich ist auch § 100j StPO keine taugliche Ermächtigungsgrundlage.

(7) § 94 StPO i.V.m. § 14 II TMG

Nicht nur für Telekommunikationsunternehmen, sondern auch für Diensteanbieter von Telemediendiensten besteht eine Auskunftspflicht in Bezug auf bestimmte Daten. Gemäß § 94 StPO können diese nach § 14 I TMG gespeicherten (Bestands-) Daten beschlagnahmt werden, da § 14 II TMG keine Ermächtigungsgrundlage für die Auskunftserteilung beinhaltet.[817]

---

813 Vgl. *Schmitt*, in: Meyer-Goßner/Schmitt [Hrsg.], StPO, § 100i Rn. 1; *Bär*, TK-Überwachung, § 100i StPO Rn. 6, 9 ff.; *Harnisch/Pohlmann*, HRRS 2009, 204 (204 ff.).

814 BVerfG NJW 2007, 351 (356); *Schmitt*, in: Meyer-Goßner/Schmitt [Hrsg.], StPO, § 100i Rn. 3 f.; *Bär*, in: KMR-StPO, § 100i Rn. 6; Harnisch/Pohlmann, HRRS 2009, 204 (207); *Bär*, TK-Überwachung, § 100i StPO Rn. 6.

815 BT-Drs. 16/5846, S. 56; *Schmitt*, in: Meyer-Goßner/Schmitt [Hrsg.], StPO, § 100i Rn. 19.

816 Vgl. *Graf*, in: BeckOK-StPO, § 100j Rn. 9 ff.; *Bär* MMR 2013, 700 (702).

817 Vgl. *Heckmann*, in: ders. [Hrsg.], Kap. 9, Rn. 406 ff.; *Dix*, in: Roßnagel [Hrsg.], § 14 TMG Rn. 47 ff.

Da es sich jedoch bei den Bestandsdaten um Daten handelt, die für das Vertragsverhältnis notwendiger Weise gespeichert werden müssen,[818] sind ebenso wie bei der Auskunft der Telekommunikationsdiensteanbieter Gesprächsinhalte nicht erfasst.

Ferner kann erst recht keine Verpflichtung der Hersteller zum Speichern der Gespräche auf § 14 II TMG gestützt werden, da dieser allein die nach § 14 I TMG gespeicherten Daten betrifft.[819]

(8) § 100a StPO i.V.m. § 15 V 4 TMG

Gemäß § 15 V 4 TMG gilt für Auskünfte über Nutzungsdaten an die Strafverfolgungsbehörden § 14 II TMG. Daher muss auch für diese Auskünfte eine Ermächtigungsgrundlage in der Strafprozessordnung bestehen. Da die Nutzung von Telemedien über die Telekommunikation erfolgt und daher die Nutzungsdaten ähnlich den Verkehrsdaten (§ 3 Nr. 30 TKG) sind, kommt nur eine Ermächtigungsgrundlage in Betracht, die einen Eingriff in Art. 10 GG ermöglicht, was mit § 100a I StPO der Fall ist.[820]

Nutzungsdaten sind diejenigen personenbezogenen Daten, die der Diensteanbieter erhebt, um die Nutzung eines Telemediums zu ermöglichen und die Nutzung gegebenenfalls abrechnen zu können (§ 15 I TMG).[821] Bei Gesprächen, die dauerhaft übertragen werden, handelt es sich nicht um Daten, die bei der Nutzung anfallen und zu Abrechnungszwecken notwendig sind, sondern vielmehr um Daten, die jederzeit anfallen, ohne dass eine entsprechende Nutzung von Telemedien stattfindet.

Folglich ist auch § 100a I StPO i.V.m. § 15 V 4 TMG keine geeignete Ermächtigungsgrundlage zur Verpflichtung der Hersteller.

(9) § 94 StPO

Ebenso ist § 94 StPO keine taugliche Ermächtigungsgrundlage. Diese erlaubt nur die Beschlagnahme von Gegenständen, wobei schon fraglich ist, ob es sich

---

818 *Dix*, in: Roßnagel [Hrsg.], § 14 TMG Rn. 19 ff.; *Heckmann*, in: Heckmann [Hrsg.], Kap. 9 Rn. 390 ff.; *Spindler/Nink*, in: Spindler/Schuster [Hrsg.], § 14 TMG Rn. 2 f.

819 Vgl. *Dix*, in: Roßnagel [Hrsg.], § 14 TMG Rn. 47 ff.

820 *Dix/Schaar*, in: Roßnagel [Hrsg.], § 15 TMG Rn. 21 ff.; 91 f.; *Heckmann*, in: Heckmann [Hrsg.], Kap. 9 Rn. 476 ff.

821 Dazu auch *Dix/Schaar*, in: Roßnagel [Hrsg.], § 15 TMG Rn. 42 ff.; *Heckmann*, in: Heckmann [Hrsg.], Kap. 9 Rn. 421 ff.; *Spindler/Nink*, in: Spindler/Schuster [Hrsg.], § 15 TMG Rn. 2 f.

bei den Gesprächsdaten überhaupt um Gegenstände handelt.[822] Unabhängig davon sollen die Gespräche jedoch zunächst gar nicht gespeichert, sondern nur übertragen werden. Eine Speicherung soll erst dann stattfinden, wenn die Voraussetzungen für eine akustische Wohnraumüberwachung gegeben sind. Somit ist § 94 StPO keine taugliche Ermächtigungsgrundlage für eine Verpflichtung der Hersteller, Systeme mit dauerhaft aktiviertem Mikrofon herzustellen.

(10) §§ 161, 163 StPO

Eine Eingriffsermächtigung könnte sich grundsätzlich auch aus der Generalklausel (§§ 161, 163 StPO) ergeben. Diese ist jedoch nicht geeignet, eingriffsintensive Maßnahmen zu rechtfertigen.[823] Eine Verpflichtung aller Hersteller, Mikrofone zu integrieren und Gespräche an Server zu übertragen, ist jedoch mehr als eine bloße Ermittlungshandlung, zumal die Verpflichtung der Hersteller vor Beginn der Ermittlungen zu einer Straftat ansetzt und alle informationstechnischen Systeme betroffen sind, weshalb §§ 161, 163 StPO keine taugliche Ermächtigungsgrundlage darstellt.[824]

(11) Analoge Anwendung

Nachdem keine taugliche Ermächtigungsgrundlage existiert, stellt sich die Frage, ob eine der Ermächtigungsgrundlagen analog angewendet werden kann. Grundsätzlich ist umstritten, ob eine Analogie bei strafprozessualen Maßnahmen zulässig ist.[825] Die für eine Analogie notwendige planwidrige Regelungslücke und die vergleichbaren Interessenlagen liegen hier nicht vor.[826] Der Gesetzgeber hat die akustische Wohnraumüberwachung in § 100c StPO geregelt,[827] dabei hat er in diesem Zusammenhang nicht geregelt, dass dazu eine Verpflichtung der Hersteller von internetfähigen Systemen möglich ist, obgleich diese Möglichkeit grundsätzlich technisch schon einige Zeit möglich gewesen wäre. Ebenso wird

---

822 Statt vieler *Hauschild*, in: MüKo-StPO, § 94 Rn. 13; *Zimmermann*, JA 2014, 321.

823 *Zimmermann*, JA 2014, 321.

824 Vgl. BVerfG 109, 279 (315 f., 325 f.).

825 Zur Frage, ob Analogien im Strafprozessrecht grundsätzlich möglich sind: *Krey*, Studien zum Gesetzesvorbehalt im Strafrecht, S. 35 ff.; *Bottke*, Jura 1987, 356 (362 f.); *Jäger*, GA 2006, 615 (615 ff.); vgl. auch *Leister*, Stillschweigende Annexkompetenzen, S. 83 ff.; *Zimmermann*, JA 2014, 321 (323).

826 Vgl. nur *Vogel*, Juristische Methodik, S. 133 ff.; *Chanos*, Begriff und Geltungsgrundlagen, S. 112 f.

827 Zuletzt geändert durch Gesetz zur effektiveren und praxistauglicheren Ausgestaltung des Strafverfahrens vom 17. August 2017, BGBl. 2017 I, S. 3203.

auch bei den anderen Maßnahmen mit Fernzugriff auf ein informationstechnisches System (§ 100a I 2 StPO; § 100b I StPO) nicht auf eine Verpflichtung der Hersteller gesetzt.

Ferner ist eine Analogie bei erheblichen Grundrechtseingriffen ausgeschlossen,[828] weshalb auch hier die Analogie auszuschließen sein könnte. Inwiefern Grundrechte bei einer Zusammenarbeit mit den Herstellern betroffen sind, wird im Folgenden geprüft.

(12) Fazit

Eine akustische Wohnraumüberwachung ist nach § 100c StPO möglich, jedoch sind von dieser Vorschrift nach hier vertretener Ansicht grundsätzlich keine Annexmaßnahmen erfasst und auch nicht die Verpflichtung der Hersteller, dauerhaft aktivierte Mikrofone zu integrieren, die die erfassten Gespräche an Server weiterleiten. Ebenso scheiden weitere Ermächtigungsgrundlagen aus der Strafprozessordnung und insbesondere auch eine analoge Anwendung der Ermächtigungsgrundlagen aus, weil die Möglichkeit grundsätzlich schon länger besteht und der Gesetzgeber dennoch keine Regelung dazu erlassen hat; auch nicht im Rahmen der Quellen-Telekommunikationsüberwachung oder der Online-Durchsuchung. Ferner sind die bestehenden Ermächtigungsgrundlagen für eine Zusammenarbeit mit Telekommunikations- und Telemedienanbietern nicht ausreichend, um Raumgespräche dauerhaft zu übertragen, da bei der Telekommunikationsüberwachung die Telekommunikationsunternehmen die vom Betroffenen initiierten Gespräche an die Strafverfolgungsbehörden leiten müssen, während in dem vorliegend untersuchten Fall, die Hersteller zunächst ihre Systeme in einer vorgeschriebenen Art herstellen und die Raumgespräche grundsätzlich an ihre Server übertragen müssen.

b Vereinbarkeit mit dem Grundgesetz

Die Verpflichtung der Hersteller zum Übertragen und gegebenenfalls zum Speichern von Gesprächen wäre nur möglich, sofern dieses Vorgehen mit deren Grundrechten vereinbar wäre. Dabei sind im Folgenden sowohl die Grundrechte der Hersteller (Art. 12 I GG) als auch die Grundrechte der Nutzer (Art. 13 I; Art. 5 I 1 Hs. 2; Art. 2 I i.V.m. 1 I GG) zu untersuchen.

---

828 Vgl. *Valerius*, JR 2007, 275 (276).

(1) Berufsfreiheit (Art. 12 I GG) der Hersteller

In Bezug auf die Hersteller wäre bei einer Verpflichtung dieser, informationstechnische Systeme bzw. Betriebssysteme mit dauerhaft aktiviertem Mikrofon herzustellen, Art. 12 I GG betroffen. Eine Verpflichtung in der zuvor genannten Art schriebe den Verpflichteten zugleich vor, wie sie ihre Geräte auszustatten haben und dass Gespräche übertragen werden müssen. Damit liegt hier ein Eingriff in die Berufsausübungsfreiheit (Art. 12 I GG) vor.[829] Eine Rechtfertigung dieses Eingriffs ist durch ein Gesetz möglich, Art. 12 II GG. Ferner müsste das Gesetz insbesondere verhältnismäßig und bestimmt sein.[830] Als legitimer Zweck für einen Eingriff in die Berufsausübungsfreiheit sind vernünftige Gründe des Allgemeinwohls ausreichend.[831] Die effektive Strafverfolgung stellt einen vernünftigen Grund des Allgemeinwohls dar.[832] Eine Verpflichtung in der genannten Art und Weise wäre auch grundsätzlich geeignet, das Ziel zu erreichen, da diese eine akustische Wohnraumüberwachung vorbereitet bzw. erleichtern soll.

Jedoch ist schon fraglich, ob die Zusammenarbeit überhaupt erforderlich ist. Eine Maßnahme ist nicht erforderlich, wenn ein milderes, aber gleich geeignetes Mittel besteht.[833] Als milderes Mittel kommt das derzeitige Vorgehen in Betracht. Derzeit werden beispielsweise in den Wohnungen des Beschuldigten Abhörvorrichtungen („Wanzen") angebracht.[834] Bei diesem Vorgehen liegt kein Eingriff in Art. 12 I GG, sondern nur in Art. 13 I GG der Betroffenen vor, weshalb das Mittel für die Hersteller milder ist.

Fraglich ist allerdings, ob sich die Hersteller darauf berufen können, dass sie weniger belastet werden, während andere, insbesondere der Beschuldigte, mehr belastet werden. Dies ist grundsätzlich nicht der Fall. Ein milderes Mittel liegt nur dann vor, wenn niemand stärker belastet wird, sondern es sich im Ganzen

---

829 Zu Art. 12 GG oben S. 121 ff.

830 Vgl. statt vieler *Merten*, in: Merten/Papier [Hrsg.], Handbuch der Grundrechte, Bd. III, § 68 Rn. 42 ff.; *Michael/Morlok*, Grundrechte, Rn. 605 ff.

831 BVerfGE 7, 337 (405 f.); 16, 286 (297); 65, 116 (125); 77, 308 (332); 78, 155 (162); 81, 70 (84); 85, 248 (259); 93, 362 (369); 101, 331 (347); 103, 1 (10); 104, 357 (364); 106, 216 (219); 109, 64 (85); 111, 10 (32); 114, 196 (251 f.); 121, 317 (357); 123, 186 (238 f.); *Jarass*, in: Jarass/Pieroth [Hrsg.], GG, Art. 12 Rn. 34, 45 f.; *Mann*, in: Sachs [Hrsg.], GG, Art. 12 Rn. 126.

832 BVerfGE 77; 65 (75); 80, 367 (375); 100, 313 (389); 109, 279 (335 f.); *Merten*, in: Merten/Papier [Hrsg.], Handbuch der Grundrechte, Bd. III, § 68 Rn. 60.

833 *Merten*, in: Merten/Papier [Hrsg.], Handbuch der Grundrechte III, § 68 Rn. 66.

834 Vgl. nur BT-Drs. 15/4533 S. 10; *Wolter*, in: SK-StPO, § 100c Rn. 40; *Eisenberg*, Beweisrecht der StPO, Rn. 2529a.

als milder darstellt.[835] Andernfalls könnte jeweils auf ein anderes Mittel verwiesen werden, welches einen selbst weniger, dafür aber einen Dritten stärker belastet. Etwas anderes könnte hier jedoch gelten, da der stärker betroffene Dritte der Beschuldigte wäre. Der Beschuldigte gilt zwar bis zu seiner rechtskräftigen Verurteilung als unschuldig, dennoch werden ihm gewisse Duldungspflichten auferlegt,[836] sodass das derzeitige Anbringen grundsätzlich als milder gelten kann, verglichen mit der Verpflichtung aller Hersteller.

Darüber hinaus ist fraglich, ob die Verpflichtung der Hersteller, ein dauerhaft aktiviertes Mikrofon in ihre informationstechnischen Systeme zu integrieren, gleich geeignet ist wie das Anbringen von Abhörvorrichtungen. Beim Anbringen von Anhörvorrichtungen und dem damit verbundenen Betreten der jeweiligen Wohnung besteht die Gefahr, dass die Wohnung nicht heimlich betreten werden kann oder die Abhörvorrichtung gefunden wird, weshalb eine Verpflichtung der Hersteller erfolgsversprechender sein könnte. Allerdings sind die Strafverfolgungsbehörden in diesen Fällen darauf angewiesen, dass sich informationstechnische Systeme in der Wohnung befinden, das heißt der Betroffene müsste selbst die Abhörvorrichtung in die Wohnung verbracht haben. Daher kann hier nicht ausgeschlossen werden, dass die Maßnahme nicht erfolgreich durchgeführt werden kann, weshalb weder die Verpflichtung der Hersteller, dauerhaft eingeschaltete Mikrofone in informationstechnischen Systemen zu integrieren, noch das derzeitige Anbringen von Abhörvorrichtungen in den Wohnungen als geeignetere Maßnahme angesehen werden kann.

Daher ist für die Beurteilung der Maßnahme der Einschätzungsspielraum des Gesetzgebers entscheidend. Der Gesetzgeber kann grundsätzlich frei entscheiden, welches Mittel er für geeignet und erforderlich hält, um das Ziel zu erreichen.[837] Dies gilt nur dann nicht, wenn aufgrund von Erfahrungen bekannt ist, dass die möglichen Alternativen weniger eingriffsintensiv sind und den gleichen Erfolg versprechen.[838] Die akustische Wohnraumüberwachung wird bisher zwar bereits erfolgreich durchgeführt, jedoch konnte die Überwachung aufgrund technischer Probleme nicht immer erfolgreich durchgeführt werden, wobei allerdings die überwiegenden negativen Ergebnisse nicht auf technische

---

835 Statt vieler *Hillgruber*, in: *Isensee/Kirchhof* [Hrsg.], Handbuch des Staatsrechts, Bd. IX, § 201 Rn. 64.

836 Vgl. *Noltenius*, ZStW 2010, 604.

837 *Hillgruber*, in: Isensee/Kirchhof [Hrsg.] Handbuch des Staatsrechts, Bd. IX, § 201 Rn. 66.

838 Vgl. BVerfGE 120, 274 (320); *Hillgruber*, in: Isensee/Kirchhof [Hrsg.], Handbuch des Staatsrechts, Bd. IX, §. 201 Rn. 65 ff.

Schwierigkeiten, sondern auf mangelnde verfahrensrelevante Äußerungen zurückzuführen sind.[839] Das Risiko, dass eine akustische Überwachung aufgrund möglicher fehlerhafter Installation der Abhörvorrichtung oder mangels der Möglichkeit, diese grundsätzlich anzubringen, negativ verläuft, ist bei einer Verpflichtung der Hersteller sehr gering.

Allerdings waren bereits in den vergangenen Jahren technische Probleme nicht ursächlich für negative Ergebnisse der akustischen Wohnraumüberwachung.[840] Diese negativen Ergebnisse können auch bei einer Verpflichtung der Hersteller auftreten. Insgesamt kann die Verpflichtung der Hersteller noch erforderlich und vom Beurteilungsspielraum des Gesetzgebers gedeckt sein.

Darüber hinaus müsste die Verpflichtung der Hersteller angemessen sein. Von Bedeutung sind dabei die widerstreitenden Interessen, also der Zweck und das Mittel müssen in einem ausgeglichenen Verhältnis stehen.[841] Die Hersteller möchten ihre Produkte für den Nutzer möglichst ansprechend gestalten, um hohe Verkaufszahlen zu erreichen. Dazu gehört auch, dass diese an die Bedürfnisse und Wünsche der Nutzer angepasst werden. In der heutigen Zeit mag dazu eine Sprachsteuerung mit integriertem Mikrofon gehören, jedoch möchten auch dann die Nutzer noch selbst entscheiden, wann sie diese nutzen wollen. Für die Hersteller ist eine solche Verpflichtung daher nicht vorteilhaft, weil sie mit negativen Schlagzeilen bzw. negativem Image verbunden ist.[842]

Allerdings betrifft die Verpflichtung alle Hersteller, weshalb auch das negative Image auf alle zutrifft, somit alle in gleicher Weise belastet sind und es zu keiner Bevorzugung eines Herstellers im Markt kommt. Zudem ist eine Verpflichtung von Herstellern in Deutschland und der Europäischen Union nicht unbekannt, wie beispielsweise die Gurtpflicht im Pkw zeigt.[843] Allerdings handelt es sich im vorliegenden Fall um die Mitwirkung bei der Strafverfolgung, sodass diese beiden Bereiche nicht eins zu eins übertragen werden können. Jedoch ist die Mitwirkung von Herstellern bzw. Dienstleistungsanbietern auch im Bereich der Strafverfolgung nicht unbekannt. So werden in § 100a StPO i.V.m. § 110 I TKG Telekommunikationsdiensteanbieter verpflichtet, den Strafverfolgungsbehörden Zugang zur Telekommunikation des Beschuldigten zu ermöglichen, weshalb

839 Vgl. BT-Drs.18/9660, S. 3; 17/10601, S. 5; 16/14116, S. 3.

840 Vgl. BT-Drs. 18/9660, S. 3; 18/5900, S. 3; 18/2495, S. 4; 17/14835, S. 3.

841 *Merten*, in: Merten/Papier [Hrsg.], Handbuch der Grundrechte, Bd. III, § 68 Rn. 71; *Hillgruber*, in: Isensee/Kirchhof [Hrsg.], Handbuch des Staatsrechts, Bd. IX, § 201 Rn. 80.

842 Vgl. *Weiß*, Online-Durchsuchung, S. 21.

843 Vgl. § 35a III–VIII StVZO.

eine Verpflichtung der Hersteller nicht von Anfang an auszuschließen ist, zumal alle Hersteller betroffen wären.

Ferner wäre bei einer Verpflichtung der Hersteller notwendig, dass ausreichend Server zum Überprüfen und gegebenenfalls Speichern der Aufzeichnungen zur Verfügung stehen. Diese Aufgabe könnte zwar den Herstellern übertragen werden, jedoch kann der Mehraufwand und die dadurch entstehende zusätzliche Belastung durch eine Entschädigung durch den Staat ausgeglichen werden. Ebenso könnte der Staat selbst die Ressourcen zur Verfügung stellen.

Obwohl die andauernde Übertragung von Daten zu einer Überlastung des Internets führen kann,[844] so ist diese dennoch nicht im Rahmen des Art. 12 I GG zum Vorteil der Hersteller zu gewichten. Da das Internet nicht den Herstellern selbst gehört, können diese auch nicht die langsamere Internetverbindung zu ihren Gunsten heranziehen.

Für den Staat hat die Verpflichtung der Hersteller zudem den Vorteil, dass sie grundsätzlich keine Abhörvorrichtungen mehr anbringen müssen und die akustische Überwachung in technischer Hinsicht in der Regel durchführbar ist, abgesehen von einer möglichen Überlastung des Internets, welche jedoch im Rahmen der technischen Entwicklung überwunden werden kann.

Insgesamt wären die Hersteller bei einer Verpflichtung zwar in ihrer Berufsfreiheit (Art. 12 I GG) betroffen, jedoch nicht in unverhältnismäßiger Weise, wenn Entschädigungsregelungen für den Mehraufwand der Ressourcen-Bereitstellung bestünden oder der Staat dieses selbst übernähme. Ferne müsste eine Ermächtigungsgrundlage geschaffen werden, die die Verpflichtung der Hersteller, dauerhaft aktivierte Mikrofone in informationstechnische Systeme zu integrieren, grundsätzlich erlaubt.

(2) Unverletzlichkeit der Wohnung (Art. 13 I GG) der Nutzer informationstechnischer Systeme

Auch diejenigen, die informationstechnische Systeme in ihren Wohnungen nutzen, könnten bei einer Verpflichtung der Hersteller in ihren Grundrechten betroffen sein.

Die akustische Wohnraumüberwachung greift grundsätzlich in Art. 13 I GG ein, ist jedoch unter den Voraussetzungen des Art. 13 III GG gerechtfertigt. Hier steht allerdings nicht die akustische Wohnraumüberwachung in Frage, sondern bereits die Verpflichtung der Hersteller im Vorfeld. Bei einer grundsätzlichen

844 Vgl. nur *Steinmetz/Mühlhäuser/Welzl*, in: Rechenberg/Pomberger [Hrsg.], Informatik Handbuch, S. 429 (443 ff.; 451 ff.).

Speicherung von Gesprächen aus Wohnräumen außerhalb dieser, liegt ein nicht gerechtfertigter Eingriff in Art. 13 I GG vor, da dies eine Rundum-Überwachung darstellt, die durch ein die Hersteller verpflichtendes Gesetz dem Staat zugerechnet werden kann.[845] Nach dem Bundesverfassungsgerichtsurteil zur akustischen Wohnraumüberwachung ist eine grundsätzlich zulässige Überwachung „auf Gesprächssituationen zu beschränken, die mit Wahrscheinlichkeit strafverfahrensrelevante Inhalte umfassen."[846] Darüber hinaus sei eine „zeitliche und räumliche ‚Rundumüberwachung'" in der Regel unzulässig, da „die Wahrscheinlichkeit groß ist, dass dabei höchstpersönliche Gespräche abgehört werden" und die Menschenwürde verletzt wird, „wenn eine Überwachung [...] derart umfassend ist, dass nahezu lückenlos alle Bewegungen und Lebensäußerungen der Betroffenen registriert und zur Grundlage für ein Persönlichkeitsprofil werden können".[847] Eben diese Gefahren bestehen bei einer generellen Übertragung aller Geschehnisse aus der Wohnung, sobald ein informationstechnisches System vorhanden ist. Für den Nutzer wird der Rückzugsraum gänzlich aufgehoben und eine lückenlose Überwachung kann in seiner Wohnung erfolgen.

Ebenso ist es bei einem generellen Übertragen von Wohnraumgesprächen, ohne dass eine Speicherung dieser erfolgt.[848] Soweit die Gespräche innerhalb einer Wohnung stattfinden, ist der Schutzbereich des Art. 13 I GG eröffnet. Durch das Übertragen der Gespräche an Server außerhalb der Wohnung liegt auch ohne Speicherung ein Eingriff in Art. 13 I GG vor, da die Gespräche den geschützten Bereich der Wohnung verlassen und daher grundsätzlich auf dem Übertragungsweg von Dritten wahrgenommen werden können.[849]

Eine Rechtfertigung kann nur unter den engen Voraussetzungen des Art. 13 III GG bestehen, welche von § 100c StPO erfüllt und umgesetzt werden. Jedoch ermöglicht § 100c StPO keine Verpflichtung der Hersteller zur Durchführung einer akustischen Überwachung.[850] Ein Gesetz, welches die Hersteller verpflichtet, Gespräche aus der Wohnung zu übertragen, ohne dass der Verdacht einer besonders schweren Straftat vorliegt, ist daher nicht verfassungskonform.

---

845 Vgl. BVerfGE 109, 279 (319 f.; 323); *Gornig*, in: v. Mangoldt/Klein/Starck, Bd. 1, Art. 13 Rn. 43.
846 BVerfGE 109, 279 (323).
847 BVerfGE 109, 279 (323).
848 Vgl. BVerfGE 109, 279 (317 f.; 323 f.).
849 Vgl. BVerfGE 109, 279 (327); *Kurose/Ross*, Computer Networking, S. 83 ff.
850 Siehe dazu oben S. 189 f.

Art. 13 I GG schützt den höchstpersönlichen Lebensbereich,[851] der nicht mehr gewahrt wird, wenn sämtliche Gespräche aus der Wohnung immer nach außen gelangen und auf Server übertragen werden, selbst wenn keine Speicherung erfolgt. Die Gefahr, dass die Gespräche durch Dritte zur Kenntnis genommen werden, besteht schon auf dem Übertragungsweg via Internet. Diese Gefahr kann auch nicht effektiv durch Verschlüsselung verhindert werden, da jede Verschlüsselung mit entsprechendem technischem und gegebenenfalls zeitlichem Aufwand entschlüsselt werden kann.[852] Alleine das Vorliegen tatsächlicher Anhaltspunkte dafür, dass Geschehnisse aus dem Kernbereich privater Lebensgestaltung erfasst werden, führt schon zur Unzulässigkeit der Maßnahme bzw. die Maßnahme darf grundsätzlich nicht angeordnet werden (§ 100d IV 1 StPO).[853] Es kann für einen Schutz des Kernbereichs privater Lebensgestaltung allerdings auch schon genügen, wenn technisch ausgeschlossen wird, dass Geschehnisse aus dem Kernbereich privater Lebensgestaltung erfasst werden, sofern dies möglich ist (§ 100d III 1 StPO).[854] Die Gefahr der Kernbereichsbetroffenheit kann bei der akustischen Wohnraumüberwachung nicht ausgeschlossen werden, wenn alle Gespräche übertragen werden sollen, weshalb schon aus diesem Grunde eine Verletzung des Art. 13 I GG gegeben sein kann. Allerdings könnte diese Betroffenheit gegebenenfalls durch Löschungspflichten, wie sie bei der Online-Durchsuchung (§ 100d III 2 StPO) bestehen, ausgeglichen werden, da auch bei einer Verpflichtung der Hersteller die akustische Überwachung automatisch erfolgt. Jedoch kann grundsätzlich bei der akustischen Wohnraumüberwachung im Gegensatz zur Online-Durchsuchung verhindert werden, dass Geschehnisse aus dem Kernbereich privater Lebensgestaltung erfasst werden.[855] Daher sollte auch von Beginn an verhindert werden, dass der Kernbereich privater Lebensgestaltung betroffen wird und nur in Ausnahmefällen eine automatische Aufzeichnung erfolgen.[856]

Ferner fehlt dem Nutzer jeglicher Rückzugsort, da das Gefühl des Überwachtwerdens bestehen bleibt, selbst wenn tatsächlich keine Überwachung stattfindet.[857] Für den Nutzer wäre die einzige Möglichkeit, Räume mit internetfähigen Systemen zu meiden. Nur außerhalb dieser Räume wäre ein Rückzug möglich.

851 BVerfGE 75, 318 (328); 51, 97 (110); 109, 279 (313 f.).
852 *Kurose/Ross*, Computer Networking, S. 83 ff.; 699 ff.
853 Vgl. BVerfGE 109, 279 (318 f.).
854 Vgl. BVerfGE 120, 274 (335 ff.).
855 Vgl. BVerfGE 120, 274 (336 f.), *Singelnstein/Derin*, NJW 2017, 2646 (2647).
856 BVerfGE 109, 279 (323 f.); Wolter, in: SK-StPO, § 100c Rn. 67 ff.
857 BVerfGE 109, 279 (354 f.).

Dies ist jedoch insbesondere innerhalb der eigenen Wohnung eine sehr starke Einschränkung.

Ferner sind nicht nur alle Nutzer betroffen, sondern vor allem auch Familienangehörige, die als Zeugnisverweigerungsberechtigte im Sinne des § 52 I StPO einen besonderen Schutz verdienen,[858] da sich diese häufig in der gleichen Wohnung wie der Beschuldigte aufhalten werden und auch dieselben informationstechnischen Systeme wie beispielsweise einen Smart-TV oder Laptop nutzen. Zwar schließt die Betroffenheit der Personen nicht zwingend die Zulässigkeit der Maßnahme bzw. die Verwertung der gewonnenen Erkenntnisse aus (§ 100d V 2 StPO), jedoch ist dabei das Vertrauensverhältnis der Betroffenen zu beachten und insbesondere bei einer Verpflichtung der Hersteller, informationstechnische Systeme mit dauerhaft aktiviertem Mikrofon herzustellen, werden zunächst alle Informationen erfasst, sodass die Betroffenen und ihre Familienangehörige keine vertraulichen Gespräche in der Wohnung führen können. Zudem spricht eine Vermutung dafür, dass der Kernbereich relevante Gespräche erfasst werden können, wenn sich der Betroffene nur mit engen Vertrauten in der Wohnung aufhält.[859] Bei einer dauerhaften Überwachung wird keine Rücksicht auf dieses Vertrauensverhältnis genommen, weshalb auch hier die Gefahr einer Kernbereichsverletzung besteht.

Folglich wird Art. 13 I GG durch eine Verpflichtung der Hersteller, dauerhaft aktivierte Mikrofone zu installieren, verletzt.

(3) Informationsfreiheit (Art. 5 I 1 Hs. 2 GG) der Nutzer informationstechnischer Systeme

Ferner könnten die Nutzer informationstechnischer Systeme auch in ihrer Informationsfreiheit nach Art. 5 I 1 Hs. 2 GG beeinträchtigt sein, wobei zunächst fraglich ist, ob der Schutzbereich überhaupt eröffnet ist. Die Informationsfreiheit (Art. 5 I Hs. 2 GG) schützt die Informationsbeschaffung aus freizugänglichen Quellen, worum es sich bei dem Internet handelt.[860] Bei einer Verpflichtung der Hersteller würde jedes internetfähige System zu einem „Überwachungssystem" werden. Damit ist vor allem die Möglichkeit, sich im Internet zu informieren, betroffen. Zwar zielt die Verpflichtung der Hersteller nicht auf eine

858 Vgl. BVerfGE 109, 279 (322 ff.; 329 f.); *Hauck*, in: LR-StPO, Bd. 3, § 100c Rn. 132 ff.; 147; *Wolter*, in: SK-StPO, Bd. II, § 100c Rn. 78 ff.

859 Vgl. BVerfGE 109, 279 (319 f.).

860 *Kube*, in: Isensee/Kirchhof [Hrsg.], Handbuch des Staatsrechts, Bd. IV, § 91 Rn. 12; *Bethge*, in: Sachs [Hrsg.], GG, Art. 5 Rn. 54.

Beeinträchtigung ab, jedoch kann sie wie eine mittelbare Beeinträchtigung wirken.[861] Wenn bekannt ist, dass internetfähige Systeme Gespräche an Server des Unternehmens leiten, unabhängig davon, ob diese gespeichert werden oder nicht, fühlt sich der Nutzer dauerhaft beobachtet und kann nur durch das Unterlassen der Nutzung der Systeme das Gefühl beseitigen, womit eine Beeinträchtigung der Informationsfreiheit vorliegt.

Die Beeinträchtigung kann nur durch ein allgemeines Gesetz[862] gerechtfertigt sein, wenn die Maßnahme unter anderem auch verhältnismäßig ist. Wiederum liegt mit der Vorbereitung der Durchführung einer akustischen Wohnraumüberwachung zur effektiven Strafverfolgung ein legitimes Ziel vor, zu dessen Erreichung die Maßnahme grundsätzlich geeignet ist. Milder und gleich geeignet könnte allerdings das derzeitige Vorgehen sein. Dabei wird zwar die Wohnung des Betroffenen betreten, um eine Abhörvorrichtung anzubringen, aber es werden keine Geräte des Nutzers verwendet, die dauerhaft eingeschaltet sein müssten und so dauerhaft Gespräche an Server übertragen. Daher besteht beim derzeitigen Vorgehen nicht die Gefahr der dauerhaften Überwachung, zumal in § 100d I, II, IV StPO Schranken zur Überwachung angelegt sind.[863] Die Gefahr einer dauerhaften Überwachung und das unwohle Gefühl einer dauerhaften Überwachung bestehen somit nicht. Zudem ist nicht jeder Nutzer von der Maßnahme betroffen, sondern die Maßnahme richtet sich nur gegen denjenigen, gegen den der Verdacht einer Katalogstraftat tatsächlich besteht.

Ferner ist fraglich, ob das derzeitige Vorgehen auch gleich geeignet ist. Beim Anbringen von Abhörvorrichtungen besteht das Risiko, dass diese nicht in der Wohnung angebracht werden können, was bei dem hier untersuchten Vorgehen ausgeschlossen ist. Sofern sich internetfähige Geräte mit Mikrofon in der Wohnung befinden, können Gespräche abgehört werden. Da insofern das Risiko des Anbringens und Installierens der Abhörvorrichtung entfällt, kann nicht grundsätzlich festgestellt werden, dass eine Verpflichtung der Hersteller eine geringere Erfolgswahrscheinlichkeit aufweist als das derzeitige Vorgehen und somit

---

861 Vgl. *Bethge*, in: Merten/Papier [Hrsg.], Handbuch der Grundrechte, Bd. III, § 58 Rn. 16.

862 Zum allgemeinen Gesetz oben S. 120 f.

863 *Singelnstein/Derin*, NJW 2017, 2646 (2647); vgl. zu § 100c IV, V StPO a.F. statt vieler *Schmitt*, in: Meyer-Goßner/Schmitt [Hrsg.], StPO, § 100c Rn. 14 ff.; *Wolter*, in: SK-StPO, § 100c Rn. 54 ff.

im Rahmen der Einschätzungsprärogative des Gesetzgebers die Erforderlichkeit der Maßnahme noch bestehen kann.[864]

Allerdings ist die Verpflichtung der Hersteller und dem damit verbundenen stetigen Übertragen von Gesprächen an deren Server nicht angemessen, da die Informationsfreiheit aller Nutzer betroffen ist. Demgegenüber stehen nicht viele Nutzer im Verdacht, eine Katalogstraftat begangen zu haben.[865] Das Interesse der Strafverfolgungsbehörden an einer effektiven Strafverfolgung tritt daher hinter den Informationsinteressen der Nutzer zurück, da durch die Maßnahme das Internet als Informationsquelle für den Nutzer weniger interessant wird und dieser im Zweifel auf das Internet verzichten wird. Eine solche Einschränkung kann jedoch nicht mit der Effektivität der Strafverfolgung gerechtfertigt werden, da insbesondere die Bedeutung der Grundrechte bei der Abwägung beachtet werden muss und diese hier zu stark beschränkt werden.[866] Schon jetzt wird die akustische Wohnraumüberwachung nur selten angewendet,[867] sodass eine Verpflichtung der Hersteller dennoch alle Nutzer belastet und beschränkt, jedoch nur in seltenen Fällen überhaupt für die Strafverfolgung genutzt wird.

Somit ist die hier untersuchte Verpflichtung der Hersteller unverhältnismäßig und die Informationsfreiheit der Nutzer (Art. 5 I 1 Hs. 2 GG) verletzt.

(4) Allgemeines Persönlichkeitsrecht (Art. 2 I i.V.m. Art. 1 I GG) der Nutzer informationstechnischer Systeme

i Recht am eigenen Wort und informationelle Selbstbestimmung

Grundsätzlich ist Art. 2 I i.V.m. Art. 1 I GG hier in Bezug auf die Wohnungsinhaber in keiner seiner Ausprägungen einschlägig, da die Gespräche innerhalb der Wohnung bereits von Art. 13 I GG erfasst sind,[868] sodass ein Rückgriff auf Art. 2 I i.V.m. Art. 1 I GG an sich nicht notwendig ist.

Soweit es sich jedoch um Dritte handelt, die nicht vom Schutz des Art. 13 IGG erfasst sind, ist Art. 2 I i.V.m. Art. 1 I GG einschlägig. Bei der Rechtfertigung

864 Vgl. BVerfGE 116, 202 (225); *Hillgruber*, in: Isensee/Kirchhof [Hrsg.], Bd. IX, § 201 Rn. 63.

865 Vgl. BT-Drs. 18/5900, S. 3; 18/9660, S. 3.

866 Vgl. BVerfGE 141, 220 (268, 273 f.); *Jarass*, in: Jarass/Pieroth [Hrsg.], GG, Art. 5 Rn. 69 f.; *Bethge*, in: Sachs [Hrsg.], GG, Art. 5 Rn. 145 ff.

867 Vgl. BT-Drs. 18/9660, S. 3.

868 BVerfGE 109, 279 (325 f.); siehe oben S. 201 ff.

gelten allerdings die gleichen Grundsätze wie bei Art. 13 I GG.[869] Somit ist auch dieser Eingriff nicht gerechtfertigt.[870]

ii Selbstbelastungsfreiheit

Nichtsdestoweniger kann darüber hinaus auch die Selbstbelastungsfreiheit des Beschuldigten betroffen sein, da dieser sich in den abgehörten Gesprächen selbst belasten könnte. Selbstbelastungsfreiheit bedeutet, dass der Betroffene selbst entscheiden können soll, ob er sich gegenüber einer Vernehmungsperson belastet oder schweigt.[871] Für eine Beeinträchtigung der Selbstbelastungsfreiheit ist daher entscheidend, ob der Betroffene durch Täuschung oder Druck in einer Vernehmung oder vernehmungsähnlichen Situation dazu gebracht wird, sich zu belasten.[872]

Bei einer Verpflichtung der Hersteller, ihre informationstechnischen Systeme so zu gestalten, dass die Mikrofone grundsätzlich eingeschalten sind und Gespräche übertragen, könnte der Betroffene unbeabsichtigt sich selbst belastende Aussagen tätigen, die die Strafverfolgungsbehörden erhalten. Jedoch tätigt der Betroffene die Aussage grundsätzlich freiwillig und befindet sich in keiner vernehmungsähnlichen Situation. Zudem würde durch die gesetzliche Verpflichtung der Hersteller bekannt sein, dass informationstechnische Systeme immer mithören, weshalb auch keine Täuschung vorliegt.

Insgesamt ist die Selbstbelastungsfreiheit daher nicht beeinträchtigt.

(5) Fazit

Eine Verpflichtung der Hersteller, dauerhaft aktivierte Mikrofone in informationstechnischen Systemen zu integrieren, die die erfassten Gespräche an Server übertragen, ist nicht mit dem Grundgesetz vereinbar. Zwar kann die akustische Wohnraumüberwachung erleichtert werden, weil keine vorbereitenden Maßnahmen mehr erforderlich sind; vielmehr befindet sich die Abhörvorrichtung schon in der Wohnung, sobald ein informationstechnisches System vorhanden ist. Jedoch werden dadurch die Nutzer informationstechnischer Systeme

869 Vgl. BVerfGE 109, 279 (326 f.).

870 Zur Rechtfertigung bei Art. 13 I GG oben S. 110 ff.; 201 ff.

871 *Di Fabio*, in: Maunz/Dürig [Hrsg.], GG, Art. 2 I, Rn. 187; *Jarass*, in: Jarass/Pieroth [Hrsg.], GG, Art. 2 Rn. 68; *Murswiek/Rixen*, in: Sachs [Hrsg.], GG, Art. 2 Rn. 71.

872 Vgl. EGMR, Urteil v. 05.11.2002 – Allan/UK, §§ 42 ff.; Urteil v. 21.01.2009 – Bykov/RUS, §§ 88 ff.; *Kasiske*, StV 2014, 423 (424); *Esser*, JR 2004, 98 (106); *Müller*, EuGRZ 2001, 546 (557).

in ungerechtfertigter Weise beeinträchtigt, da sie sich jederzeit und dauerhaft überwacht fühlen würden und so keine freie Entfaltung der Persönlichkeit mehr möglich wäre. Obwohl die Hersteller ihre Systeme anpassen und gegebenenfalls für eine ausreichende Infrastruktur sorgen müssten, betrifft dies alle Hersteller und belastet sie daher grundsätzlich nicht in unangemessener Weise. Unter Umständen wäre jedoch eine Entschädigung vorzusehen, sofern ein Mehraufwand durch die Bereitstellung der Ressourcen bestehen sollte.

c Vereinbarkeit mit der Europäischen Menschenrechtskonvention

Im Folgenden wird die Verpflichtung der Hersteller anhand relevanter Rechte der Europäischen Menschenrechtskonvention in Bezug auf die Nutzer informationstechnischer Systeme geprüft.

(1) Recht auf Achtung des Privat- und Familienlebens (Art. 8 EMRK) der Nutzer informationstechnischer Systeme

Zunächst erlangt Art. 8 I EMRK Bedeutung, weil viele der Systeme, wie Smartphone oder Laptop, zumindest auch in der Wohnung verwendet werden und einige Systeme sich in der Regel ausschließlich in der Wohnung befinden, wie beispielsweise das Smart-TV. Daher ist insoweit zunächst einmal der Schutzbereich des Art. 8 I EMRK eröffnet.

Ein Gesetz, welches die Hersteller internetfähiger Systeme verpflichtet, Mikrofone in ihre Geräte zu integrieren und Gespräche aus der Wohnung herauszuleiten und gegebenenfalls zu speichern, beeinträchtigt sowohl das Privatleben als auch das Recht auf Achtung der Wohnung. Der Nutzer eines solchen Systems kann sich nicht mehr frei von Überwachung fühlen und sich dadurch nicht mehr unbefangen und frei entfalten.[873]

Ferner ist dadurch, dass Gespräche aus der Wohnung via Internet an Server außerhalb der Wohnung übertragen werden und so grundsätzlich von Dritten wahrgenommen werden können, eine weitere Beeinträchtigung des Rechts auf Achtung der Wohnung gegeben.

Eine gesetzliche Norm sowie die Verfolgung eines der genannten Ziele kann die Beeinträchtigung rechtfertigen.[874] Das Ziel der Strafverfolgung fällt unter

873 Vgl. schon oben S. 201 ff.
874 Zur Rechtsfertigung oben S. 142 f.

die Aufrechterhaltung der Ordnung bzw. die Verhütung von Straftaten.[875] Zur Erreichung des Ziels wird die akustische Überwachung in einer demokratischen Gesellschaft grundsätzlich als notwendig erachtet.[876]

Bei einer Verpflichtung der Hersteller erfolgt der Eingriff direkt durch Gesetz. Trotz des Gesetzes erfolgt das eigentliche Abhören im Einzelfall an sich größtenteils heimlich. Der Staat möchte eine akustische Wohnraumüberwachung durchführen, um schwere Kriminalität effektiver verfolgen zu können. Demgegenüber führt die hier untersuchte Vorgehensweise zu einer „Rundum-Überwachung" der Nutzer. Selbst wenn die Strafverfolgungsbehörden tatsächlich keine Gespräche abhören, werden doch sämtliche von den Systemen erfasste Gespräche aus der Wohnung geleitet und gegebenenfalls auf einem Server bei den Herstellern gespeichert. Ein Rückzugsort besteht daher für die Nutzer nicht mehr.[877]

Neben der „Rundum-Überwachung" wird der Kernbereich nicht hinreichend berücksichtigt, sodass eine Kernbereichsbetroffenheit nicht auszuschließen ist, da sämtliche Gespräche übertragen werden.[878] Selbst wenn die Gespräche nicht durch Menschen zur Kenntnis genommen werden, so ist dennoch schon die Erhebung dieser Daten nicht möglich.[879]

Eine Verpflichtung der Hersteller, dauerhaft aktivierte Mikrofone in informationstechnische Systeme zu integrieren, ist nicht mit Art. 8 I EMRK vereinbar, da der Kernbereich privater Lebensgestaltung der Nutzer informationstechnischer Systeme nicht hinreichend berücksichtigt wird und zudem die Rückzugsmöglichkeiten in die Wohnung gänzlich aufgehoben werden.

875 Vgl. *Esser*, in: LR-StPO, Bd. 11, Art. 8 EMRK Rn. 47; *Wildhaber/Breitenmoser*, in: IK-EMRK, Art. 8 Rn. 620 ff.; *Marauhn/Thorn*, in: Dörr/Grote/Marauhn [Hrsg.], Kapitel 16 Rn. 93 (unstreitig Verhütung von Straftaten); siehe auch oben S. 142 f.

876 Vgl. BVerfGE 109, 279 (335 ff.); EGMR Urteil v. 02.09.2010 – Uzun/D = EuGRZ 2011, 115 (123); Urteil v. 29.06.2006 –Weber u. Saravia/D = NJW 2007, 1433 (1437); Urteil v. 06.09.1978 – Klass u.a./D = NJW 1979, 1755 (1756).

877 Vgl. *Esser*, in: LR-StPO, Bd. 11, Art. 8 EMRK Rn. 79; *Marauhn/Thorn*, in: Dörr/Grote/Maurauhn [Hrsg.], Kap. 16 Rn. 27, 55; *Gersdorf*, in: BeckOK-Informations- und Medienrecht, Art. 8 EMRK Rn. 16, 35 45 f.

878 Zur Kenbereichsbetroffenheit schon oben S. 201 ff.

879 Vgl. *Marauhn/Thorn*, in: Dörr/Grote/Maurauhn [Hrsg.], Kap. 16 Rn. 29; zum Kernbereich bei Art. 8 EMRK: *Marauhn/Thorn*, in: Dörr/Grote/Marauhn [Hrsg.], Kap. 16 Rn. 27; *Grabenwarter/Pabel*, Europäische Menschenrechtskonvention, § 22 Rn. 6.

(2) Informationsfreiheit (Art. 10 I 2 EMRK) der Nutzer informationstechnischer Systeme

Ebenso ist die in Art. 10 I 2 EMRK geschützte Informationsfreiheit der Nutzer informationstechnischer Systeme einschlägig, da die betroffenen Systeme, wie beispielsweise Laptop, Smart-TV und Smartphone, unter anderem auch dazu dienen, sich zu informieren.

Eine Einschränkung dieses Rechts stellt schon das hier notwendige Gesetz ohne konkreten Einzelzugriff dar, da jede abschreckende Wirkung ausreichend ist.[880] Wie schon bei Art. 5 I 1 Hs. 2 GG festgestellt, kann die hier untersuchte Verpflichtung der Hersteller abschreckend wirken,[881] weil durch die andauernde Überwachungsmöglichkeit der Nutzer davon abgehalten werden kann, das Internet als Informationsquelle zu nutzen.

Zwar ist grundsätzlich ein Eingriff in Art. 10 I 2 EMRK rechtfertigungsfähig und mit der effektiven Strafverfolgung wird ein legitimer Zweck verfolgt,[882] jedoch ist die Maßnahme in einer demokratischen Gesellschaft nicht notwendig. Für die Nutzer der Systeme wird die Maßnahme zu einer „Rundum-Überwachung" und führt zu dem Gefühl des ständigen Überwachtwerdens.[883] Eine akustische Überwachung ist jedoch auch mit weniger einschneidenden Maßnahmen möglich, die Art. 10 I 2 EMRK nicht berühren.

Mangels Notwendigkeit ist eine Verpflichtung der Hersteller nicht mit Art. 10 I 2 EMRK vereinbar.

(3) Recht auf ein faires Verfahren (Art. 6 EMRK)

Des Weiteren könnte der Grundsatz des fairen Verfahrens und innerhalb dessen insbesondere die Selbstbelastungsfreiheit (Art. 6 EMRK) betroffen sein. Eine akustische Wohnraumüberwachung darf gemäß § 100c StPO nur gegen den Betroffenen gerichtet sein, wodurch das Merkmal der strafrechtlichen Anklage gegeben wäre[884] und obwohl hier die Verpflichtung der Hersteller sowie die Gefahr für die Rechte der Nutzer erfolgt, bevor eine strafrechtliche Anklage nach Art. 6 EMRK gegeben ist, ist die Verpflichtung dennoch mit Blick auf die später gegen den Beschuldigten gerichtete akustische Überwachung als ausreichend für das Merkmal der strafrechtlichen Anklage zu sehen. Die Verpflichtung erlangt

880 Vgl. *Daiber*, in: Meyer-Ladewig/Nettesheim/von Raumer [Hrsg.], Art. 10 Rn. 23.
881 Zu Art. 5 I 1 Hs. 2 GG oben S. 204 ff.
882 Zum legitimen Zweck oben S. 208 ff.
883 Dazu schon oben S. 201 ff.; 208 ff.
884 Zum Merkmal der strafrechtlichen Anklage vgl. S. 147 ff.

auch nur in den Fällen Bedeutung, in denen eine akustische Überwachung tatsächlich durchgeführt wird.

Fraglich ist daher, ob eine akustische Wohnraumüberwachung mittels informationstechnischer Systeme mit dem Grundsatz des fairen Verfahrens, insbesondere mit der Selbstbelastungsfreiheit vereinbar ist. Grundsätzlich sind heimliche Ermittlungsmaßnahmen zulässig und tangieren den Schutzbereich des Art. 6 I EMRK nicht.[885] Etwas anderes kann jedoch gelten, wenn die Ermittlungsbehörden bewusst bestehende Schutzvorschriften umgehen und beispielsweise durch täuschendes Verhalten belastende Informationen über den Betroffenen erlangen.[886]

Ein solcher Fall könnte hier vorliegen, da der betroffene Nutzer eines informationstechnischen Systems nicht damit rechnet, dass dieses vom Staat genutzt wird, um Gespräche innerhalb der Wohnung abzuhören. Zwar mag die Verpflichtung der Hersteller gesetzlich verankert sein und somit auch öffentlich, dennoch ist es für den Betroffenen nicht ersichtlich, ob eine akustische Überwachung seiner Wohnung über beispielsweise das Smartphone erfolgt.

Jedoch befindet sich der Betroffene nicht in einer vernehmungsähnlichen Situation und ist grundsätzlich keinerlei Druck oder Täuschung ausgesetzt, die ihn konkret dazu veranlassen würde, belastete Informationen seinem Gegenüber mitzuteilen. Somit ist eine Verpflichtung der Hersteller nicht grundsätzlich unvereinbar mit der Selbstbelastungsfreiheit und dem Grundsatz des fairen Verfahrens.

Etwas anderes kann jedoch im Einzelfall gelten, wenn der Staat bewusst Personen einsetzt, die den Beschuldigten zu der Preisgabe von selbstbelastenden Informationen bewegen sollen.[887]

Somit ist das Recht auf ein faires Verfahren (Art. 6 I EMRK) bei einer Verpflichtung der Hersteller, dauerhaft aktivierte Mikrofone zu installieren, nicht verletzt.

885 EGMR Urteil v. 16.07.2009 – Gorgievski/„ehemaliges Jugoslawien"; *Meyer*, in: Karpenstein/Mayer [Hrsg.], EMRK Art. 6 Rn. 137 ff.

886 EGMR Urteil v. 05.11.2002 – Allan/UK, §§ 42 ff.; Urteil v. 21.01.2009 – Bykov/RUS, §§ 88 ff.; *Meyer*, in: Karpenstein/Mayer [Hrsg.], EMRK Art. 6 Rn. 137.

887 Vgl. EGMR Urteil v. 05.11.2002 – Allan/UK, §§ 42 ff.; Urteil v. 21.01.2009 – Bykov/RUS, §§ 88 ff.

(4) Fazit

Eine Verpflichtung der Hersteller, dauerhaft aktivierte Mikrofone in informationstechnische Systeme zu integrieren, ist nicht mit der Europäischen Menschenrechtskonvention vereinbar, da verschiedene Rechte der Europäischen Menschenrechtskonvention verletzt werden. Bei der Verpflichtung sind insbesondere die Wohnung sowie das Privatleben nach Art. 8 I EMRK betroffen, da dauerhaft Gespräche übertragen und gegebenenfalls auch gespeichert werden, was zu einer „Rundum-Überwachung" und einem nicht zu rechtfertigenden Eingriff führt.

Ferner könnte die Selbstbelastungsfreiheit als Ausprägung des Grundsatzes des fairen Verfahrens betroffen sein, wenn die Strafverfolgungsbehörden den Umstand ausnutzen, dass informationstechnische Systeme sämtliche Gespräche aufzeichnen und somit von den Behörden angewiesene Personen diesen Umstand ausnutzen, indem sie dem Betroffenen bewusst belastende Informationen entlocken. Ohne dieses zusätzliche Element verletzt die Verpflichtung der Hersteller die Selbstbelastungsfreiheit nicht. Daher ist die hier untersuchte Ausgestaltung der Verpflichtung der Hersteller zur Durchführung einer akustischen Überwachung nicht möglich.

d Vereinbarkeit mit der EU-Grundrechtecharta

Da sich die Gewährleistungen der EU-Grundrechtecharta nicht erheblich von den Gewährleistungen der Europäischen Menschenrechtskonvention unterscheiden,[888] kann in weiten Teilen auf die Ausführungen zu dieser verwiesen werden. Gleichwohl wird hier der Vollständigkeit halber auf die relevanten Grundrechte der Nutzer informationstechnischer Systeme (Art. 7, Art. 8, Art. 11 GRCh) sowie der Hersteller (Art. 15, 16 GRCh) aus der EU-Grundrechtecharta eingegangen.

(1) Achtung des Privat- und Familienlebens (Art. 7 GRCh) der Nutzer informationstechnischer Systeme

Der Schutzbereich des Art. 7 GRCh ist kongruent zum Schutzbereich des Art. 8 EMRK.[889] Mit der Verpflichtung der Hersteller liegt daher eine

---

888 Erläuterungen zur Charta der Grundrechte, Abl. 2007 C 303/17, S. 33; vgl. auch EuGH Urteil v. 17.11.2015 – C-601/15 – J.N., Rn. 44 f. = EuGRZ 2016, 126 (130); *Kingreen*, in: Calliess/Ruffert [Hrsg.], EUV, AEUV, Art. 52 GRCh Rn 32 f.; *Terhechte*, in: von der Groeben/Schwarze/Hatje [Hrsg.], Europäisches Unionsrechts, Art. 52 GRCh, Rn. 15.

889 Vgl. nur *Folz*, in: Vedder/Heintschel von Heinegg [Hrsg.], Art. 7 GRCh, Rn. 2 f.

Beeinträchtigung der Wohnung und des Privatlebens vor, da der Nutzer informationstechnischer Systeme sich nicht mehr frei von Überwachung fühlen kann.[890]

Diese Eingriffe in Art. 7 GRCh können nicht gerechtfertigt werden, da ein Gesetz nicht verhältnismäßig wäre.[891] Obwohl mit der Verfolgung schwerer Straftaten ein legitimes Ziel verfolgt wird, fehlt es an der Angemessenheit der Maßnahme. Eine Verpflichtung der Hersteller, dauerhaft aktivierte Mikrofone in informationstechnischen Systemen zu integrieren, betrifft den Nutzer zu stark. Es besteht die dauernde Angst überwacht zu werden, sodass eine freie Entfaltung der Persönlichkeit nicht mehr möglich ist. Auch wenn schwere Straftaten intensiv verfolgt werden müssen und dies auch im Interesse der Bürger erfolgt, so muss den Nutzern internetfähiger Systeme dennoch die Möglichkeit gegeben werden, sich frei zu entfalten, und zwar unabhängig davon, ob sich solche Systeme in der Wohnung befinden oder nicht.[892]

Insgesamt ist ein die Hersteller verpflichtendes Gesetz, dauerhaft aktivierte Mikrofone zu installieren, nicht verhältnismäßig. Durch die Beeinträchtigung der Wohnung wie auch des Privatlebens ist eine Verletzung des Art. 7 GRCh gegeben.

(2) Schutz personenbezogener Daten (Art. 8 I GRCh) der Nutzer informationstechnischer Systeme

Das „Datenschutzgrundrecht" aus Art. 8 I GRCh schützt personenbezogene Daten.[893] Dazu zählen auch Gespräche aus einer Wohnung, wenn sie einer Person zugeordnet werden können und als Daten gespeichert bzw. verarbeitet werden.[894] Für eine akustische Wohnraumüberwachung ist erforderlich, dass die Gespräche in einer Wohnung und die gewonnenen Informationen einer Person

---

890 Zur gefühlten Beobachtung schon oben 201 ff.; 208 ff.

891 Zur Rechtfertigung schon oben 201 ff.; 208 ff.

892 Vgl. BVerfGE 109, 279 (354 f.); *Baum/Hirsch/Leutheusser-Schnarrenberger*, DuD 2017, 337 (340); *Singelnstein/Putzer*, GA 2015, 564 (569; 564 f.); *Denninger*, ZRP 2004, 101 (104); *Wolter*, in: Festschrift für Rudolphi, S. 733 (741 f.); zum Ganzen auch oben S. 201 ff.; 208 ff.

893 Vgl. EuGH Urteil v. 9.11.2010 – C-92/09, C-93/09 – Schecke u.a./D = EuGZ 2010, 707 (711 Rn. 47 f.); *Folz*, in: Vedder/Heintschel von Heinegg [Hrsg.], Art. 8 GRCh, Rn. 1.

894 Vgl. LVerfG M-V – LVerfG 5/98, S. 17; *Schorkopf*, in: Ehlers [Hrsg.], Europäische Grundrechte und Grundfreiheiten, § 16 Rn. 42 ff.; *Johlen*, in: Stern/Sachs [Hrsg.], GRCh, Art. 8 Rn. 31; *Bayraktar*, Eingriffe in die Privatsphäre durch technische Überwachung, S. 61.

zugeordnet werden können, weshalb es sich grundsätzlich um personenbezogene Daten handelt.[895] Diese werden bei dieser Vorgehensweise automatisch erhoben, womit ein Eingriff in den Schutzbereich gegeben ist.

Auch hier ist keine Rechtfertigung möglich, da eine gesetzliche Grundlage für die Erhebung der Daten nicht besteht und, selbst wenn eine solche Grundlage bestehen würde, die Maßnahme unverhältnismäßig wäre. Da in der Europäischen Menschenrechtskonvention der Schutz personenbezogener Daten aus Art. 8 I EMRK abgeleitet wird und den gleichen Schutzumfang wie Art. 8 I GRCh besitzt, werden bei der Rechtfertigung eines Eingriffs in Art. 8 I GRCh die Maßstäbe des Art. 8 II EMRK angelegt.[896]

Wie jedoch bereits festgestellt, genügt eine solche gesetzliche Verpflichtung nicht den Maßstäben des Art. 8 II EMRK.[897] Zwar wird ein legitimer Zweck verfolgt und die Maßnahme ist grundsätzlich geeignet, eine akustische Wohnraumüberwachung vorzubereiten, dennoch ist die Maßnahme nicht angemessen. Es erfolgt nahezu eine Rundum-Überwachung, da sich der Nutzer solcher Systeme in seiner Wohnung selbst dann nicht mehr unbeobachtet fühlt, wenn die Daten nicht gespeichert werden, da er potenziell jeder Zeit mit Überwachung rechnen müsste. Die Daten, die dabei aufgezeichnet werden, spiegeln einen hohen Persönlichkeitsbezug wieder und lassen auf Gewohnheiten des Nutzers schließen.[898] Eine Rechtfertigung dieser „Datensammlung“ scheint somit nicht möglich.

(3) Informationsfreiheit (Art. 11 I 2 GRCh) der Nutzer informationstechnischer Systeme

Ferner ist das Recht auf freie Informationsbeschaffung (Art. 11 I 2 GRCh) betroffen, da informationstechnische Systeme dem Nutzer auch zur Informationsbeschaffung dienen. Wenn diese nun von Haus aus ein Mikrofon besitzen und die in der Nähe geführten Gespräche übertragen, ist der Nutzer in seiner Entscheidung, sich ein solches System zu beschaffen und es zu nutzen, nicht mehr frei. Zwar bleibt die Möglichkeit bestehen, informationstechnische Systeme zur Informationsbeschaffung zu verwenden, jedoch wird diese Möglichkeit mittelbar durch die Verpflichtung der Hersteller eingegrenzt.[899]

---

895 Zur Definition von personenbezogenen Daten siehe oben S. 160 f.

896 EuGH Urteil v. 9.11.2010 – C-92/09, C-93/09 – Schecke = EuGRZ 2010, 707 (711 Rn. 52); *Augsberg, I.*, in: von der Groeben/Schwarze/Hatje [Hrsg.], Europäisches Unionsrecht, Art. 8 GRCh, Rn. 13; zu Art. 8 EMRK oben S. 142 f.

897 Schon oben S. 208 ff.

898 Vgl. BVerfGE 120, 274 (303 ff.); dazu schon oben S. 208 ff.

899 Siehe oben S. 204 ff.; 210.

Der Nutzer muss sich zwischen einem geringeren Informationsangebot und der Möglichkeit des Überwachtwerdens entscheiden.[900] Dies betrifft jeden, wohingegen nur einige wenige tatsächlich überwacht werden sollen. Damit werden allerdings die Interessen der rechtstreuen Nutzer völlig vernachlässigt, weshalb diesen nur die Möglichkeit bleibt, auf andere Medien auszuweichen.

Obwohl das Interesse der effektiven Strafverfolgung im Ergebnis nicht vernachlässigt werden darf, ist der Nutzen, den diese Maßnahme bringt, viel geringer als die Einschränkungen die alle Nutzer erfahren,[901] sodass eine Rechtfertigung des Eingriffs in Art. 11 I 2 GRCh nicht möglich ist.

(4) Berufsfreiheit (Art. 15 I GRCh) und unternehmerische Freiheit (Art. 16 GRCh) der Hersteller

Im Gegensatz zur Europäischen Menschenrechtskonvention beinhaltet die EU-Grundrechtecharta die Rechte auf freie Berufsausübung und unternehmerische Freiheit, Art. 15, 16 GRCh.[902] Wie bei Art. 12 I GG wird in dieses Grundrecht eingegriffen, wenn Vorgaben zur Berufsausübung gemacht werden.[903] Da bei einer Verpflichtung der Hersteller, dauerhaft aktivierte Mikrofone zu integrieren, diesen Vorgaben über die Ausstattung der Systeme gemacht werden, wird die Berufsausübungsfreiheit beschränkt.[904]

Diese Beeinträchtigung könnte bei Vorliegen einer Ermächtigungsgrundlage und Berücksichtigung der Verhältnismäßigkeit gerechtfertigt werden (Art. 52 I GRCh). Zunächst muss ein von der Europäischen Union anerkanntes Ziel gegeben sein. Dies liegt mit einer effektiven Strafverfolgung vor[905] und ferner könnten die Interessen der Hersteller ausreichend beachtet werden, da die Beeinträchtigung alle Hersteller trifft, sind diese in gleicherweise belastet und es wird nicht in den Wettbewerb eingegriffen. Jedoch müsste ein angemessener Ausgleich erfolgen für den Mehraufwand, den die Hersteller durch das

900 So auch oben S. 204 ff.; 210.

901 Dazu oben S. 204 ff.; 210.

902 *Wollenschläger*, in: von der Groeben/Schwarze/Hatje [Hrsg.], Europäisches Unionsrecht, Art. 15 GRCh, Rn. 5; *Blanke*, in: Stern/Sachs [Hrsg.], GRCh, Art. 15 Rn. 1. *Grabenwarter/Pabel*, Europäische Menschenrechtskonvention, § 25 Rn. 37.

903 *Ruffert*, in: Ehlers [Hrsg.], Europäische Grundrechte und Grundfreiheiten, § 19 Rn. 29 f.; *Blanke*, in: Stern/Sachs [Hrsg.], GRCh, Art. 15 Rn. 32.

904 Zur Beschränkung schon oben im Rahmen von Art. 12 I GG S. 198 ff.

905 Vgl. oben S. 212 f.

Bereitstellen der Ressourcen haben, oder diese müssten vom Staat bereitgestellt werden.[906]

Daher ist eine Verpflichtung der Hersteller insgesamt verhältnismäßig und verletzt Art. 15, 16 GRCh nicht.

(5) Fazit

Die Verpflichtung der Hersteller, dauerhaft aktivierte Mikrofone in informationstechnischen Systemen zu integrieren, ist in Bezug auf die Nutzer dieser Systeme weder mit Art. 7 GRCh noch mit Art. 8 I GRCh vereinbar, da die Privatsphäre der Nutzer nicht hinreichend berücksichtigt wird und die Verpflichtung zu einer Rundum-Überwachung führt, weshalb der Eingriff in die beiden Rechte nicht gerechtfertigt werden kann. Ferner ist die Informationsfreiheit der Nutzer (Art. 11 I 2 GRCh) verletzt, da die Nutzer nur die Wahl haben auf informationstechnische Systeme zu verzichten oder das erweitere Informationsangebot, welches durch diese entsteht, zu nutzen, dafür jedoch auch in die Überwachung einwilligen. Demgegenüber sind die Hersteller nicht in ihrer Berufsfreiheit (At. 15 I GRCh) verletzt, da gegebenenfalls durch eine Entschädigung ein angemessener Ausgleich hergestellt werden kann. Aufgrund der Verletzung der Art. 7, 8 I, 11 I 2 GRCh ist eine Verpflichtung der Hersteller, dauerhaft aktivierte Mikrofone in informationstechnischen Systemen zu integrieren, nicht mit der EU-Grundrechtecharta vereinbar.

e Fazit

Eine Verpflichtung der Hersteller, ihre informationstechnischen Systeme so zu gestalten, dass die integrierten Mikrofone dauerhaft eingeschaltet sind und so Gespräche übertragen, ist aus rechtlicher Sicht nicht möglich, da unter anderem sowohl die Grundrechte als auch die Menschenrechte der Nutzer in nicht rechtfertigungsfähiger Weise betroffen sind. Zunächst besteht die für die Verpflichtung notwendige Ermächtigungsgrundlage derzeit nicht, da die in der Strafprozessordnung bestehenden Ermächtigungsgrundlagen sich an die Strafverfolgungsbehörden oder in Ausnahmefällen an Telekommunikationsdiensteanbieter richten und nicht an sämtliche Hersteller informationstechnischer Systeme oder Spielzeuge. Ferner kann eine solche Ermächtigungsgrundlage auch nicht grundgesetz-, europarechts- und menschenrechtskonform geschaffen werden.

906 Siehe zum Verhältnismäßigkeitsgrundsatz oben S. 198 ff.

Zwar würden die Rechte der Hersteller (Art. 12 I GG; Art. 15, 16 GRCh) nicht in unangemessener Weise eingeschränkt, da die Beschränkung der Berufsfreiheit gerechtfertigt werden kann, jedoch würden die Rechte (Art. 13 I, 5 I 1 Hs. 2 GG; Art. 8 I, 10 I EMRK, Art. 7 I, 8 I, 11 GRCh) der Nutzer informationstechnischer Systeme, insbesondere die Privatsphäre, stark beschränkt. Es findet, selbst wenn keine Daten gespeichert werden, eine Rundum-Überwachung statt, weil die integrierten Mikrofone im hier dargestellten Szenario nicht ausgeschaltet werden könnten, sondern dauerhaft Gespräche an Server übertragen. Aus diesem Grund ist eine freie Entfaltung der Persönlichkeit innerhalb der Wohnung nicht mehr möglich, obwohl dem Einzelnen ein solcher Rückzugsraum immer gegeben sein muss. Darüber hinaus ist ebenso wenig eine freie Informationsbeschaffung via Internet möglich, wenn zugleich die Möglichkeit geschaffen wird, dass sämtliche Gespräche im Umfeld informationstechnischer Systeme erfasst werden.

Daher kann eine Verpflichtung der Hersteller, dauerhaft aktivierte Mikrofone in informationstechnischen Systemen zu integrieren, nicht rechtmäßig durchgeführt werden.

2 Integrierte Backdoor

Neben einer Verpflichtung der Hersteller, dauerhaft aktivierte Mikrofone zu integrieren, könnten die Hersteller auch dazu verpflichtet werden, ab Werk eine Backdoor in die Systeme zu integrieren und den Strafverfolgungsbehörden so Zugang zu den Systemen und damit den Mikrofonen zu ermöglichen. Auch für diese Verpflichtung ist aufgrund des Vorbehalts des Gesetztes eine Ermächtigungsgrundlage notwendig, was im Folgenden dargestellt wird, bevor auf die Vereinbarkeit mit höherrangigem Recht eingegangen wird.

a Ermächtigungsgrundlage

(1) § 100c StPO

In Betracht kommt zunächst § 100c StPO. Das Integrieren einer Backdoor durch den Hersteller stellt keine Vorbereitungsmaßnahme für eine akustische Wohnraumüberwachung dar, welche nach hier vertretener Ansicht auch nicht von § 100c StPO erfasst würde,[907] sondern die Verpflichtung der Hersteller soll nur eine spätere akustische Wohnraumüberwachung gegenüber einem Dritten ermöglichen, weshalb die Verpflichtung der Hersteller und § 100c StPO

907 Vgl. oben S. 185 ff.

unterschiedliche Ziele verfolgen und die Adressaten (Hersteller durch verpflichtendes Gesetz bzw. Strafverfolgungsbehörden durch Strafprozessordnung) verschieden sind.

Ferner ist § 100c StPO auch dann keine taugliche Ermächtigungsgrundlage, wenn angenommen wird, dass grundsätzlich Annexmaßnahmen erfasst sind und es sich um eine solche handelt, weil bei einer integrierten Backdoor das informationstechnische System in seiner Vertraulichkeit und Integrität beeinträchtigt wird.[908] Da dies einen weiteren Eingriff in Grundrechte neben Art. 13 I GG darstellt, genügt es den Anforderungen an Annexmaßnahmen nicht.[909]

Folglich ist § 100c StPO keine taugliche Ermächtigungsgrundlage.

(2) § 100a StPO

§ 100a I StPO erlaubt nur die Überwachung der Telekommunikation.[910] Hier sollen jedoch die Hersteller verpflichtet werden, eine Backdoor zu integrieren, damit auf das System zugegriffen werden kann, um das Mikrofon einzuschalten und die Raumgespräche mit anzuhören. Dabei werden nicht die Gespräche abgehört, die über eine Telekommunikationsverbindung übertragen werden, weshalb keine Telekommunikation im Sinne des § 100a StPO vorliegt und folglich § 100a StPO keine taugliche Ermächtigungsgrundlage ist.

(3) Weitere Ermächtigungsgrundlagen

Ebenso wie oben[911], eignen sich auch weitere Ermächtigungsgrundlagen der Strafprozessordnung (§§ 100g, 100i, 100j StPO) sowie des Telekommunikationsgesetzes oder des Telemediengesetztes nicht für das rechtmäßige Integrieren einer Backdoor durch den Hersteller, um eine akustische Wohnraumüberwachung durchzuführen.

(4) Fazit

Derzeit existiert keine Ermächtigungsgrundlage, die die Verpflichtung der Hersteller zum Integrieren einer Backdoor ermöglicht. Eine Verpflichtung der

---

908 Vgl. BverfGE 120, 279 (309 ff.; 313 f.); *Herrmann*, Das Grundrecht auf Gewährleistung der Vertraulichkeit und Integrität, S. 52; 123 f.; *Heinemann*, Grundrechtlicher Schutz informationstechnischer Systeme, S. 148 ff.

909 Zur Annexmaßnahme oben S. 185 ff.

910 Dazu oben S. 190 ff.

911 Zu den Ermächtigungsgrundlagen im Rahmen der Verpflichtung der Hersteller, dauerhaft aktivierte Mikrofone zu integrieren, oben S. 189 ff.

Hersteller ist notwendig, um in jedem System eine Backdoor zur Verfügung zu haben und die Hersteller gleich zu behandeln. Die Normen der Strafprozessordnung sind zum einen nicht an die Hersteller gerichtet und zum anderen sehen sie teilweise nur eine Verpflichtung der Telekommunikations- und Telemediendienstanbieter vor.

b Vereinbarkeit mit dem Grundgesetz

Die Verpflichtung der Hersteller zum Integrieren einer Backdoor in ihre informationstechnischen Systeme ist dennoch nicht gänzlich ausgeschlossen, wenn eine entsprechende Ermächtigungsgrundlage geschaffen werden könnte, jedoch müsste diese mit dem Grundgesetz vereinbar sein.

(1) Berufsfreiheit (Art. 12 I GG) der Hersteller

Eine Verpflichtung der Hersteller zum Integrieren einer Backdoor könnte – wie auch schon eine Verpflichtung nach oben vorgestelltem Modell (I.II.1) – die Berufsausübungsfreiheit der Hersteller (Art. 12 I GG) beeinträchtigen. Die Verpflichtung, eine Backdoor zu integrieren, stellt einen Eingriff in die Berufsausübungsfreiheit des Art. 12 I GG dar, weil durch diese Verpflichtung den Herstellern vorgegeben wird, wie sie ihre Produkte zu gestalten haben, weshalb sie ihren Beruf nicht mehr frei ausüben könnten.[912]

Die Rechtfertigung ist in Form eines einfachen Gesetzes möglich (Art. 12 I 2 GG), soweit die Maßnahme verhältnismäßig ist.[913] Ein vernünftiger Grund des Allgemeinwohls liegt in einer akustischen Wohnraumüberwachung zur effektiven Strafverfolgung.[914] Die Verpflichtung zum Integrieren einer Backdoor und eines Mikrofons müsste auch zur Erreichung des Ziels geeignet sein, was sie dann ist, wenn sie zumindest die Erreichung des Ziels fördert.[915] Eine integrierte Backdoor ermöglicht einen erleichterten Zugriff auf informationstechnische Systeme und daher auch die Verwendung dieser zur akustischen

---

912 Vgl. zum Eingriff in Art. 12 I GG oben S. 122 f.; 198.

913 Vgl. BVerfGE 33, 125 (159); 102, 197 (213); 115, 277 (303 f.); *Scholz*, in: Maunz/Düring [Hrsg.], GG, Art. 12 Rn. 305 f.; 309; *Mann*, in: Sachs [Hrsg.], GG, Art. 12 Rn. 106 f.; *Jarass*, in. Jarass/Pieroth [Hrsg.], GG Art. 12 Rn. 27.

914 BVerfGE 77; 65 (75); 80, 367 (375); 100, 313 (389); 109, 279 (335 f.); *Merten*, in: Merten/Papier, Handbuch der Grundrechte III, § 68 Rn. 60.

915 *Hillgruber*, in: Isensee/Kirchhof [Hrsg.], Handbuch des Staatsrechts, Bd. IX, § 201 Rn. 61 f.; *Stern*, in: Stern/Becker [Hrsg.], Grundrechte, Einl. Rn. 138; *Michael/Morlok*, Grundrechte, Rn. 619.

Wohnraumüberwachung zur Strafverfolgung. Grundsätzlich fördert die Verpflichtung der Hersteller daher den Zweck.

Des Weiteren müsste die Verpflichtung der Hersteller, eine Backdoor für die Strafverfolgungsbehörden zu integrieren, auch erforderlich sein, was der Fall ist, wenn kein milderes und gleich geeignetes Mittel besteht. Zwar könnte das derzeitige Vorgehen, bei dem die Strafverfolgungsbehörden Abhörvorrichtungen in der Wohnung des Beschuldigten anbringen, für die Hersteller milder sein, jedoch werden durch die optische Wahrnehmung der Wohnung die Beschuldigten mehr belastet, weshalb das derzeitige Vorgehen nicht zwingend ein milderes Mittel ist.[916] Es kann allerdings nicht abschließend festgestellt werden, ob das Integrieren einer Backdoor genauso geeignet ist, wie das Anbringen von Abhörvorrichtungen in der Wohnung. Auf der einen Seite müssen zwar die Wohnungen in der Regel heimlich betreten werden, sodass dort das Risiko besteht, entdeckt zu werden. Auf der anderen Seite sind jedoch die Strafverfolgungsbehörden bei der integrierten Backdoor darauf angewiesen, dass der Betroffene ein informationstechnisches System nutzt, sodass der Erfolg der Maßnahme zum Teil vom Betroffenen selbst abhängt. Jedenfalls ist die Erforderlichkeit der Verpflichtung der Hersteller, Backdoors für Strafverfolgungsbehörden zu integrieren, auch im Hinblick auf die Einschätzungsprärogative des Gesetzgebers nicht von vornherein ausgeschlossen.[917]

Allerdings ist fraglich, ob diese Verpflichtung der Hersteller wirklich angemessen ist. Zwar erleichtert die Backdoor den Zugriff auf die informationstechnischen Systeme und damit auch die Strafverfolgung, jedoch wird nicht nur für die Strafverfolgungsbehörden der Zugriff erleichtert, sondern auch für Dritte, die die Systeme zu kriminellen Zwecken nutzen könnten.[918] Daher schafft der Staat durch die Verpflichtung der Hersteller eine Gefahr, die er eigentlich abwehren sollte. Zudem wird durch die Verwendung eines fremden Systems die Verschleierung des Täters erleichtert, weil die Backdoor grundsätzlich jeder nutzen könnte, wodurch die Strafverfolgung erschwert wird. Der Nachweis, wer das System zu welcher Zeit genutzt hat, dürfte sich als nahezu unmöglich darstellen, weil es jeder gewesen sein könnte[919] und eine Rückverfolgung zum

---

916 Zum milderen Mittel schon oben S. 198 ff.

917 Zur Einschätzungsprärogative des Gesetzgebers oben S. 198 ff.

918 Vgl. *Katzenbeisser*, DuD 2016, 98 (99); *Gudermann*, Online-Durchsuchung, S. 25 f.; *Kohlmann*, Online-Durchsuchungen und andere Maßnahmen mit Technikeinsatz, S. 31; *Holzner*, Die Online-Durchsuchung, S. 12; *Buermeyer*, HRRS 2007, 154 (163); *Pohl*, DuD 2007, 684 (686).

919 Vgl. *Katzenbeisser*, DuD 2016, 98 (99); *Gudermann*, Online-Durchsuchung, S. 25 f.; *Kohlmann*, Online-Durchsuchungen und andere Maßnahmen mit Technikeinsatz,

Ausgangscomputer technisch zwar in der Regel möglich, jedoch mit sehr viel Aufwand verbunden ist, und sie nicht zwingend bis zum Ausgangscomputer, also dem eigentlichen Angreifer, möglich ist.[920] Darüber hinaus Entstehen durch die Backdoor auch Gefahren, weil sich mithilfe dieser Systeme zu *Bot-Netzen*[921] zusammenschließen lassen und dadurch sogenannte *DDoS-Angriffe*[922] durchgeführt werden können, die aufgrund ihrer Reichweite nicht nur eine Gefahr für die Systeme, sondern auch für die Gesellschaft darstellen, indem beispielsweise für die Infrastruktur wichtige Server lahmgelegt werden.[923]

Somit ist eine Verpflichtung zum Integrieren einer Backdoor nicht angemessen und daher der Eingriff in die Berufsausübungsfreiheit der Hersteller (Art. 12 I GG) nicht gerechtfertigt.

(2) Unverletzlichkeit der Wohnung (Art. 13 I GG) der Nutzer informationstechnischer Systeme

Bei der akustischen Wohnraumüberwachung ist Art. 13 I GG betroffen. Fraglich ist jedoch, ob schon durch eine Verpflichtung, eine Backdoor in internetfähige Systeme zu integrieren, der Schutzbereich des Art. 13 I GG zugunsten der Nutzer informationstechnischer Systeme betroffen ist. Dieser könnte zunächst nur insoweit eröffnet sein, als sich die Systeme auch in dem geschützten Bereich befinden, was bei der hier untersuchten akustischen Wohnraumüberwachung der Fall ist, da es anderenfalls keine akustische Wohnraumüberwachung wäre. Zudem befinden sich Systeme wie beispielsweise ein Smart-TV regelmäßig in der Wohnung. Durch eine Backdoor wird auch eine Zugriffsmöglichkeit auf die Systeme geschaffen, wodurch die Möglichkeit besteht, Geschehnisse aus der Wohnung

---

S. 31; *Holzner*, Die Online-Durchsuchung, S. 12; *Buermeyer*, HRRS 2007, 154 (163); *Pohl*, DuD 2007, 684 (686).

920 *Schäfer*, PIK 2005, 130 (133 f.).

921 Ein *Bot-Netz* sind ein Zusammenschluss von Endgeräten, die durch eine Schadsoftware infiziert wurden und von einem anderen Server, dem sogenannten Command-and-Control-Server, gesteuert werden können. Bot-Netze werden unter anderem für sogenannte DDoS-Angriffe (Fn. 863) eingesetzt, da sie eine größere Wirkung erzielen können, als einzelne Rechner. Vgl. *Schäfer/Roßman*, Netzsicherheit, S. 471 ff.

922 Bei sogenannten *(Destributed) Denial-of-Service* – Angriffen (DDoS-Angriffen) werden Server durch das massenhafte Zusenden von Anfragen überlastet, damit diese ganz ausfallen oder aber der Zugriff auf diese erschwert wird. Vgl. *Schäfer/Roßberg*, Netzsicherheit, S. 463; 471; *Kurose/Ross*, Computer Networking, S. 83 f.; *Schäfer*, PIK 2005, 130.

923 Statt vieler *Klein-Henning/Schmidt*, DuD 2017, 605; *Roos/Schumacher*, MMR 2014, 377 (378 f.); *Schäfer/Roßman*, Netzsicherheit, S. 471 ff.

abzuhören, da die Backdoor gerade für das Mikrofon bestehen soll. Das Ermöglichen, von außerhalb der Wohnung auf diese zuzugreifen bzw. Erkenntnisse aus dieser zu gewinnen, ist für einen Eingriff in Art. 13 I GG grundsätzlich ausreichend.[924]

Allerdings sind weitere Handlungen notwendig, um Geschehnisse aus der Wohnung wahrnehmen zu können, da die Backdoor dies lediglich ermöglicht. Obwohl dadurch schon in gewisser Weise ein Risiko für den geschützten Bereich der Wohnung geschaffen wird, kann dieses nicht ausreichend sein, für einen Eingriff in Art. 13 I GG, weil eine Backdoor lediglich mit einer Tür zu einer Wohnung vergleichbar ist. Auch eine geöffnete Wohnungstür stellt keine Beeinträchtigung des Art. 13 I GG dar, sondern erst wenn die Wohnung betreten wird, da erst dadurch in den geschützten Bereich eingedrungen wird.

Zwar genügt es grundsätzlich, wenn Geschehnisse aus der Wohnung von außerhalb wahrgenommen werden, jedoch werden durch die Backdoor gerade noch keine Geschehnisse wahrgenommen, weshalb bei einer ab Werk integrierten Backdoor der Schutzbereich des Art. 13 I GG nicht eröffnet ist.

Sofern dennoch ein Eingriff in Art. 13 I GG angenommen wird, ist dieser jedenfalls nicht gerechtfertigt, da eine Backdoor mit zu vielen Gefahren verbunden ist, und daher in keinem angemessenen Verhältnis zum Nutzen steht, den sie bringen könnte.[925]

Mit der Verpflichtung der Hersteller, eine Backdoor zu integrieren, wird das legitime Ziel der effektiven Strafverfolgung verfolgt.[926] Dadurch, dass es für die Strafverfolgungsbehörden einfacher wird, auf informationstechnische Systeme zuzugreifen, um eine akustische Wohnraumüberwachung durchzuführen, ist die Verpflichtung der Hersteller trotz der notwendigen Mitwirkung des Betroffenen geeignet das Erreichen des Ziels zu fördern, insbesondere vor dem Hintergrund, dass informationstechnische Systeme mittlerweile in vielen Lebensbereichen zu finden sind.[927]

Ferner ist die Verpflichtung der Hersteller, eine Backdoor zu integrieren, aufgrund des Einschätzungsspielraums des Gesetzgebers auch erforderlich. Zwar kann mit dem derzeitigen Vorgehen eine mildere Maßnahme bestehen, jedoch kann nicht mit Sicherheit festgestellt werden, dass diese gleichermaßen geeignet

---

924 Vgl. BVerfGE 109, 279 (327); 120, 274 (309 f.); *Kutscha*, NJW 2007, 1169 (1170); *Eisenberg*, NJW 1993, 1033 (1037); *Guttenberg*, NJW 1993, 567 (568).

925 Vgl. dazu oben S. 219 ff.

926 Dazu schon oben S. 198 ff.; 219 ff.

927 Zur Geeignetheit schon oben S. 219 ff.

ist, da derzeit die Wohnungen betreten werden und Abhörvorrichtungen angebracht werden müssen, während bei einer integrierten Backdoor nur über diese auf das System zugegriffen werden muss. Daher besteht nicht mehr das Risiko entdeckt zu werden oder die Abhörvorrichtung nicht anbringen zu können. Allerdings ist eine integrierte Backdoor bekannt und daher kann auf die Systeme verzichtet werden oder Gespräche über Straftaten an einem andern Ort geführt werden, weshalb sich letztlich nicht abschließend feststellen lässt, ob eine der beiden Vorgehensweisen geeigneter ist.[928]

In jedem Fall ist die hier untersuchte Vorgehensweise nicht angemessen. Die akustische Überwachung der Wohnung wird möglicherweise leichter, da sich die Abhörvorrichtungen schon in der Wohnung befinden und auch der Zugriff auf diese gesichert ist, jedoch werden davon alle Nutzer betroffen, da jeder, der eines der Systeme besitzt, auch gleichzeitig das Abhören bzw. den Zugriff auf das System und damit seine Wohnung ermöglicht. Das betrifft insbesondere auch Familienangehörige, die ein informationstechnisches System in der Wohnung des Beschuldigten verwenden und so erst die akustische Überwachung ermöglichen. Dabei verdienen nicht nur berufsmäßig Zeugnisverweigerungsberechtigte im Sinne des § 53 StPO einen besonderen Schutz nach § 100d V 1 StPO, sondern auch Zeugnisverweigerungsberechtigte nach § 52 I StPO.[929] Diese werden nach § 100d V 2 StPO geschützt, wonach grundsätzlich eine Abwägung vor dem Hintergrund der Bedeutung der Erforschung des Sachverhalts und der Ermittlung des Aufenthaltsortes des Beschuldigten erfolgt. Dies setzt allerdings voraus, dass eine akustische Wohnraumüberwachung zulässig ist und nicht die Gefahr besteht, Kernbereichs relevante Informationen zu erlangen.[930] Daher sind insbesondere auch zeugnisverweigerungsberechtigte Personen (§ 52 I StPO) von einer Backdoor betroffen, da nicht nur ihre informationstechnischen Systeme über eine solche Backdoor verfügen, sondern die Systeme auch durch die Strafverfolgungsbehörden verwendet werden, wenn sich die Systeme in der Wohnung des Beschuldigten befindet.

Diese Backdoor führt zu einem dauerhaften Gefühl des Überwachtwerdens und selbst wenn keine Überwachung stattfindet, bleibt dieses Gefühl bestehen. In der Nähe von internetfähigen Systemen ist eine freie Persönlichkeitsentfaltung

---

928 Vgl. zur Erforderlichkeit der Verpflichtung auch schon oben S. 219 ff.

929 Vgl. noch zu § 100c VI StPO a.F. Hauck, in: SK-StPO, § 100c Rn. 79; 126 f.

930 Vgl. zu § 100c VI 2 StPO a.F. statt vieler: *Hauck*, in: LR-StPO, Bd. 3, § 100c Rn. 147; *Wolter*, in: SK-StPO, § 100c Rn. 82; *Schmitt*, in: Meyer-Goßner/Schmitt [Hrsg.], StPO, § 100c Rn. 23.

nicht möglich, da mit der Überwachung durch den Staat oder auch durch Dritte ständig gerechnet wird.[931]

Ferner haben nicht nur die Strafverfolgungsbehörden Zugriff auf die Systeme, sondern potentiell auch Dritte, die wissen, wo sich die Backdoor befindet. Dadurch wird die Möglichkeit eröffnet, Straftaten mittels informationstechnischer Systeme zu begehen, wie beispielsweise das Ausspähen von Daten (§ 202a I StGB) oder der Datenveränderung (§ 303a I StGB), was jedoch nicht im Interesse des Staates liegt, der eher für einen Schutz der Systeme sorgen möchte.[932] Insgesamt überwiegen daher die Interessen der Nutzer, weshalb die Maßnahme nicht verhältnismäßig ist und Art. 13 I GG verletzt.

(3) Informationsfreiheit (Art. 5 I 1 Hs. 2 GG) der Nutzer informationstechnischer Systeme

Ebenso wie bei der Verpflichtung, grundsätzlich alle Gespräche an einen Server zu übertragen, liegt bei der Verpflichtung zum Integrieren einer Backdoor ein Eingriff in die Informationsfreiheit der Nutzer informationstechnischer Systeme (Art. 5 I 1 Hs. 2 GG) vor. Durch die Backdoor erfolgt dieser zwar nicht unmittelbar in die Informationsfreiheit, jedoch wird mittelbar die Wahl der Informationsquelle beeinträchtigt.[933] Für den Nutzer macht es einen Unterschied, ob eine Backdoor integriert ist, da dadurch das System als Ganzes unsicher wird. Es wäre zudem jedem, der die Backdoor kennt, ermöglicht, auf das System zuzugreifen und nicht nur dessen Ressourcen zu nutzen, sondern auch die gespeicherten Daten auszuspähen.[934] Damit kann sich der Nutzer nur entweder für eine sichere Informationsquelle entscheiden, wie beispielsweise einer Zeitung, oder für ein internetfähiges System und das Internet als Informationsquelle und damit gleichzeitig ein Risiko für seine Daten und Systeme in Kauf nehmen, weshalb ein Eingriff in Art. 5 I GG vorliegt.

Dieser Eingriff kann durch ein allgemeines Gesetz gerechtfertigt werden (Art. 5 II GG), wobei wiederum die Verhältnismäßigkeit entscheidend ist. Ein

---

931 Zu der Beeinträchtigung der Persönlichkeit durch das Gefühl des Überwachtwerdens schon oben S. 110; 201 ff.

932 Vgl. BT-Drs. 18/10182, S. 1 ff.

933 Zum Eingriff in Art. 5 I 2 GG vgl. oben S. 204 ff.

934 Vgl. *Katzenbeisser,* DuD 2016, 98 (99); *Gudermann*, Online-Durchsuchung, S. 25 f.; *Kohlmann*, Online-Durchsuchungen und andere Maßnahmen mit Technikeinsatz, S. 31; *Holzner*, Die Online-Durchsuchung, S. 12; *Buermeyer,* HRRS 2007, 154 (163); *Pohl,* DuD 2007, 684 (686).

legitimes Ziel wird mit der effektiven Strafverfolgung verfolgt.[935] Ferner ist die Verpflichtung auch zur Förderung des Ziels geeignet, da die Strafverfolgungsbehörden leichter auf die informationstechnischen Systeme zugreifen können, um eine akustische Wohnraumüberwachung durchzuführen, ohne Sicherheitsvorkehrungen der informationstechnischen Systeme überwinden zu müssen.[936] Zudem ist aufgrund der Einschätzungsprärogative des Gesetzgebers die Erforderlichkeit der Verpflichtung der Hersteller nicht auszuschließen.[937]

Erneut ist allerdings fraglich, ob eine ab Werk integrierte Backdoor zur Durchführung einer akustischen Wohnraumüberwachung zur Strafverfolgung im angemessenen Verhältnis zu den Grundrechten der Nutzer informationstechnischer Systeme steht. Bei einer ab Werk integrierten Backdoor sind alle Nutzer betroffen, obwohl sich die Maßnahme nach § 100c StPO nur gegen den Beschuldigten und andere Personen, die unvermeidbar mitbetroffen sind (§ 100c II 3 StPO), richten darf. Die akustische Wohnraumüberwachung an sich würde sich auch weiterhin nur gegen die genannten Adressaten richten, jedoch geht die Backdoor weit darüber hinaus und betrifft alle Nutzer unabhängig davon, ob jemals eine akustische Wohnraumüberwachung gegen sie geführt werden soll und obwohl sich dies vermeiden ließe, indem keine Backdoor ab Werk integriert wird. Zudem bestehen die Gefahren einer Backdoor[938] bei allen Nutzern sobald das Internet als Informationsquelle genutzt wird. Nur durch die Vermeidung des Internets als Informationsquelle kann diese Gefahr umgangen werden. Diese Beschränkung aller Nutzer wiegt daher wesentlich stärker als der Nutzen, den die Maßnahme für die Strafverfolgung hat.

Folglich wäre Art. 5 I 1 Hs. 2 GG mangels Verhältnismäßigkeit der Beschränkung verletzt.

(4) Allgemeines Persönlichkeitsrecht (Art. 2 I i.V.m. Art. 1 I GG) der Nutzer informationstechnischer Systeme

i Allgemeines Persönlichkeitsrecht

Ein Rückgriff auf das Allgemeine Persönlichkeitsrecht in seinen verschiedenen Ausprägungen ist im Rahmen der akustischen Wohnraumüberwachung

---

935 BVerfGE 77, 65 (76); 80, 367 (375); 100, 313 (388 f.); 107, 299 (316); 109, 279 (335 f.); *Merten*, in: Merten/Papier [Hrsg.], Handbuch der Grundrechte, Bd. III, § 68 Rn. 60.

936 Zur Geeignetheit schon oben S. 219 ff.; 221 ff.

937 Oben S. 198 ff.; 219 ff.; 221 ff.

938 Zu den Gefahren oben S. 219 ff.

in der Regel nicht notwendig, da grundsätzlich ein ausreichender Schutz durch Art. 13 I GG gewährleistet wird. Soweit jedoch Dritte betroffen sind, die sich nicht auf den Schutz des Art. 13 I GG berufen können, ist der Anwendungsbereich des Art. 2 I i.V.m. Art. 1 I GG eröffnet.[939] In diesem Fall ist das Allgemeine Persönlichkeitsrecht der Personen betroffen.[940] Eine freie Entfaltung der Persönlichkeit wird auch schon durch das Gefühl des Überwachtwerdens eingeschränkt[941] und dieses Gefühl wird bei einer integrierten Backdoor in informationstechnischen Systemen immer bestehen, da nie sicher ist, ob diese Backdoor gerade genutzt wird.

Für die Rechtfertigung gelten in diesem Fall ähnliche Voraussetzungen wie bei Art. 13 I GG.[942] Zwar gilt nur ein einfacher Gesetzesvorbehalt, jedoch sind an die Verhältnismäßigkeit strenge Voraussetzungen anzulegen.[943] Es werden grundsätzlich alle Nutzer des jeweiligen Systems betroffen und es besteht keine Möglichkeit, sich dagegen zu schützen, außer informationstechnische Systeme zu vermeiden, was jedoch in der heutigen Gesellschaft nahezu unmöglich ist. Somit bliebe für den Nutzer nur die Möglichkeit die Beeinträchtigung hinzunehmen, wodurch jedoch der Grundrechtsschutz gänzlich leerlaufen würde, da dieser gerade vor solchen Beeinträchtigungen schützen soll.

ii Recht auf Gewährleistung der Vertraulichkeit und Integrität informationstechnischer Systeme

Allerdings besteht kein ausreichender Schutz vor der Verpflichtung, eine Backdoor zu integrieren, durch andere Grundrechte, weshalb hier ein Rückgriff auf das Recht auf Gewährleistung der Vertraulichkeit und Integrität informationstechnischer Systeme notwendig ist.[944] Durch eine Backdoor besteht grundsätzlich für jeden die Möglichkeit, diese zu nutzen und somit das System aus der Ferne zu bedienen. Daher kann weder die Vertraulichkeit noch die Integrität des Systems gewahrt werden. Auch wenn das Grundrecht nicht schrankenlos

---

939 BVerfGE 109, 279 (326); *Dreier*, in: ders. [Hrsg.], Bd. I, Art. 13 Rn. 21; *Horn*, in: Stern/Becker [Hrsg.], Art. 2 Rn. 34.

940 Vgl. *Horn*, in: Stern/Becker [Hrsg.], Art, 2 Rn. 91.

941 Vgl. *Singelnstein/Putzer*, GA 2015, 564 (565); *Wolter*, in: Festschrift für Rudolphi, S. 733 (741 f.).

942 Vgl. BVerfGE 109, 279 (326).

943 Vgl. BVerfGE 109, 279 (326); *Dreier*, in: ders. [Hrsg.], Band I, Art. 2 Rn. 92; *Jarass*, in: Jarass/Pieroth [Hrsg.], GG (2012), Art. 2 Rn. 60 f.; *Horn*, in: Stern/Becker [Hrsg.], Art. 2 Rn. 105 ff.

944 BVerfGE 120, 274 (302 f.; 313 ff.); zum Schutz durch Art. 13 I GG S. 127 ff.

gewährleistet ist,[945] so kann der hier vorliegende Eingriff durch die ab Werk integrierte Backdoor dennoch nicht gerechtfertigt werden, da diese keinen angemessenen Ausgleich zwischen den Grundrechten der Betroffenen und der Strafverfolgung herstellen und somit nicht verhältnismäßig ist. Eine Backdoor ermöglicht nicht nur die Nutzung des Systems durch Dritte, sondern auch die Verwendung zu Straftaten und zur Verschleierung der Identität.[946]

Damit ist eine ab Werk integrierte Backdoor nicht mit dem Grundrecht auf Gewährleistung der Vertraulichkeit und Integrität informationstechnischer Systeme vereinbar.

iii Selbstbelastungsfreiheit (nemo tenetur se ipsum accusare)

Daneben kann auch die dem Recht auf informationelle Selbstbestimmung entnommene Selbstbelastungsfreiheit betroffen sein, die dem Beschuldigten das Recht einräumt, sich selbst nicht belasten zu müssen.[947] Grundsätzlich sind heimliche Ermittlungsmaßnahmen zulässig,[948] allerdings darf der Beschuldigte nicht in einer Vernehmung oder vernehmungsähnlichen Situation getäuscht oder Zwang ausgesetzt werden, damit die Strafverfolgungsbehörden so belastende Informationen erhalten.[949]

Fraglich ist hier allerdings nicht nur, ob überhaupt eine vernehmungsähnliche Situation vorliegt, sondern auch, ob die Verwendung informationstechnischer Systeme zur akustischen Wohnraumüberwachung überhaupt eine relevante Täuschung darstellt. Viele informationstechnische Systeme verfügen über ein integriertes Mikrofon wie beispielsweise Smartphones oder auch Laptops. Die gesetzliche Verpflichtung der Hersteller, eine Backdoor für den Staat zu integrieren, wäre grundsätzlich eine bekannte Tatsache, da das Gesetz verkündet werden müsste und eine so erhebliche Maßnahme nicht ohne öffentliche Kritik erfolgen würde. Daher kann sich auch der Beschuldigte darauf einstellen, dass der Staat sein informationstechnisches System für eine akustische Wohnraumüberwachung nutzt. Ferner ist auch das Anbringen von Abhörvorrichtungen nach

945 BVerfGE 120, 274 (315).

946 Zu den Gefahren einer Backdoor und der Verhältnismäßigkeit der Verpflichtung der Hersteller, eine Backdoor zur Strafverfolgung zu integrieren, schon oben S. 219 ff.

947 Statt vieler: BVerfGE 38, 105 (113 f.); *Di Fabio*, in: Maunz/Dürig [Hrsg.], GG, Art. 2 I, Rn. 187; *Jarass*, in: Jarass/Pieroth [Hrsg.], GG, Art. 2 Rn. 68; *Murswiek/Rixen*, in: Sachs [Hrsg.], GG, Art. 2 Rn. 71.

948 BVerfGE 109, 279 (324 f.); *Hauck*, NStZ 2010, 17 (20); *Gaede*, JR 2009, 493 (498).

949 *Gaede*, JR 2009, 493 (497); *Esser*, in: LR, StPO, Bd. 11, Art. 6 EMRK Rn. 252; *Kasiske*, StV 2014, 423.

dem derzeitigen Vorgehen keine Täuschung, die die Selbstbelastungsfreiheit ausschließt.[950] Ob nun der Betroffene eher damit rechnet, durch eine „Wanze" oder durch ein informationstechnisches System abgehört zu werden, ist insofern nicht bedeutend, als dass er trotz des Erkennens der Möglichkeit, abgehört zu werden, sachverhaltsrelevante Informationen preisgibt. Daher liegt insofern schon keine für die Selbstbelastungsfreiheit relevante Täuschung vor.

Weiterhin liegt auch grundsätzlich keine Vernehmung oder vernehmungsähnliche Situation vor, da dies nur bei der gezielten Befragung durch eine vom Staat instruierten Person der Fall ist.[951] Soweit der Beschuldigte sich frei entscheiden kann, etwas zu sagen, und auch nicht das Gefühl hat, etwas sagen zu müssen, bzw. sich in keiner Drucksituation befindet, ist die Selbstbelastungsfreiheit nicht beeinträchtigt.[952]

Somit liegt in der Verpflichtung der Hersteller, eine Backdoor in ihre informationstechnischen Systeme zu integrieren, keine Beeinträchtigung der Selbstbelastungsfreiheit des Beschuldigten vor.

(5) Fazit

Abschließend ist festzustellen, dass eine Verpflichtung der Hersteller, eine Backdoor für die Strafverfolgungsorgane zu integrieren, nicht mit dem Grundgesetz vereinbar ist, da die Maßnahme nicht angemessen, und die Grundrechte (Art. 13 I GG; Art. 5 I 1 Hs. 2 GG) der Nutzer informationstechnischer Systeme sowie die Berufsfreiheit der Hersteller (Art. 12 I GG) nicht ausreichend berücksichtigt werden. Der Nutzer hat durch die Maßnahme das Gefühl des dauerhaften Überwachtwerdens und es besteht die Gefahr der Drittnutzung dieser Systeme durch die Backdoor. Dabei kann nicht nur ein System betroffen sein, sondern diese können zu sogenannten Bot-Netzen zusammengeschlossen werden, um eine höhere Rechenleistung zu erhalten. Daher ist die Verpflichtung, für eine akustische Wohnraumüberwachung ab Werk eine Backdoor zu integrieren, nicht mit den Grundrechten vereinbar.

---

950 Vgl. BVerfGE 109, 279 (323 f.).

951 Vgl. EGMR Urteil v. 05.11.2002 – Allan/UK, §§ 50 ff.; *Esser*, in: LR, StPO, Bd. 11, Art. 6 EMRK Rn. 930; *Gaede*, JR 2009, 493 (496), *Esser*, JR 2004, 98 (102).

952 Vgl. EGMR Urteil v. 21.01.2009 – Bykov/RUS, § 102; *Gaede*, JR 2009, 493 (496); *Esser*, JR 2004, 98 (106).

c Vereinbarkeit mit der Europäischen Menschenrechtskonvention

Durch die Verpflichtung der Hersteller, eine Backdoor in informationstechnische Systeme zu integrieren, könnten die Nutzer informationstechnischer Systeme in Art. 8 I EMRK und Art. 10 I 2 EMRK sowie der Beschuldigte in Art. 6 I EMRK betroffen sein.

(1) Recht auf Achtung des Privat- und Familienlebens (Art. 8 EMRK) der Nutzer informationstechnischer Systeme

Der Schutzbereich des Art. 8 I EMRK ist bei einer akustischen Wohnraumüberwachung eröffnet, wobei sowohl die Wohnung als auch das Privatleben betroffen sein können.[953] Durch eine ab Werk integrierte Backdoor wird von Beginn an die Gefahr geschaffen, dass auf die Systeme und dadurch auf die Wohnung zugegriffen wird, was allein zu einer Beschränkung des Privatlebens führt. Die Nutzer können sich dadurch selbst in ihrer Wohnung nicht sicher sein, ob sie überwacht werden oder ob gar ein Dritter sich Zugang zu dem System verschafft hat, wodurch ein dauerhaftes Gefühl des Überwachtwerdens entsteht.[954]

Ein Rückzugsort ist daher auch bei einer ab Werk integrierten Backdoor nicht gegeben, obwohl dieser trotz der Möglichkeit einer heimlichen akustischen Überwachung jedem einzelnen bleiben muss.[955] Ferner betrifft die Maßnahme alle, die ein System besitzen, unabhängig davon, ob gegen sie der Verdacht einer Straftat besteht, weshalb eine Rechtfertigung ausgeschlossen ist.[956]

Die hier untersuchte Maßnahme ist in einer demokratischen Gesellschaft nicht notwendig, da bei einer Verpflichtung der Hersteller, ab Werk eine Backdoor zu integrieren, die Privatsphäre der Nutzer dieser Systeme nicht beachtet wird und daher die Maßnahme nicht notwendig ist.[957] Folglich ist Art. 8 I EMRK mangels Rechtfertigung des Eingriffs verletzt.

---

953 Vgl. EGMR Urteil v. 12.05.2000 – Khan/UK = JZ 2000, 993; *Uerpmann-Wittzack*, in: Ehlers [Hrsg.], Europäische Grundrechte und Grundfreiheiten, § 3 Rn. 13; *Grabenwarter/Pabel*, Europäische Menschenrechtskonvention, § 22 Rn. 26 f., 33 f.; *Frowein*, in: Frowein/Pabel [Hrsg.], Europäische Menschenrechtskonvention, Art. 8 Rn. 6; 46.

954 Vgl. oben im Rahmen von Art. 13 I GG S. 221 ff.

955 Vgl. *Esser*, in: LR-StPO, Bd. 11, Art. 8 EMRK Rn. 79; *Marauhn/Thorn*, in: Dörr/Grote/Maurauhn [Hrsg.], Kap. 16 Rn. 27, 55.

956 Vgl. S. 221 ff.; 224 f.

957 Zur Geeignetheit der Maßnahme oben S. 219 ff.; 221 ff.; 224 f.; 226 f.

(2) Informationsfreiheit (Art. 10 I 2 EMRK) der Nutzer informationstechnischer Systeme

Ebenfalls ist Art. 10 I 2 EMRK betroffen, da die Informationsfreiheit der Nutzer informationstechnischer Systeme durch eine integrierte Backdoor beeinflusst wird. Durch eine Backdoor steigen die Gefahren bei der Nutzung des Internets auf einen heimlichen Zugriff[958] und mit der Wahl des Internets als Informationsquelle ist auch die Möglichkeit der Überwachung eingeschlossen. Das eine ist bei dieser Maßnahme nicht ohne das andere möglich, wodurch jedoch die Möglichkeit entfällt, sich frei für eine Informationsquelle zu entscheiden. Folglich liegt ein Eingriff in Art. 10 I EMRK vor.

Der für die Rechtfertigung erforderliche legitime Zweck ist mit der effektiven Strafverfolgung gegeben.[959] Allerdings ist die Maßnahme nicht in einer demokratischen Gesellschaft notwendig, weil sowohl die Interessen der Nutzer als auch das Interesse des Staates an sicheren Systemen nicht ausreichend berücksichtigt werden. Eine Backdoor weist Gefahren auf, die der Staat eigentlich zu verhindern versucht und kann die Strafverfolgung erschweren.[960] Somit wäre die Verpflichtung der Hersteller zum Integrieren einer Backdoor nicht mit Art. 10 EMRK vereinbar.[961]

(3) Recht auf ein faires Verfahren (Art. 6 EMRK)

Ferner könnte durch die Verpflichtung der Hersteller, eine Backdoor in alle informationstechnischen Systeme zu integrieren, der Grundsatz des fairen Verfahrens insbesondere in der Ausprägung der Selbstbelastungsfreiheit beeinträchtigt sein.

Dazu müsste eine strafrechtliche Anklage im Sinne des Art. 6 I EMRK gegeben sein, also Ermittlungen gegen eine bestimmte Person gerichtet werden.[962]

---

958 BSI, IT-Grundschutz, G 5.21 Trojanische Pferde (abrufbar unter: https://www.bsi.bund.de/DE/Themen/ITGrundschutz/ITGrundschutzKataloge/Inhalt/_content/g/g05/g05021.html; abgerufen am 13.08.2017).

959 vgl. BVerfGE 77, 65 (76); 80, 367 (375); 100, 313 (388 f.); 107, 299 (316); 109, 279 (335 f.); *Marauhn/Thorn*, in: Dörr/Grote/Marauhn [Hrsg.] Kap. 16 Rn. 93; *Merten*, in: Merten/Papier [Hrsg.], Handbuch der Grundrechte, § 68 Rn. 60.

960 Vgl. BSI, IT-Grundschutz, G 5.21 Trojanische Pferde (abrufbar unter: https://www.bsi.bund.de/DE/Themen/ITGrundschutz/ITGrundschutzKataloge/Inhalt/_content/g/g05/g05021.html; abgerufen am 13.08.2017); BT-Drs. 18/10182, S. 1 ff.; dazu auch oben S. 219 ff.

961 Vgl. dazu oben Art. 5 I 1 Hs. 2 GG, S. 224 ff.

962 Zum Begriff der strafrechtlichen Anklage im Sinne des Art. 6 I EMRK siehe oben S. 147 ff.

Zwar sind die Hersteller direkt von der Verpflichtung betroffen, jedoch wirkt sich diese Verpflichtung auch auf Personen aus, gegen die Ermittlungen geführt werden. Zudem wird die akustische Wohnraumüberwachung mittels der Backdoor nur dann durchgeführt, wenn die Voraussetzungen des § 100c StPO vorliegen. Daher ist die Voraussetzung der strafrechtlichen Anklage gegeben.[963]

Fraglich ist somit, ob der Grundsatz des fairen Verfahrens verletzt ist, indem der betroffene Nutzer mittels einer Backdoor in einem informationstechnischen System akustisch überwacht werden kann und sich dadurch möglicherweise durch seine Aussagen selbst belastet. Grundsätzlich sind heimliche Überwachungsmaßnahmen mit Art. 6 I EMRK vereinbar und eine heimliche akustische Überwachung beeinträchtigt die Selbstbelastungsfreiheit nicht.[964] Eine Ausnahme besteht jedoch in den Fällen, in denen der Wille des Betroffenen, sich nicht zu äußern, bewusst umgangen wird und dieser in einer vernehmungsähnlichen Situation durch Private dazu gebracht wird, belastende Informationen preiszugeben.[965] Eine solche Situation liegt allein bei einer akustischen Überwachung mittels informationstechnischer Systeme jedoch grundsätzlich nicht vor, da es an der vernehmungsähnlichen Situation und dem Druck bzw. zwang grundsätzlich fehlt.[966] Sollten diese Aspekte zu der akustischen Überwachung hinzutreten, wäre eine Verletzung der Selbstbelastungsfreiheit nicht auszuschließen.

Es könnte sich jedoch eine Beeinträchtigung der Selbstbelastungsfreiheit und dadurch auch des Grundsatzes des fairen Verfahrens dadurch ergeben, dass der Betroffene durch sein eigenes informationstechnisches System abgehört wird und dabei über die Funktion des Systems getäuscht wird. Jedoch beruht die Backdoor auf einer gesetzlichen Verpflichtung der Hersteller und ist somit für die Nutzer informationstechnischer Systeme nicht unbedingt unbekannt.[967] Daher kann der Betroffene grundsätzlich erkennen, dass die Strafverfolgungsbehörden auch seine informationstechnischen Systeme als „Wanze" verwenden

---

963 Dazu schon oben S. 210 ff.

964 EGMR Urteil v. 05.11.2002 – Allan/UK, § 50 ff.; Urteil v. 21.01.2009 – Bykov/RUS, §§ 92 ff.; *Meyer*, in: Karpenstein/Mayer [Hrsg.], EMRK, Art. 6 Rn. 137 ff.; *Esser*, in: LR, StPO, Bd. 11, Art. 6 EMRK Rn. 936; *Kasiske*, StV 2014, 423 (424); *Gaede*, JR 2009, 493 (498); *Esser*, JR 2004, 98 (104).

965 EGMR Urteil v. 05.11.2002 – Allan/UK, §§ 50 ff.; *Meyer*, in: Karpenstein/Mayer [Hrsg.], EMRK, Art. 6 Rn. 139; *Gaede*, JR 2009, 493 (496); *Esser*, JR 2004, 98 (107).

966 Vgl. EGMR Urteil v. 21.01.2009 – Bykov/RUS, § 102.

967 Zur Täuschung, wenn eine gesetzliche Verpflichtung besteht, schon oben S. 210 ff.; 227 f.

und er wird nicht über die Funktion des Systems getäuscht. Ferner gibt er die Informationen grundsätzlich freiwillig preis, sodass keine Beeinträchtigung seiner Selbstbelastungsfreiheit gegeben ist.

Insgesamt ist Art. 6 I EMRK in der Regel nicht verletzt, wenn eine Backdoor durch die Hersteller integriert wird, die es den Strafverfolgungsbehörden ermöglicht, eine akustische Wohnraumüberwachung durchzuführen. Etwas anderes kann gelten, wenn im Einzelfall Druck oder Zwang auf den Betroffenen ausgeübt wird und daher die Aussage nicht mehr freiwillig ist.[968]

(4) Fazit

Die Verpflichtung der Hersteller, eine Backdoor ab Werk für eine akustische Wohnraumüberwachung zu integrieren, ist nicht mit der Europäischen Menschenrechtskonvention vereinbar, da durch die Verpflichtung erhebliche Gefahren für die Nutzer informationstechnischer Systeme und die Gesellschaft durch sogenannte *Bot-Netze* und *DDoS-Angriffe* entstehen. Ferner werden die Nutzer in ihrem Verhalten beeinträchtigt, da sie fortdauernd damit rechnen müssen, dass ein Dritter sich Zugriff auf ihr informationstechnisches System verschafft, weshalb eine freie, unbeeinflusste Persönlichkeitsentfaltung nicht möglich ist.

Allerdings ist der Grundsatz des fairen Verfahrens und insbesondere die dort verankerte Selbstbelastungsfreiheit nicht betroffen, wenn die Hersteller informationstechnischer Systeme verpflichtete werden, eine Backdoor zu integrieren, da der Betroffene trotz allem freiwillig und ohne Täuschung Informationen außerhalb einer Vernehmung oder vernehmungsähnlichen Situation preisgibt.

d Vereinbarkeit mit der EU-Grundrechtecharta

Durch die Verpflichtung der Hersteller, eine Backdoor zu integrieren, können die Hersteller auch in ihrer Berufsfreiheit bzw. unternehmerischen Freiheit aus Art. 15 I, 16 GRCh sowie die Nutzer informationstechnischer Systeme in ihren Rechten aus Art. 7 GRCH sowie aus Art. 8 I GRCh und Art. 11 I 2 GRCh betroffen sein, weshalb diese im Folgenden geprüft werden.

---

968 Zur Verletzung der Selbstbelastungsfreiheit bei Druck oder Zwang: EGMR Urteil v. 05.11.2002 – Allan/UK, §§ 50 ff.; Urteil v. 21.01.2009 – Bykov/RUS, §§ 92 ff.; *Esser*, in: LR, StPO, Bd. 11, Art. 6 EMRK Rn. 252; 912 ff.; *Gaede*, JR 2009, 493 (496 f.).

(1) Achtung des Privat- und Familienlebens (Art. 7 GRCh) der Nutzer informationstechnischer Systeme

Wiederum ist das Privatleben (Art. 7 GRCh) der Nutzer beeinträchtigt, da eine ab Werk integrierte Backdoor den jederzeitigen Zugriff aus der Ferne auf das informationstechnische System und damit auch auf die Wohnung ermöglicht, soweit sich das System in der Wohnung befindet.[969] Dies führt nicht nur zu einer Beeinträchtigung, wenn tatsächlich eine Überwachung durchgeführt wird, sondern schon das Gefühl des Überwachtwerdens ist als Beeinträchtigung zu werten.[970]

Eine Rechtfertigung des Eingriffs in Art. 7 GRCh erfolgt nach den Grundsätzen des Art. 8 II EMRK (Art. 52 III 1 GRCh). Mit der effektiven Strafverfolgung liegt ein legitimes Ziel im Sinne des Art. 8 II EMRK (Aufrechterhaltung der Ordnung; Verhütung von Straftaten) vor.[971]

Jedoch ist auch hier die Maßnahme nicht verhältnismäßig im engeren Sinn. Durch eine integrierte Backdoor haben nicht nur die Strafverfolgungsorgane Zugriff auf das System, wenn es mit dem Internet verbunden ist, sondern auch Dritte können auf das System zugreifen, wenn ihnen bekannt ist, wo sich die Backdoor befindet, insbesondere Dritten mit kriminellen Absichten kann so der Zugriff erleichtert werden. Da der Staat allerdings auch dazu verpflichtet ist, Straftaten abzuwehren, handelt er bei der Verpflichtung, eine Backdoor zu integrieren, entgegen diesem Ziel.[972]

Aufgrund dieser Gefahr für die Nutzer und damit auch für die Gesellschaft an sich ist eine ab Werk integrierte Backdoor nicht verhältnismäßig.[973] Somit ist der Eingriff in Art. 7 GRCh nicht gerechtfertigt und dieser daher verletzt.

(2) Schutz personenbezogener Daten (Art. 8 I GRCh) der Nutzer informationstechnischer Systeme

Bei einer integrierten Backdoor besteht ferner die Gefahr, dass personenbezogene Daten der Nutzer informationstechnischer Systeme zur Kenntnis

969 Vgl. dazu schon oben S. 229 f.; 221 ff.

970 Zur Beeinträchtigung siehe schon oben S. 229 f.

971 Vgl. BVerfGE 77, 65 (76); 80, 367 (375); 100, 313 (388 f.); 107, 299 (316); 109, 279 (335 f.); *Marauhn/Thorn*, in: Dörr/Grote/Marauhn [Hrsg.] Kap. 16 Rn. 93; *Merten*, in: Merten/Papier [Hrsg.], Handbuch der Grundrechte, § 68 Rn. 60.

972 Vgl. *Heinemann*, Grundrechtliche Schutz informationstechnischer Systeme, S. 210 f.; *Hansen/Pfitzmann*, in: Roggan [Hrsg.], S. 131 (148 f.); zum Ganzen schon oben S. 198 ff.; 208 ff.

973 Siehe oben S. 201 ff.; 208 ff.

genommen werden, weshalb Art. 8 GRCh betroffen sein könnte. Auf den Geräten sind eine Vielzahl personenbezogener Daten gespeichert[974] und durch eine Backdoor kann auch auf diese Daten zugegriffen werden. Der Zugriff auf weitere Daten des informationstechnischen Systems, wie beispielsweise Informationen über die Festplatte, kann technisch nicht vollständig ausgeschlossen werden,[975] sodass auch die Möglichkeit der Kenntnisnahme dieser Daten besteht. Schon die Möglichkeit der Kenntnisnahme von personenbezogenen Daten ist für einen Eingriff in Art. 8 GRCh ausreichend.[976].

Dieser Eingriff ist nicht gerechtfertigt. Die Interessen des jeweiligen Nutzers werden in einem unangemessenen Verhältnis beeinträchtigt. Trotz der Verfolgung eines – mit der Strafverfolgung – legitimen Ziels (Art. 52 I, III 1 GRCh, Art. 8 II EMRK) werden die Interessen des Nutzers nicht ausreichend berücksichtigt. Der Nutzer hat ein Interesse daran, dass seine personenbezogenen Daten nicht – ohne seine Einwilligung – Dritten bekannt werden, wozu insbesondere die Daten, die auf einem informationstechnischen System gespeichert sind, zählen.[977]

Ferner möchte der durchschnittliche Anwender informationstechnische Systeme nutzen, ohne sich Gedanken darüber zu machen, ob diese eine Backdoor haben und diese just in dem Moment genutzt wird. Demgegenüber haben die Strafverfolgungsbehörden das Interesse schwere Straftaten aufzuklären. Zwar ist auch eine effektive Strafverfolgung wichtig in einer demokratischen Gesellschaft, jedoch kann diese nicht dazu führen, dass alle Nutzer informationstechnischer Systeme Gefahr laufen, dass ihre personenbezogenen Daten durch den Staat oder durch Dritte abgegriffen werden.[978] Der Staat hat vielmehr auch einen Schutzauftrag, die Daten und informationstechnische Systeme vor dem Zugriff Dritter zu schützen,[979] welchem er nicht gerecht wird, wenn er selbst das Integrieren einer Backdoor veranlasst, weshalb der Eingriff nicht gerechtfertigt werden kann und Art. 8 GRCh verletzt ist.

---

974 Vgl. nur BVerfGE 120, 274 (303 ff.); *Murswiek/Rixen*, in: Sachs [Hrsg.], GG, Art. 2 Rn. 73c f.

975 Vgl. BVerfGE 120, 274 (306 ff.); *Buermeyer*, HRRS 2007, 154 (157);

976 Vgl. *Ehlers*, in: Ehlers [Hrsg.], Europäische Grundreche und Grundfreiheiten, § 14 Rn. 98.

977 Vgl. BVerfGE 120, 274 (303 ff.); *Heinemann*, Grundrechtliche Schutz informationstechnischer Systeme, S. 148 f.

978 Vgl. BVerfGE 141, 220 (268 f., 273 f., 298 f.).

979 Vgl. *Heinemann*, Grundrechtlicher Schutz informationstechnischer Systeme, S. 210 f.; *Hansen/Pfitzmann*, in: Roggan [Hrsg.], S. 131 (148 f.).

(3) Informationsfreiheit (Art. 11 I 2 GRCh) der Nutzer informationstechnischer Systeme

Erneut ist auch die Informationsfreiheit (Art. 11 I 2 GRCh) der Nutzer informationstechnischer Systeme betroffen, da der Nutzer in seiner freien Wahl für das Internet als Informationsquelle faktisch eingeschränkt wird.[980] Wenn sich der Nutzer für diese Möglichkeit der Informationsbeschaffung entscheidet, nimmt er gleichzeitig in Kauf, dass er überwacht werden kann und auch, dass gegebenenfalls Dritte durch die Backdoor in das System gelangen. Zumindest unbewusst beeinflusst das Wissen um die Unsicherheit des Systems, die Entscheidung dieses zu nutzen.[981]

Die Rechtfertigung wäre wiederum unter den schon genannten Voraussetzungen möglich.[982] Doch auch hier greift die Maßnahme zu sehr in die Rechte des Nutzers informationstechnischer Systeme ein, dessen Interessen in einem nur unzureichenden Maße berücksichtigt werden, und die Effektivität der Strafverfolgung vermag das Interesse des Nutzers an einer unbefangenen und freien Informationsbeschaffung nicht zu überwiegen.[983] Daher ist die Informationsfreiheit (Art. 11 I 2 GRCh) der Nutzer verletzt.

(4) Berufsfreiheit (Art. 15 I GRCh) und unternehmerische Freiheit (Art. 16 GRCh) der Hersteller

Ferner liegt ein Eingriff in die Berufsausübung (Art. 15 I, 16 GRCh) der Hersteller vor,[984] welcher nicht gerechtfertigt werden kann, weil die Verpflichtung nicht nur der Strafverfolgung dient, sondern diese gleichzeitig auch erschwert, indem der Täter bei Internetkriminalität nur schwer ermittelt werden könnte.[985] Durch die Backdoor könnten auch Dritte auf die informationstechnischen Systeme zugreifen und diese zu verschiedenen Angriffen verwenden.[986] Für die Strafverfolger ist es dabei nahezu ausgeschlossen zu ermitteln, wer das entsprechende System verwendet hat, weshalb die Interessen der Hersteller nicht hinreichend berücksichtigt werden. Somit ist Art. 15 I, 16 GRCh verletzt.

---

980 Siehe oben S. 224 f.; 230.

981 Dazu oben S. 224 f.; 230.

982 Zu den Voraussetzungen einer Rechtfertigung eines Eingriffs in Art. 11 GRCh schon oben S. 164.

983 Vgl. oben S. 224 f.; 230.

984 Dazu oben S. 219 ff.

985 Zur Geeignetheit einer Backdoor zur Strafverfolgung siehe oben S. 219 ff.

986 Zu den Gefahren einer integrierten Backdoor siehe oben S. 219 ff.

(5) Fazit

Die Verpflichtung der Hersteller, eine Backdoor in jedes System zu integrieren, ist nicht mit der EU-Grundrechtecharta vereinbar, da diese Verpflichtung Gefahren für die Nutzer der Systeme sowie für die Gesellschaft bedeutet, indem grundsätzlich jeder die Backdoor nutzen kann und die Systeme zu *Bot-Netzen* zusammengeschlossen werden können.

Zudem besteht bei einer integrierten Backdoor das Risiko, dass auch personenbezogene Daten, die auf dem informationstechnischen System gespeichert sind, wahrgenommen werden.

e Fazit

Insgesamt ist eine Verpflichtung der Hersteller, eine Backdoor in jedes internetfähige System zu integrieren, rechtlich nicht durchsetzbar. Eine Backdoor weist zu viele Gefahren auf, nicht nur für den Nutzer des jeweiligen Systems, sondern darüber hinaus auch für die Gesellschaft an sich, da auf eine große Anzahl informationstechnischer Systeme zugegriffen werden kann und diese zu illegalen Zwecken verwendet werden können, wie beispielsweise für durch *Bot-Netze*[987] verübte sogenannte *DDoS-Angriffe*[988] auf für die Infrastruktur wichtige Systeme. Ferner ist zu berücksichtigen, dass nicht nur privat, sondern auch beruflich internetfähige Systeme verwendet werden und diese daher für die Wirtschaft von Bedeutung sind. Die Gefahren, die durch eine ab Werk integrierte Backdoor für die Allgemeinheit besteht, wie beispielsweise die oben genannten Angriffe, sind wesentlich bedeutsamer als der Nutzen, den die Strafverfolgungsbehörden dadurch erlangen.

Durch diese Vorgehensweise würde in eine Vielzahl von Grundrechten eingegriffen, dabei wiegen die Eingriffe und die dadurch entstehenden Belastungen für die Betroffenen schwerer als die Effektivität der Strafverfolgung, welche nicht

987 Ein *Bot-Netz* sind ein Zusammenschluss von Endgeräten, die durch eine Schadsoftware infiziert wurden und von einem anderen Server, dem sogenannten Command-and-Control-Server, gesteuert werden können. Bot-Netze werden unter anderem für sogenannte *DDoS-Angriffe* (Fn. 988) eingesetzt, da sie eine größere Wirkung erzielen können, als einzelne Rechner. Vgl. *Schäfer/Roßman*, Netzsicherheit, S. 471 ff.

988 Bei sogenannten *(Destributed) Denial-of-Service* – Angriffen (DDoS-Angriffen) werden Server durch das massenhafte Zusenden von Anfragen überlastet, damit diese ganz ausfallen oder aber der Zugriff auf diese erschwert wird. Vgl. *Schäfer/Roßberg*, Netzsicherheit, S. 463; 471; *Kurose/Ross*, Computer Networking, S. 83 f.; *Schäfer*, PIK 2005, 130.

über alle Interessen der Nutzer gestellt werden kann. Zudem darf der Schutzauftrag des Staates nicht umgangen werden, da dieser nicht nur für eine effektive Strafverfolgung, sondern eben auch für einen Schutz der Bevölkerung vor Straftaten zu sorgen hat. Die Verpflichtung, eine Backdoor zu integrieren, widerspricht diesem Schutz der Bevölkerung.[989]

3 Direkter elektronischer Zugriff zum Einschleusen einer Überwachungssoftware

Neben dem Integrieren einer Backdoor im Herstellungsstadium besteht die Möglichkeit, eine solche später durch eine Überwachungssoftware zu installieren.[990] Des Weiteren kann eine Überwachungssoftware auch dazu genutzt werden, um sich Zugang zum jeweiligen System zu verschaffen, ohne dass eine Backdoor installiert wird.[991] Im Folgenden wird zunächst eine Ermächtigungsgrundlage für das Einschleusen einer Überwachungssoftware gesucht, bevor die Vereinbarkeit der Maßnahme mit höherrangigem Recht geprüft wird.

a Ermächtigungsgrundlage

(1) § 100c StPO

Im Rahmen des § 100c StPO wäre erneut auf eine Annexmaßnahme abzustellen, weil es sich bei dem Installieren einer Überwachungssoftware noch nicht um die Durchführung der akustischen Überwachung handelt, sondern dies nur eine Vorbereitungsmaßnahme darstellt. Mit dem Installieren bzw. Einschleusen einer Überwachungssoftware liegt zwar eine technische Maßnahme zur akustischen Wohnraumüberwachung vor, da Informationstechnik eingesetzt wird, um die Software zu installieren,[992] jedoch sind nach hier vertretener Ansicht keine Annexmaßnahmen von § 100c I StPO erfasst.[993]

---

989 § 3 I Nr. 1, 5 BSIG; vgl. BT-Drs. 18/10182, S. 2 f.; *Heinemann*, Grundrechtlicher Schutz informationstechnischer Systeme, S. 210 f. *Hansen/Pfitzmann*, in: Roggan [Hrsg.], S. 131 (148 f.).

990 Dazu oben S. 89 ff.

991 Siehe oben S. 89 ff.

992 Vgl. oben zur technischen Maßnahme S. 89 ff.

993 Dazu oben S. 185 ff.; nach a.A. ist eine Annexmaßnahme erfasst, wenn die Primärmaßnahme nicht an Intensität überschritten wird und sich gegen den gleichen Beschuldigten richtet. Damit dieses Vorgehen jedoch auch eine Annexmaßnahme darstellt, darf es nicht weiter in die (Grund-) Rechte des Betroffenen eingreifen als die akustische Wohnraumüberwachung. Bei dieser ist Art. 13 I GG betroffen. Hier kommt hinzu, dass auf ein informationstechnisches Gerät zugegriffen wird. Dieses fällt jedoch

(2) § 100a StPO

Zwar wird eine Überwachungssoftware über eine Internetverbindung und damit mittels Telekommunikation auf das System geschleust, jedoch erlaubt § 100a I 1 StPO nur das Überwachen der Telekommunikation, also das Mithören eines schon bestehenden Telekommunikationsvorgangs und nicht das Initiieren eines Telekommunikationsvorgangs oder das Verändern einer bestehenden Telekommunikation.[994] Ferner sollen nach dem Einschleusen der Überwachungssoftware Gespräche innerhalb der Wohnung abgehört werden, welche eindeutig keinen Fall von Telekommunikation darstellen. Daher stellt § 100a I 1 StPO keine taugliche Ermächtigungsgrundlage dar.

Darüber hinaus ist zwar nach § 100a I 2 StPO das Einschleusen einer Überwachungssoftware möglich, um eine sogenannte Quellen-Telekommunikationsüberwachung durchzuführen. Bei dieser wird eine Überwachungssoftware auf ein informationstechnisches System, wie beispielsweise ein Smartphone, geschleust, um so verschlüsselte Telekommunikation auf dem Endgerät vor bzw. nach der Verschlüsselung abzuhören.[995] Jedoch ist die Befugnis zum Einschleusen der Überwachungssoftware gemäß § 100a I, V StPO auf die Überwachung der Telekommunikation und deren Umstände beschränkt und dies ist technisch auch sicherzustellen.[996] Die Telekommunikation soll hier jedoch gerade nicht überwacht werden, sondern nur Raumgespräche, weshalb auch § 100a I 2 StPO keine taugliche Ermächtigungsgrundlage ist.

---

unter den besonderen Schutz des Art. 2 I i.V.m. Art. 1 I GG. Folglich ist damit ein weiteres Grundrecht betroffen. Zudem wird, wie schon mehrfach erwähnt, bei einer Backdoor eine Sicherheitslücke eröffnet, die den Zugriff auf das Gerät erlaubt. Zwar würden hier die Strafverfolgungsbehörden selbst tätig werden, jedoch bleibt das Risiko des Zugriffs durch Dritte bestehen. Damit greifen die Strafverfolgungsbehörden nicht nur in ein weiteres Grundrecht ein, sondern schaffen gleichzeitig die Gefahr, dass die Systeme von Dritten bedient werden und möglicherweise auch zu strafbaren Zwecken verwendet werden. Somit ist das Integrieren einer Backdoor in einem informationstechnischen System auch nach dieser Ansicht nicht von der Annexbefugnis des § 100c StPO erfasst.

994 Vgl. *Hauck*, in: LR-StPO, Bd. 3, § 100a Rn. 33, *Brodowski*, Verdeckte technische Überwachungsmaßnahmen, S. 205 f.

995 *Bratke*, Quellen-Telekommunikationsüberwachung, S. 44 f.; *Beukelmann*, NJW-Spezial 2017, 440; *Claus*, jurisPR-StrafR 18/2017 Anm. 1; *Freiling/Safferling/Rückert*, JR 2018, 9 (10 f.).

996 Vgl. *Singelnstein/Derin*, NJW 2017, 2646 (2647 f.); *Warken*, NZWiSt 2017, 329 (335); *Freiling/Safferling/Rückert*, JR 2018, 9 (11 f.).

(3) § 100b StPO

Neben dem Zugriff auf informationstechnische Systeme zum Zwecke der Telekommunikationsüberwachung nach § 100a I 2 StPO ermöglicht § 100b I StPO[997] seit dem 24. August 2017 den Zugriff zum Zwecke einer Online-Durchsuchung[998]. Mit „technischen Mitteln" darf auf das System des Betroffenen zugegriffen werden, wobei dieser Zugriff jedoch ausschließlich dem Erheben von schon gespeicherten Daten dient („daraus").[999]

Letztlich ist daher auch der neu eingefügte § 100b I StPO nicht geeignet, die Infiltration eines Systems mit einer Überwachungssoftware zum Zweck der akustischen Wohnraumüberwachung zu ermöglichen.

(4) § 110 StPO

§ 110 StPO ermöglicht die Durchsicht von Papieren (Abs. 1, 2) sowie die Durchsicht von elektronischen Speichermedien (Abs. 3). Zwar werden auf informationstechnischen Systemen Daten gespeichert, weshalb diese grundsätzlich von § 110 III StPO erfasst sind,[1000] jedoch ist dieser keine taugliche Ermächtigungsgrundlage für den heimlichen Zugriff auf informationstechnische System, da (1.) der Zugriff offen zu erfolgen hat[1001] und (2.) sich die Ermächtigung allein auf die Durchsicht gespeicherter Daten beschränkt.[1002] Im Gegensatz dazu sollen bei der akustischen Wohnraumüberwachung erst noch Daten über das im System integrierte Mikrofon erhoben werden, weshalb das Vorgehen erheblich von dem in § 110 StPO geregelten abweicht.

(5) Weitere Ermächtigungsgrundlagen

Das Einschleusen einer Überwachungssoftware zum Zwecke einer akustischen Wohnraumüberwachung wird ferner nicht durch weitere Ermächtigungsgrundlagen der Strafprozessordnung (§§ 100g, 100i, 100j StPO) oder des Telekommunikationsgesetzes oder des Telemediengesetztes ermöglicht, welche lediglich den

---

997 Geändert durch das Gesetz zur effektiveren und praxistauglicheren Ausgestaltung des Strafverfahrens vom 17. August 2017, BGBl. 2017 I, S. 3202.

998 Zur Online-Durchsuchung (§ 100b StPO) schon oben S. 169 ff.

999 Zur Diskussion oben S. 176 ff. Vgl. auch *Singelnstein/Derin*, NJW 2017, 2646 (2647).

1000 Vgl. *Schmitt*, in: Meyer-Goßner/Schmitt, StPO, § 110 Rn. 1, 2a; *Wohlers/Jäger*, in: SK-StPO, § 110 Rn. 8 f.

1001 Vgl. *Schmitt*, in Meyer-Goßner/Schmitt, StPO, § 110 Rn. 6.

1002 *Schmitt*, in: Meyer-Goßner/Schmitt, StPO, § 110 Rn. 2 f.; *Wohlers/Jäger*, in: Sk-StPO, § 110 Rn. 20.

Einsatz technischer Mittel beispielsweise zum Zwecke der Standortbestimmung (§ 100i StPO), das Erheben von Verkehrs- (§ 100g StPO) oder Bestandsdaten (§ 100j StPO) ermöglichen.[1003]

(6) Fazit

Zwar ist für die Online-Durchsuchung nach § 100b StPO sowie zur Quellen-Telekommunikationsüberwachung nach § 100a I 2 StPO das Einschleusen einer Software notwendig, jedoch genügen diese Ermächtigungsgrundlagen nicht zum Einschleusen einer Überwachungssoftware zur akustischen Überwachung, weil jeweils sichergestellt werden soll, dass nur die Kommunikation bzw. die gespeicherten Daten erfasst werden.

Ferner genügt insbesondere auch § 100c StPO nicht zum Einschleusen der Software, weil zum einen nach hier vertretener Ansicht keine Annexmaßnahmen erfasst sind und zum anderen durch das Einschleusen nicht nur die Privatsphäre der Wohnung betroffen ist.

b Vereinbarkeit mit dem Grundgesetz

Bei einem Fernzugriff auf das informationstechnische System ist abermals zu untersuchen, ob dieser bei Bestehen einer Ermächtigungsgrundlage mit dem Grundgesetz vereinbar wäre, wobei hier nur die Grundrechte der Nutzer Bedeutung erlangen.

(1) Unverletzlichkeit der Wohnung (Art. 13 I GG) der Nutzer informationstechnischer Systeme

Die akustische Wohnraumüberwachung ist grundsätzlich vereinbar mit Art. 13 I GG.[1004] Fraglich ist, ob ebenso ein Eingriff in Art. 13 I GG vorliegt, wenn von außen auf ein informationstechnisches System zugegriffen wird, um eine akustische Wohnraumüberwachung durchzuführen, wobei zunächst unterstellt wird, dass sich das informationstechnische System in der Wohnung des Betroffenen befindet. Dabei ist zwischen den verschiedenen Vorgehensweisen zum Einschleusen einer Überwachungssoftware zu unterscheiden.

1003 Dazu siehe oben S. 192 f.

1004 Vgl. BVerfGK 11, 164 (164 ff.).

i Überwachungssoftware ermöglicht das Einschalten des Mikrofons auf Befehl

Wenn zunächst nur eine Überwachungssoftware, die das Aktivieren des Mikrofons aus der Ferne ermöglicht, auf dem System eingeschleust und installiert wird, ist der Schutzbereich des Art. 13 I GG noch nicht tangiert, da noch nicht unmittelbar Geschehnisse aus der Wohnung wahrgenommen werden.[1005] Durch das Einschleusen wird zwar eine Maßnahme nach § 100c StPO vorbereitet, jedoch ist für die eigentliche akustische Überwachung ein weiterer Zugriff mit dem Einschalten des Mikrofons notwendig. Das Einschleusen einer Überwachungssoftware, die lediglich diesen späteren Zugriff ermöglicht und grundsätzlich überall eingeschleust werden kann, ist als eigenständige Handlung zu bewerten, was gegen einen Eingriff in Art. 13 I GG spricht.[1006]

Andererseits befindet sich das System in dem geschützten Bereich und schon durch das Einschleusen der Überwachungssoftware wird in diesen virtuell eingedrungen, da ab dem Zeitpunkt der Installation der Überwachungssoftware die technische Möglichkeit besteht, Geschehnisse aus der Wohnung wahrzunehmen,[1007] jedoch werden diese allein durch das Einschleusen gerade noch nicht wahrgenommen. Weiterhin ist das Infiltrieren des Systems vielmehr unabhängig von dem Standort des Systems und kann auch für eine akustische Wohnraumüberwachung außerhalb der Wohnung erfolgen.[1008]

Zwar hat das Bundesverfassungsgericht betont, dass der Zugriff auf ein System, um die angeschlossenen Peripherie-Geräte wie beispielsweise ein Mikrofon zur akustischen Wohnraumüberwachung zu nutzen, ein „Anwendungsfall des Art. 13 I GG ist", jedoch ging es davon aus, dass diese auch tatsächlich durchgeführt wird und sich das informationstechnische System in der Wohnung befindet.[1009] Beim Einschleusen der Überwachungssoftware handelt es sich nur um eine Vorbereitungshandlung für eine akustische Wohnraumüberwachung. Selbst wenn diese später durchgeführt werden soll, so ist dennoch nicht schon

1005 Vgl. BVerfGE 120, 274 (310 f.); *Jarass*, in: Jarass/Pieroth [Hrsg.], GG, Art. 13 Rn. 7 ff.; *Kühne*, in: Sachs [Hrsg.], Art. 13 Rn. 21 ff.

1006 Bis zum Urteil des Bundesverfassungsgerichts zur sogenannten Online-Durchsuchung (BVerfGE 120, 274) war es umstritten, ob in Art. 13 I GG eingegriffen wird, wenn eine Schadsoftware auf ein informationstechnisches System eingeschleust wird, um dieses zu durchsuchen.

1007 Vgl. *Schantz*, KritV 2007, 310 (314); *Hornung*, DuD 2007, 575 (577 f.); *Kohlmann*, Online-Durchsuchung und andere Maßnahmen mit Technikeinsatz, S. 101 ff.

1008 BVerfGE 120, 274 (310 f.).

1009 Vgl. BVerfGE 120, 274 (310).

im Zeitpunkt des Einschleusens Art. 13 I GG betroffen, da gerade noch keine Geschehnisse aus dem geschützten Bereich wahrgenommen werden und „der Eingriff [in das informationstechnische System] unabhängig vom Standort erfolgen [kann], so dass ein raumbezogener Schutz nicht in der Lage ist, die spezifische Gefährdung […] abzuwehren".[1010] Alleine durch das Einschleusen der Überwachungssoftware, mit dem nicht direkt das Mikrofon aktiviert wird, ist Art. 13 I GG daher nicht betroffen.

ii Die Überwachungssoftware aktiviert das Mikrofon

Mit dem Einschleusen der Überwachungssoftware kann auch direkt das Mikrofon aktiviert werden, sodass eine akustische Überwachung ermöglicht wird, ohne dass weitere Handlungen notwendig sind.[1011] In diesem Fall liegt ein Eingriff in Art. 13 I GG vor, weil schon durch das Einschleusen unmittelbar Geschehnisse aus der Wohnung wahrgenommen werden können und somit die Privatsphäre der Wohnung betroffen ist.[1012]

Sofern Art. 13 I GG betroffen ist, ist eine Rechtfertigung dieses Eingriffs grundsätzlich möglich. Die Maßnahme verfolgt mit der effektiven Strafverfolgung ein legitimes Ziel, ebenso ist sie geeignet, dieses Ziel zu erreichen, und dazu erforderlich.[1013] Das derzeitige Vorgehen, also das Betreten der Wohnung und Anbringen von Abhörvorrichtungen, ist weder milder noch erfolgsversprechender. Zwar wird hier heimlich auf ein informationstechnisches System zugegriffen, jedoch wird bei dem derzeitigen Vorgehen heimlich die Wohnung betreten. Somit ist die Eingriffsschwere bei beiden Vorgehensweisen vergleichbar.

Ferner ist die Maßnahme auch angemessen. Der effektiven Strafverfolgung steht hier das Interesse des Nutzers gegenüber, dass seine informationstechnischen Systeme nicht vom Staat gegen ihn eingesetzt werden und unter Verwendung des Systems Eindrücke aus der Wohnung wahrgenommen werden. Jedoch hat die Vorgehensweise, also die Verwendung eines informationstechnischen Systems, auch geringere negative Auswirkungen für den Nutzer als die herkömmliche Vorgehensweise der Strafverfolgungsbehörden, weil die Wohnung nicht mehr betreten werden muss und dadurch keine visuelle Wahrnehmung durch die Strafverfolgungsbehörden erfolgt. Ferner erfolgt der Zugriff auf das System nur, wenn die Voraussetzungen der akustischen Wohnraumüberwachung vorliegen, welche sehr eng sind, sodass nur eine geringe Zahl von Nutzern

---

1010 BVerfGE 120, 274 (310).
1011 Dazu oben S. 64 ff.; 89 ff.
1012 Vgl. BVerfGE 120, 274 (310).
1013 Vgl. nur BVerfGE 109, 279 (335 ff.)

betroffen wäre.[1014] Zudem kann die Software auch aus der Ferne wieder deinstalliert werden, womit ein erneutes Betreten der Wohnung, um die Abhörvorrichtung zu entfernen, entfällt.

Allerdings könnte die Verwendung informationstechnischer Systeme trotz allem eine größere Belastung für den Betroffenen darstellen als das Betreten der Wohnung. Immerhin befinden sich informationstechnische Systeme nahezu immer in der Umgebung des Nutzers, ohne dass dieser sich Gedanken darübermacht, dass er durch die Systeme abgehört werden könnte. Wenn er jedoch grundsätzlich die Möglichkeit erkennt, dass er abgehört werden könnte, dann macht es im Ergebnis keinen Unterschied, ob er davon ausgeht, eine „Wanze" wurde in seiner Wohnung angebracht oder beispielsweise sein Smart-TV lausche. Beides Mal erkennt er die Möglichkeit des Abhörens und damit die eigentliche grundrechtsbelastende Maßnahme. Ferner ist es aufgrund der öffentlichen Debatten durchaus auch erkennbar, dass die Strafverfolgungsbehörden neue technische Mittel einsetzen und heimliche Zugriffe auf in informationstechnische Systeme integrierte Mikrofone sind schon lange bekannt.[1015]

Insgesamt ist die akustische Wohnraumüberwachung mittels einer heimlich eingeschleusten Überwachungssoftware, die das Mikrofon aktiviert, grundsätzlich ähnlich zur derzeitigen Wohnraumüberwachung, die verhältnismäßig ist.[1016]

Das Einschleusen einer Überwachungssoftware ist somit, soweit Art. 13 I GG betroffen ist, mit diesem vereinbar, wenn eine Ermächtigungsgrundlage für das Einschleusen einer Überwachungssoftware geschaffen wird, die nur eingeschleust werden darf, soweit die Voraussetzungen des § 100c StPO gegeben sind.

(2) Fernmeldegeheimnis (Art. 10 I GG) der Nutzer informationstechnischer Systeme

Ferner erlangt bei einem Fernzugriff auch Art. 10 I GG Bedeutung, da die Telekommunikationsverbindung zum leichteren Einschleusen der Überwachungssoftware mitgelesen werden kann. Eine Internetverbindung ist grundsätzlich vom Begriff der Kommunikation im Sinne des Art. 10 I GG erfasst.[1017]

1014 Auch zurzeit ist die Anzahl der durchgeführten akustischen Wohnraumüberwachungsmaßnahmen sehr gering, vgl. BT-Drs. 18/9660.

1015 Vgl. BR-Drs. 215/17, S. 4 ff.; *Schaar*, Überwachung total, S. 42; *Kraft/Weyert*, Network Hacking, S. 68; *Buermeyer*, HRRS 2007, 154 (161); *Gercke*, CR 2007, 245 (248); https://heise.de/-3753530 (abgerufen am 21.01.2018).

1016 Vgl. BVerfGE 109, 279 (335 ff.); BverfGK 11, 164 (170 ff).

1017 BVerfGE 120, 274 (306 f.); 125, 260 (311); *Hermes*, in: Dreier [Hrsg.], Bd. I, Art. 10 Rn. 41 f.; *Schenke*, in: Stern/Becker [Hrsg.], Art. 10 Rn. 43 f.; *Jarass*, in: Jarass/Pieroth [Hrsg.], Art. 10 Rn. 5 f. dazu auch oben S. 113 ff.

i Einschleusen der Überwachungssoftware

Das Einschleusen der Überwachungssoftware, die sich auf dem System installiert, an sich ist kein Fall des Art. 10 I GG, sondern des Art. 2 I i.V.m. Art. 1 I GG in der Ausprägung des Rechts auf Gewährleistung der Vertraulichkeit und Integrität informationstechnischer Systeme,[1018] da dort nicht mehr die Telekommunikation mitgelesen wird, sondern die Installation auf dem System erfolgt, wodurch das System verändert wird.

Ferner ist Art. 10 I GG nicht betroffen, wenn die Strafverfolgungsbehörden eine E-Mail mit einem schädlichen Anhang an den Betroffenen senden und dieser beim Öffnen des Anhangs die Überwachungssoftware installiert, da der Telekommunikationsvorgang durch die Behörden erst initiiert wird und damit der Schutzbereich des Art. 10 I GG nicht eröffnet ist. Dieser greift erst ein, sofern ein Telekommunikationsvorgang schon besteht.[1019]

Das Gleiche gilt im Hinblick auf Art. 10 I GG bei dem Bereitstellen einer schädlichen App oder einer Webseite. Jedoch kann in diesem Fall nicht gesteuert werden, wer von der Überwachungssoftware betroffen ist. Beispielsweise kann eine App, wenn sie auf einer offiziellen Plattform der Anbietervorhanden ist, von jedem Nutzer heruntergeladen werden, wodurch die Gefahr besteht, dass Nutzer die Überwachungssoftware herunterladen und deren System verändert wird. Dies stellt jedoch keinen Eingriff in Art. 10 I GG dar, sondern ist am Recht auf Gewährleistung der Vertraulichkeit und Integrität informationstechnischer Systeme (Art. 2 I i.V.m. Art. 1 I GG) zu messen.[1020]

ii Mitlesen der Telekommunikationsverbindung

Zum Einschleusen einer Überwachungssoftware kann zunächst die Verbindung überwacht und die Überwachungssoftware dann an Datenpakete angehängt werden. Durch die Überwachung des Datenverkehrs innerhalb des Internets liegt ein Eingriff in Art. 10 I GG vor, da dadurch zumindest die Umstände der Telekommunikation bekannt werden und auch diese von Art. 10 I GG geschützt werden.[1021] Zu

1018 *Lepsius*, in: Roggan [Hrsg.], S. 21 (26 ff.); *Brakte*, Quellen-Telekommunikationsüberwachung, S. 240; *Herrmann*, Das Grundrecht auf Gewährleistung der Vertraulichkeit und Integrität, S. 135.

1019 Vgl. nur *Durner*, in: Maunz/Düring [Hrsg.], GG, Art. 10 Rn. 62; *Jarass*, in: Jarass/Pieroth [Hrsg.], GG, Art. 10 Rn. 5; *Pagenkopf*, in: Sachs [Hrsg.], GG, Art. 10 Rn. 14 f.

1020 Vgl. *Bratke*, Quellen-Telekommunikationsüberwachung, S. 240.

1021 Zum Schutzbereich des Art. 10 I GG siehe oben S. 113 ff.

den Umständen zählen insbesondere die Häufigkeit der Kommunikation via Internet sowie die Zeiträume der Nutzung.[1022] Durch ein entsprechendes Gesetz kann das Mitlesen der Kommunikation gerechtfertigt werden. Ein solches Gesetz besteht mit § 100a StPO, der die Telekommunikationsüberwachung erlaubt.[1023]

Die Überwachung des Internetverkehrs zum Einschleusen müsste trotz einer bestehenden Ermächtigungsgrundlage auch den Verhältnismäßigkeitsgrundsatz wahren. Ein legitimes Ziel besteht mit der Durchführung der akustischen Wohnraumüberwachung zum Zwecke der effektiven Strafverfolgung, wozu das Mittel grundsätzlich auch geeignet ist.[1024] Ebenso besteht kein milderes und gleich geeignetes Mittel mit dem derzeitigen Vorgehen. Zwar liegt beim derzeitigen Vorgehen nur ein Eingriff in Art. 13 I GG vor, jedoch wird die Wohnung dabei zunächst betreten und damit optisch wahrgenommen, was beim Einschleusen einer Überwachungssoftware nicht der Fall ist. Des Weiteren müssen die Kommunikationsdaten zwar mitgelesen werden, jedoch muss keine Entschlüsselung oder dergleichen erfolgen, weil den Paketen lediglich der Code der Überwachungssoftware angehängt und dieser so auf das System eingeschleust wird.[1025] Ferner erleichtert das Mitlesen der Kommunikationsdaten das Einschleusen, weshalb ein direkter Zugriff auf das System gegebenenfalls eine geringere Erfolgswahrscheinlichkeit aufweist, und zudem steht dem Gesetzgeber im Rahmen seiner Einschätzungsprärogative auch die Wahl des Mittels zu.[1026] Ein milderes, gleichgeeignetes Mittel liegt daher mit dem derzeitigen Vorgehen nicht vor.

Im Rahmen des Interessenausgleiches ist das Interesse der Nutzer daran zu berücksichtigen, dass die Datenpakete nicht verändert werden, sondern so belassen werden, wie sie abgeschickt werden, da andernfalls kein Vertrauen gebildet werden kann, dass die empfangene Nachricht auch tatsächlich so abgeschickt wurde. Der Empfänger vertraut jedoch darauf, dass die Kommunikationsdaten ungestört und unbeschadet das informationstechnische System erreichen.

1022 Vgl. nur *Jarass*, in: Pieroth/Jarass [Hrsg.], GG, Art. 10 Rn. 9; *Pagenkopf*, in: Sachs [Hrsg.], GG, Art. 10 Rn. 14; *Durner*, in: Maunz/Düring [Hrsg.], GG, Art. 10 Rn. 60 f.

1023 Vgl. zu § 100a StPO *Wolter/Greco*, in: SK-StPO, § 100a Rn. 19 ff.; *Schmitt*, in: Meyer-Goßner/Schmitt, StPO, § 100a Rn. 1 ff.

1024 Vgl. dazu schon oben S. 89 ff.

1025 *Kraft/Weyert*, Network Hacking, S. 433 ff.; *Dunn*, Network Security 2004, Issue 7, 5 (7); siehe oben S. 68 ff.

1026 Vgl. BVerfGE 55, 28 (29 f.); 77, 170 (214 f.); 88, 203 (262); 104, 337 (347 f.); *Merten*, in. Merten/Papier [Hrsg.] Handbuch der Grundrechte, Bd. III, § 68 Rn. 45, 65; *Hillgruber*, in: Isensee/Kirchhof [Hrsg.], Handbuch des Staatsrechts, Bd. IX, § 201 Rn. 66 ff.

Ebenso vertraut der Absender ähnlich wie bei einem Brief oder einer Postkarte, dass nur die gesendeten Daten übertragen werden und nicht etwas hinzugefügt oder verändert wird.

Auf der anderen Seite besteht das Interesse des Staates und der Bürger an einer effektiven Strafverfolgung.[1027] Die Überwachung der Telekommunikation erlaubt § 100a StPO bei einer schwerwiegenden (Katalog-) Straftat und damit unter vergleichbaren Voraussetzungen wie § 100c StPO, wobei dort die Voraussetzungen an die Straftaten sogar noch enger gefasst sind. Die akustische Wohnraumüberwachung wird nur dann vorbereitet, wenn die Voraussetzungen für diese Maßnahme (§ 100c StPO) erfüllt sind, weshalb die Beeinträchtigung der Kommunikation daher nur bei schwerwiegenden Straftaten erfolgt.

Das Einschleusen einer Überwachungssoftware kann je nach Vorgehensweise in Art. 10 I GG eingreifen. Bei Vorliegen einer entsprechenden Ermächtigungsgrundlage wäre Art. 10 I GG nicht verletzt.

(3) Allgemeines Persönlichkeitsrecht (Art. 2 I i.V.m. Art. 1 I GG) der Nutzer informationstechnischer Systeme

i Grundrecht auf Gewährleistung der Vertraulichkeit und Integrität informationstechnischer Systeme

Art. 2 I i.V.m. Art. 1 I GG ist bei dem Einschleusen einer Überwachungssoftware durch die Strafverfolgungsbehörden betroffen, soweit andere Grundrechte keinen ausreichenden Schutz bieten.[1028] Dabei ist es unerheblich, ob die Überwachungssoftware als E-Mail-Anhang oder unter Ausnutzen einer Sicherheitslücke eingeschleust wird, da in beiden Fällen das Recht auf Gewährleistung der Vertraulichkeit und Integrität informationstechnischer Systeme betroffen ist. Eine Überwachungssoftware, die entweder eine Backdoor öffnet oder nur das Mikrofon nach Befehl einschaltet und die Daten speichert bzw. überträgt, beeinträchtigt sowohl die Vertraulichkeit als auch die Integrität des Systems, weil die Ressourcen des Systems verwendet werden können und die Daten nicht mehr vertraulich sind. Zudem wird das System durch die Überwachungssoftware verändert, damit die Mikrofone eingeschaltet sind und das System nicht mehr vollständig herunterfährt.[1029]

1027 BVerfGE 77; 65 (75); 80, 367 (375); 100, 313 (389); 109, 279 (335 f.); *Merten*, in: Merten/Papier [Hrsg.], Handbuch der Grundrechte, Bd. III, § 68 Rn. 60.

1028 BVerfGE 120, 274 (303 ff.); *Dreier*, in: ders. [Hrsg.], GG, Bd. I, Art. 2 I Rn. 82; *Horn*, in: Stern/Becker [Hrsg.], Art. 2 Rn. 51.

1029 Vgl. dazu oben S. 68 f.; 73 ff.; 89 ff.

Bei einer Backdoor kann sich der Nutzer nicht mehr darauf verlassen, dass die auf dem System gespeicherten Daten vertraulich sind und nur der berechtigte Nutzer auf das System zugreift. Soweit die Backdoor bekannt ist, kann jeder über eine Internetverbindung auf das System zugreifen und dieses aus der Ferne steuern.[1030]

Dieser Eingriff in das sogenannte „Computergrundrecht" kann mit einem verfassungsgemäßen Gesetz gerechtfertigt werden.[1031]

Im Rahmen der Rechtfertigung ist hier wiederum die Verhältnismäßigkeit der Maßnahme zu beachten. Sowohl ein legitimes Ziel als auch die Geeignetheit, das Ziel zu erreichen, sowie im Rahmen der Einschätzungsprärogative auch die Erforderlichkeit sind gegeben,[1032] weshalb erneut die Angemessenheit entscheidend ist.

Beim Staat besteht das Interesse an einer effektiven Aufklärung schwerer Straftaten und die Option, technische Möglichkeiten zu nutzen. Demgegenüber hat der Nutzer bzw. der Betroffene das Interesse, seine Systeme ohne Angst vor Überwachung nutzen zu können.[1033] Hinzu kommt das Interesse an der Unversehrtheit und Unveränderbarkeit seiner Systeme; insbesondere, wenn die Überwachungssoftware eine Backdoor öffnet, besteht ein erhebliches Risiko für die Systeme des Nutzers, da diese nicht nur vom Staat, sondern auch von Dritten als „Tür" zu dem System verwendet werden, um beispielsweise Straftaten mit dem System zu begehen.[1034]

Damit schaffen die Strafverfolgungsbehörden nicht nur eine Möglichkeit des Abhörens ihrerseits, vielmehr können auch Dritte mithilfe der Backdoor mittels des Systems Straftaten (beispielsweise § 202a StGB) begehen und so die Strafverfolgung erschweren. Auch wenn nur einzelne Systeme betroffen sind, kann die

---

1030 Vgl. http://www.security-insider.de/open-source-macht-hintertueren-transparent-a-612960/ (abgerufen am 13.08.2017).

1031 Vgl. BVerfGE 120, 274 (315 ff.); dazu schon oben S. 133 ff.

1032 Vgl. BVerfGE 120, 274 (319 f.); vgl. zum legitimen Ziel: BVerfGE 77, 65 (76); 80, 367 (375); 100, 313 (388 f.); 109, 279 (335 f.); *Merten*, in: Merten/Papier [Hrsg.], Handbuch der Grundrechte, § 68 Rn. 60; siehe oben S. 242 f.

1033 Vgl. BVerfGE 120, 274 (314); *Singelnstein/Putzer*, GA 2015, 564 (565); *Wolter*, in: Festschrift für Rudolphi, 733 (741 f.).

1034 Vgl. *Buermeyer* HRRS 2007, 154 (163); http://www.security-insider.de/open-source-macht-hintertueren-transparent-a-612960/ (abgerufen am 13.08.2017); BSI, IT-Grundschutz, G 5.21 Trojanische Pferde (abrufbar unter: https://www.bsi.bund.de/DE/Themen/ITGrundschutz/ITGrundschutzKataloge/Inhalt/_content/g/g05/g05021.html; abgerufen am 13.08.2017); https://heise.de/-2074394 (abgerufen am 13.08.2017).

Strafverfolgung dadurch schon beeinträchtigt werden, weil Kriminelle gezielt nach unsicheren Systemen suchen.[1035] Daher ermöglichen bzw. erleichtern die Strafverfolgungsbehörden in einer gewissen Weise Straftaten, die mithilfe des Internets begangen werden, weshalb auch eine durch Überwachungssoftware installierte Backdoor nicht angemessen ist.[1036]

Folglich ist eine Überwachungssoftware, die gleichzeitig auch eine Backdoor öffnet, nicht angemessen und verstößt gegen Art. 2 I i.V.m. Art. 1 I GG.

Anders ist es in dem Fall, in dem keine Backdoor installiert wird, sondern lediglich das Mikrofon nach Befehl eingeschaltet wird und die Gespräche aufgezeichnet bzw. direkt an die Strafverfolgungsbehörden übertragen werden. Zwar bleibt das Interesse der Nutzer bestehen, dass ihre Systeme nicht unbefugt genutzt werden und dass sie nicht von ihren eigenen Systemen belauscht werden, allerdings haben sie auch bisher schon das Interesse, nicht belauscht zu werden. Dieses Interesse tritt dabei hinter dem Interesse an einer effektiven Strafverfolgung zurück, da § 100c StPO hohe Anforderungen an eine akustische Wohnraumüberwachung stellt und die Abhörmaßnahme unter anderem nur dann zulässig ist, wenn ein konkreter Verdacht einer besonders schweren Straftat besteht sowie andere Maßnahmen keinen Erfolg versprechen.[1037] Des Weiteren ist die Beeinträchtigung des informationstechnischen Systems nicht in übermäßiger Weise für den Nutzer spürbar. Das System ist grundsätzlich ohne Einschränkung nutzbar und es werden keine gespeicherten Daten aus dem System an die Strafverfolgungsbehörden übertragen.

Dennoch kann auch die Gefahr, die bei einer solchen Vorgehensweise entsteht, nicht unberücksichtigt bleiben, da der Staat für das Einschleusen der Überwachungssoftware Sicherheitslücken im System ausnutzt. Für den Einsatz der Überwachungssoftware ist es für den Staat daher von Interesse, dass die Sicherheitslücken geheim bleiben und nicht durch den Hersteller geschlossen werden.[1038] Solange eine Sicherheitslücke besteht, kann der Staat diese nutzen und so die Überwachungssoftware einschleusen. Allerdings können natürlich auch Dritte die Sicherheitslücke entdecken und diese beispielsweise für kriminelle Zwecke nutzen. Im Frühjahr 2017 gab es einen großen, weltweiten Hackerangriff („WannaCry"), der vermutlich dieses große Ausmaß erreichte, weil Staaten Sicherheitslücken geheim

---

1035 Vgl. nur *Hansen/Pfitzmann*, DriZ 2007, 225 (227).

1036 Zur (ab Werk integrierten) Backdoor schon oben S. 219 ff.

1037 Vgl. BVerfGE 109, 279 (349 ff.).

1038 Vgl. BVerfGE 120, 274 (326); *Hornung*, DuD 2007, 575 (580); *Schaar/Landwehr*, K&R 2007, 202 (205).

hielten.[1039] Bei diesem Angriff wurden über Sicherheitslücken im Betriebssystem von *Microsoft* mehrere tausend Computer weltweit, unter anderem Krankenhäuser und die *Deutsche Bahn*, mit einem Verschlüsselungstrojaner infiziert, der die Daten auf den betroffenen Computern verschlüsselte und nur bei Zahlung eines „Lösegeldes" diese Daten wieder freigab.[1040] Dieser Angriff führte zur Diskussion, ob Staaten die Schuld an solchen Angriffen tragen, wenn die Sicherheitslücke diesen bereits bekannt ist, aber diese dem Hersteller nicht gemeldet wird.[1041] Je früher die Hersteller Kenntnis von einer Sicherheitslücke im System haben, desto schneller können die Hersteller sogenannte *Patches*[1042] erstellen und die Sicherheitslücke schließen.[1043]

Zudem ergibt sich sogar eine Schutzpflicht für informationstechnische Systeme aus dem „Computergrundrecht". Zwar sind die Grundrechte grundsätzlich primär Abwehrrechte des Bürgers gegen staatliche Eingriffe,[1044] dennoch können sie auch Schutzpflichten des Staates auslösen.[1045] Im Rahmen der Entwicklung des „Computergrundrechts" wählte das Bundesverfassungsgericht die Formulierung „Recht auf Gewährleistung der Vertraulichkeit und Integrität informationstechnischer Systeme",[1046] wobei schon der Begriff der „Gewährleistung" dafür spricht, dass es sich um ein Recht handelt, dass über ein bloßes Abwehrrecht hinausgeht.[1047] Zudem hat der Staat die Aufgabe, Straftaten zu verhindern, die mit einem heimlichen unbefugten Zugriff auf ein informationstechnischen System begangen werden können. Auch aus diesem Grund sollte der

---

1039 https://blogs.microsoft.com/on-the-issues/2017/05/14/need-urgent-collective-action-keep-people-safe-online-lessons-last-weeks-cyberattack/#sm.00004o6xt79dzeauzgdlutqbqo96 (abgerufen am 20.09.2017); https://heise.de/-3713779 (abgerufen am 20.09.2017).

1040 https://heise.de/-3713235 (abgerufen am 26.08.2017).

1041 https://www.tagesschau.de/ausland/wannacry-microsoft-101~_origin-ca0ee11c-26ce-4f29-b00c-b1077b4531b2.html; https://heise.de/-3713235 (abgerufen am 26.08.2017).

1042 *Patches* sind Updates, die dafür sorgen, dass gefundene Sicherheitslücken geschlossen oder Fehler behoben werden (Duden deutsche Rechtschreibung „Patch").

1043 Vgl. auch *Buermeyer*, HRRS 2007, 154 (163).

1044 Statt vieler *Isensee*, in: Isensee/Kirchhof [Hrsg.], Bd. IX, § 191 Rn. 2; 10; 16 f.; 43; *Brüning/Helios*, Jura 2001, 155 (157); *Detterbeck*, Öffentliches Rechte, Rn. 253.

1045 Statt vieler *Isensee*, in. Isensee/Kirchhof [Hrsg.], Bd. IX, § 191 Rn. 3; 10; 44; 146 ff.; *Brüning/Helios*, Jura 2001, 155 (157); *Detterbeck*, Öffentliches Recht, Rn. 259 f.

1046 BVerfGE 120, 274 (302; 310).

1047 Vgl. *Ziebarth*, Online-Durchsuchung, S. 231; *Herrmann*, Grundrecht auf Gewährleistung der Vertraulichkeit und Integrität, S. 183; *Heinemann*, Grundrechtlicher Schutz informationstechnischer Systeme, S. 209.

Staat daher Sicherheitslücken nicht geheim halten, sondern davor warnen.[1048] Trotz einer Schutzpflicht des Staates kann daraus nicht geschlossen werden, dass es grundsätzlich ausgeschlossen ist, Sicherheitslücken zum Einschleusen von Überwachungssoftware zu verwenden, sofern eine verfassungskonforme Ermächtigungsgrundlage für den Staat besteht, da es andernfalls einem vorbehaltslosen Grundrecht nahekommen würde.[1049]

Trotz dieser Bedenken überwiegt das Interesse an einer effektiven Strafverfolgung die Interessen des Nutzers, da es nie eine umfassende Sicherheit im Internet gibt und geben wird. Zudem ist der direkte Zugriff nur zulässig, wenn die engen Voraussetzungen der akustischen Wohnraumüberwachung (§ 100c StPO) vorliegen und betrifft somit nur Personen, die im konkreten Verdacht stehen, eine schwerwiegende Straftat begangen zu haben. Insgesamt ist die Maßnahme folglich angemessen und verletzt das Recht auf Gewährleistung der Vertraulichkeit und Integrität informationstechnischer Systeme (Art. 2 I i.V.m. Art. 1 I GG) nicht, soweit dafür Sorge getragen wird, dass nur das Mikrofon eingeschaltet werden kann und nicht auf weitere Daten oder Funktionen zugegriffen wird.

ii Selbstbelastungsfreiheit (nemo tenetur se ipsum accusare)

Neben dem Grundrecht auf Gewährleistung der Vertraulichkeit und Integrität informationstechnischer Systeme kann auch die Selbstbelastungsfreiheit beeinträchtigt sein, wenn die Strafverfolgungsbehörden eine Überwachungssoftware auf dem informationstechnischen System des Betroffenen installieren.

Im Gegensatz zu der Verpflichtung der Hersteller, die Mikrofone immer mitlaufen zu lassen,[1050] und der Verpflichtung, eine Backdoor für den Staat zu integrieren,[1051] weiß der Betroffene bei einem heimlichen Zugriff auf sein informationstechnisches System mittels einer Überwachungssoftware nicht, dass der Staat sich dieser technischen Möglichkeit bedient. Daher könnte hier eine Täuschung in dem Sinne vorliegen, dass der Betroffene sich in Gegenwart seiner informationstechnischen Systeme sicher, das heißt unüberwacht, fühlt. Allerdings ist es in der heutigen Zeit kein Geheimnis, dass auf informationstechnische Systeme, die mit dem Internet verbunden sind, aus der Ferne mittels spezieller Software zugegriffen

---

1048 Vgl. *Schaar/Landwehr*, K&R 2007, 202 (205); *Hornung*, DuD 2007, 575 (580); *Ziebarth*, Online-Durchsuchung, S. 232.

1049 Vgl. zur möglichen Rechtfertigung von Eingriffen in das Recht auf Gewährleistung der Vertraulichkeit und Integrität informationstechnischer Systeme oben S. 133.

1050 Dazu oben S. 188 ff.

1051 Dazu oben S. 217 ff.

werden kann und das System so auch ferngesteuert werden kann.[1052] Zudem ergibt sich für die Selbstbelastungsfreiheit keinen Unterschied, ob die Gespräche über das informationstechnische System oder über eine in der Wohnung angebrachten „Wanze“ an die Strafverfolgungsbehörden übertragen werden. Darüber hinaus bleibt der Betroffene auch bei der Verwendung seiner informationstechnischen Systeme durch den Staat als „Wanze“ in seiner Entscheidung frei, sich zu äußern und sich gegenüber Dritten zu belasten.

Etwas anderes gilt nur, wenn eine vernehmungsähnliche Situation besteht und der Betroffene unter Druck oder Zwang sich selbst belastet.[1053]

Fraglich ist jedoch, wie die Situation zu beurteilen ist, wenn der Staat die Überwachungssoftware über eine E-Mail mit täuschendem Inhalt dem Betroffenen zukommen lässt. In diesem Fall wird der Staat selbst aktiv und er möchte den Betroffenen sogar bewusst täuschen, um durch die anschließende Überwachung belastende Informationen zu erlangen. Damit liegt zwar eine Täuschung vor, aber diese ist nicht direkt darauf gerichtet, belastende Informationen zu erlangen. Der Beschuldigte ist trotz allem frei in seiner Entscheidung, gegenüber einem Dritten belastende Informationen preiszugeben, weshalb die Täuschung nicht ursächlich für eine Selbstbelastung wäre und daher die Selbstbelastungsfreiheit nicht verletzt wäre.[1054]

Somit ist die Selbstbelastungsfreiheit grundsätzlich nicht beeinträchtigt, wenn eine akustische Wohnraumüberwachung mittels eines heimlichen Fernzugriffs auf informationstechnische Systeme durchgeführt wird.

(4) Informationsfreiheit (Art. 5 I 1 Hs. 2 GG) der Nutzer informationstechnischer Systeme

Da das Internet grundsätzlich eine allgemein zugängliche Quelle ist, ist der Schutzbereich des Art. 5 I 1 Hs. 2 GG eröffnet.[1055] Fraglich ist jedoch, ob in diesen durch das Einschleusen der Überwachungssoftware eingegriffen wird. Zwar besteht seit Entwicklung des Internets die Gefahr, dass Überwachungssoftware

---

1052 *Schaar*, Überwachung total, S. 42; *Kraft/Weyert*, Network Hacking, S. 68; *Buermeyer*, HRRS 2007, 154 (161); *Gercke*, CR 2007, 245 (248).

1053 EGMR Urteil v.05.11.2002 – Allan/UK, §§ 50 ff.; Urteil v. 21.01.2009 – Bykov /RUS, §§ 88 ff.

1054 Vgl. BVerfGE 109, 279 (324 f.); EGMR Urteil v. 21.02.2009 – Bykov/RUS, § 102; *Esser*, in: LR, StPO, Bd. 11, Art. 6 EMRK Rn. 252; 894 ff.; Esser, JR 2004, 98 (106); Müller, EuGRZ 2001, 546 (557).

1055 Vgl. nur *Bethge*, in: Sachs [Hrsg.], GG, Art. 5 Rn. 55; *Schulze-Fielitz*, in: Dreier [Hrsg.], GG, Art. 5 Rn. 77 f.; *Jarass*, in: Jarass/Pieroth [Hrsg.], GG, Art. 5 Rn. 22 f.

eingeschleust und dadurch die Nutzer beeinträchtigt werden, dennoch hat sich das Internet schnell und weitverbreitet und wird heute von einer Vielzahl von Menschen in Deutschland genutzt.[1056] Nichtsdestoweniger würde hier dem Staat erlaubt, informationstechnische Systeme von Verdächtigen zu infiltrieren, um eine akustische Wohnraumüberwachung durchzuführen, wodurch das Gefühl einer Beobachtung hervorgerufen werden könnte, wenn die informationstechnischen Systeme zur Informationserlangung verwendet werden, und so eine mittelbare psychische Einschränkung bestehen.

Jedoch ist das Einschleusen einer Überwachungssoftware nicht vergleichbar mit der Verpflichtung der Hersteller[1057] oder mit einer ab Werk integrierten Backdoor,[1058] da in beiden Fällen alle Nutzer informationstechnischer Systeme betroffen sind und es keine wirksame technische Möglichkeit gibt, eine Überwachung zu verhindern, außer keine informationstechnische Systeme zu verwenden oder die Stromzufuhr zu unterbrechen. Vor dem Einschleusen einer Überwachungssoftware können die Nutzer sich und ihre Systeme grundsätzlich bis zu einem gewissen Grad durch technische Schutzmöglichkeiten schützen und so den Zugriff durch den Staat erschweren oder sogar verhindern.[1059] Zwar bleibt trotz allem das Risiko bestehen, dass die Systeme durch eine Überwachungssoftware infiziert werden, jedoch ist das Risiko nicht größer als derzeit schon und dennoch wird das Internet häufig genutzt. Ein Eingriff in Art. 5 I GG liegt daher nicht vor.

Sofern ein Eingriff bejaht wird, so ist dieser jedoch gerechtfertigt, wenn eine Ermächtigungsgrundlage für das Einschleusen geschaffen wird, da nur diejenigen Nutzer betroffen sind, gegen die eine akustische Wohnraumüberwachung durchgeführt werden darf und nur auf die Mikrofone zugegriffen wird und ferner das Informationsverhalten nicht erfasst wird.[1060]

1056 Vgl. https://de.statista.com/statistik/daten/studie/151619/umfrage/anzahl-der-internetnutzer-in-den-letzten-drei-monaten-und-gesamtbevoelkerung-in-deutschland/; https://de.statista.com/statistik/daten/studie/36146/umfrage/anzahl-der-internetnutzer-in-deutschland-seit-1997/ (abgerufen am 29.08.2017).

1057 Zur Verpflichtung der Hersteller und einer Beeinträchtigung des Art. 5 I GG siehe oben S. 204 ff.

1058 Zur Beeinträchtigung des Art. 5 GG bei einer ab Werk integrierten Backdoor siehe oben S. 224 f.

1059 Vgl. BVerfGE 120, 274 (306 f.).

1060 Vgl. zur Rechtfertigung eines Eingriffs in Art. 5 I GG oben S. 120 f.

(5) Fazit

Das Einschleusen einer Überwachungssoftware zur akustischen Überwachung betrifft verschiedene Grundrechte, wobei es auf die einzelne Vorgehensweise beim Einschleusen der Überwachungssoftware ankommen kann.

Sofern dazu die Kommunikation via Internet mitgelesen wird, liegt ein gerechtfertigter Eingriff in Art. 10 I GG vor, wobei nur das Mitlesen einen Eingriff in das Fernmeldegeheimnis darstellt und nicht auch das Einschleusen an sich.

Ferner ist entweder Art. 13 I GG oder Art. 2 I i.V.m. Art. 1 I GG betroffen, wenn eine Überwachungssoftware installiert wird. Sofern das Mikrofon sofort mit Einschleusen der Überwachungssoftware aktiviert wird, ist lediglich Art. 13 I GG und damit die Privatsphäre der Wohnung betroffen, da unmittelbar Gespräche aus der Wohnung erfasst werden. Dieser Eingriff kann jedoch bei Bestehen einer Ermächtigungsgrundlage gerechtfertigt sein, sofern die Ermächtigungsgrundlage ausdrücklich das Einschleusen der Überwachungssoftware zur akustischen Überwachung vorsieht.

Demgegenüber ist Art. 2 I i.V.m. Art. 1 I GG betroffen, wenn die Überwachungssoftware zunächst eingeschleust wird und durch eine weitere Handlung das Mikrofon aktiviert wird, da mit dem Einschleusen noch keine Geschehnisse aus der Wohnung erfasst werden. Allerdings ist auch dieser Eingriff gerechtfertigt, sofern eine Ermächtigungsgrundlage geschaffen wird, die das Einschleusen einer Überwachungssoftware zur akustischen Überwachung erlaubt.

Lediglich das Installieren einer Backdoor ist nicht verfassungskonform, da dadurch zu viele Gefahren geschaffen werden, die die Strafverfolgung erschweren und nicht erleichtern.

c Vereinbarkeit mit der Europäischen Menschenrechtskonvention

(1) Recht auf Achtung des Privat- und Familienlebens (Art. 8 EMRK) der Nutzer informationstechnischer Systeme

Bei einem Zugriff auf das Gerät mittels einer Überwachungssoftware muss differenziert werden, wie genau die Maßnahme durchgeführt wird.

Wenn die Überwachungssoftware die Wohnung automatisch akustisch überwacht, beeinträchtigt schon das Einschleusen das Recht auf Achtung der Wohnung (Art. 8 I EMRK), weil damit schon die eigentliche akustische Überwachung beginnt.[1061] Andererseits liegt nicht schon dann ein Eingriff in das Recht

---

1061 Vgl. BVerfGE 120, 274 (309 f.); *Bayraktar*, Eingriffe in die Privatsphäre, S. 361 f., 543 ff.; dazu siehe auch oben S. 242 f.

auf Achtung der Wohnung vor, wenn eine Überwachungssoftware eingeschleust wird, die eine Backdoor öffnet oder auf anderem Weg ermöglicht, dass aus der Ferne das Mikrofon eingeschaltet wird. In diesen Fällen ist eine weitere Handlung erforderlich, die erst dann zu einem Eingriff in das Recht auf Achtung der Wohnung führt.[1062]

Ebenso ist die Korrespondenz, also die Telekommunikation,[1063] eingeschränkt, wenn zunächst die Kommunikation abgehört wird, um anschließend die Überwachungssoftware bei einem Datenpaket anzuhängen.[1064]

Des Weiteren ist das Privatleben beeinträchtigt, wenn aus der Ferne auf ein informationstechnisches System zugegriffen wird und eine Überwachungssoftware eingeschleust wird, die den Zugriff auf das System zum Aktivieren des Mikrofons ermöglicht,[1065] wobei die Wohnung nicht zwingend betroffen sein muss.[1066]

Zur Rechtfertigung eines Eingriffs in eines der in Art. 8 I EMRK genannten Rechte sind grundsätzlich bei allen Rechten die gleichen Anforderungen an das rechtfertigende Gesetz zu stellen. Mit einer effektiven Strafverfolgung wird ein in Art. 8 II EMRK genanntes Ziel verfolgt (Aufrechterhaltung der Ordnung; Verhütung von Straftaten)[1067] und die akustische Wohnraumüberwachung ist grundsätzlich geeignet und notwendig für eine effektive Strafverfolgung.[1068]

Der Beurteilungsspielraum, der den Staaten zusteht, kann eingeschränkt sein, da es sich um einen schweren heimlichen Eingriff zur Durchführung einer akustischen Wohnraumüberwachung handelt.[1069]. Unabhängig von der Art des Zugriffs hat der Nutzer ein Interesse daran, dass er seine Systeme alleine nutzt und dass diese nicht eingesetzt werden, um ihn auszuspionieren.[1070] Insbesondere bei einer Backdoor, die installiert wird, besteht die Gefahr, dass auch Dritte das System nutzen können,[1071] was weder im Interesse des Nutzers noch im

---

1062 Vgl. oben S. 241 f.

1063 Zum Begriff der Korrespondenz in Art. 8 EMRK siehe oben S. 137 ff.

1064 Dazu oben S. 244 ff.

1065 Vgl. oben S. 241 f.

1066 Vgl. *Marauhn/Thorn*, in: Dörr/Grote/Marauhn [Hrsg.], Kap. 16 Rn. 27; 73, 77; *Grabenwarter/Pabel*, Europäische Menschenrechtskonvention, § 22 Rn. 9.

1067 Dazu oben S. 142 f.; 208 ff.; 229.

1068 BVerfGE 109, 279 (335 ff.).

1069 Dazu auch oben S. 142 f.

1070 Vgl. BVerfGE 120, 274 (314); *Buermeyer*, HRRS 2007, 154 (162).

1071 Vgl. *Buermeyer* HRRS 2007, 154 (163); BSI, IT-Grundschutz, G 5.21 Trojanische Pferde (abrufbar unter: https://www.bsi.bund.de/DE/Themen/ITGrundschutz/ITGrundschutzKataloge/Inhalt/_content/g/g05/g05021.html; abgerufen am 13.08.2017); https://heise.de/-2074394 (abgerufen am 13.08.2017).

Interesse des Staates, der die unbefugte Nutzung informationstechnischer Systeme zu bekämpfen versucht, ist.[1072]

Soweit die Beeinträchtigung bei einer akustischen Wohnraumüberwachung so gering wie möglich gehalten wird, können auch neue technische Möglichkeiten angewendet werden. Bei dem Einschleusen einer Überwachungssoftware, die lediglich den Zugriff auf das Mikrofon ermöglicht, wird in diese beiden Rechte nicht intensiver eingegriffen als bei einer akustischen Wohnraumüberwachung, wie sie derzeit durchgeführt wird.[1073]

Lediglich das Öffnen einer Backdoor, mit der sich die Strafverfolgungsbehörden eine „Tür" zu dem System als Ganzes verschaffen,[1074] stellt einen intensiveren Eingriff dar, weil dadurch eine Gefahr für das System an sich geschaffen wird und grundsätzlich jeder, der die Backdoor kennt, auf das System zugreifen kann.[1075]

Ebenso ist auch die Überwachung der Telekommunikation zum Einschleusen der Überwachungssoftware gerechtfertigt. Grundsätzlich ist eine Telekommunikationsüberwachung mit Art. 8 I EMRK vereinbar, sofern ein hinreichender Schutz durch beispielsweise einen Richtervorbehalt gewährleistet wird und die Maßnahme für den Betroffenen grundsätzlich erkennbar ist.[1076] Zum Einschleusen einer Überwachungssoftware kann die Überwachung von Vorteil sein, weil dadurch leichter Sicherungen überwunden werden können.[1077]

(2) *Informationsfreiheit (Art. 10 I 2 EMRK) der Nutzer informationstechnischer Systeme*

Eine Beeinträchtigung des Art. 10 I EMRK liegt nicht vor, weil die technische Möglichkeit auf Systeme aus der Ferne zuzugreifen derzeit schon besteht und der Nutzer keiner zusätzlichen Risiken ausgesetzt wird. Zudem ist das Einschleusen einer Überwachungssoftware nicht mit der Zusammenarbeit mit den Herstellern oder einer ab Werk integrierten Backdoor vergleichbar, da dort für alle Nutzer grundsätzlich bei der Verwendung des Internets das Risiko einer Überwachung

1072 Vgl. § 3 I BSIG, BT-Drs. 18/10182, S. 2 f.; *Heinemann*, Grundrechtlicher Schutz informationstechnischer Systeme, S. 210 ff.; *Schaar/Landwehr* K&R 2007, 202 (205).

1073 Dazu schon oben S. 242 f.

1074 Zu den unterschiedlichen Vorgehensweisen des Zugriffs aus der Ferne und dem Installieren einer Backdoor siehe oben S. 64 ff.; 89 ff.

1075 Vgl. dazu oben S. 86 ff.; 219 ff.

1076 EGMR Urteil v. 29.06.2006 –Weber u. Saravia/D = NJW 2007, 1433; *Marauhn/Thorn*, in: Dörr/Grote/Marauhn [Hrsg.], Kap. 16 Rn. 84; *Grabenwarter/Pabel*, Europäische Menschenrechtskonvention, § 22 Rn. 38.

1077 Siehe oben S. 68 ff.

besteht, während es beim Einschleusen einer Überwachungssoftware technische Möglichkeiten gibt, dieses zu erschweren oder sogar zu verhindern.[1078]

Sofern jedoch ein Eingriff bejaht wird, ist dieser jedenfalls gerechtfertigt, wenn eine Ermächtigungsgrundlage für das Einschleusen einer Überwachungssoftware geschaffen wird, da der Zugriff zur Durchführung einer akustischen Wohnraumüberwachung dient und somit nur diejenigen Nutzer betroffen sind, gegen die sich auch die akustische Überwachung richtet,[1079] weshalb die Interessen hinreichend berücksichtigt werden.

(3) Recht auf ein faires Verfahren (Art. 6 EMRK)

Eine strafrechtliche Anklage im Sinne des Art. 6 I EMRK liegt vor, wenn eine akustische Wohnraumüberwachung durchgeführt wird,[1080] weshalb grundsätzlich Art. 6 EMRK in Betracht kommt. Gerade dadurch, dass die Maßnahme heimlich erfolgt, könnte an der Waffengleichheit im Verfahren gezweifelt werden, allerdings dürfen heimliche Maßnahmen grundsätzlich durchgeführt werden.[1081] Zudem wird der Betroffene über die Maßnahme nach deren Abschluss grundsätzlich unterrichtet und bekommt so die Möglichkeit, Stellung zu nehmen bzw. die Maßnahme gerichtlich überprüfen zu lassen (§ 101 IV, VII StPO).[1082] Diese Regelung ändert sich nicht bei einer anderen Art der Durchführung der akustischen Überwachung.

Ferner ist fraglich, ob bei der Nutzung informationstechnischer Systeme des Betroffenen die Selbstbelastungsfreiheit beeinträchtigt ist.[1083] Dies könnte der Fall sein, weil der Nutzer informationstechnischer Systeme nicht damit rechnet, dass der Staat diese nutzt, um eine akustische Überwachung durchzuführen. Ähnlich wie bei der sogenannten „Hörfalle“, bei der ein Privater die Strafverfolgungsbehörden das Gespräch mithören lässt,[1084] hört auch hier der Staat mit,

---

1078 Zum Vorliegen eines Eingriffs in Art. 5 I GG siehe auch oben S. 251 ff.

1079 Zur Rechtfertigung vgl. auch oben S. 242 f.; 251 ff.

1080 Vgl. *Esser*, in: LR-StPO, Bd. 11, Art. 6 Rn. 92 f.; *Meyer-Ladewig/Harrendorf/König*, in: Meyer-Ladewig/Nettesheim/von Raumer [Hrsg.], EMRK, Art. 6 Rn. 31; *Grabenwarter/Pabel*, in: Dörr/Grote/Marauhn [Hrsg.], Kap. 14 Rn. 28 f.

1081 Vgl. EGMR Urteil v. 16.07.2009 – Gorgievski/„ehemaliges Jugoslawien“; *Esser*, in: LR-StPO, Bd. 11, Art. 6 Rn. 936; *Meyer*, in: Karpenstein/Mayer [Hrsg.], EMRK, Art. 6 Rn. 137.

1082 Vgl. *Schmitt*, in: Meyer-Goßner/Schmitt [Hrsg.], StPO, §101 Rn. 25; *Günther*, in MüKo-StPO, Bd. 1, § 101 Rn. 68 ff.

1083 Zur Selbstbelastungsfreiheit im Rahmen von Art. 6 EMRK schon oben S. 147 ff.

1084 Vgl. EGMR Urteil v. 21.01.2009 – Bykov/RUS; *Esser*, JR 2004, 98 (107).

ohne dass der Betroffene dies weiß. Jedoch liegt es gerade im Wesen von heimlichen Ermittlungsmaßnahmen, dass der Betroffene von der Maßnahme keine Kenntnis hat. Zudem gibt der Betroffene freiwillig Informationen preis und befindet sich nicht in einer vernehmungsähnlichen Situation.[1085]

Des Weiteren ist die Verwendung informationstechnischer Systeme als „Wanze“ mittlerweile nicht unwahrscheinlich und über die Möglichkeit ist hinreichend berichtet worden.[1086] Daher liegt nicht grundsätzlich schon eine Täuschung vor, wenn ein informationstechnisches System verwendet wird. Ferner genügt eben nur eine Täuschung nicht, sondern es muss eine vernehmungsähnliche Situation hinzukommen, welche bei einer akustischen Wohnraumüberwachung grundsätzlich fehlt.[1087] Sollte eine solche hinzukommen, könnte die Selbstbelastungsfreiheit betroffen sein.

Ferner ist die Selbstbelastungsfreiheit nicht betroffen, wenn der Staat dem Betroffenen eine E-Mail mit täuschendem Inhalt zusenden, damit dieser unbemerkt selbst die Überwachungssoftware installiert. Zwar ist dies als Täuschung einzustufen, die auch dazu dienen soll, relevante Informationen zu erlangen, jedoch äußert sich der Betroffene nicht aufgrund der Täuschung, sondern wiederum aufgrund eines freiwilligen Entschlusses.[1088]

Daher ist Art. 6 I EMRK durch die Verwendung informationstechnischer Systeme als Abhörvorrichtung grundsätzlich nicht verletzt.

(4) Fazit

Der Zugriff aus der Ferne auf ein informationstechnisches System greift auch in die Rechte aus der Europäischen Menschenrechtskonvention ein. Da sowohl die Wohnung als auch das Privatleben und die Korrespondenz durch Art. 8 I EMRK geschützt sind, ist dieser unabhängig von der Vorgehensweise durch das Einschleusen einer Überwachungssoftware zur akustischen Wohnraumüberwachung betroffen. Allerdings kann dieser Eingriff gerechtfertigt werden, wenn eine Ermächtigungsgrundlage geschaffen wird, die das Einschleusen der

1085 Vgl. EGMR Urteil v. 05.11.2002 – Allan/UK, §§ 50 ff.; Urteil v. 21.01.2009 – Bykov/RUs, § 102; BVerfGE 109, 279 (323 f.).

1086 *Schaar*, Überwachung total, S. 42; *Kraft/Weyert*, Network Hacking, S. 68; *Buermeyer*, HRRS 2007, 154 (161); *Gercke*, CR 2007, 245 (248).

1087 EGMR Urteil v. 21.01.2009 – Bykov /RUS, § 92 ff.; BVerfGE 109, 279 (323 f.); *Meyer*, in: Karpenstein/Mayer, EMRK, Art. 6 Rn. 141; *Kasiske*, StV 2014, 423 (424); *Gaede*, JR 2009, 493 (496 f.).

1088 Dazu schon oben S. 250 f.

Überwachungssoftware zur akustischen Überwachung bei Vorliegen der Voraussetzungen der akustischen Überwachung explizit erlaubt.

Ferner beeinträchtigt dieses Vorgehen nicht den Grundsatz des fairen Verfahrens, wenn keine zur Informationsgewinnung relevante Täuschung vorliegt, da es in der heutigen Zeit durchaus erkennbar ist, dass die Ermittlungsbehörden sich informationstechnischer Systeme zum Abhören bedienen könnten, anstatt eine „Wanze" in der Wohnung anzubringen. .

Das Installieren einer Backdoor ist jedoch nicht mit der Europäischen Menschenrechtskonvention vereinbar, da diese nicht nur eine Gefahr für den einzelnen Nutzer darstellt, sondern ein Risiko für die Gemeinschaft, indem durch den Staat Zugriffsmöglichkeiten auf ein System geschaffen werden.[1089]

d Vereinbarkeit mit der EU-Grundrechtecharta

(1) Achtung des Privat- und Familienlebens (Art. 7 GRCh) der Nutzer informationstechnischer Systeme

Bei einem direkten Zugriff auf das Gerät mittels einer Internetverbindung ist zunächst einmal das Privatleben betroffen. Dies gilt sowohl, wenn eine Backdoor installiert wird, als auch dann, wenn mit dem Zugriff direkt die Maßnahme erfolgt.[1090]

Ferner wird die Wohnung als solche betroffen, wenn direkt mit dem Einschleusen Gespräche aus der Wohnung erhoben werden.[1091]

Des Weiteren muss hier an die Kommunikationsfreiheit gedacht werden, da die Kommunikation je nach Vorgehensweise zunächst beobachtet wird, um eine entsprechende Überwachungssoftware einzuschleusen.[1092]

Wie auch im Rahmen der Europäischen Menschenrechtskonvention ist dieses Vorgehen nicht grundsätzlich mit den Grundsätzen zur Rechtfertigung unvereinbar. Obwohl § 100c I StPO eine akustische Wohnraumüberwachung rechtfertigt, ermöglicht er nicht den Zugriff aus der Ferne auf fremde informationstechnische Systeme.[1093] Dennoch kann das Einschleusen einer Überwachungssoftware grundsätzlich erlaubt sein, soweit eine Ermächtigungsgrundlage geschaffen wird, wenn sie insgesamt verhältnismäßig ist.

1089 Vgl. dazu oben S. 219 ff.; 229 ff.

1090 Siehe oben S. 246 ff.; 253 ff.

1091 Dazu siehe oben S. 242 f.; 253 ff.

1092 Dazu oben S. 89 ff.; 243 f.; 353 ff.

1093 Vgl. oben S. 237 f.

Lediglich das Installieren einer Backdoor kann nicht als angemessen angesehen werden, weil dadurch eine Gefahr nicht nur für den Nutzer des infiltrierten Systems geschaffen wird, sondern darüber hinaus für die Allgemeinheit bei der Nutzung des Systems zu illegalen Zwecken durch Dritte. Je mehr Systeme dem Angreifer zur Verfügung stehen, desto größer kann auch der Schaden sein, den er dadurch anrichtet und der die gesamte Bevölkerung betreffen kann, wenn beispielsweise die Strom- oder Wasserversorgung beeinträchtigt wird.[1094] Dies sollte der Staat jedoch gerade verhindern wollen,[1095] weshalb eine Backdoor zu integrieren, in Bezug auf informationstechnische Systeme im Gegensatz zum Schutzauftrag des Staates steht.[1096]

Auf der anderen Seite bestehen diese Gefahren nicht, wenn ein direkter Zugriff erfolgt, ohne dass eine solche Backdoor installiert wird. Das legitime Ziel der effektiven Strafverfolgung schwerer Straftaten sowie die grundsätzliche Geeignetheit sind gegeben. Ebenso ist der Beurteilungsspielraum des Staates nicht überschritten worden.[1097]

Ferner ist die Angemessenheit nicht überschritten, weil der Nutzer bei diesem Vorgehen nicht über Gebühr belastet wird. Zwar wird sein eigenes Gerät gegen ihn verwendet, jedoch führt dies im Ergebnis nicht zu einer größeren Beeinträchtigung als das Anbringen von Abhörvorrichtungen in der Wohnung.[1098] Allerdings dürfen die Systeme nicht durchsucht werden, weil dann über die akustische Überwachung hinausgegangen wird. Bei Einhalten dieser Einschränkungen wird die Verhältnismäßigkeit in Bezug auf das Einschleusen einer Überwachungssoftware zur akustischen Wohnraumüberwachung gewahrt.[1099]

Art. 7 GRCh ist daher nicht verletzt, wenn eine Ermächtigungsgrundlage geschaffen wird, die den direkten Zugriff auf ein informationstechnisches System zur akustischen Wohnraumüberwachung erlaubt. Jedoch ist das Installieren einer Backdoor nicht erfasst.

1094 Dazu oben S. 219 ff.

1095 § 3 I BSIG; vgl. *Heinemann*, Grundrechtlicher Schutz informationstechnischer Systeme, S. 213.

1096 § 3 I BSIG; BT-Drs. 18/10182, S. 2 f.; vgl. *Heinemann*, Grundrechtlicher Schutz informationstechnischer Systeme, S. 210 ff.; *Hansen/Pfitzmann*, in: Roggan []Hrsg.], S. 131 (148 f.).

1097 Vgl. oben S. 246 ff.; 253 ff.

1098 Vgl. *Gercke* CR 2007, 245 (252).

1099 Siehe oben S. 246 ff.; 253 ff.

(2) Schutz personenbezogener Daten (Art. 8 I GRCh) der Nutzer informationstechnischer Systeme

Gerade bei einem direkten Zugriff auf informationstechnische Systeme sind personenbezogene Daten betroffen, da diese Systeme eine Vielzahl personenbezogener Daten beinhalten.[1100] Durch einen Zugriff auf diese besteht daher grundsätzlich die Gefahr der Kenntnisnahme bzw. Erhebung der Daten und dadurch eine Beeinträchtigung des Rechts aus Art. 8 I GRCh. Jedoch soll hier gerade nicht auf gespeicherte Daten zugegriffen werden, sondern es sollen im Rahmen der akustischen Wohnraumüberwachung Daten erhoben werden.[1101] Die Erhebung dieser personenbezogenen Daten durch die akustische Überwachung ist jedoch grundsätzlich aufgrund des Strafverfolgungsinteresses und der engen Anordnungsvoraussetzungen für die Maßnahme gerechtfertigt.[1102]

Ferner könnte eine Backdoor installiert werden, mit deren Hilfe die Strafverfolgungsbehörden auf das System zugreifen können. In diesem Fall besteht die Möglichkeit, durch die Backdoor auf gespeichert personenbezogene Daten zuzugreifen, weshalb ein Eingriff in Art. 8 I GRCh vorliegt, und daher das Gleiche wie bei der ab Werk integrierten Backdoor gilt. Das Integrieren oder Integrierenlassen ist nicht vereinbar mit der EU-Grundrechtecharta, da die Verhältnismäßigkeit nicht gewahrt wird.[1103]

Eine Verletzung des Art. 8 I GRCh liegt daher nicht vor, sofern keine Backdoor installiert und eine Ermächtigungsgrundlage geschaffen wird.

(3) Informationsfreiheit (Art. 11 I 2 GRCh) der Nutzer informationstechnischer Systeme

Die Informationsfreiheit (Art. 11 I 2 GRCh) der Nutzer informationstechnischer Systeme ist beim Einschleusen einer Überwachungssoftware nicht betroffen, da sich dadurch keine neuen Gefahren verwirklichen, als diejenigen, die schon immer bestanden.[1104] Zwar dienen informationstechnische Systeme weiterhin der Informationsbeschaffung, jedoch besteht für die Nutzer der Systeme bei der Verwendung keine größere Gefahr als derzeit.[1105] Ferner kann der Zugriff

---

1100 Vgl. BVerfGE 120, 274 (303 ff.); *Murswiek/Rixen*, in: Sachs [Hrsg.], GG, Art. 2 Rn. 73c; auch oben S. 160 f.; 213 f.; 233 ff.

1101 Vgl. *Bayraktar*, Eingriffe in die Privatsphäre durch technische Überwachung, S. 61.

1102 Vgl. nur BVerfGE 109, 279 (313 ff.); BVerfGK 11, 164 (170 ff.); EGMR Urteil v. 12. Mai 2000 – Khan ./. UK; *Sankol*, CR 2008, 13 (15).

1103 Siehe oben S. 229 f.; 233 f.

1104 Siehe auch oben S. 251 ff.; 255.

1105 Vgl. *Bunzel*, Straprozessualer Zugriff, S. 161 f. auch oben S. 224 f.; 230.

auf die informationstechnischen Systeme erschwert oder verhindert werden, indem technische Schutzmöglichkeiten wie beispielsweise eine Firewall verwendet werden. Diese Möglichkeiten bestehen bei einer Zusammenarbeit mit den Herstellern bzw. bei einer ab Werk integrierten Backdoor nicht. Eine gefühlte Beeinträchtigung, die zu einem Eingriff in Art. 11 I 2 GRCh führt, liegt daher nicht vor.[1106]

Sofern dennoch ein Eingriff angenommen wird, ist dieser jedenfalls gerechtfertigt, wenn eine Ermächtigungsgrundlage zum Einschleusen der Überwachungssoftware geschaffen wird, da der Eingriff in einem angemessenen Verhältnis zu den Nutzerinteressen steht.[1107]

(4) Fazit

Der Zugriff auf informationstechnische Systeme mittels einer Überwachungssoftware zur akustischen Überwachung ist derzeit nicht mit der EU-Grundrechtecharta vereinbar, da eine erforderliche Ermächtigungsgrundlage fehlt. Jedoch kann der Eingriff in Art. 7 GRCh sowie Art. 8 I GRCh gerechtfertigt werden, wenn eine Ermächtigungsgrundlage geschaffen wird, die explizit den Zugriff aus der Ferne auf informationstechnische Systeme erlaubt, sofern die Voraussetzungen für eine akustische Überwachung gegeben sind. Darüber hinaus ist sicherzustellten, dass nur das Mikrofon aktiviert wird und weitere Zugriffe auf beispielsweise gespeicherte Daten unterbleiben.

Jedoch ist das Installieren einer Backdoor durch eine Überwachungssoftware nicht verhältnismäßig, da durch diese zu viele Gefahren geschaffen werden, und daher nicht mit der EU-Grundrechtecharta vereinbar.

e Fazit

Grundsätzlich ist der Zugriff auf ein informationstechnisches System zum Zwecke einer akustischen Wohnraumüberwachung möglich; dies gilt jedoch nicht, wenn dabei eine Backdoor installiert wird, da dadurch zu viele Gefahren geschaffen werden und die Strafverfolgung auch erschwert wird.

Auch in den anderen Fällen eines Fernzugriffs auf ein informationstechnisches System müsste zunächst eine Ermächtigungsgrundlage geschaffen werden, um die Eingriffe in die Grund- bzw. Menschenrechte zu rechtfertigen, da die bestehenden Ermächtigungsgrundlagen für das Einschleusen einer Überwachungssoftware zur akustischen Wohnraumüberwachung nicht ausreichend

---

1106 Zum Eingriff siehe oben S. 224 f.; 230.

1107 Zur Rechtfertigung eines Eingriffs oben S. 224 f.; 230.

sind. Sie ermöglichen entweder nur die akustische Überwachung (§ 100c StPO) oder das Verwenden einer Software zur Telekommunikationsüberwachung (§ 100a StPO) bzw. zum Zugriff auf gespeicherte Daten (§ 100b StPO). Nach hier vertretener Ansicht kann das Einschleusen der Überwachungssoftware auch nicht als Annexmaßnahme von § 100c StPO erfasst werden (I.I.3.b), weshalb eine Ermächtigungsgrundlage erst geschaffen werden muss, die das Einschleusen zur akustischen Überwachung explizit erlaubt (I.II.3.a.).

Ohne eine Ermächtigungsgrundlage können auch die Grund- und Menschenrechtseingriffe nicht gerechtfertigt werden. Sofern zunächst die Telekommunikationsverbindung via Internet überwacht wird, greift das Einschleusen in Art. 10 I GG ein. Jedoch genügen zur Rechtfertigung die Voraussetzungen der Telekommunikationsüberwachung, welche in der Regel mit der akustischen Wohnraumüberwachung auch gegeben sind (I.II.3.b.(2)).

Die Eingriffe in Art. 13 I GG bzw. Art. 2 I i.V.m. Art. 1 I GG können auch gerechtfertigt werden, da das Einschleusen der Überwachungssoftware einen geringeren Eingriff in die Grundrechte darstellt als die akustische Wohnraumüberwachung an sich, insofern ist allerdings eine Ermächtigungsgrundlage notwendig (I.II.3.b.).

Ebenso können die Eingriffe in die Europäische Menschenrechtskonvention sowie in die EU-Grundrechtecharta gerechtfertigt werden, wenn eine qualifizierte Ermächtigungsgrundlage das Einschleusen explizit erlaubt, die Maßnahme daher für die Nutzer hinreichend vorhersehbar ist und ein Schutz vor Missbrauchsmöglichkeiten normiert ist (I.II.3.c.; I.II.3.d.).

4 Physischer Zugriff

Bei einem physischen Zugriff wird eine entsprechende Überwachungssoftware auf dem System des Betroffenen installiert, die das Mikrofon einschaltet und Gespräche aufzeichnet.[1108] Im Folgenden werden zunächst in Betracht kommende Ermächtigungsgrundlagen dargestellt, bevor die Vereinbarkeit der Maßnahme mit höherrangigem Recht überprüft wird.

a Ermächtigungsgrundlage

Voraussetzung für einen physischen Zugriff ist dabei wiederum, dass eine Ermächtigungsgrundlage besteht.

1108 Ausführlicher zu dieser Vorgehensweise in technischer Hinsicht oben S. 95 ff.

(1) § 100c StPO

Das Vorgehen bei einem physischen Zugriff ist sehr ähnlich zu dem herkömmlichen Anbringen von Abhöreinrichtungen. Daher könnte dieser Zugriff von § 100c StPO in Form einer Annexmaßnahme erfasst sein. Hier wird die Wohnung betreten, um auf das System zugreifen zu können, was nach hier vertretener Ansicht nicht von § 100c StPO erfasst ist.[1109]

Selbst wenn das Betreten jedoch als von § 100c StPO erfasst angesehen wird, ist der Zugriff auf ein internetfähiges System eine zusätzliche Maßnahme, die nicht von § 100c StPO erfasst ist. Im Gegensatz zum derzeitigen Vorgehen, bei dem eine Abhörvorrichtung in die Wohnung erst eingebracht wird, wird bei einem physischen Zugriff ein System des Betroffenen verändert, um dieses als „Wanze" verwenden zu können.[1110]

Folglich ist nach beiden Ansichten auch eine akustische Wohnraumüberwachung mit Hilfe eines physischen Zugriffs auf ein Gerät des Betroffenen und dem Installieren einer Software nicht von § 100c StPO gedeckt.

(2) Weitere Ermächtigungsgrundlagen

§ 100c StPO passt auf das Vorgehen eines physischen Zugriffs auf ein System, um eine akustische Wohnraumüberwachung durchzuführen. Dies führt daher zu einer Sperrwirkung bezüglich anderer Ermächtigungsgrundlagen, da der Staat nicht in der Lage sein soll, auf eine andere Ermächtigungsgrundlage auszuweichen, die gegebenenfalls sogar geringere Voraussetzungsanforderungen aufweist, wenn grundsätzlich eine Maßnahme explizit geregelt ist, aber die Voraussetzungen nicht vorliegen, da dadurch die Vorgaben des Gesetzgebers umgangen würden.[1111] Somit kommen hier keine weiteren Ermächtigungsgrundlagen in Betracht.

(3) Fazit

Da nach hier vertretener Ansicht Annexmaßnahmen nicht von § 100c StPO erfasst werden, ist auch der physische Zugriff auf ein informationstechnisches System zum Installieren einer Überwachungssoftware nicht von diesem erfasst, da bei der Installation auch das System an sich verändert wird.

1109 Dazu auch oben S. 185 ff.

1110 Genauer zur Vorgehensweise bei einem physischen Zugriff siehe oben S. 71; 95 ff.

1111 Vgl. dazu im vergleichbaren Fall im Polizeirecht *Schenke*, Polizei- und Ordnungsrecht, § 3 Rn. 197b; *Büscher,* JA 2010, 719 (720 f.).

Ebenso bestehen keine weiteren Ermächtigungsgrundlagen, die das Installieren einer Überwachungssoftware zur akustischen Überwachung erfassen, da § 100c StPO die Ermächtigungsgrundlage für eine akustische Überwachung darstellt und daher nicht auf andere Ermächtigungsgrundlagen ausgewichen werden kann.

Eine Ermächtigungsgrundlage kann jedoch nur geschaffen werden, sofern das Vorgehen grundsätzlich mit höherrangigem Recht vereinbar ist.

b Vereinbarkeit mit dem Grundgesetz

(1) Unverletzlichkeit der Wohnung (Art. 13 I GG) der Nutzer informationstechnischer Systeme

Am vergleichbarsten mit dem derzeitigen Vorgehen, also dem Anbringen von Abhörvorrichtungen in der Wohnung des Betroffenen, ist der physische Zugriff auf das System zum Installieren einer Überwachungssoftware. In beiden Fällen ist das Betreten der Wohnung grundsätzlich erforderlich, wobei selbstverständlich der Zugriff auf das System auch an anderer Stelle, also außerhalb der Wohnung, erfolgen kann. Sofern jedoch die Wohnung betreten wird, wird durch das Betreten in Art. 13 I GG eingegriffen.[1112]

Fraglich ist, ob neben dem Betreten der Zugriff auf das System an sich von Art. 13 I GG erfasst ist. Der Zugriff auf das System ist grundsätzlich ortsungebunden.[1113] Ferner werden keine Informationen, die auf dem System gespeichert sind, erhoben, da das Installieren der Überwachungssoftware vielmehr größtenteils automatisch ablaufen kann, ohne dass das System bedient werden muss, weshalb der Zugriff auf das System an sich nicht in den Schutzbereich des Art. 13 I GG fällt.

Nach hier vertretener Ansicht deckt § 100c StPO keine Annexmaßnahme wie beispielsweise das Betreten der Wohnung, sondern lediglich die akustische Wohnraumüberwachung als Primärmaßnahme.[1114] Allerdings erlaubt Art. 13 III GG ausdrücklich die akustische Überwachung der Wohnung. Damit diese möglich ist, sollen auch notwendige Vorbereitungsmaßnahmen von Art. 13 III GG erfasst.[1115] Somit ist grundsätzlich eine Rechtfertigung möglich,

---

1112 Vgl. nur BVerfGE 109, 279 (327); 120, 274 (310).

1113 Vgl. BVerfGE 120, 274 (310).

1114 Zur Annexmaßnahme siehe oben S. 185 ff.

1115 Vgl. *Papier*, in: Maunz/Dürig [Hrsg.], GG, Art. 13 Rn. 73; BT-Drs. 13/8651, S. 13; *Meyer/Hetzer* NJW 1998, 1017 (1026); a. A. *Heger*, JR 1998, 163 (165); *Papier*, in: Merten/Papier [Hrsg.], Handbuch der Grundrechte, Bd. IV, § 91 Rn. 46.

wenn ein geeignetes Gesetz besteht und dieses insbesondere verhältnismäßig ist. Ein legitimes Ziel wird mit der effektiven Strafverfolgung verfolgt, wozu eine akustische Wohnraumüberwachung auch grundsätzlich geeignet ist.[1116]

Bei der Wahl des Mittels steht dem Gesetzgeber wiederum ein Einschätzungsspielraum zu.[1117] Sowohl bei dem derzeitigen Vorgehen als auch bei dem hier untersuchten Vorgehen wird die Wohnung des Betroffenen in der Regel betreten werden, zumal sich Systeme wie beispielsweise ein Smart-TV grundsätzlich nur innerhalb der Wohnung befinden und daher nur ein Zugriff in der Wohnung möglich ist; einmal werden Abhörvorrichtungen angebracht und beim anderen Mal werden bestehende technische Möglichkeiten genutzt, wobei beide Fälle gleichermaßen geeignet sind, das Ziel zu erreichen. Ferner ist das derzeitige Vorgehen nicht unbedingt milder, da auch das Aufspielen einer Überwachungssoftware auf ein System ohne Beeinträchtigung weiterer Rechte möglich ist.[1118] Aufgrund der Einschätzungsprärogative genügt daher ein physischer Zugriff auf das jeweilige informationstechnische System den Anforderungen der Erforderlichkeitsprüfung.

Fraglich ist jedoch, ob das Betreten zum Installieren der Überwachungssoftware angemessen ist. Zwar wird dadurch heimlich in einen besonders geschützten Bereich eingegriffen und es bestehen grundsätzlich Möglichkeiten, eine Überwachungssoftware auch außerhalb der Wohnung anzubringen, jedoch befinden sich einige Systeme nur in der Wohnung und werden von dort auch nicht fortgebracht, weshalb sie sich nicht nur für die Abhörmaßnahme anbieten, sondern für dessen Installation auch gerade die Wohnung betreten werden muss.

Zudem sind bei einem physischen Zugriff nur diejenigen Nutzer betroffen, gegen die der Verdacht einer schweren (Katalog-) Straftat nach §§ 100c I Nr. 1, 100b II StPO besteht und bei denen die Straftat auch im Einzelfall schwer wiegt. In diesem Fall überwiegt das Interesse des Staates und auch der Allgemeinheit, eine besonders schwere Straftat aufzuklären,[1119] da die Abhörmaßnahme nur unter sehr engen Voraussetzungen zulässig ist und zudem aufgrund der Subsidiaritätsanordnung nur als letztes Mittel der Strafverfolgung in Betracht kommt.[1120]

1116 Zum legitimen Ziel und der Geeignetheit einer akustischen Wohnraumüberwachung grundsätzlich BVerfGE 109, 279 (335 ff.).

1117 Vgl. BVerfGE 55, 28 (29 f.); 77, 170 (214 f.); 88, 203 (262); 104, 337 (347 f.); *Merten*, in. Merten/Papier [Hrsg.] Handbuch der Grundrechte, Bd. III, § 68 Rn. 45.

1118 Vgl. oben S. 95 ff.

1119 Vgl. BVerfGE 33, 367 (383); 34, 238 (248 f.); 38, 105 (316); 44, 353 (373 f.); 51, 324 (343).

1120 Vgl. BVerfGE 109, 279 (349 ff.).

Ferner ist durch das Betreten der Wohnung der (absolute) Kernbereich privater Lebensgestaltung nicht verletzt.[1121] Zwar stellen informationstechnische Systeme für viele Nutzer einen wichtigen Teil des Lebens dar und beinhalten auch persönliche Informationen, allerdings ist noch keine Kernbereichsverletzung gegeben. Nicht alle persönlichen Daten gehören zum absolut geschützten Kernbereich privater Lebensgestaltung.[1122] Andernfalls wäre eine Datenerhebung immer ausgeschlossen.[1123] Die aufzuspielende Software sorgt lediglich dafür, dass die Gespräche übertragen bzw. aufgezeichnet werden und die Systeme nicht vollständig herunterfahren. Es erfolgt dagegen keine Kenntnisnahme von Daten, die sich auf dem System befinden. Die Maßnahme ist daher angemessen.

Grundsätzlich liegt somit keine Verletzung des Art. 13 I GG vor, jedoch fehlt es derzeit noch an einer Ermächtigungsgrundlage, die dieses Vorgehen erlaubt.

(2) Allgemeines Persönlichkeitsrecht (Art. 2 I i.V.m. Art. 1 I GG) der Nutzer informationstechnischer Systeme

i Recht auf informationelle Selbstbestimmung

Das Recht auf informationelle Selbstbestimmung wird hier nicht betroffen, da, soweit es um das Betreten der Wohnung und der akustischen Wohnraumüberwachung geht, ein ausreichender Schutz durch Art. 13 I GG vorliegt. Soweit Art. 13 I GG nicht einschlägig ist, da Dritte mitbetroffen sind, ist ein Rückgriff bei der akustischen Überwachung auf das Recht auf informationelle Selbstbestimmung notwendig.[1124]

ii Recht auf Gewährleistung der Vertraulichkeit und Integrität informationstechnischer Systeme

Fraglich ist, ob Art. 2 I i.V.m. Art. 1 I GG in der Ausprägung des Rechts auf Gewährleistung der Vertraulichkeit und Integrität informationstechnischer Systeme einschlägig ist. Dieses Grundrecht greift nur dann ein, wenn kein ausreichender Schutz durch andere Grundrechte, insbesondere auch durch Art. 13 I GG, gewährleistet wird.[1125] Bei einer akustischen Wohnraumüberwachung ist

---

1121 Vgl. Art. 13 II GG; *Meyer/Hetzer*, NJW 1998, 1017 (1026).

1122 Vgl. BVerfGE 109, 279 (314 f.); 118, 168 (185); 120, 378 (397 f.); *Horn*, in: Stern/Becker [Hrsg.], Art. 2 Rn 50; *Dreier*, in: ders. [Hrsg.], Bd. I, Art. 2 Rn. 81.

1123 Vgl. nur § 4 BDSG; § 100c IV StPO.

1124 Vgl. BVerfGE 109, 279 (326).

1125 BVerfGE 120, 274 (303 ff.); *Dreier*, in: Dreier [Hrsg.], Band I Art. 2 I Rn. 82; *Horn*, in: Stern/Becker [Hrsg.], Art. 2 Rn. 51.

grundsätzlich ein ausreichender Schutz durch Art. 13 I GG gegeben.[1126] Jedoch liegt hier nicht nur eine akustische Überwachung vor, sondern es erfolgt auch ein heimlicher Zugriff auf ein informationstechnisches System, wobei das System verändert wird und so für die Zwecke der Strafverfolgungsbehörden genutzt werden kann.

Zwar werden keine auf dem System gespeicherten Daten abgefragt, jedoch schützt das Recht auf Gewährleistung der Vertraulichkeit und Integrität auch vor der unbefugten, insbesondere heimlichen, Nutzung des Systems durch einen Dritten.[1127] Die Ressourcen, namentlich das Mikrofon und die Internetverbindung, werden bei einem physischen Vorgehen genutzt. Auch wenn es sich nur um die Vorbereitung für eine akustische Wohnraumüberwachung handelt, hat auch diese Handlung einen eigenständigen Charakter und betrifft daher das Recht auf Gewährleistung der Vertraulichkeit und Integrität informationstechnischer Systeme, weshalb durch das Installieren der Überwachungssoftware in die Integrität des betroffenen Systems eingegriffen wird.[1128]

Zwar sind an die Rechtfertigung eines solchen Eingriffs enge Voraussetzungen zu stellen,[1129] jedoch müssen diese auch bei einer akustischen Wohnraumüberwachung vorliegen. Insofern ist eine Rechtfertigung des Zugriffs auf ein informationstechnisches System ähnlich zu bewerten, wie das Anbringen einer Abhörvorrichtung.

Nachdem keine Ermächtigungsgrundlage besteht, ist insbesondere der Verhältnismäßigkeitsgrundsatz für die Schaffung einer solchen Grundlage maßgeblich. Ein legitimes Ziel ist mit der effektiven Strafverfolgung gegeben und ebenso ist das Mittel auch geeignet und erforderlich.[1130]

Ferner ist die Maßnahme auch angemessen. Zwar haben die Nutzer ein Interesse daran, dass ihre Systeme nicht als Abhöreinrichtung gegen sie verwendet werden,[1131] allerdings können sie ihre Systeme weiterhin normal und grundsätzlich ohne Einschränkungen nutzen. Demgegenüber steht das Interesse an einer effektiven Strafverfolgung. Die Maßnahme der akustischen Wohnraumüberwachung darf nur bei besonders schweren Straftaten eingesetzt werden,

---

1126 Vgl. BVerfGE 120, 274 (310).

1127 BVerfGE 120, 274 (314 f.).

1128 BVerfGE 120, 274 (310 ff.); *Horn*, in: Stern/Becker [Hrsg.], Art. 2 Rn 91.

1129 BVerfGE 120, 274 (315 ff.).

1130 Dazu oben S. 264 ff.

1131 Vgl. BVerfGE 120, 274 (313 f.); *Buermeyer*, HRRS 2007, 154 (162).

§§ 100c I Nr. 1, 100b II StPO,[1132] da das Interesse an der Aufklärung und Verfolgung dieser schweren Straftaten in einem höheren Maße besteht als bei Straftaten, die in einem wesentlich geringeren Maße die Rechtsgüter anderer verletzen.[1133] Durch die Begrenzung der Maßnahme auf besonders schwere Straftaten ist auch die Zahl der physischen Zugriffe auf informationstechnische Systeme begrenzt und belastet daher nur wenige Nutzer. Darüber hinaus müssen keine fremden Gegenstände zur Überwachung in die Wohnung verbracht werden und die Wohnung muss je nach tatsächlicher Möglichkeit des physischen Zugriffs durch die Strafverfolgungsbehörden noch nicht einmal betreten werden. Somit findet insgesamt ein angemessener Ausgleich zwischen den Interessen des Betroffenen und dem Ziel der effektiven Strafverfolgung statt.

Der Zugriff auf informationstechnische Systeme ist zwar ein Eingriff in das Recht auf Gewährleistung der Vertraulichkeit und Integrität informationstechnischer Systeme, dennoch wiegt er von der Eingriffsintensität nicht schwerer als die akustische Wohnraumüberwachung.[1134] Die Interessen der Nutzer werden daher in ausreichendem Maße berücksichtigt, sofern eine Ermächtigungsgrundlage geschaffen wird, die auch den physischen Zugriff auf das System und das Installieren der Überwachungssoftware erlaubt.

iii Selbstbelastungsfreiheit (nemo tenetur se ipsum accusare)

Ferner kann bei einem physischen Zugriff auf ein informationstechnisches System zum Installieren einer Überwachungssoftware die Selbstbelastungsfreiheit beeinträchtigt sein, da insbesondere der Zugriff mit einer Täuschung verbunden sein kann. Allerdings genügt eine Täuschung nicht, solange sich der Betroffene nach den konkreten Umständen im Einzelfall freiwillig und ohne Druck oder Zwang dazu entscheidet, seinem Gesprächspartner ihn belastende Informationen preiszugeben.[1135]

Daher ist die Selbstbelastungsfreiheit grundsätzlich auch nicht beeinträchtigt, wenn der Betroffene zwar bewusst den Strafverfolgungsbehörden ein informationstechnisches System überlässt und diese unbemerkt eine

---

1132 Vgl. nur BVerfGE 109, 279 (343 ff.); *Schmitt*, in: Meyer-Goßner/Schmitt [Hrsg.], StPO, § 100c Rn. 5.

1133 BVerfGE 109, 279 (342 ff.).

1134 Vgl. *Herrmann*, Das Grundrecht auf Gewährleistung der Vertraulichkeit und Integrität, S. 77.

1135 Vgl. EGMR Urteil v. 21.01.2009 – Bykov/RUS, § 102; *Meyer*, in: Karpenstein/Mayer [Hrsg.], EMRK, Art. 6 Rn. 139 ff.; *Esser*, in: LR, StPO, Bd. 11, Art. 6 EMRK Rn. 894 ff.; *Kasiske*, StV 2014, 423; *Esser*, JR 2004, 98 (106 f.); *Müller*, EuGRZ 2001, 546 (556 f.).

Überwachungssoftware installieren, jedoch bei der späteren belastenden Aussage sich freiwillig dazu entscheidet, diese Informationen preiszugeben.[1136]

Sofern jedoch Zwang, Druck oder Täuschung eingesetzt werden, um eine solche Aussage zu erreichen, und sich der Betroffene in einer vernehmungsähnlichen Situation befindet, könnte die Selbstbelastungsfreiheit verletzt sein.[1137]

(3) Fazit

Im Ergebnis besteht grundsätzlich die Möglichkeit, eine akustische Wohnraumüberwachung unter Nutzung informationstechnischer Systeme des Betroffenen durchzuführen. Notwendig ist dazu jedoch eine Ermächtigungsgrundlage, die es den Strafverfolgungsbehörden ermöglicht, die Wohnung zu betreten und auf das System zuzugreifen bzw. nur auf das System zuzugreifen, um so außerhalb der Wohnung eine Überwachungssoftware zu installieren. Derzeit ist eine solche Vorschrift noch nicht vorhanden; insbesondere genügt § 100c StPO nicht für das Betreten der Wohnung und für die Installation einer entsprechenden Software.

Sofern die Wohnung betreten wird, wird in Art. 13 I GG eingegriffen. Der Eingriff kann allerdings durch eine Ermächtigungsgrundlage gerechtfertigt werden, sofern er nicht schon mit der überwiegenden Ansicht als gerechtfertigt angesehen wird.[1138]

Ferner kann auch die Installation der Überwachungssoftware, also der physische Zugriff auf das System und damit ein Eingriff in Art. 2 I i.V.m. Art. 1 I GG gerechtfertigt werden, wenn eine Ermächtigungsgrundlage explizit die Installation einer Überwachungssoftware zur akustischen Überwachung erlaubt.

Ebenso wird grundsätzlich nicht die Selbstbelastungsfreiheit des Betroffenen beeinträchtigt, da er trotz der akustischen Wohnraumüberwachung mittels seines informationstechnischen Systems, die ihn belastenden Informationen freiwillig preisgibt und sich grundsätzlich nicht in einer vernehmungsähnlichen Situation befindet.

1136 Vgl. EGMR Urteil v. 21.01.2009 – Bykov/RUS, § 102.

1137 Vgl. EGMR Urteil v. 05.11.2002 – Allan/UK, §§ 44 ff.; *Gaede*, JR 2009, 493 (496 f.); *Müller*, EuGRZ 2001, 546 (557).

1138 Dazu oben S. 185 ff.

c Vereinbarkeit mit der Europäischen Menschenrechtskonvention

(1) Recht auf Achtung des Privat- und Familienlebens (Art. 8 EMRK) der Nutzer informationstechnischer Systeme

Sofern das Betreten der Wohnung als Vorbereitung für eine akustische Wohnraumüberwachung zum Installieren der Überwachungssoftware notwendig ist, wird selbstverständlich auch bei einem physischen Zugriff in die Wohnung sowie in das Privatleben eingegriffen.[1139] Für die Installation der Überwachungssoftware auf einem informationstechnischen System in der Wohnung muss diese zunächst betreten werden, was eine Beeinträchtigung des Rechts auf Achtung der Wohnung darstellt. Die Installation der Überwachungssoftware selbst betrifft das Recht auf Achtung des Privatlebens.[1140]

Das Abhören ist auch gesetzlich normiert in § 100c StPO, jedoch nicht der Zugriff auf informationstechnische Systeme zum Installieren einer Überwachungssoftware. Grundsätzlich ist eine akustische Wohnraumüberwachung für eine effektive Strafverfolgung schwerster Straftaten notwendig, um insbesondere auch bei organisierter Kriminalität die dahinterstehenden Strukturen aufzudecken.[1141]

Die Auswahl des Mittels zur Durchführung ist dabei grundsätzlich eine Entscheidung des Staates,[1142] welcher ein Interesse an einer effektiven Strafverfolgung auch unter Nutzung der technischen Ressourcen hat. Durch einen physischen Zugriff auf informationstechnische Systeme des Betroffenen kann er diese nutzen, ohne dadurch intensiver in die Rechte des Betroffenen einzugreifen als beim derzeitigen Vorgehen. Zwar handelt es sich um einen heimlichen Zugriff auf ein informationstechnisches System sowie um ein heimliches Betreten der Wohnung, jedoch wird dadurch nur das heimliche Abhören ermöglicht und der Betroffene hat nach der Maßnahme die Möglichkeit, dazu Stellung zu nehmen, sodass trotz der Heimlichkeit der Maßnahme keine übermäßige Beeinträchtigung des Betroffenen erfolgt. Die Interessen des Nutzers an einem unüberwachten Raum sowie an eigenen Systemen, die ihn nicht überwachen,

1139 *Frowein*, in: Frowein/Peukert [Hrsg.], Europäische Menschenrechtskonvention, Art. 8 Rn. 6, 46; *Esser*, in: LR-StPO, Bd. 11, Art. 8 EMRK Rn. 79, 137.

1140 Vgl. *Heinemann*, Grundrechtlicher Schutz informationstechnischer Systeme, S. 150; 225 f.; vgl. oben S. 266 ff.

1141 Vgl. BVerfGE 109, 279 (335 f.).

1142 *Esser*, in LR-StPO, Bd. 11, Art 8 EMRK Rn. 55; *Meyer-Ladewig/Nettesheim*, in: Meyer-Ladewig/Nettesheim/von Raumer [Hrsg.], EMRK, Art. 8 RN. 109 f.; *Pätzold*, in: Karpenstein/Mayer [Hrsg.], EMRK, Art. 8 Rn. 98.

sind grundsätzlich wichtig für die Entwicklung der Persönlichkeit und werden durch den physischen Zugriff zum Installieren auch berücksichtigt, indem dieser gerade nur erfolgt, wenn die Voraussetzungen für eine akustische Wohnraumüberwachung vorliegen.

Der physische Zugriff auf ein System ist keine Verletzung des Art. 8 I EMRK, sofern eine Ermächtigungsgrundlage geschaffen wird, die das Betreten der Wohnung sowie die Installation einer Überwachungssoftware erlaubt.

(2) Recht auf ein faires Verfahren (Art. 6 EMRK)

Eine strafrechtliche Anklage im Sinne des Art. 6 I EMRK liegt vor, da es sich bei dem Betroffenen um den Beschuldigten in einem Ermittlungsverfahren handelt.[1143] Die nach dem Installieren der Überwachungssoftware folgende akustische Wohnraumüberwachung mittels eines informationstechnischen Systems könnte den Grundsatz eines fairen Verfahrens und insbesondere die aus diesem Grundsatz abgeleitete Selbstbelastungsfreiheit beeinträchtigen.

Grundsätzlich sind heimliche Ermittlungsmaßnahmen zulässig, sofern der Betroffene die Möglichkeit bekommt, zu den aus der Maßnahme gewonnenen Beweisen Stellung zu nehmen.[1144] Nur dann ist die Waffengleichheit im Verfahren gewahrt. Im Rahmen einer akustischen Wohnraumüberwachung nach § 100c StPO bestehen Benachrichtigungspflichten (§ 101 IV StPO), die es dem Betroffenen grundsätzlich ermöglichen sollen, zu den durch die Überwachung gewonnenen Beweisen Stellung zu nehmen und diese in Frage zu stellen. Dadurch wird der Aspekt der Waffengleichheit im Rahmen des fairen Verfahrens berücksichtigt.

Fraglich ist allerdings ferner, ob die Selbstbelastungsfreiheit beeinträchtigt wird. Grundsätzlich hören informationstechnische Systeme den Nutzer nicht ab, jedoch ist bekannt, dass diese Möglichkeit bei jedem System mit integriertem Mikrofon besteht.[1145] Eine Verletzung der Selbstbelastungsfreiheit könnte daher dadurch vorliegen, dass der Betroffene nicht damit rechnet, von seinem informationstechnischen System überwacht zu werden und insofern eine dem Staat zurechenbare Täuschung vorliegt. Jedoch genügt nicht jegliche Täuschung, um

---

1143 Eine akustische Wohnraumüberwachung nach § 100c StPO ist nur gegen den Verdächtigen einer schwereren Straftat möglich, § 100c I StPO.

1144 *Hauck*, NStZ 2010, 17 (20).

1145 *Schaar*, Überwachung total, S. 42; *Kraft/Weyert*, Network Hacking, S. 68; *Buermeyer*, HRRS 2007, 154 (161); *Gercke*, CR 2007, 245 (248).

eine Beeinträchtigung der Selbstbelastungsfreiheit anzunehmen.[1146] Vielmehr muss diese Täuschung den Betroffenen gerade dazu veranlassen, belastende Information preiszugeben, sodass die Preisgabe nicht mehr freiwillig erfolgt.[1147] Dies ist grundsätzlich bei einer akustischen Wohnraumüberwachung nicht der Fall, da es insoweit unerheblich ist, ob eine „Wanze“ in der Wohnung angebracht wird oder ein informationstechnisches System verwendet wird, sofern keine zusätzlichen Aspekte hinzutreten, durch die eine vernehmungsähnliche Situation entsteht, die dem Staat zugerechnet werden kann.[1148]

Folglich ist Art. 6 I EMRK bei der Verwendung informationstechnischer Systeme als Abhörvorrichtung grundsätzlich nicht beeinträchtigt.

(3) Fazit

Sowohl durch das Betreten der Wohnung zum Installieren der Überwachungssoftware als auch durch die Installation an sich wird in Art. 8 I EMRK eingegriffen. Dabei sind beide Eingriffe nach hier vertretener Ansicht nicht von bestehenden Ermächtigungsgrundlagen gedeckt, da § 100c StPO keine Annexmaßnahmen erfasst (I.I.3.). Jedoch können diese Eingriffe gerechtfertigt werden, wenn eine Ermächtigungsgrundlage geschaffen wird, die explizit das Betreten der Wohnung sowie das Installieren einer Software zur akustischen Überwachung erlaubt.

d Vereinbarkeit mit der EU-Grundrechtecharta

(1) Achtung des Privat- und Familienlebens (Art. 7 GRCh) der Nutzer informationstechnischer Systeme

Auch beim physischen Zugriff auf ein informationstechnisches System ist Art. 7 GRCh betroffen. Nicht nur durch die eigentliche Maßnahme der akustischen Überwachung, sondern schon das Betreten der Wohnung stellt einen Eingriff in das Recht auf Achtung der Wohnung dar. Ferner wird durch den Zugriff auf das System in das Privatleben des Betroffenen eingegriffen.[1149]

1146 Vgl. EGMR Urteil v. 21.01.2009 – Bykov/RUS, § 102; *Meyer*, in: Meyer/Karpenstein [Hrsg.], EMRK, Art. 6 Rn. 141; *Esser*, in: LR, StPO, Bd. 11, Art. 6 EMRK Rn. 252; *Kasiske*, StV 2014, 423.

1147 EGMR Urteil v. 05.11.2002 – Allan/UK, § 44 ff.; Urteil v. 21.01.2009 – Bykov/RUS, §§ 92 ff.; *Gaede*, JR 2009, 493 (496 f.).

1148 Vgl. BVerfGE 109, 279 (323 f.); vgl. dazu schon oben S. 268 f.

1149 Vgl. *Heinemann*, Grundrechtlicher Schutz informationstechnischer Systeme, S. 148 ff.; 227; siehe oben S. 270 f.

Durch eine Ermächtigungsgrundlage und die Verhältnismäßigkeit der Maßnahme ist eine Rechtfertigung möglich, Art. 52 I GRCh, wobei derzeit noch keine Ermächtigungsgrundlage besteht.[1150]

Daneben muss die Verhältnismäßigkeit gewahrt sein, das heißt es muss ein legitimes Ziel verfolgt werden und die Maßnahme in einer demokratischen Gesellschaft notwendig sein (Art. 52 I, III GRCh, Art. 8 II EMRK). Schon jetzt werden zum Anbringen von Abhörvorrichtungen Wohnungen betreten.[1151] Das Betreten an sich stellt daher keine Änderung dar, jedoch wird ferner auf ein informationstechnisches System zugegriffen und eine Überwachungssoftware installiert. Dieses Vorgehen hat den Vorteil, dass keine Sicherheitslücken bekannt sein müssen und auch keine Backdoor in die Systeme integriert werden muss, wodurch die Systeme so geschützt bleiben, wie sie es bisher waren. Auch werden aus dem geschützten Bereich der Wohnung grundsätzlich die gleichen Informationen gewonnen wie bei dem derzeitigen Vorgehen zur akustischen Wohnraumüberwachung. Insgesamt ist die Maßnahme verhältnismäßig, da die Abhörmaßnahme nur bei einem konkreten Verdacht einer besonders schweren Straftat gegen den Beschuldigten zulässig ist und ferner aufgrund der Subsidiaritätsvorschrift nur als letztes Mittel der Strafverfolgung eingesetzt werden darf.[1152]

Somit ist der physische Zugriff auf das System als Vorbereitung auf eine akustische Wohnraumüberwachung gemessen an Art. 7 GRCh grundsätzlich denkbar. Voraussetzung ist jedoch, dass eine Ermächtigungsgrundlage geschaffen wird, die den Zugriff explizit erlaubt.

(2) Schutz personenbezogener Daten (Art. 8 I GRCh) der Nutzer informationstechnischer Systeme

Bei einem physischen Zugriff auf das System zum Installieren einer Software sind auch personenbezogene Daten betroffen,[1153] da bei einem Zugriff auf ein System die dort gespeicherten Daten zur Kenntnis genommen werden können. Diese Daten lassen Rückschlüsse auf das Verhalten einer Person zu und können grundsätzlich auch einer bestimmten Person zugeordnet werden.[1154]

1150 Zu den Ermächtigungsgrundlagen oben S. 262 ff.

1151 Statt vieler BGHSt 46, 266 (274); *Schlegel*, GA 2007, 653; *Hauck*, in: LR-StPO, Bd. 3, § 100c Rn. 10; *Schmitt*, in: Meyer-Goßner/Schmitt [Hrsg.], StPO, § 100c Rn. 7.

1152 Vgl. BVerfGE 109, 274 (349 ff.); siehe dazu auch oben S. 180 ff.

1153 Vgl. BVerfGE 120, 274 (303 ff.); *Murswiek/Rixen*, in: Sachs [Hrsg.], GG, Art. 2 Rn. 73c; siehe oben S. 253; 260.

1154 Vgl. BVerfGE 120, 274 (303 ff.; 313 f.).

Die Rechtfertigung eines solchen Eingriffs ist allerdings möglich, soweit nicht auf andere Daten zugegriffen wird, als diejenigen, die für das Installieren der Überwachungssoftware notwendig sind.

Der Zugriff und die Installation verfolgen den legitimen Zweck, eine akustische Wohnraumüberwachung durchzuführen, um eine effektive Strafverfolgung zu ermöglichen, wozu eine akustische Wohnraumüberwachung grundsätzlich geeignet ist. Die Interessen des Nutzers oder der Nutzer werden auch durch eine kurzzeitige Verwendung ihres Systems zum Installieren der Software nicht unangemessen beeinträchtigt.[1155]

Insgesamt überwiegt das Interesse an einer wirksamen und effektiven Strafverfolgung gegenüber dem Interesse der Nutzer an der Vertraulichkeit der Daten. Daher ist Art. 8 GRCh nicht verletzt, sofern eine Ermächtigungsgrundlage geschaffen wird, die den Zugriff explizit erlaubt und den weiteren Voraussetzungen, wie beispielsweise Garantien gegen Missbrauch, entspricht.

(3) Fazit

Der physische Zugriff auf informationstechnische Systeme zum Installieren einer Überwachungssoftware zur akustischen Überwachung wäre grundsätzlich mit der EU-Grundrechtecharta vereinbar. Allerdings ist dazu Voraussetzung, dass eine Ermächtigungsgrundlage geschaffen wird, die sowohl das Betreten der Wohnung als auch das Installieren der Überwachungssoftware auf dem informationstechnischen System erlaubt. Ferner muss durch die Ermächtigungsgrundlage sichergestellt werden, dass nur die Software installiert und nicht auf weitere Daten zugegriffen wird.

e Fazit

Der physische Zugriff auf ein informationstechnisches System ist grundsätzlich möglich. Zwar greift die Maßnahme in verschiedene Grund- und Menschenrechte, wie Art. 13 I GG, Art. 2 I i.V.m. 1 I GG, Art. 8 EMRK und Art. 7, 8 GRCh, ein, allerdings können die Eingriffe durch eine taugliche Ermächtigungsgrundlage gerechtfertigt werden. Die Ermächtigungsgrundlage muss dabei die strengen Vorgaben des Bundesverfassungsgerichts für einen Eingriff in die Gewährleistung der Vertraulichkeit und Integrität informationstechnischer Systeme berücksichtigen, da ein informationstechnisches System viele personenbezogene Daten

---

1155 Vgl. dazu oben S. 270.

beinhaltet.[1156] Dazu muss ausdrücklich geregelt sein, dass der Zugriff auf ein informationstechnisches System erfolgen darf, damit für den Nutzer erkennbar ist, dass der Staat sich seines informationstechnischen Systems bedienen darf.

III Fazit

Nach derzeit geltendem Recht ist eine akustische Wohnraumüberwachung zur Aufklärung schwerer Straftaten möglich, wozu auch der Einsatz technischer Mittel gemäß § 100c I StPO gehören kann. Nichtsdestoweniger kann eine akustische Wohnraumüberwachung mittels informationstechnischer Systeme derzeit noch nicht durchgeführt werden, da keine taugliche Ermächtigungsgrundlage für das Installieren einer Überwachungssoftware besteht.[1157] Die pauschale Erlaubnis des Einsatzes „technischer Mittel" ist verfassungsrechtlich nicht ausreichend, um den Zugriff auf informationstechnische Systeme zu rechtfertigen, weil der Nutzer nicht erkennen kann, dass seine informationstechnischen Systeme hierfür verwendet werden dürfen.

Eine Verpflichtung der Hersteller, ihre informationstechnischen Systeme so zu gestalten, dass integrierte Mikrofone immer aktiviert sind und Gespräche übertragen, ist nicht möglich, weil durch die erfolgende Überwachung aller Nutzer die Grund- und Menschenrechte in nicht gerechtfertigter Weise beschränkt sind, da zum einen sämtliche Nutzer betroffen sind und zum anderen nahezu eine Rundum-Überwachung stattfindet (I.II.1).

Ebenso wäre die Verpflichtung zum Integrieren einer Backdoor ab Werk unzulässig, da diese alle Nutzer informationstechnischer Systeme betrifft und damit in verschiedene Grund- und Menschenrechte wie Art. 2 I i.V.m. Art. 1 I GG, Art. 8 I EMRK sowie Art. 7 GRCh, eingreift. Auch kann der Eingriff nicht gerechtfertigt werden, weil mit einer Backdoor erhebliche Gefahren verbunden sind und die Strafverfolgung erschwert werden kann, weil grundsätzlich jeder das System verwenden könnte (I.II.2.).

Demgegenüber wäre es grundsätzlich zu rechtfertigen, eine Überwachungssoftware einzuschleusen und das informationstechnische System als Abhörvorrichtung einzusetzen. Da das Einschleusen der Überwachungssoftware auf unterschiedliche Art und Weise technisch möglich ist, sind auch unterschiedliche Grundrechte betroffen.

1156 BVerfGE 120, 274 (315 ff.); *Lepsius*, in: Roggan [Hrsg.], S. 21 (38); *Roggan*, in: ders. [Hrsg.], S. 97 (98 ff.); *Heinemann*, Grundrechtlicher Schutz informationstechnischer Systeme, S. 179 ff.; vgl. dazu auch oben S. 127 ff.

1157 Dazu oben S. 189 ff.; 217 f.; 237 f.; 262 f.

Zum einen können beim Beobachten der Telekommunikation, um die Überwachungssoftware leichter einschleusen zu können, Art. 10 I GG sowie Art. 8 I EMRK und Art. 7 I GRCh betroffen sein; jedoch ist dieser Grundrechtseingriff gerechtfertigt, wenn die Voraussetzungen für eine Telekommunikationsüberwachung vorliegen. Durch das Einschleusen der Überwachungssoftware wird zudem in Art. 2 I i.V.m. Art. 1 I GG eingegriffen, allerdings könnte auch dieser Eingriff gerechtfertigt werden, wenn eine Ermächtigungsgrundlage geschaffen wird, die das Einschleusen der Überwachungssoftware zur akustischen Überwachung explizit erlaubt (I.II.3.)

Daneben ist auch der physische Zugriff auf ein System möglich, um die Überwachungssoftware zu installieren, jedoch besteht auch hierfür keine Ermächtigungsgrundlage, da insbesondere die Voraussetzungen des § 100c StPO nicht genügen, um den Grundrechtseingriff zu rechtfertigen. Neben einem Eingriff in Art. 13 I GG durch das Betreten der Wohnung wird auch in Art. 2 I i.V.m. Art. 1 I GG durch das Installieren der Überwachungssoftware eingegriffen. Sofern eine Ermächtigungsgrundlage geschaffen wird, die sowohl das Betreten als auch das Installieren einer Überwachungssoftware explizit erlaubt (I.II.4.).

Beide Maßnahmen sind bei allen dargestellten internetfähigen Systemen möglich; insbesondere bietet sich der Smart-TV in einer Wohnung an, um die Maßnahme durchzuführen. Ferner verspricht das Smartphone Erfolg, da es nahezu überall und ständig bei sich getragen wird.

J. Akustische Überwachung zur Strafverfolgung außerhalb der Wohnung (§ 100f StPO)

Eine akustische Überwachung zur Aufklärung schwerer Straftaten ist auch außerhalb der Wohnung nach § 100f StPO möglich. Bevor eine internetbasierte Maßnahme mittels informationstechnischer Systeme untersucht wird, werden kurz die Voraussetzungen für eine akustische Überwachung außerhalb der Wohnung dargestellt.

I Allgemeines

Die Voraussetzungen für diese akustische Überwachung sind nicht alleine in § 100f StPO geregelt, sondern zusätzlich durch Verweise auf § 100a II StPO sowie auf § 100e I, III, V 1 StPO.

1 Formelle Voraussetzungen

Die Anordnung einer akustischen Überwachung außerhalb der Wohnung ist grundsätzlich durch einen Richter zu erteilen (§§ 100f IV, 100e I 1 StPO) und darf nur bei Gefahr im Verzug durch die Staatsanwaltschaft erfolgen (§§ 100f IV, 100e I 2 StPO).

2 Materielle Voraussetzungen

a Das nichtöffentlich gesprochene Wort außerhalb der Wohnung

§ 100f I StPO erlaubt nur das Abhören des nichtöffentlich gesprochenen Wortes außerhalb der Wohnung, also von Gesprächen, die außerhalb des von Art. 13 I GG geschützten Raumes stattfinden.[1158] Der Begriff des nichtöffentlich gesprochenen Wortes stimmt dabei mit dem des § 100c I StPO überein.[1159]

1158 *Hauck*, in: LR-StPO, Bd. 3, § 100f Rn. 5; *Wolter/Greco*, in: SK-StPO, Bd. II, § 100f Rn. 7.

1159 *Schmitt*, in: Meyer-Goßner/Schmitt [Hrsg.], StPO, § 100f Rn. 3; § 100c Rn. 3; dazu oben S. 180 f.

b Verdacht der Beteiligung an einer Katalogtat

Des Weiteren muss der Verdacht bestehen, dass der Betroffene an einer Katalogtat beteiligt war (§ 100f I StPO), wobei der Verdachtsgrad dem einer akustischen Wohnraumüberwachung entspricht, d.h. es müssen bestimmte Tatsachen diesen Verdacht begründen (sog. qualifizierter Verdacht).[1160]

Ebenso wie § 100c StPO enthält § 100f StPO keinen eigenen Straftatenkatalog, sondern einen Verweis auf § 100a II StPO (§ 100f I StPO). Da es sich um eine heimliche Maßnahme außerhalb der Wohnung handelt, ist der weite Straftatenkatalog des § 100a II StPO für die Maßnahme ausreichend.[1161]

c Maßnahmenrichtung

Wie bei § 100c I StPO ist die akustische Überwachung nach § 100f II 1 StPO grundsätzlich gegen den Beschuldigten zu richten. Nur in Ausnahmefällen ist die Maßnahme auch gegen Dritte zulässig, unter anderem wenn der auf bestimmte Tatsachen beruhende Verdacht besteht, dass der Dritte mit dem Beschuldigten in Kontakt steht oder die Maßnahme der Sachverhaltserforschung dient und dies auf andere Weise unverhältnismäßig erschwert ist (§ 100f II 2 StPO).[1162] Obwohl zusätzliche Voraussetzungen für die akustische Überwachung Dritter notwendig sind, sind die Voraussetzungen dennoch recht gering. Allerdings ist das gesprochene Wort außerhalb der Wohnung grundsätzlich nicht so schützenswert wie innerhalb der Wohnung, daher genügen auch die geringeren Anforderungen für eine Überwachung Dritter.[1163]

d Einzelfallbetrachtung

Die Straftat muss auch im Einzelfall schwer wiegen (§ 100f I StPO). Dabei gelten die gleichen Grundsätze wie bei § 100a StPO bzw. wie bei § 100c StPO.[1164]

1160 Vgl. *Wolter/Greco*, in: SK-StPO, Bd. II, § 100f Rn. 9; *Hauck*, in: LR-StPO, Bd. 3, § 100f Rn. 13 f.; siehe oben S. 132.

1161 Vgl. *Wolter/Greco*, in: SK-StPO, Bd. II, § 100f Rn. 9, § 100a Rn. 48 f.

1162 Vgl. nur *Schmitt*, in: Meyer-Goßner/Schmitt [Hrsg.], StPO, § 100f Rn. 11; § 100a Rn. 9.

1163 Vgl. *Bratke*, Quellen-Telekommunikationsüberwachung, S. 69.

1164 *Wolter/Greco*, in: SK-StPO, Bd. II, § 100f Rn. 11, § 100c Rn. 43; *Bruns*, in: Karlsruher Kommentar, StPO, § 100f Rn. 14, 100c Rn. 12; *Schmitt*, in: Meyer-Goßner/Schmitt [Hrsg.], StPO, § 100f Rn. 7, § 100a Rn. 11; vgl. zu den Anforderungen an den Einzelfall oben S. 181.

e *Subsidiaritätsklausel*

Wie § 100c I Nr. 4 StPO enthält auch § 100f I StPO eine Subsidiaritätsklausel, welche jedoch derjenigen des § 100a I Nr. 3 StPO entspricht.[1165] Eine andere Maßnahme darf dabei entweder nicht erfolgsversprechender sein oder überhaupt nicht zur Verfügung stehen.[1166] Bei Maßnahmen, die über die gleiche Subsidiaritätsklausel verfügen, entscheidet der Anordnende, welche Maßnahme durchgeführt werden soll.[1167]

3 Annexmaßnahme

Wie bei § 100c StPO ist auch hier fraglich, ob Annexmaßnahmen von § 100f StPO erfasst sind. Dabei handelt es sich um Maßnahmen, die für die Durchführung der Primärmaßnahme notwendig sind.[1168]

Nach einer Ansicht sind Annexmaßnahmen jedenfalls dann zulässig, wenn die Primärmaßnahmen auf anderem Wege nicht durchzuführen sind.[1169] Dies sei schon im Wortlaut des § 100f I StPO enthalten („abhören"), da dies nur Sinn ergebe, wenn zuvor die notwendigen Maßnahmen getroffen werden,[1170] jedoch dürfe auch hier wie bei § 100c StPO nicht in ein weiteres Grundrecht eingegriffen werden.[1171]

Dementgegen vertritt *Kratzsch* wiederum die Ansicht, dass das Anbringen von Abhöreinrichtungen nicht vom Wortlaut des § 100f StPO erfasst sei.[1172] Der Wortlaut des „Abhören[s]" setze nicht zwingend voraus, dass eine Abhörvorrichtung angebracht werden muss, um die Maßnahme durchzuführen; so kann außerhalb der Wohnung das nichtöffentlich gesprochene Wort auch mit Hilfe eines Richtmikrofons abgehört werden.[1173]

1165 Vgl. *Schmitt*, in: Meyer-Goßner/Schmitt [Hrsg.], StPO, § 100f Rn. 8.

1166 *Schmitt*, in: Meyer-Goßner/Schmitt [Hrsg.], StPO, § 100f Rn. 8; § 100a Rn. 13; *Hauck*, in: LR-StPO, Bd. 3, § 100f Rn. 15 f.

1167 *Hauck*, in: LR-StPO, Bd. 3, § 100f Rn. 16; *Schmitt*, in: Meyer-Goßner/Schmitt [Hrsg.], StPO, § 100a Rn. 14.

1168 Zu Annexmaßnahmen bei § 100c StPO schon oben S. 185 ff.

1169 *Hauck*, in: LR-StPO, Bd. 3, § 100f Rn. 7; *Schmitt*, in: Meyer-Goßner/Schmitt [Hrsg.], StPO, § 100f Rn. 4; *Gropp* JZ 1998, 501 (505).

1170 *Gropp*, JZ 1998, 501 (505); *Singelnstein*, NStZ 2014, 305 (310 f.); *Eisenberg*, Beweisrecht der StPO, Rn. 2514b; *Hauck*, in: LR-StPO, Bd. 3, § 100f Rn. 7; *Schmitt*, in: Meyer-Goßner/Schmitt [Hrsg.], StPO, § 100f Rn. 4.

1171 LG Hamburg MMR 2011, 693; *Singelnstein*, NStZ 2014, 305 (310 f.); *Hauck*, in: LR-StPO, Bd. 3, § 100f Rn. 7.

1172 *Kratzsch*, Die so genannte Annexkompetenz im Strafverfahrensrecht, S.271.

1173 *Eisenberg*, Beweisreicht der StPO, Rn. 2522; *Singelnstein*, NStZ 2014, 305 (309).

Grundsätzlich müssen strafprozessuale Maßnahmen die wesentlichen Voraussetzungen zur Durchführung der Maßnahme enthalten, damit aus der Norm erkennbar ist, welche Vorgehensweisen zulässig sind.[1174] Zu den wesentlichen Voraussetzungen zählen in der Regel Durchführungsvorschriften für die einzelnen Primärmaßnahmen.[1175] Nichtsdestoweniger ist es notwendig, dass die Strafprozessordnung technikoffen bleibt, um so ohne Änderung der Normen durch den Gesetzgeber auf neue technische Möglichkeiten zur Durchführung einer Maßnahme zu reagieren.[1176]

Obwohl § 100f I StPO mit der technikoffenen Formulierung („mit technischen Mitteln“) die Durchführung einer akustischen Überwachung ermöglicht, bedeutet dies nicht, dass jegliche technische Möglichkeiten davon erfasst sind, insbesondere wenn durch die neue technische Möglichkeit in weitere (Grund-) Rechte des Betroffenen eingegriffen wird als mit der Primärmaßnahme erlaubt ist.[1177] Dazu müsste eine gesonderte Erlaubnis vorliegen, die beispielsweise das Anbringen von „Wanzen“ oder den Zugriff auf informationstechnische Systeme erlaubt.

Somit ist, wie schon bei § 100c StPO, die Zulässigkeit einer Annexmaßnahme bei § 100f StPO abzulehnen.[1178]

4 Zusammenfassung

Eine akustische Überwachung ist unter den Voraussetzungen des § 100f StPO nur außerhalb des Wohnraumes zulässig. Jedoch fehlt ebenso wie bei § 100c StPO eine Regelung zu Annexmaßnahmen, die nicht zwingend notwendig und somit nicht von § 100f StPO erfasst sind. Eine Schutzvorschrift für den Kernbereich privater Lebensgestaltung existiert bei § 100f StPO nicht, dennoch ist dieser auch bei § 100f StPO zu beachten, da sich der Schutz des Kernbereiches direkt aus dem Grundgesetz (Art. 1 I GG) ergibt.[1179]

1174 Vgl. nur *Singelnstein/Putzer*, GA 2015, 564 (566).

1175 Vgl. *Gusy*, JuS 2004, 457 (460).

1176 BGHSt 46, 266 (272); *Singelnstein/Putzer*, GA 2015, 564 (566); *Jahn/Kudlich*, JR 2007, 57 (59); *Schwabenbauer*, Heimliche Grundrechtseingriffe, S.193.

1177 Vgl. *Singelnstein*, NStZ 2012, 593 (599); *Singelnstein*, NStZ 2014, 305 (310); *Buermeyer/Bäcker*, HRRS 2009, 433 (439).

1178 Zur Annexmaßnahme bei § 100c StPO siehe oben S. 185 ff.

1179 *Schmitt*, in: Meyer-Goßner/Schmitt [Hrsg.], StPO, § 100f Rn. 19 (m.w.N.); *Wolter/Greco*, in: SK-StPO, § 100f Rn. 30; *Puschke/Singelnstein*, NJW 2008, 113 (115).

II Internetbasierte akustische Überwachung

Eine Internetverbindung kann nicht nur innerhalb von Gebäuden aufgebaut werden, sondern aufgrund von WLAN und *Mobilen Daten* an nahezu jedem Ort, wie beispielsweise beim Smartphone oder Tablet oder auch bei einem Smart Car.[1180]

Somit ist eine internetbasierte Maßnahme grundsätzlich möglich und es bieten sich die gleichen Vorgehensweisen wie bei der akustischen Wohnraumüberwachung an.[1181]

Bei der Wahl des Systems ist jedoch zu beachten, dass sich diese sowohl innerhalb als auch außerhalb der Wohnung befinden können, was bei der Wahl der Ermächtigungsgrundlage und den möglichen Rechtsgutbeeinträchtigungen beachtet werden muss.

Die Strafverfolgungsbehörden haben sicherzustellen, dass die Abhörvorrichtungen bei einer akustischen Überwachung außerhalb des Wohnraums nicht in die Wohnung eingebracht werden und von dort Daten übertragen.[1182] Ein Smartphone wird beispielsweise von dem Nutzer ständig bei sich getragen und befindet sich daher sowohl innerhalb als auch außerhalb des Wohnraums. Wenn dieses Smartphone für eine akustische Überwachung außerhalb der Wohnung verwendet wird, müsste verhindert werden, dass das Smartphone in die Wohnung gelangt, was praktisch kaum möglich sein dürfte, oder – je nach Vorgehensweise – müsste die Software gelöscht werden, bevor der Nutzer die Wohnung betritt, damit die „Wanze" nicht in die Wohnung gelangt.

Des Weiteren besteht die Möglichkeit von Anfang an bei einer internetbasierten akustischen Überwachung außerhalb des Wohnraums (§ 100f StPO) auf die strengeren Voraussetzungen einer akustischen Wohnraumüberwachung nach § 100c I StPO abzustellen. Unter diesen Voraussetzungen ist es unerheblich, wo sich das System befindet und ob während der Maßnahme Gespräche aus der Wohnung erfasst werden. Jedoch hat die internetbasierte akustische Überwachung außerhalb der Wohnung dann aufgrund der hohen Anordnungsvoraussetzungen des § 100c StPO nur noch einen geringen Anwendungsbereich und kann grundsätzlich nur gleichzeitig mit der akustischen Wohnraumüberwachung erfolgen.[1183]

1180 Vgl. zu mobilen Daten und WLAN oben S. 62 ff.

1181 Dazu oben S. 79 ff.

1182 *Singelnstein,* NStZ 2014, 305 (309).

1183 Zur internetbasierten akustischen Wohnraumüberwachung siehe oben S. 188 ff.

Beide Vorschläge lösen das Problem zwar nicht vollständig auf, könnten jedoch als Ansatzpunkt dienen. In Bezug auf eine taugliche Ermächtigungsgrundlage kann daher, sofern der zweite Ansatz präferiert wird, auf die Ausführungen zu den Ermächtigungsgrundlagen bei den einzelnen Maßnahmen zur akustischen Wohnraumüberwachung verwiesen werden.[1184] Im Rahmen der Ermächtigungsgrundlage wird daher grundsätzlich nur der erste Ansatz betrachtet, während die weiteren Ausführungen zur Vereinbarkeit der Maßnahmen mit höherrangigem Recht grundsätzlich auf beide Ansätze zutreffen.

1 Verpflichtung der Hersteller zum Integrieren von dauerhaft aktivierten Mikrofonen

Zunächst ist wiederum die Verpflichtung der Hersteller, dauerhaft aktivierte und Gespräche übertragende Mikrofone in ihren informationstechnischen Systemen zu integrieren, zu prüfen. Dabei würden die Hersteller verpflichtet, Mikrofone einzubauen und Gespräche immer über das Internet an ihre Server zu übertragen, jedoch ohne, dass eine Speicherung erfolgt. Zunächst wird untersucht, ob eine Ermächtigungsgrundlage für eine Zusammenarbeit mit den Herstellern besteht, bevor die Vereinbarkeit mit höherrangigem Recht dargestellt wird.

a Ermächtigungsgrundlage

Als Ermächtigungsgrundlage kommt grundsätzlich § 100f StPO in Betracht. Dieser erlaubt das Abhören des nicht öffentlich gesprochenen Wortes außerhalb der Wohnung.

Nach hier vertretener Ansicht sind von § 100f StPO keine Annexmaßnahmen erfasst,[1185] weshalb § 100f StPO keine internetbasierte Maßnahme in der Weise erlauben kann, dass die Hersteller verpflichtet werden, ihre Systeme in einer bestimmten Art und Weise zu vertreiben.

Selbst wenn davon ausgegangen wird, dass grundsätzlich Annexmaßnahmen erfasst sind, die die gleiche oder eine geringere Beeinträchtigung der Rechte des Betroffenen bedeuten, so ist auch nach diesem Kriterium die Maßnahme nicht erfasst, da es einen wesentlichen Unterschied darstellt, ob ein bloßes Richtmikrofon verwendet wird oder ob ein internetfähiges System grundsätzlich schon dafür geeignet ist, Aufzeichnungen anzufertigen und unter anderem auch zu diesem Zwecke hergestellt wird, da im zweiten Fall alle Nutzer der Systeme

---

1184 Zu § 100c StPO als Ermächtigungsgrundlage siehe oben S. 189 f.

1185 Dazu oben S. 279 f.

betroffen sein können und ein potenzielles Abhörgerät bei sich tragen.[1186] § 100f StPO erfasst daher keine Verpflichtung der Hersteller, dauerhaft aktivierte Mikrofone in ihren informationstechnischen Systemen zu integrieren.

Ebenso sind neben § 100f StPO keine weiteren Ermächtigungsgrundlagen für eine Verpflichtung der Hersteller in irgendeiner Weise ersichtlich, weil die bestehenden Vorschriften der Strafprozessordnung keine Verpflichtung von Herstellern vorsehen.[1187]

b Vereinbarkeit mit dem Grundgesetz

(1) Berufsfreiheit (Art. 12 I GG) der Hersteller

Eine Beeinträchtigung des Art. 12 I GG der Hersteller liegt hier ebenso wie bei einer derartig ausgestalteten akustischen Wohnraumüberwachung vor, da es sich bei den Herstellern von informationstechnischen Systemen um Berufe handelt, sind diese von Art. 12 I GG erfasst und zudem liegt mit der Verpflichtung eine Beschränkung der Berufsausübung vor.[1188]

Obwohl die Hersteller Vorgaben zu ihren Systemen erhalten und gegebenenfalls Ressourcen wie Server zur Verfügung stellen müssten, ist die Verpflichtung der Hersteller nicht unangemessen, weil die Beeinträchtigung in einem ausgeglichenen Verhältnis zur Effektivierung der Strafverfolgung steht.[1189] Durch eine Zusammenarbeit mit den Herstellern ist es den Strafverfolgungsbehörden möglich, viele Gespräche zu erfassen und so Informationen zu gewinnen, die die Strafverfolgung erleichtern könnten. Zudem ist der Eingriff in die Berufsfreiheit der Hersteller nicht zu gravierend, da es alle Hersteller betrifft und diese daher gleich belastet werden. Ferner ist eine Verpflichtung von Herstellern in Deutschland und der Europäischen Union nicht unbekannt, wie beispielsweise die Gurtpflicht im Pkw zeigt.[1190] Ebenso bestehen in der Strafprozessordnung

1186 Vgl. dazu oben S. 189 f.

1187 Dazu schon oben S. 189 ff.; auch wenn es sich dort um eine akustische Wohnraumüberwachung handelt, die strengere Voraussetzungen erfordert, so sind diese Ermächtigungsgrundlagen, unabhängig von dem Ort der Maßnahme, nicht geeignet eine akustische Überwachung und eine Zusammenarbeit mit den Herstellern zu rechtfertigen.

1188 Dazu siehe oben S. 198 f.

1189 Zur Verhältnismäßigkeitsprüfung bei der Verpflichtung der Hersteller schon oben S. 198 ff.

1190 Vgl. § 35a III–VIII StVZO.

Verpflichtungen der Telekommunikationsanbieter, damit die Strafverfolgungsbehörden eine Telekommunikationsüberwachung durchführen können.[1191]

Daneben könnten die gegebenenfalls entstehenden Mehrkosten durch eine Entschädigungszahlung ausgeglichen werden oder der Staat stellt von vornherein die notwenigen Ressourcen wie die Server zur Verfügung, sodass in der Hinsicht keine Mehrkosten entstehen.

Insgesamt ist eine Verpflichtung der Hersteller zum Übertragen sämtlicher Gespräche mit der Berufsfreiheit noch vereinbar.[1192]

(2) Unverletzlichkeit der Wohnung (Art. 13 I GG) der Nutzer informationstechnischer Systeme

Neben den Herstellern könnten wiederum die Nutzer in ihren Grundrechten verletzt sein. Da im Folgenden nur eine akustische Überwachung außerhalb des Wohnraums untersucht werden soll, zumal die akustische Wohnraumüberwachung zuvor bereits dargestellt wurde,[1193] scheidet Art. 13 I GG hier aus, da der Schutzbereich schon nicht eröffnet ist.

(3) Informationsfreiheit (Art. 5 I 1 Hs. 2 GG) der Nutzer informationstechnischer Systeme

Jedoch ist bei einem grundsätzlich eingeschalteten Mikrofon die Informationsfreiheit beeinträchtigt (Art. 5 I 1 Hs. 2 GG), da der Nutzer kein internetfähiges System verwenden kann, um sich zu informieren, ohne gleichzeitig der Gefahr ausgesetzt zu sein, dass alle Gespräche, die geführt werden, von dem System aufgezeichnet werden. Natürlich besteht die Möglichkeit sich aus Zeitungen zu informieren, jedoch wird von Art. 5 I GG auch die Wahl der Informationsquelle geschützt, solange diese frei zugänglich ist,[1194] was beim Internet der Fall ist.[1195] Dabei ist es unerheblich, ob eine Verbindung auf einem Smartphone, einem Tablet, einem Laptop oder einem PC besteht; alle diese Möglichkeiten sind von Art. 5 I GG erfasst.

1191 Dazu oben S. 198 ff.

1192 Zur Vereinbarkeit mit Art. 12 I GG siehe auch oben S. 198 ff.

1193 Zur Prüfung der Rechtmäßigkeit einer internetbasierten akustischen Wohnraumüberwachung siehe oben S. 188 ff.

1194 BVerfGE 90, 27 (32; 38); *Bethge*, in: Sachs [Hrsg.], GG, Art. 5 Rn. 54 f.; *Schemmer*, in: BeckOK-GG, Art. 5 Rn. 29.

1195 *Bethge*, in: Sachs [Hrsg.], GG, Art. 5 Rn. 55; *Degenhart*, in Bonner-Kommentar, GG, Art. 5 I, II Rn. 163 f.; *Schulze-Fielitz*, in: Dreier [Hrsg.], GG, Art. 5 I, II Rn. 77 f.

Eine Rechtfertigung des Eingriffs in Art. 5 GG scheidet aufgrund der erheblichen Beeinträchtigung der Informationsfreiheit sämtlicher Nutzer aus.[1196] Folglich liegt auch in diesem Fall eine Verletzung des Art. 5 I GG vor.

(4) Allgemeines Persönlichkeitsrecht (Art. 2 I i.V.m. Art. 1 I GG) der Nutzer informationstechnischer Systeme

i Recht auf informationelle Selbstbestimmung

Ebenso ist die informationelle Selbstbestimmung (Art. 2 I i.V.m. Art. 1 I GG) beeinträchtigt. Diese schützt das Recht des Nutzers, selbst zu bestimmen, wer welche Daten über ihn erhält.[1197] Dieses Recht wird dem Nutzer jedoch genommen, wenn dauerhaft alle Gespräche zumindest an Server weitergeleitet werden. Somit ist auch außerhalb des Wohnraums eine nahezu dauerhafte Überwachung gegeben,[1198] zumal insbesondere Smartphones regelmäßig bei sich getragen werden.

Die Persönlichkeitsbeeinträchtigung, die auch außerhalb des Wohnraums gegeben sein kann,[1199] ist daher so gravierend, dass eine Rechtfertigung nicht mehr möglich ist, da der Nutzer zumindest das Gefühl hat, dauerhaft überwacht zu werden, weshalb eine freie Entfaltung der Persönlichkeit außerhalb der Wohnung nicht möglich ist. Zwar ist die Entfaltung der Persönlichkeit außerhalb der Wohnung nicht so umfassend geschützt wie innerhalb, dennoch muss dem Nutzer auch außerhalb der Wohnung die Möglichkeit gegeben werden, sich fei und ohne Angst vor Beobachtung zu entfalten.[1200] Ebenso besteht die Gefahr, dass auch Informationen aus dem Kernbereich persönlicher Lebensgestaltung erfasst werden, was ebenfalls nicht gerechtfertigt werden kann.[1201]

Somit ist eine Verletzung des Rechts auf informationelle Selbstbestimmung (Art. 2 I i.V.m. Art. 1 I GG) gegeben.

1196 Dazu oben S. 204 f.; 283.

1197 BVerfGE 65, 1 (42 f.), 130, 1 (35); *Murswiek/Rixen*, in: Sachs [Hrsg.], GG, Art. 2 Rn. 72 f.; *Dreier*, in Dreier [Hrsg.], GG, Art. 2 I Rn. 79.

1198 Vgl. schon oben S. 201 ff.

1199 *Schwabenbauer*, Heimliche Grundrechtseingriffe, S. 290.

1200 Vgl. *Schwabenbauer*, Heimliche Grundrechtseingriffe, S. 290 f.

1201 Vgl. *Singelnstein/Putzer*, GA 2015, 564 (569 f.); *Warg*, NStZ 2012, 237 (238 f.); *Schwabenbauer*, Heimliche Grundrechtseingriffe, S. 290; *Wolter/Greco*, in: SK-StPO, § 100f Rn. 30 ff.

ii Selbstbelastungsfreiheit (nemo tenetur se ipsum accusare)

Ferner könnte die Selbstbelastungsfreiheit bei einer Verpflichtung der Hersteller, in ihre informationstechnischen Systeme dauerhaft eingeschaltete Mikrofone zu integrieren, beeinträchtigt sein. Jedoch ist die Selbstbelastungsfreiheit nicht schon dann betroffen, wenn der Betroffene belastende Informationen preisgibt. Vielmehr ist dafür erforderlich, dass die Preisgabe der Informationen durch Täuschung des Betroffenen oder unter Zwang bzw. Druck erfolgt.[1202]

Bei der akustischen Überwachung liegt dies grundsätzlich nicht vor, sodass diese mit der Selbstbelastungsfreiheit vereinbar ist.[1203] Etwas anderes könnte jedoch dadurch gelten, dass hier informationstechnische Systeme des Betroffenen eingesetzt werden. Da viele informationstechnische Systeme über Mikrofone verfügen und die technische Möglichkeit dieser Form der Überwachung schon länger bekannt ist,[1204] konnte der Betroffene auch grundsätzlich damit rechnen, dass sich der Staat neueren technischen Möglichkeiten bedient. Ferner tritt hier hinzu, dass die Hersteller verpflichtet werden, dauerhaft eingeschaltete Mikrofone zu integrieren, um so eine akustische Überwachung durch die Strafverfolgungsbehörden zu ermöglichen. Somit liegt hier keine Situation vor, in der der Betroffene getäuscht wurde und nicht damit rechnen konnte, dass seine informationstechnischen Systeme ihn abhören, weshalb die Selbstbelastungsfreiheit nicht verletzt ist. Ebenso fehlt es in der Regel an Zwang oder Druck und einer vernehmungsähnlichen Situation.[1205]

(5) Fazit

Eine Verpflichtung der Hersteller, in ihre informationstechnischen Systeme dauerhaft aktivierte Mikrofone zu installieren, ist nicht mit den Grundrechten vereinbar, da die hier untersuchte Art und Weise der Zusammenarbeit mit den Herstellern nahezu zu einer Rundum-Überwachung führt. Zudem werden alle Nutzer betroffen und die Privatsphäre wird komplett aufgehoben, daher kann auch eine Ermächtigungsgrundlage den Eingriff in Art. 2 I i.V.m. Art. 1 I GG nicht rechtfertigen.

1202 Vgl. EGMR Urteil v. 05.11.2002 – Allan/UK, §§ 42 ff.; Urteil v. 21.01.2009 – Bykov/RUS, §§ 88 ff.; *Kasiske*, StV 2014, 423 (424); *Esser*, JR 2004, 98 (106); *Müller*, EuGRZ 2001, 546 (557).

1203 Vgl. zur akustischen Wohnraumüberwachung BVerfGE 109, 279 (323 f.).

1204 *Schaar*, Überwachung total, S. 42; *Kraft/Weyert*, Network Hacking, S. 68; *Buermeyer*, HRRS 2007, 154 (161); *Gercke*, CR 2007, 245 (248).

1205 Zum Ganzen auch oben S. 130 f.; 207.

c Vereinbarkeit mit der Europäischen Menschenrechtskonvention

(1) Recht auf Achtung des Privat- und Familienlebens (Art. 8 EMRK) der Nutzer informationstechnischer Systeme

Im Rahmen des Art. 8 I EMRK ist weder die Wohnung noch die Korrespondenz betroffen, da zum einen die Überwachung außerhalb der Wohnung stattfindet und zum anderen kein Telekommunikationsvorgang besteht.[1206]

Durch die Verpflichtung der Hersteller liegt jedoch ein Eingriff in das Privatleben der Nutzer vor, da die Übertragung von Gesprächen an Server ein Eingriff in das Privatleben darstellt, unabhängig davon, ob diese gespeichert werden oder nicht.[1207]

Das hier untersuchte Vorgehen ist derzeit nicht von einer Ermächtigungsgrundlage gedeckt.[1208] Auch wenn mit der Maßnahme ein in Art. 8 II EMRK genanntes Ziel verfolgt wird (Aufrechterhaltung der Ordnung bzw. Verhütung von Straftaten), ist fraglich, ob der Eingriff gerechtfertigt werden könnte, da nahezu das gesamte Privatleben durch die Maßnahme erfasst wird.[1209]

Eine akustische Überwachung ist für die effektive Strafverfolgung notwendig und der Staat kann das Mittel zur Durchführung grundsätzlich auswählen.[1210] Die Privatsphäre ist nicht nur für den Einzelnen, sondern auch für die Gesellschaft wichtig,[1211] da ohne das Vertrauen darauf ein menschliches Zusammenleben nicht möglich ist[1212] und die Gefahr des Überwachtwerdens,

---

1206 Zur Überwachung außerhalb der Wohnung siehe oben S. 284; zur Telekommunikation siehe oben S. 190 ff.

1207 Vgl. dazu schon oben S. 285 f.

1208 Zur fehlenden Rechtsgrundlage bei einer Verpflichtung der Hersteller siehe oben S. 282 f.

1209 Vgl. *Breitenmoser*, Der Schutz der Privatsphäre, S. 78 ff.; 196 ff.; *Esser*, in: LR-StPO, Bd. 11, Art. 8 EMRK Rn. 79; *Marauhn/Thorn*, in: Dörr/Grote/Maurauhn [Hrsg.], Kap. 16 Rn. 27 ff.

1210 Vgl. EGMR Urteil v. 02.09.2010 – Uzun/D = EuGRZ 2011, 115 (123); Urteil v. 29.06.2006 – Weber u. Saravia/D = NJW 2007, 1433 (1437); Urteil v. 06.09.1978 – Klass/D = NJW 1979, 1755 (1756); BVerfGE 109, 279 (335 ff.); *Frowein*, in: Frowein/Peukert [Hrsg.], Europäische Menschenrechtskonvention, Art. 8 Rn. 16.

1211 EGMR Urteil v. 16.12.1992 – Niemietz/D, § 29 = EuGRZ 1993, 65 (66); Urteil v. 16.02.2000 – Amann/CH, § 65; *Marauhn/Thorn*, in: Dörr/Grote/Marauhn [Hrsg.], Kap. 16 Rn. 26.; *Grabenwarter/Pabel*, Europäische Menschenrechtskonvention, § 22 Rn. 6, 14; *Frowein*, in: Frowein/Peukert [Hrsg.], Art. 8 Rn. 3.

1212 Vgl. *Grabenwarter/Pabel*, Europäische Menschenrechtskonvention, § 22 Rn. 14; *Meyer-Ladewig/Nettesheim*, in: Meyer-Ladewig/Nettesheim/von Raumer [Hrsg.], EMRK, Art. 8 Rn. 7 f.

sobald internetfähige Systeme in der Nähe sind, diese Möglichkeit sehr stark einschränkt. Durch die andauernde Übertragung der Gespräche, auch ohne Speicherung, liegt hier schon nahezu eine Rundum-Überwachung vor. Zudem wird der Kernbereich persönlicher Lebensgestaltung nicht hinreichend berücksichtigt,[1213] da auch außerhalb der Wohnung die Möglichkeit bestehen muss, sich mit engen Vertrauten über sensible Themen auszutauschen, was bei einer dauerhaften Übertragung von Gesprächen nicht möglich ist.

Der Eingriff in Art. 8 I EMRK durch die Zusammenarbeit mit den Herstellern ist nicht zu rechtfertigen, weil dadurch nahezu das gesamte Privatleben erfasst wird und so eine Rundum-Überwachung erfolgt.[1214]

(2) Informationsfreiheit (Art. 10 I 2 EMRK) der Nutzer informationstechnischer Systeme

Da internetfähige Systeme auch dem Informieren dienen, ist der Schutzbereich des Art. 10 I EMRK eröffnet.[1215]

Schon durch das Gesetz werden die Nutzer abgeschreckt, informationstechnische Systeme zu diesen Zwecken zu nutzen, sodass eine freie und unbefangene Nutzung des Internets als Informationsquelle nicht mehr möglich ist, weil die Nutzer damit rechnen müssen, dass alle Gespräche im Umkreis des Systems an einen Server weitergeleitet werden. Auch wenn den Nutzern grundsätzlich die Entscheidungsfreiheit bleibt, werden sie doch durch die Überwachungsmöglichkeit beeinträchtigt, da das Gefühl des Überwachtwerdens bestehen bleibt und das Internet faktisch als Informationsquelle an Bedeutung verliert.[1216]

Ferner ist die Maßnahme in einer demokratischen Gesellschaft nicht notwendig. Zwar dient die akustische Überwachung einem legitimen Zweck, jedoch ist sie durch weniger einschneidende Maßnahmen möglich.[1217]

Folglich ist die Informationsfreiheit (Art. 10 I EMRK) durch die Verpflichtung der Hersteller, dauerhaft aktivierte Mikrofone zu installieren, verletzt.

1213 Dazu oben S. 285 f.

1214 Vgl. *Breitenmoser*, Der Schutz der Privatsphäre, S. 78 ff.; 196 ff.; vgl. *Esser*, in: LR-StPO, Bd. 11, Art. 8 EMRK Rn. 79; *Marauhn/Thorn*, in: Dörr/Grote/Maurauhn [Hrsg.], Kap. 16 Rn. 27 ff.

1215 Siehe oben S. 284.

1216 Dazu oben S. 204 f.; 210; 284 f.

1217 Siehe oben S. 284 f.; 287 f.

(3) Recht auf ein faires Verfahren (Art. 6 EMRK)

Ferner könnten durch die Verpflichtung der Hersteller, dauerhaft aktivierte Mikrofone zu installieren, das Recht auf ein faires Verfahren und die aus diesem abgeleitete Selbstbelastungsfreiheit beeinträchtigt sein.

Dazu ist zunächst Voraussetzung, dass eine strafrechtliche Anklage im Sinne des Art. 6 I EMRK vorliegt.[1218] Da sich die akustische Überwachung gegen einen bestimmten Beschuldigten richtet, ist dies der Fall. Zwar sind von der Verpflichtung direkt nur die Hersteller betroffen und durch die Veränderung der informationstechnischen Systeme sind sämtliche Nutzer betroffen, jedoch sind nur diejenigen vom Aufzeichnen der Gespräche betroffen, gegen die Ermittlungen durch die Strafverfolgungsbehörden bestehen. Somit ist die Voraussetzung der strafrechtlichen Anklage gegeben.[1219]

Fraglich daher, ob durch die Verpflichtung die Betroffenen in ihrer Selbstbelastungsfreiheit beeinträchtigt sind. Heimliche Ermittlungsmaßnahmen dürfen grundsätzlich durchgeführt werden.[1220] Zur Wahrung des Rechts auf ein faires Verfahren ist allerdings erforderlich, dass der Betroffene die Möglichkeit erhält, zu den gewonnenen Beweisen Stellung zu nehmen.[1221] Durch die Benachrichtigungspflichten und dem nachträglichen Rechtschutz in § 101 IV, VII StPO ist diese Voraussetzung gewahrt, da der Betroffene Kenntnis von der Maßnahme erlangt und sich dazu äußern kann sowie die Rechtmäßigkeit überprüfen lassen kann.[1222]

Jedoch werden durch die heimliche Maßnahme gegebenenfalls belastende Informationen von dem Betroffenen preisgegeben, ohne dass er dies beabsichtigte. Allerdings erfolgt die Bekanntgabe der Informationen dennoch freiwillig. Der Betroffene befindet sich in keiner vernehmungsähnlichen Situation und durch die gesetzliche Verpflichtung der Hersteller wäre hinreichend bekannt, dass diese Möglichkeit der akustischen Überwachung besteht.[1223]

Daher ist auch die Selbstbelastungsfreiheit nicht beeinträchtigt und das Recht auf ein faires Verfahren (Art. 6 EMRK) ist insgesamt nicht verletzt.

1218 Zur Voraussetzung der strafrechtlichen Anklage im Sinne des Art. 6 EMRK siehe oben S. 147 ff.

1219 Vgl. oben im Rahmen der akustischen Wohnraumüberwachung S. 210.

1220 EGMR Urteil v. 16.07.2009 – Gorgievski/„ehemaliges Jugoslawien"; *Meyer*, in: Karpenstein/Mayer [Hrsg.], EMRK, Art. 6 Rn. 137 ff.

1221 Vgl. *Hauck*, NStZ 2010, 17 (20).

1222 Vgl. *Zöller*, ZStW 2012, 411 (423 f.; 434 ff.); *Schmitt*, in: Meyer-Goßner/Schmitt [Hrsg.], StPO, §101 Rn. 25; *Günther*, in MüKo-StPO, Bd. 1, § 101 Rn. 68 ff.

1223 Dazu schon oben S. 207; 210; 286.

(4) Fazit

Eine Verpflichtung der Hersteller ist nicht mit der Europäischen Menschrechtskonvention vereinbar, da sowohl in Art. 8 I EMRK sowie in Art. 10 I 2 EMRK ungerechtfertigt eingegriffen wird. Eine Rechtfertigung ist auch nicht möglich, weil die Zusammenarbeit mit den Herstellern nahezu zu einer Rundum-Überwachung führt und somit die Privatsphäre komplett aufgehoben wird, was nicht gerechtfertigt werden kann.

Im Gegensatz dazu beeinträchtigt die Verpflichtung der Hersteller das Recht auf ein faires Verfahren nicht, da für die Betroffenen hinreichend erkennbar ist, dass eine akustische Überwachung unter Mitwirkung der Hersteller durchgeführt werden kann und er die erlangten Beweise anzweifeln kann.

d Verletzung der EU-Grundrechtecharta

Da die EU-Grundrechtecharta in weiten Teilen die gleichen Rechte und einen ähnlichen Schutz wie die Europäische Menschenrechtskonvention aufweist,[1224] weicht die Beurteilung der Maßnahme nicht von derjenigen der Europäischen Menschenrechtskonvention ab. Dennoch soll kurz auf die einzelnen Rechte eingegangen werden.

(1) Achtung des Privat- und Familienlebens (Art. 7 GRCh) der Nutzer informationstechnischer Systeme

Das Recht auf Achtung des Privatlebens (Art. 7 GRCh) ist bei der hier untersuchten Vorgehensweise verletzt, da die Verpflichtung der Hersteller, dauerhaft aktvierte Mikrofone zu installieren, für den Nutzer nahezu eine Rundum-Überwachung darstellt, selbst wenn keine Speicherung erfolgt, werden die Gespräche in der Umgebung des Systems doch von diesem erfasst. Nicht nur, dass dadurch mehr oder weniger eine andauernde Überwachung stattfindet, vielmehr sind davon auch Nutzer betroffen, die nicht im Verdacht stehen, eine Straftat begangen zu haben.[1225] Obwohl die Gespräche grundsätzlich von keiner Person abgehört werden, bleibt das Gefühl des Überwachtwerdens bestehen und ist allgegenwärtig.

Die Überwachung ist auch insgesamt nicht verhältnismäßig. Die Interessen an einer effektiven Strafverfolgung können eine dauerhafte gefühlte Überwachung

---

1224 *Ehlers*, in: Ehlers [Hrsg.], Europäische Grundrechte und Grundfreiheiten, § 14 Rn. 29, 53.

1225 Dazu auch oben S. 201 ff.; 208; 212; 285; 287.

nicht rechtfertigen, da dem Nutzer auch außerhalb der Wohnung ein absolut geschützter Kernbereich zustehen kann,[1226] weshalb die Maßnahme nicht mit Art. 7 GRCh vereinbar ist.

(2) Schutz personenbezogener Daten (Art. 8 I GRCh) der Nutzer informationstechnischer Systeme

Auch ohne Speicherung können beim Abhören durch die Mikrofone personenbezogene Daten verarbeitet werden,[1227] da in der Regel die Daten, die ein informationstechnisches System aufzeichnet, einer Person, nämlich dem Nutzer, zuzuordnen sind.[1228] Wie auch zuvor, ist die Maßnahme nicht verhältnismäßig, weil auch nicht relevante Daten und gegebenenfalls Daten aus dem Kernbereich privater Lebensgestaltung erhoben werden könnten, wobei es unerheblich ist, ob die Daten überhaupt jemandem zur Kenntnis gelangen. Für eine Betroffenheit reicht die bloße Erhebung aus, insbesondere wenn sie automatisch erfolgt und der Nutzer dagegen nichts unternehmen kann.[1229] Eine Begrenzung der erhobenen Daten ist auf Seiten des Nutzers in dem hier untersuchten Szenario nicht möglich, da grundsätzlich alle Gespräche zunächst an die Server gesendet werden. Ferner erfolgt die Erhebung zunächst einmal ohne einen bestimmten Zweck, da alle Nutzer verdachtsunabhängig betroffen sind, jedoch muss eine Datenerhebung einen bestimmten Zweck verfolgen.[1230]

Somit ist eine Verletzung des Art. 8 I GRCh gegeben, da Verpflichtung der Hersteller, dauerhaft integrierte Mikrofone zu installieren, nicht verhältnismäßig ist.

1226 Vgl. BVerfGE 141, 220 (268 f., 273 f., 298 f.); *Esser*, in: LR-StPO, Bd. 11, Art. 8 EMRK Rn. 79; *Marauhn/Thorn*, in: Dörr/Grote/Maurauhn [Hrsg.], Kap. 16 Rn. 27, 55; *Gersdorf*, in: BeckOK-Informations- und Medienrecht, Art. 8 EMRK Rn. 20 ff.; vgl. auch oben S. 285; 287.

1227 Vgl. LVerfG M-V – LVerfG 5/98, S. 17; *Johlen*, in: Stern/Sachs [Hrsg.], GRCh, Art. 8 Rn. 31; *Bayraktar*, Eingriffe in die Privatsphäre durch technische Überwachung, S. 61.

1228 Vgl. BVerfGE 120, 274 (304 ff.).

1229 *Schorkopf*, in: Ehlers [Hrsg.], Europäische Grundreche und Grundfreiheiten, § 16 Rn. 44; *Johlen*, in: Stern/Sachs [Hrsg.], GRCh, Art. 8 Rn. 33 ff.; *Augsberg, I*, in: von der Groeben/Schwarze/Hatje [Hrsg.], Art. 8 GRC Rn. 11.

1230 *Johlen*, in: Stern/Sachs [Hrsg.], GRCh, Art. 8 Rn. 44 f.; *Schorkopf*, in: Ehlers [Hrsg.], Europäische Grundrechte und Grundfreiheiten, § 16 Rn. 43, 47.

(3) Informationsfreiheit (Art. 11 I 2 GRCh) der Nutzer informationstechnischer Systeme

Bei der Verpflichtung der Hersteller ist auch außerhalb der Wohnung die Informationsfreiheit betroffen; insbesondere mobile Systeme wie Smartphone und Tablet werden auch außerhalb der Wohnung zur Informationsbeschaffung über das Internet eingesetzt. Sie sind überall dort nutzbar, wo sich der Nutzer informieren möchte und wo eine Internetverbindung hergestellt werden kann.

Die Möglichkeit des Überwachtwerdens ist innerhalb und außerhalb der Wohnung in gleicher Weise gegeben, wenn ein informationstechnisches System verwendet wird, weshalb hier die gleichen Argumente wie bei der akustischen Wohnraumüberwachung eingreifen. Dadurch, dass die Wahl des Informationsmediums nicht mehr frei erfolgt und die Interessen der Nutzer an eine freie Informationswahl das Strafverfolgungsinteresse überwiegen, liegt ein unverhältnismäßiger Eingriff in Art. 11 I 2 GRCh vor, welcher daher verletzt ist.[1231]

(4) Berufsfreiheit (Art. 15 I GRCh) und unternehmerische Freiheit (Art. 16 GRCh) der Hersteller

Ferner ändert sich die Betrachtung der Berufsfreiheit nicht, weil es für die Hersteller keinen Unterschied darstellt, ob die Geräte innerhalb oder außerhalb der Wohnung verwendet werden. Hier ist lediglich entscheidend, dass diese verpflichtet würden, die Systeme in einer bestimmten Art und Weise herzustellen, nämlich dauerhaft aktivierte Mikrofone zu integrieren. Daher kann auch an dieser Stelle auf die obige Darstellung verwiesen werden, mit dem Ergebnis, dass Art. 15, 16 GRCh nicht verletzt ist.[1232]

(5) Fazit

Eine Verpflichtung der Hersteller, Mikrofone in ihren informationstechnischen Systemen zu integrieren, die dauerhaft Gespräche aufzeichnen und übertragen, ist auch nicht mit der EU-Grundrechtecharta vereinbar, da diese ebenso wie Art. 8 I EMRK das Privatleben schützt und dieses durch eine nahezu dauerhafte Überwachung aufgehoben wird. Aus diesem Grund ist auch keine Rechtfertigung möglich, weil keine Rundum-Überwachung erfolgen darf. Lediglich die Beeinträchtigung der Berufsfreiheit könnte durch eine Ermächtigungsgrundlage gerechtfertigt werden.

1231 Vgl. dazu oben S. 284 f.

1232 Dazu oben S. 283 f.

e Fazit

Auch außerhalb der Wohnung ist eine internetbasierte akustische Überwachung durch eine Verpflichtung der Hersteller, dauerhaft aktivierte Mikrofone zu integrieren, rechtlich nicht möglich. Zwar könnte der Eingriff in die Berufsfreiheit der Hersteller (Art. 12 I GG; Art. 15 I GRCh) durch eine Ermächtigungsgrundlage gerechtfertigt werden, da alle Hersteller betroffen wären und die Strafverfolgung effektiviert werden soll, jedoch führt eine Verpflichtung in der hier untersuchten Art und Weise auch zu einer Beeinträchtigung aller Nutzer informationstechnischer Systeme. Diese können nicht mehr genutzt werden, ohne dass die Gefahr einer akustischen Überwachung besteht, da sämtliche Gespräche zunächst einmal an Server übertragen werden. Eine solche Rundum-Überwachung ist weder mit dem Grundgesetz noch mit der Europäischen Menschenrechtskonvention oder der EU-Grundrechtecharta vereinbar, da auch ein überwachungsfreier Raum außerhalb der Wohnung bestehen muss.

2 Integrierte Backdoor

Die zweite untersuchte Möglichkeit ist das Integrieren einer Backdoor durch den Hersteller. Auch hier ist wiederum eine Verpflichtung der Hersteller notwendig, damit diese Maßnahme nicht nur einzelne Systeme betrifft, sondern die Systeme aller Hersteller gleichbehandelt werden. Erneut werden im Folgenden zunächst kurz mögliche Ermächtigungsgrundlagen in Betracht gezogen, bevor die Vereinbarkeit der Maßnahme mit höherrangigem Recht dargestellt wird.

a Ermächtigungsgrundlage

Eine Verpflichtung der Hersteller kann nicht auf § 100f StPO gestützt werden, da § 100f StPO keine Annexmaßnahmen erfasst.[1233] Zudem ist auch schon zweifelhaft, ob es sich hier überhaupt um eine Annexmaßnahme handelt, die nicht intensiver in die Rechte des Betroffenen eingreift als die Primärmaßnahme,[1234] da zumindest die tatsächliche Möglichkeit besteht, Richtmikrofone zu verwenden, mit welchen lediglich in Art. 2 I i.V.m. Art. 1 I GG eingegriffen wird, weil dies gleichzeitig die Durchführung der Primärmaßnahme ist.[1235]

Weitere Ermächtigungsgrundlagen kommen ebenso wie bei der akustischen Wohnraumüberwachung nicht in Betracht.[1236]

1233 Siehe oben S. 279 f.

1234 Zu dieser Voraussetzung einer Annexmaßnahme siehe oben S. 185 ff.

1235 Vgl. *Singelnstein*, NStZ 2014, 305 (309); *Eisenberg*, Beweisrecht der StPO, Rn. 2522.

1236 Dazu oben S. 217 f.

b Vereinbarkeit mit dem Grundgesetz

(1) Berufsfreiheit (Art. 12 I GG) der Hersteller

In Bezug auf die Hersteller ist wiederum die Berufsausübungsfreiheit (Art. 12 I 1 GG) betroffen. Wie auch bei der akustischen Wohnraumüberwachung müssen die Hersteller verpflichtet werden, eine Backdoor zu integrieren, weshalb diese Verpflichtung in ihre Berufsfreiheit eingreift.[1237]

Eine Rechtfertigung ist mangels Verhältnismäßigkeit allerdings nicht möglich, da die Verpflichtung zum Integrieren einer Backdoor nicht angemessen ist. Zwar wird ein legitimes Ziel verfolgt und die Verpflichtung ist auch grundsätzlich geeignet das Ziel zu erreichen. Durch eine ab Werk integrierte Backdoor besteht, wie es auch bei der akustischen Wohnraumüberwachung der Fall ist, die Gefahr, dass durch die Backdoor vom Staat unabhängige Dritte das System zur Begehung von Straftaten nutzen. Dadurch schafft der Staat nicht nur die Gefahr, dass Straftaten begangen werden können, sondern zudem wird die Rückverfolgung des Täters erschwert, da grundsätzlich jeder das System genutzt haben könnte.[1238]

Ferner ist die Verpflichtung im Rahmen der Einschätzungsprärogative des Gesetzgebers erforderlich.[1239]

Jedoch stehen sich dann die Interessen des Staates und der Hersteller in unverhältnismäßiger Weise gegenüber. Eine effektive Strafverfolgung ist zwar ein gewichtiges Interesse, jedoch mindestens ebenso gewichtig ist das Interesse an sicheren Systemen, da unsichere Systeme nicht nur den Ruf der Hersteller schädigen, sondern aufgrund ihrer Angreifbarkeit auch für kriminelle Zwecke verwendet werden können, wie beispielsweise zu *Bot-Netzen* zusammen geschlossen werden und so Angriffe auf andere Systeme in großem Maße ausführen können.[1240] Dieses Interesse besteht dabei nicht nur bei den Herstellern, sondern auch bei den Nutzern und sogar dem Staat. Letzterer würde durch die Backdoor eine Gefahr schaffen, deren Abwehr er verpflichtet ist.[1241] Die

---

1237 Vgl. auch oben S. 219 f.

1238 Zur Geeignetheit der Verpflichtung zum Integrieren einer Backdoor schon oben S. 219 ff.

1239 Vgl. oben S. 219 ff.

1240 Vgl. BT-Drs. 18/10182, S. 1 ff.; *Roos/Schumacher*, MMR 2014, 377 (378 ff.); *Beukelmann*, NJW-Spezial 2017, 376 (376 f.).

1241 Vgl. BVerfGE 96, 56 (64); *Di Fabio*, in: Maunz/Dürig [Hrsg.], GG, Art 2 Rn. 135, 189; *Horn*, in: Stern/Becker [Hrsg.], Art. 2 Rn. 77; *Jarass*, in: Jarass/Pieroth [Hrsg.], GG, Art. 2 Rn. 56; *Heinemann*, Grundrechtlicher Schutz informationstechnischer Systeme, S. 210 ff.; *Hansen/Pfitzmann*, in: Roggan [Hrsg.], S. 131 (148 f.).

Sicherheit der Systeme und damit auch das Interesse der Hersteller überwiegen die Effektivität der Strafverfolgung, weshalb Art. 12 I GG mangels Rechtfertigung verletzt ist.[1242]

(2) Unverletzlichkeit der Wohnung (Art. 13 I GG) der Nutzer informationstechnischer Systeme

Hier soll lediglich eine akustische Überwachung außerhalb des Wohnraums betrachtet werden. Aus diesem Grunde ist Art. 13 I GG nicht betroffen. Zwar ist es wahrscheinlich, dass Systeme sowohl außerhalb als auch innerhalb der Wohnung verwendet werden, in diesen Fällen gilt das im Rahmen der akustischen Wohnraumüberwachung gesagte.[1243]

(3) Informationsfreiheit (Art. 5 I 1 Hs. 2 GG) der Nutzer informationstechnischer Systeme

Durch das Integrieren einer Backdoor ab Werk ist die Informationsfreiheit des Nutzers (Art. 5 I 1 Hs. 2 GG) betroffen, da das Internet eine freizugängliche Quelle ist.[1244] Eine ab Werk integrierte Backdoor wirkt sich auf die Entscheidung, das Internet als Informationsquelle nutzen zu wollen, aus, da die Entscheidung für die Informationsquelle „Internet" nicht mehr gänzlich frei fallen kann. Wie auch bei der akustischen Wohnraumüberwachung ist eine Rechtfertigung des Eingriffs nicht möglich. Zwar wird ein legitimer Zweck verfolgt und die Verpflichtung ist sowohl geeignet als auch im Rahmen der Einschätzungsprärogative des Gesetzgebers erforderlich.[1245]

Jedoch tritt das Interesse an einer effektiven Strafverfolgung hinter dem Interesse der Nutzer an einer freien und unbefangenen Informationsbeschaffung zurück, weil alle Nutzer dieser Beschränkung der Informationsfreiheit unterworfen wären und unsichere Systeme hinnehmen oder gänzlich auf sie verzichten müssten, während nur bei einem kleinen Teil tatsächlich eine akustische Überwachung durchgeführt werden wird. Es kann jedoch nicht sein, dass die Gefahren für die Allgemeinheit, wie *Bot-Netze* und andere Angriffe auf internetfähige Systeme, von allen hingenommen werden müssen, obwohl nur ein kleiner

---

1242 Zur Verpflichtung zum Integrieren einer Backdoor schon oben S. 219 ff.

1243 Dazu oben S. 221 ff.

1244 Vgl. *Bethge*, in: Sachs [Hrsg.], GG, Art. 5 Rn. 54 f.; *Degenhart*, in Bonner-Kommentar, GG, Art. 5 I, II Rn. 163 f.; *Schulze-Fielitz*, in: Dreier [Hrsg.], GG, Art. 5 I, II Rn. 77 f.

1245 Zur Geeignetheit und Erforderlichkeit siehe S. 219 ff.; 294.

Teil der Bevölkerung tatsächlich von der akustischen Überwachung betroffen sein wird.[1246]

Damit ist die Informationsfreiheit (Art. 5 I 1 Hs. 2 GG) auch außerhalb der Wohnung verletzt, da die Maßnahme nicht verhältnismäßig ist.

(4) Allgemeines Persönlichkeitsrecht (Art. 2 I i.V.m. Art. 1 I GG) der Nutzer informationstechnischer Systeme

Wie bei einer Verpflichtung der Hersteller, dauerhaft eingeschaltete Mikrofone zu integrieren, kann bei der Verpflichtung der Hersteller, eine Backdoor zu integrieren, das Allgemeine Persönlichkeitsrecht betroffen sein. In Betracht kommt die Ausprägung des Rechts auf Gewährleistung der Vertraulichkeit und Integrität informationstechnischer Systeme.

i Recht auf Gewährleitung der Vertraulichkeit und Integrität informationstechnischer Systeme

Durch das Integrieren einer Backdoor besteht nicht nur eine Gefahr für die Systeme in der Hinsicht, dass sie ferngesteuert werden können und schlimmstenfalls sogar nicht mehr funktionsfähig sind, sondern vor allem auch eine Gefahr für die Persönlichkeitsentfaltung durch die Zugriffsmöglichkeiten, welche nicht in ausreichender Weise durch andere Grundrechte geschützt wird.[1247]

Der Eingriff ist auch hier nicht zu rechtfertigen. Zwar wird ein legitimes Ziel verfolgt und zur Erreichung dessen ist die Verpflichtung auch geeignet und im Rahmen der Einschätzungsprärogative des Gesetzgebers auch erforderlich.[1248]

Jedoch werden die Interessen der Nutzer in unverhältnismäßiger Weise beeinträchtigt. Bei einer Backdoor besteht in der Nähe von informationstechnischen Systemen das Gefühl des Überwachtwerdens. Unabhängig davon, ob tatsächlich eine Überwachung stattfindet, reicht dieses Gefühl aus, um sich nicht mehr frei entfalten zu können.[1249] Ferner sind die Gefahren einer Backdoor zu gravierend,[1250] sodass mangels Angemessenheit das Recht auf Gewährleistung der Vertraulichkeit und Integrität informationstechnischer Systeme (Art. 2 I i.V.m Art. 1 I GG) verletzt ist.

1246 Zum Ganzen schon oben S. 224; 294.

1247 Vgl. zuvor S. 219 ff.; 294.

1248 Zur Geeignetheit und Erforderlichkeit schon oben S. 294 f.

1249 Vgl. BVerfGE 109, 279 (354 f.); 120, 274 (323 f.).

1250 Dazu oben S. 219 ff.

ii Selbstbelastungsfreiheit (nemo tenetur se ispum accusare)

Daneben könnte die Selbstbelastungsfreiheit beeinträchtigt sein, wenn der Betroffene aufgrund von Täuschung oder durch Zwang oder Druck belastende Informationen über sich preisgibt. Allein durch die heimliche akustische Überwachung wird die Selbstbelastungsfreiheit nicht beeinträchtigt, da diese grundsätzlich zulässig ist und der Betroffene frei entscheiden kann, welche Informationen er seinem Gesprächspartner bekannt gibt.[1251]

Auch wenn informationstechnische Systeme über eine integrierte Backdoor verfügen und die Strafverfolgungsbehörden diese einsetzen, befindet sich der Betroffene nicht in einer Zwangs- oder Drucksituation, da er weiterhin frei entscheidet, welche Informationen er seinem Gesprächspartner mitteilt.

Ebenso liegt auch keine Täuschung vor, da der Staat dem Betroffenen nichts vorspiegelt und der Betroffene sich lediglich nicht der Möglichkeit des Einsatzes informationstechnischer Systeme bewusst ist. Wer jedoch mit einer Überwachung rechnet, kann auch damit rechnen, dass der Staat neue technische Möglichkeiten einsetzt, die schon länger bekannt sind, zumal wenn eine Verpflichtung der Hersteller, eine Backdoor für solche Fälle zu integrieren, besteht. Die gewonnenen Informationen würden daher nicht auf der Täuschung des Betroffenen beruhen, weshalb die Selbstbelastungsfreiheit nicht beeinträchtigt ist.[1252]

(5) Fazit

Eine ab Werk integrierte Backdoor in informationstechnischen Systemen ist zur akustischen Überwachung außerhalb des Wohnraums nicht mit dem Grundgesetz vereinbar. Die Beeinträchtigungen, die von der Backdoor ausgehen, sind zu gravierend, als dass sie gerechtfertigt werden könnten, da sie die Gefahr eröffnen, dass auch Dritte das System nutzen, um Straftaten zu begehen. Zudem können sich die Nutzer informationstechnischer Systeme nicht mehr sicher sein, dass ihre Systeme geschützt sind, sondern müssen immer mit dem Zugriff auf das System durch Dritte rechnen.

1251 Vgl. EGMR Urteil v. 05.11.2002 – Allan/UK, §§ 42 ff.; Urteil v. 21.01.2009 – Bykov/RUS, §§ 88 ff.; *Kasiske*, StV 2014, 423 (424); *Esser*, JR 2004, 98 (106); *Müller*, EuGRZ 2001, 546 (557).

1252 Vgl. EGMR Urteil v. 21.01.2009 – Bykov/RUS, §§ 92 ff.; Esser, in: LR, StPO, Bd. 11, Art. 6 EMRK Rn. 931 ff.

c Vereinbarkeit mit der Europäischen Menschenrechtskonvention

(1) Recht auf Achtung des Privat- und Familienlebens (Art. 8 EMRK) der Nutzer informationstechnischer Systeme

Da es sich nach wie vor um eine akustische Überwachung außerhalb der Wohnung handelt, kommt wiederum das Privatleben als von Art. 8 I EMRK geschütztes Recht in Betracht.

Zwar erfolgt durch die Verpflichtung, eine Backdoor zu integrieren, keine direkte Beeinträchtigung des Privatlebens, jedoch wird allein durch die Backdoor bei den Nutzern der Systeme schon das Gefühl geschaffen, überwacht zu werden, und das informationstechnische System wird betroffen. Dies ist ausreichend für einen Eingriff in Art. 8 I EMRK.[1253]

Obwohl mit einer effektiven Strafverfolgung ein legitimes Ziel verfolgt wird,[1254] kann die hier untersuchte Maßnahme nicht gerechtfertigt werden. Die Nutzer fühlen sich ständig beobachtet und können sich außerhalb ihrer Wohnung nicht mehr frei entfalten. Zwar ist der Persönlichkeitsschutz außerhalb der Wohnung nicht so umfassend wie innerhalb der Wohnung gewährleistet,[1255] jedoch darf auch außerhalb keine dauerhafte Überwachung stattfinden bzw. der Nutzer muss auch außerhalb der Wohnung die Möglichkeit haben, sich unbeobachtet zu fühlen.[1256] Diese Möglichkeit besteht jedoch nur, wenn er ebenso wie sein möglicher Gesprächspartner auf sämtliche informationstechnische Systeme verzichtet, da andernfalls das Gefühl des Überwachtwerdens bestehen bleibt.[1257] Des Weiteren werden durch die Maßnahme alle Nutzer der jeweiligen Systeme betroffen und nicht nur diejenigen, die einer Straftat verdächtig sind.

Insgesamt ist die Maßnahme in einer demokratischen Gesellschaft nicht notwendig und daher nicht mit Art. 8 EMRK vereinbar.

1253 Vgl. *Esser*, in: LR-StPO, Bd. 11, Art. 8 EMRK Rn. 19 f.

1254 Vgl. *Esser*, in: LR-StPO, Bd. 11, Art. 8 EMRK Rn. 47; *Wildhaber/Breitenmoser*, in: IK-EMRK, Art. 8 Rn. 620 ff.; *Marauhn/Thorn*, in: Dörr/Grote/Marauhn [Hrsg.], Kapitel 16 Rn. 93.

1255 *Esser*, in. LR-StPO, Bd. 11, Art. 8 EMRK Rn. 59.

1256 *Esser*, in: LR-StPO, Bd. 11, Art. 8 Rn. 58 f.; *Meyer-Ladewig/Nettesheim*, in: Meyer-Ladewig/Nettesheim/von Raumer [Hrsg.], Art. 8 Rn. 31; *Grabenwarter/Pabel*, Europäische Menschenrechtskonvention, § 22 Rn. 9.

1257 Dazu siehe oben S. 285 f.

(2) *Informationsfreiheit (Art. 10 I 2 EMRK) der Nutzer informationstechnischer Systeme*

Wie auch bei einer ab Werk integrierten Backdoor bei der akustischen Wohnraumüberwachung ist außerhalb der Wohnung die Informationsfreiheit (Art. 10 I 2 EMRK) betroffen, da es unerheblich ist, ob Informationen mittels des Internets in oder außerhalb einer Wohnung beschafft oder verbreitet werden sollen. Das Internet als Informationsquelle ist in beiden Situationen in gleicher Weise beeinträchtigt, weil die Informationsbeschaffung unabhängig vom Ort erfolgen kann. Daher ist die Rechtfertigung an den gleichen Grundsätzen zu messen, weshalb auch hier keine Rechtfertigung des Eingriffs möglich ist.[1258]

(3) *Recht auf ein faires Verfahren (Art. 6 EMRK)*

Ferner könnte durch die Verpflichtung der Hersteller, eine Backdoor zu integrieren, das Recht auf ein faires Verfahren und in diesem Rahmen die Selbstbelastungsfreiheit beeinträchtigt sein. Die Voraussetzung der strafrechtlichen Anklage im Sinne des Art. 6 I EMRK ist gegeben, da sich die akustische Überwachung und die Nutzung der Backdoor durch die Strafverfolgungsbehörden gegen den Verdächtigen einer Straftat richtet (§ 100f StPO).[1259]

Grundsätzlich sind heimliche Ermittlungsmaßnahmen zulässig, sofern der Betroffene im Laufe des Verfahrens die Möglichkeit erhält, sich zu der Maßnahme zu äußern und diese gegebenenfalls auf ihre Rechtmäßigkeit hin überprüfen zu lassen.[1260] Durch die Benachrichtigungspflichten und dem nachträglichen Rechtsschutz (§ 101 IV, VII StPO) erhält der Betroffene grundsätzlich Kenntnis von der heimlichen Ermittlungsmaßnahme gegen ihn und kann sich sowohl dazu äußern als auch die Maßnahme gerichtlich überprüfen lassen.[1261] Somit ist die Waffengleichheit gewahrt und diese Ausprägung des Rechts auf ein faires Verfahren ist nicht beeinträchtigt.

Fraglich ist jedoch, ob die Selbstbelastungsfreiheit beeinträchtigt wird. Demnach muss niemand Informationen bekanntgeben, die ihn selbst belasten.[1262]

1258 Dazu oben S. 235; 295.

1259 Vgl. zum Vorliegen einer strafrechtlichen Anklage auch oben S. 146 ff.

1260 *Meyer*, in: Karpenstein/Mayer [Hrsg.], EMRK, Art. 6 Rn. 137 ff.; *Kasiske*, StV 2014, 423 (424); *Gaede*, JR 2009, 493 (498).

1261 Vgl. *Zöller*, ZStW 2012, 411 (423 f.; 434 ff.); *Schmitt*, in: Meyer-Goßner/Schmitt [Hrsg.], StPO, § 101 Rn. 25; *Günther*, in MüKo-StPO, Bd. 1, § 101 Rn. 68 ff.

1262 EGMR Urteil v. 05.11.2002 – Allan/UK, §§ 44; 50; Urteil v. 21.01.2009 – Bykov/RUS, § 92; *Meyer*, in Karpenstein/Mayer [Hrsg.], EMRK, Art. 6 Rn. 128; *Grabenwarter/Pabel*, in: Dörr/Grote/Marauhn [Hrsg.], Kap. 14 Rn. 164.

Da heimliche Maßnahmen grundsätzlich zulässig sind,[1263] kann die Selbstbelastungsfreiheit nicht dadurch verletzt sein, dass der Betroffenen unbeabsichtigt belastende Informationen preisgibt. Für eine Beeinträchtigung der Selbstbelastungsfreiheit ist daher entscheidend, ob eine vernehmungsähnliche Situation vorliegt, die dazu führt, dass der Betroffene Zwar, Druck oder Täuschung ausgesetzt ist und daher seine Aussage nicht mehr freiwillig erfolgt.[1264] Dies ist bei einer akustischen Überwachung in der Regel nicht der Fall. Ferner liegt keine Täuschung vor, da durch die Verpflichtung der Hersteller, eine Backdoor mit Zugriff auf das Mikrofon zu integrieren, hinreichend erkennbar ist, dass der Staat informationstechnische Systeme einsetzen kann.

Insgesamt ist Art. 6 I EMRK daher nicht verletzt, da zum einen die Waffengleichheit gewahrt wird und zum anderen der Betroffene frei ist, in dem was er sagt.

(4) Fazit

Eine integrierte Backdoor ist ebenso wenig mit der Europäischen Menschenrechtskonvention vereinbar wie sie mit dem Grundgesetz vereinbar ist, da eine ab Werk integrierte Backdoor neue Gefahren schafft, wie beispielsweise den Zusammenschluss der Systeme zu sogenannten *Bot-Netzen*, und darüber hinaus auch die Strafverfolgung erschweren könnte, weil Dritte die Backdoor nutzen können, um mittels fremder Systeme Straftaten zu begehen, weshalb das Integrieren einer Backdoor nicht in einer demokratischen Gesellschaft notwendig ist.

Demgegenüber beeinträchtigt eine integrierte Backdoor nicht das Recht auf ein faires Verfahren und wäre demnach mit Art. 6 I EMRK vereinbar.

d Vereinbarkeit mit der EU-Grundrechtecharta

(1) Achtung des Privat- und Familienlebens (Art. 7 GRCh) der Nutzer informationstechnischer Systeme

Zwar führt das Integrieren einer Backdoor ab Werk noch nicht direkt zu einer unmittelbaren Betroffenheit des Privatlebens und der Privatsphäre, jedoch besteht eine Gefahr für diese Schutzgüter durch die Beeinträchtigung des informationstechnischen Systems, weshalb Art. 7 GRCh betroffen ist. Eine freie Entfaltung der Persönlichkeit, auch im Umgang mit internetfähigen Systemen, ist

1263 *Meyer*, in: Karpenstein/Mayer [Hrsg.], EMRK, Art. 6 Rn. 137 ff.; *Kasiske*, StV 2014, 423 (424); *Gaede*, JR 2009, 493 (498).

1264 EGMR Urteil v. 05.11.2002 – Allan/UK, §§ 50 ff.; Urteil v. 21.01.2009 – Bykov/RUS, § 102; *Müller*, EuGRZ 2001, 546 (557); *Hauck*, NStZ 2010, 17 (21).

nicht mehr gegeben. Es besteht die andauernde Unsicherheit, ob eine Überwachung stattfindet oder ob nicht eventuell sogar Dritte das System verwenden.[1265] Dadurch entstehen auch bei einer Backdoor das Gefühl des Überwachtwerdens sowie die Sorge um die auf dem System gespeicherten Daten. Ein Diebstahl dieser Daten durch Dritte wird zudem durch die Backdoor vereinfacht. Sowohl der Umgang mit dem System an sich als auch das Verhalten außerhalb der Nutzung des Systems ist durch die Gefährdung, die durch die Backdoor besteht, bestimmt,[1266] wodurch eine unbefangene Nutzung nicht mehr möglich ist.

Eine Rechtfertigung des Eingriffs scheidet aus den oben genannten Gründen aus.[1267] Die Gefahren, die bei einer integrierten Backdoor bestehen, sind zu erheblich, als dass sie hinter dem Interesse an einer effektiven Strafverfolgung zurücktreten.[1268] Nicht nur die Nutzer fühlen sich durch die Backdoor erheblich in ihrer freien Entscheidung und Entfaltung der Persönlichkeit betroffen, auch können Dritte oder die Gesellschaft als solche, durch beispielsweise mit Hilfe von *Bot-Netzen* verübte Angriffe, von einer Backdoor beeinträchtigt werden, da grundsätzlich jeder, dem die Backdoor bekannt ist, diese nutzen kann.[1269] Zudem ist jeder Nutzer betroffen und nicht nur der Beschuldigte einer Straftat, weshalb die Interessen der Nutzer an ihrem Privatleben gegenüber dem Interesse an einer effektiven Strafverfolgung überwiegen.

Das Privatleben ist bei einer ab Werk integrierten Backdoor verletzt, auch wenn eine Überwachung nur außerhalb der Wohnung stattfindet.

(2) Schutz personenbezogener Daten (Art. 8 I GRCh) der Nutzer informationstechnischer Systeme

Ferner liegt ein Eingriff in den Schutz personenbezogener Daten vor, da es die Backdoor allen ermöglicht, die wissen, wo diese sich befindet, auf das System zuzugreifen und die gespeicherten Daten auf diesem zur Kenntnis zu nehmen.[1270]

1265 Dazu oben S. 221 ff.; 229; 233; 296; 298.

1266 Vgl. BVerfGE 120, 274 (323).

1267 Zu den Gründen oben S. 296; 298.

1268 Vgl. *Gudermann*, Online-Durchsuchung, S. 25 f.; *Buermeyer*, HRRS 2007, 154 (163); *Pohl*, DuD 2007, 684 (686); dazu auch oben S. 219 f.; 294.

1269 *Roos/Schumacher*, MMR 2014, 377 (378); *Schäfer/Roßman*, Netzsicherheit, S. 471 ff.; zur Backdoor *Gudermann*, Online-Durchsuchung, S. 25 f.; *Kohlmann*, Online-Durchsuchungen und andere Maßnahmen mit Technikeinsatz, S. 31; *Buermeyer*, HRRS 2007, 154 (163); *Pohl*, DuD 2007, 684 (686).

1270 *Katzenbeisser*, DuD 2016, 98 (99); *Gudermann*, Online-Durchsuchung, S. 25 f.; *Kohlmann*, Online-Durchsuchungen und andere Maßnahmen mit Technikeinsatz, S. 31;

Gerechtfertigt wäre dieser Eingriff mangels Verhältnismäßigkeit nicht, selbst wenn eine Ermächtigungsgrundlage bestehen würde.[1271] Das Interesse an einer effektiven Strafverfolgung soll es nicht ermöglichen, sämtliche Nutzer internetfähiger Systeme der Gefahr auszusetzen, dass Dritte Zugriff auf die Systeme und damit auf personengezogene Daten nehmen können; vielmehr hat der Staat die Pflicht, dieses zu verhindern und die Nutzer vor solchen Zugriffen zu schützen.[1272]

Es würden insgesamt zu viele Nutzer betroffen, die keinen Anlass für eine Strafverfolgung gegeben haben, als dass die Maßnahme mit dem Interesse der Strafverfolgung gerechtfertigt werden könnte, weshalb Art. 8 GRCh verletzt ist.

(3) Informationsfreiheit (Art. 11 I 2 GRCh) der Nutzer informationstechnischer Systeme

Des Weiteren liegt eine Beeinträchtigung der Informationsfreiheit vor, welche es ermöglichen soll, sich aus freizugänglichen Quellen unbefangen zu informieren.[1273] Das Internet ist eine freizugängliche Quelle und es werden auch internetfähige Systeme wie Smartphone oder Tablet zur Informationsbeschaffung verwendet.[1274] Bei einer integrierten Backdoor ist der Nutzer jedoch in seiner Entscheidung, welches Informationsmedium er nutzen möchte, faktisch eingeschränkt. Wenn er sich für ein informationstechnisches System entscheidet, entscheidet er sich gleichzeitig für eine mögliche Überwachung und das Risiko, dass Dritte auf das System zugreifen können,[1275] dabei sind die auf dem informationstechnischen System gespeicherten Daten bei Vorliegen einer integrierten Backdoor weniger geschützt, als bei einem System ohne Backdoor, weshalb sich ein Nutzer genau überlegen wird, sich via Internet zu informieren und dadurch

---

Holzner, Die Online-Durchsuchung, S. 12; *Buermeyer*, HRRS 2007, 154 (163); *Pohl*, DuD 2007, 684 (686).

1271 Vgl. oben S. 283 f.; 287 f.

1272 § 3 I BSIG; *Heinemann*, Grundrechtlicher Schutz informationstechnischer Systeme; *Hansen/Pfitzmann*, in: Roggan [Hrsg.], S. 131 (148 f.).

1273 Statt vieler *Pünder*, in: Ehlers [Hrsg.], Europäische Grundrechte und Grundfreiheiten, § 17 Rn. 11.

1274 Vgl. EGMR Urteil v. 01.12.2015 – Cengiz u.a./T, § 52; *von Coelln*, in: Stern/Sachs [Hrsg.], GRCh, Art. 11 Rn. 19 ff.; *Bethge*, in: Sachs [Hrsg.], GG, Art. 5 Rn. 54 f.; *Degenhart*, in: Bonner-Kommentar, GG, Art. 5 I, II Rn. 163 f.; *Schulze-Fielitz*, in: Dreier [Hrsg.], GG, Art. 5 I, II Rn. 77 f.; dazu auch oben S. 118 f.

1275 Vgl. oben S. 224; 230; 235; 295.

den Zugriff auf seine Daten zu ermöglichen oder beispielsweise auf eine Zeitung als Informationsquelle zurückzugreifen.

Für die Informationsfreiheit und eine Beeinträchtigung dieser ist der Ort unerheblich, weshalb auf die Ausführungen zu Art. 5 I GG; Art. 10 EMRK sowie Art. 11 I 2 GRCh im Rahmen der akustischen Wohnraumüberwachung verwiesen werden kann.[1276] Die Beeinträchtigung kann aufgrund der überwiegenden Nutzerinteressen und der fehlenden Geeignetheit der Verpflichtung nicht gerechtfertigt werden und Art. 11 GRCh ist daher verletzt.

(4) Berufsfreiheit (Art. 15 I GRCh) und unternehmerische Freiheit (Art. 16 GRCh) der Hersteller

Ebenso ist der Ort der akustischen Überwachung auch für die Berufsfreiheit unerheblich. Den Herstellern wird eine Pflicht auferlegt, bei der es sich um die gleiche Pflicht handelt, ob die Maßnahme nun innerhalb oder außerhalb der Wohnung durchgeführt wird. Daher kann auch hier auf die obigen Ausführungen verwiesen werden.[1277] Eine Verletzung des Art. 15 GRCh ist daher mangels Notwendigkeit der Verpflichtung gegeben.

(5) Fazit

Die Verpflichtung, ab Werk eine Backdoor zu integrieren, ist nicht mit der EU-Grundrechtecharta vereinbar, da diese insbesondere in das Recht auf Achtung des Privatlebens (Art. 7 GRCh) sowie in den Schutz personenbezogener Daten (Art. 8 I GRCh) eingreift und dieser Eingriff nicht gerechtfertigt werden kann. Eine Backdoor schafft nicht nur neue Gefahren, indem Dritte diese grundsätzlich nutzen können, sondern erschwert auch die Strafverfolgung, weshalb sie nicht notwendig für eine effektivere Strafverfolgung ist. Ferner werden die Informationsfreiheit (Art. 11 I 2 GRCh) der Nutzer sowie die Berufsausübungsfreiheit (Art. 15 I GRCh) der Hersteller informationstechnischer Systeme verletzt.

e Fazit

Ebenso wie das Integrieren einer Backdoor zum Zwecke einer akustischen Wohnraumüberwachung nicht möglich ist (I.II.2.), ist es auch nicht zum Zwecke einer akustischen Überwachung außerhalb der Wohnung möglich.

1276 Dazu oben S. 224 f.; 230; 235.

1277 Schon oben S. 219 f.; 235 f.; 283.

Eine ab Werk integrierte Backdoor beinhaltet zu viele Gefahren und Risiken sowohl für die jeweiligen Nutzer der Systeme als auch für die Gesellschaft an sich, da durch die Backdoor der Zusammenschluss von Systemen zu sogenannten bot-Netzen erleichtert wird und daher weitreichendere Angriffe auf wichtige technische Anlangen verübt werden könnten. Dies gilt insbesondere, weil nicht nur ein einzelnes System über eine Backdoor verfügt, sondern sämtliche Systeme, die in Deutschland auf dem Markt sind, und so der Zugriff auf viele Systeme ermöglicht würde.

Dies ist mit dem Schutzauftrag des Staates nicht zu vereinbaren. Zwar hat der Staat die Pflicht schwere Straftaten effektiv zu verfolgen, jedoch darf dies nicht über Gebühr zu Lasten der Nutzer internetfähiger Systeme geschehen.

Folglich ist eine ab Werk integrierte Backdoor nicht mit deutschen und europäischen Grundrechten sowie den europäischen Menschenrechten vereinbar und somit auch nicht durchführbar.

3 Direkter elektronischer Zugriff zum Einschleusen einer Überwachungssoftware

Eine weitere Möglichkeit besteht im Einschleusen einer Überwachungssoftware, über die sich das Mikrofon bedienen lässt oder die eine Backdoor öffnet. Im Folgenden werden zunächst in Betracht kommende Ermächtigungsgrundlagen betrachtet, bevor auf die Vereinbarkeit der Maßnahme mit höherrangigem Recht eingegangen wird.

a Ermächtigungsgrundlage

Nach hier vertretener Ansicht erfasst § 100f I StPO keine Annexmaßnahmen, daher ist der Zugriff auf ein internetfähiges System zu einer akustischen Überwachung außerhalb des Wohnraums nicht als Annexmaßnahme erfasst.[1278]

Selbst, wenn angenommen wird, § 100f I StPO erfasse auch notwendige Annexmaßnahmen, stellt § 100f I StPO keine taugliche Ermächtigungsgrundlage dar, weil die Eingriffsintensität einer Veränderung eines informationstechnischen Systems von einer (bloßen) akustischen Überwachung außerhalb des Wohnraums abweicht.[1279] Eine akustische Überwachung beeinträchtigt

1278 Dazu oben S. 279 f.

1279 Vgl. BVerfGE 112, 304 (316 f.); 141, 220 (286; 290), in Bezug auf die Quellen-Telekommunikationsüberwachung auch *Brodowski*, Verdeckte technische Überwachungsmaßnahmen, S. 205 f.; *Brodowski*, JR 2011, 533 (535 ff.).

Art. 2 I i.V.m. Art. 1 I GG in der Ausprägung des Rechts am eigenen Wort.[1280] Demgegenüber beeinträchtigt eine Überwachungssoftware, die zur Überwachung eingesetzt wird, Art. 2 I i.V.m. Art. 1 I GG in der Ausprägung des Rechts auf Gewährleistung der Vertraulichkeit und Integrität informationstechnischer Systeme.[1281] Folglich handelt es sich um eine andere Beeinträchtigung als die bloße akustische Überwachung und ist daher nicht als Annexmaßnahme von § 100f I StPO erfasst.

Weitere Ermächtigungsgrundlagen für das Einschleusen einer Überwachungssoftware zur Durchführung einer akustischen Überwachung außerhalb des Wohnraums bestehen nicht.[1282] Insbesondere sind weder § 100a StPO noch § 100b I StPO noch § 100c I StPO in ihrer derzeitigen Ausgestaltung taugliche Ermächtigungsgrundlagen, da diese nicht das Einschalten des Mikrofons bzw. das Installieren einer Überwachungssoftware erlauben.[1283]

b Vereinbarkeit mit dem Grundgesetz

(1) Unverletzlichkeit der Wohnung (Art. 13 I GG) der Nutzer informationstechnischer Systeme

Art. 13 I GG ist in diesem Fall nicht betroffen, da es hier um eine Überwachung außerhalb des Wohnraumes geht.

(2) Informationsfreiheit (Art. 5 I 1 Hs. 2 GG) der Nutzer informationstechnischer Systeme

Ebenso ist Art. 5 I 1 Hs. 2 GG nicht verletzt. Zwar dienen internetfähige informationstechnische Systeme auch zur Informationserlangung, jedoch wird durch einen Zugriff auf ein System keine zusätzliche Gefahr geschaffen. Es ist nahezu ausgeschlossen zu verhindern, dass auf ein mit dem Internet verbundenes System aus der Ferne zugegriffen werden kann.[1284] Eine Beeinträchtigung des Art. 5 I 1 Hs. 2 GG, auch keine gefühlte Beeinträchtigung, ist daher nicht gegeben, wenn der Staat grundsätzlich die Möglichkeit des Fernzugriffes nutzen könnte, da die Informationsquelle „Internet" unverändert genutzt werden kann

---

1280 BVerfGE 34, 238 (246); 109, 279 (326 f.); *Dreier*, in: ders. [Hrsg.], GG, Bd. I, Art. 2 I Rn. 84.

1281 *Heinemann*, Grundrechtlicher Schutz informationstechnischer Systeme, S. 150.

1282 Vgl. *Singelnstein*, NStZ 2014, 305 (310).

1283 Vgl. dazu oben S. 237 f.

1284 *Bunzel*, Strafprozessualer Zugriff, S. 161 f.

und kein Risiko für den Nutzer geschaffen wird, welches die Entscheidung des Nutzers beeinflussen kann.[1285]

(3) Fernmeldegeheimnis (Art. 10 I GG) der Nutzer informationstechnischer Systeme

Weiterhin liegt keine Verletzung des Fernmeldegeheimnisses (Art. 10 I GG) vor. Die Installation einer Überwachungssoftware auf dem System an sich ist kein Fall des Art. 10 I GG, da es sich bei der Installation an sich nicht um Telekommunikation handelt.[1286] Folglich ist der Schutzbereich grundsätzlich beim Installieren nicht eröffnet.

Ebenso ist die Situation bei der Veränderung der Datenpakte um den Code der Überwachungssoftware, da der Kommunikationsinhalt dadurch nicht beeinträchtigt wird, sondern es wird lediglich ein weiterer Teil hinzugefügt, der jedoch keinerlei Auswirkungen auf den Telekommunikationsvorgang an sich hat.[1287]

Anders ist es allerdings im Hinblick auf das Beobachten der übertragenen Daten zu beurteilen, wo der Schutzbereich des Art. 10 I GG grundsätzlich eröffnet ist. Jedoch beinhaltet § 100f StPO einen Verweis auf den Straftatenkatalog des § 100a StPO und ist auch ansonsten sehr ähnlich zu diesem.[1288] Wie schon bei einer akustischen Wohnraumüberwachung ist hier das Mitlesen gerechtfertigt, da insbesondere durch die Nähe des § 100f StPO zu § 100a StPO die Verhältnismäßigkeit gewahrt ist.[1289]

Zwar steht hier das Interesse des Nutzers an einer ungestörten und vor allem unveränderten Kommunikation dem Interesse an einer effektiven Strafverfolgung gegenüber, jedoch wird dieses Interesse im Ganzen gewahrt. Die Beeinträchtigung ist durch § 100a StPO gerechtfertigt.

Insgesamt ist Art. 10 I GG daher nicht verletzt, wenn der Telekommunikationsverkehr nur überwacht wird und die Voraussetzungen des § 100a StPO gegeben sind.

1285 Zum Eingriff in Art. 5 I GG siehe oben S. 251 f.; da es für Art. 5 GG unerheblich ist, wo sich das System befindet, kann auch die Ausführungen im Rahmen der akustischen Wohnraumüberwachung verwiesen werden.

1286 Vgl. BVerfGE 120, 274 (308 f.); *Hermes*, in: Dreier [Hrsg.], Bd. I, Art. 10 Rn. 45.

1287 Zur Veränderung der Datenpakete um den Code der Schadsoftware oben S. 68 ff.; 246 ff.

1288 *Puschke/Singelnstein*, NJW 2008, 113 (115); *Bratke*, Quellen-Telekommunikationsüberwachung, S. 69 f.

1289 Vgl. schon oben S. 243 ff.

(4) *Allgemeines Persönlichkeitsrecht (Art. 2 I i.V.m. Art. 1 I GG) der Nutzer informationstechnischer Systeme*

Beeinträchtigt ist daneben Art. 2 I i.V.m. Art. 1 I GG. Dabei kommen insbesondere das Recht am eigenen Wort, das Recht auf informationelle Selbstbestimmung und das Recht auf Gewährleistung der Vertraulichkeit und Integrität informationstechnischer Systeme in Betracht.

i Recht am eigenen Wort und informationelle Selbstbestimmung

Allerdings gilt auch hier wieder, dass alleine durch das Einschleusen der Überwachungssoftware noch keine Beeinträchtigung des Rechts am eigenen Wort oder des Rechts auf informationelle Selbstbestimmung vorliegt, da zum Abhören des nichtöffentlich gesprochenen Wortes noch weitere Handlungen wie das Aktivieren des Mikrofons notwendig sind. [1290]

Sofern jedoch mit dem Einschleusen zugleich das Mikrofon aktiviert wird und so die akustische Überwachung direkt durchgeführt wird, wird in das Recht am eigenen Wort und in das Recht auf informationelle Selbstbestimmung eingegriffen. Obwohl die akustische Überwachung grundsätzlich gerechtfertigt ist,[1291] besteht für das Einschleusen der Überwachungssoftware noch keine Ermächtigungsgrundlage, die diese Vorgehensweise rechtfertigen könnte.[1292]

ii Recht auf Gewährleistung der Vertraulichkeit und Integrität informationstechnischer Systeme

Demgegenüber ist das informationstechnische System als solches bei dem bloßen Zugriff aus der Ferne betroffen. Dies gilt unabhängig davon, ob eine Überwachungssoftware eingeschleust wird oder der Nutzer unbeabsichtigt selbst die Überwachungssoftware installiert.[1293] In beiden Fällen ist die Vertraulichkeit des

---

1290 BVerfGE 120, 274 (311 f.); vgl. *Horn*, in: Stern/Becker [Hrsg.], Art. 2 Rn. 50; 91; *Schwabenbauer*, Heimliche Grundrechtseingriffe, S. 135.

1291 Vgl. BVerfGK 11, 164 (170 ff.); *Sankol* CR 2008, 13 (15).

1292 Zur fehlenden Rechtsgrundlage zum Einschleusen einer Schadsoftware siehe oben S. 304 f.

1293 *Lepsius*, in: Roggan [Hrsg.], S. 21 (26 ff.); vgl. *Brakte*, Quellen-Telekommunikationsüberwachung, S. 240; *Herrmann*, Das Grundrecht auf Gewährleistung der Vertraulichkeit und Integrität, S. 135.

informationstechnischen Systems und dessen Integrität nicht mehr gewährleistet.[1294]

Die Vertraulichkeit des Systems ist in der Weise beeinträchtigt, dass das System ohne Wissen des Nutzers alles in der Umgebung aufzeichnen kann und diese Daten an die Strafverfolgungsbehörden überträgt.[1295]

Dieser Aspekt betrifft auch die Integrität des Systems, da es durch einen direkten Zugriff aus der Ferne möglich ist, dass das System von den Strafverfolgungsbehörden gesteuert wird,[1296] wodurch der Nutzer nicht mehr die alleinige Herrschaft über das System hat. Noch deutlicher wird dies, wenn die Überwachungssoftware eine Backdoor öffnet. In diesen Fällen haben nicht nur die Strafverfolgungsbehörden Zugang zu dem System, sondern möglicherweise Dritte, die erfahren haben, wo sich die Backdoor befindet,[1297] weshalb die Integrität des informationstechnischen Systems beeinträchtigt ist.

Eine Rechtfertigung könnte jedoch durch eine bestimmte und den Verhältnismäßigkeitsgrundsatz wahrende Ermächtigungsgrundlage erfolgen. Dazu ist insbesondere erforderlich, dass der Gesetzgeber selbst die Reichweite des Grundrechtseingriffs bestimmt, die Norm so verfasst ist, dass Nutzer informationstechnischer Systeme die Rechtslage erkennen können sowie konkrete Anhaltspunkte für das Vorliegen einer besonders schweren Straftat bzw. der Gefahr für ein überragend wichtiges Rechtsgut vorliegen.[1298]

Mit der Verfolgung schwerer Straftaten sowie einer Effektivierung der Strafverfolgung liegt ein legitimes Ziel vor.[1299] Eine akustische Überwachung ist auch grundsätzlich geeignet, dieses Ziel zu erreichen.[1300] Durch die Subsidiaritätsklausel in § 100f I StPO ist zudem sichergestellt, dass die Maßnahme nur angewendet wird, wenn andere Maßnahmen nicht ausreichend sind.

1294 Vgl. BVerfGE 120, 274 (314 f.); *Horn*, in: Stern/Becker [Hrsg.], Art. 2 Rn. 51; *Bratke*, Quellen-Telekommunikationsüberwachung, S. 240; *Heinemann*, Grundrechtlicher Schutz informationstechnischer Systeme, S. 148 ff.

1295 BVerfGE 120, 274 (314); *Horn*, in: Stern/Becker [Hrsg.], Art. 2 Rn. 51; *Heinemann*, Grundrechtlicher Schutz informationstechnischer Systeme, S. 148 f.

1296 BVerfGE 120, 274 (314); *Horn*, in: Stern/Becker [Hrsg.], Art. 2 Rn. 51.

1297 Vgl. *Katzenbeisser*, DuD 2016, 98 (99); *Gudermann*, Online-Durchsuchung, S. 25 f.; *Kohlmann*, Online-Durchsuchungen und andere Maßnahmen mit Technikeinsatz, S. 31; *Holzner*, Die Online-Durchsuchung, S. 12; *Buermeyer*, HRRS 2007, 154 (163); *Pohl*, DuD 2007, 684 (686).

1298 BVerfGE 120, 274 (315 ff.).

1299 BVerfGE 109, 279 (335); *Merten*, in: Merten/Papier [Hrsg.], Bd. III, § 68 Rn. 60.

1300 BVerfGE 109, 279 (336 ff.).

Es ist allerdings fraglich, ob eine Maßnahme, die einen Zugriff auf ein informationstechnisches System erfordert, erforderlich ist. Bisher war eine Maßnahme auch ohne den Einsatz von informationstechnischen Systemen des Betroffenen möglich. Der Vorteil informationstechnischer Systeme besteht jedoch darin, dass viele dieser Systeme sich ständig in unmittelbarer Nähe des Nutzers befinden; beispielsweise tragen heutzutage viele ein Smartphone bei sich,[1301] weshalb sich dieses besonders gut für eine akustische Überwachung eignet.

Jedoch hängt der Erfolg der Maßnahme insbesondere davon ab, ob das System erfolgreich infiltriert wird und davon, ob der Betroffene das Gerät bei sich führt, was zu dem Risiko führt, dass eine akustische Überwachung gegebenenfalls nicht durchführbar ist. Allerdings kommt dem Gesetzgeber eine Einschätzungsprärogative bei der Wahl der Mittel zu.[1302] Solange nicht eindeutig ist, dass ein anderes Mittel milder und gleichgeeignet ist, ist die Erforderlichkeit des vom Gesetzgeber gewählten Mittels nicht widerlegt,[1303] weshalb die Erforderlichkeit hier noch gegeben ist.

Entscheidend ist daher wiederum auf die Angemessenheit der Maßnahme abzustellen. Die Effektivität der Strafverfolgung steht erneut dem Interesse des Nutzers auf Unversehrtheit seiner Systeme sowie dem Interesse, dass er nicht durch seine eigenen Systeme überwacht wird, gegenüber.[1304] Im Gegensatz zur Wohnraumüberwachung kann sich der Nutzer außerhalb der Wohnung nicht darauf berufen, dass er sich in einem besonders geschützten Bereich befindet. Zwar genießt der Bürger auch außerhalb der Wohnung Schutz vor Überwachung, jedoch in geringerem Maße als innerhalb der Wohnung, da außerhalb dieser die Wahrscheinlichkeit höher ist, dass die Gespräche von weiteren Personen zur Kenntnis genommen werden, weil sich der Betroffene in der Sozialsphäre bzw. in der Öffentlichkeit bewegt.[1305] Dennoch ist das Interesse an einem sicheren informationstechnischen System und daran, dass dieses nicht unbefugt

1301 https://de.statista.com/statistik/daten/studie/585883/umfrage/anteil-der-smartphone-nutzer-in-deutschland/ (abgerufen am 05.08.2017).

1302 Vgl. BVerfGE 55, 28 (29 f.); 77, 170 (214 f); 88, 203 (262); 104, 337 (347 f.); *Merten*, in. Merten/Papier [Hrsg.] Handbuch der Grundrechte, Bd. III, § 68 Rn. 45, 65; *Hillgruber,* in: Isensee/Kirchhof [Hrsg.], Handbuch des Staatsrechts, Bd. IX, § 201 Rn. 66 ff.

1303 Vgl. BVerfGE 55, 28 (29 f.); 77, 170 (214 f.); 88, 203 (262); 104, 337 (347 f.); *Merten*, in: Merten/Papier [Hrsg.] Handbuch der Grundrechte, Bd. III, § 68 Rn. 45; *Hillgruber*, in: Isensee/Kirchhof [Hrsg.], Handbuch des Staatsrechts, Bd. IX, § 201 Rn. 71.

1304 Vgl. BVerfGE 120, 274 (313 f.); *Buermeyer,* HRRS 2007, 154 (162).

1305 Statt vieler *Horn*, in: Stern/Becker [Hrsg.], Art. 2 Rn. 106 ff.

verwendet wird, sowohl innerhalb als auch außerhalb gleich. Zudem wird bei der Infiltration von den Systemen kein Unterschied gemacht, ob es sich innerhalb oder außerhalb der Wohnung befindet.[1306]

Daher sind für einen gerechtfertigten Eingriff in das „Computergrundrecht" nach Art. 2 I i.V.m. Art. 1 I GG auf Grund der Persönlichkeitsbetroffenheit hohe Anforderungen an die Verhältnismäßigkeit zu stellen.[1307] Nur bei dem begründeten Verdacht einer schweren, einzeln aufgelisteten Straftat ist ein solcher Eingriff rechtlich zulässig.[1308] Eine akustische Überwachung ist nur bei bestimmten, in § 100a II StPO genannten schweren Straftaten anwendbar, die auch im Einzelfall schwer wiegen, weshalb die Voraussetzung grundsätzlich erfüllt ist.[1309]

Zum Schutz des betroffenen Nutzers ist es allerdings notwendig, im Rahmen der Überwachungssoftware für Sicherungen zu sorgen, damit der Staat nur auf das Mikrofon zugreift und nicht auch weitere Daten zur Kenntnis nimmt wie es bei der sogenannten Online-Durchsuchung der Fall ist.[1310] Diese Schutzmaßnahme kann in technischer Hinsicht geschehen.[1311] So ist es möglich, Programmen eine bestimmte Aufgabe zuzuweisen, das heißt die Programme werden so programmiert, dass sie beispielsweise nur das Mikrofon aktivieren und die Daten an einen bestimmten Server übertragen können. Zwar kann grundsätzlich durch das Programm die Hürde für den Zugriff auf das System genommen sein[1312] und der Programmierer bzw. Administrator dem Programm auch andere Aufgaben zuweisen, die über das Aktivieren des Mikrofons hinausgehen, jedoch kann dies mit einer entsprechenden Ermächtigungsgrundlage verhindert werden. In technischer Hinsicht ist vieles machbar, was allerdings nicht bedeutet, dass es auch rechtlich zulässig ist. Daher kann in einer entsprechenden Ermächtigungsgrundlage den technischen Möglichkeiten Grenzen gesetzt werden und es muss darauf vertraut werden, dass diese Grenzen durch den Staat eingehalten werden, wie es bei sonstigen Ermächtigungsgrundlagen auch der Fall ist.

Auch das Bundesverfassungsgericht geht davon aus, dass die Nutzung beispielsweise eines Laptops zur akustischen Überwachung möglich ist.[1313] Für die

1306 Vgl. BVerfGE 120, 274 (309 f.); Lepsius, in: Roggan [Hrsg.], S. 21 (25).
1307 BVerfGE 102, 274 (318 ff.); *Horn*, in: Stern/Becker [Hrsg.], Art. 2 Rn. 105 ff.
1308 Vgl. BVerfGE 120, 274 (326 ff.) zu den Voraussetzungen bei gefahrenabwehrrechtlichen Handlungen: BVerfGE 141, 220 (270).
1309 *Schmitt*, in: Meyer-Goßner/Schmitt [Hrsg.], StPO, § 100f Rn. 5; § 100a Rn. 15; Wolter/Greco, in: SK-StPO, § 100f Rn. 9; § 100a Rn. 48.
1310 Vgl. zur Online-Durchsuchung oben S. 120.
1311 Vgl. *Barrett/Silverman*, SSH, S. 311; 317 f.; *Kraft/Weyert*, Network Hacking, S. 67 f.
1312 Vgl. BVerfGE 120, 274 (308).
1313 Vgl. BVerfGE 120, 274 (310).

Nutzung eines informationstechnischen Systems müssten daher vor allem rechtliche Grenzen bestehen. Durch den schon vorhandenen Schutz des Kernbereichs privater Lebensgestaltung sowie einen rechtlichen Schutz, der die Verwendung der Software auf – in diesem Fall – die akustische Überwachung begrenzt, werden die Interessen des Nutzers grundsätzlich gewahrt.

Ein direkter Zugriff, bei dem eine Überwachungssoftware eingeschleust wird, ist daher grundsätzlich mit dem Grundrecht auf Gewährleistung der Vertraulichkeit und Integrität informationstechnischer Systeme vereinbar. Voraussetzung dafür ist jedoch, dass nur das Mikrofon bedient wird und dass eine Ermächtigungsgrundlage geschaffen wird, die nicht pauschal den Einsatz technischer Mittel erlaubt, sondern explizit auch die Infiltration von informationstechnischen Systemen. Aufgrund der Mobilität vieler Systeme muss zudem sichergestellt werden, dass keine Aufzeichnungen aus der Wohnung erfolgen, also die Überwachungssoftware vorher entfernt wird, also aus der Ferne gelöscht wird, oder insgesamt auf die strengeren Voraussetzungen des 100c I StPO abgestellt wird.

Nicht möglich ist ein solcher technischer und rechtlicher Schutz, wenn eine Backdoor installiert wird, wodurch auch eine Gefahr für die auf dem System gespeicherten Daten entsteht,[1314] weshalb auch aus diesem Grund eine Backdoor nicht zulässig ist.[1315]

iii Selbstbelastungsfreiheit (Nemo tenetur se ipsum accusare)

Ferner ist fraglich, ob durch die heimliche Verwendung des informationstechnischen Systems des Betroffenen als „Wanze" dieser in seiner Selbstbelastungsfreiheit beeinträchtigt ist. Im Gegensatz zu den zuvor geprüften Verpflichtungen der Hersteller ist es für den Nutzer nicht so offensichtlich, dass sein informationstechnisches System verwendet werden kann.[1316] Daher könnte hier eine Täuschung bzw. ein täuschungsähnliches Verhalten der Strafverfolgungsbehörden vorliegen. Da jedoch heimliche Ermittlungsmaßnahmen grundsätzlich mit der Selbstbelastungsfreiheit vereinbar sind,[1317] kann nicht alleine die Heimlichkeit der Maßnahme entscheidend sein, sondern vielmehr die Art und Weise der

1314 Vgl. BVerfGE 120, 274 (323).

1315 Vgl. schon oben S. 219 ff.; 294 f.

1316 Zur Selbstbelastungsfreiheit im Rahmen der Verpflichtung der Hersteller siehe S. 286; 297.

1317 BVerfGE 109, 279 (243 f.); *Meyer*, in Karpenstein/Mayer [Hrsg.], EMRK, Art. 6 Rn. 137 ff.; *Kasikse*, StV 2014, 423 (424).

Durchführung, wobei sich der Beschuldigte grundsätzlich nicht bewusst sein muss, dass er überwacht wird.[1318] Wer jedoch bisher mit einer Überwachung rechnete, ging davon aus, dass beispielsweise ein Richtmikrofon verwendet wurde, nunmehr sollen informationstechnische Systeme verwendet werden. Wer mit einer akustischen Überwachung rechnet, der wird auch damit rechnen, dass neue technische Mittel eingesetzt werden, zumal ist die Möglichkeit Mikrofone aus der Ferne einzuschalten schon hinreichend bekannt.[1319]

Es handelt sich daher bei dem Einsatz von informationstechnischen Systemen als „Wanze" nicht um eine Täuschung des Betroffenen, sondern nur um die Nutzung neuer Möglichkeiten.

Lediglich das Zusenden einer E-Mail mit täuschendem Inhalt, damit der Betroffene unbemerkt selbst die Überwachungssoftware installiert, könnte ein im Rahmen der Selbstbelastungsfreiheit relevante Täuschung darstellen. Jedoch wird der Betroffene außerhalb einer Vernehmung oder vernehmungsähnlichen Situation getäuscht. Ferner beruht die Preisgabe der ihn möglicherweise belastenden Informationen nicht auf der Täuschung, sondern auf einem freiwilligen Entschluss des Betroffenen.[1320] Daher ist die Selbstbelastungsfreiheit des Betroffenen nicht beeinträchtigt.

(5) Fazit

Der Zugriff auf ein informationstechnisches System beeinträchtigt nicht nur das Grundrecht auf Gewährleistung der Vertraulichkeit und Integrität informationstechnischer Systeme, sondern kann darüber hinaus auch Art. 10 I GG beeinträchtigen, wenn die Telekommunikation via Internet zum einfacheren Einschleusen der Überwachungssoftware mitgelesen wird. Allerdings ist dieser Eingriff gerechtfertigt, sofern die Voraussetzungen für die Telekommunikationsüberwachung vorliegen. Daneben könnte auch der Eingriff in das Grundrecht auf Gewährleistung der Vertraulichkeit und Integrität gerechtfertigt werden, wenn eine Ermächtigungsgrundlage geschaffen wird, die das Einschleusen zum Zwecke der akustischen Überwachung erlaubt, wobei gleichzeitig ausgeschlossen werden muss, dass Daten aus dem System erhoben werden.

1318 *Esser*, JR 2004, 98 (106).

1319 *Schaar*, Überwachung total, S. 42; *Kraft/Weyert*, Network Hacking, S. 68; *Buermeyer* HRRS 2007, 154 (161); *Gercke,* CR 2007, 245 (248).

1320 Zur Selbstbelastungsfreiheit schon oben S. 250 f.

Lediglich das Installieren einer Backdoor kann nicht gerechtfertigt werden, da mit dieser auch Gefahren geschaffen werden und die Strafverfolgung erschwert wird.

c Vereinbarkeit mit der Europäischen Menschenrechtskonvention

(1) Recht auf Achtung des Privat- und Familienlebens (Art. 8 EMRK) der Nutzer informationstechnischer Systeme

Je nach Art des Zugriffs auf das informationstechnische System sind unterschiedliche Rechte des Art. 8 I EMRK entscheidend. Zunächst kann zum Einschleusen einer Überwachungssoftware der Datenverkehr des Geräts über das Internet mitgelesen werden,[1321] wodurch die Kommunikation betroffen ist. Jedoch ist – wie bei Art. 10 I GG – der Eingriff gerechtfertigt, wenn eine Ermächtigungsgrundlage besteht.[1322]

Ebenso ist das Privatleben – unabhängig von der konkreten Vorgehensweise – betroffen. Sofern mit Einschleusen der Überwachungssoftware direkt das Mikrofon eingeschaltet wird und damit die Gespräche abgehört werden, liegt darin eine Beeinträchtigung des Privatlebens. Im Falle der Installation einer Backdoor oder dem Installieren einer Überwachungssoftware, die den Behörden die Möglichkeit gibt, das Mikrofon aus der Ferne einzuschalten, ist die Privatsphäre in Bezug auf informationstechnische Systeme beeinträchtigt.[1323]

Bei Bestehen einer Ermächtigungsgrundlage ist eine Rechtfertigung des Eingriffs grundsätzlich möglich. Ein in Art. 8 II EMRK genanntes Ziel wird mit einer effektiven Strafverfolgung (Aufrechterhaltung der Ordnung bzw. Verhütung von Straftaten) verfolgt, wozu die akustische Überwachung außerhalb der Wohnung grundsätzlich auch notwendig ist.[1324]

Der Nutzer hat jedoch ein Interesse daran, dass seine Systeme nur ihm bzw. den Berechtigten zustehen und kein Dritter aus der Ferne darauf zugreift, allerdings handelt es sich hierbei um eine Gefahr, die schon immer bestand und auch in Zukunft bestehen wird.[1325] Es gibt kein System, das an das Internet angeschlossen ist und dennoch sicher vor Zugriffen aus der Ferne ist. Dies ist ein

---

1321 Dazu oben S. 89 ff.; 243 f.

1322 Dazu schon oben S. 243 f.; 306 f.

1323 Vgl. BVefGE 120, 274 (310); dazu oben S. 253 ff.; 307 ff.

1324 Vgl. BVerfGE 77, 65 (76); 80, 367 (375); 100, 313 (388 f.); 109, 279 (335 f.); *Marauhn/Thorn*, in: Dörr/Grote/Marauhn [Hrsg.], Kap. 16 Rn. 93; *Merten*, in: Merten/Papier [Hrsg.], Handbuch der Grundrechte, Bd. III, § 68 Rn. 60.

1325 *Bunzel*, Strafprozessualer Zugriff, S. 161 f.

Risiko, mit dem sich der Nutzer bei der Verwendung des Internets abfindet, ohne dabei jedoch auf seinen grundrechtlichen bzw. menschenrechtlichen Schutz zu verzichten.[1326] Der Staat würde dieses Risiko lediglich zur Strafverfolgung bei besonders schweren Straftaten ausnutzen und ferner ist mit dem Zugriff durch den Staat nur die Aktivierung des Mikrofons verbunden und gespeicherte Daten bleiben außen vor, weshalb es sich trotz der Vorgehensweise nur um eine akustische Überwachung handelt, die die vorhandenen Ressourcen nutzt. Insbesondere bei schweren Straftaten stehen dem Staat mehr Ermittlungsbefugnisse zur Aufklärung zur Verfügung. Da grundsätzlich nur die Verdächtigen einer schweren Straftat überwacht werden dürfen, sind auch nur diejenigen von dem Zugriff betroffen und somit nur ein geringer Teil der Nutzer informationstechnischer Systeme.[1327]

Sofern eine Ermächtigungsgrundlage für das Einschleusen der Überwachungssoftware besteht, ist dieses Vorgehen nicht zu beanstanden. Die Rechte aus Art. 8 I EMRK stehen dem nicht entgegen, dass der Staat auch die bestehenden technischen Möglichkeiten nutzt, sofern dadurch die Interessen des Nutzers ausreichend beachtet werden.[1328]

Dies ist nicht mehr der Fall, wenn eine Backdoor installiert wird, weil dadurch auf Seiten des Nutzers auch die Gefahr geschaffen wird, dass Dritte sich leichter Zugang zu dem System verschaffen können. In den anderen Fällen könnten das Einschleusen einer Überwachungssoftware und der Zugriff auf das System durch ein Gesetz gerechtfertigt werden.

(2) Informationsfreiheit (Art. 10 I 2 EMRK) der Nutzer informationstechnischer Systeme

Eine Beeinträchtigung der Informationsfreiheit liegt nicht vor. Die Möglichkeit, auf ein internetfähiges System aus der Ferne zuzugreifen, besteht derzeit schon und die mögliche gefühlte Beeinträchtigung, die entstehen könnte, wenn der Staat die Befugnis zu einem Zugriff hat, genügt nicht um die Eingriffsschwelle zu überschreiten.[1329]

Sofern dennoch ein Eingriff bejaht wird, ist dieser jedenfalls gerechtfertigt, wenn eine Ermächtigungsgrundlage geschaffen wird, weil die Interessen der

---

1326 Vgl. *Heinemann*, Computer-Grundrecht, S. 118 f.; *Schantz*, KritV 2007, 310 (315); *Hornung*, DuD 2007, 575 (577 f.).

1327 Dazu auch oben S. 307 ff.

1328 BVerfGE 120, 274 (319 ff.); 141, 220 (267 f.).

1329 Zum Vorliegen eines Eingriffs siehe oben S. 305 f.

Nutzer informationstechnischer Systeme in angemessener Weise berücksichtigt werden können.[1330]

(3) Recht auf ein faires Verfahren (Art. 6 EMRK)

Bei einem direkten Zugriff ist zudem der Schutzbereich des Rechts auf ein faires Verfahren (Art. 6 I EMRK) eröffnet. Das Einschleusen der Überwachungssoftware und der Zugriff auf das System dienen direkt der Durchführung einer akustischen Überwachung nach § 100f StPO, die nur gegen den Beschuldigten zulässig ist. Die Waffengleichheit als ein Aspekt des Rechts auf ein faires Verfahren wird bei einer akustischen Überwachung durch die Benachrichtigungspflichten sowie den nachträglichen Rechtsschutz des § 101 IV, VII 2 StPO gewahrt.[1331] Zudem hat der Betroffene die Möglichkeit auf die Erkenntnisse aus der Maßnahme zu reagieren, weshalb das Recht auf ein faires Verfahren aus diesem Blickwinkel nicht beeinträchtigt wird.[1332]

Allerdings könnte sich durch die heimliche Verwendung der informationstechnischen Systeme des Betroffenen eine Beeinträchtigung der Selbstbelastungsfreiheit ergeben. Zwar sind heimliche Maßnahmen grundsätzlich zulässig, jedoch darf der Betroffene nicht durch Täuschung in einer vernehmungsähnlichen Situation dazu gebracht werden, belastende Informationen preiszugeben, was zudem dem Staat zu zurechnen sein muss.[1333] Die Täuschung könnte in diesem Fall darin bestehen, dass der Betroffene über sein informationstechnisches System abgehört wird. Jedoch genügt dies allein noch nicht für eine Beeinträchtigung der Selbstbelastungsfreiheit. Soweit keine vernehmungsähnliche, dem Staat zurechenbare Situation vorliegt, erfolgen die Aussagen des Betroffenen freiwillig und außerhalb einer Drucksituation. Daher ist die Selbstbelastungsfreiheit in diesem Fall nicht verletzt.[1334]

Ein anderes Ergebnis kann allerdings vorliegen, wenn der Betroffene durch eine von den Strafverfolgungsbehörden instruierte Privatperson zu einer Aussage gedrängt wird, da in diesem Fall eine vernehmungsähnliche Situation vorliegen könnte. Entscheidend ist jedoch die konkrete Situation im Einzelfall.[1335]

1330 Zur Rechtfertigung des Eingriffs siehe oben S. 305 f.

1331 Vgl. *Zöller*, ZStW 2012, 411 (423 f.; 434 ff.).

1332 Dazu oben S. 299 f.

1333 Vgl. EGMR Urteil v. 05.11.2002 – Allan/UK, §§ 50 ff.; *Gaede*, JR 2009, 493 (496 ff.).

1334 Vgl. EGMR Urteil v. 21.01.2009 – Bykov/RUS, §§ 92 ff.; *Meyer*, in: Karpenstein/Mayer [Hrsg.], EMRK Art. 6 Rn. 141; *Kasiske*, StV 2014, 423 (423); *Müller*, EuGRZ 2001, 546 (557).

1335 EGMR Urteil v. 05.11.2002 – Allan/UK, § 51; Urteil v. 21.01.2009 – Bykov/RUS, §§ 92 ff.

Ferner ist die Selbstbelastungsfreiheit nicht beeinträchtigt, wenn die Strafverfolgungsbehörden die Überwachungssoftware mittels E-Mails an den Betroffenen schicken, da zwar die gegebenenfalls erfolgende Installation der Überwachungssoftware aufgrund einer Täuschung erfolgt, jedoch die Aussagen weiterhin freiwillig und nicht in einer vernehmungsähnlichen Situation erfolgen.[1336]

Somit ist das Recht auf ein faires Verfahren (Art. 6 I EMRK) grundsätzlich nicht verletzt.

(4) Fazit

Mit der Europäischen Menschenrechtskonvention ist das Einschleusen einer Überwachungssoftware zur akustischen Überwachung nur vereinbar, soweit eine Ermächtigungsgrundlage geschaffen wird, welche das Einschleusen der Überwachungssoftware explizit zur Durchführung der akustischen Überwachung erlaubt. Dabei müssen insbesondere die Interessen der Nutzer berücksichtigt und das Einschleusen der Überwachungssoftware nur bei schwerer Kriminalität erlaubt sein, da das Einschleusen einer Überwachungssoftware je nach Vorgehensweise in die Korrespondenz sowie das Privatleben (Art. 8 I EMRK) eingreift. Für das Mitlesen der Korrespondenz besteht mit der Telekommunikationsüberwachung eine Ermächtigungsgrundlage, die den Eingriff zu rechtfertigen vermag.

Ebenso verletzt der direkte Zugriff auf das informationstechnische System nicht das Recht auf ein faires Verfahren (Art. 6 I EMRK), da der Betroffene trotz heimlichen Zugriff auf sein informationstechnisches System grundsätzlich frei ist, in dem, was er sagt, und sich in keiner vernehmungsähnlichen Situation befindet.

Demgegenüber ist das Installieren einer Backdoor rechtlich nicht zulässig, da diese Gefahren schafft sowie die Strafverfolgung erschweren kann, weshalb die Interessen der Nutzer nicht hinreichend berücksichtigt werden.

1336 Vgl. EGMR Urteil v. 21.01.2009 – Bykov/RUS, §§ 92 ff.; vgl. auch oben S. 250 f.; 256 f.; 286.

d Vereinbarkeit mit der EU-Grundrechtecharta

(1) Achtung des Privat- und Familienlebens (Art. 7 GRCh) der Nutzer informationstechnischer Systeme

Bei dem direkten Zugriff auf ein informationstechnisches System muss auch bei Betrachtung der EU-Grundrechtecharta nach den verschiedenen technisch möglichen Vorgehensweisen unterschieden werden.

Das Integrieren einer Backdoor in das System des Betroffenen verletzt das Recht auf Achtung des Privatlebens.[1337] Zwar sind hier nicht pauschal alle informationstechnischen Systeme betroffen wie beispielsweise bei der ab Werk integrierten Backdoor, jedoch bleiben die Gefahren grundsätzlich bestehen. Auch wenn grundsätzlich nur auf dem System des Betroffenen eine Backdoor integriert wird, können gegebenenfalls Dritte über die Backdoor auf das System zugreifen und so sowohl die gespeicherten Daten auslesen als auch die Ressourcen des Systems nutzen.[1338] Insbesondere weil der Staat diese Sicherheitslücke für das System schafft, ist die Privatsphäre in unverhältnismäßiger Weise betroffen. Berücksichtigt werden muss dabei nicht nur, dass Gespräche abgehört werden können, sondern auch, dass grundsätzlich auch auf weitere Daten zugegriffen werden oder das System als solches verwendet werden kann.[1339]

Auch wenn keine Backdoor installiert wird, ist Art. 7 GRCh betroffen, da das System verändert wird und der Staat die Ressourcen des Systems verwendet.[1340] Für den Zugriff auf ein internetfähiges System fehlt es derzeit noch an einer Ermächtigungsgrundlage.[1341]

Bei Vorliegen einer wirksamen Ermächtigungsgrundlage ist die Maßnahme allerdings gerechtfertigt, wenn die Verhältnismäßigkeit gewahrt ist. Ein legitimes Ziel sowie die Geeignetheit als auch die Erforderlichkeit sind gegeben.[1342] Ferner ist die Maßnahme auch angemessen. Zwar werden die informationstechnischen Systeme heimlich infiltriert, jedoch soll dies nur zu dem Zweck geschehen, eine akustische Überwachung durchzuführen und weitere Daten auf

1337 Vgl. dazu oben S. 287 f.

1338 Vgl. *Katzenbeisser*, DuD 2016, 98 (99); *Gudermann*, Online-Durchsuchung, S. 25 f.; *Kohlmann*, Online-Durchsuchungen und andere Maßnahmen mit Technikeinsatz, S. 31; *Holzner*, Die Online-Durchsuchung, S. 12; *Buermeyer*, HRRS 2007, 154 (163); *Pohl*, DuD 2007, 684 (686).

1339 Vgl. dazu schon oben S. 307 f.; 313 f.

1340 Siehe oben S. 307 f.; 313 f.

1341 Dazu oben S. 304 f.

1342 Vgl. oben S. 307 ff.; 313 f.

dem Gerät sind nicht betroffen, weshalb es sich an sich um eine Vorbereitungshandlung für eine akustische Überwachung handelt. Die Interessen des Nutzers an der Vertraulichkeit und Integrität der informationstechnischen Systeme werden nicht unangemessen benachteiligt, wenn das Verwenden informationstechnischer Systeme zur akustischen Überwachung nur unter strengen Voraussetzungen zulässig ist.[1343] Da kein Zugriff auf weitere Daten erfolgen soll, sind grundsätzlich die Voraussetzungen der §§ 100f I, 100a StPO auseichend.[1344] Eine Verletzung von Art. 7 GRCh ist in diesem Fall nicht gegeben, jedoch fehlt eine taugliche Ermächtigungsgrundlage, die das Installieren der Überwachungssoftware erlaubt.

Das Überwachen der Internetverbindung, um eine Überwachungssoftware einzuschleusen, greift zudem in die Telekommunikation ein, da die Umstände der Telekommunikation erfasst werden können.[1345] Eine Internetverbindung ist grundsätzlich eine von Art. 7 GRCh erfasste Telekommunikationsart, zumal nicht vor dem Mitlesen festgestellt werden kann, ob es sich um Telekommunikation oder nur um eine Datenübertagung ohne Kommunikation handelt.[1346] Zum leichteren Einschleusen einer Überwachungssoftware bietet es sich an, die Datenübertragung via Internet zu beobachten und die Überwachungssoftware in übertragene Pakete einzuschleusen.[1347] Die Voraussetzungen für das Abhören der Telekommunikation sind gegeben, wenn auch die Voraussetzungen für eine akustische Überwachung gegeben sind (§ 100f StPO; § 100a StPO).

Mit der Verfolgung schwerer Straftaten ist ein legitimer Zweck gegeben.[1348] Ebenso sind sowohl die Geeignetheit als auch die Erforderlichkeit gegeben.[1349] Das Interesse des Nutzers an einer ungestörten und unveränderten Kommunikation tritt hier hinter dem Interesse an einer effektiven Strafverfolgung zurück, da grundsätzlich beim Mitlesen der Internetverbindung nur erfasst wird, dass der Nutzer gerade das Internet nutzt und weder der Inhalt der Kommunikation

---

1343 Vgl. dazu oben S. 307 ff.; 313 f.

1344 Vgl. *Hornick*, StraFo 2008, 281 (284 f.).

1345 Zum Eingriff in Art. 7 GRCh durch das Mitlesen einer Internetverbindung schon oben S. 285 ff.

1346 Vgl. *Bernsdorff*, in: Meyer [Hrsg.], GRCh, Art. 7 Rn. 24; *Weber*, in: Stern/Sachs [Hrsg.], GRChArt. 7 Rn. 50 f.; *Schorkopf*, in: Ehlers [Hrsg.], § 16 Rn. 25; dazu oben S. 109; 207.

1347 Vgl. *Schäfer/Roßberg*, Netzsicherheit, S. 548 ff.; 552 ff.; *Kraft/Weyert*, Network Hacking, S. 431 ff.

1348 Dazu schon oben S. 159 f.; 258 f.

1349 Dazu oben S. 258 f.; 313 f.

noch der Kommunikationspartner bekannt werden. Nachdem sogar der Inhalt der Kommunikation nach § 100a StPO abgehört werden darf,[1350] muss es erst recht möglich sein, lediglich die Umstände, also dass derzeit eine Internetverbindung besteht, zur Kenntnis zu nehmen. Insgesamt ist die Maßnahme verhältnismäßig und verletzt – bei Vorliegen einer geeigneten Ermächtigungsgrundlage – Art. 7 GRCh nicht.

(2) Schutz personenbezogener Daten (Art. 8 I GRCh) der Nutzer informationstechnischer Systeme

Ebenso sind insbesondere bei dem Überwachen der Internetverbindung personenbezogene Daten betroffen, da es sich bei den übertragenen Daten um personenbezogene Daten wie beispielsweise der IP-Adresse handelt,[1351] welche durch das Mitschneiden der Kommunikation erhoben werden. Soweit die Voraussetzungen des § 100a StPO vorliegen, ist der Eingriff jedoch gerechtfertigt.[1352]

Ebenso können bei einer durch die Überwachungssoftware installierten Backdoor durch einen Zugriff auf das System personenbezogene Daten erhoben werden. Dieser Eingriff ist allerdings nicht gerechtfertigt, da das Installieren einer Backdoor den Zugriff durch Dritte ermöglicht und daher eine zu große Gefahr für das System schafft.[1353]

(3) Informationsfreiheit (Art. 11 I 2 GRCh) der Nutzer informationstechnischer Systeme

Das Recht auf Informationsfreiheit ist beim Einschleusen einer Überwachungssoftware nicht betroffen, da die mögliche gefühlte Beeinträchtigung der Nutzer nicht ausreichend ist, um die Eingriffsschwelle zu überschreiben.[1354]

Sofern dennoch ein Eingriff in Art. 11 I 2 GRCh angenommen wird, ist dieser jedenfalls gerechtfertigt, wenn eine Ermächtigungsgrundlage zum Einschleusen der Überwachungssoftware geschaffen wird, da die Interessen der Nutzer ausreichend berücksichtigt werden können.[1355]

1350 Zur Verfassungsmäßigkeit des § 100a StPO vgl. BVerfGE 129, 208 (236 ff.); *Sachs*, JuS 2012, 374 (374 f.).

1351 Siehe oben S. 260.

1352 Vgl. dazu oben S. 260; 313 f.

1353 Vgl. dazu oben S. 294 f.; 307 f.; 313 f.

1354 Zum Vorliegen eines Eingriffs siehe oben S. 251 ff.; 255 f.; 284 f.; 288 f.

1355 Zur Rechtfertigung des Eingriffs siehe oben S. 251 ff.; 255 f.; 260 f.; 305 f.; 314 f.

(4) Fazit

Das Einschleusen einer Überwachungssoftware zur akustischen Überwachung greift auch in verschiedene Rechte der EU-Grundrechtecharta ein, wobei insbesondere das in Art. 7 I GRCh geschützt Privatleben sowie die dort geschützte Kommunikation betroffen sind. Der Eingriff in die Kommunikation durch das Mitlesen dieser zum einfacheren Einschleusen der Überwachungssoftware kann jedoch durch die Vorschrift zur Telekommunikationsüberwachung gerechtfertigt werden, die ähnliche Voraussetzungen aufweist wie die akustische Überwachung. Darüber hinaus könnte auch das Einschleusen einer Überwachungssoftware grundsätzlich gerechtfertigt werden, wenn eine Ermächtigungsgrundlage geschaffen würde, die das Einschleusen zur akustischen Überwachung explizit erlaubt und dabei gleichzeitigt den Zugriff auf gespeicherte Daten verbietet.

Allerdings kann das Installieren einer Backdoor nicht gerechtfertigt werden, weil dadurch zu viele Gefahren geschaffen werden und die Strafverfolgung erschwert werden kann.

e Fazit

Grundsätzlich wäre das Einschleusen einer Überwachungssoftware zur Durchführung einer akustischen Wohnraumüberwachung sowohl technisch als auch rechtlich möglich, jedoch ist dazu Voraussetzung, dass eine Ermächtigungsgrundlage geschaffen wird, da in jedem Fall in das Grundrecht auf Gewährleistung der Vertraulichkeit und Integrität informationstechnischer Systeme (Art. 2 I i.V.m. Art. 1 I GG) bzw. in das Recht auf Achtung des Privatlebens (Art. 8 I EMRK; Art. 7 GRCh) eingegriffen wird.

Ferner wird in die Kommunikationsfreiheit eingegriffen, wenn zunächst die Kommunikation via Internet mitgelesen wird, um die Überwachungssoftware leichter einschleusen zu können. Allerdings ist dieser Eingriff in Art. 10 I GG bzw. Art. 8 I EMRK bzw. Art. 7 GRCh durch die Vorschriften über die Telekommunikationsüberwachung gerechtfertigt.

Des Weiteren könnte durch eine Ermächtigungsgrundlage der Eingriff in Art. 2 I i.V.m. Art. 1 I GG bzw. Art. 8 I EMRK bzw. Art. 7 GRCh gerechtfertigt werden, wenn die Ermächtigungsgrundlage für den Nutzer erkennbar macht, dass zum Abhören des außerhalb von Wohnräumen gesprochenen Wortes informationstechnische Systeme infiltriert werden können und die vom Bundesverfassungsgericht aufgestellten Voraussetzungen für einen Zugriff auf ein informationstechnisches System berücksichtigt werden; das heißt die Ermächtigungsgrundlage muss insbesondere das Bestimmtheitsgebot wahren sowie den

Zugriff auf informationstechnische Systeme auf besonders schwere Straftaten begrenzen und Schutz vor Missbrauch aufweisen.[1356]

Demgegenüber ist es in jedem Fall nicht zulässig, durch eine Überwachungssoftware eine Backdoor zu installieren, da diese Gefahren schafft und zudem die Strafverfolgung erschweren kann.

4 Physischer Zugriff

Vergleichbar mit dem derzeitigen Vorgehen ist der physische Zugriff auf ein informationstechnisches System, in dessen Rahmen die Überwachungssoftware installiert wird. Daher wird im Folgenden zunächst geprüft, ob der physische Zugriff von § 100f StPO gedeckt ist, bevor auf die Vereinbarkeit der Maßnahme mit höherrangigem Recht eingegangen wird.

a Ermächtigungsgrundlage

Jedoch ist auch für den physischen Zugriff auf ein System § 100f I StPO keine taugliche Ermächtigungsgrundlage, da nach hier vertretener Ansicht Annexmaßnahmen nicht von § 100f StPO erfasst werden.[1357] Das Installieren einer Überwachungssoftware stellt jedoch eine Annexmaßnahme dar und damit eine nicht von § 100f I StPO erfasste Handlung.

Wenn allerdings davon ausgegangen wird, dass § 100f I StPO auch Annexmaßnahmen erfasst, könnte das Installieren erfasst sein. Jedoch ist dabei wiederum zu beachten, dass das informationstechnische System verändert wird und daher eine intensivere Maßnahme stattfindet als die rein akustische Überwachung beispielsweise durch Richtmikrofone.[1358] Durch die Veränderung eines informationstechnischen Systems wird in das Recht auf Gewährleistung der Vertraulichkeit und Integrität informationstechnischer Systeme eingegriffen, während dieses Recht bei der akustischen Überwachung nicht betroffen ist.[1359]

Ebenso bestehen keine weiteren Ermächtigungsgrundlagen für einen solchen Zugriff und der Installation einer entsprechenden Software.[1360]

Somit ermöglicht derzeit keine Ermächtigungsgrundlage den physischen Zugriff auf ein informationstechnisches System.

1356 Vgl. BVerfGE 120, 274 (315 ff.).

1357 Dazu S. 279 f.

1358 Vgl. BVerfGE 141, 220 (286 ff.; 290 f.); vgl. oben S. 279 f.

1359 Dazu schon oben S. 266 ff. im Rahmen der akustischen Wohnraumüberwachung sowie im Folgenden (S. 322 ff.).

1360 Vgl. schon oben S. 262 f.; 304 f.

b Vereinbarkeit mit dem Grundgesetz

Der physische Zugriff auf das System kommt dem derzeitigen Vorgehen am nächsten. Dennoch ist die Intensität eines physischen Zugriffs auf ein internetfähiges informationstechnisches System höher als das derzeitige Vorgehen, da das System des Betroffenen durch die Installation der Überwachungssoftware verändert wird,[1361] weshalb im Folgenden die Vereinbarkeit mit höherrangigem Recht geprüft wird.

(1) Unverletzlichkeit der Wohnung (Art. 13 I GG) der Nutzer informationstechnischer Systeme

Bei einer Überwachung außerhalb der Wohnung ist Art. 13 I GG grundsätzlich nicht betroffen, was daher auch bei einem physischen Zugriff gilt. Wenn allerdings auf ein System zugegriffen wird, welches sich in einer Wohnung befindet, ist Art. 13 I GG zu beachten.[1362]

(2) Allgemeines Persönlichkeitsrecht (Art. 2 I i.V.m. Art. 1 I GG) der Nutzer informationstechnischer Systeme

Bei einem physischen Zugriff und einer Überwachung außerhalb der Wohnung kommt als betroffenes Grundrecht das Allgemeine Persönlichkeitsrecht (Art. 2 I i.V.m Art. 1 I GG) in Betracht.[1363]

i Recht auf Gewährleistung der Vertraulichkeit und Integrität informationstechnischer Systeme

Im Unterschied zum derzeitigen Vorgehen, insbesondere durch Richtmikrofone, erfolgt neben der eigentlichen akustischen Überwachung auch ein physischer Zugriff auf das System.[1364] Durch den physischen Zugriff und dem Installieren einer Überwachungssoftware ist allerdings erneut das Recht auf

---

1361 Vgl. *Singelnstein*, NStZ 2014, 305 (310), *Kurose/Ross*, Computer Networking, S. 82 f.

1362 Dazu oben S. 264 ff.

1363 Zur akustischen Überwachung innerhalb der Wohnung schon oben S. 264 ff.; Art. 13 I GG kommt nicht in Betracht, solange das Gerät nicht in die Wohnung verbracht wird. Sollte das der Fall sein, findet eine Überwachung innerhalb der Wohnung statt, sodass die Voraussetzungen für eine akustische Wohnraumüberwachung ausschlaggebend sind.

1364 Vgl. nur *Eisenberg*, Beweisrecht der StPO, Rn. 2522; *Wolter/Greco*, in: SK-StPO, § 100f Rn. 7; dazu auch oben S. 95 ff.

Gewährleistung der Vertraulichkeit und Integrität informationstechnischer Systeme (Art. 2 I i.V.m. Art. 1 I GG) betroffen.

Das System wird durch das Installieren der Software in der Regel verändert und die Ressourcen stehen nicht mehr nur dem Nutzer, sondern auch den Strafverfolgungsbehörden zur Verfügung.[1365] Damit ist sowohl die Vertraulichkeit als auch die Integrität des Gerätes beeinträchtigt, da die Ressourcen des Systems verwendet werden können und das System durch Dritte bedient werden kann, weshalb die Rechtfertigung des Eingriffs notwendig ist.[1366]

Derzeit besteht keine taugliche Ermächtigungsgrundlage, die einen Eingriff zu rechtfertigen vermag.[1367] Eine solche könnte allerdings geschaffen werden, wenn der physische Zugriff auf ein System und das Installieren einer Überwachungssoftware verhältnismäßig ist. Ein legitimer Zweck besteht mit einer effektiven Strafverfolgung ebenso, wie mit einer internetbasierten akustischen Überwachung ein geeignetes Mittel besteht.[1368]

Dem Gesetzgeber ist ein Einschätzungsspielraum gegeben und dieser wird nicht überschritten, weshalb der physische Zugriff auf ein System als erforderlich angesehen werden kann, da nicht sicher feststeht, dass andere mildere Mittel mit dem gleichen Erfolg bestehen.[1369]

Erneut kommt es entscheidend auf die Angemessenheit des physischen Zugriffs an. Das Interesse des Staates und der Allgemeinheit an einer effektiven Strafverfolgung steht dem Interesse der Nutzer von informationstechnischen Systemen an der Unversehrtheit und Sicherheit der Systeme gegenüber.[1370] Das Recht auf Gewährleistung der Vertraulichkeit und Integrität informationstechnischer Systeme schützt Systeme insbesondere vor unberechtigten Zugriffen, da das Interesse an der Vertraulichkeit gerade mit zunehmender Verwendung internetfähiger Systeme steigt. In einem Smart Home System können viele Systeme miteinander verbunden werden und zentral beispielsweise über das Smartphone gesteuert werden. Insbesondere in diesen Systemen hat der Nutzer ein großes Interesse an der Unversehrtheit der Systeme und vertraut auf die Sicherheit der

1365 Vgl. *Schäfer/Roßberg*, Netzsicherheit, S. 456; *Kurose/Ross*, Computer Networking, S. 82 f.; zur Ressourcennutzung durch den Staat vgl. schon oben S. 195 f.; 215 f.

1366 Vgl. schon oben S. 246 ff.; 266 ff.

1367 Dazu oben S. 321.

1368 Vgl. BVerfGE 109, 279 (335 ff.); *Merten*, in: Papier/Merten [Hrsg.], Handbuch der Grundrechte, Bd. III, § 68 Rn. 20.

1369 Vgl. oben S. 264 ff.

1370 Vgl. BVerfGE 33, 367 (383); 34, 238 (248 f.); 38, 105 (316); 44, 353 (373 f.); 51, 324 (343).

Systeme und damit auch auf die Sicherheit seiner Wohnung und Daten, womit grundsätzlich ein schützenswertes Interesse vorliegt.[1371]

Allerdings ist das Interesse an einer effektiven Strafverfolgung ebenso bedeutsam. Eine akustische Überwachung ist für Strafverfolgungsbehörden erforderlich, um schwere Straftaten aufzuklären.[1372] Durch die Maßnahme sind nur diejenigen betroffen, bei denen der Verdacht einer Katalogstraftat gegeben ist, und wenn die weiteren Voraussetzungen des § 100f StPO vorliegen. Ferner beschränkt sich der Zugriff auf das System auf die Installation der Überwachungssoftware, weshalb keine weiteren Daten erhoben werden.

Zwar sind die Anforderungen an eine Rechtfertigung eines Eingriffs nach dem Bundesverfassungsgericht hoch, das heißt die Ermächtigungsgrundlage muss bestimmt genug sein, einen konkreten Tatverdacht fordern sowie den Zugriff auf ein informationstechnisches System auf besonders schwere Straftaten begrenzen und verfahrensrechtliche Schutzmöglichkeiten des Betroffenen wie einem Richtervorbehalt vorsehen,[1373] jedoch ging es dabei um einen heimlichen Zugriff auf gespeicherte Daten. Dies ist hier allerdings gerade nicht der Fall, auch wenn die „entscheidende Hürde genommen [ist], um das System insgesamt auszuspähen",[1374] da das System nur als Abhöranlage verwendet und dafür eine Überwachungssoftware aufgespielt werden soll, ohne dass auf gespeicherte Daten zugegriffen wird. Die Beeinträchtigung des Systems ist dabei ähnlich wie bei einer Quellen-Telekommunikationsüberwachung, bei der auch eine Überwachungssoftware installiert wird, die den Zugriff ausschließlich auf die laufende Telekommunikation ermöglichen soll.

Die Interessen der Nutzer sind auch bei weniger strengen Voraussetzungen, als denen der akustischen Wohnraumüberwachung oder der Online-Durchsuchung, ausreichend berücksichtigt, da die akustische Überwachung schon auf bestimmte Straftaten begrenzt ist. Zudem wird auch bei einer Quellen-Telekommunikationsüberwachung auf das System zugegriffen und die Voraussetzungen des § 100a StPO dafür von einer Ansicht als ausreichend erachtet,[1375] wobei

---

1371 Vgl. BVerfGE 120, 274 (306 ff.).

1372 Vgl. BVerfGE 109, 279 (336 ff.).

1373 Vgl. BVerfGE 120, 274 (315 ff.).

1374 BVerfGE 120, 274 (308).

1375 *Hornick*, StraFo 2008, 281 (284); *Bratke*, Quellen-Telekommunikation, S. 148 ff.; *Schmitt*, in: Meyer-Goßner/Schmitt [Hrsg.], StPO, § 100a Rn. 7a; a.A.: *Kleih*, Die strafprozessuale Überwachung der Telekommunikation, S. 201; *Brodowski*, Verdeckte technische Überwachungsmaßnahmen, S. 205 f.; *Sankol*, CR 2008, 13 (14 f.). Mit dem Einfügen der Quellen-Telekommunikationsüberwachung in § 100a StPO hat sich diese Diskussion jedoch erledigt, wobei die Voraussetzungen für die

diese Voraussetzungen in weiten Teilen auch bei der akustischen Überwachung außerhalb der Wohnung gelten.[1376]

Ein Eingriff in das „Computer-Grundrecht“ für eine akustische Überwachung könnte daher gerechtfertigt werden, wozu allerdings eine gesetzliche Grundlage zur Installation der Überwachungssoftware notwendig ist, die jedoch den Zugriff auf das Mikrofon begrenzt.

ii Selbstbelastungsfreiheit (nemo tenetur se ipsum accusare)

Bei einem physischen Zugriff auf ein informationstechnisches System zum Installieren einer Überwachungssoftware könnte der Betroffene in seiner Selbstbelastungsfreiheit beeinträchtigen. Zwar liegen weder Druck noch Zwang vor, jedoch könnte es sich um eine Täuschung handeln, die die Selbstbelastungsfreiheit einschränkt. Der physische Zugriff auf das informationstechnische System kann unter anderem unter einem Vorwand erfolgen, sodass der Betroffene nicht weiß, dass der Staat eine Überwachungssoftware installiert hat. Allerdings dient diese Täuschung nicht direkt der Preisgabe von Informationen, sondern lediglich der Möglichkeit, eine Überwachungssoftware zu installieren. Der Betroffene bleibt frei in seiner Entscheidung, welche Informationen er seinem Gesprächspartner mitteilen möchte und ist insofern grundsätzlich keinerlei Täuschung ausgesetzt, die die Selbstbelastungsfreiheit beeinträchtigt[1377]

Somit ist der Betroffene auch nicht in seiner Selbstbelastungsfreiheit verletzt.

(3) Fazit

Der physische Zugriff auf ein informationstechnisches System zum Installieren einer Überwachungssoftware greift wie die akustische Überwachung selbst in Art. 2 I i.V.m. Art. 1 I GG ein, jedoch in der Ausprägung des Rechts auf Gewährleistung der Vertraulichkeit und Integrität informationstechnischer Systeme, da das System durch die Installation verändert wird. Aus diesem Grund genügt auch § 100f StPO nicht für die Installation einer Überwachungssoftware (J.II.3.a.), weshalb eine Ermächtigungsgrundlage geschaffen werden müsste, die explizit

---

Quellen-Telekommunikationsüberwachung grundsätzlich die gleichen sind wie bei der Telekommunikationsüberwachung. Es soll lediglich soweit möglich, Vorsorge getragen werden, dass nur die laufende Telekommunikation erfasst wird. Eine andere Frage ist lediglich, ob die Quellen-Telekommunikationsüberwachung in der derzeitigen Ausgestaltung mit dem Grundgesetz vereinbar ist.

1376 Zu den Voraussetzungen der akustischen Überwachung außerhalb der Wohnung nach § 100f StPO oben S. 277 ff.

1377 Zur Selbstbelastungsfreiheit schon oben S. 268 f.; 271 f.; 299 f.

den Zugriff auf informationstechnische Systeme zum Installieren einer Überwachungssoftware erlaubt und den Zugriff auf weitere als den zur Installation notwendigen Daten verbietet.

c Vereinbarkeit mit Europäische Menschenrechtskonvention

(1) Recht auf Achtung des Privat- und Familienlebens (Art. 8 EMRK) der Nutzer informationstechnischer Systeme

Bei einem physischen Zugriff auf die Geräte zum Installieren einer Überwachungssoftware ist das Privatleben betroffen, wenn auch ein Zugriff auf personenbezogene Daten erfolgt, da diese vom Recht auf Achtung des Privatlebens im Sinne des Art. 8 I EMRK erfasst sind und auf informationstechnischen Systemen häufig personenbezogene Daten gespeichert sind.[1378] Ferner betrifft das Installieren einer Überwachungssoftware auf dem System das Privatleben, da damit unter anderem die Ressourcen des Systems aus der Ferne genutzt werden.[1379] Ebenso wird durch das eigentliche Abhören in das Privatleben eingegriffen, weil dadurch Gespräche den Strafverfolgungsbehörden bekannt werden, die im privaten Umfeld des Betroffenen erfolgten.[1380]

Zur Rechtfertigung des Eingriffs in Art. 8 I EMRK liegt mit der effektiven Strafverfolgung ein in Art. 8 II EMRK genanntes Ziel vor,[1381] wozu eine heimliche akustische Überwachung auch grundsätzlich notwendig ist.[1382] Die Wahl des Mittels zur Durchführung der akustischen Überwachung ist grundsätzlich Aufgabe des Staates.[1383]

Im Rahmen der Verhältnismäßigkeit ist ein strenger Maßstab anzulegen.[1384] Auf Seiten des Staates ist das Interesse an einer effektiven Strafverfolgung und einer effizienten akustischen Überwachung zu berücksichtigen. Demgegenüber

---

1378 Dazu oben S. 137 ff.

1379 Vgl. BverfGE 120, 274 (314); *Heinemann*, Grundrechtlicher Schutz informationstechnischer Systeme, S. 225 f.

1380 Vgl. dazu oben S. 307 ff.; 315 f.

1381 Vgl. BVerfGE 77, 65 (76); 80, 367 (375); 100, 313 (388 f.); 107, 299 (316); 109, 279 (335 f.); *Marauhn/Thorn*, in: Dörr/Grote/Marauhn [Hrsg.], Kap. 16 Rn. 93; *Merten*, in: Merten/Papier [Hrsg.], Handbuch der Grundrechte, Bd. III, § 68 Rn. 60.

1382 BVerfGE 109, 279 (335).

1383 Vgl. *Esser*, in: LR-StPO, Bd. 11, Art 8 EMRK Rn. 55; *Meyer-Ladewig/Nettesheim*, in: Meyer-Ladewig/Nettesheim/von Raumer [Hrsg.], Art. 8 Rn. 110 ff.; *Pätzold*, in: Karpenstein/Mayer [Hrsg.], Art. 8 Rn. 97 f.

1384 Vgl. *Grabenwarter/Pabel*, Europäische Menschenrechtskonvention, § 22 Rn. 38; 43 f.; *Frowein*, in: Frowein/Peukert [Hrsg.], Art. 8 Rn. 16.

hat der Nutzer ein Interesse daran, dass seine Systeme nur von ihm genutzt und nicht gegen ihn verwendet werden[1385] und er möchte seine Privatsphäre geschützt wissen, um sich unbeobachtet und ungestört durch einen Austausch mit anderen entfalten zu können.[1386] Diese wird jedoch auch durch die derzeitige akustische Überwachung eingeschränkt, wobei hinzukommt, dass keine Daten auf dem System zur Kenntnis genommen werden, sondern die Systeme nur als Wanze fungieren. Obwohl informationstechnische Systeme eine immer größere Bedeutung in der Gesellschaft erlangen, verändert sich die Privatheit der Gespräche außerhalb der Wohnung nicht, da diese unabhängig von informationstechnischen Systemen geführt werden und die Systeme an sich insofern auch nur in geringem Maße beeinträchtigt sind.[1387] Soweit ein Eingriff vorliegt, könnte dieser daher jedenfalls durch eine Ermächtigungsgrundlage gerechtfertigt werden, die den Zugriff auf die Installation der Überwachungssoftware beschränkt.

(2) Recht auf ein faires Verfahren (Art. 6 EMRK)

In Bezug auf das Recht auf ein faires Verfahren ist der physische Zugriff auf das System nicht anders zu bewerten als die derzeitige akustische Überwachung, wobei durch den Zugriff zunächst noch keine Erkenntnis gewonnen wird. Das eigentlich Relevante in diesem Zusammenhang ist die akustische Überwachung, aus der dann gegebenenfalls relevante Erkenntnisse gewonnen werden, wobei hier allerdings die Waffengleichheit gewahrt ist, da bei der akustischen Überwachung eine Benachrichtigungspflicht gemäß § 101 IV StPO sowie eine nachträgliche Rechtschutzmöglichkeit gemäß § 101 VII 2 StPO bestehen.[1388]

Einzig zu einem anderen Ergebnis könnte der Umstand führen, dass die Strafverfolgungsbehörden sich unter einem Vorwand Zugriff auf das informationstechnische System des Betroffenen verschaffen und dieses als „Wanze" nutzen. Da der Zugriff mit einer Täuschung einhergehen kann, kommt hier insbesondere eine Beeinträchtigung der Selbstbelastungsfreiheit in Betracht. Jedoch ist der Betroffene im Zeitpunkt seiner Informationspreisgabe frei und keinerlei Druck, Zwang oder Täuschung mehr unterworfen. Daher kann er bewusst entscheiden, was er seinem Gesprächspartner mitteilt und sich insofern selbst belastet. Somit ist auch in dieser Situation die Selbstbelastungsfreiheit nicht

---

1385 Vgl. BVerfGE 120, 274 (313 f.); *Buermeyer* HRRS 2007, 154 (162).

1386 Vgl. dazu auch oben S. 137 ff.; 322 ff.

1387 Dazu oben S. 322 ff.

1388 Zum fairen Verfahren im Sinne des Art. 6 EMRK siehe oben S. 146 ff.

beeinträchtigt, sofern der Betroffene nicht durch einen vom Staat instruierten Dritten dazu gedrängt wird, belastende Informationen preiszugeben.[1389]

Somit ist das Recht auf ein faires Verfahren grundsätzlich nicht verletzt, wenn die Strafverfolgungsbehörden eine Überwachungssoftware auf einem informationstechnischen System des Betroffenen installieren.

(3) Fazit

Der physische Zugriff auf Informationstechnische Systeme zum Installieren einer Überwachungssoftware zur akustischen Überwachung greift auch in Art. 8 EMRK ein, da nach hier vertretener Ansicht informationstechnische Systeme unter das Merkmal des Privatlebens fallen (F.I.1.) und die Installation der Überwachungssoftware das System verändert. Allerdings kann dieser Eingriff durch eine Ermächtigungsgrundlage gerechtfertigt werden, die den physischen Zugriff und die Installation explizit erlaubt und den Zugriff auf gespeicherte Daten verhindert, sofern diese nicht zur Installation benötigt werden, da dadurch auch die Interessen der Nutzer gewahrt werden können.

Des Weiteren liegt keine Beeinträchtigung des Rechts auf ein faires Verfahren (Art. 6 EMRK) vor, sofern der Betroffene über die Maßnahme informiert wird und die Möglichkeit nachträglichen Rechtschutzes besteht. Ebenso ist die Selbstbelastungsfreiheit nicht schon dadurch beeinträchtigt, dass die Strafverfolgungsbehörden das informationstechnische System des Betroffenen als Abhörvorrichtung einsetzen, solange die Aussagen freiwillig und nicht in einer vernehmungsähnlichen Situation erfolgen.

d Vereinbarkeit mit der EU-Grundrechtecharta

(1) Achtung des Privat- und Familienlebens (Art. 7 GRCh) der Nutzer informationstechnischer Systeme

Die Wohnung sowie die Telekommunikation sind zwar nicht betroffen, jedoch ist das Recht auf Achtung des Privatlebens betroffen.[1390]

Informationstechnische Systeme und der Zugriff auf selbige gehören zum Privatleben, da sich der Verwender unter anderem auch durch die Nutzung der Systeme entfaltet und dort private Daten speichert.[1391] Durch den heimlichen Zugriff wird in dieses Recht eingegriffen, weil dadurch die Privatheit der

1389 Vgl. EGMR Urteil v. 05.11.2002 – Allan/UK, §§ 50 ff.; *Gaede*, JR 2009, 493 (496 ff.).
1390 Vgl. dazu oben S. 322 ff.; 327 f.
1391 Vgl. BverfGE 120, 274 (303 ff., 313 f.); dazu oben S. 156 ff.

Systeme nicht mehr gewährleistet werden kann und während des Zugriffs die gespeicherten Daten wahrgenommen werden könnten,[1392] jedoch ist eine Rechtfertigung grundsätzlich möglich.

Eine taugliche Ermächtigungsgrundlage besteht zwar derzeit nicht, eine solche ist aber denkbar, wenn die Maßnahme ansonsten den Anforderungen der EU-Grundrechtecharta entspricht und insbesondere die Verhältnismäßigkeit gewahrt wird.

Ein legitimes Ziel sowie die Geeignetheit und Erforderlichkeit der Maßnahme liegen vor.[1393] Ebenso ist die Angemessenheit gegeben. Zwar haben die Nutzer ein Interesse daran, dass ihre informationstechnischen Systeme nicht gegen sie eingesetzt werden und auch kein heimlicher Zugriff zum Installieren einer Überwachungssoftware auf diese erfolgt. Das Interesse, dass die Systeme nicht gegen sie als „Wanze" eingesetzt werden, ist verglichen mit der effektiven Strafverfolgung als geringer zu bewerten, da grundsätzlich nur diejenigen Betroffen sind, gegen die der Verdacht einer Katalogstraftat nach § 100a II StPO besteht.[1394] Bei dem Zugriff werden darüber hinaus auch keine Daten mittels Durchsuchung des Systems erfasst, wie dies bei einer Online-Durchsuchung der Fall ist. Es wird lediglich eine Software installiert, sodass grundsätzlich kein Vergleich mit der Online-Durchsuchung hergestellt werden kann.

Nichtsdestoweniger werden die Systeme verändert und ermöglichen so die Steuerung aus der Ferne,[1395] wodurch die Integrität des Systems betroffen ist. Jedoch wird auch dort in vergleichsweise geringem Maße auf das System zugegriffen, indem lediglich das Mikrofon aktiviert wird[1396] und für den Nutzer keine weiteren Gefahren bestehen.

Insgesamt kann daher das Installieren einer Software mittels eines physischen Zugriffs durch eine geeignete Ermächtigungsgrundlage ermöglicht werden, die geeignete Sicherungen enthält und nur den Zugriff auf das System zum Installieren der Überwachungssoftware zulässt.

1392 Vgl. BverfGE 120, 274 (313 ff.); dazu oben S. 272 f.; 326 f.

1393 Dazu oben S. 322 ff.

1394 Dazu oben S. 279 f.

1395 Dazu schon oben S. 266 ff.

1396 Dazu schon oben S. 322 ff.

(2) Schutz personenbezogener Daten (Art. 8 I GRCh) der Nutzer informationstechnischer Systeme

Personenbezogene Daten werden durch den physischen Zugriff zwar grundsätzlich beeinträchtigt, allerdings wäre dieses Vorgehen bei Vorliegen einer geeigneten Ermächtigungsgrundlage zulässig, da die Interessen des Nutzers nicht in unangemessener Weise beeinträchtigt werden.[1397]

(3) Fazit

Der physische Zugriff auf informationstechnische Systeme zum Installieren einer Überwachungssoftware beeinträchtigt Art. 7 GRCh sowie Art. 8 I GRCh, da informationstechnische Systeme eine Vielzahl personenbezogener Daten beinhalten sowie Teil des geschützten Privatlebens sind. Diese Eingriffe können allerdings durch eine Ermächtigungsgrundlage gerechtfertigt werden, die den Zugriff und das Installieren einer Überwachungssoftware explizit erlaubt und dabei den Zugriff auf auf dem System gespeicherte Daten verbietet, sofern die Daten nicht für die Installation notwendig sind, wodurch auch die Interessen der betroffenen Nutzer hinreichend berücksichtigt werden, da Installation auch nur durchgeführt werden darf, wenn die Voraussetzungen für eine akustische Überwachung vorliegen.

e Fazit

Grundsätzlich könnte ein physischer Zugriff auf ein informationstechnisches System zum Installieren einer Überwachungssoftware zur Durchführung einer akustischen Überwachung rechtlich zulässig sein. Da der Zugriff und die Installation der Überwachungssoftware allerdings in Rechte des Betroffenen eingreifen, ist eine Ermächtigungsgrundlage notwendig, die sowohl den Zugriff als auch die Installation der Überwachungssoftware explizit erlaubt, wenn eine akustische Überwachung durchgeführt werden darf. Ferner müsste eine solche Ermächtigungsgrundlage ausschließen, dass auf weitere Daten zugegriffen wird, als diejenigen, die zur Installation erforderlich sind, dadurch würden die Interessen der Nutzer hinreichend berücksichtigt und die Eingriffe in Art. 2 I i.V.m. Art. 1 I GG sowie Art. 8 I EMRK und Art. 7 GRCh wären gerechtfertigt.

1397 Vgl. schon oben S. 327 f.; 328 ff.

III Fazit

Eine akustische Überwachung außerhalb des Wohnraums ist nach § 100f StPO zulässig. Ebenso wie bei der akustischen Wohnraumüberwachung (§ 100c StPO) dürfen zwar technische Mittel eingesetzt werden, jedoch genügt auch hier § 100f StPO als Ermächtigungsgrundlage nicht, um eine der untersuchten internetbasierten Maßnahmen in rechtlicher Hinsicht zu ermöglichen.

Eine Verpflichtung der Hersteller, dauerhaft aktivierte Mikrofone zu integrieren, kann nicht erfolgen, da diese zu einer nahezu dauerhaften Überwachung führt und damit gegen das Grundgesetz, die Europäische Menschenrechtskonvention sowie die EU-Grundrechtecharta verstößt.[1398]

Ebenso ist eine Backdoor, unabhängig davon, ob diese ab Werk besteht oder später durch eine Überwachungssoftware installiert wird, unzulässig. Eine solche Backdoor eröffnet in beiden Fällen Gefahren für den Nutzer und auch für die Gesellschaft, indem sie den Zugriff auf das System auch für Dritte ermöglicht. Diese können die Backdoor für den Zugriff auf die Systeme und einen Zusammenschluss dieser zu einem sogenannten *Bot-Netz* verwenden.[1399]

Dennoch ist die akustische Überwachung durch ein informationstechnisches System möglich. Es bleiben die technischen Möglichkeiten bestehen, eine Überwachungssoftware einzuschleusen oder physisch auf das System zuzugreifen. Allerdings besteht in beiden Fällen keine ausreichende Ermächtigungsgrundlage. Sofern eine solche geschaffen wird, die das Einschleusen einer Überwachungssoftware zur Durchführung einer akustischen Überwachung erlaubt, können beide technischen Möglichkeiten eingesetzt werden, um eine akustische Überwachung durchzuführen.

Grundsätzlich bieten sich zu dem Einschleusen einer Überwachungssoftware und dem physischen Zugriff auf das System alle genannten internetfähigen Systeme an. Jedoch darf die Maßnahme nicht auf allen Systemen durchgeführt werden. Da es sich um eine akustische Überwachung außerhalb der Wohnung handelt, dürfen auch nur Systeme außerhalb der Wohnung betroffen sein. Damit scheiden in der Regel der PC sowie der Smart-TV aus, da sich diese grundsätzlich in der Wohnung befinden. Ferner ist das Smart Car ausgenommen, da dieses nach hier vertretener Ansicht als vom Wohnungsbegriff erfasst angesehen wird (E.I.1.a.). Weiterhin werden auch Spielzeuge häufig innerhalb der Wohnung verwendet.

1398 Dazu oben S. 283 ff.

1399 Zu den Gefahren durch eine Backdoor oben S. 219 ff.

Demgegenüber kann die Maßnahme auf Smartphone, Tablet und Laptop durchgeführt werden, weil diese Systeme transportabel und daher auch außerhalb der Wohnung vorhanden sind. Dabei muss jedoch darauf geachtet werden, dass keine Gespräche aus der Wohnung erfasst werden.

Obwohl eine internetbasierte akustische Überwachung mittels eines Fernzugriffs auf das System oder mittels eines physischen Zugriffs bei der Wahl des Systems eingeschränkt ist, wären diese beiden Überwachungsmöglichkeiten grundsätzlich mit höherrangigem Recht vereinbar,[1400] sofern eine Ermächtigungsgrundlage geschaffen wird, und könnten daher eingesetzt werden.

1400 Zur Verfassungsmäßigkeit des Fernzugriffs siehe oben S. 305 ff.; zur Verfassungsmäßigkeit des physischen Zugriffs oben S. 322 ff.

K. Akustische Wohnraumüberwachung zur Gefahrenabwehr

Nicht nur zu Zwecken der Strafverfolgung, sondern auch zur Gefahrenabwehr sind akustische Überwachungsmaßnahmen in allen Bundesländern sowie auf Bundesebene nach dem Bundeskriminalamtgesetz (BKAG) zulässig.[1401] Im Folgenden wird daher untersucht, inwiefern eine internetbasierte akustische Wohnraumüberwachung mittels informationstechnischer Systeme zur Gefahrenabwehr rechtlich zulässig ist.

I Allgemeines

Die Polizeigesetze aller Bundesländer sowie das Bundeskriminalamtgesetz weisen Vorschriften zur verdeckten akustischen und optischen Wohnraumüberwachung auf, wobei sich die folgende zusammengefasste Darstellung auf die akustische Wohnraumüberwachung beschränkt.

Obwohl alle Bundesländer und das Bundeskriminalamtgesetz eine akustische Wohnraumüberwachung zur Gefahrenabwehr erlauben, weichen die Voraussetzungen im Einzelnen teilweise ebenso voneinander ab wie die Art und Weise, in der die Maßnahme geregelt ist. In einigen Bundesländern besteht ebenso wie im Bundeskriminalamtgesetz (§ 20h BKAG)[1402] eine Norm, die nur die akustische Wohnraumüberwachung regelt,[1403] während in anderen Bundesländern lediglich ein Absatz innerhalb der Regelung zur akustischen Überwachung die Voraussetzungen für eine akustische Wohnraumüberwachung festsetzt.[1404]

1401 Die folgenden Ausführungen sind auf die Polizeigesetze der Länder und das Bundeskriminalamtgesetz begrenzt. Jedoch lässt sich auch in weiteren gefahrenabwehrrechtlichen Gesetzen (BNDG, G10-Gesetz; BVerfSchG) keine Ermächtigungsgrundlage finden, die die hier untersuchte Maßnahme in der Form ermöglicht.

1402 § 20h BKAG wurde vom Bundesverfassungsgericht mit Urteil vom 20.04.2016 für mit Art. 2 I i.V.m. Art. 1 I , Art. 10, Art. 13 I, III i.V.m Art. 1 I und 19 I GG unvereinbarerklärt (BVerfGE 141, 220). Mit dem Gesetz zur Neustrukturierung des Bundeskriminalamtgesetzes vom 01.Juni 2017 wurde auch das Bundesverfassungsgerichtsurteil umgesetzt und die Vorschrift zur akustischen Wohnraumüberwachung neu erlassen (§ 46 BKAG), welche am 25. Mai 2018 in Kraft tritt; BGBl. 2017 I, 1354.

1403 § 23 PolG; Art. 34 PAG; § 33a BbgPolG; § 10a PolDVG; § 34b SOG M-V; § 25a Nds. SOG; § 18 PolG NRW; § 29 POG; § 28a SpolG; § 41 SächsPolG; § 35 ThPAG.

1404 § 25 ASOG Bln; § 33 BremPolG; § 15 HSOG; § 17 SOG LSA; § 185 LVwG.

Übereinstimmend wird in allen Polizeigesetzen wie auch im Bundeskriminalamtgesetz der Einsatz technischer Mittel zur akustischen Überwachung erlaubt,[1405] da dies gerade das Besondere an einer akustischen Wohnraumüberwachung ist und bei einer Wahrnehmbarkeit der Gespräche ohne technische Mittel die Besonderheit der akustischen Wohnraumüberwachung entfällt.[1406] Ebenso wird der Kernbereich privater Lebensgestaltung durch alle Vorschriften geschützt und die akustische Wohnraumüberwachung darf nur durchgeführt werden, wenn eine Prognose ergibt, dass der Kernbereich nicht von der akustischen Überwachung berührt ist.[1407]

Eine weitere Gemeinsamkeit besteht in der Voraussetzung, dass eine akustische Wohnraumüberwachung bei einer (gegenwärtigen/dringenden) Gefahr für Leib oder Leben zulässig ist,[1408] darüber hinaus ermöglichen einige Polizeigesetze sowie das Bundeskriminalamtgesetz die Maßnahme auch bei einer Gefahr

---

1405 § 20h I BKAG (ab. 25.05.2018: § 46 I BKAG); § 23 PolG; Art. 34 PAG; § 25 ASOG Bln; § 33a BbgPolG; § 33 BremPolG; § 10a PolDVG; § 15 HSOG; § 34b SOG M-V; § 35a Nds.SOG; § 18 PolG NRW; § 29 POG; § 28a SpolG; § 41 SächsPolG; § 17 SOG LSA; § 185 LVwG; § 25 ThPAG.

1406 Vgl. BVerfGE 109, 279 (327 f.); *Kugelmann*, Polizei- und Ordnungsrecht S. 199; *Schenke*, Polizei- und Ordnungsrecht, Rn. 193.

1407 § 20h V BKAG (ab 25.05.2018: § 46 VI BKAG); § 23 II, V PolG; Art. 34 II PAG; § 25 IVa ASOG Bln; § 33a III BbgPolG; § 33 IV BremPolG; §§ 10a II, 10 III PolDVG; § 15 IV 4 HSOG; § 34b II SOG M-V; § 35a II, III Nds.SOG; §§ 29 I 2, 39a II POG; § 28d I SpolG; § 41 VI, VII SächsPolG; § 17 IVa, IVb, IVc SOG LSA; § 186a I, II, III LVwG; § 35 II ThPAG; dazu *Schenke*, in: Schenke/Graulich/Ruthig [Hrsg.], § 20h BKAG, Rn. 31 ff.; *Stephan*, in: Wolf/Stephan/Deger [Hrsg.], Polizeigesetz BW, Art. 23 Rn. 12 f.; 18; *Schmidbauer*, in: Schmidbauer/Steiner [Hrsg.], Bayerisches Polizeiaufgabengesetz, Art. 34 Rn. 68 ff.; *Knape/Schönrock*, Allgemeines Polizei- und Ordnungsrecht Berlin, § 25 Rn. 181 ff.; *Häde*, in: Bauer/Peine [Hrsg.], Landesrecht Brandenburg, § 5 Rn. 112 ff.; *Schmidt*, Bremisches Polizeigesetz, § 33 Rn. 20; *Bäuerle*, in: BeckOK-HSOG, § 15 Rn. 110 ff.; *Lang*, in: Schütz/Classen [Hrsg.], Landesrecht Mecklenburg-Vorpommern, § 3 Rn. 181 ff.; *Roggenkamp*/Albrecht, in: BeckOK-Nds SOG, § 35a Rn. 15 ff.; *Kamp*, in: BeckOK-PolG NRW, § 18 Rn. 18 ff.; *Guckelberger*, in: Gröpl/Guckelberger/Wohlfarth [Hrsg.], Landesrecht Saarland, § 4 Rn. 139; *Elzermann/Schwier*, Polizeigesetz Sachsen, § 41 Rn. 22 f.; *Martell*, SOG LSA, § 17 Rn. 15 ff.; *Ebert/Seel*, ThPAG, § 35 Rn. 9 ff.

1408 § 20h I BKAG (ab 25.05.2018: § 46 I BKAG); § 23 I PolG; Art. 34 PAG; § 25 IV ASOG Bln; § 33 I Nr. 1 BbgPolG; § 33 II BremPolG; § 10a I 2 PolDVG; § 15 IV HSOG; § 34b I SOG M-V; § 35a I 1 Nr. 1 Nds.SOG; § 18 PolG NRW; § 29 I POG; § 28a I SpolG; § 41 I SächsPolG; § 17 IV SOG LSA; § 185 III LVwG; § 25 I ThPAG.

für die Freiheit der Person.[1409] Ferner ist die akustische Wohnraumüberwachung nach einigen Polizeigesetzen und dem Bundeskriminalamtgesetz bei einer Gefahr für die Sicherheit oder den Bestand des Bundes oder eines Landes,[1410] sowie zur Abwehr besonders schwerer einzeln aufgelisteten Straftaten,[1411] und bei einer Gefahr für bedeutende Sach- oder Vermögenswerte zulässig.[1412]

Daneben unterscheiden sich die Regelungen dahin gehend, dass in einigen Ländern explizit das Betreten der Wohnung zum Anbringen der Abhörvorrichtung erlaubt ist,[1413] während es in anderen Ländern lediglich als Annexmaßnahme von der Primärvorschrift als miterfasst angesehen wird bzw. von einer anderen Regelung erfasst.[1414] Der Wohnungsbegriff wird in allen Regelungen einheitlich in Anlehnung an Art. 13 I GG weit verstanden.[1415]

Trotz dieser Unterschiede in der einzelnen Ausgestaltung der akustischen Wohnraumüberwachung besteht diese in allen Ländern sowie nach dem Bundeskriminalamtgesetz, weshalb auch grundsätzlich die Möglichkeit besteht, eine internetbasierte Maßnahme in allen Ländern einzusetzen.

1409 § 20h I BKAG (ab 25.05.2018: § 46 I BKAG); § 23 I PolG; Art. 34 I PAG; § 25IV ASOG Bln; § 33a I Nr. 1 BbgPolG; § 33 II BremPolG; § 10a I PolDVG; § 15 IV HSOG; § 34b I SOG M-V; § 35a I 1 Nr. 1 Nds.SOG; § 18 I PolG NRW; § 41 I SächsPolG.

1410 § 20h I BKAG (ab 25.05.2018: § 46 I BKAG); § 23 I PolG; Art. 34 PAG; § 10a I 1 PolDVG; § 41 I SächsPolG.

1411 § 33 I Nr. 2 BbgPolG; § 35a I 1 Nr. 2 Nds.SOG.

1412 § 41 I 1 SächsPolG.

1413 § 25 IV 2, 36 V ASOG Bln; § 15 VII HSOG; § 41 II SächsPolG; § 35 III 2 ThPAG.

1414 Vgl. *Knape/Schönrock*, Allgemeines Polizei- und Ordnungsrecht Berlin, § 25 Rn. 151; *Möstl*, in: Kugelmann [Hrsg.], S. 27 (32).

1415 Vgl. *Schenke*, in: Schenke/Graulich/Ruthig [Hrsg.], § 20 BKAG Rn. 16: *Stephan*, in: Wolf/Stephan/Deger [Hrsg.], Polizeigesetz BW, Art. 23 Rn. 4 f.; *Schmidbauer*, in: Schmidbauer/Steiner [Hrsg.], Bayerisches Polizeiaufgabengesetz, Art. 34 Rn. 43; *Knape/Schönrock*, Allgemeiones Polizei- und Ordnungsrecht Berlin, § 25 Rn. 130, 143 ff.; *Niehörster*, Brandenburgisches Polizeigesetz, S. 129; *Schmidt*, Bremisches Polizeigesetz, § 33 Rn. 12; § 21 Rn. 2; *Bäuerle*, in: BeckOK-HSOG, § 15 Rn. 72; *Leggereit*, in: BeckOK-HSOG, § 38 Rn. 16 ff.; *Roggenkamp/Albrecht*, in: BeckOK-Nds SOG, § 35a Rn. 7; *Neuhäuser*, in: BeckOK-Nds SOG, § 24 Rn. 11, *Tegtmeyer*, in: Tegtmeyer/Vahle [Hrsg.], Polizeigesetz NRW, § 18 Rn. 6; *Rühle*, Polizei- und Ordnungsrecht für Rheinland-Pfalz, Rn. G 92; G 61, S. 237 f.; *Guckelberger*, in: Gröpl/Guckelberger/Wohlfarth [Hrsg.], Landesrecht Saarland, § 4 Rn. 138; *Ebert/Seel*, ThPAG, § 35 Rn. 5.

II Internetbasierte akustische Wohnraumüberwachung

Bei einer internetbasierten akustischen Wohnraumüberwachung zur Gefahrenabwehr sind die gleichen Vorgehensweisen wie bei einer internetbasierten akustischen Wohnraumüberwachung zu Strafverfolgungszwecken technisch möglich.[1416] Im Folgenden werden die aus technischer Sicht möglichen Maßnahmen auf ihre Vereinbarkeit mit dem Grundgesetz, der Europäischen Menschenrechtskonvention sowie der EU-Grundrechtecharta untersucht.

1 Verpflichtung der Hersteller zum Integrieren von dauerhaft aktivierten Mikrofonen

Eine Verpflichtung der Hersteller ist in der Weise vorstellbar, dass diese ihre Systeme von vornherein so herstellen oder programmieren, dass Mikrofone integriert und eingeschaltet sind.[1417] Zunächst wird im Folgenden geprüft, ob eine Ermächtigungsgrundlage für eine solche Zusammenarbeit besteht, bevor auf die Vereinbarkeit mit höherrangigem Recht eingegangen wird.

a Ermächtigungsgrundlage

Die akustische Wohnraumüberwachung wird in den einzelnen Ländern und dem Bundeskriminalamtgesetz unterschiedlich geregelt, wobei keine der Normen allerdings eine Zusammenarbeit mit den Herstellern vorsieht, sondern lediglich regelt, dass technische Mittel eingesetzt werden dürfen.[1418] Eine internetbasierte Maßnahme ließe sich eventuell noch unter den Begriff des technischen Mittels fassen, da der Begriff der technischen Mittel sehr weit ist.[1419] Dieser Begriff wurde bewusst weit gewählt, damit auch technische Neuerungen erfasst werden können, ohne dass die Ermächtigungsgrundlage angepasst werden müssen.[1420] Ein

---

1416 Zu den technischen Möglichkeiten im Allgemeinen oben S. 79 ff.; in Bezug auf die akustische Wohnraumüberwachung oben S. 188 ff.

1417 Dazu oben S. 79 ff.

1418 Vgl. § 20h I BKAG (ab 25.05.2018: § 46 I BKAG); § 23 I PolG; Art. 34 PAG; § 25 I, IVa ASOG; § 33a I BbgPolG; § 33 II BremPolG; § 10a I PolDVG; § 15 II, IV HSOG; § 34b I SOG M-V; § 35a I Nds.SOG; § 18 I PolG NRW; § 29 I POG; §§ 28a I, 28 II Nr. 2 SpolG; § 41 I SächsPolG; § 17 I Nr. 2, IV SOG LSA; § 185 I, III LVwG; § 35 I ThPAG.

1419 Vgl. nur *Schenke*, in: Schenke/Graulich/Ruthig, § 20h BKAG Rn. 17; *Bäuerle*, in: BeckOK-HSOG, § 15 Rn. 58 ff.; *Rühle*, Polizei- und Ordnungsrecht, Rn. G 92; G 84; *Schmidt*, Bremisches Polizeigesetz, § 33 Rn. 7.

1420 Vgl. dazu oben S. 185 ff.

informationstechnisches System, welches als Abhörvorrichtung eingesetzt wird, ist ein technisches Mittel, da es nichts anderes ist als beispielsweise eine Wanze. Die informationstechnischen Systeme verfügen über ein Mikrofon, erfassen das nichtöffentlich gesprochene Wort und übertragen die Aufzeichnung an einen Server. Ohne den Einsatz von Technik wäre die Abhörmaßnahme nicht möglich bzw. es würde sich nicht um einen Lauschangriff handeln, da für diesen gerade der Einsatz technischer Mittel charakteristisch ist. Ferner bleibt die Maßnahme technisch, wenn die Gespräche via Internet übertragen werden, da die erfassten Daten nur mit technischen Mitteln, wie beispielsweise einem Laptop, gesendet und empfangen werden können.

Dennoch ließe sich eine Verpflichtung der Hersteller, dauerhaft aktivierte Mikrofone zu integrieren, nicht mit dem Begriff der „technischen Mittel" erfassen, da es sich nicht mehr nur um ein technisches Mittel handelt, sondern um eine Verpflichtung der Hersteller.[1421]

Ebenso bestehen keine spezielleren Ermächtigungsgrundlagen in den einzelnen Polizeigesetzen oder dem Bundeskriminalamtgesetz, die eine solche Zusammenarbeit erlauben, sondern nur einzelne Auskunftspflichten im Zusammenhang mit einer Telekommunikationsüberwachung, wie beispielsweise im Hinblick auf bei den Telekommunikationsdiensteanbietern gespeicherten Daten,[1422] soweit die Telekommunikationsüberwachung überhaupt zulässig ist,[1423] jedoch reichen diese nicht für eine Zusammenarbeit aus. Zum einen ist eine Wohnraumüberwachung ein intensiverer Eingriff als eine Telekommunikationsüberwachung, der vergleichbar mit einer akustischen Überwachung

---

1421 Zum technischen Mittel in strafprozessualen Normen auch S. 185 ff.; 279 ff.; zur Verpflichtung der Hersteller auch oben S. 188 ff. im Rahem der akustischen Wohnraumüberwachung zur Strafverfolgung.

1422 § 20m I, II BKAG (ab 25.05.2018: § 52 I, II BKAG); § 23a V PolG; Art. 34b II, III, IV, V PAG; § 33b VI, 33c BbgPolG; § 10d PolDVG; § 15a II HSOG; § 34a V, VI SOG M-V; § 33c Nds.SOG; § 20a PolG NRW; §§ 31 VI, 31b POG; § 28c SpolG; § 42 SächsPolG; § 17a SOG LSA; § 180a LVwG; §§ 34b, 34e ThPAG; *Schenke*, Polizei- und Ordnungsrecht, Rn. 197h.

1423 § 20l BKAG (ab 25.05.2018: § 51 I BKAG); § 23a I, V, IX PolG; Art. 34a, 34b PAG; §§ 33b, 33c BbgPolG; § 10b, 10d, 10f PolDVG, § 15a HSOG; § 34a SOG M-V; § 33a, 33c Nds.SOG; § 20a PolG NRW; § 31, 31b POG; § 28b, 28c SpolG; § 42 SächsPolG (nur Erhebung von Telekommunikationsdaten nach TKG); §§ 17a, 17b SOG LSA; § 185a LVwG; §§ 34a, 34b, 34e ThPAG; die Telekommunikationsüberwachung zu präventiven Zwecken ist nicht zulässig in Bremen (vgl. § 9 BremPolG; *Schmidt*, Bremisches Polizeigesetz, § 33 Rn. 33) sowie in Berlin (vgl. § 66 ASOG); *Schenke*, Polizei- und Ordnungsrecht, Rn. 197b.

außerhalb der Wohnung ist,[1424] da bei der akustischen Wohnraumüberwachung in den besonders geschützten Bereich und Bezug zur Menschenwürde aufweisenden Bereich des Art. 13 I GG eingegriffen wird.[1425] Zum anderen sind die Vorschriften nur an die Telekommunikationsdiensteanbieter gerichtet und nicht an die Hersteller der Systeme.[1426]

Daher besteht keine Ermächtigungsgrundlage.

b Vereinbarkeit mit dem Grundgesetz

(1) Berufsfreiheit (Art. 12 I GG) der Hersteller

Ein für die Verpflichtung notwendiges Gesetz würde den Herstellern Vorgaben machen, ihre Systeme so herzustellen, dass darüber eine akustische Überwachung durchgeführt werden könnte und die Gespräche stets übertragen würden, weshalb die Hersteller in ihrer Berufsausübungsfreiheit betroffen sind.[1427]

Eine akustische Wohnraumüberwachung darf nur zum Zwecke der Abwehr einer dringenden Gefahr für die öffentliche Ordnung durchgeführt werden (Art. 13 IV GG); so ist nach den Polizeigesetzen der Länder sowie dem Bundeskriminalamtgesetz die akustische Wohnraumüberwachung zum Zwecke der Abwehr einer gegenwärtigen Gefahr für Leib oder Leben, einer Gefahr für die Freiheit von Personen und einer Gefahr für den Bestand oder die Sicherheit des Bundes oder des Landes zulässig,[1428] womit ein legitimes Ziel verfolgt wird. Grundsätzlich wäre die Zusammenarbeit mit den Herstellern auch geeignet eine akustische Wohnraumüberwachung durchzuführen, welche wiederum für eine effektive Gefahrenabwehr geeignet ist, da das Ziel der Gefahrenabwehr durch frühzeitige Kenntnisnahme von Plänen gefördert wird.[1429]

1424 Vgl. nur *Schmitt*, in: Meyer-Goßner/Schmitt [Hrsg.], StPO, § 100f Rn. 2.

1425 Zum Schutzbereich des Art. 13 I GG und zum Menschenwürdebezug siehe oben S. 101 ff.

1426 Vgl. § 23a V PolG; Art. 34b II, III, IV, V PAG; § 33b VI, 33c BbgPolG; § 10d PolDVG; § 15a II HSOG; § 34a V, VI SOG M-V; § 33c Nds.SOG; § 20a PolG NRW; §§ 31 VI, 31b POG; § 28c SPolG; § 42 SächsPolG; § 17a SOG LSA; § 180a LVwG; §§ 34b, 34e ThPAG.

1427 Zum Eingriff in Art. 12 I GG bei einer Verpflichtung der Hersteller siehe oben S. 198 ff.

1428 § 20h I BKAG (ab 25.05.2018: § 46 I BKAG); § 23 I PolG; Art. 34 I PAG; § 25 IV ASOG Bln; § 33a I BbgPolG; § 33 II BremPolG; § 10a PolDVG; § 15 IV HSOG; § 34b I SOG M-V; § 35a I SOG Nds.; § 18 I PolG NRW; § 29 I POG; § 28a I SPolG; § 41 I SächsPolG; § 17 IV SOG LSA; § 185 III LVwG; § 35 I ThPAG.

1429 Zur grundsätzlichen Geeignetheit einer Verpflichtung der Hersteller zur Durchführung einer akustischen Wohnraumüberwachung oben S. 198 ff.; zur Geeignetheit

Jedoch ist fraglich, ob eine Verpflichtung der Hersteller, dauerhaft aktivierte Mikrofone zu integrieren, erforderlich ist. Die Zusammenarbeit schafft die Voraussetzungen, um eine akustische Überwachung in nahezu allen Wohnungen durchführen zu können, sollten Anhaltspunkte für eine Gefahr bestehen, ohne dass die Wohnungen betreten werden müssten. Aufgrund der Einschätzungsprärogative des Gesetzgebers und da nicht sicher ausgeschlossen werden kann, dass das derzeitige Vorgehen gleich geeignet und milder ist, ist von der Erforderlichkeit der Verpflichtung auszugehen.[1430]

Allerdings müssen das Ziel und das zu seiner Erreichung eingesetzte Mittel auch im angemessenen Verhältnis zueinanderstehen.[1431] Für die Hersteller ergäbe sich lediglich die Beschränkung, dass sie ihre Systeme in einer bestimmten Art und Weise produzieren müssten und gegebenenfalls Ressourcen wie Server zur Verfügung stellen müssten. Allerdings sind alle Hersteller in gleicher Weise betroffen und der Mehraufwand, der dadurch entstehen könnte, könnte durch eine angemessene Entschädigung ausgeglichen werden oder der Staat bzw. die Länder könnten selbst die notwendigen Server zur Verfügung stellen, sodass die Daten von den informationstechnischen Systemen automatisch an diese gesendet werden.[1432]

Gegen die Verhältnismäßigkeit der Verpflichtung ließe sich jedoch anführen, dass von den Produkten an sich keine Gefahr ausgeht, die Verpflichtung also nicht direkt der Gefahrenabwehr dient, sondern lediglich der Vorbereitung dieser.

Nichtsdestoweniger könnten durch die Verpflichtung der Hersteller auch Gefahren abgewendet werden, da die Struktur für eine Überwachungsmaßnahme gegeben wäre und das Einbauen der Mikrofone bzw. Programmieren

---

einer akustischen Überwachung zur Gefahrenabwehr vgl. BVerfGE 109, 279 (336 ff.); 141, 220 (295 ff.); BBgLVerfG Urteil v. 30. Juni 1999 – 3/98 – juris (Rn. 2d; 79 f.); ThLVerfG, Urteil v. 21. November 2012 – 19/09 – juris (Rn. 265); *Schenke*, Polizei- und Ordnungsrecht, Rn. 194a.

1430 Zur grundsätzlichen Erforderlichkeit einer Verpflichtung der Hersteller zur Durchführung einer akustischen Wohnraumüberwachung siehe oben S. 198 ff.; zur Erforderlichkeit einer akustischen Wohnraumüberwachung vgl. BVerfGE 109, 279 (340 ff.); 141, 220 (295 ff.) *Schenke*, Polizei- und Ordnungsrecht, Rn. 194a.

1431 Vgl. BVerfGE 50, 217 (227); 99, 202 (212 f.); 109, 279 (341 ff.); 120, 274 (318 ff.); 141, 220 (269 f.); *Merten*, in: Merten/Papier [Hrsg.], Handbuch der Grundrechte, Bd. III, § 68 Rn. 71; *Grzeszick*, in: Maunz/Dürig [Hrsg.], GG, Art. 20 und die allgemeine Rechtsstaatlichkeit Rn. 117.

1432 Vgl. dazu oben S. 198 ff.

einer entsprechenden Software für die Hersteller bzw. Betriebssystemhersteller keinen großen zusätzlichen Aufwand darstellt, da die meisten Systeme ohnehin über ein Mikrofon und einer entsprechenden Software zum Aufzeichnen von Sprache verfügen.[1433]

Der Eingriff in Art. 12 I GG durch die Verpflichtung der Hersteller könnte durch eine Ermächtigungsgrundlage gerechtfertigt werden, sofern dort gegebenenfalls eine Entschädigung für das Bereitstellen der notwendigen Server vorgesehen wäre.

(2) Unverletzlichkeit der Wohnung (Art. 13 I GG) der Nutzer informationstechnischer Systeme

Ein Gesetz, welches die Hersteller verpflichtet, in ihre Systeme Mikrofone zu integrieren, welche durchgehend Gespräche aufzeichnen und an Server übertragen, könnte auch für die Nutzer der Systeme eine Grundrechtsbeeinträchtigung bedeuten. Die Systeme befinden sich vielfach in der Wohnung und die Nutzer könnten so innerhalb der Wohnung abgehört werden, weshalb der Schutzbereich des Art. 13 I GG eröffnet ist.[1434]

Es bestünde die Gefahr, dass die Systeme sämtliche Gespräche, die innerhalb der Wohnung geführt werden, übertragen, wodurch die Privatsphäre in der Wohnung nicht mehr gewährleistet wäre[1435] und somit ein Eingriff in Art. 13 I GG vorläge.[1436]

Die Rechtfertigung eines Eingriffs in Art: 13 I GG ist nur unter engen Voraussetzungen zulässig.[1437] Rechtlich zulässig ist eine heimliche Überwachung nur zur Abwehr dringender Gefahren für die öffentliche Sicherheit (Art. 13 IV GG), was die Polizeigesetzte der Länder und das Bundeskriminalamtgesetz grundsätzlich vorsehen. Dabei ermöglichen einige Landesgesetze die Abhörmaßnahme nur zur Abwehr einer Gefahr für Leib oder Leben einer Person[1438] oder zusätzlich auch bei einer Gefahr für die Freiheit der Person,[1439] während andere Landesgesetze

---

1433 Zum Vorhandensein von Mikrofonen in informationstechnischen Systemen siehe oben S. 48 ff.

1434 Zur Eröffnung des Schutzbereichs des Art. 13 I GG schon oben S. 201 f.

1435 Vgl. *Papier*, in: Maunz/Dürig [Hrsg.], Art. 13 Rn. 1; *Stern*, in: Stern/Becker [Hrsg.], Art. 13 Rn. 27 f.; *Gornig*, in: v. Mangoldt/Klein/Starck [Hrsg.], Bd. 1, Art. 13 Rn. 1.

1436 Zum Eingriff in Art. 13 I GG schon oben S. 201 ff.

1437 Zu den Voraussetzungen der Rechtfertigung siehe auch oben S. 110 ff.; 201 ff.

1438 § 28a I SPolG; § 17 I SOG LSA; § 185 III LVwG.

1439 § 25 IV ASOG Bln; § 33a BbgPolG; § 33 II BremPolG; § 15 IV HSOG; § 35a Nds. SOG; § 18 PolG NRW.

und das Bundeskriminalamtgesetz noch darüber hinausgehen und zusätzlich die akustische Überwachung auch bei einer Gefahr für die Sicherheit oder den Bestand des Bundes oder der Länder zulässig ist.[1440] Allerdings würde auch bei einer Zusammenarbeit mit den Herstellern nur das nichtöffentlich gesprochene Wort tatsächlich abgehört werden, wenn die Voraussetzungen für eine akustische Wohnraumüberwachung gegeben sind. Jedoch besteht eine Gefahr für die Privatsphäre jedes Nutzers zu jeder Zeit, da eine Übertragung der Gespräche stets erfolgen würde. Es kann daher nicht ausgeschlossen werden, dass der Kernbereich privater Lebensgestaltung betroffen wird. Vielmehr ist wahrscheinlich, dass Geschehnisse aus dem höchstpersönlichen Lebensraum übertragen werden, jedoch ist in einem solchen Fall die Maßnahme unzulässig.[1441]

Hinzukommt, dass jedem Nutzer jeglicher Rückzugsort entzogen wird, außer er ist bereit, auf sämtliche internetfähigen Systeme zu verzichten.[1442] Ein solcher Rückzugsort muss jedoch verbleiben, ohne dass der Nutzer dazu innerhalb der Wohnung auf bestimmte Systeme verzichten muss, weil auch diese Entscheidung zu seiner Persönlichkeitsentfaltung gehört, weshalb insgesamt die Interessen der Nutzer gegenüber denjenigen des Staates an einer effektiven Gefahrenabwehr überwiegen. Eine Verpflichtung der Hersteller, dauerhaft aktivierte Mikrofone zu integrieren, ist auch zur Gefahrenabwehr nicht mit Art. 13 I GG vereinbar.

(3) Informationsfreiheit (Art. 5 I 1 Hs. 2 GG) der Nutzer informationstechnischer Systeme

Ebenso ist Art. 5 I 1 Hs. 2 GG in der Form der Informationsfreiheit der Nutzer informationstechnischer Systeme beeinträchtigt. Das Internet als frei zugängliche Quelle birgt zugleich bei der hier untersuchten Vorgehensweise für die Nutzer die Gefahr, abgehört zu werden und könnte eine zurückhaltende Nutzung bewirken, da das Gefühl des Überwachtwerdens bestünde,[1443] weshalb ein Eingriff in die Informationsfreiheit vorliegt.

Die Rechtfertigung des Eingriffs setzt neben einem allgemeinen Gesetz die Wahrung des Verhältnismäßigkeitsgrundsatzes voraus.[1444] Ein legitimes Ziel

---

1440 § 20h I BKAG (ab 25.05.2018: § 46 I BKAG); § 23 I PolG; Art. 34 I PAG; § 10a PolDVG; § 41 SächsPolG.

1441 Vgl. *Papier*, in: Maunz/Dürig [Hrsg.], Art. 13 Rn. 91 f.; *Gornig*, in: v. Mangoldt/Klein/Starck [Hrsg.], Bd. 1, Art. 13 Rn. 119.

1442 Dazu schon oben S. 201 ff.

1443 Zum Eingriff in Art. 5 GG durch eine Verpflichtung der Hersteller oben S. 204 ff.

1444 Zur Rechtsfertigung eines Eingriffs in Art. 5 GG schon oben S. 120 f.

wird mit der Gefahrenabwehr verfolgt[1445] und ebenso ist die Maßnahme einer akustischen Wohnraumüberwachung dazu auch grundsätzlich geeignet.[1446]

Weil nicht sicher ausgeschlossen werden kann, dass das derzeitige Vorgehen gleich geeignet und milder ist, liegt die Entscheidung aufgrund seiner Einschätzungsprärogative beim Gesetzgeber, weshalb auch die Erforderlichkeit der Maßnahme gegeben ist.[1447]

Jedoch müsste die Zusammenarbeit auch angemessen sein. Die Vorgehensweise führt zu einer starken Einschränkung der Nutzer, da diese nicht mehr frei in ihrer Entscheidung sind und gegebenenfalls aus Angst vor Überwachung sogar auf das Internet verzichten würden.[1448] Auch zur Gefahrenabwehr kann eine solche Einschränkung nicht gerechtfertigt werden. Von der Mehrzahl der Personen, die das Internet als Informationsquelle nutzen, geht keine Gefahr aus, jedoch werden diese gleichermaßen betroffen. Der Nutzen, der der Gefahrenabwehr bei dieser Maßnahme entsteht, wird in der Regel nicht wesentlich höher sein als bei der derzeitigen Maßnahme, da auch derzeit die Abhörmaßnahme nicht an technischen Hindernissen scheitert, sondern daran, dass keine relevanten Äußerungen erfolgen.[1449] Jedoch sind deutlich mehr Unbeteiligte betroffen, sodass der Eingriff außer Verhältnis zu dem verfolgten Ziel steht und folglich eine Verletzung des Art. 5 I GG vorliegt.

(4) Allgemeines Persönlichkeitsrecht (Art. 2 I i.V.m. Art. 1 I GG) der Nutzer informationstechnischer Systeme

Ein Rückgriff auf Art. 2 I i.V.m. Art. 1 I GG ist hier nicht notwendig, soweit der Schutzbereich des Art. 13 I GG eröffnet ist und dieser grundsätzlich einen ausreichenden Schutz bietet, da Art. 2 I GG i.V.m. Art. 1 I GG subsidiär ist.[1450]

Lediglich zum Schutz von Personen, die nicht von Art. 13 I GG erfasst sind, ist der Rückgriff auf Art. 2 I i.V.m. Art. 1 I GG notwendig. Dabei gelten ähnliche Rechtfertigungsgrundsätze wie bei Art. 13 I GG,[1451] sodass auch hier eine Rechtfertigung des Eingriffs ausscheidet.[1452]

1445 BVerfGE 100, 313 (389); 120, 274 (319 f.); *Merten*, in: Papier/Merten [Hrsg.], Handbuch der Grundrechte, Bd. III, § 68 Rn. 60.

1446 Zur Geeignetheit der akustischen Wohnraumüberwachung zur Gefahrenabwehr vgl. oben S. 338 ff.

1447 Zur Erforderlichkeit schon oben S. 338 ff.

1448 Vgl. oben S. 204 ff.

1449 Vgl. nur BT-Drs. 18/5900, S. 4; M-V LT-Drs. 6/4447, S. 1 f.; RhPf. LT-Drs. 17/2752; Bay. LT-Drs. 15/6226, S. 4.

1450 Zur Subsidiarität oben S. 125 ff.

1451 Vgl. BVerfGE 109, 279 (326 f.).

1452 Zur Rechtfertigung bei Art. 13 I GG oben S. 340 f.

(5) Fazit

Eine Zusammenarbeit zwischen den Herstellern und den Behörden zur Gefahrenabwehr in der hier untersuchten Form ist nicht zulässig. Obwohl in die Berufsfreiheit (Art. 12 I 1 GG) der Hersteller durch die Verpflichtung eingegriffen wird, könnte dieser Eingriff grundsätzlich durch eine Ermächtigungsgrundlage gerechtfertigt werden, die beispielsweise einen Ausgleich für die notwendigen Aufwendungen der Hersteller vorsieht wie dem Bereitstellen der Infrastruktur. Allerdings erfolgt durch die Verpflichtung zugleich eine nicht rechtfertigungsfähige Rundum-Überwachung durch die informationstechnischen Systeme, weshalb Art. 13 I GG verletzt ist, sodass eine Zusammenarbeit nicht zulässig ist. Ebenso wird Art. 5 I 1 Hs. 2 GG verletzt, weil durch die andauernde Überwachung keine freie Informationsbeschaffung mehr möglich ist und die Wahl der Informationsquelle faktisch beschränkt wird.

c Vereinbarkeit mit der Europäischen Menschenrechtskonvention

(1) Recht auf Achtung des Privat- und Familienlebens (Art. 8 EMRK) der Nutzer informationstechnischer Systeme

Bei einer Zusammenarbeit mit den Herstellern könnte im Rahmen des Art. 8 I EMRK sowohl das Recht auf Achtung der Wohnung als auch das Recht auf Achtung des Privatlebens betroffen sein.

Der Schutzbereich des Rechts auf Achtung der Wohnung ist bei einer akustischen Wohnraumüberwachung eröffnet, weil gerade die Gespräche aus der Wohnung als tatsächlich bewohnte Räumlichkeit erfasst werden sollen.[1453] Da es sich bei Vorgängen innerhalb der Wohnung in der Regel um solche handelt, die der Öffentlichkeit entzogen sind, ist auch der Schutzbereich des Privatlebens eröffnet.[1454]

Durch eine Verpflichtung der Hersteller, Mikrofone einzubauen und Gespräche grundsätzlich zu übertragen, wird der Schutzbereich der Wohnung sowie das Privatleben eingeschränkt, da ein unbefangenes Entfalten der Persönlichkeit in der Wohnung nicht möglich ist.[1455]

1453 Dazu oben S. 340 f.

1454 Vgl. *Esser*, in: LR-StPO, Bd. 11, Art 8 EMRK Rn. 1, 3; *Marauhn/Thorn*, in: Dörr/Grote/Marauhn [Hrsg.], Kap. 16 Rn. 27; *Pätzold*, in: Karpenstein/Mayer [Hrsg.], Art. 8 Rn. 37.

1455 Dazu oben S. 208 ff.; 340 f.; das Gefühl des Überwachtwerdens wird sehr eindrucksvoll durch *George Orwell* in „1984" beschrieben.

Zur Rechtfertigung ist sowohl eine Ermächtigungsgrundlage als auch die Verfolgung eins in Art. 8 II EMRK genanntes Ziel erforderlich. Die akustische Wohnraumüberwachung erfolgt zur Gefahrenabwehr und damit in der Regel zur nationalen und öffentlichen Sicherheit,[1456] wozu grundsätzlich eine akustische Überwachung auch notwendig ist, da so Gefahren und insbesondere Verbrechen im Bereich der organisierten Kriminalität verhindert werden können.[1457]

Jedoch ist die Verpflichtung der Hersteller zum Integrieren von Mikrofonen und dem Übertragen von Gesprächen nicht notwendig, da diese Art der Überwachung die Rechte der Nutzer erheblich einschränkt. Der Nutzer möchte sich in seiner Wohnung auch in der Nähe von internetfähigen Systemen unbeobachtet fühlen und über einen unüberwachten Rückzugsort verfügen. Bei dauerhaft eingeschalteten Mikrofonen ist dies nicht möglich, selbst dann nicht, wenn die Behörden keine Kenntnis von den Gesprächen nehmen oder eine Aufzeichnung nicht erfolgt, weil das Gefühl des Überwachtwerdens bestehen bliebe und die Nutzer sich nicht mehr frei und unbefangen verhalten würden.[1458] Auch wenn die Abwehr schwerwiegender Gefahren tiefgreifende Eingriffe grundsätzlich erlaubt, so ist es dennoch nicht zulässig, dem Einzelnen einen Rückzugsort komplett zu versagen.[1459] Daher ist es erforderlich, dass bei einer akustischen Wohnraumüberwachung die Zeit der Überwachung begrenzt ist[1460] und nicht wie im vorliegenden Fall sämtliche Gespräche übertragen werden. Zwar handelt es sich nicht um eine totale oder umfassende Überwachung, wenn die eigentliche Überwachung auf wenige Tage beschränkt ist,[1461] allerdings wurde in dem vom Europäischen Gerichtshof für Menschenrechte „nur" der Aufenthaltsort des Beschuldigten mittels einer GPS-Überwachung am Wochenende festgestellt. Demgegenüber soll hier eine akustische Überwachung innerhalb der Wohnung erfolgen. Eine akustische Überwachung alleine greift schon in tiefer in das Recht auf Privatleben ein als eine GPS-Überwachung[1462] und obwohl die eigentliche akustische Wohnraumüberwachung weiterhin zeitlich begrenzt wäre, würde dennoch eine dauerhafte Überwachung stattfinden, da die Gespräche auf Server außerhalb der Wohnung geleitet werden und sich damit weder

1456 Zum Ziel der nationalen und öffentlichen Sicherheit oben S. 142 f.

1457 Vgl. nur BVerfGE 109, 279 (335 ff.); BbgLVerfG Urteil v. 30. Juni 1999 – 3/98 – juris (Rn. 2d; 79 f.); ThLVerfG, Urteil. v. 21. November 2012 – 19/09 – juris (Rn. 265).

1458 Zum Gefühl des Überwachtwerdens schon oben S. 201 ff.; 208 ff.; 212 ff.; 340 f.

1459 Vgl. BVerfGE 109, 279 (323 ff.); 141, 220 (276 ff.).

1460 Vgl. EGMR Urteil v. 02.09.2010 – Uzun/D, § 69.

1461 EGMR Urteil v. 02.09.2010 – Uzun/D, § 80.

1462 Vgl. EGMR Urteil v. 02.09.2010 – Uzun/D, § 52.

im Herrschaftsbereich der Betroffenen noch zwingend des Staates befinden. Bei einer derartigen Verpflichtung der Hersteller einfielen Rückzugsraum und damit auch die Privatsphäre innerhalb der Wohnung gänzlich.

Daher ist eine derartige Überwachung in einer demokratischen Gesellschaft nicht notwendig und würde gegen Art. 8 I EMRK verstoßen.

(2) Informationsfreiheit (Art. 10 I 2 EMRK) der Nutzer informationstechnischer Systeme

Des Weiteren wäre Art. 10 I EMRK betroffen, da die Systeme, welche einer solchen Vorgehensweise unterliegen könnten, jeweils – mit Ausnahme eines Smart Cars und den Spielzeugen – zumindest auch der Informationsbeschaffung dienen.

Das Internet ist eine freizugängliche Quelle, in der sich viele Nutzer informieren verbreiten.[1463] Ein die Hersteller verpflichtendes Gesetz, Mikrofone zu integrieren und die Gespräche gegebenenfalls aufzuzeichnen, wirkt dahin gehend abschreckend, dass das Internet vom Nutzer nicht mehr als Informationsquelle genutzt wird.[1464]

Ein für die Rechtfertigung erforderlicher legitimer Zweck wird mit der Gefahrenabwehr verfolgt;[1465] nichtsdestoweniger ist die Maßnahme in der hier untersuchten Art und Weise in einer demokratischen Gesellschaft nicht notwendig.[1466] Die Beeinträchtigungen von Art. 10 I EMRK vermögen nicht durch das Interesse an der Gefahrenabwehr ausgewogen zu werden, weil dadurch, dass alle Nutzer betroffen wären, eine erhebliche Einschränkung insbesondere im Vergleich mit der Anzahl der Nutzer, die tatsächlich von einer akustischen Wohnraumüberwachung zur Gefahrenabwehr betroffen wären, erfolgt.[1467]

Somit liegt eine Verletzung des Art. 10 I EMRK vor.

1463 Vgl. EGMR Urteil v. 19.02.2013 – Neij u.a./Schweden; Urteil v. 10.06.2009 – Times Newspapers Ltd/UK, § 27; *Daiber*, in: Meyer-Ladewig/Nettesheim/von Raumer [Hrsg.], EMRK, Art. 10 Rn. 16 ff.; *Marauhn*, in: Ehlers [Hrsg.], Europäische Grundrechte und Grundfreiheiten, § 4 Rn. 11.

1464 Vgl. *Gusy* JuS 2004, 457(458); *Späthe*, Der Ausbau der informatorischen Polizeibefugnisse, S. 200; *Singelnstein/Putzer*, GA 2015, 564 (565); dazu oben S. 155 f.; 288.

1465 EGMR Urteil v. 06.09.1978,– Klass u.a./D, §§ 46 ff.; BVerfGE 100, 313 (389); 120, 274 (319 f.); *Marauhn/Thorn*, in: Dörr/Grote/Marauhn [Hrsg.], Bd. 1, Kap. 16 Rn. 90; *Merten*, in: Papier/Merten [Hrsg.], Handbuch der Grundrechte, Bd. III, § 68 Rn. 60.

1466 Dazu schon oben S. 343 ff.

1467 Vgl. nur BT-Drs. 18/9660, S. 4; 18/5900, S. 4.

(3) Recht auf ein faires Verfahren (Art. 6 EMRK)

Anders als bei den Vorgehensweisen zu Strafverfolgungszwecken ist hier Art. 6 I EMRK nicht betroffen. Es fehlt nicht nur bei dieser Vorgehensweise, sondern bei jeglichen Handlungen zur Gefahrenabwehr an einer strafrechtlichen Anklage im Sinne des Art. 6 I EMRK, welche Voraussetzung für die Eröffnung des Schutzbereichs des Art. 6 EMRK ist.[1468]

Fraglich wäre hier allenfalls die Verwertbarkeit von Informationen aus der akustischen Wohnraumüberwachung zur Gefahrenabwehr in einem möglichen nachfolgenden strafrechtlichen Verfahren. Grundsätzlich können die personenbezogenen Daten, die durch eine akustische Wohnraumüberwachung zur Gefahrenabwehr erlangt wurden, auch zur Strafverfolgung verwendet werden, sofern eine landesrechtliche Vorschrift (z.B. Art. 37 II 2 PAG[1469]) besteht und die Vorschriften der Strafprozessordnung, insbesondere §§ 161 II; 100d V Nr. 3 StPO, nicht entgegen stehen.[1470] Soweit sich der akustischen Wohnraumüberwachung zur Gefahrenabwehr ein Strafverfahren anschließt und die Erkenntnisse aus diesem grundsätzlich verwertet werden dürfen, ist der Anwendungsbereich des Art. 6 EMRK eröffnet und das Verfahren müsste sich wiederum insgesamt als fair darstellen.[1471]

(4) Fazit

Eine Verpflichtung der Hersteller, ein dauerhaft aktiviertes Mikrofon zu integrieren, ist nicht mit der Europäischen Menschenrechtskonvention vereinbar, da

---

1468 Vgl. *Mayer-Ladewig/Harrendorf/König*, in: Mayer-Ladewig/Nettesheim/von Raumer [Hrsg.], Art. 6 Rn. 23 ff.; *Grabenwarter/Pabel*, in: Dörr/Grote/Marauhn [Hrsg.], Kap. 14 Rn. 20 ff.; *Grabenwarter/Pabel*, Europäische Menschenrechtskonvention, § 24 Rn. 18 ff.; zum Begriff der strafrechtlichen Anklage schon oben S. 146 ff.

1469 Weitere landesrechtliche Vorschriften: § 37 II 2 PolG; § 42 II 2 ASOG Bln; § 38 I 2 BbgPolG; § 36b IX BremPolG; § 14 PolDVG; § 20 IV HSOG; § 36 I 3 SOG M-V; § 39 VI Nds.SOG; § 23 I 2 PolG NRW; § 33 II 3 POG; § 30 I 3 SPolG; § 43 I 3 SächsPolG; § 22 II 2 SOG LSA; § 188 I 3 LVwG; § 39 S. 2 ThPAG.

1470 *Aulehner*, in: BeckOK Polizei- und Sicherheitsrecht Bayern, Art. 37 PAG Rn. 21 ff.; *Von der Grün*, in. BeckOK-Polizeirecht BW. § 37 Rn. 38 f.; *Schenke*, Polizei- und Ordnungsrecht, § 3 Rn. 208; *Schmitt*, in: Meyer-Goßner/Schmitt [Hrsg.], StPO, § 100d Rn. 9; zur Verwertbarkeit von Erkenntnissen, die auf polizeirechtlicher Grundlage gewonnen wurden, zu Strafverfolgungszwecken auch *Brodowski*, Verdeckte technische Überwachungsmaßnahmen, S. 131 ff.

1471 Vgl. *Meyer-Ladewig/Harrendorf/König*, in: Meyer-Ladewig/Nettesheim/von Raumer [Hrsg.], EMRK, Art. 8 Rn. 139; *Grabenwarter/Pabel*, Europäische Menschenrechtskonvention, § 24 Rn. 66 ff.

durch die Verpflichtung in Art. 8 I EMRK sowie in Art. 10 I EMRK eingegriffen wird. Eine Rechtfertigung dieser Eingriffe ist nicht möglich, weil die Zusammenarbeit nahezu zu einer Rundum-Überwachung führt und daher kein Rückzugsraum mehr besteht, weshalb eine Rechtfertigung ausgeschlossen ist. Ebenso kann der Eingriff in die freie Informationsbeschaffung nicht mehr gerechtfertigt werden, da auch dieser Eingriff die Interessen der Nutzer in unverhältnismäßiger Weise beeinträchtigt.

d Vereinbarkeit mit der EU-Grundrechtecharta

(1) Achtung des Privat- und Familienlebens (Art. 7 GRCh) der Nutzer informationstechnischer Systeme

Eine Verpflichtung der Hersteller zum Integrieren von Mikrofonen sowie gegebenenfalls zum Aufzeichnen von Gesprächen würde zu einer Beeinträchtigung des Privatlebens führen, da eine nahezu dauerhafte Übertragung und gegebenenfalls die Aufzeichnung der Raumgespräche bei den Nutzern eines Systems, das Gefühl des Überwachtwerdens erweckt; unabhängig davon, ob sie tatsächlich überwacht werden.[1472] Allein dieses Gefühl ist ausreichend, um das Leben und Verhalten der Nutzer zu beeinflussen, wodurch eine freie Entfaltung der Persönlichkeit nicht mehr möglich ist, da jemand, der sich überwacht fühlt, sich anders verhalten wird als jemand, der nicht überwacht wird.[1473]

Ferner ist das Recht auf Achtung der Wohnung betroffen, wenn sich das System in der Wohnung befindet. Es werden unmittelbar Geschehnisse aus der Wohnung übertragen und gegebenenfalls auch aufgezeichnet. Daher ist die Wohnung kein Rückzugsort mehr, der grundsätzlich frei von jeglicher Überwachung ist.[1474]

Beide Eingriffe können nicht gerechtfertigt werden, da eine dauerhafte Überwachung bzw. alleine das Gefühl der andauernden Überwachung nicht erforderlich ist und die Nutzer der Systeme in unverhältnismäßiger Weise eingeschränkt werden, weil ihnen jeglicher Rückzugsort fehlt. Das Interesse an einer

1472 *Singelnstein/Putzer*, GA 2015, 564 (565); *Wolter*, in: Festschrift für Rudolphi, S. 733 (741 f.); dazu auch oben S. 201 ff.; 208 ff.; 212 ff.; zum Gefühl des Überwachtwerdens vgl. auch *Orwell*, 1984.

1473 *Singelnstein/Putzer*, GA 2015, 564 (565); *Gusy*, JuS 2004, 457 (458); *Wolter*, in: Festschrift für Rudolphi, S. 733 (741 f.); *Späthe*, Der Ausbau der informatorischen Polizeibefugnisse, S. 200; vgl. *Orwell*, 1984.

1474 Vgl. BVerfGE 109, 279 (321 ff.); 130, 1 (24); 141, 220 (280 f.); dazu schon oben S. 201 ff.; 208 ff.; 212 ff.; 340 f.; 343 f.

Gefahrenabwehr tritt in diesem Fall daher hinter dem Interesse an der Achtung der Wohnung und des Privatlebens der Nutzer zurück,[1475] weshalb Art. 7 GRCh verletzt wäre.

(2) Schutz personenbezogener Daten (Art. 8 I GRCh) der Nutzer informationstechnischer Systeme

Bei den gegenständlichen Gesprächen handelt es sich auch um personenbezogene Daten,[1476] da das System einer Person zugeordnet werden können muss, damit die Maßnahme überhaupt durchführbar ist. Dadurch kann jedoch von dem jeweiligen Nutzer grundsätzlich ein Profil angelegt werden, aus dem sich ergibt, welche informationstechnischen Systeme wann genutzt werden und in welchem Raum der Wohnung er sich aufzuhalten pflegt.

Das Erstellen dieses möglicherweise umfassenden Profils ist wiederum nicht verhältnismäßig. Zwar ist die Gefahrenabwehr als legitimer Zweck von der Europäischen Union anerkannt[1477] und ebenso ist die Maßnahme auch grundsätzlich geeignet und erforderlich,[1478] jedoch fehlt es auch hier an der Angemessenheit.

Das Interesse des Nutzers an der Vertraulichkeit seiner Daten überwiegt dabei gegenüber dem Interesse des Staates und der Bürger an der Gefahrenabwehr. Der Staat soll nicht in der Lage sein, grundsätzlich von jedem Nutzer ein Profil erstellen zu können,[1479] da gerade bei der Verpflichtung der Hersteller auch Nutzer betroffen sind, bezüglich derer keine Anhaltspunkte bestehen, dass von ihnen eine Gefahr ausgeht.[1480]

Folglich ist die Maßnahme nicht verhältnismäßig und Art. 8 GRCh daher durch dieses Vorgehen verletzt.

1475 Vgl. oben S. 340 f.; 343 ff.

1476 *Bayraktar*, Eingriffe in die Privatsphäre durch technische Überwachung, S. 61; dazu auch oben S. 213 f.

1477 EuGH Urteil v. 08.04.2014 – C-293/12; C-594/12 – Digital Rights Ireland u.a., Rn. 42; EGMR Urteil v. 06.09.1978 – Klass u.a./D, §§ 46 ff.; *Terhechte*, in: von der Groeben/Schwarze/Hatje [Hrsg.], Art. 52 GRCh Rn. 9; *Marauhn/Thorn*, in: Dörr/Grote/Marauhn [Hrsg.], Bd. 1, Kap. 16 Rn. 90.

1478 Dazu oben S. 340 f.; 343 ff.

1479 Vgl. BVerfGE 65, 1 (42 f., 53); 109, 279 (323); 120, 274 (305, 323 f.); *Singelnstein/Putzer*, GA 2015, 564 (569).

1480 Dazu oben S. 340 f.

(3) *Informationsfreiheit (Art. 11 I 2 GRCh) der Nutzer informationstechnischer Systeme*

Ebenso wie bei der akustischen Wohnraumüberwachung zur Strafverfolgung ist auch hier die Informationsfreiheit (Art. 11 I 2 GRCh) betroffen.[1481] Für den Nutzer ist es unerheblich, ob die informationstechnischen Systeme zur Gefahrenabwehr oder zur Strafverfolgung Gespräche überwachen, weil in beiden Fällen das Internet als Informationsquelle betroffen ist. Jeder, der sich mittels des Internets informieren möchte, muss sich dazu entscheiden, eine Überwachungsmöglichkeit zu schaffen.

Insgesamt stellt die Verpflichtung der Hersteller, dauerhaft aktivierte Mikrofone zu integrieren, daher einen nicht gerechtfertigten Eingriff in die Informationsfreiheit dar.[1482]

(4) *Berufsfreiheit (Art. 15 I GRCh) und unternehmerische Freiheit (Art. 16 GRCh) der Hersteller*

Unabhängig davon, ob die akustische Wohnraumüberwachung letztendlich zur Strafverfolgung oder zur Gefahrenabwehr durchgeführt wird, sind die Hersteller in gleicher Weise betroffen. Für diese ist es letztlich unerheblich, wann und wozu die Maßnahme durchgeführt wird; entscheidend ist alleine, dass sie ihre Produkte verändern müssten, um den Vorgaben zu genügen, was in die Berufsfreiheit (Art. 15 I GRCh) eingreift.[1483]

Dieser Eingriff könnte jedoch gerechtfertigt werden. Die Verpflichtung der Hersteller kann grundsätzlich verhältnismäßig sein, da den Herstellern zwar Vorgaben zum technischen Aufbau der Systeme gemacht würden und von diesen gegebenenfalls auch die Ressourcen wie Server für diese Maßnahme bereitzustellen wären,[1484] jedoch würden durch die Verpflichtung in vielen Wohnungen schon die technischen Voraussetzungen für eine akustische Wohnraumüberwachung bestehen und diese dadurch erleichtern. Ferner würden alle Hersteller die gleiche Belastung treffen und der Mehraufwand für die Hersteller durch das Bereitstellen der Ressourcen könnte durch eine Entschädigung abgegolten werden. Obwohl zwar von den informationstechnischen Systemen selbst keine Gefahr ausgeht und es daher nicht mit anderen Regelungen, wie beispielsweise

1481 Dazu oben S. 204 f.; 210; 214; 341 f.; 345 f.

1482 Vgl. oben S. 341.

1483 Vgl. *Wollenschläger*, in: von der Groeben/Schwarze/Hatje [Hrsg.], Art. 15 GRC Rn. 27, Art. 16 GRC Rn. 10; *Blanke*, in: Stern/Sachs [Hrsg.], GRCh, Art. 16 Rn. 15.

1484 Vgl. oben S. 198 ff.; 215 f.; 338 ff.

der Anschnallpflicht im Auto, vergleichbar ist, dient die Verpflichtung der Gefahrenabwehr und nicht jegliche Regelungen, die Hersteller belasten bzw. ihnen Pflichten auferlegen und so in das Marktgeschehen eingreifen, begründen sich auf eine Gefahr, die von den Produkten ausgeht, wie beispielsweise die Ladenschlusszeiten oder die (seit März 2015 nicht mehr bestehende) Milchquote.[1485]

Da die Gefahrenabwehr gerade den Einritt von Rechtsgutsverletzungen verhindern soll und die Hersteller hier nicht unverhältnismäßig belastet sind, wäre eine Verpflichtung der Hersteller zum Integrieren von Mikrofonen grundsätzlich verhältnismäßig.[1486]

(5) Fazit

Eine Verpflichtung der Hersteller, in informationstechnischen Systemen dauerhaft aktivierte Mikrofone zu integrieren, beeinträchtigt Rechte aus der EU-Grundrechtecharta (Art. 7, Art. 8 I, Art. 11, Art. 15, 16 GRCh). Dabei ist unter anderem Art. 15, 16 GRCh betroffen, wobei der Eingriff durch eine Ermächtigungsgrundlage gerechtfertigt werden könnte, da die Rechte der Hersteller nicht in unverhältnismäßiger Art und Weise beeinträchtigt werden. Demgegenüber können die Eingriffe in Art. 7 und Art. 8 I GRCh nicht gerechtfertigt werden, weil durch die Verpflichtung nahezu eine Rundum-Überwachung stattfindet und für den einzelnen kein Rückzugsort mehr besteht. Ferner wird durch die andauernde Übertragung die Informationsfreiheit (Art. 11 I 2 GRCh) ungerechtfertigt beschränkt, da alle Nutzer informationstechnischer Systeme betroffen sind und die Informationsbeschaffung via Internet nicht ohne die Gefahr des Überwachtwerdens möglich ist.

e Fazit

Eine Verpflichtung der Hersteller, dauerhaft aktvierte Mikrofone zu integrieren, ist nicht zulässig, da in nicht gerechtfertigter Weise sowohl in Grund- als auch in Menschenrechte eingegriffen würde, weshalb auch keine Ermächtigungsgrundlage für eine Verpflichtung geschaffen werden könnte. Zunächst beeinträchtigt die Verpflichtung, Mikrofone zu integrieren, sowohl Art. 12 I GG als auch Art. 15, 16 GRCh, was jedoch durch eine Ermächtigungsgrundlage gerechtfertigt werden könnte.

1485 Vgl. BVerfGE 125, 39 (77 ff.); https://www.bmel.de/DE/Landwirtschaft/Agrarpolitik/1_EU-Marktregelungen/_Texte/Auswirkungen-Ende-Milchquote.html (abgerufen am 29.09.2017).

1486 Zur Verhältnismäßigkeit im Rahmen der Berufsfreiheit auch oben S. 338 ff.

Demgegenüber kann die Beeinträchtigung der Wohnung sowie der Privatsphäre (Art. 13 I GG; Art. 8 I EMRK; Art. 7 GRCh) auch nicht durch eine Ermächtigungsgrundlage gerechtfertigt werden, weil durch die Verpflichtung alles übertragen und gegebenenfalls aufgezeichnet wird, weshalb es nahezu zu einer Rundum-Überwachung führt und dadurch auch Gespräche aus dem Kernbereich privater Lebensgestaltung erfasst werden könnten. Da jedoch in diesen Bereich absolut nicht eingegriffen werden darf und eine Rechtfertigung ausgeschlossen ist, ist auch hier eine Rechtfertigung ausgeschlossen, weshalb insgesamt keine Verpflichtung der Hersteller in der hier untersuchten Art und Weise zulässig ist.

2 Integrierte Backdoor

Auch bei einer vorinstallierten bzw. ab Werk integrierten Backdoor müssten die Hersteller verpflichtet werden. Im Folgenden wird daher zunächst geprüft, ob eine Ermächtigungsgrundlage für eine solche Verpflichtung besteht, bevor auf die Vereinbarkeit der Maßnahme mit höherrangigem Recht eingegangen wird.

a Ermächtigungsgrundlage

In den Ermächtigungsgrundlagen zur akustischen Wohnraumüberwachung ist nur der Einsatz „technischer Mittel" erlaubt.[1487] Zwar sind eine Backdoor und der dadurch erfolgte Zugriff auf ein informationstechnisches System ein technisches Mittel, jedoch müsste die Backdoor zunächst durch den Hersteller integriert werden. Das Integrieren dieser ist von keiner der bestehenden Ermächtigungsgrundlagen erfasst.[1488]

Eine von Beginn an durch die Hersteller integrierte Backdoor ist daher auch zur Gefahrenabwehr nur zulässig, wenn eine verfassungskonforme Ermächtigungsgrundlage geschaffen würde.

1487 § 20h I BKAG (ab 25.05.2018: § 46 I BKAG); § 23 I PolG; Art. 34 PAG; § 25 I Nr. 2 ASOG Bln; § 33a I BbgPolG; § 33 II BremPolG; § 10a I PolDVG; § 15 I, IV HSOG; § 34b I SOG M-V; § 35a I SOG Nds.; § 18 I PolG NRW; § 29 I POG; §§ 28a I, 28 II Nr. 2 SpolG; § 41 I SächsPolG; § 17 I Nr. 2 SOG LSA; § 185 I Nr. 2, III LVwG; § 35 I ThPAG.

1488 Zur Verpflichtung der Hersteller zum Integrieren einer Backdoor auch oben S. 219 ff.

b Vereinbarkeit mit dem Grundgesetz

(1) Berufsfreiheit (Art. 12 I GG) der Hersteller

Wie zuvor kommt hier eine Verletzung des Art. 12 I GG in Betracht,[1489] weil die Hersteller verpflichtet werden müssten, eine Backdoor zu integrieren. Diese Verpflichtung greift in ihre Berufsausübungsfreiheit ein, da die Hersteller ihre Systeme nicht mehr frei gestalten können.[1490]

Allerdings ist dieser Eingriff gerechtfertigt, wenn ein Gesetz besteht und der Eingriff des Weiteren angemessen ist. Sowohl die Verpflichtung der Hersteller, eine Backdoor zu integrieren, als auch die akustische Wohnraumüberwachung an sich sollen der öffentlichen Sicherheit dienen und die Gefahrenabwehr erleichtern, womit ein legitimes Ziel verfolgt würde.[1491]

Zwar ist eine ab Werk integrierte Backdoor noch geeignet, das Ziel der Gefahrenabwehr zu fördern und auch grundsätzlich im Rahmen der Einschätzungsprärogative des Gesetzgebers erforderlich,[1492] jedoch ist sie nicht mehr angemessen, da die Interessen der Hersteller die Interessen der Gefahrenabwehr überwiegen. Die Hersteller müssten zwar nur eine Backdoor integrieren, was an sich nur einen geringen Aufwand darstellt, jedoch würden sie gleichzeitig dazu angehalten, jedenfalls unsichere Produkte zu produzieren.[1493] Von jedem Produkt geht daher auch eine Gefahr aus und das Ziel der Gefahrenabwehr, welches hier verfolgt wird, gründet sich somit auf eine Maßnahme, die auch Gefahren schafft. Dies ist jedoch nicht das Ziel der Gefahrenabwehr, sondern soll vielmehr verhindert werden.

Gerade in Zeiten der schnellen Entwicklung des *Internets der Dinge* würde dies eine Vielzahl von Systemen betreffen. Durch Angriffe auf die Systeme könnten dadurch erhebliche Gefahren – jedenfalls auch für die Allgemeinheit – bestehen. Die Gefahrenabwehr kann daher nicht mit Mitteln agieren, die neuen Gefahren schaffen, die es unter anderen auch abzuwehren gilt.[1494]

1489 Zur möglichen Verletzung des Art. 12 I GG im Rahmen der Verpflichtung der Herstellern oben S. 338 ff.

1490 Vgl. *Nolte*, in: Stern/Becker [Hrsg.], Art. 12 Rn. 78 f.; *Scholz*, in: Maunz/Dürig [Hrsg.], Art. 12 Rn. 300 f.; auch oben S. 219 ff.

1491 BVerfGE 100, 313 (389); 120, 274 (319 f.); *Merten*, in: Papier/Merten [Hrsg.], Handbuch der Grundrechte, Bd. III, § 68 Rn. 60.

1492 Vgl. zur Geeignetheit und Erforderlichkeit im Rahmen der Strafverfolgung schon oben S. 219 ff.; vgl. auch S. 338 ff.

1493 Zu den Gefahren einer Backdoor oben S. 219 ff.

1494 Zu den Gefahren schon oben S. 219 ff.

Eine ab Werk integrierte Backdoor ist daher nicht angemessen, weshalb die Berufsausübungsfreiheit (Art. 12 I GG) verletzt ist.

(2) Unverletzlichkeit der Wohnung (Art. 13 I GG) der Nutzer informationstechnischer Systeme

Durch die Verpflichtung, ab Werk eine Backdoor zu integrieren, wird nicht in Art. 13 I GG eingegriffen, da die Backdoor nicht unmittelbar die Wohnung betrifft, sondern nur die informationstechnischen Systeme, in die eine Backdoor integriert wird.[1495] Um durch die Backdoor Geschehnisse aus der Wohnung wahrzunehmen, sind weitere Handlungen notwendig, sodass das bloße Integrieren einer Backdoor nicht ausreichend ist, die Wohnung zu beeinträchtigten.

Sofern dennoch eine Beeinträchtigung von Art. 13 I GG angenommen wird, könnte diese zwar grundsätzlich gerechtfertigt werden, doch dazu muss die Maßnahme als Vorbereitung für eine akustische Wohnraumüberwachung der Abwehr einer dringenden Gefahr (Art. 13 IV GG) dienen. Grundsätzlich wird die Backdoor nur genutzt, wenn die Voraussetzungen für die akustische Wohnraumüberwachung gegeben sind. Jedoch kann die Backdoor nicht nur durch den Staat, sondern auch von Dritten zur Begehung von Straftaten genutzt werden, indem diese sich Zugriff auf das System verschaffen und so beispielsweise mit vielen ferngesteuerten Systemen sogenannte *DDoS-Angriffe*[1496] verüben oder persönliche Daten der Nutzer ausspionieren.[1497] Die Begehung von Straftaten soll jedoch gerade verhindert werden, weshalb es nicht im Interesse des Staates ist, eine neue Gefahrenquelle zu schaffen.[1498] Vielmehr ist es auch Aufgabe des Staates, die Nutzer internetfähiger Systeme vor den Gefahren zu schützen, die durch eine Backdoor entstehen, zumal diese auch Auswirkungen auf die gesamte Bevölkerung haben können.[1499]

Damit werden die Nutzerinteressen erheblich beeinträchtigt; nicht nur in Bezug auf internetfähige Systeme, sondern vor allem auch in Bezug auf die

1495 Zum Eingriff in Art. 13 I GG durch die Verpflichtung, eine Backdoor zu integrieren, schon oben S. 221 ff.

1496 Zu sogenannten *DDoS-Angriffe* oben Fn. 922.

1497 Zu möglichen Straftaten, die durch die Nutzung einer Backdoor begangen werden könnten, schon oben S. 219 ff.

1498 Vgl. § 3 I BSIG; BT-Drs. 18/10182, S. 2 f.; *Heinemann*, Grundrechtlicher Schutz informationstechnischer Systeme, S. 210 ff.

1499 Vgl. BT-Drs. 18/10182, S. 1 ff.; *Heinemann*, Grundrechtlicher Schutz informationstechnischer Systeme, S. 210 ff.; *Hansen/Pfitzmann*, in: Roggan [Hrsg.], S. 131 (148 f.).

Privatsphäre in der Wohnung. Es ist dem Nutzer nicht mehr möglich, sich unbeobachtet zu fühlen.

Zwar mag sich nicht jeder Nutzer grundsätzlich beobachtet fühlen, da keine akustische Maßnahme durchgeführt würde, wenn die Voraussetzungen nicht vorliegen und nicht jeder Nutzer etwas zu verbergen hat, das von Interesse für den Staat wäre. Jedoch soll Art. 13 I GG gerade die Privatsphäre innerhalb der Wohnung schützen und sicherstellen, dass es einen Ort gibt, an dem sich der Einzelne unbeobachtet fühlt und fühlen kann, unabhängig davon, ob er persönlich glaubt, nichts zu verbergen zu haben.[1500] Dies ist notwendige Voraussetzung für die Entwicklung eines jeden Menschen und wird durch eine integrierte Backdoor in jedem internetfähigen System stark beeinträchtigt,[1501] wodurch das Gefühl des Überwachtwerdens allgegenwärtig wird und nur außerhalb der Reichweite eines dieser Systeme beseitigt werden kann.[1502]

Ein Eingriff in Art. 13 I GG durch eine vorinstallierte Backdoor kann nicht gerechtfertigt werden. Die Einschränkungen, die ein jeder dadurch erfährt, sind im Verhältnis zum Nutzen, den die Behörden bei der Gefahrenabwehr dadurch erlangen, beträchtlich und nicht angemessen.

(3) Informationsfreiheit (Art. 5 I 1 Hs. 2 GG) der Nutzer informationstechnischer Systeme

Ähnlich ist dies im Rahmen der Informationsfreiheit (Art. 5 I 1 Hs. 2 GG). Zwar besteht für den Nutzer noch die Wahl, wie er sich informieren möchte, und er kann an sich frei entscheiden, doch wird seine Entscheidung durch eine ab Werk integrierte Backdoor beeinflusst und die freie ist Entscheidung beeinträchtigt.[1503]

Der Nutzer muss abwägen zwischen dem Interesse, sich aus unterschiedlichen Medien, wie Printmedien, Fernsehen oder dem Internet, oder sich nur aus Printmedien zu informieren, bei denen keine Gefahr für das Abhören von Raumgesprächen besteht. Gerade in der heutigen Zeit ist jedoch die Bedeutung des Internets als Informationsquelle sehr hoch, da es sehr häufig aktuelle Nachrichten beinhaltet und die Informationen schneller aktualisiert werden können

---

1500 BVerfGE 89, 1 (12); 109, 279 (313); 120, 274 (309); *Stern*, in: Stern/Becker [Hrsg.], Art. 13 Rn. 27 f.; *Papier*, in: Maunz/Dürig [Hrsg.], Art. 13 Rn. 1.

1501 Vgl. BVerfGE 109, 279 (318 f.); dazu schon oben S. 221 ff.

1502 Das Leben in einem solchen Staat wäre vergleichbar mit demjenigen in *George Orwells* Novelle „1984", obwohl ein bedeutender Unterschied dadurch besteht, dass bei *Orwell* eine umfassende Überwachung stattfindet, während es in der vorliegenden Untersuchung nur um eine akustische Überwachung geht.

1503 Vgl. oben S. 224 f.

als in Printmedien. Zudem informieren sich viele Menschen überwiegend auf diesem Wege.[1504] Entscheidend für die Rechtfertigung des Eingriffs ist erneut die Verhältnismäßigkeit. Ein legitimer Zweck wird mit einer effektiven Gefahrenabwehr zwar verfolgt, wozu das Integrieren einer Backdoor auch geeignet und im Rahmen der Einschätzungsprärogative des Gesetzgebers auch erforderlich ist, jedoch ist das Integrieren einer Backdoor nicht mehr angemessen, weil dadurch erhebliche Gefahren geschaffen werden, die der Staat abwehren sollte.[1505]

Folglich ist das Integrieren einer Backdoor ab Werk nicht verhältnismäßig und Art. 5 I GG wäre verletzt.

(4) Allgemeines Persönlichkeitsrecht (Art. 2 I i.V.m. Art. 1 I GG) der Nutzer informationstechnischer Systeme

i Recht am eigenen Wort und informationelle Selbstbestimmung

Soweit der Schutz des Art. 13 I GG greift, ist ein Rückgriff auf das allgemeine Persönlichkeitsrecht nicht notwendig. Da sich jedoch nur der Wohnungsinhaber auf Art. 13 I GG berufen kann, bleibt für alle weiteren Personen, die sich zufällig in der Wohnung aufhalten, das allgemeine Persönlichkeitsrecht.[1506] Ein Eingriff in dieses Recht liegt mit der akustischen Wohnraumüberwachung vor und diese Beeinträchtigung wird durch die Vorschriften zur akustischen Wohnraumüberwachung gerechtfertigt.[1507]

ii Recht auf Gewährleistung der Vertraulichkeit und Integrität informationstechnischer Systeme

Daneben bieten keine weiteren Grundrechte ausreichend Schutz vor den Gefahren, die mit der Verpflichtung, eine Backdoor ab Werk zu integrieren, einher gehen, weshalb das Recht auf Gewährleistung der Vertraulichkeit und Integrität informationstechnischer Systeme angewendet werden kann.[1508] Durch die Backdoor kann grundsätzlich jeder das System nutzen, sodass die gespeicherten Daten nicht mehr vertraulich sind und die Ressourcen von Dritten genutzt werden können. Da allerdings das Grundrecht nicht schrankenlos gewährleistet

1504 https://de.statista.com/statistik/daten/studie/171257/umfrage/normalerweise-genutzte-quelle-fuer-informationen/ (abgerufen am 07.06.2017).

1505 Dazu schon oben S. 219 ff.; 353 f.

1506 BVerfGE 109, 279 (326), dazu schon oben S. 342 f.

1507 Vgl. zur akustischen Wohnraumüberwachung zur Strafverfolgung BVerfGK 11, 164.

1508 Zum Schutz durch andere Grundrechte oben S. 219 ff.

ist,[1509] könnte grundsätzlich eine Rechtfertigung des Eingriffs erfolgen, jedoch ist eine ab Werk integrierte Backdoor nicht angemessen. Durch eine Backdoor werden neue Gefahren geschaffen, wie beispielsweise der Zusammenschluss vieler Systeme zu sogenannten *Bot-Netzen* ermöglicht, obwohl diese Gefahren eigentlich durch den Staat abgewendet werden sollen.[1510]

Die Verpflichtung, eine Backdoor zu integrieren, verletzt daher das Recht auf Gewährleistung der Vertraulichkeit und Integrität informationstechnischer Systeme.

(5) Fazit

Eine vorinstallierte Backdoor und eine damit verbundene Zusammenarbeit zwischen Behörden und Herstellern beeinträchtigt diverse Grundrechte, wobei insbesondere in Art. 12 I GG, Art. 5 I GG sowie Art. 2 I i.V.m. Art. 1 I GG eingegriffen wird. Keine dieser Eingriffe kann durch eine Ermächtigungsgrundlage gerechtfertigt werden, weil eine Backdoor nicht geeignet ist, die Gefahrenabwehr zu fördern, da eine ab Werk integrierte Backdoor mit Gefahren für die Gesellschaft verbunden ist und darüber hinaus auch Straftaten ermöglicht.

c Vereinbarkeit mit der Europäischen Menschenrechtskonvention

(1) Recht auf Achtung des Privat- und Familienlebens (Art. 8 EMRK) der Nutzer informationstechnischer Systeme

Die Verpflichtung, eine Backdoor ab Werk zu integrieren, betrifft Art. 8 I EMRK, da durch die Backdoor eine Gefahr für das Privatleben geschaffen wird, indem die Nutzung des informationstechnischen Systems grundsätzlich für jeden ermöglicht wird.[1511] Mit der Maßnahme und vor allem mit der akustischen Wohnraumüberwachung soll im Rahmen der Gefahrenabwehr für die nationale und öffentliche Sicherheit gesorgt werden. Die akustische Wohnraumüberwachung ist grundsätzlich in einer demokratischen Gesellschaft notwendig, um eine effektive Gefahrenabwehr zu gewährleisten, da durch die akustische

---

1509 BVerfGE 120, 274 (315).

1510 Zu den Gefahren einer Backdoor schon oben S. 219 f.; zur Verhältnismäßigkeit einer ab Werk integrierten Backdoor oben S. 338 ff.

1511 Vgl. *Katzenbeisser,* DuD 2016, 98 (99); *Gudermann*, Online-Durchsuchung, S. 25 f.; *Kohlmann*, Online-Durchsuchungen und andere Maßnahmen mit Technikeinsatz, S. 31; *Holzner*, Die Online-Durchsuchung, S. 12; *Buermeyer,* HRRS 2007, 154 (163); *Pohl,* DuD 2007, 684 (686); dazu auch oben S. 340 f.

Überwachung Planungen frühzeitig entdeckt werden können, um die Gefahren abzuwenden.[1512]

In der hier untersuchten konkreten Ausgestaltung einer internetbasierten akustischen Wohnraumüberwachung könnte diese Notwendigkeit jedoch entfallen. Nicht nur die Nutzer haben ein Interesse an sicheren Systemen, sondern auch der Staat hat dieses Interesse, um Straftaten, die mittels informationstechnischen Systemen begangen werden, zu verhindern.[1513] Wie Gesetze, Gesetzesvorhaben und staatliche Einrichtungen zeigen, möchte der Staat erreichen, dass informationstechnische Systeme sicherer werden und nicht von Dritten genutzt werden können.[1514] Das Integrieren einer Backdoor führt jedoch genau zu dem entgegengesetzten Erfolg, weil dadurch die Systeme leichter angreifbar werden und Dritte diese relativ einfach heimlich beispielsweise zum Verüben von sogenannten *DDoS-Angriffen*[1515] nutzen können. Zwar gilt dies auch für den Staat, dennoch hat er die Pflicht nicht nur Gefahren abzuwehren, die schon bestehen, sondern auch dafür zu sorgen, dass durch seine Gefahrenabwehr nicht an anderer Stelle eine größere Gefahr geschaffen wird.[1516] Die Gefahren einer integrierten Backdoor würden durch die technischen Möglichkeiten wie dem Zusammenschluss verschiedener Systeme zu sogenannten *Bot-Netzen*[1517] im Vergleich zu den derzeit bestehenden Gefahren steigen.

Ferner führt die Maßnahme dazu, dass die Nutzer sich dauerhaft beobachtet fühlen und sich so nicht frei entfalten können. Zudem sind nicht nur Störer betroffen, sondern sämtliche Nutzer informationstechnischer Systeme, auch wenn letztlich nicht alle tatsächlich akustisch überwacht würden, sondern lediglich diejenigen, bei denen die Voraussetzungen einer akustischen Wohnraumüberwachung vorliegen.[1518]

1512 Vgl. BVerfGE 109, 279 (335 ff.); 141, 220 (295 ff.); BbgLVerfG Urteil v. 30. Juni 1999 – 3/98 – juris (Rn. 2d; 79 f.); ThLVerfG, Urteil v. 21. November 2012 – 19/09 – juris (Rn. 265).

1513 Zu den Straftaten und Gefahren bei informationstechnischen Systemen schon oben S. 219 ff.

1514 Vgl. BT-Drs. 18/10182; § 3 I BSIG; *Heinemann*, Grundrechtlicher Schutz informationstechnischer Systeme, S. 210 ff.; *Hansen/Pfitzmann*, in: Roggan [Hrsg.], S. 131 (148 f.).

1515 Zu sogenannten *DDoS-Angriffen* oben Fn. 922.

1516 Vgl. BVerfGE 96, 56 (64); *Di Fabio*, in: Maunz/Dürig [Hrsg.], Art 2 Rn. 135, 189; *Horn*, in: Stern/Becker [Hrsg.], GG, Art. 2 Rn. 77; *Jarass*, in: Jarass/Pieroth [Hrsg.], GG (2012). Art. 2 Rn. 56; *Heinemann*, Grundrechtlicher Schutz informationstechnischer Systeme, S. 210 ff.; *Hansen/Pfitzmann*, in: Roggan [Hrsg.], S. 131 (148 f.).

1517 Zu sogenannten *Bot-Netzen* oben Fn. 921.

1518 Dazu oben S. 221 ff.; 229 f.; 353 f.

Insgesamt ist das Integrieren eine Backdoor ab Werk daher nicht mit Art. 8 I EMRK vereinbar.

(2) Informationsfreiheit (Art. 10 I 2 EMRK) der Nutzer informationstechnischer Systeme

Wie auch bei der zuvor untersuchten Vorgehensweise, ist hier erneut ein Eingriff in die Informationsfreiheit (Art. 10 I 2 EMRK) gegeben, da internetfähige Systeme auch zur Informationsbeschaffung genutzt werden. Bei einer ab Werk installierten Backdoor kann sich der Nutzer nicht mehr auf sichere Systeme verlassen, wodurch die Entscheidung für das Internet als Informationsquelle zugleich die Entscheidung, ein unsicheres System zu verwenden und den Zugriff durch Dritte hinzunehmen, beinhaltet.

Zwar wird mit der effektiven Gefahrenabwehr ein legitimes Ziel verfolgt, jedoch ist die Maßnahme im Hinblick auf die Gefahren, die geschaffen werden, und die widerstreitenden Interessen in einer demokratischen Gesellschaft nicht notwendig.[1519] Durch die Backdoor werden alle Nutzer informationstechnischer Systeme betroffen, während sich die akustische Überwachung zur Gefahrenabwehr auf wenige Nutzer bezieht.[1520] Weil zudem durch die integrierte Backdoor weitere Gefahren geschaffen werden, eignet sich dieser nicht zur Gefahrenabwehr.[1521]

Folglich ist das Vorgehen nicht mit Art. 10 I 2 EMRK vereinbar.

(3) Fazit

Eine ab Werk integrierte Backdoor ist auch nicht mit der Europäischen Menschenrechtskonvention vereinbar, da die Eingriffe in Art. 8 I EMRK sowie in Art. 10 I EMRK nicht gerechtfertigt werden können. Neben einer Ermächtigungsgrundlage ist erforderlich, dass die Maßnahme zur Zielerreichung notwendig ist, was jedoch hier nicht der Fall ist, weil eine ab Werk integrierte Backdoor neue Gefahren schafft und somit nicht nur der Gefahrenabwehr dient.

1519 Dazu schon oben S. 354 f.; 356 ff.

1520 Vgl. nur BT-Drs. 18/9660, S. 4; 18/5900, S. 4.

1521 Zu den Gefahren einer Backdoor schon oben S. 219 ff.

d Vereinbarkeit mit der EU-Grundrechtecharta

(1) Achtung des Privat- und Familienlebens (Art. 7 GRCh) der Nutzer informationstechnischer Systeme

Zunächst ist das Privatleben betroffen, weil durch eine integrierte Backdoor auf das informationstechnische System und auf dort gespeicherte (persönliche) Daten zugegriffen werden kann. Das informationstechnische System als nach hier vertretener Ansicht Teil des Privatlebens[1522] ist nicht mehr vertraulich, da über die integrierte Backdoor durch jeden – auch aus der Ferne – verwendet werden kann.[1523]

Eine freie Persönlichkeitsentfaltung im Umgang mit internetfähigen Systemen ist damit nicht mehr möglich. Da hier wiederum alle Nutzer betroffen sind und neue Gefährdungen entstehen, ist eine ab Werk integrierte Backdoor nicht verhältnismäßig.[1524] Darüber hinaus wird sich das Nutzerverhalten an dem System selbst verändern, insofern, dass dieses nur verwendet wird, wenn es notwendig ist und persönliche Daten nicht mehr oder nur noch in geringem Maße gespeichert werden, wenn bekannt ist, dass theoretisch jeder, der die Backdoor kennt, darauf zugreifen und dieses dann sogar nutzen kann.[1525] Die Interessen der Nutzer, an sicheren internetfähigen informationstechnischen Systemen und an unüberwachte Orte, überwiegen das Interesse des Staates an einer effektiven Gefahrenabwehr,[1526] sodass Art. 7 GRCh verletzt wäre.

(2) Schutz personenbezogener Daten (Art. 8 I GRCh) der Nutzer informationstechnischer Systeme

Ebenso liegt eine Verletzung des Art. 8 GRCh vor, da sich auf den Systemen grundsatzlich personenbezogene Daten befinden.[1527] Diese können durch eine

---

1522 Dazu oben S. 156 ff.

1523 Vgl. *Katzenbeisser*, DuD 2016, 98 (99); *Gudermann*, Online-Durchsuchung, S. 25 f.; *Kohlmann*, Online-Durchsuchungen und andere Maßnahmen mit Technikeinsatz, S. 31; *Holzner*, Die Online-Durchsuchung, S. 12.

1524 BVerfGE 141, 220 (268 f., 273 f., 298 f.); dazu schon oben S. 219 ff.; 353 f.

1525 Vgl. *Katzenbeisser*, DuD 2016, 98 (99); *Gudermann*, Online-Durchsuchung, S. 25 f.; *Kohlmann*, Online-Durchsuchungen und andere Maßnahmen mit Technikeinsatz, S. 31; *Holzner*, Die Online-Durchsuchung, S. 12; *Buermeyer*, HRRS 2007, 154 (163); *Pohl*, DuD 2007, 684 (686).

1526 Vgl. dazu schon oben S. 221 ff.; 233 ff.; 353 ff.; 356 ff.

1527 Vgl. BVefGE 120, 274 (303 ff.; 312 f.); *Murswiek/Rixen*, in: Sachs [Hrsg.], GG, Art. 2 Rn. 73c.

integrierte Backdoor erhoben werden, wobei die Gefährdung durch das verpflichtende Gesetz ausreichend ist, da dadurch schon unmittelbar eine Gefahr für die persönlichen Daten geschaffen wird.[1528] Mangels Verhältnismäßigkeit ist keine Rechtfertigung möglich, da die durch die Backdoor geschaffenen Gefahren dem Zweck der Gefahrenabwehr überwiegen.[1529]

(3) Informationsfreiheit (Art. 11 I 2 GRCh) der Nutzer informationstechnischer Systeme

Ferner beschränkt auch eine ab Werk integrierte Backdoor die Informationsfreiheit der Nutzer informationstechnischer Systeme, da faktische Belastung für einen Eingriff in die Informationsfreiheit genügt.[1530] Die informationstechnischen Systeme sind durch eine ab Werk integrierte Backdoor nicht mehr geschützt, vor Zugriffen aus der Ferne, welche nur bei einer bestehenden Internetverbindung durchführbar sind. Daher führt die Verpflichtung, eine Backdoor zu integrieren dazu, dass die Informationsquelle „Internet“ mit erheblichen Gefahren verbunden ist und dies die Entscheidung des Nutzers, welche Informationsquelle er nutzt, beeinflusst.[1531] Eine freie Entscheidung zwischen allen zur Verfügung stehenden Informationsquellen ist nicht möglich, weshalb die Informationsfreiheit zumindest faktisch beschränkt wäre.[1532]

Insgesamt ist die Beschränkung auch nicht verhältnismäßig, da weitaus mehr Nutzer in ihrer Informationsfreiheit betroffen wären, als für die Gefahrenabwehr relevant sind. Zudem würden durch eine integrierte Backdoor weitere Gefahren geschaffen,[1533] weshalb die Maßnahme nicht angemessen ist und die Informationsfreiheit (Art. 11 I 2 GRCh) bei einer ab Werk integrierten Backdoor verletzt würde.

(4) Berufsfreiheit (Art. 15 I GRCh) und unternehmerische Freiheit (Art. 16 GRCh) der Hersteller

Die Hersteller würden verpflichtet, eine Backdoor in ihre Systeme zu integrieren, damit liegt eine Beeinträchtigung ihrer Berufsfreiheit vor.[1534]

1528 Dazu oben S. 233 ff.

1529 Vgl. oben S. 219 ff.; 353 f.

1530 *Jarass*, in: Jarass [Hrsg.], GRCh, Art. 11 Rn. 20; *von Coelln*, in: Stern/Sachs [Hrsg.], GRCh, Art. 11 Rn. 42; *Ehlers*, in: ders. [Hrsg.], § 14 Rn. 98.

1531 Zu den Gefahren einer Backdoor schon oben S. 219 ff.

1532 Dazu oben S. 224 f.; 230; 235; 352 f.; 358.

1533 Zu den Gefahren einer integrierten Backdoor oben S. 219 ff.

1534 Dazu oben S. 235 f.; 352 f.

Grundsätzlich muss dadurch die Berufsfreiheit noch nicht verletzt sein, allerdings ist beim Integrieren einer Backdoor ab Werk die Verhältnismäßigkeit nicht gegeben.[1535] Zwar wird mit der Gefahrenabwehr ein legitimes Ziel verfolgt und die Maßnahme ist auch geeignet und erforderlich, jedoch werden dadurch gleichzeitig Gefahren geschaffen, die der Staat im Rahmen der Gefahrenabwehr auch verhindern sollte. Durch eine integrierte Backdoor ist es für Dritte einfacher, sich Zugang zu einem System zu verschaffen und mittels dessen Straftaten zu begehen wie beispielsweise einen *DDoS-Angriff*.[1536]

Somit ist die Maßnahme insgesamt nicht angemessen, weshalb Art. 15, 16 GRCh verletzt ist.

(5) Fazit

Eine ab Werk integrierte Backdoor greift in verschiedene Grundrechte der EU-Grundrechtecharta ein; insbesondere in Art. 15, 16 GRCh sowie in Art. 7 GRCh und Art. 11 GRCh. Diese Eingriffe können zwar grundsätzlich durch eine Ermächtigungsgrundlage gerechtfertigt werden, jedoch ist eine Backdoor nicht notwendig, um eine akustische Wohnraumüberwachung durchzuführen. Zudem schafft eine ab Werk integrierte Backdoor Gefahren, die durch die Gefahrenabwehrbehörden abgewehrt werden sollen.

e Fazit

Eine internetbasierte akustische Wohnraumüberwachung ist aus technischer Sicht auch durch eine Verpflichtung der Hersteller, eine Backdoor zu integrieren, möglich. Jedoch greift diese Vorgehensweise in verschiedene Grund- und Menschenrechte ein, wobei insbesondere die Berufsfreiheit der Hersteller (Art. 12 GG, Art. 15, 16 GRCh) sowie die Privatsphäre der Nutzer (Art. 2 I i.V.m. Art. 1 I GG; Art. 8 I EMRK; Art. 7 GRCh) und die Informationsfreiheit (Art. 5 GG; Art. 10 EMRK; Art. 11 GRCh) betroffen sind.

Alle Beeinträchtigungen können nur bei Vorliegen einer Ermächtigungsgrundlage, die insbesondere verhältnismäßig ist, gerechtfertigt werden. Da eine ab Werk integrierte Backdoor erhebliche Gefahren für die einzelnen Nutzer und die Gesellschaft schafft, ist sie nicht angemessen. Daher ist sie weder notwendig noch verhältnismäßig. Aus diesem Grund können die Eingriffe in die

---

1535 Dazu auch schon oben S. 252 f.

1536 Zum *DDoS-Angriff* siehe oben Fn. 922; zu weiteren Gefahren einer Backdoor oben S. 219 ff.

genannten Grundrechte durch eine ab Werk integrierte Backdoor nicht gerechtfertigt werden.

3 Direkter elektronischer Zugriff zum Einschleusen einer Überwachungssoftware

Eine weitere Methode besteht mit dem direkten Zugriff auf ein System und dem Einschleusen einer Überwachungssoftware. Die Überwachungssoftware kann dabei entweder eine Backdoor installieren, das Mikrofon sofort einschalten oder das Aktivieren des Mikrofons ermöglichen.[1537] Im Folgenden wird zunächst geprüft, ob eine Ermächtigungsgrundlage für das Einschleusen einer Überwachungssoftware besteht, bevor die Vereinbarkeit der Maßnahme mit höherrangigem Recht untersucht wird.

a Ermächtigungsgrundlage

Die Ermächtigungsgrundlagen in den Gesetzen der Länder bzw. im Bundeskriminalamtgesetz, welche die akustische Wohnraumüberwachung erlauben, ermöglichen diesen Zugriff nicht.[1538] Zwar sind technische Mittel zulässig und davon ist auch eine internetbasierte Maßnahme erfasst,[1539] jedoch ist der Fernzugriff auf ein System eine eigenständige Maßnahme, die es erst ermöglicht, das informationstechnische System als technisches Mittel zur akustischen Überwachung einzusetzen. Daher bedarf das Einschleusen einer expliziten Ermächtigungsgrundlage.[1540]

Einige Polizeigesetze sowie das Bundeskriminalamtgesetz ermöglichen jedoch einen direkten Zugriff auf internetfähige Systeme. So finden sich Regelungen in § 20k und § 20l II BKAG[1541] sowie in § 10c PolDVG, § 15b HSOG, § 31 III POG und § 34a II ThPAG sowie § 31c POG und Art. 34d PAG. Bei diesen handelt es sich um Ermächtigungsgrundlagen für die sogenannte Quellen-Telekommunikationsüberwachung sowie zur Online-Durchsuchung.[1542] Gemeinsam ist fast

1537 Zu den technischen Möglichkeiten siehe oben S. 64 ff.; 89 ff.

1538 Vgl. *Späthe*, Der Ausbau der informatorischen Polizeibefugnisse, S. 199.

1539 Zu den technischen Mitteln vgl. oben S. 237 ff.; 336 f.

1540 Zum vergleichbaren Problem im Rahmen der akustischen Wohnraumüberwachung zur Strafverfolgung oben S. 237 ff.

1541 Ab 25.05.2018: § 49 BKAG sowie § 51 II BKAG.

1542 § 20l II BKAG (ab 25.05.2018: § 51 II BKAG); § 10c PolDVG; § 15b HSOG; § 31 III POG; § 34a II ThPAG (Quellen-Telekommunikationsüberwachung); vgl. auch *Ebert/Seel*, ThPAG, § 34a Rn. 59, 61; § 20k BKAG (ab 25.05.2018: § 49 BKAG); § 31c POG; Art. 34d PAG (Online-Durchsuchung).

allen diesen Regelungen, dass sie einen Schutz für das informationstechnische System aufweisen, indem sichergestellt werden muss, dass die Beeinträchtigung des Systems so gering wie möglichgehalten wird und Dritte keinen Zugriff auf die Software erhalten.[1543] So darf die Quellen-Telekommunikationsüberwachung nur durchgeführt werden, wenn technisch sichergestellt ist, dass keine Daten außerhalb der Telekommunikationsdaten erfasst werden können.[1544]

Im Falle der Online-Durchsuchung beschränkt sich der Zugriff ausweislich des Gesetzeswortlauts auf gespeicherte Daten und erlaubt nicht auch den Zugriff auf Systemkomponenten, mit denen erst Daten erzeugt werden sollen wie beispielsweise dem Mikrofon.[1545] Auch wenn damit grundsätzlich ein Zugriff aus der Ferne auf informationstechnische Systeme möglich ist, genügen diese Ermächtigungsgrundlagen nicht für eine akustische Wohnraumüberwachung, da sich die akustische Wohnraumüberwachung von den genannten Regelungen unterscheidet und bei dieser gerade keine Daten aus dem System relevant sind.[1546]

Eine explizite Regelung, die den Fernzugriff auf informationstechnische Systeme zum Zwecke der akustischen Wohnraumüberwachung ermöglicht, besteht daher in keinem Polizeigesetz der Länder und auch nicht im Bundeskriminalamtgesetz. Unterstellt im Rahmen der Gefahrenabwehr sind ebenso wie bei der akustischen Wohnraumüberwachung zur Strafverfolgung neben Art. 13 I GG

1543 Vgl. §§ 20k II, 20l II 1, 2 BKAG (ab 25.05.2018: §§ 49 II, 51 II 1, 2 BKAG); § 10 II PolDVG; § 15b II HSOG; §§ 31 III, 31c II POG; § 34a III ThPAG; keine solche Schutzvorschrift weist Art. 34d PAG auf.

1544 Vgl. § 20l II 1 Nr. 1 BKAG (ab 25.05.2018: § 51 II 1 Nr. 1 BKAG); § 10c I Nr. 1 PolDVG; § 15b I Nr. 1 HSOG.

1545 § 20k BKAG
„(1) Das Bundeskriminalamt darf ohne Wissen des Betroffenen mit technischen Mittel in vom Betroffenen genutzte informationstechnische Systeme eingreifen und **aus ihnen** Daten erheben, wenn […]" Hervorhebung nur hier).
Art. 34d PAG:
„(1) Die Polizei kann mit technischen Mittel verdeckt auf informationstechnische Systeme zugreifen, um **Zugangsdaten** und **gespeicherte Daten** zu erheben von Personen […]" (Hervorhebungen nur hier)
§ 31c POG:
„(1) Die Polizei kann ohne Wissen des Betroffenen mit technischen Mittel in vom Betroffenen genutzte informationstechnische Systme eingreifen und **aus ihnen** Daten erheben […]" (Hervorhebung nur hier).

1546 Zum vergleichbaren Problem im Rahmen der Strafverfolgung oben S. 237 ff.

weitere Grundrechte durch den direkten Zugriff betroffen, ist eine Ermächtigungsgrundlage notwendig, die den Zugriff zur Wohnraumüberwachung erlaubt.[1547]

b Vereinbarkeit mit dem Grundgesetz

Wie gezeigt ist ein Fernzugriff den Polizeigesetzen nicht fremd, da dieser beispielsweise für die Quellen-Telekommunikationsüberwachung und die Online-Durchsuchung verwendet wird.[1548] Daher erscheint es durchaus auch denkbar, dass ein solcher Zugriff für eine akustische Wohnraumüberwachung durchführbar ist, wenn sichergestellt wird, dass keine weiteren Daten aus dem System erfasst werden.

(1) Unverletzlichkeit der Wohnung (Art. 13 I GG) der Nutzer informationstechnischer Systeme

Im Rahmen des Art. 13 I GG ist zwischen den einzelnen technischen Möglichkeiten des Einschleusens einer Überwachungssoftware und deren Funktionen zu unterscheiden.[1549]

i Installieren einer Überwachungssoftware, die auf späterem Befehl das Mikrofon aktiviert

Die Privatsphäre der Wohnung wird noch nicht beeinträchtigt, wenn zunächst eine Überwachungssoftware eingeschleust wird, die erst später auf Anweisung das Mikrofon aktiviert und die Gespräche überträgt, da mit dem Einschleusen zunächst nur das informationstechnische System betroffen ist und noch keine Gespräche aus der Wohnung erfasst werden, wozu eine neue eigene Handlung notwendig ist.[1550]

Das Gleiche gilt für eine Überwachungssoftware, die eine Backdoor installiert und so den Zugriff auf das System dauerhaft ermöglicht, da auch hier eine

---

1547 Zur Grundrechtsbetroffenheit bei einem direkten Zugriff im Rahmen der Strafverfolgung oben S. 240 ff.

1548 Vgl. §§ 20k, 20l II BKAG (ab 25.05.2018: §§ 49, 51 II BKAG); Art. 34d PAG; § 10c PolDVG; § 15b HSOG; § 31 III POG; § 31c POG; §34a II ThPAG.

1549 Zu den technischen Möglichkeiten oben S. 89 ff.

1550 Zum Einschleusen einer Schadsoftware, ohne dass Art 13 I GG betroffen ist, schon oben S. 241 f.

weitere Handlung, nämlich der Zugriff auf das System, erforderlich ist, bevor in Art. 13 I GG eingegriffen wird.[1551]

ii Überwachungssoftware aktiviert direkt das Mikrofon

Durch einen Fernzugriff, bei dem direkt Geschehnisse aus der Wohnung wahrgenommen werden, ist Art. 13 I GG betroffen.[1552] Der Zugriff wäre nicht nur die Vorbereitungshandlung, sondern bereits die Durchführungsmaßnahme, weshalb die Privatsphäre der Wohnung unmittelbar durch die Ermächtigungsgrundlage und den Zugriff betroffen wäre.[1553]

Sofern ein Eingriff in Art. 13 I GG bei einem direkten Zugriff vorliegt, ist zur Rechtfertigung eines Zugriffs auf informationstechnische Systeme zur akustischen Wohnraumüberwachung eine dringende Gefahr für die öffentliche Sicherheit erforderlich.[1554] Zwar erfassen die einzelnen Polizeigesetze eine akustische Wohnraumüberwachung, jedoch ist nicht zugleich der Zugriff auf internetfähige Systeme von dieser Ermächtigungsgrundlage erfasst, da es eine eigenständige Handlung ist.[1555]

Soweit der Eingriff, der durch den Zugriff auf informationstechnische Systeme erfolgt, verhältnismäßig ist, kann eine Ermächtigungsgrundlage – wie auch schon für die Quellen-Telekommunikationsüberwachung und Online-Durchsuchung – geschaffen werden. Ein legitimes Ziel wird mit der Abwehr dringender Gefahren verfolgt,[1556] wozu eine akustische Wohnraumüberwachung grundsätzlich sowohl geeignet als auch erforderlich ist, da diese das Ziel der Gefahrenabwehr fördert und kein milderes Mittel vorhanden ist.[1557] Ebenso ist der direkte Zugriff auf ein informationstechnisches System zur Durchführung einer akustischen Wohnraumüberwachung geeignet, da der Zugriff durch Aktivieren des Mikrofons die akustische Überwachung fördert. Zudem ist der Zugriff im

1551 Zum Installieren einer Backdoor durch eine Schadsoftware und einem Eingriff in Art. 13 I GG oben S. 241 f.

1552 Vgl. BVerfGE 120, 274 (310); vgl. auch oben S. 242 f.

1553 Zum Eingriff in Art. 13 I GG bei einem direkten Zugriff auf ein informationstechnisches System oben S. 242 f.

1554 *Gornig*, in: v. Mangoldt/Klein/Starck [Hrsg.], Bd. 1, Art. 13 n. 124 f.; *Stern*, in: Stern/Becker [Hrsg.], Art. 13 Rn. 122.

1555 Vgl. zu den Ermächtigungsgrundlagen oben S. 362 ff.

1556 Vgl. BVerfGE 120, 274 (319); *Gornig*, in v. Mangoldt/Klein/Starck [Hrsg.], Bd. 1, Art. 13 Rn. 122.

1557 Vgl. *Schenke*, Polizei- und Ordnungsrecht, Rn. 194a; *Papier*, in: Maunz/Dürig [Hrsg.], Art. 13 Rn. 92 ff.

Rahmen der Einschätzungsprärogative des Gesetzgebers erforderlich, weil nicht sicher feststeht, dass eine mildere Maßnahme gleicher Effektivität besteht,[1558] jedoch muss der Zugriff auch angemessen sein.

Die Nutzer haben ein Interesse daran, dass ihre Geräte nicht zu ihrer eigenen Überwachung eingesetzt und aus der Ferne gesteuert werden.[1559] Allerdings kann grundsätzlich nicht ausgeschlossen werden, dass ein mit dem Internet verbundenes System durch eine Überwachungssoftware infiltriert wird und so von Dritten genutzt werden kann. Damit nehmen Nutzer zunächst einmal das Risiko der Infiltration einer Überwachungssoftware in Kauf, jedoch verzichten sie dadurch nicht auf ihren grundrechtlichen Schutz, da die Nutzer nur technische Möglichkeiten nutzen möchten, aber dennoch den Staat ausschließen wollen.[1560] Nichtsdestoweniger verwenden die Behörden nur Vorgehensweisen, die technische schon lange möglich sind, grundsätzlich allen zur Verfügung stehen und das Betreten der Wohnung zum Anbringen der Abhörvorrichtung verzichtbar machen.

Insbesondere durch die steigenden Zahlen von Anschlägen durch den internationalen islamistischen Terrorismus ist die Gefahrenabwehr besonders wichtig und wird auch in den Medien diskutiert,[1561] wodurch deutlich wird, dass es sich bei der Gefahrenabwehr nicht nur um ein staatliches Interesse handelt, sondern auch um ein Interesse der Bürger.[1562]

Ferner haben die Bürger ein Interesse daran, dass ihre Wohnungen nicht heimlich durch den Staat betreten werden, um Abhörvorrichtungen anzubringen. Dieses Vorgehen kann entfallen, wenn ein internetfähiges System zum Abhören verwendet wird. Dadurch, dass fast alle Menschen zumindest über ein internetfähiges System mit Mikrofon und Internetverbindung verfügen, ist diese Maßnahme auch nicht nur auf wenige Wohnungen begrenzt. Des Weiteren ist es für die Betroffenen positiv, wenn ihre Wohnung nicht mehr betreten werden muss, da die Wohnung ein Rückzugsort sein soll und in diesen wird auch durch das heimliche Betreten zum Anbringen von Abhörvorrichtungen eingegriffen.[1563] Diese Beeinträchtigung des Art. 13 I GG

1558 Zur Geegnetheit und Erforderlichkeit vgl. auch oben S. 242 f.

1559 Vgl. BVerfGE 120, 274 (313 f.); *Buermeyer,* HRRS 2007, 154 (162).

1560 Vgl. nur *Schantz,* KritV 2007, 310 (315); *Hornung,* DuD 2007, 575 (577 f.); *Heinemann,* Computer-Grundrecht, S. 118 f.

1561 Vgl. BVerfGE 120, 274 (319 f.); http://www.fr.de/politik/terror/nach-dem-terroranschlag-datenschutz-wird-der-panik-geopfert-a-357472 (abgerufen am 07.10.2017).

1562 Vgl. *Kühne,* in: Roggan [Hrsg.], S. 85 (85); *Zöller,* ZStW 2012, 411.

1563 BVerfGE 109, 279 (309); 120, 274 (309 f.).

entfällt durch die Nutzung internetfähiger Systeme zur akustischen Überwachung.[1564]

Der Nutzer wird nicht unangemessen beeinträchtigt, wenn eine akustische Wohnraumüberwachung unter Verwendung von einem direkten Zugriff auf ein internetfähiges System durchgeführt wird. Sofern daher eine Ermächtigungsgrundlage für diesen Zugriff geschaffen wird, ist Art. 13 I GG nicht verletzt.

(2) Allgemeines Persönlichkeitsrecht (Art. 2 I i.V.m. Art. 1 I GG) der Nutzer informationstechnischer Systeme

Wenn jedoch nicht direkt eine akustische Überwachung durchgeführt wird, sondern vielmehr eine Backdoor installiert wird oder eine Überwachungssoftware eingeschleust wird, um erst im Anschluss das Mikrofon zu aktivieren, besteht durch Art. 13 I GG kein ausreichender Grundrechtsschutz, da dieser nur vor der akustischen Überwachung an sich, jedoch nicht zwingend vor einem Zugriff auf das informationstechnische System schützt.[1565]

Auch wenn sich das System in der Wohnung befindet, werden durch das Einschleusen einer Software alleine noch keine Informationen aus der Wohnung gewonnen. Soweit Art. 13 I GG daher nicht betroffen ist, kommt Art. 2 I i.V.m. Art. 1 I GG in der Ausprägung des Rechts auf Gewährleistung der Vertraulichkeit und Integrität informationstechnischer Systeme in Betracht.

Die Vertraulichkeit des informationstechnischen Systems ist betroffen, da die „entscheidende Hürde" zum Zugriff auf das System mit dem Einschleusen genommen ist.[1566] Ferner ist bei dem Einschleusen einer Überwachungssoftware die Integrität des informationstechnischen Systems beeinträchtigt, da dieses aus der Ferne gesteuert werden kann und die Ressourcen des Systems genutzt werden.[1567]

Mit einem verfassungsgemäßen, insbesondere verhältnismäßigen, Gesetz kann diese Beeinträchtigung des Rechts allerdings gerechtfertigt werden.[1568] Ein legitimes Ziel wird mit einer akustischen Wohnraumüberwachung zur Gefahrenabwehr verfolgt.[1569] Das Einschleusen einer Überwachungssoftware auf ein

---

1564 Vgl. oben S. 241 f.

1565 Dazu oben S. 364 ff.

1566 BVerfGE 120, 274 (308); *Horn*, in: Stern/Becker [Hrsg.], Art. 2 Rn. 51.

1567 Vgl. BVerfGE 120, 274 (314); *Horn*, in: Stern/Becker [Hrsg.], Art. 2 Rn. 51, 91; zum Einschleusen einer Schadsoftware oben S. 68 ff.; 89 ff.

1568 BVerfGE 120, 274 (315 ff.); *Horn*, in: Stern/Becker [Hrsg.], Art. 2 Rn. 93 ff.; *Jarass*, in: Jarass/Pieroth [Hrsg.], GG, Art. 2 Rn. 58 ff. (2012).

1569 BVerfGE 100, 313 (389); 120, 274 (319 f.); *Merten*, in: Papier/Merten [Hrsg.], Handbuch der Grundrechte, Bd. III, § 68 Rn. 60.

informationstechnisches System ist grundsätzlich auch geeignet das Ziel zu fördern, weil dadurch der Zugriff auf Mikrofone möglich ist.[1570]

Im Rahmen der Erforderlichkeitsprüfung steht dem Gesetzgeber ein „Beurteilungs- und Prognosespielraum" zu.[1571] Da das derzeitige Vorgehen mit dem Betreten der Wohnung des Betroffenen nicht erfolgsversprechender oder milder ist, liegt die Entscheidung über das Mittel zur Erreichung des Zwecks beim Gesetzgeber,[1572] weshalb hier von der Erforderlichkeit ausgegangen wird.

Es ist jedoch fraglich, ob der Zugriff auf informationstechnische Systeme zur Durchführung einer akustischen Überwachung angemessen ist. Die Nutzer von informationstechnischen Systemen haben ein schutzwürdiges Interesse daran, dass nur sie bzw. Berechtigte die Systeme nutzen und diese nicht von Dritten genutzt werden.[1573] Allerdings besteht bei einem mit dem Internet verbundenen Gerät immer die Gefahr, dass es mit einer Überwachungssoftware infiziert und durch Dritte aus der Ferne genutzt wird, sodass keine weitere Gefahr durch den Zugriff durch den Staat geschaffen wird. Ferner erfolgt die Gefahrenabwehr zum Schutz der Bürger und ist daher sowohl im Interesse des Staates als auch im Interesse der Allgemeinheit.[1574] Solange nur auf das Mikrofon zugegriffen werden kann und durch technische Maßnahmen bzw. rechtliche Vorschriften sichergestellt wird,[1575] dass keine Daten des Systems erfasst werden, ist der Eingriff nicht intensiver als eine akustische Überwachung, wie sie derzeit schon in allen Bundesländern besteht.

Demgegenüber ist es nicht verhältnismäßig, wenn die Überwachungssoftware eine Backdoor installiert, weil diese das System nicht nur für die Behörden, sondern auch für Dritte öffnet, die diese Backdoor beispielsweise zur Begehung von Straftaten verwenden können. Damit sorgt der Staat nicht mehr nur für eine Gefahrenabwehr. Vielmehr schafft er selbst eine Gefahr, die er gehalten ist, zu

1570 Dazu oben S. 246 ff.

1571 BVerfGE 102, 197 (218); *Grzeszick*, in: Maunz/Dürig [Hrsg.], Art. 20 und die allgemeine Rechtsstaatlichkeit, Rn. 116, 122.

1572 Vgl. oben S. 246 ff.

1573 BVerfGE 120, 274 (314).

1574 Vgl. nur BVerfGE 120, 274 (319 f.).

1575 Zu den technischen Maßnahmen oben S. 89 ff.; 246 ff.; zu den rechtlichen Vorschriften vgl. § 20l II BKAG (ab 25.05.2018: § 51 II BKAG); § 10c PolDVG; § 15b HSOG; § 31 III POG; § 34a II ThPAG (Quellen-Telekommunikationsüberwachung); § 20k BKAG (ab 25.05.2018: § 49 BKAG); § 31c POG; Art. 34d PAG (Online-Durchsuchung).

verhindern. Es widerspricht damit sowohl den Interessen des Nutzers als auch des Staates, dass eine Backdoor integriert wird.[1576]

(3) Fernmeldegeheimnis (Art. 10 I GG) der Nutzer informationstechnischer Systeme

Eine Verletzung des Art. 10 I GG ist nicht gegeben. Zwar kann eine Überwachungssoftware grundsätzlich einfacher eingeschleust werden, wenn diese in einem Datenpaket integriert wird, welches an das jeweilige informationstechnische System übertragen wird.[1577] Durch das Mitlesen und Mitschneiden der Internetverbindung wird zwar in die Telekommunikation eingegriffen, da eine Internetverbindung grundsätzlich von Art. 10 GG erfasst ist, jedoch ist dieses im Rahmen der Telekommunikationsüberwachung auch zulässig. Sofern daher die Voraussetzungen für eine Telekommunikationsüberwachung vorliegen, ist der Eingriff in Art. 10 I GG gerechtfertigt.[1578]

Demgegenüber liegt in der Veränderung der Datenpakete grundsätzlich schon kein Eingriff in Art. 10 I GG vor. Zwar wird den Paketen etwas hinzugefügt, jedoch hat dies keine Auswirkungen auf die Kommunikation an sich. Die Kommunikationsdaten bleiben gleich und es wird lediglich etwas hinzugefügt, das erst auf dem informationstechnischen System seine Wirkung entfaltet und daher dieses betrifft.[1579]

1576 Zur Unzulässigkeit einer Backdoor zur Gefahrenabwehr oben S. 352 ff.

1577 Zum Vorgehen des Mitlesens von Datenpaketen und Integrieren der Schadsoftware schon oben S. 64 ff.; 89 ff.

1578 Zur Rechtfertigung auch oben S. 243 ff.; in den einzelnen Polizeigesetzen sowie im Bundeskriminalamtgesetz ist die Telekommunikationsüberwachung gemäß § 20l I BKAG (ab 25.05.2018: § 51 I BKAG); § 23a I, V, IX PolG; Art. 34a, 34b PAG; §§ 33b, 33c BbgPolG; § 10b, 10d, 10f PolDVG, § 15a HSOG; § 34a SOG M-V; § 33a, 33c Nds.SOG; § 20a PolG NRW; § 31, 31b POG; § 28b, 28c SpolG; § 42 SächsPolG (nur Erhebung von Telekommunikationsdaten nach TKG); §§ 17a, 17b SOG LSA; § 185a LVwG; §§ 34a, 34b, 34e ThPAG erlaubt. Die Telekommunikationsüberwachung zu präventiven Zwecken ist nicht zulässig in Bremen (vgl. § 9 BremPolG; *Schmidt*, Bremisches Polizeigesetz, § 33 Rn. 33) sowie in Berlin (vgl. § 66 ASOG); *Schenke*, Polizei- und Ordnungsrecht, Rn. 197b.

1579 Zum Eingriff in Art. 10 GG beim Einfügen einer Schadsoftware in eine laufende Kommunikation auch oben S. 243 ff.

(4) Informationsfreiheit (Art. 5 I 1 Hs. 2 GG) der Nutzer informationstechnischer Systeme

Ebenso wird nicht in Art. 5 I GG eingegriffen, da durch einen direkten Zugriff auf ein informationstechnisches System die Informationsfreiheit weder mittelbar noch unmittelbar beeinträchtigt wird. Bei einem direkten Zugriff auf das System bestehen die gleichen Risiken wie derzeit auch, mit dem Unterschied, dass der Staat nur sehr begrenzt auf die Systeme zugreifen darf.[1580]

Sofern dennoch davon ausgegangen wird, dass eine mittelbare Beeinträchtigung besteht, da die Nutzer damit rechnen können, dass der Staat auf ihre Systeme zugreift und dadurch das Internet als Informationsquelle meiden könnten, so könnte dieser Eingriff gerechtfertigt werden, weil die Gefahrenabwehr ein wichtiges legitimes Ziel ist und bei einer verhältnismäßigen Ermächtigungsgrundlage nur die Nutzer betroffen sind, bei denen die engen Voraussetzungen für eine akustische Wohnraumüberwachung gegeben sind, wodurch die Nutzerinteressen ausreichend berücksichtigt werden können.[1581]

(5) Fazit

Je nach konkreter Vorgehensweise zum Installieren der Überwachungssoftware ist Art. 13 I GG (sofortiges Aktivieren des Mikrofons) oder auch Art. 2 I i.V.m. Art. 1 I GG in der Ausprägung des Rechts auf Gewährleistung der Vertraulichkeit und Integrität informationstechnischer Systeme (Einschleusen der Überwachungssoftware und anschließendes Aktivieren des Mikrofons) betroffen. Sowohl das direkte Einschalten des Mikrofons als auch das Einschleusen einer Überwachungssoftware, die später bzw. durch einen separaten Schritt, also auf Befehl, das Mikrofon einschaltet, kann durch eine geeignete Ermächtigungsgrundlage gerechtfertigt werden. Diese Ermächtigungsgrundlage muss dabei jedoch den Zugriff auf das Mikrofon begrenzen, damit keine gespeicherten Dateien ausgelesen werden können.

Nicht zulässig ist dagegen das Installieren einer Backdoor durch die Überwachungssoftware, da diese eine zusätzliche Gefahr für den Nutzer schafft und die Möglichkeit eröffnet, Straftaten zu begehen.[1582]

1580 Dazu schon oben S. 251 ff.

1581 Zur Rechtfertigung auch oben S. 251 ff.; 255.

1582 Zu den Gefahren einer Backdoor oben S. 219 ff.

c Vereinbarkeit mit der Europäischen Menschenrechtskonvention

(1) Recht auf Achtung des Privat- und Familienlebens (Art. 8 EMRK) der Nutzer informationstechnischer Systeme

Bei einem direkten Zugriff aus der Ferne auf ein System ist auch im Rahmen des Art. 8 I EMRK zwischen den einzelnen Möglichkeiten zu unterscheiden.

Zunächst kann durch das Einschleusen einer Überwachungssoftware direkt das Mikrofon aktiviert werden. In diesem Fall ist das Recht auf Achtung der Wohnung betroffen, weil mit dem Einschleusen der Überwachungssoftware zugleich die akustische Überwachung durchgeführt wird und damit unmittelbar Gespräche aus der Wohnung erfasst werden.[1583]

Demgegenüber ist die Privatsphäre betroffen, wenn eine Überwachungssoftware in das System geschleust wird, die jedoch erst später auf Befehl das Mikrofon aktiviert, da durch das Einschleusen an sich noch keine Gespräche aus der Wohnung erfasst werden und nur die Vertraulichkeit des informationstechnischen Systems beeinträchtigt ist, weil der Staat dieses aus der Ferne steuern kann.[1584]

Ebenso ist das Recht auf Achtung der Wohnung noch nicht betroffen, wenn eine Überwachungssoftware eingeschleust wird, die eine Backdoor installiert, weil für den Zugriff auf Geschehnisse in der Wohnung noch weitere Handlungen erforderlich sind. Daher ist erneut nur das Recht auf Achtung des Privatlebens beeinträchtigt.[1585]

Ferner wird in das Recht auf Achtung der Korrespondenz eingegriffen, wenn zunächst die Kommunikation mitgeschnitten wird, um die Überwachungssoftware durch Einfügen in Datenpaketen in das informationstechnische System einzuschleusen.[1586] Andernfalls ist auch diese nicht betroffen, weil insbesondere keine Beeinträchtigung der Korrespondenz vorliegt, wenn die Überwachungssoftware eingeschleust wird, ohne dass zunächst ein Kommunikationsvorgang bestand und ein solcher erst durch den Staat initiiert wird, da der Schutzbereich schon nicht eröffnet ist.[1587]

1583 Vgl. *Bayraktar*, Eingriffe in die Privatsphäre, S. 361 f., 543 ff.; dazu schon oben S. 240 ff.; 364 ff.

1584 Dazu oben S. 241 f.; 253 ff.; 364 f.

1585 Zur Beeinträchtigung des Rechts auf Achtung des Privatlebens beim Installieren einer Backdoor oben S. 253 ff.

1586 Zum genauen Vorgehen schon oben S. 64 ff.; 89 ff.; 244 ff.

1587 Vgl. *Pätzold*, in: Karpenstein/Mayer [Hrsg.], EMRK, Art. 8 Rn. 59 f., 88 f.; *Esser*, in. LR-StPO, Bd. 11, Art. 8 EMRK Rn. 153 f.; *Grabenwarter/Pabel*, Europäische Menschenrechtskonvention, § 22 Rn. 25, 35; *Uerpmann-Wittzack*, in: Ehlers [Hrsg.], § 3

Damit liegt ein Eingriff in Art. 8 I EMRK vor. Mit der Gefahrenabwehr wird ein legitimes Ziel verfolgt.[1588] Wie schon festgestellt, bietet eine Backdoor nicht nur Vorteile für die Länder, sondern auch eine Reihe von Nachteilen für den Nutzer der Systeme und für die Länder bzw. den Bund,[1589] weshalb das Installieren einer Backdoor durch die Gefahrenabwehrbehörden grundsätzlich nicht zulässig ist.

Jedoch ist das Einschleusen einer Überwachungssoftware, die keine Backdoor öffnet, nicht mit Art. 8 I EMRK unvereinbar. Das Interesse an der Gefahrenabwehr übersteigt das Interesse des Nutzers an der Vertraulichkeit seiner informationstechnischen Systeme.[1590] Der Zugriff auf ein System erfolgt nur, soweit die Voraussetzungen einer akustischen Wohnraumüberwachung vorliegen. Zudem muss die Wohnung nicht mehr betreten werden, weshalb nicht zusätzlich durch das Betreten in Art. 8 I EMRK eingegriffen wird. Des Weiteren ist ein Zugriff aus der Ferne bei dem Bestehen einer Internetverbindung immer möglich und eine Gefahr, mit der sich der Nutzer abgefunden hat.[1591] Das Interesse, seine Systeme alleine zu nutzen, muss hinter den Interessen des Staates zurücktreten und wird aufgrund der hohen Voraussetzungen einer akustischen Wohnraumüberwachung ausreichend berücksichtigt.

Das Einschleusen einer Überwachungssoftware, die keine Backdoor installiert, ist daher grundsätzlich mit Art. 8 I EMRK vereinbar, jedoch besteht noch keine Ermächtigungsgrundlage, die das Vorgehen derzeit erlaubt.

(2) Informationsfreiheit (Art. 10 I 2 EMRK) der Nutzer informationstechnischer Systeme

Die Informationsfreiheit (Art. 10 I EMRK) ist beim Einschleusen einer Überwachungssoftware, die das Mikrofon aktiviert, grundsätzlich nicht betroffen. Zwar greift der Staat auf ein mit dem Internet verbundenes informationstechnisches System zu, jedoch bedient er sich dabei nur technischen Möglichkeiten, die schon lange bestehen und von den Nutzern als notwendiges Übel der Internetnutzung akzeptiert wird.[1592]

Rn. 6; zum Einschleusen einer Schadsoftware, ohne dass zuvor ein Kommunikationsvorgang bestand, schon oben S. 244 ff.

1588 EGMR Urteil v. 06.09.1978 – Klass u.a./D, §§ 46 ff.; *Marauhn/Thorn*, in: Dörr/Grote/Marauhn [Hrsg.], Bd. 1, Kap. 16 Rn. 90.

1589 Dazu schon oben S. 219 ff.

1590 Zur Verhältnismäßigkeit auch oben S. 364 ff.

1591 Dazu schon oben S. 246 ff.; 364 ff.

1592 Dazu oben S. 251 ff.; 255 f.; 370.

Selbst wenn angenommen wird, dass ein Zugriff durch den Staat die Informationsfreiheit mittelbar beeinträchtigt, so kann dieser Eingriff grundsätzlich gerechtfertigt werden, da eine wirksame Gefahrenabwehr ein legitimes Ziel ist und die Interessen der Nutzer durch eine explizite, auf den Zugriff auf das Mikrofon begrenzte Ermächtigungsgrundlage ausreichend berücksichtigt werden können. Ferner soll das Einschleusen nur zulässig sein, wenn die engen Voraussetzungen für eine akustische Wohnraumüberwachung vorliegen, sodass nur ein geringer Bevölkerungsteil betroffen ist.[1593]

(3) Fazit

Der Zugriff aus der Ferne auf ein informationstechnisches System zum Installieren einer Überwachungssoftware greift unabhängig von der Vorgehensweise in Art. 8 I EMRK ein, weil in jedem Fall das informationstechnische System als Teil des Privatlebens erfasst ist. Daneben könnte beim Mitlesen der Kommunikation via Internet auch die ebenfalls von Art. 8 EMRK geschützte Korrespondenz betroffen sein, wobei jedoch der Eingriff gerechtfertigt ist, wenn die Voraussetzungen für eine Telekommunikationsüberwachung vorliegen.

Ebenso kann der Eingriff in das Privatleben gerechtfertigt werden, wenn eine Ermächtigungsgrundlage geschaffen würde, die den Zugriff und die Installation einer Überwachungssoftware zur akustischen Wohnraumüberwachung explizit erlaubt, sofern ausgeschlossen wird, dass auf weitere Daten auf dem System zugegriffen wird.

Allerdings ist das Installieren einer Backdoor in jedem Fall ausgeschlossen, da durch diese Gefahren geschaffen werden, die der Staat verhindern soll.

d Vereinbarkeit mit der EU-Grundrechtecharta

(1) Achtung des Privat- und Familienlebens (Art. 7 GRCh) der Nutzer informationstechnischer Systeme

Unabhängig von der Art des Zugriffs ist das Privatleben des Nutzers betroffen.[1594] Ebenso ist die Wohnung betroffen, wenn direkt mit dem Einschleusen die akustische Überwachung stattfindet.[1595]

Das Installieren einer Überwachungssoftware kann grundsätzlich gerechtfertigt werden. Ein legitimes Ziel wird mit einer effektiven Gefahrenabwehr

1593 Zur Rechtfertigung eines Eingriffs durch einen direkten Zugriff auch oben S. 255 f.; 370.

1594 Dazu auch oben S. 258 ff.; 371 f.

1595 Vgl. oben S. 240 ff.; 364 ff.

verfolgt[1596] und grundsätzlich ist die Maßnahme auch geeignet und erforderlich.[1597]

Ebenso kann sie angemessen sein, wozu jedoch ein gerechter Ausgleich zwischen den Interessen an der Gefahrenabwehr und den Interessen des Nutzers gefunden werden muss.

Der Nutzer vertraut auf die Sicherheit und Vertraulichkeit seines informationstechnischen Systems. Er möchte ferner nicht durch seine eigenen Systeme überwacht werden und diese frei nutzen.[1598]

Demgegenüber wiegt auch das Interesse an einer effektiven Gefahrenabwehr schwer. Insbesondere durch die steigende Zahl von Anschlägen durch den islamistischen Terrorismus ist die Gefahrenabwehr mehr in den Blickpunkt auch der Bürger gerückt.[1599] Zudem muss durch den Fernzugriff nicht mehr die Wohnung des Betroffenen betreten werden, was nicht nur für die Polizei ein Vorteil ist, sondern auch für die Nutzer, indem die visuelle Wahrnehmung der Wohnung entfällt.

Ferner erfolgt kein Zugriff auf gespeicherte Daten des Systems, sondern nur auf das Mikrofon, sodass insgesamt die Interessen der Nutzer ausreichend berücksichtigt werden.[1600]

Weiterhin kann die Telekommunikation betroffen sein, wenn zunächst diese überwacht wird, um die Software einzuschleusen.[1601] Die Voraussetzungen für eine akustische Wohnraumüberwachung sind jedoch enger als diejenigen für eine Telekommunikationsüberwachung, weshalb die Überwachung grundsätzlich gerechtfertigt ist.[1602] Lediglich für das Verändern der Datenpakete besteht noch keine Ermächtigungsgrundlage, jedoch greift die Veränderung auch nicht in die Kommunikationsfreiheit ein, da der Inhalt der Kommunikation nicht

---

1596 Vgl. EGMR Urteil v. 06.09.1978, – Klass u.a./D, §§ 46 ff.; *Terhechte*, in: von der Groeben [Hrsg.], Art. 52 GRCh Rn. 9; *Marauhn/Thorn*, in: Dörr/Grote/Marauhn [Hrsg.], Bd. 1, Kap. 16 Rn. 90.

1597 Dazu oben S. 364 ff.

1598 Vgl. BVerfGE 120, 274 (313 f.); *Buermeyer*, HRRS 2007, 154 (162).

1599 http://www.fr.de/357472; http://www.sueddeutsche.de/politik/konferenz-der-innenminister-ueberwachen-fuer-fortgeschrittene-1.3544561; http://www.sueddeutsche.de/politik/konferenz-der-innenminister-ueberwachen-fuer-fortgeschrittene-1.3544561-2 (abgerufen am 07.10.2017).

1600 Dazu auch oben S. 258 ff.; 364 ff.

1601 Vgl. auch oben S. 243 ff.; 253 ff.; 258 ff.; 371 f.

1602 Dazu auch oben S. 243 ff.; 333 ff.; 362 ff.

verändert wird, sondern nur der Code der Überwachungssoftware an ein Datenpaket angefügt wird.[1603]

Allerdings verletzt das Installieren einer Backdoor durch die Überwachungssoftware Art. 7 GRCh. Die Gefahren, die damit entstehen, stehen außer Verhältnis zu dem Nutzen, den die Maßnahme bringt.[1604]

Somit könnte das Einschleusen einer Überwachungssoftware zur akustischen Überwachung gerechtfertigt werden, wenn eine Ermächtigungsgrundlage geschaffen wird, die das Einschleusen explizit erlaubt.

(2) Schutz personenbezogener Daten (Art. 8 I GRCh) der Nutzer informationstechnischer Systeme

Bei den Daten, die mitgelesen werden können, handelt es sich um personenbezogene Daten, da unter anderem die IP-Adresse erfasst wird, um das Datenpaket einschleusen zu können.[1605] Dieser Eingriff ist jedoch durch die Regelungen zur Telekommunikationsüberwachung gerechtfertigt, da es sich dabei um eine taugliche Ermächtigungsgrundlage zum Einschränken des Grundrechts handelt[1606] und insbesondere durch das Einschleusen der Überwachungssoftware kein weiterer Eingriff in das Grundrecht erfolgt.[1607]

(3) Fazit

Der Zugriff aus der Ferne auf ein informationstechnisches System zum Installieren einer Überwachungssoftware betrifft die Privatsphäre der Nutzer (Art. 7 GRCh) sowie deren personenbezogenen Daten (Art. 8 GRCh), da informationstechnische Systeme zum Privatleben gehören und auf diesen Systemen eine Vielzahl personenbezogener Daten gespeichert sind. Jedoch kann die Beeinträchtigung durch eine Ermächtigungsgrundlage gerechtfertigt werden, wenn diese den Zugriff und die Installation explizit erlaubt und zugleich verhindert, dass auf gespeicherte Daten zugegriffen wird.

1603 Zum Eingriff in die Kommunikationsfreiheit schon oben S. 243 ff.; 253 ff.; 258 ff.; 371 f.

1604 Vgl. auch oben S. 219 ff.; 352 ff.

1605 Vgl. EuGH Urteil v. 19.10.2016 – C-582/14 – Breyer, Rn. 31 ff.; *Brodowski*, Verdeckte technische Überwachungsmaßnahmen, S. 62 f.; *Zimmer*, Zugriff auf Internetzugangsdaten, S. 91.; *Stingl*, in: Jahnel [Hrsg.], Datenschutz, 164 (170, 174).

1606 Vgl. BVerfGE 129, 208 (240 ff.); *Sachs*, JuS 2012, 374 (274 f.); vgl. oben S. 253 ff.; 359 ff., da Art. 8 GRCh das gleiche Schutzniveau wie Art. 7 GRCh und Art. 8 EMRK aufweist. Ein Eingriff in Art. 8 EMRK ist durch die Vorschriften der Telekommunikationsüberwachung gerechtfertigt.

1607 Vgl. oben S. 260 f.

Das Installieren einer Backdoor ist demgegenüber nicht zulässig, da durch die Backdoor neue Gefahren geschaffen werden, die es gilt abzuwehren.

e Fazit

Ein Fernzugriff auf ein informationstechnisches System wäre grundsätzlich rechtlich zulässig, obwohl dabei in das Recht auf Gewährleistung der Vertraulichkeit sowie Integrität informationstechnische Systeme (Art. 2 I i.V.m. Art. 1 I GG) bzw. in das Recht auf Achtung des Privatlebens Art. 8 I EMRK; Art. 7 GRCh) eingegriffen. Voraussetzung für einen gerechtfertigten Eingriff ist allerdings, dass die Rechte des Nutzers in hinreichendem Maße berücksichtigt werden, wobei insbesondere darauf geachtet werden muss, durch den Zugriff nicht auch Dritten weitere Möglichkeiten zu geben, auf das System zuzugreifen, und keine Daten aus dem System erhoben werden.

Aus diesem Grund ist das Installieren einer Backdoor nicht zulässig, weil durch diese gerade neue Gefahren geschaffen werden, die es gilt abzuwehren, weshalb das Installieren einer Backdoor nicht geeignet ist, die Gefahrenabwehr zu fördern.

4 Physischer Zugriff

Dem Anbringen einer Wanze oder ähnlichen Abhörvorrichtungen in der Wohnung ähnlich ist der physische Zugriff auf ein System, wobei bei dem physischen Zugriff eine Software installiert wird.[1608] Zunächst wird im Folgenden geprüft, ob eine Ermächtigungsgrundlage für den physischen Zugriff besteht, um im Anschluss die Vereinbarkeit der Maßnahme mit höherrangigen Recht zu untersuchen.

a Ermächtigungsgrundlage

Hier kommen die vorhandenen Ermächtigungsgrundlagen zur akustischen Wohnraumüberwachung in Betracht. Es stellt sich jedoch die Frage, ob diese Ermächtigungsgrundlagen ausreichend sind, um die Veränderung eines informationstechnischen Systems zu rechtfertigen. Anders als die Strafprozessordnung erlauben einige Polizeigesetze explizit auch das Betreten der Wohnung zum Anbringen von technischen Mitteln,[1609] bei denen es sich regelmäßig um Wanzen handelt, die in der Wohnung versteckt werden, allerdings erlauben die

---

1608 Vgl. oben S. 95 ff.

1609 § 15 VII HSOG; § 41 II SächsPolG; § 35 III 2 ThPAG.

Ermächtigungsgrundlagen nicht explizit den Zugriff auf informationstechnische Systeme. Zwar handelt es sich bei einer internetbasierten Abhörmaßnahme unter Verwendung von informationstechnischen Systemen um technische Mittel,[1610] jedoch genügt die Voraussetzung des technischen Mittels nicht, um einen Zugriff auf das System zu rechtfertigen, weil für den Bürger alleine aus der Bezeichnung „technischer Mittel" nicht ersichtlich wird, dass dadurch ihre Systeme verändert werden können, um zu Abhörvorrichtungen zu werden. Im Gegensatz zum Anbringen der Abhörvorrichtung wird hier erst ein System verändert, um als „Wanze" dienen zu können, weshalb dieser Zugriff über das bloße Anbringen einer Wanze hinausgeht, sodass dieser Zugriff einer eigenen Ermächtigungsgrundlage bedarf. Eine solche besteht allerdings derzeit in keinem Polizeigesetz der Länder und auch nicht im Bundeskriminalamtgesetz.

Zwar bestehen einzelne Normen, die einen Zugriff auf informationstechnische Systeme erlauben.[1611] Allerdings handelt es sich dabei um Ermächtigungsgrundlagen zur Online-Durchsuchung bzw. zur Quellen-Telekommunikationsüberwachung. Diese können nicht auf eine akustische Überwachung ausgeweitet werden, da die Quellen-Telekommunikationsüberwachung auf die Telekommunikation und die Online-Durchsuchung ausweislich des Gesetzeswortlauts auf gespeicherte Dateien begrenzt sind.[1612]

1610 Zu den technischen Mitteln schon oben S. 237 f.; 333 f.

1611 § 20l II BKAG (ab 25.05.2018: § 51 II BKAG); § 10c PolDVG; § 15b HSOG; § 31 III POG; § 20k I BKAG (ab 25.05.2018: § 49 I BKAG); § 34a II ThPAG; § 31c POG; Art. 34d PAG.

1612 Zur Online Durchsuchung:
§ 20k I BKAG:
„(1) Das Bundeskriminalamt darf ohne Wissen des Betroffenen mit technischen Mitteln in vom betroffenen genutzte informationstechnische Systeme eingreifen und **aus ihnen** Daten erheben, wenn [...]" (Hervorhebungen nur hier)
Art. 34d PAG:
„(1) Die Polizei kann mit technischen Mittel verdeckt auf informationstechnische Systeme zugreifen, um **Zugangsdaten** und **gespeicherte Daten** zu erheben von Personen [...]" (Hervorhebungen nur hier)
§ 31c POG:
„(1) Die Polizei kann ohne Wissen des Betroffenen mit technischen Mittel in vom Betroffenen genutzte informationstechnische Systme eingreifen und **aus ihnen** Daten erheben [...]" (Hervorhebungen nur hier).
Zur Quellen-TKÜ: *Kugelmann*, Polizei- und Ordnungsrecht, S. 204; vgl. auch oben S. 239; 362 ff.

Eine Ermächtigungsgrundlage für einen physischen Zugriff auf das System besteht somit derzeit in keinem Polizeigesetz der Länder bzw. dem Bundeskriminalamtgesetz.

b Vereinbarkeit mit dem Grundgesetz

(1) Unverletzlichkeit der Wohnung (Art. 13 I GG) der Nutzer informationstechnischer Systeme

Nicht nur durch die akustische Überwachung, sondern auch durch das Betreten der Wohnung und den physischen Zugriff auf das System könnte Art. 13 I GG betroffen sein. Für einen physischen Zugriff kann in die Wohnung des Betroffenen eingedrungen werden, womit in den Schutzbereich des Art. 13 I GG eingegriffen wird. Das Betreten der Wohnung ist in einigen Polizeigesetzen der Länder explizit geregelt, weshalb dieser Eingriff in Art. 13 I GG dort gerechtfertigt und keine Annexmaßnahme notwendig ist.[1613]

Fraglich ist, ob auch der Zugriff auf das System an sich unter Art. 13 I GG fällt, der die Privatsphäre in der Wohnung schützt.[1614] Zwar befindet sich das System in diesem Szenario in der Wohnung, jedoch genießt es nicht den gleichen Schutz wie eine Wohnung, weshalb Art. 13 I GG grundsätzlich bei einem bloßen heimlichen Zugriff auf ein informationstechnisches System nicht betroffen ist.[1615] Die Schutzwürdigkeit des Systems an sich besteht unabhängig davon, ob es sich in einer Wohnung befindet oder nicht.[1616] Zudem werden durch den Zugriff auf das System keine Geschehnisse innerhalb der Wohnung wahrgenommen, sondern es wird lediglich die Software installiert, die im Anschluss eine Überwachung ermöglichen soll.[1617] Ferner kann der Zugriff auf das System auch außerhalb der Wohnung erfolgen, weshalb Art. 13 I GG nicht verletzt ist.

1613 § 15 VII HSOG; § 41 II SächsPolG; § 35 III 2 ThPAG.

1614 Vgl. *Schantz* KritV 2007, 310 (314); *Kohlmann*, Online-Durchsuchungen und andere Maßnahmen mit Technikeinsatz, S. 103.

1615 Vgl. BVerfGE 120, 274 (310 f.).

1616 Vgl. BVerfGE 120, 274 (310 f.); *Lepsius*, in: Roggan [Hrsg.], S. 21 (25); *Herrmann*, Das Grundrecht auf Gewährleistung der Vertraulichkeit und Integrität, S. 51; *Heinemann*, Grundrechtlicher Schutz informationstechnischer Systeme, S. 125 f.

1617 Vgl. oben S. 264 ff.

(2) Allgemeines Persönlichkeitsrecht (Art. 2 I i.V.m. Art. 1 I GG) der Nutzer informationstechnischer Systeme

Der physische Zugriff und das Installieren einer Überwachungssoftware beeinträchtigt das Grundrecht auf Gewährleistung der Vertraulichkeit und Integrität informationstechnischer Systeme (Art. 2 I i.V.m. Art. 1 I GG).[1618]

Bei einer verfassungsgemäßen Ermächtigungsgrundlage könnte der Eingriff gerechtfertigt sein. Ein legitimes Ziel wird mit der effektiven Gefahrenabwehr verfolgt,[1619] zu dessen Erreichung der physische Zugriff sowohl geeignet als auch erforderlich ist. Der physische Zugriff ermöglicht das Installieren einer Software, die Zugriff auf das Mikrofon gewährt. Ferner ist nicht erkennbar, dass der Gesetzgeber dabei die Grenzen seiner Einschätzungsprärogative überschreiten würde.[1620] Grundsätzlich beeinträchtigt der Zugriff auf das System den Betroffenen nicht stärker, als das Anbringen einer Abhörvorrichtung in seiner Wohnung, da die Veränderung an dem System für den Nutzer in der Regel nicht spürbar ist.[1621] Lediglich bei Systemen mit einem Akku kann die zusätzliche Aktivität des Systems spürbar werden.[1622]

Weiterhin erscheint bei Gesamtbetrachtung die Maßnahme angemessen. Solange nur eine Software auf das System gespielt wird, die das Mikrofon einschaltet und keine weiteren Daten ausliest, handelt es sich bei der Software um nichts anderes als um eine Abhörvorrichtung, die die Behörden einbringen,[1623] weshalb der Eingriff, der in das System erfolgt, gering ist. Da es natürlich möglich ist, im gleichen Zug das System zu durchsuchen und Daten zu kopieren, sind rechtliche Grenzen erforderlich, die ausdrücklich das Durchsuchen verbieten.[1624] Das Interesse an einer effektiven Gefahrenabwehr übersteigt dabei die Interessen des Nutzers, da für diese der Unterschied, ob eine Abhörvorrichtung in die Wohnung eingebracht wird oder ob ein sich schon dort befindendes System

1618 Dazu siehe oben S. 266 ff.

1619 Vgl. BVerfGE 120, 274 (318 f.).

1620 Vgl. zur Einschätzungsprärogative nur BVerfGE 55, 28 (29 f.); 77, 170 (214 f.); 88, 203 (262); 104, 337 (347 f.); 120, 274 (320); *Merten*, in: Merten/Papier [Hrsg.] Handbuch der Grundrechte, Bd. III, § 68 Rn. 45, 65; *Hillgruber*, in: Isensee/Kirchhof [Hrsg.], Handbuch des Staatsrechts, § 201 Rn. 63; 69.

1621 Vgl. dazu schon oben S. 266 ff.

1622 Zu den unterschiedlichen Akku-Laufzeiten der Systeme oben S. 79 ff.

1623 Vgl. BVerfGE 120, 274 (310).

1624 Vergleichbar mit den Grenzen, die bei der Quellen-Telekommunikationsüberwachung gesetzt werden, vgl. § 20l II BKAG (ab 25.05.2018: § 51 II BKAG); § 10c PolDVG; § 15b HSOG; § 31 III POG; § 34a II ThPAG; auch oben S. 266 ff.

verwendet wird, gering ist. Die Verwendung des Systems beeinflusst ferner nicht die Nutzbarkeit durch den berechtigten Nutzer, weshalb die Maßnahme insgesamt angemessen ist.

(3) Fazit

Ein physischer Zugriff auf ein informationstechnisches System ist technisch sowie rechtlich möglich, soweit eine Ermächtigungsgrundlage geschaffen wird, die den Zugriff auf ein informationstechnisches System und die Installation einer Überwachungssoftware erlaubt, während das Durchsuchen des Systems untersagt wird. Da durch den physischen Zugriff in das Recht auf Gewährleistung der Vertraulichkeit und Integrität informationstechnischer Systeme (Art. 2 I i.V.m. Art. 1 I GG) eingegriffen wird, ist eine solche Ermächtigungsgrundlage notwendig.

Gegebenenfalls müsste zudem eine Ermächtigungsgrundlage geschaffen werden, die das Betreten der Wohnung ermöglicht, sollte dies notwendig sein und noch keine Ermächtigungsgrundlage dafür besteht.

c Vereinbarkeit mit der Europäischen Menschenrechtskonvention

(1) Recht auf Achtung des Privat- und Familienlebens (Art. 8 EMRK) der Nutzer informationstechnischer Systeme

Auch bei einem heimlichen physischen Zugriff auf ein System innerhalb der Wohnung ist Art. 8 I EMRK betroffen. Zunächst muss gegebenenfalls für den Zugriff die Wohnung betreten werden, was einen Eingriff in das Recht auf Achtung der Wohnung darstellt. Weiterhin muss eine Überwachungssoftware auf dem System installiert werden. Der Zugriff auf das System beeinträchtigt die Wohnung nicht zusätzlich, jedoch wird durch das Installieren der Überwachungssoftware das Privatleben beeinträchtigt.[1625]

Diese Vorgehensweise kann allerdings gerechtfertigt sein. Grundsätzlich ist die akustische Wohnraumüberwachung gesetzlich normiert und in einigen Ländern ist darüber hinaus auch das Betreten der Wohnung zum Anbringen von Abhörvorrichtungen geregelt.[1626] Des Weiteren dient die akustische

---

1625 Dazu oben S. 270 f.

1626 § 23 I PolG; Art. 34 I PAG; § 25 ASOG; § 33a I BbgPolG; § 33 II BremPolG; § 10a I PolDVG;;§ 15 IV HSOG; § 34b I SOG M-V; § 35a Nds.SOG; § 18 PolG NRW; § 29 POG; § 28a SPolG; § 41 SächsPolG; § 17 IV SOG LSA; § 186a III LVwG; § 35 ThPAG; § 15 VII HSOG; § 41 II SächsPolG; § 35 III 2 ThPAG.

Überwachung der Gefahrenabwehr und damit der nationalen oder öffentlichen Sicherheit.[1627]

Ebenso ist die Maßnahme für eine effektive Gefahrenabwehr notwendig.[1628] Allerdings könnte die konkrete Ausgestaltung der Maßnahme in einer demokratischen Gesellschaft nicht notwendig sein. Entscheidend hierfür sind die sich gegenüberstehenden Interessen der Nutzer und des Staates bzw. der Länder.

Das Interesse des Nutzers liegt insbesondere darin begründet, dass er sich innerhalb der Wohnung frei entfalten möchte und nicht durch seine eigenen internetfähigen Systeme überwacht werden möchte. Dem Schutz der Privatsphäre wird durch die Regelungen zur akustischen Wohnraumüberwachung Rechnung getragen.[1629] In dieser selbst oder in gesonderten Regelungen wird der Kernbereich privater Lebensgestaltung geschützt, in dem Eingriffe in diesen zu unterbleiben haben und die Verwertung dennoch gewonnener Erkenntnisse untersagt wird.[1630] Im Prinzip macht es keinen Unterschied, ob eine Abhörvorrichtung angebracht wird oder ein System des Betroffenen selbst verwendet wird.[1631] Der Zugriff auf das Gerät ist im Verhältnis zur Bedeutung der akustischen Überwachung für die Gefahrenabwehr gering, da das System nicht durchsucht wird,[1632] sondern lediglich eine Software installiert wird, die das Abhören ermöglicht.

Zudem ist die Überwachung mittels einer in der Wohnung angebrachten Abhörvorrichtung ebenso effektiv wie die Verwendung der informationstechnischen Systeme des Betroffenen. Der Vorteil, den die internetbasierte Überwachung bietet, besteht darin, dass die Wohnung zum Entfernen der Abhörvorrichtung nicht mehr betreten werden muss, weil die Software sich nach einer gewissen Zeit selbst löscht oder auch aus der Ferne gelöscht werden

---

1627 Vgl. *Marauhn/Thorn*, in: Dörr/Grote/Marauhn [Hrsg.], Kap. 16 Rn. 90; vgl. *Frowein*, in: Frowein/Peukert [Hrsg.], Europäische Menschenrechtskonvention, Art. 8 Rn. 16.

1628 Dazu schon oben S. 379 f.

1629 Vgl. BVerfGK 11, 164 (169 ff.); *Frowein*, in: Frowein/Peukert [Hrsg.], Art. 8 EMRK Rn. 46; *Esser*, in: LR-StPO, Bd. 11, Art. 8 EMRK Rn. 141 ff.

1630 § 20h BKAG (ab 25.05.2018: § 46 BKAG); § 23 II, V PolG; Art. 34 I 2 Nr. 2, II PAG; § 25 Iva ASOG Bln; § 33a III BbgPolG; § 33 IV BremPolG; §§ 10a II, 10 III PolDVG; § 15 IV 4 HSOG; § 34b II, III SOG M-V; 35a II, III Nds.SOG; § 18 III, IV PolG NRW; §§ 29 I 2, 39a II POG; § 28d I SPolG; § 41 VI, VII SächsPolG; § 17 IVa; IVb; IVc SOG LSA; § 186a I, II, III LVwG; § 35 II ThPAG.

1631 Vgl. *Gercke* CR 2007, 245 (252).

1632 Vgl. BVerfGE 141, 220 (209).

kann.[1633] Das Betreten der Wohnung ist daher nur einmal zum Installieren erforderlich, sofern die Installation in der Wohnung erfolgt, und ein nochmaliger Eingriff in das Recht auf Achtung der Wohnung durch das Betreten zum Deinstallieren muss nicht erfolgen. Grundsätzlich kann die Maßnahme daher auch in dieser Ausgestaltung mit Art. 8 I EMRK vereinbar sein.

Allerdings fehlt hier derzeit noch eine taugliche Ermächtigungsgrundlage, die neben der eigentlichen Abhörmaßnahme und dem Betreten der Wohnung auch den Zugriff auf das System und die Installation einer Überwachungssoftware ermöglicht, während die Durchsuchung des Systems untersagt werden muss.

(2) Informationsfreiheit (Art. 10 I 2 EMRK) der Nutzer informationstechnischer Systeme und Recht auf ein faires Verfahren (Art. 6 EMRK)

Sowohl Art. 10 I 2 EMRK als auch Art. 6 EMRK sind durch den physischen Zugriff auf ein informationstechnisches System nicht betroffen, da weder die Informationsfreiheit durch den physischen Zugriff beschränkt wird noch beeinträchtigt der physische Zugriff auf ein informationstechnisches System den Grundsatz des fairen Verfahren.[1634]

(3) Fazit

Der physische Zugriff auf ein informationstechnisches System zum Installieren einer Überwachungssoftware greift in Art. 8 I EMRK ein, da das System durch die Installation verändert wird. Dieser Eingriff kann nur durch eine Ermächtigungsgrundlage gerechtfertigt werden, die den Zugriff auf das System sowie die Installation einer Überwachungssoftware zur akustischen Überwachung ermöglicht. Sofern eine solche Ermächtigungsgrundlage geschaffen wird, die zudem, soweit notwendig, das Betreten der Wohnung erlaubt, können die Eingriffe in Art. 8 I EMRK gerechtfertigt werden.

1633 Vgl. nur *Kohlmann*, Online-Durchsuchungen und andere Maßnahmen mit Technikeinsatz, S. 47; *Gudermann*, Online-Durchsuchung, S. 29; *Hansen/Pfitzmann*, DRiZ 2007, 225 (228).

1634 Dazu schon oben S. 262 ff.; 345 f.

d Vereinbarkeit mit der EU-Grundrechtecharta

(1) Achtung des Privat- und Familienlebens (Art. 7 GRCh) der Nutzer informationstechnischer Systeme

Bei Systemen, die sich in der Wohnung befinden, ist das Betreten der Wohnung erforderlich, um die Software zu installieren, wodurch in das Recht auf Achtung der Wohnung eingegriffen wird. Dieser Eingriff kann durch die Ermächtigungsgrundlagen für eine akustische Wohnraumüberwachung gerechtfertigt sein,[1635] zumal einige Polizeigesetze es explizit erlauben, dass die Wohnung betreten wird, um Abhörvorrichtungen anzubringen. Genau zu diesem Zweck soll die Wohnung auch betreten werden, nur werden hier keine „fremden" Gegenstände in die Wohnung verbracht, sondern vielmehr wird nur ein schon in der Wohnung befindliches System verändert. Der Eingriff in das Wohnungsgrundrecht durch das Betreten ist daher gerechtfertigt, soweit eine Ermächtigungsgrundlage besteht.

Allerdings findet eine Veränderung des Systems statt, wodurch auch in das Recht auf Achtung des Privatlebens eingegriffen wird.[1636] Das System wird vielfach für das Privatleben verwendet und beinhaltet auch viele persönliche Informationen. Eine Veränderung und das heimliche Verwenden des Systems wirken sich auf die Privatsphäre des Nutzers aus, weshalb das System nicht mehr als vertraulich gelten kann.[1637] Insbesondere wird durch das Installieren der Überwachungssoftware das System verändert, weshalb nicht nur das System, sondern gerade auch die Privatsphäre betroffen ist.[1638] Solange jedoch nur die Software installiert wird und keine weiteren Daten des Systems verändert oder zur Kenntnis genommen werden, kann der Eingriff gerechtfertigt werden.[1639]

Bei Bestehen einer Ermächtigungsgrundlage ist das Vorgehen verhältnismäßig,[1640] da mit der effektiven Gefahrenabwehr ein legitimes Ziel wird verfolgt[1641]

1635 Dazu oben S. 378 f.; 380 ff.

1636 Dazu oben S. 378 f.; 380 ff.

1637 Vgl. BVerfGE 120, 274 (314 f.); *Herrmann*, Das Grundrecht auf Gewährleistung der Vertraulichkeit und Integrität, S. 114 ff.; *Heinemann*, Grundrechtlicher Schutz informationstechnischer Systeme, S. 148 ff.

1638 Dazu schon oben S. 266 ff.; 378 ff.

1639 Vgl. oben S. 272 f.; 380 ff.

1640 Vgl. schon oben S. 378 ff.; 380 ff.

1641 Vgl. EGMR Urteil v. 06.09.1978, – Klass u.a./D, §§ 46 ff.; *Terhechte*, in: von der Groeben [Hrsg.], Art. 52 GRCh Rn. 9; *Marauhn/Thorn*, in: Dörr/Grote/Marauhn [Hrsg.], Bd. 1, Kap. 16 Rn. 90.

und ferner die Maßnahme geeignet, erforderlich sowie angemessen ist.[1642] Zwar hat der Nutzer ein Interesse daran, nicht von seinem System abgehört zu werden, und daran, dass niemand heimlich das System verwendet,[1643] jedoch macht es an sich kein Unterschied, ob die Abhörvorrichtung in die Wohnung eingebracht wird oder sich schon dort befindet. Beim heimlichen Verwenden des Systems werden zudem keine weiteren Rechte beeinträchtigt, da gerade keine Dateien auf dem System durchsucht werden. Letztendlich handelt es sich um eine Maßnahme mit ähnlicher Eingriffsintensität, wie die akustische Wohnraumüberwachung an sich,[1644] weshalb die Maßnahme mit Art. 7 GRCh vereinbar ist.

(2) Schutz personenbezogener Daten (Art. 8 I GRCh) der Nutzer informationstechnischer Systeme

Ferner könnte auch Art. 8 I GRCh betroffen sein, da die auf dem System gespeicherten Daten grundsätzlich personenbezogen sind.[1645] Jedoch sollen diese Daten gerade nicht zur Kenntnis genommen oder sonst erhoben werden, weshalb keine Betroffenheit personenbezogener Daten durch den physischen Zugriff und die Installation der Überwachungssoftware gegeben ist.

(3) Fazit

Der physische Zugriff auf ein informationstechnisches System zum Installieren einer Überwachungssoftware greift in Art. 7 GRCh ein, wobei eine Rechtfertigung nur möglich ist, wenn eine Ermächtigungsgrundlage geschaffen wird, die den Zugriff und das Installieren der Überwachungssoftware sowie gegebenenfalls das Betreten explizit erlaubt.

e Fazit

Eine akustische Wohnraumüberwachung kann aus technischer Sicht auch durch den physischen Zugriff auf ein informationstechnisches System durchgeführt werden, indem auf diesem eine entsprechende Überwachungssoftware installiert wird. Jedoch beeinträchtigt dieses Vorgehen die informationstechnischen Systeme, indem diese durch die Installation der Überwachungssoftware verändert werden, und daher auch Grund- und Menschenrechte (Art. 2 I i.V.m.

1642 Zur Geeignetheit und Erforderlichkeit vgl. oben S. 378 ff.; 380 ff.

1643 BVerfGE 120, 274 (314).

1644 Vgl. *Herrmann*, Das Grundrecht auf Gewährleistung der Vertraulichkeit und Integrität, S. 77.

1645 Vgl. BVerfGE 120, 274 (303 ff.).

Art. 1 I GG; Art. 8 I EMRK; Art. 7 GRCh). Allerdings können die Eingriffe durch eine Ermächtigungsgrundlage gerechtfertigt werden, die den physischen Zugriff sowie die Installation einer Überwachungssoftware zur akustischen Wohnraumüberwachung explizit erlaubt. Darüber hinaus wäre eine Ermächtigungsgrundlage notwendig, die das Betreten der Wohnung ermöglicht, sofern dies überhaupt notwendig ist, um bei einem physischen Zugriff eine Überwachungssoftware zu installieren, und noch keine Ermächtigungsgrundlage besteht.

III Fazit

Die Polizeigesetze aller Bundesländer sowie das Bundeskriminalamtgesetz erlauben eine akustische Wohnraumüberwachung. Die Voraussetzungen weichen zwar im Detail bei den Anordnungsvoraussetzungen teilweise voneinander ab, sind aber dennoch grundsätzlich vergleichbar (J.I.). Allesamt erlauben sie den Einsatz technischer Mittel, die jedoch nicht genügen, um die hier untersuchten Maßnahmen zu erfassen.

Eine Verpflichtung der Hersteller, dauerhaft aktivierte Mikrofone zu integrieren, kann nicht erfolgen. Obwohl sie zur Abwehr schwerer Gefahren dienen soll, werden die Rechte aller Nutzer in nicht rechtfertigungsfähiger Weise eingeschränkt, da bei der Verpflichtung in der hier untersuchten Art und Weise dauerhaft die Mikrofone aktiviert sind und aufzeichnen. Dadurch entsteht ein Gefühl des Überwachtwerdens, welches die Nutzer in ihrer freien Entfaltung, insbesondere in der Wohnung beeinträchtigt (K.II.1.).

Ebenso ist eine ab Werk integrierte oder später durch Überwachungssoftware installierte Backdoor weder mit dem Grundgesetz noch mit der Europäischen Menschenrechtskonvention sowie der EU-Grundrechtecharta vereinbar, da diese Backdoor eine Gefahr für die Nutzer und die Gesellschaft darstellt und daher nicht zur Gefahrenabwehr angemessen ist (K.II.2.).

Möglich bleibt der Zugriff aus der Ferne auf das System sowie der physische Zugriff. Obwohl durch einige Gesetze der Zugriff auf informationstechnische Systeme zur Quellen-Telekommunikationsüberwachung oder zur Online-Durchsuchung erlaubt wird, sind diese nicht geeignet, das Einschleusen einer Überwachungssoftware zur akustischen Wohnraumüberwachung zu ermöglichen, da sie den Zugriff auf die Telekommunikation bzw. auf gespeicherte Daten beschränken und daher nicht das Aktivieren des Mikrofons umfassen. Nichtsdestoweniger ist die Maßnahme grundsätzlich mit übergeordnetem Recht vereinbar, sofern die Rechte der Nutzer ausreichend beachtet werden, wozu unter anderem notwendig ist, dass eine Ermächtigungsgrundlage explizit den Zugriff auf ein informationstechnisches System zum Aktivieren des Mikrofons mittels einer Überwachungssoftware erlaubt und zugleich sichergestellt wird, dass kein Zugriff auf gespeicherte Daten erfolgt.

Ferner muss eine Ermächtigungsgrundlage auch für den physischen Zugriff auf das System sowie dem Installieren der Überwachungssoftware geschaffen werden, um das informationstechnische System als Abhörvorrichtung nutzen zu können.

Insgesamt ist sowohl das Einschleusen einer Überwachungssoftware als auch der physische Zugriff grundsätzlich bei allen oben genannten[1646] Systemen möglich.

1646 Zu den Systemen oben S. 89 ff.; 95 ff.

L. Akustische Überwachung zur Gefahrenabwehr

Ebenso wie die akustische Wohnraumüberwachung ist in allen Bundesländern und nach dem Bundeskriminalamtgesetz (BKAG) eine akustische Überwachung außerhalb der Wohnung zulässig. Im Folgenden werden die Regelungen kurz zusammenfassend dargestellt, um einen Überblick über die bestehenden Ermächtigungsgrundlagen zu verschaffen, bevor geprüft wird, ob eine internetbasierte akustische Überwachung außerhalb der Wohnung zulässig ist.

I Allgemeines

Die Regelungen zur akustischen Überwachung außerhalb der Wohnung sind in allen Bundesländern und nach dem Bundeskriminalamtgesetz ähnlich und ermöglichen den Einsatz technischer Mittel für die Überwachungsmaßnahme.[1647] Jedoch weichen die Anordnungsvoraussetzungen in einigen Punkten ebenso voneinander ab wie die Regelungen zum Schutz des Kernbereichs privater Lebensgestaltung. Zwar dient die akustische Überwachung immer der Gefahrenabwehr, allerdings sind die konkreten Voraussetzungen verschieden, so wird die akustische Überwachung teilweise bei einer Gefahr für die Sicherheit oder den Bestand des Bundes oder der Länder,[1648] und/oder bei einer Gefahr für Leib oder Leben oder auch der Freiheit[1649] sowie teilweise für bedeutende Sach- oder Vermögenswerte ermöglicht.[1650] Zudem ist die Überwachungsmaßnahme

---

1647 § 20g I, II Nr. 2 lit. b BKAG (ab 25.05.2018: § 45 I, II Nr. 2 lit. b BKAG); § 22 I, III PolG; Art. 33 PAG; § 25 ASOG Bln; § 33 I BbgPolG; § 33 I BremPolG; § 10 I PolDVG; § 15 HSOG; § 33 I Nr. 2, II SOG M-V; § 35 Nds. SOG; § 17 I PolG NRW; § 28 POG; § 28 I SPolG; § 38 I Nr. 2 SächsPolG; § 17 I Nr. 2 SOG LSA; § 185 I Nr. 2 LVwG; § 34 II Nr. 2 ThPAG.

1648 § 20g I Nr. 1 BKAG (ab 25.05.2018: § 45 I Nr. 1 BKAG); § 22 III Nr. 1 PolG; Art. 33 III Nr. 1 PAG; § 10 I Nr. 1 PolDVG; § 38 II Nr. 1 SächsPolG; § 34 I ThPAG.

1649 § 20g I Nr. 1 BKAG (ab 25.05.2018: § 45 I Nr. 1 BKAG); § 22 III Nr. 1 PolG; Art. 33 III Nr. 1 PAG; § 25 II Nr. 3 ASOG Bln; § 33 I Nr. 1 BbgPolG; § 32 I Nr. 1 BremPolG; § 10 I Nr. 1 PolDVG; § 15 II Nr. 1 HSOG; §§ 35 I 1, 34 I Nr. 1 Nds.SOG; § 17 I Nr. 1 PolG NRW; § 28 I Nr. 1 POG; § 38 II Nr. 1 SächsPolG; § 17 III Nr. 3 SOG LSA; § 185 II LVwG; § 34 I ThPAG.

1650 § 20g I Nr. 1 BKAG (ab 25.05.2018: § 45 I Nr. 1 BKAG); § 22 III Nr. 1 PolG; Art. 33 III Nr. 1 PAG; § 38 II Nr. 1 SächsPolG; § 185 II LVwG; § 34 I ThPAG.

in fast allen Bundesländern sowie im Bundeskriminalamtgesetz zur vorbeugenden Bekämpfung bzw. zur Verhütung schwerer Straftaten erlaubt.[1651]

Ferner beinhalten nicht alle Gesetze der Länder Vorschriften zum Schutze des Kernbereichs privater Lebensgestaltung.[1652]

Da jedoch trotz der unterschiedlichen Voraussetzungen im Einzelnen die akustische Überwachung in allen Ländern sowie nach dem Bundeskriminalamtgesetz zulässig ist, könnte auch eine internetbasierte akustische Überwachungsmaßnahme grundsätzlich durchgeführt werden, sofern die internetbasierte Maßnahme ihrerseits auf eine Ermächtigungsgrundlage gestützt werden kann und mit höherrangigem Recht vereinbar ist.

II Internetbasierte akustische Überwachung außerhalb der Wohnung

Dadurch, dass immer mehr internetfähige Geräte transportabel sind und sowohl durch *mobile Daten* als auch via WLAN-Hotspots eine Internetverbindung nahezu überall hergestellt werden kann,[1653] ist eine internetbasierte Maßnahme grundsätzlich auch außerhalb der Wohnung möglich. Im Folgenden werden die einzelnen technischen Möglichkeiten[1654] auf ihre rechtliche Zulässigkeit hin geprüft.

1 Verpflichtung der Hersteller zum Integrieren von dauerhaft aktivierten Mikrofonen

Wiederum kommt eine Verpflichtung der Hersteller in Betracht, ihre Produkte mit einem dauerhaft aktivierten Mikrofon auszustatten und die abgehörten Gespräche an Server zu übertragen, wo sie gegebenenfalls gespeichert werden. Im Folgenden wird zunächst geprüft, ob eine Ermächtigungsgrundlage besteht,

---

1651 § 20g I Nr. 2 BKAG (ab 25.05.2018: § 45 I Nr. 2, 3 BKAG); § 22 III Nr. 2 PolG; Art. 33 III Nr. 2 PAG; § 25 II Nr. 1, 2 ASOG Bln; § 33 I Nr. 2, 3 BbgPolG; § 32 I Nr. 2, 3 PolDVG; § 15 II Nr. 2, 3 HSOG; § 33 II SOG M-V; §§ 35 I 1, 34 I 1 Nr. 2, 3 Nds.SOG; § 17 I Nr. 2 PolG NRW; § 28 I Nr. 2, 3 POG; § 28 I 1 Nr. 1, 2 SPolG; § 38 II Nr. 2,3 SächsPolG; § 17 III Nr. 1, 2 SOG LSA.

1652 § 29 VI BbgPolG; § 10 III PolDVG; § 35 II Nds.SOG; § 16 PolG NRW; § 39a POG; § 28d I Nr. 2, SPolG; § 38 III, 41 VI, VII SächsPolG; § 17 IVa, IVb, IVc SOG LSA; § 34 I 2 ThPAG.

1653 Zu den verschiedenen Verbindungsmöglichkeiten oben S. 61 ff.

1654 Zu den technischen Möglichkeiten oben S. 79 ff.

bevor die Maßnahme auf ihre Vereinbarkeit mit höherrangigem Recht überprüft wird.

a Ermächtigungsgrundlage

Eine Verpflichtung der Hersteller zur akustischen Überwachung wird in keinem der Polizeigesetze geregelt. Zwar ist in allen Bundesländern und nach dem Bundeskriminalamtgesetz eine akustische Überwachung außerhalb der Wohnung möglich, jedoch wird dazu nur der Einsatz technischer Mittel erlaubt und nicht auch eine Verpflichtung der Hersteller ermöglicht.[1655] Obwohl bei der hier untersuchten Verpflichtung technische Mittel eingesetzt werden, so reicht dennoch keine Ermächtigungsgrundlage für eine solche Verpflichtung aus, da eine Verpflichtung der Hersteller über das bloße Anbringen von Abhörvorrichtungen hinausgeht und somit eine explizite Ermächtigungsgrundlage notwendig ist.[1656]

Jedoch könnte eine Ermächtigungsgrundlage geschaffen werden, wenn die Verpflichtung der Hersteller, dauerhaft aktivierte Mikrofone zu integrieren, grundsätzlich mit höherrangigem Recht vereinbar ist.

b Vereinbarkeit mit dem Grundgesetz

(1) Berufsfreiheit (Art. 12 I GG) der Hersteller

Durch die Verpflichtung der Hersteller, ihre informationstechnischen Systeme bzw. Betriebssysteme in einer bestimmten Art und Weise herzustellen, wird in die Berufsausübungsfreiheit (Art. 12 I GG) der Hersteller eingegriffen.[1657]

Der Eingriff in Art. 12 I GG kann durch einen einfachen Gesetzesvorbehalt gerechtfertigt werden, Art. 12 I 2 GG, wobei das Gesetz insbesondere verhältnismäßig sein muss. Mit der Abwehr einer dringenden Gefahr für die öffentliche Sicherheit wird ein vernünftiger Grund des Allgemeinwohls verfolgt,[1658] wozu eine Verpflichtung der Hersteller auch geeignet ist, da das Ziel zumindest gefördert wird.[1659]

1655 Vgl. § 20g II Nr. 2 lit. b BKAG (ab 25.05.2018: § 45 II Nr. 2 lit. b BKAG); § 22 I PolG; Art. 33 I, III PAG; § 25 I ASOG; § 33 I BbgPolG; § 33 I BremPolG; § 10 I PolDVG; § 15 I HSOG; § 34 I SOG M-V; § 35 I Nds.SOG; § 17 I PolG NRW; § 28 I, II POG; §§ 28 I, II Nr. 2 SPolG; § 38 I SächsPolG; § 17 I Nr. 2, II SOG LSA; § 185 I LVwG; § 34 I, II ThPAG; zur Verpflichtung der Hersteller auch oben S. 336 ff.

1656 Zur Ermächtigungsgrundlage bei der Verpflichtung auch oben S. 336 ff.

1657 Vgl. auch oben S. 338 ff.

1658 Vgl. Art. 13 IV GG; BVerfGE 120, 274 (319).

1659 Zur Geeignetheit der Verpflichtung der Hersteller oben S. 283 f.; 338 ff.

Soweit keine milderen gleich geeigneten Mittel bestehen, ist die Maßnahme auch erforderlich.[1660] Ein milderes Mittel liegt nicht schon dann vor, wenn ein anderer in seinen Grundrechten intensiver beeinträchtigt wird als die durch das ausgewählte Mittel betroffene Person.[1661] Eine Verpflichtung der Hersteller ist im Rahmen der Einschätzungsprognose des Gesetzgebers noch erforderlich.[1662]

Die Verpflichtung der Hersteller müsste insgesamt auch angemessen sein. Zwar werden durch die Verpflichtung den Herstellern Pflichten auferlegt, wie sie ihre Systeme zu produzieren haben und sie könnten eine zusätzliche Belastung durch Bereitstellen von Ressourcen wie beispielsweise Servern erfahren, jedoch werden von dieser Pflicht aller Hersteller in gleicher Weise betroffen. Ferner müsste die Produktion der Systeme nur geringfügig angepasst werden, da die meisten Systeme ohnehin ein Mikrofon besitzen und dieses lediglich dauerhaft aktiviert sein soll. Auch könnte das Bereitstellen von Ressourcen durch eine Entschädigungszahlung ausgeglichen werden oder der Staat stellt selbst die notwendigen Ressourcen zur Verfügung. Insgesamt könnte eine Verpflichtung der Hersteller im hier geprüften Szenario daher gerechtfertigt werden, weshalb keine Verletzung des Art. 12 I GG gegeben wäre.[1663]

(2) Unverletzlichkeit der Wohnung (Art. 13 I GG) der Nutzer informationstechnischer Systeme

Da es sich hier nicht um eine akustische Wohnraumüberwachung handelt und somit die Wohnung nicht beeinträchtigt wird, ist Art. 13 I GG nicht betroffen.[1664]

(3) Informationsfreiheit (Art. 5 I 1 Hs. 2 GG) der Nutzer informationstechnischer Systeme

Durch eine dauernde Überwachung wird die Informationsfreiheit beschränkt, sodass Art. 5 I GG beeinträchtigt ist. Zwar stehen noch alle Informationsquellen, insbesondere das Internet, zur Verfügung, jedoch werden diese mittelbar durch das Gefühl der andauernden Überwachung eingeschränkt.[1665]

1660 Vgl. nur BVerfGE 80, 1 (30); 117, 163 (189); 121, 317 (354); *Merten*, in: Merten/Papier [Hrsg.], Bd. III, § 68 Rn. 66.

1661 *Hillgruber*, in: *Isensee/Kirchhof* [Hrsg.], Handbuch des Staatsrechts, Bd. IX, § 201 Rn. 64.

1662 Vgl. oben S. 283 f.; 338 ff.

1663 Zur Vereinbarkeit mit Art. 12 GG schon oben S. 338 ff.

1664 Vgl. schon oben S. 284.

1665 Dazu schon oben S. 204 ff.; 284 f.; 341 f.

Dieser Eingriff kann grundsätzlich durch ein allgemeines verfassungsgemäßes Gesetz gerechtfertigt werden (Art. 5 II GG). Zur Realisierung des geprüften Szenarios wäre eine gesetzliche Verpflichtung in Form eines allgemeinen Gesetzes notwendig,[1666] wobei für die Verfassungsmäßigkeit die Verhältnismäßigkeit entscheidend ist. Ein legitimes Ziel wird mit einer effektiven Gefahrenabwehr verfolgt,[1667] wozu die Maßnahme auch grundsätzlich geeignet ist, da sie das Erreichen des Ziels fördert.[1668]

Ebenso ist sie erforderlich, weil ein milderes Mittel, welches gleich geeignet ist, auch mit dem derzeitigen Vorgehen nicht besteht.[1669] Der Vorteil dieser Verpflichtung besteht darin, dass keine Abhörvorrichtungen zur Überwachung mehr angebracht werden müssten und dass ohne erheblichen Aufwand eine große Anzahl von Personen überwacht werden könnten. Allerdings würden die Nutzer informationstechnischer Systeme in ihrer Informationsfreiheit eingeschränkt, weil die Nutzung von internetfähigen informationstechnischen Systemen mit der Überwachung durch die Systeme zusammenhängt, sodass die Nutzer sich überlegen werden, ob sie weiterhin das Internet als Informationsquelle nutzen wollen.[1670] Damit steht die Beschränkung auch in keinem Verhältnis zu dem Nutzen, der durch die Abhörmaßnahme zur Gefahrenabwehr erreicht werden soll. Die Nutzer – insbesondere auch unverdächtige – werden in einer solchen Art belastet, dass eine Rechtfertigung nicht möglich ist, da grundsätzlich jeder Nutzer informationstechnischer Systeme betroffen wäre, während die Überwachungsmaßnahme nur gegen bestimmte Personen richtet und somit ein kleinerer Personenkreis betroffen wäre.[1671]

Daher liegt eine Verletzung der Informationsfreiheit (Art. 5 I 1 Hs. 2 GG) der Nutzer informationstechnischer Systeme vor.

(4) Allgemeines Persönlichkeitsrecht (Art. 2 I i.V.m. Art. 1 I GG) der Nutzer informationstechnischer Systeme

Bedeutung kommt ferner dem Allgemeinen Persönlichkeitsrecht aus Art. 2 I i.V.m. Art. 1 I GG zu. Außerhalb der Wohnung bietet das allgemeine

---

1666 Vgl. zum allgemeinen Gesetz *Starck*, in: v. Mangoldt/Klein/Starck [Hrsg.], Bd. 1, Art. 5 Rn. 194 ff.; *Fechner*, in: Stern/Becker [Hrsg.], Art. 5 Rn. 274 f.

1667 Vgl. Art. 13 IV GG; BVerfGE 120, 274 (319).

1668 Dazu oben S. 338 ff.; 389 f.

1669 Vgl. oben S. 389 f.

1670 Dazu schon oben S. 204 ff.

1671 Zur Rechtfertigung auch oben S. 341 f.; 389 f.

Persönlichkeitsrecht in seinen verschiedenen Ausprägungen Schutz vor staatlichen Beeinträchtigungen der freien Entfaltung der Persönlichkeit.[1672]

Durch die andauernde Überwachung ist das Allgemeine Persönlichkeitsrecht betroffen, da keine freie Persönlichkeitsentfaltung mehr möglich ist.

Bei einer Verpflichtung in der hier untersuchten Art und Weise ist zudem das Recht auf informationelle Selbstbestimmung betroffen, da der Nutzer nicht mehr frei bestimmen kann, welche Daten durch die informationstechnischen Systeme weitergeleitet werden; vielmehr werden sämtliche Gespräche übertragen. Unabhängig von einer Speicherung liegt damit ein Eingriff vor, weil der Nutzer nicht mehr selbst entscheiden kann, welche Daten wer von ihm erhält.[1673]

Die Rechtfertigung dieser beiden Eingriffe ist jeweils nicht möglich. Zunächst besteht die Gefahr, dass auch Informationen aus dem Kernbereich privater Lebensgestaltung erfasst werden, der nicht nur innerhalb der Wohnung besteht und auch außerhalb der Wohnung betroffen sein kann, wenn Gespräche aus der Intimsphäre erfasst werden.[1674] Ferner liegt zumindest eine gefühlte Rundum-Überwachung vor, weshalb eine freie Entfaltung der Persönlichkeit nicht möglich ist. Diese Eingriffe vermag auch eine effektive Gefahrenabwehr zur Abwehr steigender Gefahren durch Terrorismus nicht zu rechtfertigen, da trotz allem auch zur Gefahrenabwehr nicht von jedem Nutzer Bewegungsprofile erstellt werden sollen und zudem keine Rundum-Überwachung erfolgen darf.[1675]

Somit wird durch die Verpflichtung der Hersteller das Allgemeine Persönlichkeitsrecht (Art. 2 I i.V.m. Art. 1 I GG) verletzt.

(5) Fazit

Eine Verpflichtung der Hersteller dergestalt, dass diese grundsätzlich alle Gespräche an Server senden und diese gegebenenfalls gespeichert werden, ist nicht mit dem Grundgesetz vereinbar. Diese Verpflichtung greift zum einen in die Berufsfreiheit (Art. 12 I 1 GG) der Hersteller ein, was jedoch grundsätzlich durch eine Ermächtigungsgrundlage gerechtfertigt werden könnte, jedoch ist zum anderen auch die Privatsphäre der Nutzer (Art. 2 I i.V.m. Art. 1 I GG) betroffen. Eine Rechtfertigung dieses Eingriffs scheidet im konkreten Fall aus, da

---

1672 Vgl. nur *Jarass*, in: Jarass/Pieroth [Hrsg.], GG, Art. 2 Rn. 37 ff.; Dreier, in: ders. [Hrsg.], GG, Art. 2 Rn. 70 ff.; *Sankol* CR 2008, 13 (15).

1673 Vgl. *Horn*, in: Stern/Becker [Hrsg.], Art. 2 Rn. 91; *Jarass*, in: Jarass/Pieroth [Hrsg.], GG, Art. 2 Rn. 53 (2012); zum Eingriff in Art. 2 I iVm Art. 1 I GG auch oben S. 285 f.

1674 Vgl. *Horn*, in: Stern/Becker [Hrsg.], Art. 2 Rn. 114 ff.; *Starck*, in: v. Mangoldt/Klein/Starck [Hrsg.], Bd. 1, Art. 2 Rn. 16.

1675 Vgl. BVerfGE 130, 1 (24); 141, 220 (276; 280 f.); vgl. auch oben S. 285 f.; 340 ff.; 389 f.

die Verpflichtung nahezu zu einer Rundum-Überwachung führt und diese nicht gerechtfertigt werden kann.

c Vereinbarkeit mit der Europäischen Menschenrechtskonvention

(1) Recht auf Achtung des Privat- und Familienlebens (Art. 8 EMRK) der Nutzer informationstechnischer Systeme

Bei einer Verpflichtung der Hersteller ist das Privatleben im Sinne des Art. 8 I EMRK betroffen, da auch die Gespräche, die außerhalb der Wohnung geführt werden, privaten Charakter haben, wenn sie nicht an die Allgemeinheit gerichtet sind.[1676] Der Eingriff erfolgt hier schon durch das verpflichtende Gesetz, da mit diesem bereits alle Voraussetzungen für die Überwachung geschaffen werden.

Die Rechtfertigung des Eingriffs kann aufgrund der entgegenstehenden Interessen nicht erfolgen. Zwar sind tiefgreifende Eingriffe zur Abwehr schwerwiegender Gefahren, wie beispielsweise Terrorismus, zulässig, jedoch darf nicht die Privatsphäre aller Nutzer durch eine andauernde Überwachung aufgehoben werden.[1677] Ein Rückzugsraum und die Interaktion zwischen Menschen sind für die persönliche Entfaltung wesentlich,[1678] weshalb ein komplettes Aufheben dieser wesentlichen Aspekte des Privatlebens in einer demokratischen Gesellschaft nicht notwendig ist.

Ferner ist der Schutz des Kernbereichs privater Lebensgestaltung nicht ausreichend sichergestellt. Wenn alle Gespräche zunächst einmal aufgezeichnet und an einen Server übertragen würden, ist die Wahrscheinlichkeit sehr hoch, dass auch solche aus dem Kernbereich persönlicher Lebensgestaltung in technischer Hinsicht erfasst werden. Diese sollen jedoch grundsätzlich schon nicht erhoben werden, weshalb mindestens Schutzvorkehrungen zu treffen sind, welche im hier dargestellten Szenario nicht bestehen.[1679]

Eine Verpflichtung der Hersteller in der hier untersuchten Form wäre somit nicht mit Art. 8 I EMRK vereinbar.

1676 *Meyer-Ladewig/Nettesheim*, in: Meyer-Ladewig/Nettesheim/von Raumer [Hrsg.], EMRK, Art. 8 Rn. 31; *Marauhn/Thorn*, in: Dörr/Grote/Marauhn [Hrsg.], Kap. 16 Rn. 27.

1677 Vgl. nur BVerfGE 109, 279 (323 f.); 130, 1 (24); 141, 220 (280 f.).

1678 Vgl. *Uerpmann-Wittzack*, in: Ehlers [Hrsg.], Europäische Grundrechte und Grundfreiheiten, § 3 Rn. 5 ff.

1679 Vgl. *Marauhn/Thorn*, in: Dörr/Grote/Marauhn [Hrsg.], Kap. 16 Rn. 27 ff.; *Breitenmoser*, Der Schutz der Privatsphäre, S. 244 ff.

(2) Informationsfreiheit (Art. 10 I 2 EMRK) der Nutzer informationstechnischer Systeme

Ebenso ist auch der Schutzbereich des Art. 10 I 2 EMRK eröffnet, da die informationstechnischen Systeme, die für die Maßnahme in Betracht kommen,[1680] überwiegend zur Informationsbeschaffung durch die Nutzer geeignet und unter Umständen sogar dazu bestimmt sind, dadurch, dass die Systeme beispielsweise von den Herstellern vorinstallierte Nachrichten-Apps aufweisen. Die Nutzer werden aufgrund der Verpflichtung abgeschreckt, das Internet als Informationsquelle zu nutzen,[1681] sodass ein Eingriff vorliegt.

Dieser Eingriff ist in einer demokratischen Gesellschaft nicht notwendig. Obwohl ein legitimes Ziel verfolgt wird,[1682] sind die Auswirkungen auf die Nutzer zu gravierend, um den Eingriff zu rechtfertigen. Es werden durch eine Verpflichtung der Hersteller alle Nutzer informationstechnischer Systeme betroffen, unabhängig davon, ob die akustische Überwachung gegen sie durchgeführt werden dürfte, und die Nutzer haben keine Möglichkeit dies zu verhindern, es sei denn, sie würden auf das Internet als Informationsquelle gänzlich verzichten.[1683]

Somit ist Art. 10 I EMRK mit dem hier untersuchten Vorgehen nicht vereinbar.

(3) Fazit

Eine Verpflichtung der Hersteller in hier dargestellter Art und Weise greift sowohl in Art. 8 I EMRK als auch in Art. 10 I EMRK ein, da die Privatsphäre der Nutzer sowie die Informationsfreiheit durch die nahezu andauernde Überwachung beeinträchtigt wird. Zudem ist hier auch keine Rechtfertigung möglich, da die Verpflichtung zu einer Rundum-Überwachung führt, welche unzulässig ist und daher eine Maßnahme, die diese ermöglicht, nicht gerechtfertigt werden kann.

1680 Beispielsweise das Smartphone, Tablet oder der Laptop; zu den Beispielen an sich oben S. 79 ff.

1681 Dazu schon oben S. 284 f.; 288 f.

1682 Vgl. EGMR Urteil v. 06.09.1978 – Klass u.a./D, §§ 46 ff.; *Grote/Wenzel*, in: Dörr/Grote/Marauhn [Hrsg.], Bd. 1, Kap. 18 Rn. 86 ff.

1683 Zur Rechtfertigung schon oben S. 288 f.; 393.

d Vereinbarkeit mit der EU-Grundrechtecharta

(1) Achtung des Privat- und Familienlebens (Art. 7 GRCh) der Nutzer informationstechnischer Systeme

Eine nahezu andauernde Überwachung mittels internetfähiger Systeme bzw. alleine durch das Gefühl der Überwachung greift in die Privatsphäre des Nutzers und damit in das Privatleben ein.[1684]

Eine freie Entfaltung der Persönlichkeit ist für keinen Nutzer mehr möglich. Zwar werden die Gespräche nicht gespeichert und auch nicht mitgehört, jedoch werden sie grundsätzlich über eine Internetverbindung an einen Server weitergeleitet. Diese dauerhafte Überwachung bzw. zumindest das Gefühl, dauerhaft überwacht zu werden, sind nicht mit Art. 7 GRCh vereinbar, weil dem Nutzer keine freie Entfaltungsmöglichkeit außerhalb der Wohnung mehr bleibt und ein Miteinander mit anderen erheblich erschwert wird, während nur wenige Nutzer für die Gefahrenabwehr relevant sind.[1685]

(2) Schutz personenbezogener Daten (Art. 8 I GRCh) der Nutzer informationstechnischer Systeme

Von der Übermittlung an Server sind auch personenbezogene Daten erfasst, weshalb in Art. 8 I GRCh eingegriffen wird.[1686] Für eine Rechtfertigung gelten die gleichen Grundsätze wie bei Art. 8 EMRK, das heißt grundsätzlich soll der Nutzer selbst entscheiden können, was mit seinen Daten geschieht, und nur bei einer notwendigen Beschränkung dieses Rechts ist der Eingriff in Art. 8 GRCh gerechtfertigt.[1687] Dieses Recht wird ihm jedoch ganz entzogen, weshalb der Eingriff nicht gerechtfertigt werden kann.[1688]

(3) Informationsfreiheit (Art. 11 I 2 GRCh) der Nutzer informationstechnischer Systeme

Zudem ist die Informationsfreiheit (Art. 11 I 2 GRCh) der Nutzer informationstechnischer Systeme betroffen, da für den Nutzer die Beschränkung der Informationsfreiheit ähnlich groß ist, wie im Rahmen der akustischen

1684 Dazu oben S. 285 ff.; 393 f.

1685 Dazu schon oben S. 285 ff.; 287 f.; 290 f.

1686 Zum Eingriff in Art. 8 GRCh auch oben S. 291 f.

1687 EuGH Urteil v. 09.11.2010 – C-92/09, C 93/09 – Schecke u.a, Rn. 50 ff.; zur Rechtfertigung bei Art. 8 EMRK schon oben S. 287 f.; 343 ff.

1688 Zur Rechtfertigung im Rahmen des Art. 8 GRCh oben S. 291 f.; 348 f.

Wohnraumüberwachung.[1689] Lediglich bei Systemen, die in der Regel nur innerhalb der Wohnung verwendet werden, beispielsweise einem Desktop-PC oder einem Smart-TV, können die Nutzer sicher sein, dass keine Überwachung außerhalb der Wohnung stattfindet. Jedoch findet die Informationsbeschaffung durch Nutzer nicht nur über Desktop-PCs statt. Vielmehr werden vor allem auch mobile Systeme wie Smartphones verwendet, bei denen die Informationsfreiheit daher beschränkt wird.[1690] Eine solche intensive Beschränkung ist nicht mit Art. 11 I GRCh vereinbar, weil die Nutzer nicht mehr frei in ihrer Entscheidung sind, wie und über welches Medium sie sich informieren wollen, obwohl keine direkte Beschränkung einer Informationsquelle vorliegt.[1691]

(4) Berufsfreiheit (Art. 15 I GRCh) und unternehmerische Freiheit (Art. 16 GRCh) der Hersteller

Ebenso wie bei der akustischen Wohnraumüberwachung wird durch die Verpflichtung der Hersteller in Art. 15 I, 16 GRCh eingegriffen. Für die Hersteller macht es keinen Unterschied, ob eine akustische Überwachung innerhalb oder außerhalb der Wohnung stattfindet, da sie in beiden Fällen die gleiche Verpflichtung trifft und somit die Verpflichtung hier nicht anders zu bewerten ist als bei der Verpflichtung im Rahmen der akustischen Wohnraumüberwachung.[1692] Die Maßnahme ist daher mit Art. 15 GRCh vereinbar, weil den Herstellern nur Vorgaben zur Ausgestaltung der Systeme gemacht werden, um Gefahren abwehren zu können.[1693]

(5) Fazit

Eine Verpflichtung der Hersteller ist trotz der möglichen Rechtfertigung eines Eingriffs in Art. 15, 16 GRCh nicht mit der EU-Grundrechtecharta vereinbar, da die Nutzer in ihrem Privatleben (Art. 7 GRCh) sowie ihrer Informationsfreiheit (Art. 11 I 2 GRCh) beeinträchtigt würden. Diese Eingriffe können auch nicht gerechtfertigt werden, weil die Abhörmaßnahme einer Rundum-Überwachung gleichkommen würde und ferner sämtliche Nutzer von der Übertragung der Gespräche auf Server betroffen sind.

1689 Dazu oben S. 349.

1690 Vgl. oben S. 284 f.; 288.

1691 Dazu schon oben S. 284 f.; 288; 292.

1692 Dazu schon oben S. 283 f.; 292.

1693 Zur Rechtfertigung auch schon oben S. 283 f.; 292; 338 ff.; 349 f.

e Fazit

Eine Verpflichtung der Hersteller im Rahmen einer akustischen Überwachung zur Gefahrenabwehr wäre rechtlich nicht möglich, da diese Art der Verpflichtung gegen das Grundgesetz, die Europäische Menschenrechtskonvention sowie gegen die EU-Grundrechtecharta verstoßen würde. Zwar kann der Eingriff in die Berufsfreiheit (Art. 12 I 1 GG; Art. 15 I; 16 GRCh) gerechtfertigt werden, weil ein legitimes Ziel verfolgt wird und die Hersteller nicht unangemessen beeinträchtigt werden, jedoch überwiegen die Beeinträchtigungen der Nutzer informationstechnischer Systeme (insbesondere Art. 2 I i.V.m. Art. 1 I GG; Art. 8 I EMRK; Art. 7 GRCh) das Interesse an der Gefahrenabwehr. Trotz aller Gefahren müssen dem Nutzer auch außerhalb der Wohnung Rückzugsräume und private bzw. vertrauliche Gespräche möglich sein, jedoch würde diese Möglichkeit den Nutzern durch die Verpflichtung der Hersteller und einer dauerhaften Übertragung genommen, weshalb eine Verpflichtung in der hier untersuchten Art und Weise nicht zulässig wäre.

2 Integrierte Backdoor

Eine ab Werk integrierte Backdoor ist von Anfang an in dem Gerät vorhanden und ermöglicht bei Kenntnis der Backdoor den Zugriff auf das Gerät aus der Ferne. Dazu ist lediglich eine Internetverbindung erforderlich, während das Überwinden von Sicherheitsvorkehrungen nicht notwendig ist. Im Folgenden wird geprüft, ob eine Ermächtigungsgrundlage für eine solche Verpflichtung vorliegt, bevor die Vereinbarkeit einer Backdoor mit höherrangigem Recht untersucht wird.

a Ermächtigungsgrundlage

Auch hier ist wiederum eine Verpflichtung der Hersteller notwendig, wofür jedoch in den Polizeigesetzen der Länder keine Ermächtigungsgrundlage besteht.[1694] Insbesondere ist die Auskunftspflicht, die im Rahmen der Telekommunikationsüberwachung besteht, nicht ausreichend, um auch eine anderweitige Zusammenarbeitspflicht zu begründen, da diese sich auf Telekommunikationsdate bezieht, welche im Rahmen einer akustischen Überwachung nicht gegeben sind.[1695]

1694 Zur Rechtsgrundlage einer Verpflichtung der Hersteller schon oben S. 351 f.

1695 Vgl. schon oben S. 217 f.

Ferner genügen die Ermächtigungsgrundlagen der akustischen Überwachung nicht, weil diese lediglich den Einsatz technischer Mittel erlauben, nicht jedoch den Herstellern informationstechnischer Systeme bestimmte Pflichten auferlegen.[1696]

b Vereinbarkeit mit dem Grundgesetz

(1) Berufsfreiheit (Art. 12 I GG) der Hersteller

Die Hersteller könnten durch die Verpflichtung, eine Backdoor zu integrieren, in ihrer Berufsausübungsfreiheit (Art. 12 I GG) verletzt sein. Wie schon bei der Verpflichtung, Mikrofone zu integrieren und Gespräche an Server zu übertragen, handelt es sich um eine Verpflichtung, die Produkte in einer ganz bestimmten Art und Weise herzustellen, und somit um einen Eingriff in Art. 12 I GG.[1697]

Bei Bestehen eines verfassungsgemäßen Gesetzes kann der Eingriff jedoch gerechtfertigt sein, Art. 12 II GG, wobei es insbesondere auf die Verhältnismäßigkeit ankommt. Mit der Gefahrenabwehr wird ein dem Allgemeinwohl dienender Zweck verfolgt.[1698] Dazu ist die Verpflichtung, eine Backdoor zu integrieren, auch geeignet und im Rahmen der Einschätzungsprärogative des Gesetzgebers auch erforderlich.[1699]

Jedoch ist diese Verpflichtung nicht mehr angemessen. Den Herstellern wird die Verpflichtung auferlegt, eine Backdoor zu integrieren, dabei bleiben ihnen zwar in weiten Teilen freie Entscheidungen, allerdings führt die Maßnahme nicht nur zu einer verbesserten Gefahrenabwehr. Es werden durch die Backdoor auch Gefahren geschaffen, indem es Dritten erleichtert wird, auf fremde Systeme zu zugreifen,[1700] wodurch die Maßnahme schon nicht den Interessen des Staates entspricht. Für eine akustische Überwachung mag die Maßnahme Vorteile bringen, insgesamt ist die Maßnahme aufgrund der geschaffenen Gefahren jedoch nicht angemessen,[1701] weshalb Art. 12 I GG verletzt ist.

1696 Zu den technischen Mitteln und einer Verpflichtung der Hersteller schon oben S. 389.

1697 Zum Eingriff in Art. 12 I GG schon oben S. 294 f.; 352 f.

1698 Vgl. oben S. 352 f.

1699 Dazu schon oben S. 294 f.; 352 f.

1700 Zu den Gefahren bei einer ab Werk integrierten Backdoor schon oben S. 219 ff.

1701 Dazu schon oben S. 219 ff.; 294 f.; 352 f.

(2) *Unverletzlichkeit der Wohnung (Art. 13 I GG) der Nutzer informationstechnischer Systeme*

Bei einer akustischen Überwachung außerhalb des Wohnraums ist der Schutzbereich des Art. 13 I GG nicht eröffnet. Soweit die Systeme auch innerhalb der Wohnung genutzt werden, gilt das Gleiche wie bei einer akustischen Wohnraumüberwachung.[1702]

(3) *Informationsfreiheit (Art. 5 I 1 Hs. 2 GG) der Nutzer informationstechnischer Systeme*

Durch eine Backdoor in internetfähigen Systemen wird die Informationsfreiheit zumindest mittelbar beschränkt, indem bei der Nutzung informationstechnischer Systeme das Gefühl besteht, überwacht zu werden, und durch die Verbindung zum Internet, Dritten der Zugriff auf das System und die gespeicherten Daten ermöglicht wird.[1703] Der Eingriff kann jedoch durch ein allgemeines Gesetz gerechtfertigt sein, wozu die Maßnahme allerdings verhältnismäßig sein müsste.

Ein legitimes Ziel liegt mit der Verbesserung und Effektivierung der Gefahrenabwehr vor.[1704] Dazu ist eine integrierte Backdoor auch geeignet und im Rahmen der Einschätzungsprärogative des Gesetzgebers erforderlich.[1705] Jedoch ist sich insgesamt nicht angemessen, da sie Gefahren schafft, die eigentlich verhindert werden sollen, wodurch auch die Interessen der Nutzer nicht berücksichtigt werden.[1706] Da die Gefahren der Backdoor unabhängig vom Standort des Systems bestehen, sofern eine Internetverbindung besteht, ist Art. 5 I GG wie schon im Rahmen der akustischen Wohnraumüberwachung verletzt.[1707]

(4) *Allgemeines Persönlichkeitsrecht (Art. 2 I i.V.m. Art. 1 I GG) der Nutzer informationstechnischer Systeme*

Das Allgemeine Persönlichkeitsrecht ist bei einer Überwachung außerhalb der Wohnung von Bedeutung, da dieses die freie Entfaltung der Persönlichkeit schützt, sofern kein spezielleres Freiheitsrecht betroffen ist.[1708] Ein Eingriff in

---

1702 Dazu oben S. 340 f.

1703 Vgl. dazu oben S. 224 f.; 295 f.; 354 f.

1704 BVerfGE 100, 313 (389); 120, 274 (319 f.); *Merten*, in: Papier/Merten [Hrsg.], Handbuch der Grundrechte, Bd. III, § 68 Rn. 60.

1705 Dazu oben S. 219 ff.; 283 ff.; 352 f.

1706 Zu den Gefahren einer integrierten Backdoor oben S. 219 ff.

1707 Zur akustischen Wohnraumüberwachung oben S. 354 f.

1708 Zum Allgemeinen Persönlichkeitsrecht schon oben S. 125 ff.

dieses Recht in der Ausprägung des Rechts auf Gewährleistung der Vertraulichkeit und Integrität informationstechnischer Systeme liegt bei einer ab Werk integrierten Backdoor vor, weil durch die Backdoor die Gefahr besteht, dass Dritte auf das informationstechnische System zugreifen.[1709]

Die Rechtfertigung des Eingriffs kann auch in diesem Fall nur erfolgen, wenn die Vorgehensweise insgesamt verhältnismäßig ist. Mit einer effektiven Gefahrenabwehr wird ein legitimes Ziel verfolgt,[1710] wozu die integrierte Backdoor noch geeignet und im Rahmen der Einschätzungsprärogative auch erforderlich ist.[1711]

Ferner wäre das Integrieren einer Backdoor nicht angemessen, da von einer Backdoor alle Nutzer internetfähiger Systeme betroffen sind. Im Umfeld eines solchen Systems ist die freie Entfaltung der Persönlichkeit ausgeschlossen. Da jedoch nahezu überall internetfähige Systeme zu finden sind, ist der Bereich der freien Entfaltung stark begrenzt. Ferner werden durch eine ab Werk integrierten Backdoor auch Gefahren, wie beispielsweise der Zugriff auf das System durch Dritte zu kriminellen Zwecken, geschaffen.[1712] Somit steht die Maßnahme auch dem Interesse des Staates entgegen, informationstechnische Systeme zu schützen.[1713] Insgesamt ist die Maßnahme, wie bei einer Backdoor zur Strafverfolgung, nicht verhältnismäßig und daher nicht mit Art. 2 I i.V.m. Art. 1 I GG vereinbar.

(5) Fazit

Die Verpflichtung der Hersteller, eine Backdoor ab Werk für Behörden zu integrieren, beeinträchtigt sowohl die Berufsfreiheit (Art. 12 I 1 GG) als auch die Privatsphäre der Nutzer (Art. 2 I i.V.m. Art. 1 I GG), weil den Herstellern Vorgaben zu ihren Systemen gemacht werden, während der Nutzer damit rechnen muss, dass ein Dritter sein System verwendet. Da die Verpflichtung nicht angemessen ist, da durch die Backdoor weitere Gefahren geschaffen werden, können die Grundrechtseingriffe durch eine ab Werk integriere Backdoor nicht gerechtfertigt werden.

1709 Dazu schon oben S. 296 ff.

1710 BVerfGE 100, 313 (389); 120, 274 (319 f.); *Merten*, in: Papier/Merten [Hrsg.], Handbuch der Grundrechte, Bd. III, § 68 Rn. 60.

1711 Zur Geeignetheit und Erforderlichkeit S. 352 f.; 398 f.

1712 Dazu schon oben S. 219 ff.

1713 Vgl. nur BT-Drs. 18/10182, S. 1 ff.

c Vereinbarkeit mit der Europäischen Menschenrechtskonvention

(1) Recht auf Achtung des Privat- und Familienlebens (Art. 8 EMRK) der Nutzer informationstechnischer Systeme

Durch die Verpflichtung zum Integrieren einer Backdoor wird eine Gefahr für das Privatleben und die Persönlichkeitsentfaltung geschaffen (Art. 8 I EMRK), da bei einer bestehenden Internetverbindung jeder auf das System zugreifen kann.

Eine freie Entfaltung der Persönlichkeit außerhalb der Wohnung ist nicht mehr möglich, sobald sich internetfähige Systeme in der Nähe befinden, was mittlerweile nahezu überall der Fall ist. Das Gefühl des Überwachtwerdens, welches durch die Backdoor entsteht, ist eine Beeinträchtigung des Privatlebens, sodass ein Eingriff in Art. 8 I EMRK gegeben ist.[1714]

Obwohl mit der effektiven Gefahrenabwehr ein legitimes Ziel besteht,[1715] kann der Eingriff nicht gerechtfertigt werden. Die Backdoor führt zu einer Beeinträchtigung des Privatlebens aller Nutzer, da beispielsweise unüberwachte private Gespräche außerhalb der Wohnung nicht geführt werden können, weil fast immer ein informationstechnisches System vorhanden ist, und zudem schafft der Staat durch die Backdoor weitere Gefahren wie den erleichterten Zugriff durch Dritte, die er eigentlich abwehren soll.[1716]

Insgesamt ist daher die Vorgehensweise in einer demokratischen Gesellschaft nicht notwendig und Art. 8 I EMRK daher verletzt.

(2) Informationsfreiheit (Art. 10 I 2 EMRK) der Nutzer informationstechnischer Systeme

Durch eine ab Werk integrierte Backdoor ist die von Art. 10 I 2 EMRK geschützte Informationsfreiheit beeinträchtigt.[1717] Eine freie Entscheidung, das Internet als Informationsquelle nutzen zu möchten, ist nicht mehr möglich; vielmehr wird diese Informationsquelle mit der Gefahr des Überwachtwerdens und einem heimlichen Zugriff auf das informationstechnische System verbunden, sodass viele Nutzer auf das Internet verzichten würden. Die Rechtfertigung des Eingriffs

---

1714 Dazu oben S. 287 ff.; 399 ff.

1715 Vgl. EGMR Urteil v. 06.09.1978 – Klass u.a./D, §§ 46 ff.; BVerfGE 100, 313 (389); 120, 274 (319 f.); *Marauhn/Thorn*, in: Dörr/Grote/Marauhn [Hrsg.], Bd. 1, Kap. 16 Rn. 90; *Merten*, in: Papier/Merten [Hrsg.], Handbuch der Grundrechte, Bd. III, § 68 Rn. 60.

1716 Zu den Gefahren schon oben S. 219 ff.; zur fehlenden Notwendigkeit der Maßnahme vgl. oben S. 298 f.

1717 Dazu oben S. 230; 288 f.; 358.

kann aufgrund der Gefahren, die durch eine Backdoor geschaffen werden, nicht erfolgen,[1718] sodass das Vorgehen in einer demokratischen Gesellschaft nicht notwendig ist.

(3) Fazit

Die Verpflichtung, eine Backdoor ab Werk zu integrierten, betrifft sowohl Art. 8 I EMRK als auch Art. 10 I 2 EMRK, da durch die Backdoor die Privatsphäre sowie die Informationsfreiheit beschränkt wird. Grundsätzlich wäre zwar eine Rechtfertigung dieser Eingriffe möglich, jedoch ermöglicht eine Backdoor zusätzliche Gefahren und ist daher nicht angemessen, weshalb eine Rechtfertigung der Eingriffe im konkreten Fall nicht erfolgen kann.

d Vereinbarkeit mit der EU-Grundrechtecharta

(1) Achtung des Privat- und Familienlebens (Art. 7 GRCh) der Nutzer informationstechnischer Systeme

Bei einer akustischen Überwachung mittels einer Backdoor wäre auch die Privatsphäre und damit das Privatleben betroffen. Wie auch bei einer ab Werk integrierten Backdoor zu Strafverfolgungszwecken kann dieser Eingriff in das Privatleben nicht gerechtfertigt werden.[1719] Die Gefahren, die mit der Backdoor verbunden sind, wie beispielsweise der erleichterte Zugriff auf fremde informationstechnische Systeme zu kriminellen Zwecken,[1720] sind zu groß, als dass sie der Abhörmaßnahme nicht entgegenstehen würden,[1721] da nicht nur die Gefahrenabwehrbehörden, sondern auch Dritte auf das System zugreifen könnten. Anstatt die Systeme zu schützen, ermöglicht der Staat den Zugriff auf die Systeme und alle Gefahren für den Nutzer und die Gesellschaft, die damit zusammenhängen,[1722] sodass das Integrieren einer Backdoor nicht gerechtfertigt werden kann.

(2) Schutz personenbezogener Daten (Art. 8 I GRCh) der Nutzer informationstechnischer Systeme

Soweit auf personenbezogene Daten zugegriffen wird, was bei dem Zugriff auf ein informationstechnisches System der Fall sein kann, ist auch dieser Zugriff

---

1718 Dazu oben S. 354 f.; 356 f.

1719 Zur Rechtfertigung zu Strafverfolgungszwecken oben S. 300 f.

1720 Zu den Gefahren einer integrierten Backdoor schon oben S. 219 ff.

1721 Vgl. *Katzenbeisser*, DuD 2016, 98 (99); vgl. dazu auch schon oben S. 296 ff.; 359.

1722 Dazu oben S. 359 f.

nicht zu rechtfertigen. Da bei Art. 8 I GRCh grundsätzlich die gleichen Anforderungen an eine Rechtfertigung wie bei Art. 8 EMRK gelten, sodass das Integrieren einer Backdoor notwendig sein müsste, weicht die Beurteilung der Rechtfertigung nicht von Art. 8 EMRK ab.[1723] Das Integrieren einer Backdoor ist nicht mit Art. 8 GRCh vereinbar, da die Backdoor weitere Gefahren schafft, die der Staat eigentlich abwehren sollte.[1724]

(3) Informationsfreiheit (Art. 11 I 2 GRCh) der Nutzer informationstechnischer Systeme

Wie schon im Rahmen der akustischen Wohnraumüberwachung[1725] können die Nutzer der Systeme nicht mehr ganz frei entscheiden, welche Informationsquelle sie nutzen möchten, sodass die Informationsfreiheit beeinträchtigt ist. Die Entscheidung, das Internet als Informationsquelle zu nutzen, beinhaltet zugleich die Gefährdung für gespeicherte Dateien und für die Systeme an sich sowie die Möglichkeit der Überwachung.[1726]

Eine Rechtfertigung ist auch hier ausgeschlossen, da das Integrieren einer Backdoor mit weiteren Gefahren verbunden ist, die eigentlich abgewehrt werden sollen, und daher nicht notwendig ist,[1727] sodass Art. 11 I 2 GRCh bei einer ab Werk integrierten Backdoor verletzt ist.

(4) Berufsfreiheit (Art. 15 I GRCh) und unternehmerische Freiheit (Art. 16 GRCh) der Hersteller

Wie auch bei Verpflichtung der Hersteller zum Integrieren einer Backdoor zur akustischen Wohnraumüberwachung ist auch die Verpflichtung zur Überwachung außerhalb der Wohnung nicht mit Art. 15, 16 GRCh vereinbar.[1728] Für die Hersteller ist es unerheblich, ob eine akustische Wohnraumüberwachung oder eine akustische Überwachung außerhalb des Wohnraums durchgeführt werden soll, weil sie in beiden Fällen die gleiche Verpflichtung trifft. Da die Verpflichtung zum Integrieren einer Backdoor nicht nur der Gefahrenabwehr dient,

---

1723 Vgl. EuGH Urteil v. 09.11.2010 – C-92/09, C-93/09 – Schecke u.a., Rn. 50 ff.; dazu oben S. 401.

1724 Zu den Gefahren einer integrierten Backdoor oben S. 219 ff.

1725 Dazu oben S. 360.

1726 Dazu schon oben S. 235 f.; 302 f.

1727 Zu den Gefahren einer ab Werk integrierten Backdoor und der fehlenden Notwendigkeit dieser schon oben S. 219 ff.; 230; 360.

1728 Dazu schon oben S. 235 f.; 352 f.; 360 f.

sondern auch neue Gefahren schafft, ist diese Vorgehensweise nicht notwendig und verletzt daher Art. 15, 16 GRCh.[1729]

(5) Fazit

Die Verpflichtung, eine Backdoor ab Werk zu intergieren, beeinträchtigt neben Art. 15, 16 GRCh auch Art. 7 I GRCh, da zum einen die Hersteller verpflichtete werden, ihre Systeme mit einer Backdoor auszustatten, und zum andern die Privatsphäre der Nutzer durch die Backdoor betroffen wird. Aufgrund der Gefahren, die die Backdoor hervorruft, ist eine Rechtfertigung der Eingriffe nicht möglich, da durch die Backdoor Gefahren geschaffen werden, die der Staat eigentlich abwehren sollte.

e Fazit

Eine ab Werk integrierte Backdoor birgt zu viele Risiken und Gefahren, sowohl für informationstechnische Systeme als auch für die öffentliche Sicherheit und Ordnung, als dass die durch die Verpflichtung entstehenden Eingriffe gerechtfertigt werden könnten. Diese Verpflichtung betrifft nicht nur das Allgemeine Persönlichkeitsrecht (Art. 2 I i.V.m. Art. 1 I GG) bzw. das Recht auf Achtung des Privatlebens (Art. 8 I EMRK; Art. 7 I GRCh), sondern auch die Berufsfreiheit der Hersteller (Art. 12 I GG; Art. 15, 16 GRCh) und ist mangels Angemessenheit bzw. Notwendigkeit weder mit dem Grundgesetz noch mit der Europäischen Menschenrechtskonvention noch mit der EU-Grundrechtecharta vereinbar. Daher könnte eine akustische Überwachung nicht mithilfe einer ab Werk integrierten Backdoor durchgeführt werden.

3 Direkter elektronischer Zugriff zum Einschleusen einer Überwachungssoftware

Der Zugriff auf ein internetfähiges Gerät kann auf verschiedene Weise erfolgen.[1730] Daher muss auch im Folgenden bei der grund- und menschenrechtlichen Bewertung zwischen den verschiedenen technischen Zugriffsmöglichkeiten, nämlich zwischen dem Einschleusen einer Überwachungssoftware, die unmittelbar das Mikrofon aktiviert, und dem Einschleusen einer Überwachungssoftware,

1729 Zu den Gefahren einer ab Werk integrierten Backdoor und der fehlenden Notwendigkeit dieser Maßnahme oben S. 219 ff.; 356 ff.

1730 Zu den verschiedenen Zugriffsmöglichkeiten oben S. 64 ff.; 89 ff.

die es der Polizei ermöglicht, das Mikrofon durch einen Befehl zu aktivieren, differenziert werden.

Zunächst wird untersucht, ob eine Ermächtigungsgrundlage das Einschleusen einer Überwachungssoftware zur akustischen Überwachung erfasst, bevor die Vereinbarkeit der Maßnahme mit höherrangigem Recht geprüft wird.

a Ermächtigungsgrundlage

Den Zugriff auf ein internetfähiges System vermögen die derzeitigen Befugnisse zur akustischen Überwachung grundsätzlich nicht zu rechtfertigen. Obwohl der Einsatz technischer Mittel erlaubt ist, ist das Infiltrieren eines Systems mithilfe einer Überwachungssoftware eine so erhebliche Maßnahme, dass diese nicht vom bloßen Einsatz technischer Mittel erfasst ist, weil bei dieser Maßnahme nicht nur eine Abhörvorrichtung angebracht werden muss, sondern das System des Betroffenen muss verändert werden.[1731]

Zwar sind in einigen Polizeigesetzen sowie im Bundeskriminalamtgesetz Ermächtigungsgrundlagen für den heimlichen Zugriff auf informationstechnische Systeme vorhanden, jedoch sollen diese nur eine Quellen-Telekommunikationsüberwachung bzw. eine Online-Durchsuchung ermöglichen. Eine Ausweitung auf eine akustische Überwachung widerspricht dem Wortlaut der Normen, die die Maßnahmen explizit auf die Telekommunikation bzw. auf gespeicherte Daten beschränken.[1732] Beides soll jedoch bei einer akustischen Überwachung nicht erfasst werden, da es bei dieser vielmehr um Gespräche geht, die ohne Bezug zum informationstechnischen System geführt werden und dieses nur als Abhörvorrichtung durch den Staat eingesetzt wird.

Somit bestehen auch hier keine tauglichen Ermächtigungsgrundlagen.

1731 Dazu schon oben S. 237 ff.; 304 f.

1732 Vgl. § 20l II BKAG (ab 25.05.2018: § 51 II BKAG); § 10c PolDVG; § 15b HSOG; § 31 III POG; § 34a II ThPAG (Quellen-Telekommunikationsüberwachung); § 20k BKAG (ab 25.05.2018: § 49 BKAG); § 31c POG; Art. 34d PAG (Online-Durchsuchung).

b Vereinbarkeit mit dem Grundgesetz

(1) Unverletzlichkeit der Wohnung (Art. 13 I GG) der Nutzer informationstechnischer Systeme

Der Schutzbereich des Art. 13 I GG ist bei einem direkten Zugriff auf ein System zur Durchführung einer akustischen Überwachung außerhalb des Wohnraums nicht eröffnet.[1733]

(2) Fernmeldegeheimnis (Art. 10 I GG) der Nutzer informationstechnischer Systeme

Beim direkten Zugriff über das Internet bzw. dem Einschleusen einer Überwachungssoftware über das Internet kann Art. 10 I GG betroffen sein. Art. 10 I GG schützt unter anderem den Telekommunikationsvorgang, wovon auch die Datenübertragung mittels Internet erfasst ist.[1734]

Eine Beeinträchtigung der Telekommunikation ist für den Fall denkbar, dass bei bestehender Internetverbindung der Code der Überwachungssoftware in die Paketübermittlung eingeschleust wird, wenn für dieses Vorgehen zunächst die Telekommunikation überwacht wird.[1735] Demgegenüber wird durch das Einfügen des Codes an sich die Telekommunikation nicht beeinträchtigt, da durch das Einschleusen lediglich die Datenpakete verändert werden, ohne dass dies Auswirkungen auf die Kommunikation an sich hat, die über die Beeinträchtigung des Mitlesens hinaus geht, weshalb nur durch das Mitlesen der Kommunikation in Art. 10 I GG eingegriffen.[1736]

Dieser Eingriff kann durch ein verfassungsgemäßes Gesetz gerechtfertigt werden, das insbesondere den Verhältnismäßigkeitsgrundsatz wahrt. Mit der Gefahrenabwehr wird ein legitimes Ziel verfolgt.[1737] Zum Einschleusen einer Software ist das Mitlesen der Internetkommunikation auch geeignet und erforderlich, da auf diese Weise die Überwachungssoftware in einem Datenpaket „versteckt" auf das Zielsystem gelangen kann.[1738] Zwar könnten als milderes Mittel ein Einschleusen unter Überwindung der Firewall oder dem Zusenden einer E-Mail mit der Überwachungssoftware im Anhang in Betracht kommen,

---

1733 Dazu schon oben S. 305.

1734 Dazu oben S. 243 ff.

1735 Zur Vorgehensweise oben S. 68 ff.; 89 ff.

1736 Zum Eingriff in Art. 10 GG schon oben S. 343 ff.

1737 Vgl. BVerfGE 100, 313 (389); 120, 274 (319 f.); *Merten*, in: Papier/Merten [Hrsg.], Handbuch der Grundrechte, Bd. III, § 68 Rn. 60.

1738 Vgl. dazu oben S. 306 f.

jedoch sind diese nicht gleichgeeignet, weil die Firewall die Überwachungssoftware erkennen und blockieren könnte bzw. der Nutzer den Anhang der E-Mail nicht öffnet.[1739]

Angemessen ist die Vorgehensweise nur dann, wenn das Verhältnis zwischen den Interessen der Nutzer und dem verfolgten Ziel ausgeglichen ist.[1740] Die ungestörte Kommunikation über das Internet ist für den Nutzer wichtig, da eine Vielzahl der Kommunikation ausschließlich via Internet erfolgt und auch private Daten von der Kommunikation erfasst sind.[1741]

Allerdings betrifft die Maßnahme nicht jegliche Kommunikation via Internet, sondern nur die Fälle, in denen eine akustische Überwachung bisher schon zulässig ist, da das Einschleusen der Überwachungssoftware der Vorbereitung einer akustischen Überwachung dienen soll. Im Falle einer zulässigen akustischen Überwachung ist in der Regel auch eine Telekommunikationsüberwachung möglich, weshalb das Mitlesen der Kommunikation grundsätzlich zulässig ist und der Eingriff in Art. 10 I GG durch die Vorschriften zur Telekommunikationsüberwachung gerechtfertigt würde.[1742]

Art. 10 I GG ist daher durch das Mitlesen der Kommunikation nicht verletzt, wenn die Voraussetzungen für eine Telekommunikationsüberwachung vorliegen. Zudem ist jedoch erforderlich, dass eine Ermächtigungsgrundlage explizit das Einschleusen einer Überwachungssoftware und damit einer Veränderung des Systems ermöglicht.

1739 Zu den verschiedenen technischen Vorgehensweisen schon oben S. 64 ff.

1740 *Merten*, in: Merten/Papier [Hrsg.], Bd. III, § 68 Rn. 71 f.; *Michael/Morlok*, Grundrechte, Rn. 623.

1741 Vgl. BVerfGE 120, 274 (305); *Katko* CR 2005, 189; *Brodowski*, Verdeckte technische Überwachungsmaßnahmen, S. 62 f.

1742 Vgl. § 20l I BKAG (ab 25.05.2018: § 51 I BKAG); § 23a I, V, IX PolG; Art. 34a, 34b PAG; §§ 33b, 33c BbgPolG; § 10b, 10d, 10f PolDVG, § 15a HSOG; § 34a SOG M-V; § 33a, 33c Nds.SOG; § 20a PolG NRW; § 31, 31b POG; § 28b, 28c SPolG; § 42 SächsPolG (nur Erhebung von Telekommunikationsdaten nach TKG); §§ 17a, 17b SOG LSA; § 185a LVwG; §§ 34a, 34b, 34e ThPAG; die Telekommunikationsüberwachung zu präventiven Zwecken ist nicht zulässig in Bremen (vgl. § 9 BremPolG; *Schmidt*, Bremisches Polizeigesetz, § 33 Rn. 33) sowie in Berlin (vgl. § 66 ASOG); *Schenke*, Polizei- und Ordnungsrecht, Rn. 197b; vgl. zur Telekommunikationsüberwachung schon oben S. 243 ff.; 362 ff.

(3) Allgemeines Persönlichkeitsrecht (Art. 2 I i.V.m. Art. 1 I GG) der Nutzer informationstechnischer Systeme

Daneben ist Art. 2 I i.V.m. Art. 1 I GG in der Ausprägung des Rechts auf Gewährleistung der Vertraulichkeit und Integrität informationstechnischer Systeme einschlägig. Auch hier gewährleistet das Recht auf informationelle Selbstbestimmung keinen ausreichenden Schutz, da nicht auf einzelne Daten zugegriffen wird, sondern das informationstechnische System als Ganzes betroffen ist, und das Recht auf Gewährleistung der Vertraulichkeit und Integrität informationstechnischer Systeme nur Anwendung findet, wenn kein spezielleres Grundrecht die Gefährdung erfasst.[1743] Zwar dient das Vorgehen der Vorbereitung einer akustischen Überwachung, dennoch ist hier gerade die Privatsphäre der informationstechnischen Systeme betroffen, weil mit dem Einschleusen der Überwachungssoftware die Hürde für einen Zugriff auf das System genommen ist.[1744] Durch das Einschleusen und Installieren einer Überwachungssoftware wird das System grundsätzlich verändert, um die Überwachungssoftware ausführen zu können, da diese Speicherplatz und Ressourcen des Systems benötigt.

Dieser Eingriff kann jedoch gerechtfertigt sein, wobei nach der Funktion der Überwachungssoftware zu differenzieren ist. Die Überwachungssoftware kann entweder eine Backdoor öffnen oder das Mikrofon einschalten und die Gespräche übertragen. Im ersteren Fall wird durch die Backdoor eine Gefahr geschaffen, die es eigentlich abzuwehren gilt,[1745] weshalb dieses Vorgehen nicht verhältnismäßig ist. Es kann nicht anders bewertet werden, als das Integrieren einer Backdoor ab Werk durch die Hersteller, da in beiden Fällen durch den Staat Gefahren geschaffen werden, die er verhindern sollte.[1746] Zwar werden bei einer durch Überwachungssoftware installierte Backdoor nur bestimmte Systeme betroffen und die Gefahren sind geringer, weil Dritte zunächst die Systeme identifizieren müssen, bevor sie diese nutzen können, jedoch werden dennoch Gefahren geschaffen, die zuvor nicht bestanden und daher ist das Installieren einer Backdoor nicht angemessen.

Demgegenüber wird bei einer Überwachungssoftware, die nur das Mikrofon einschaltet und die damit empfangenen Geräusche überträgt, keine neue Gefahr, wie beispielsweise bei einer Backdoor, geschaffen, da das System weiterhin durch

---

1743 Vgl. BVerfGE 120, 274 (303 ff.); *Dreier*, in: ders. [Hrsg.], Bd. I, Art. 2 I Rn. 82; *Horn*, in: Stern/Becker [Hrsg.], Art. 2 Rn. 51.

1744 BVerfGE 120, 274 (308).

1745 Zu den Gefahren einer Backdoor oben S. 219 ff.

1746 Zur Bewertung einer ab Werk integrierten Backdoor auch schon oben S. 397 ff.

eventuell vorhandene Sicherungsmöglichkeiten wie Antivirenprogramme und Firewall geschützt ist und daher grundsätzlich nicht von jedem Dritten bedient werden kann.

Ferner müsste das Einschleusen einer Überwachungssoftware verhältnismäßig sein. Ein legitimes Ziel wird mit der akustischen Überwachung zur Gefahrenabwehr verfolgt,[1747] wozu die Maßnahme auch grundsätzlich geeignet ist.[1748] Ein milderes Mittel könnte in dem derzeitigen Vorgehen und dem Verwenden von Richtmikrofonen bestehen. Zwar wird dadurch nicht in informationstechnische Systeme eingegriffen, jedoch ist das derzeitige Vorgehen nicht zwingend gleich effektiv.

Informationstechnische Systeme wie Smartphones werden vielfach überall mit hingenommen, weshalb eine Überwachung nahezu immer möglich ist. Dadurch kann eine akustische Überwachung auch stattfinden, ohne dass zuvor eine Abhörvorrichtung angebracht werden muss oder sich die überwachenden Personen in der Nähe des Überwachten aufhalten, um ein Richtmikrofon verwenden zu können. Die Verwendung informationstechnischer Systeme ist daher nicht minder effektiv wie das Vorgehen mittels eines Richtmikrofons und daher im Rahmen der Einschätzungsprärogative des Gesetzgebers erforderlich.

Des Weiteren müsste das Infiltrieren des informationstechnischen Systems auch angemessen sein. Der Nutzer hat das Interesse, dass niemand heimlich auf seine informationstechnischen Systeme zugreifen kann,[1749] wobei es unerheblich ist, ob dies mit Hilfe einer Überwachungssoftware oder durch einen physischen Zugriff geschieht. Informationstechnische Systeme nehmen eine wichtige Stellung in der persönlichen Lebensgestaltung ein und beinhalten daher eine Vielzahl persönlicher Daten,[1750] die der Nutzer geschützt wissen möchte. Allerdings soll hier einzig auf das Mikrofon und nicht auf Daten, die auf dem Gerät gespeichert sind, zugegriffen werden, weshalb die Beeinträchtigung der Privatsphäre des Nutzers geringer ist. Zwar verwendet der Staat dabei Ressourcen des Systems jedoch ist das Mikrofon das Einzige, das verwendet wird und auch nur, wenn die Voraussetzungen für die akustische Überwachung vorliegen. Für die Gefahrenabwehr kann das Vorgehen durchaus von Vorteil sein, weil informationstechnische Systeme wie Smartphone, Laptop oder auch Tablet allgegenwärtig sind,

---

1747 Vgl. BVerfGE 100, 313 (389); 120, 274 (319 f.); *Merten*, in: Papier/Merten [Hrsg.], Handbuch der Grundrechte, Bd. III, § 68 Rn. 60.

1748 Vgl. dazu schon oben S. 364 ff.

1749 Vgl. BVerfGE 120, 274 (311); *Heinemann*, Computer-Grundrecht, S. 148 f.; *Liebig*, Der Zugriff auf Computerinhaltsdaten, S. 13.

1750 Vgl. BVerfGE 120, 274 (303 ff.).

ohne dass in der Regel darüber nachgedacht wird, dass diese Systeme „lauschen" könnten.

Zudem erfolgt dieser Zugriff aus der Ferne und es ist für den Zugriff an sich irrelevant, wo sich das System gerade befindet. Zwar darf die Abhörvorrichtung in diesem Fall nicht in die Wohnung verbracht werden und von dort Daten übertragen, weil die Wohnung ein besonders geschützter Raum ist,[1751] jedoch kann die Überwachungssoftware deinstalliert und wieder installiert werden.[1752] Somit bestehen Möglichkeiten, um zu verhindern, dass Gespräche aus der Wohnung an die Gefahrenabwehrbehörden übertragen werden.

Insgesamt wird durch dieses Vorgehen keine weitere Gefahr geschaffen und zudem kann die akustische Überwachung aus der Ferne durchgeführt werden. Somit ist der Zugriff aus der Ferne auf ein informationstechnisches System grundsätzlich mit dem Recht auf Gewährleistung der Vertraulichkeit und Integrität informationstechnischer Systeme (Art. 2 I i.V.m. Art. 1 I GG) vereinbar, soweit keine Backdoor installiert und eine Ermächtigungsgrundlage geschaffen wird, die den Zugriff und das Installieren der Überwachungssoftware explizit erlaubt.

(4) Informationsfreiheit (Art. 5 I 1 Hs. 2 GG) der Nutzer informationstechnischer Systeme

In Art. 5 I GG wird durch das Einschleusen einer Überwachungssoftware grundsätzlich nicht eingegriffen, weil das Internet weiterhin als Informationsquelle zur Verfügung steht. Der Staat bedient sich beim Einschleusen der Überwachungssoftware lediglich technischen Möglichkeiten, mit denen sich die Internetnutzer abgefunden haben und gegen die sie sich bis zu einem gewissen Maße schützen können.[1753]

Sofern jedoch ein Eingriff in Art. 5 I GG angenommen wird, ist dieser aus den schon genannten Gründen gerechtfertigt.[1754] Insbesondere können sich die Nutzer selbst bis zu einem gewissen Grad gegen die Infiltration schützen und es sind ferner nur diejenigen betroffen, bei denen es Anhaltspunkte für eine Gefährdung durch diese Person bestehen.

1751 Vgl. *Singelnstein,* NStZ 2014, 305 (309).

1752 Zum Verbringen der Abhörvorrichtung in die Wohnung bei einer Überwachung außerhalb der Wohnung auch oben S. 281 ff.

1753 Zum Vorliegen eines Eingriffs schon oben S. 251 ff.; 305 f.; 370.

1754 Zur Rechtfertigung schon oben S. 251 ff.; 305 f.; 370; 408 ff.

(5) Fazit

Beim Einschleusen der Überwachungssoftware überwiegen die Interessen an einer Gefahrenabwehr gegenüber denjenigen der Nutzer. Solange rechtlich und technisch sichergestellt ist, dass nur auf das Mikrofon zugegriffen wird und sonst keine Daten übertragen werden, werden die Interessen des Nutzers ausreichend in der Abwägung berücksichtigt. Ferner kann der Zugriff auf die Systeme auch nur gerechtfertigt werden, wenn die Voraussetzungen für eine akustische Überwachung vorliegen, da diese durch die Installation der Überwachungssoftware vorbereitet wird. Eine verfassungskonforme Ermächtigungsgrundlage für einen Fernzugriff auf ein informationstechnisches System zur Durchführung einer akustischen Überwachung kann damit grundsätzlich geschaffen werden.

c Vereinbarkeit mit der Europäischen Menschenrechtskonvention

(1) Recht auf Achtung des Privat- und Familienlebens (Art. 8 EMRK) der Nutzer informationstechnischer Systeme

Je nach Art des Zugriffs ist beim Zugriff auf das System die Korrespondenz, also die Kommunikation,[1755] sowie das Privatleben (Art. 8 I EMRK) beeinträchtigt.

Die Korrespondenz ist immer dann betroffen, wenn der Datenverkehr mitgeschnitten wird,[1756] um die Überwachungssoftware mit einem veränderten Datenpaket einzuschleusen. In diesem Fall ist auch das Privatleben betroffen, da es sich bei dem Mitgelesenen um personenbezogene Daten handelt.[1757] Des Weiteren ist das Privatleben betroffen, wenn eine Backdoor oder eine sonstige Überwachungssoftware auf dem System installiert wird, die es den Behörden ermöglicht, das System aus der Ferne zu steuern.[1758]

Sofern ein Eingriff vorliegt, wird mit der Gefahrenabwehr ein legitimes Ziel verfolgt[1759] und es könnte eine taugliche Ermächtigungsgrundlage geschaffen werden, soweit die Maßnahme in der demokratischen Gesellschaft notwendig ist.

1755 Zum Begriff der Kommunikation oben S. 137 ff.

1756 Vgl. EGMR Urteil v. 14.03.2013 – Bernh Larsen Holding AS u.a./NOR, § 105 f.; *Grabenwarter/Pabel*, Europäische Menschenrechtskonvention, § 22 Rn. 25; 35; *Esser*, in: LR-StPO, Bd. 11, Art. 8 EMRK Rn. 154 f.

1757 LVerfG M-V – LverfG 5/98, S. 17; dazu auch oben S. 253 ff.

1758 Dazu auch oben S. 253 ff.; 313 f.; 371 f.

1759 Vgl. EGMR Urteil v. 06.09.1978 – Klass u.a./D, §§ 46 ff.; BVerfGE 100, 313 (389); 120, 274 (319 f.); *Marauhn/Thorn*, in: Dörr/Grote/Marauhn [Hrsg.], Bd. 1, Kap. 16 Rn. 90; *Merten*, in: Papier/Merten [Hrsg.], Handbuch der Grundrechte, Bd. III, § 68 Rn. 60.

Der Nutzer hat ein Interesse daran, dass seine Systeme geschützt sind und nicht unbefugt von Dritten genutzt werden. Allerdings wird durch den Staat – mit Ausnahme der Installation einer Backdoor – keine Gefahr geschaffen, die nicht schon alleine durch die Internetverbindung besteht.[1760] Mit Nutzung des Internets nimmt der Nutzer diese Gefahren in Kauf, verzichtet dadurch allerdings nicht auch seine Rechte.[1761]

Zudem hat der Fernzugriff den Vorzug, dass die Überwachung aus der Ferne stattfinden kann und informationstechnische Systeme wie beispielsweise das Smartphone ständig bei sich getragen werden. Da der Zugriff auf das System, solange keine Backdoor installiert wird, nicht intensiver in die Rechte des betroffenen Nutzers eingreift als die derzeitige akustische Überwachung,[1762] ist der Zugriff grundsätzlich zulässig, sofern eine Ermächtigungsgrundlage geschaffen wird, die diesen sowie die Installation der Überwachungssoftware zum Aktivieren des Mikrofons explizit erlaubt.

Demgegenüber ist eine Backdoor auch nicht zulässig, wenn eine Ermächtigungsgrundlage besteht, da die Interessen der Nutzer nicht ausreichend berücksichtigt werden.[1763]

(2) Fazit

Der Zugriff aus der Ferne auf ein informationstechnisches System zum Installieren der Überwachungssoftware greift in Art. 8 I EMRK ein, da das informationstechnische System verändert wird und die Ressourcen anschließend genutzt werden können. Allerdings kann dieser Eingriff gerechtfertigt werden, wenn eine Ermächtigungsgrundlage geschaffen wird, die explizit den Zugriff auf das System sowie das Einschleusen der Überwachungssoftware erlaubt und dabei zugleich ausschließt, dass auf weitere Daten des informationstechnischen Systems zugegriffen wird. Sofern zunächst die Kommunikation via Internet mitgelesen wird, genügen die Regelungen zur Telekommunikationsüberwachung zur Rechtfertigung.

1760 Vgl. *Gudermann*, Online-Durchsuchung, S. 20 ff.; *Kurose/Ross*, Computer Networking, S. 81 ff.; *Barrett/Silverman*, SSH, S. 112 ff.

1761 *Heinemann*, Computer-Grundrecht, S. 118 f.; *Schantz,* KritV 2007, 310 (315); *Hornung,* DuD 2007, 575 (577 f.).

1762 Zur Intensität des Eingriffs schon oben S. 243 ff.; 307 ff.; 406 ff.

1763 Dazu oben S. 253 ff.; 313 f.; 356 ff.

d Vereinbarkeit mit der EU-Grundrechtecharta

(1) Achtung des Privat- und Familienlebens (Art. 7 GRCh) der Nutzer informationstechnischer Systeme

Der direkte Zugriff unter Ausnutzen von Sicherheitslücken und dem Einschleusen von Überwachungssoftware zur akustischen Überwachung betrifft das Privatleben.[1764]

Das Installieren einer Backdoor, die den Zugriff stets erlaubt, ist aus den oben genannten Gründen nicht mit der EU-Grundrechtecharta vereinbar.[1765]

Wenn nur eine Überwachungssoftware installiert wird und diese erst zu einem späteren Zeitpunkt das Mikrofon einschaltet, ist auch das Recht auf Achtung des Privatlebens betroffen.[1766] Informationstechnische Systeme sind ein wichtiger Bestandteil des Lebens geworden und nehmen daher am Schutz des Privatlebens teil,[1767] insofern ist das Privatleben betroffen.

Der Zugriff auf das System zur Durchführung einer akustischen Wohnraumüberwachung kann grundsätzlich gerechtfertigt werden, sofern eine Ermächtigungsgrundlage geschaffen wird, die das Installieren einer Überwachungssoftware explizit zur akustischen Überwachung erlaubt.[1768]

Sofern zum leichteren Einschleusen der Software zunächst die Telekommunikation beobachtet wird und die Software an ein Datenpaket gefügt wird, ist das von Art. 7 GRCh geschützte Recht auf Achtung der Telekommunikation betroffen, da die Telekommunikation mitgelesen wird.[1769] Für das Abhören der Telekommunikation bestehen derzeit schon in den meisten Bundesländern sowie für das Bundeskriminalamt Ermächtigungsgrundlagen.[1770] Obwohl diese lediglich

---

1764 Zum Eingriff in das Recht auf Achtung des Privatlebens oben S. 317 ff.; 411 f.

1765 Dazu oben S. 258 ff.; 317 ff.; 373; 411 f.

1766 Zum Eingriff in das Recht auf Achtung des Privatlebens durch Einschleusen der Schadsoftware, die erst auf Befehl hin das Mikrofon aktiviert, schon oben S. 241 ff.; 253 ff.; 258 ff.

1767 Vgl. BVerfGE 120, 274 (303 ff.;312 ff.); *Murswiek/Rixen*, in: Sachs [Hrsg.], GG, Art. 2 Rn. 73c, siehe auch oben S. 156 ff.

1768 Dazu oben S. 253 ff.; 258 f.; 313 f.; 317 ff.; 371 f.; 373 f.

1769 Vgl. *Augsberg, I.*, in: von der Groeben/Schwaze/Hatje [Hrsg.], Art. 7 GRC Rn. 9; *Weber*, in: Stern/Sachs [Hrsg.], Art. 7 GRCh Rn. 53 ff.; *Grabenwarter/Pabel*, Europäische Menschenrechtskonvention, § 22 Rn. 24 f.; 35; *Esser*, in: LR-StPO, Bd. 11, Art. 8 EMRK Rn. 154 f.

1770 § 20l I BKAG (ab 25.05.2018: § 51 I BKAG); § 34a PolG; Art. 34a PAG; § 33b BbgPolG; § 10bPolDVG; § 15a HSOG; § 34a SOG M-V; § 33a Nds.SOG; § 31 POG; § 28b SPolG; § 17b SOG LSA; § 185a LVwG; § 34a ThPAG; keine ausdrücklichen Ermächtigungsgrundlagen zur Telekommunikationsüberwachung bestehen in Berlin; Bremen;

das Abhören erlauben, werden die Kommunikationsteilnehmer durch das Hinzufügen der Überwachungssoftware nicht zusätzlich beeinträchtigt.[1771]

Daher liegt keine Verletzung des Art. 7 GRCh vor, solange keine Backdoor installiert wird und eine Ermächtigungsgrundlage besteht, die das Einschleusen der Überwachungssoftware zur akustischen Überwachung erlaubt.

(2) Schutz personenbezogener Daten (Art. 8 I GRCh) der Nutzer informationstechnischer Systeme

Soweit personenbezogene Daten, wie beispielsweise beim Mitlesen der Kommunikation, bei einem direkten Zugriff betroffen sind, kann dieser Eingriff gerechtfertigt werden.[1772]

Der Zugriff auf das System durch Einschleusen einer Überwachungssoftware ist nur unter den engen Voraussetzungen der akustischen Überwachung zulässig, wodurch ein hinreichender Schutz für die Daten besteht.[1773] Ferner ist der Eingriff in Art. 7 GRCh gerechtfertigt, weshalb aufgrund der vergleichbaren Schranken hier das Gleiche gilt.[1774]

(3) Fazit

Der Zugriff auf ein informationstechnisches System aus der Ferne sowie das Installieren einer Überwachungssoftware zur akustischen Überwachung betrifft sowohl Art. 7 GRCh als auch Art. 8 I GRCh, da informationstechnische Systeme eine Vielzahl personenbezogener Daten speichern und die Ressourcen des Systems durch den Fernzugriff genutzt werden können. Allerdings können diese Eingriffe gerechtfertigt werden, wenn eine Ermächtigungsgrundlage geschaffen wird, die das Einschleusen der Überwachungssoftware zur akustischen Überwachung explizit erlaubt und zugleich ausschließt, dass dabei auf gespeicherte Daten zugegriffen werden darf.

Nordrhein-Westfalen und Sachsen. In Nordrhein-Westfalen wird erwogen, die Maßnahme auf eine andere Rechtsgrundlage (§ 17 PolG NRW) zu stützten; vgl. *Kamp*, in: BeckOK-PolG NRW, § 17 Rn. 10.

1771 Vgl. dazu schon oben S. 243 ff.; 307 ff.; 369 f.

1772 Dazu oben S. 260; 319; 375; 291 f.

1773 Dazu oben S. 371 f.; 375; 408 ff.

1774 Vgl. EuGH Urteil v. 09.11.2010 –C-92/09, C-92/09 – Schecke u.a., Rn. 50 ff.; dazu auch oben S. 413 f.

e Fazit

Der Zugriff auf informationstechnische Systeme zum Installieren einer Überwachungssoftware zur akustischen Überwachung betrifft insbesondere das Recht auf Gewährleistung der Vertraulichkeit und Integrität informationstechnischer Systeme (Art. 2 I i.V.m. Art. 1 I GG) bzw. das Recht auf Achtung des Privatlebens (Art. 8 I EMRK; Art. 7; Art. 8 I GRCh). Die Eingriffe in diese Rechte können jedoch durch eine Ermächtigungsgrundlage gerechtfertigt werden, die das Einschleusen einer Überwachungssoftware zur akustischen Überwachung explizit erlaubt und zudem den Zugriff auf gespeicherte Daten ausschließt.

Soweit zum Einschleusen zunächst die Telekommunikation via Internet mitgelesen und dadurch in Art. 10 I GG bzw. Art. 8 I EMR bzw. Art. 7 I GRCh eingegriffen wird, ist eine Rechtfertigung unter den Voraussetzungen für eine Telekommunikationsüberwachung möglich.

Das Installieren einer Backdoor ist jedoch nicht zulässig, weil diese mit zu großen Gefahren verbunden ist.

4 Physischer Zugriff

Der physische Zugriff auf ein informationstechnisches System außerhalb der Wohnung zum Installieren der Überwachungssoftware ist grundsätzlich zwar ähnlich wie das derzeitige Vorgehen, jedoch muss derzeit nicht zwingend eine Abhörvorrichtung angebracht werden, um eine akustische Überwachung durchzuführen. Demgegenüber ist das Installieren einer Überwachungssoftware zwingende Voraussetzung bei einer Überwachung über informationstechnische Systeme.

Im Folgenden wird der physische Zugriff anhand bestehender Ermächtigungsgrundlagen geprüft, bevor die Vereinbarkeit mit höherrangigem Recht dargestellt wird.

a Ermächtigungsgrundlage

Die derzeitigen Regelungen erlauben den Einsatz technischer Mittel.[1775] Um solche handelt es sich grundsätzlich auch, wenn die Überwachung über ein internetfähiges System des Betroffenen stattfindet, jedoch müssen die Behörden bei

1775 § 20g II Nr. 2 BKAG (ab 25.05.2018: § 45 II Nr. 2 BKAG); § 22 I, III PolG; Art. 33 I Nr. 2c PAG; § 25 I Nr. 2 ASOG Bln; § 33 I BbgPolG; § 33 I BremPolG; § 10 I PolDVG; § 15 I, II HSOG; § 33 I Nr. 2, II 1 SOG M-V; § 35 I Nds. SOG; § 17 PolG NRW; § 28 POG; § 28 I SPolG; § 38 I Nr. 2 SächsPolG; §§ 17 I Nr. 2, II SOG LSA; §§ 185 I Nr. 2 lit. b, II LVwG; § 34 I 1, II Nr. 2 lit. c ThPAG.

einem physischen Zugriff zunächst auf das System zugreifen, um die Überwachungssoftware zu installieren, wozu eine Veränderung des Systems notwendig ist. Dies geht über die notwendigen Maßnahmen einer derzeitigen Überwachung beispielsweise mittels eines Richtmikrofons hinaus und greift in zusätzliche Rechte des Betroffenen ein.[1776]

Damit liegen auch außerhalb der Wohnung keine tauglichen Ermächtigungsgrundlagen für einen physischen Zugriff vor, weil die akustische Überwachung zwar das Abhören des nichtöffentlich gesprochenen Wortes erlaubt, nicht jedoch einen Eingriff in das Recht auf Gewährleistung der Vertraulichkeit und Integrität informationstechnischer Systeme, da hier verschiedene Rechtsgüter betroffen sind.[1777]

b Vereinbarkeit mit dem Grundgesetz

(1) Unverletzlichkeit der Wohnung (Art. 13 I GG) der Nutzer informationstechnischer Systeme

Eine akustische Überwachung außerhalb der Wohnung betrifft Art. 13 I GG nicht. Soweit sich das informationstechnische System, auf das zugegriffen werden soll, jedoch in der Wohnung befindet, ist Art. 13 I GG betroffen.[1778] Weil allerdings die Abhörvorrichtung nicht in die Wohnung verbracht werden darf,[1779] sollte ein solcher Zugriff nicht in der Wohnung stattfinden.

(2) Allgemeines Persönlichkeitsrecht (Art. 2 I i.V.m. Art. 1 I GG) der Nutzer informationstechnischer Systeme

Die akustische Überwachung an sich greift gerechtfertigt in das Allgemeine Persönlichkeitsrecht in der Ausprägung des Rechts am eigenen Wort und des Rechts auf informationelle Selbstbestimmung (Art. 2 I i.V.m. Art. 1 I GG) ein.[1780] Hier wird jedoch zusätzlich eine Überwachungssoftware durch einen physischen Zugriff auf dem System installiert, um die akustische Überwachung durchzuführen. Diese Handlung ist nicht ausreichend durch das Recht am eigenen Wort

1776 Dazu schon oben S. 321 f.; 376.

1777 Zum Eingriff in das Recht auf Gewährleistung der Vertraulichkeit und Integrität informationstechnischer Systeme oben S. 322 ff.

1778 Dazu oben S. 378 f.

1779 Vgl. *Singelnstein*, NStZ 2014, 305 (309).

1780 Vgl. BVerfGE 109, 279 (327 ff.); *Dreier*, in: ders. [Hrsg.], GG, Art. 2 I Rn. 84 ff.; *Sankol*, CR 2008, 13 (15).

oder das Recht auf informationelle Selbstbestimmung geschützt, da das System an sich verändert wird und die Ressourcen genutzt werden.[1781]

Aus diesem Grund muss auf das Recht auf Gewährleistung der Vertraulichkeit und Integrität informationstechnischer Systeme (Art. 2 I i.V.m. Art. 1 I GG) zurückgegriffen werden. Da durch die Installation der Überwachungssoftware das System verändert wird und Dritte die Ressourcen nutzen können, liegt ein Eingriff in die Integrität des Systems vor.[1782] Ferner ist die Vertraulichkeit beeinträchtigt, da das System von Unbefugten, also hier dem Staat, aus der Ferne genutzt werden kann.[1783]

Zur Rechtfertigung des Eingriffs müsste diese Vorgehensweise, also der physische Zugriff und die Installation der Überwachungssoftware, insgesamt verhältnismäßig sein. Ein legitimes Ziel liegt mit der akustischen Überwachung zur Gefahrenabwehr ebenso vor wie die Maßnahme grundsätzlich geeignet und erforderlich ist.[1784] Ein milderes, gleich geeignetes Mittel besteht nicht zwingend mit dem derzeitigen Vorgehen, da bei beiden Vorgehensweisen das Risiko für die akustische Überwachung besteht, dass keine relevanten Äußerungen erfasst werden und daher nicht erfolgreich sind.[1785]

Des Weiteren müsste der physische Zugriff auf das System angemessen sein, was er dann ist, wenn die Interessen des Betroffenen nicht den Zweck der Maßnahme überwiegen.[1786] Auf Seiten des Nutzers besteht das Interesse, nicht durch sein eigenes System überwacht zu werden und, dass dieses nicht heimlich von Dritten genutzt wird.[1787]

Jedoch wäre der physische Zugriff und die Installation der Überwachungssoftware auf Personen, gegen die eine akustische Überwachung zulässig ist, beschränkt, wodurch auch der betroffene Personenkreis begrenzt ist und nur diejenigen, betroffen sind, die Anlass für eine solche Maßnahme gegeben haben, weshalb kein Risiko für eine Überwachung aller Nutzer besteht. Ferner können die Interessen der betroffenen Nutzer durch enge Voraussetzungen für eine akustische Überwachung und dem physischen Zugriff geschützt werden.[1788]

1781 Vgl. BVerfGE 120, 274 (311 ff.).

1782 Dazu oben S. 266 ff.; 322 ff.

1783 Dazu schon oben S. 266 ff.; 322 f.

1784 Dazu oben S. 322 ff.; 379 f.

1785 Vgl. BT-Drs. 18/5900, S. 4; M-V LT-Drs. 6/4447, S. 1 f.; RhPf. LT-Drs. 17/2752; Bay. LT-Drs. 15/6226, S. 4.

1786 *Merten*, in: Merten/Papier [Hrsg.], Bd. III, § 68 Rn. 71 f.; *Michael/Morlok*, Grundrechte, Rn. 623.

1787 BVerfGE 120, 274 (313 f.); *Buermeyer*, HRRS 2007, 154 (162).

1788 Zu dem Schutz der Interessen der Betroffenen vgl. auch oben S. 322 ff.

Zudem führen viele Nutzer zumindest das Smartphone ständig bei sich, sodass eine akustische Überwachung auf diesem Wege durchaus erfolgsversprechend ist. Die Beschränkung, die die Systeme der Nutzer erfahren, indem beispielsweise ein weiteres Programm läuft und daher die Ressourcen nutzt, ist nicht höher als die Beeinträchtigung, die durch die akustische Überwachung an sich hingenommen werden muss. Die Systeme sind weiterhin nutzbar und es müssen auch keine anderen Abhörvorrichtungen angebracht werden. Wenn die Software einmal auf dem System ist, kann die Überwachung aus der Ferne durchgeführt werden, ohne dass dabei eine räumliche Nähe zu dem Betroffenen bestehen muss, wie beispielsweise bei der Verwendung eines Richtmikrofons. Insgesamt werden die Nutzer nicht unangemessen beeinträchtigt, da der Zugriff unter anderem nur bei einer erheblichen Gefahr für Leib und Leben bzw. für die Sicherheit und den Bestand des Bundes oder eines Landes zulässig ist,[1789] weshalb die Anwendung der Maßnahme schon dadurch eingegrenzt wird.

(3) Fazit

Der physische Zugriff auf ein informationstechnisches System sowie das Installieren der Überwachungssoftware zur akustischen Überwachung greifen in das Recht auf Gewährleistung der Vertraulichkeit und Integrität informationstechnischer Systeme (Art. 2 I i.V.m. Art. 1 I GG) ein, da das System verändert wird und die Ressourcen genutzt werden können. Allerdings kann dieser Eingriff gerechtfertigt werden, wenn eine Ermächtigungsgrundlage geschaffen wird, die den Zugriff auf das System sowie das Installieren der Schafsoftware zum Zwecke der akustischen Überwachung erlaubt und zudem den Zugriff auf die Daten des Systems beschränkt, die für die Installation notwendig sind.

c Vereinbarkeit mit der Europäischen Menschenrechtskonvention

(1) Recht auf Achtung des Privat- und Familienlebens (Art. 8 EMRK) der Nutzer informationstechnischer Systeme

Der physische Zugriff auf ein informationstechnisches System weicht dadurch von dem derzeitigen Vorgehen ab, dass eine Überwachungssoftware auf dem System des Betroffenen heimlich installiert wird. Der Schutzbereich des Art. 8 I EMRK im Hinblick auf das Recht auch Achtung des Privatlebens ist dabei

---

1789 § 20g I BKAG (ab 25.05.2018: § 45 I BKAG); § 22 III PolG; Art. 33 PAG; § 25 I ASOG Bln; § 33 I BbgPolG; §§ 33 I, 32 I BremPolG; § 10 I PolDVG; § 15 II HSOG; § 33 II SOG M-V; §§ 35 I, 34 I Nds. SOG; § 17 I PolG NRW; § 28 I POG; § 28 I SPolG; § 38 II SächsPolG; § 17 II SOG LSA; § 185 II LVwG; § 34 I ThPAG.

grundsätzlich eröffnet, da auch der Schutz informationstechnischer Systeme von diesen erfasst wird.[1790]

Ebenso wird bei dem Installieren einer Überwachungssoftware auf dem System, die es dem Staat erlaubt die Ressourcen des Systems zu nutzen, in Art. 8 I EMRK eingegriffen.[1791]

Soweit ein Eingriff in das Privatleben vorliegt, ist dieser gerechtfertigt, wenn eine geeignete Ermächtigungsgrundlage geschaffen wird. Zwar hat der Nutzer ein Interesse daran, dass seine Systeme nicht gegen ihn eingesetzt werden und grundsätzlich nicht durch den Staat auf diese zugegriffen wird, jedoch überwiegt das Interesse des Staates bzw. der Länder an einer effektiven Gefahrenabwehr, weil nur diejenigen betroffen sind, bei denen der Verdacht besteht, dass sie eine Gefahr für die öffentliche Sicherheit und Ordnung darstellen bzw. planen. Dadurch, dass die Systeme ständig bei sich getragen werden, besteht die Möglichkeit, dass mehr Gespräche erfasst werden, als bei der derzeitigen Vorgehensweise, wodurch die Erfolgschancen der Gefahrenabwehr erhöht werden, sodass die Maßnahme insgesamt in einer demokratischen Gesellschaft notwendig ist.[1792]

(2) Fazit

Zwar wird durch den physischen Zugriff auf ein informationstechnisches System und dem Installieren einer Überwachungssoftware in Art. 8 I EMRK eingegriffen, da das System durch das Installieren der Überwachungssoftware verändert wird und die Ressourcen genutzt werden können. Jedoch kann dieser Eingriff durch eine Ermächtigungsgrundlage gerechtfertigt werden, die die Installation zum Zwecke der akustischen Überwachung explizit erlaubt und darüber hinaus ausschließt, dass auf weitere Daten, als die zur Installation notwendigen, zugegriffen werden darf.

d Vereinbarkeit mit der EU-Grundrechtecharta

(1) Achtung des Privat- und Familienlebens (Art. 7 GRCh) der Nutzer informationstechnischer Systeme

Durch einen physischen Zugriff wird in das von Art. 7 GRCh geschützte Privatleben eingegriffen, wobei zum Installieren der Zugriff auf das System erforderlich, aber auch ausreichend ist. Dabei werden zwar keine weiteren gespeicherten

1790 Zum Schutz informationstechnischer Systeme oben S. 137 ff.

1791 Dazu oben S. 326 f.

1792 Vgl. dazu oben S. 326 f.; 380 ff.

Daten zur Kenntnis genommen, jedoch nutzt der Staat die Ressourcen des Systems für die Maßnahme, wodurch in Art. 7 GRCh eingegriffen wird.[1793]

Eine Rechtfertigung dieses Eingriffs ist allerdings möglich, da die Interessen des Nutzers nicht unverhältnismäßig beeinträchtigt werden. Zwar wird auf deren System heimlich zugegriffen und dieses als Abhörvorrichtung verwendet, jedoch überwiegt das Interesse der Gefahrenabwehr, weil lediglich diejenigen betroffen sind, die im Verdacht stehen, eine Straftat vorzubereiten oder zu planen. Ferner werden viele internetfähige Systeme ständig bei sich getragen und erleichtern so die Abhörmaßnahme, insbesondere kann dadurch die Abhörmaßnahme aus der Ferne erfolgen.[1794]

Soweit daher eine Ermächtigungsgrundlage besteht, ist der physische Zugriff gerechtfertigt und verstößt nicht gegen Art. 7 GRCh.[1795]

(2) Schutz personenbezogener Daten (Art. 8 I GRCh) der Nutzer informationstechnischer Systeme

Sofern ein Zugriff auf personenbezogene Daten erfolgt, ist dies grundsätzlich mit einer tauglichen Ermächtigungsgrundlage zu rechtfertigen, insoweit gelten die Ausführungen zu Art. 7 GRCh sowie zu Art. 8 EMRK.[1796]

(3) Fazit

Bei Vorliegen einer Ermächtigungsgrundlage, die den physischen Zugriff auf ein informationstechnisches System explizit zum Installieren einer Überwachungssoftware erlaubt, ist diese Vorgehensweise mit der EU-Grundrechtecharta vereinbar, da die Abhörmaßnahme zur Gefahrenabwehr notwendig ist und die Rechte der Nutzer dadurch ausreichend berücksichtigt werden, dass nur auf die Systeme zugegriffen wird, wenn die Voraussetzungen für eine akustische Überwachung vorliegen. Zudem werden keine gespeicherten Daten von dem System erhoben.

e Fazit

Der physische Zugriff und das Installieren einer Überwachungssoftware zur akustischen Überwachung betrifft das Recht auf Gewährleistung der Vertraulichkeit

---

1793 Zum Eingriff in das Recht auf Achtung des Privatlebens durch den physischen Zugriff und der Installation einer Schadsoftware auch oben S. 328 f.; 383 f.; 418 f.

1794 Dazu oben S. 322 ff.; 328 f.; 383 f.

1795 Vgl. auch oben S. 416 ff.; 418 f.

1796 Siehe oben S. 418 ff.

und Integrität informationstechnischer Systeme (Art. 2 I i.V.m. Art. 1 I GG) sowie das Recht auf Achtung des Privatlebens (Art. 8 I EMRK; Art. 7 GRCh). Allerdings können diese Eingriffe gerechtfertigt werden, wenn eine Ermächtigungsgrundlage geschaffen wird, die es zwar erlaubt, auf die Systeme zuzugreifen, die Überwachungssoftware zu installieren sowie Systeme anschließend als Abhörvorrichtungen einzusetzen, jedoch zugleich auch ausschließt, dass auf dem System gespeicherte Daten erhoben werden, sofern sie nicht zur Installation notwendig sind.

III Fazit

Nach allen Polizeigesetzen sowie nach dem Bundeskriminalamtgesetz ist eine akustische Überwachung außerhalb der Wohnung zur Abwehr schwerer Gefahren möglich. Trotz der Erlaubnis, technische Mittel einzusetzen, ist keine der untersuchten Maßnahmen von einer bestehenden Ermächtigungsgrundlage erfasst.

Sowohl die Verpflichtung der Hersteller, dauerhaft aktivierte Mikrofone zu integrieren, als auch das Integrieren einer Backdoor ist nicht mit den Rechten der Nutzer vereinbar. Bei einer Zusammenarbeit mit den Herstellern wird die Privatsphäre der Nutzer nicht ausreichend berücksichtigt, da nahezu eine Rund-um-Überwachung stattfindet, indem die Systeme immer Daten an dafür vorgesehene Server übertragen (L.II.1.). Daneben ist das Integrieren einer Backdoor schon nicht geeignet, das Ziel der Gefahrenabwehr zu fördern, weil durch eine integrierte Backdoor neue Gefahren geschaffen werden, wie beispielsweise der Zugriff auf das System, um dieses für *DDoS-Angriffe* zu nutzen oder in ein *Bot Netz* zu integrieren (L.II.2.).

Demgegenüber kann das Einschleusen einer Überwachungssoftware zur Durchführung einer akustischen Überwachung grundsätzlich zulässig sein, sofern Ermächtigungsgrundlagen geschaffen werden, die diesen Zugriff explizit erlauben. Obwohl Ermächtigungsgrundlagen für einen Fernzugriff auf informationstechnische Systeme in einigen Bundesländern bestehen, genügen diese Ermächtigungsgrundlagen nicht, um einen Zugriff zum Zwecke der akustischen Überwachung zu ermöglichen, weil die bestehenden Ermächtigungsgrundlagen entweder den Zugriff auf die Telekommunikation (Quellen-Telekommunikation) oder auf gespeicherte Daten (Online-Durchsuchung) ermöglichen, was beides nicht bei einer akustischen Überwachung erfolgen soll.

Ferner ist das Einschleusen mit den Rechten der Nutzer vereinbar, sofern eine Ermächtigungsgrundlage geschaffen wird, welche das Einschleusen eine Überwachungssoftware und den Zugriff auf das Mikrofon explizit erlaubt, dabei jedoch den Zugriff auf gespeicherte Daten und die Telekommunikation ausschließt (L.II.3.).

Zudem kann bei einem physischen Zugriff auf informationstechnische Systeme eine Überwachungssoftware installiert werden, die den Zugriff auf das Mikrofon ermöglicht. Diese Maßnahme ist jedoch nur rechtlich zulässig, wenn eine Ermächtigungsgrundlage geschaffen wird, die den physischen Zugriff und die Installation einer Überwachungssoftware erlaubt, während der Zugriff auf gespeicherte Daten und die Telekommunikation untersagt werden muss (L.II.4.).

Allerdings sind die Maßnahmen nicht bei allen untersuchten Systemen erfolgsversprechend. Sowohl der PC als auch der Smart-TV befinden sich in der Regel innerhalb der Wohnung und können daher nicht sinnvoll für eine akustische Überwachung außerhalb der Wohnung genutzt werden. Ferner werden auch Spielzeuge überwiegend nur in der Wohnung verwendet, weshalb eine akustische Überwachung außerhalb der Wohnung durch einen Zugriff auf diese nicht sinnvoll erscheint.

Daneben scheidet auch das Smart Car bei einer akustischen Überwachung außerhalb der Wohnung als informationstechnisches System aus, da das Smart Car nach hier vertretener Ansicht vom Wohnungsbegriff erfasst ist (E.I.1.a.) und daher die akustische Überwachung außerhalb der Wohnung nicht in diesem durchgeführt werden darf.

Die weiteren erwähnten Systeme wie das Smartphone oder Tablet oder der Laptop sind transportabel und daher auch außerhalb der Wohnung einsetzbar.

M. Ausblick

In der Untersuchung wurden nur einige wenige, aber bekannte informationstechnische Systeme betrachtet, weil die technische Entwicklung jedoch noch nicht abgeschlossen und ein Ende auch nicht in Sicht ist, werden in den nächsten Jahren weitere Systeme hinzukommen, die zur akustischen (Wohnraum-) Überwachung zur Strafverfolgung oder Gefahrenabwehr eingesetzt werden könnten.

Bevor der Blick allerdings zu weit in die Zukunft gerichtet wird, lohnt sich ein Blick auf schon realisierte und im Umlauf befindliche Systeme, wie *Amazon Echo*[1797] oder *Google Home*[1798]. Daneben hat auch *Apple* schon ein Sprachsteuerungssystem (*HomePod*) vorgestellt und wird dieses in absehbarer Zeit (voraussichtlich im Frühjahr 2018) auf den Markt bringen.[1799] Alle drei Systeme können via Sprachsteuerung bedient werden und die Mikrofone lauschen in der Regel ständig, damit sie auf das entsprechende Signalwort reagieren können. Zwar sind die Systeme noch nicht in überwiegender Zahl in Haushalten in Deutschland vorhanden, wie beispielsweise Smartphones, doch wird auch die Anzahl der Sprachsteuerungssysteme in Privathaushalten ansteigen, wie es bei anderen technischen Neuerungen der Fall war.

Die Systeme sind gerade dazu hergestellt, um in der Wohnung via Sprache gesteuert zu werden und daher sind die Mikrofone ständig aktiviert, weshalb sich der Nutzer an die Systeme gewöhnen und die Gefahr des Überwachens ausblenden wird, wie beispielsweise beim Smartphone oder Laptop, was die Nutzung zur akustischen Überwachung erleichtern könnte.

Allerdings ist es bis dahin ein langer Prozess, da die Systeme sich erst etablieren müssen, was einige Zeit in Anspruch nehmen kann, wie es auch bei anderen informationstechnischen Systemen der Fall war.

Doch die Sprachsteuerungssysteme sind nicht nur für den Einsatz einer akustischen Überwachung relevant, sie können auch in anderer Weise bei der Strafverfolgung unterstützen, wie dies in einem Fall in den USA geschehen ist.[1800] In

---

1797 https://www.amazon.de/Amazon-SK705DI-Echo-Schwarz/dp/B01GAGVCUY (abgerufen am 23.09.2017).

1798 https://madeby.google.com/intl/de_de/home/ (abgerufen am 23.09.2017).

1799 https://www.apple.com/homepod/; https://heise.de/-3949165 (abgerufen am 24.01.2018).

1800 https://heise.de/-3646131; http://www.zeit.de/digital/datenschutz/2016-12/amazon-echo-mord-aufnahmen-polizei (abgerufen am 23.09.2017).

diesem Fall war eine Frau ermordet im Whirlpool des Verdächtigen aufgefunden worden, in dessen Haus auch ein *Amazon Echo* stand, der einzelne Sätze und Satzbruchstücke aufzeichnete und an die *Cloud* übertrug, weil der *Echo* vermeintlich aktiviert worden war.

Allein dieser Fall macht deutlich, dass informationstechnische Systeme über eine Vielzahl an Informationen verfügen und sowohl zur Strafverfolgung als auch zur Gefahrenabwehr verwendet werden könnten. Dabei spielt insbesondere der Datenschutz eine große Rolle und darf nicht über die technischen Möglichkeiten in Vergessenheit geraten.

Es bleibt jedoch in Zukunft abzuwarten, welche Möglichkeiten alte wie neue informationstechnische Systeme bieten, um die Gefahrenabwehr sowie die Strafverfolgung zu fördern. Es steht jedenfalls fest, dass sämtliche Bereiche des Lebens immer weiter vernetzt werden und dadurch die Überwachung durch den Staat, aber auch durch Dritte, ermöglicht und erleichtert wird, wobei der konkrete Umfang derzeit noch nicht absehbar ist.

N. Zusammenfassung und Fazit

Das Internet nimmt sowohl bei der Strafverfolgung als auch bei der Gefahrenabwehr eine immer wichtigere Rolle ein. Nicht nur werden Straftaten via Internet geplant, sondern auch mit Hilfe des Internets begangen,[1801] daher sollte das Internet auch auf Seiten der Behörden zur Strafverfolgung oder zur Gefahrenabwehr eingesetzt werden können. So wurden in die Strafprozessordnung erst im August 2017 die Quellen-Telekommunikationsüberwachung zur Überwachung der Telekommunikation auf dem System selbst sowie die Online-Durchsuchung zur Durchsuchung der auf dem System gespeicherten Daten eingefügt.[1802]

Eine akustische Überwachung mittels des Zugriffs auf informationstechnische Systeme ist daher nur ein weiterer Schritt in Richtung der Internetnutzung zur Strafverfolgung oder zur Gefahrenabwehr und insbesondere durch die Nähe zu den beiden oben genannten Maßnahmen durchaus denkbar.

Bei all diesen internetbasierten Maßnahmen sind nicht nur die rechtlichen, sondern auch die technischen Voraussetzungen für eine erfolgsversprechende Maßnahme ausschlaggebend. Daher müssen für eine rechtliche Bewertung zunächst die technischen Voraussetzungen und Möglichkeiten bekannt sein, wobei verschiedene technische Ansätze bestehen, eine akustische Überwachung durchzuführen.

So kann eine Zusammenarbeit mit den Herstellern in der Hinsicht erfolgen, dass die Systeme so ausgestaltet werden, dass diese dauerhaft Gespräche aufzeichnen und an dafür vorgesehene Server übertragen (D.I.). Diese technisch zwar durchführbare Maßnahme ist rechtlich nicht mit dem Grundgesetz, der Europäischen Menschenrechtskonvention und der EU-Grundrechtecharta vereinbar, weil die einschlägigen Grund- und Menschenrechte der Nutzer in unverhältnismäßiger Weise eingeschränkt werden. Dies gilt sowohl bei der akustischen Wohnraumüberwachung als auch bei der akustischen Überwachung außerhalb der Wohnung, wobei jeweils unterschiedliche Rechte betroffen sind. Die internetbasierte akustische Wohnraumüberwachung beeinträchtigt insbesondere das Grundrecht auf Unverletzlichkeit der Wohnung (Art. 13 I GG) sowie auf europäischer Ebene das Recht auf Achtung der Wohnung (Art. 8 I EMRK; Art. 7 I GRCh), da die Überwachung innerhalb der Wohnung stattfindet und

---

1801 *Rux*, JZ 2007, 285 (285 f.).

1802 Gesetz zur effektiveren und praxistauglicheren Ausgestaltung des Strafverfahrens, BGBl. 2017 I, S. 3202.

schon durch die Verpflichtung eine Beeinträchtigung der Wohnung gegeben ist (I.II.1.b.(2); c.(1); d.(1); K.II.b.(2); c.(1); d.(1)). Demgegenüber ist bei einer akustischen Überwachung außerhalb der Wohnung insbesondere Art. 2 I i.V.m. Art. 1 I GG beeinträchtigt, weil das Allgemeine Persönlichkeitsrecht dem Einzelnen auch außerhalb der Wohnung einen überwachungsfreien Raum gewährleistet, welcher bei einer Zusammenarbeit mit den Herstellern nicht besteht (J.II.1.b.(4); c.(1); d.(1); L.II.1.(4); c.(1); d.(1)). Das dauerhafte Aufzeichnen und Übertragen der Gespräche kommt einer Rundum-Überwachung gleich und kann zudem Gespräche aus dem Kernbereich privater Lebensgestaltung betreffen, welche gerade nicht erfasst werden dürfen (I.II.1.; J.II.1; K.II.1.; L.II.1.). Deshalb scheidet eine Verpflichtung der Hersteller, dauerhaft aktivierte Mikrofone zu integrieren, aus. Ferner ist in allen Fällen auch die Informationsfreiheit (Art. 5 I GG; Art. 10 I EMRK; Art. 11 GRCh) betroffen, da das Internet als Informationsquelle nicht mehr ansprechend wäre und eine faktische Beschränkung vorläge. Eine Rechtfertigung dieses Eingriffs scheidet mangels Verhältnismäßigkeit aus, da grundsätzlich alle Nutzer von der Maßnahme betroffen sind (I.II.1.b.(3); c.(2); d.(3); J.II.1.b.(3); c.(2); d.(3); K.II.1.b.(3); c.(2); d.(3); L.II.1.b.(3); c.(2); d.(3)).

Aus technischer Sicht besteht weiterhin die Möglichkeit eine Backdoor durch die Hersteller integrieren zu lassen (D.II.), wodurch die Behörden Zugriff auf das jeweilige System erhalten, ohne Sicherheitsvorkehrungen überwinden zu müssen, und auf diese Weise das Mikrofon aktivieren könnten. Jedoch birgt diese Vorgehensweise die Gefahr, dass nicht nur die Behörden die Backdoor nutzen, sondern auch Dritte, wodurch Gefahren, wie die Begehung von Straftaten (z.B. § 303a I StGB) oder das Erstellen von *Bot-Netzen*, entstehen können. Wenn jedes internetfähige System ab Werk eine Backdoor besitzt, ist es nur eine Frage der Zeit, bis diese gefunden und zu kriminellen Zwecken verwendet wird. Nicht nur kann das System dann ausspioniert werden, auch kann es zu einem *Bot-Netz* hinzugefügt werden, wodurch die Angriffsstärke dieses *Bot-Netzes* erhöht wird und zudem die Tat nicht mehr bzw. nur mit erheblichem Aufwand zu einem Täter zurückverfolgt werden kann. Somit werden sowohl die Strafverfolgung als auch die Gefahrenabwehr erschwert, weshalb eine ab Werk integrierte Backdoor nicht geeignet ist, die jeweiligen Ziele (effektive Strafverfolgung bzw. Gefahrenabwehr) zu fördern. Die Einrichtung einer Backdoor ist nicht mit dem Grundgesetz, der Europäischen Menschenrechtskonvention sowie der EU-Grundrechtecharta vereinbar ist (I.II.2.; K.II.2.; J.II.2.; L.II.2.).

Ferner besteht sowohl die technische (C.III.; D.II.) als auch die rechtliche (I.II.3.; J.II.3.; K.II.3.; L.II.3.) Möglichkeit direkt auf ein informationstechnisches System zuzugreifen, um eine akustische Überwachung via Internet durchzuführen. Bei dieser Vorgehensweise wird durch die Behörden eine Überwachungssoftware auf dem System des Betroffenen eingeschleust, die das im Regelfall eingebaute Mikrofon sofort aktiviert oder das Aktivieren aus der Ferne ermöglicht. Für das Einschleusen der Überwachungssoftware sind verschiedene technische Ansätze denkbar, die sich daher auch in der rechtlichen Bewertung unterscheiden und nicht den gleichen Erfolg versprechen; so ist beispielsweise das Einschleusen der Überwachungssoftware mittels einer infizierten Webseite (C.III.1.b.) oder mittels einer infizierten Anwendung (App) (C.III.1.a.) von der Mitwirkung des Nutzers abhängig, während der direkte Zugriff auf das System (C.III.1.c) überwiegend von den Fähigkeiten des Zugreifenden abhängig ist (C.III.1.e.).

Auch beim Zugriff aus der Ferne auf ein informationstechnisches System wird in verschiedene Grund- und Menschenrechte eingegriffen, wobei zwischen den konkreten Vorgehensweisen unterschieden werden muss. Sofern das Mikrofon durch die eingeschleuste Überwachungssoftware direkt aktiviert wird, ist innerhalb der Wohnung Art. 13 I GG betroffen, weil damit schon mit dem Einschleusen die Hürde für die akustische Überwachung genommen wurde und diese ohne eine weitere Handlung durchgeführt werden kann (H.II.3.b.(1); J.II.3.b.(1)). In dem anderen Fall, dass zunächst nur die Überwachungssoftware eingeschleust wird und das Mikrofon später durch einen Befehl aktiviert wird, ist beim Einschleusen Art. 13 I GG noch nicht betroffen, da die Infiltration auch außerhalb der Wohnung erfolgen kann. Erst durch die akustische Wohnraumüberwachung wird in Art. 13 I GG eingegriffen. Durch das Einschleusen an sich ist daher nur das Recht auf Gewährleistung der Vertraulichkeit und Integrität informationstechnischer Systeme (Art. 2 I i.V.m. Art. 1 I GG) bzw. das Recht auf Achtung des Privatlebens (Art. 8 I EMRK; Art. 7 I GRCh) betroffen, weil das System durch die Installation der Überwachungssoftware verändert wird und die Ressourcen des Systems verwendet werden können (I.II.3.b.(3); K.II.3.b.(2)). Beide Eingriffe können jedoch gerechtfertigt werden, wenn eine Ermächtigungsgrundlage geschaffen wird, die den Zugriff auf das informationstechnische System und die Installation der Überwachungssoftware erlaubt, während der Zugriff auf gespeicherte Daten verboten wird. Durch die engen Voraussetzungen, die für die akustische Wohnraumüberwachung vorliegen müssen (I.I.; K.I.), werden die Interessen der Nutzer hinreichend berücksichtigt, da das System nur als Abhörvorrichtung fungiert und auf keine gespeicherten Daten zugegriffen werden soll (I.II.3.; K.II.3.).

Ebenso ist der Zugriff auf informationstechnische Systeme zur akustischen Überwachung außerhalb der Wohnung zulässig, sofern eine Ermächtigungsgrundlage geschaffen wird, die wiederum den Zugriff und die Installation der

Überwachungssoftware erlaubt, während der Zugriff auf gespeicherte Daten ausgeschlossen wird. Im Gegensatz zur akustischen Wohnraumüberwachung wird bei der akustischen Überwachung unabhängig von der konkreten Vorgehensweise nur in Art. 2 I i.V.m. Art. 1 I GG eingegriffen. Jedoch können auch diese Eingriffe gerechtfertigt werden, da auch die akustische Überwachung nur unter engen Voraussetzungen zulässig ist (J.I.; L.I.) und die Interessen der Nutzer ausreichend berücksichtigt werden, wenn der Zugriff nur auf das Mikrofon erfolgt und die informationstechnischen Systeme damit allein als Abhörvorrichtung fungieren (J.II.3.; L.II.3.).

Aus den gleichen Gründen ist der Fernzugriff zur akustischen Wohnraumüberwachung und zur akustischen Überwachung außerhalb der Wohnung auch mit der Europäischen Menschenrechtskonvention sowie der EU-Grundrechtecharta vereinbar (I.II.3.c., d.; J.II.3.c., d.; K.II.3.c., d.; L.II.3.c., d.).

Darüber hinaus ist ein physischer Zugriff auf ein informationstechnisches System zum Installieren einer Überwachungssoftware technisch und rechtlich zulässig. Anders als bei einem kompletten Fernzugriff wird die Überwachungssoftware während eines physischen Zugriffs auf das System installiert, wodurch anschließend die Aktivierung des Mikrofons aus der Ferne möglich ist (C.III.1.d.; D.IV.). Durch die Installation wird insbesondere in das Grundrecht auf Gewährleistung der Vertraulichkeit und Integrität informationstechnischer Systeme (Art. 2 I i.V.m. Art. 1 I GG) eingegriffen, welches auch durch Art. 8 I EMRK (F.I.1.) sowie Art. 7 I GRCh (G.II.1.) geschützt wird. Durch die Installation wird das System verändert und ein Dritter – hier der Staat – kann die Ressourcen des Systems unbemerkt nutzen, was einen Eingriff in Art. 2 I i.V.m. Art. I GG darstellt. Dieser Eingriff könnte jedoch für jede der untersuchten akustischen Überwachungen gerechtfertigt werden, sofern Ermächtigungsgrundlagen geschaffen werden, die den Zugriff und die Installation explizit erlauben und zudem den Zugriff auf gespeicherte Daten ausschließen (I.II.4.; J.II.4.; K.II.4.; L.II.4.). Da die Installation der Überwachungssoftware nur notwendig ist, wenn die Voraussetzungen für eine akustische (Wohnraum-) Überwachung vorliegen, sind die Zugriffe auf Systeme begrenzt, deren Nutzer im Verdacht steht, eine besonders schwere Straftat begangen zu haben (§ 100c StPO; § 100f I StPO) oder eine Gefahr für ein in den Polizeigesetzen genanntes Rechtsgut darzustellen (J.I.; K.I.).

Folglich sind zwar in technischer Hinsicht diverse Möglichkeiten für eine internetbasierte akustische Überwachung mittels informationstechnischer Systeme denkbar, jedoch sind nur der physische Zugriff sowie der Zugriff aus der Ferne rechtlich zulässig, sofern Ermächtigungsgrundlagen geschaffen werden, die diese Zugriffe explizit erlauben und gleichzeitig rechtliche Grenzen dahin gehend setzen, dass nur das in der Regel integrierte Mikrofon aktiviert werden darf, während weitere Daten auf dem System nicht betroffen sein dürfen.

Da immer mehr Systeme die Grundlagen für eine akustische Überwachung aufweisen, nämlich ein Mikrofon und eine Internetverbindung, können in Zukunft nicht nur die hier dargestellten Systeme für eine akustische Überwachung in Betracht kommen, sondern eine Vielzahl von Systemen. Voraussetzung dafür bleibt jedoch, dass Ermächtigungsgrundlagen geschaffen werden, die den Zugriff auf das System und die Installation der Überwachungssoftware erlauben, während der Zugriff auf gespeicherte Daten ausgeschlossen werden muss.

Literaturverzeichnis

Alternativkommentare Kommentar zum Grundgesetz für die Bundesrepublik Deutschland; Hrsg.: Denninger, Erhard/Hoffmann-Riem, Wolfgang/Schneider, Hand-Peter/Stein, Ekkehart; 3. Aufl., Neuwied 2001; zit.: *Bearbeiter*, in: AK-GG

Albrecht, Florian/Braun, Frank, Die strafprozessuale Überwachung des Surfverhaltens, in: Höchstrichterliche Rechtsprechung Strafrecht (HRRS) 2013, S. 500–508

Ambos, Kai, Der Europäische Gerichtshof für Menschenrechte und die Verfahrensrechte, in: Zeitschrift für die gesamte Strafrechtswissenschaft (ZStW) 2003, S. 583–637

Andelfinger, Volker P./Hänisch, Till, Grundlagen: Das Internet der Dinge, in: Internet der Dinge, Technik Trends und Geschäftsmodelle, Wiesbaden 2015; zit.: *Bearbeiter*, in: Andelfinger/Hänisch [Hrsg.], S. 9–75

Bär, Wolfgang, Die Neuregelung des § 100j StPO zur Bestandsdatenauskunft, in: Multimedia und Recht (MMR) 2013, S. 700–704

Bär, Wolfgang, TK-Überwachung, 1. Aufl., München 2010

Barrett, Daniel J./Silverman, Richard E., SSH: Secure Shell. ein umfassendes Handbuch, 1. Aufl., Beijing u.a., 2002

Baum, Gerhart/Hirsch, Burkhard/Leutheusser-Schnarrenberger, Sabine, Grundrechte und Sicherheitsaufgaben des Staates – ein europäisches Thema, in: Datenschutz und Datensicherheit (DuD) 2017, S. 337–342

Bayraktar, Ciler Damla, Eingriffe in die Privatsphäre durch technische Überwachung. Ein deutsch-türkischer Vergleich anhand Art. 8 EMRK; Hamburg 2017

Beck'scher Onlinekommentar Grundgesetz, GG, 34. Edition, 2017; Hrsg.: Epping, Volker; Hillgruber, Christian; zit.: *Bearbeiter*, in BeckOK-GG

Beck'scher Onlinekommentar Polizei- und Ordnungsrecht Hessen, 9. Edition, 2017; Hrsg.: Möstl, Markus; Mühl, Lothar; zit.: *Bearbeiter*, in: BeckOK-HSOG

Beck'scher Onlinekommentar Polizei- und Ordnungsrecht Niedersachsen, 8. Edition, 2017; Hrsg.: Möstl, Markus; Weiner, Bernhard; zit.: *Bearbeiter*, in: BeckOK-Nds SOG

Beck'scher Onlinekommentar Polizei- und Ordnungsrecht Nordrhein-Westfalen, 6. Edition, 2017; Hrsg.: Möstl, Markus; Kugelmann, Dieter; zit.: *Bearbeiter*, in: BeckOK-PolG NRW

Beck'scher Onlinekommentar Strafprozessordnung mit RiStBV und MiStra, Hrsg.: Graf, Jürgen-Peter, 28. Edition, 2017, München; zit.: *Bearbeiter*, in: BeckOK-StPO

Beck'scher Onlinekommentar Informations- und Medienrecht, 17. Edition, 2017, München; Hrsg.: Gersdorf, Hubertus; Paal, Boris P.; zit.: *Bearbeiter*, in: BeckOK-Informations-und Medienrecht

Beck'scher TKG-Kommentar Telekommunikationsgesetz, 4. Aufl., München 2013; Hrsg.: Geppert, Martin; Schütz, Raimund; zit.: *Bearbeiter*, in: BeckTKG-Komm

Bécsi, Tamás/Aradi, Szilárd /Gáspár, Peter, Security issues and vulnerabilities in connected car systems, in: Models and Technologies for Intelligent Transportation Systems (MT-ITS), 2015 International Conference on Models and Technologies for Intelligent Transportation Systems (MT-IST), S. 477–482

Berners-Lee, Tim /Cailliau, Robert /Luotonen, Ari /Nielsen, Henrik Frystyk / Secret, Arthur, The World-Wide Web, in: Communications of the ACM, Volume 37, Issue 8, Aug. 1994, S. 76–82

Bernsmann, Klaus, Anmerkung zu BGH, Urteil v. 24.01.2001 – 3 StR 324/00, in: Strafverteidiger (StV) 2001, S. 382–386

Beukelmann, Stephan, Cyber-Attacken – Erscheinungsformen, Strafbarkeit und Prävention, in: Neue Juristische Woche- Spezial (NJW-Spezial) 2017, S. 376–377

Beukelmann, Stephan, Online-Durchsuchung und Quellen-TKÜ, in: Neue Juristische Wochenschrift (NJW) – Spezial 2017, S. 440

Bleicher, Joan Kristin, Internet, Konstanz 2010

Blumenwitz, Dieter, Die Meinungs- und Informationsfreiheit nach Art. 19 des Internationalen Pakts über bürgerliche und politische Rechts, in: Fortschritt im Bewußtsein der Grund- und Menschenrechte – Progress in the Spirit of Human Rights – Festschrift für Felix Ermacora; Hrsg.: Nowack, Manfred/ Steurer, Dorothea/Tretter, Hannes, Kehl u.a. 1988, S. 67–78

Böckenförde, Thomas, Auf dem Weg zur elektronischen Privatsphäre, in: Juristenzeitung (JZ) 2008, S. 925–939

Bonner Kommentar zu Grundgesetz, Ordner 2, Art. 2–3, Hrsg.: Kahl, Wolfgang/ Waldhof, Christian/Walter, Christian, 187. Aktualisierung, Heidelberg, November 2017; zit.: *Bearbeiter*, in: Bonner Kommentar GG

Bonner Kommentar zu Grundgesetz, Ordner 3, Art. 4–5, Hrsg.: Kahl, Wolfgang/ Waldhof, Christian/Walter, Christian, 187. Aktualisierung, Heidelberg, November 2017; zit.: *Bearbeiter*, in: Bonner Kommentar GG

Bonner Kommentar zum Grundgesetz, Ordner 4, Art. 6–10, Hrsg.: Kahl, Wolfgang/Waldhof, Christian/Walter, Christian; 187. Aktualisierung, Heidelberg November 2017; zit.: *Bearbeiter*, in: Bonner Kommentar GG

Bonner Kommentar zum Grundgesetz, Ordner 5 Art. 11–17; Hrsg.: Kahl, Wolfgang/Waldhof, Christian/Walter, Christian; 187. Aktualisierung, Heidelberg, November 2017; zit.: *Bearbeiter*, in: Bonner Kommentar GG

Bosbach, Jens, Verteidigung im Ermittlungsverfahren; 8. Aufl., Heidelberg, 2015

Bratke, Bastian, Die Quellen-Telekommunikationsüberwachung im Strafverfahren, Berlin 2013

Braun, Frank, Überwachung des Surfverhaltens nach den §§ 100a, 100b StPO zulässig, in: juris Praxisreport IT-Recht Anm. 5 = juris extra, 2013, S. 252254

Braun, Torsten, Entstehung und Funktionsweise des Internets, in: Virtueller Welten? Die Realität des Internets; Hrsg.: Myrach, Thomas/Zwalen, Sara Margarita; Bern 2008, S. 15–28

Braun, Torsten, Geschichte und Entwicklung des Internets, in: Informatik Spektrum, 2010, Volume 33, Nr. 2, S. 201–207

Breitenmoser, Stephan, Der Schutz der Privatsphäre gemäss Art. 8 EMRK, Basel 1986

Brockhaus Wahrig Deutsches Wörterbuch, 9. Aufl. München 2011

Brodowski, Dominik, Anmerkung zu LG Landshut, Beschluss v. 20.01.2011 - 4 Qs 346/10, in: Juristische Rundschau (JR), 2011, S. 533–538

Brodowski, Dominik, Verdeckte technische Überwachungsmaßnahmen im Polizei- und Strafverfahrensrecht. Zur rechtsstaatlichen und rechtspraktischen Notwendigkeit eines einheitlichen operativen Ermittlungsrechts, Tübingen 2016

Brodowski, Dominik/Eisenmenger, Florian, Zugriff auf Cloud-Speicher und Internetdienste durch Ermittlungsbehörden. Sachliche und zeitliche Reichweite der „kleinen Online-Durchsuchung“ nach § 110 Abs. 3 StPO, in: Zeitschrift für Datenschutz (ZD) 2014, S. 119–126

Brummer, Patrick/Hoch, Martin, Das Kraftfahrzeug als Beweismittel, in: Kriminalistik 2017, S. 643–648

Brüning, Christoph/Helios, Marcus, Schutzpflichtverfassungsbeschwerde, in: Jura 2001, S. 155–162

Büddefeld, Dieter, Akustische Wohnraumüberwachung, in: Kriminalistik 2005, S. 204–207

Buermeyer, Ulf, Die „Online-Durchsuchung“ – Technischer Hintergrund des verdeckten hoheitlichen Zugriffs auf Computersysteme, in: Höchstrichterliche Rechtsprechung im Strafrecht (HRRS) 2007, S. 154–166

Buermeyer, Ulf/Bäcker, Matthias, Zur Rechtswidrigkeit der Quellen-Telekommunikationsüberwachung auf Grundlage des § 100a StPO, in: Höchstrichterliche Rechtsprechung zum Strafrecht (HRRS) 2009, S. 433–441

Bundesnetzagentur, Bundesnetzagentur zieht Kinderpuppe „Cayla" aus dem Verkehr, Pressemitteilung, 17.02.2017, abrufbar unter: https://www.bundesnetzagentur.de/SharedDocs/Pressemitteilungen/DE/2017/14012017_cayla.html

Bunzel, Maik, Der strafprozessuale Zugriff auf IT-Systeme – Eine Untersuchung aus technischer und verfassungsrechtlicher Perspektive, Berlin 2015

Büscher, Patrick, Grundfälle zur Bestimmung der Ermächtigungsgrundlage im Polizei- und Ordnungsrecht (I), in: Juristische Arbeitsblätter (JA) 2010, S. 719–725

Callies, Christian /Ruffert, Matthias [Hrsg.], EUV-AEUV mit Europäischer Grundrechtecharta, 5. Aufl., München 2016; zit.: *Bearbeiter*, in: Calliess/Ruffert [Hrsg.]

Cerf, Vintin G./Kahn, Robert E., A Protocol for Packet Networking Intercommunikation, in: IEEE Transactions on Communications, Mai 1974, S. 637–648

Chanos, Antonis, Begriff und Geltungsgrundlagen der Rechtsanalogie im heutigen juristischen Methodenstreit, Köln u.a.1994

Choi, Min-kyu /Robles, Rosslin John /Hong, Chang-hwa /Kim, tai-hoon, Wireless Network Security: Vulnerabilities, Threats and Countermeasures, in: International Journal of Multimedia and Ubiquitous Engineering, Volume 3, Nr. 3, Juli 2008, S. 77–86

Claus, Susanne, Das Gesetz zur effektiveren und praxistauglicheren Ausgestaltung des Strafverfahrens – Teil 2: Änderungen im Strafverfahrensrecht – Ermittlungsverfahren, in: jurisPR-Strafrecht 18/2017 Anm. 1.

Cognitoy Privat Policy, abrufbar unter: https://cognitoys.com/privacy, abgerufen 07. April 2017

Comer, Douglas E., Computer Networks and Internets, 6. Aufl. Bosten; München, u.a. 2015

Coppola, Riccardo /Morisio, Maurizio, Connected Car: Technologies, Issues, Future Trends, in: ACM Computing Surveys, Volume 49, Issue 3, Dez. 2016; Artikel Nr. 46; S. 46:1–46:36

Dalby, Jakob, Das neue Auskunftsverfahren nach § 113 TKG – Zeitdruck macht Gesetze (§ 113 TKG), in: Computer und Recht (CR) 2013, S. 361–369

Dalby, Jakob, Grundlagen der Strafverfolgung im Internet und in der Cloud. Möglichkeiten, Herausforderungen und Chancen; Wiesbaden 2016

Denker, Christian /Hartl, Norbert /Denker, Marcus, Mobile Apps. Rechtsfragen und rechtliche Rahmenbedingungen; Hrsg.: Solmecke, Christian; Taeger, Jürgen; Feldmann, Thorsten; Berlin 2013, zit.: *Denker/Hartl/Denker*, in: Mobile Apps

Denninger, Erhard, Verfassungsrechtliche Grenzen des Lauschens – Der „große Lauschangriff" auf dem Prüfstand der Verfassung, in: Zeitschrift für Rechtspolitik (ZRP) 2004, S. 101–104

Detterbeck, Steffen, Öffentliches Rechts. Ein Basislehrbuch zum Staatsrecht, Verwaltungsrecht und Europarecht mit Übungsfällen, 10. Aufl., München 2015

Dörr, Oliver/Grote, Rainer/Marauhn, Thilo [Hrsg.], Konkordanzkommentar EMRK/GG, Band I, Kapitel 1–19, 2. Aufl., Tübingen 2013; zit.: *Bearbeiter*, in: Dörr/Grote/Marauhn [Hrsg.]

Drallé, Lutz ,Das Grundrecht auf Gewährleistung der Vertraulichkeit und Integrität informationstechnischer Systeme, Kiel 2010

Dreier, Horst [Hrsg.], Grundgesetzkommentar, Bd. I, Art. 1–19; 3. Aufl. Tübingen 2013; zit.: *Bearbeiter*, in: Dreier [Hrsg.]

Duden Das Bedeutungswörterbuch, Band 10; Hrsg.: die Dudenredaktion; 4. Aufl., Berlin 2010

Duden Die deutsche Rechtschreibung, Band 1; Hrsg.: die Dudenredaktion; 27. Aufl., Berlin 2017

Dunn, Kevin, Automatic update risks: can patching let a hacker in?, in: Network Security, Volume 2004, Issue 7, Juli 2004, S. 5–8

Ebert, Frank /Seel, Lothar [Hrsg.], Thüringer Gesetz über die Aufgaben und Befugnisse der Polizei – Polizeiaufgabengesetz – PAG; 7. Aufl. Stuttgart u.a. 2016

Edenharter, Andrea, Der Schutz informationstechnischer Systeme auf Ebene der Europäischen Union, in: Das neue Computergrundrecht; Uerpmann-Wittzack, Robert [Hrsg.]; Berlin 2009; S. 111–125; zit.: *Edenharter*, in: Uerpmann-Wittzack [Hrsg.]

Ehlers, Dirk [Hrsg.], Europäische Grundrechte und Grundfreiheiten, 4. Aufl., Berlin 2014; zit.: *Bearbeiter*, in: Ehlers [Hrsg.]

Eisenberg, Ulrich, Beweisrecht der StPO, 10. Aufl., München 2017

Eisenberg, Ulrich, Straf(verfahren-)rechtliche Maßnahmen gegenüber „Organisiertem Verbrechen", in: Neue Juristische Woche (NJW) 1993, S. 1033–1039

Elzermann, Hartwig /Schwier, Henning, Polizeigesetz des Freistaates Sachsen – Kommentar für Praxis und Ausbildung, 5. Aufl., Stuttgart 2014

Erickson, Jon, Hacking – The Art of Exploitation, 2. Aufl., San Francisco, USA 2008

Esser, Robert, Auf dem Weg zu einem europäischen Strafverfahrensrecht, Berlin 2002

Esser, Robert, Grenzen für verdeckte Ermittlungen gegen inhaftierte Beschuldigte aus dem europäischen nemo-tenetur-Grundsatz, in: Juristische Rundschau (JR) 2004, S. 98–107

Fezer, Gerhard, Überwachung der Telekommunikation und Verwertung eines „Raumgesprächs“, in: Neue Zeitschrift für Strafrecht (NStZ) 2003, S. 625–630

Fischer, Thomas, Strafgesetzbuch mit Nebengesetzen, 65. Aufl., München 2018

Foster, James C., [with Price, Mike] Sockets, Shellcode, Porting & Coding – Reverse Engineering Exploits and Tool Coding For Security Professionals, Rockland, MA, USA 2005

Freiling, Felix/Safferling, Christoph/Rückert, Christian, Quellen-TKÜ und Online-Durchsuchung als neue Maßnahme für die Strafverfolgung: Rechtliche und technische Herausforderungen, in: Juristische Rundschau (JR) 2018, S. 9–22

Frenz, Walter, Handbuch Europarecht, Bd. 4, Europäische Grundrechte, Heidelberg, Berlin 2009

Frowein, Jochen/Peukert, Wolfgang [Hrsg.], Europäische Menschenrechtskonvention – EMRK-Kommentar, 3. Aufl., Kehl am Rhein 2009; zit.: *Bearbeiter*, in: Frowein/Peukert [Hrsg.]

Gähler, Sven Gerry, Strafprozessuale Ermittlungsmaßnahmen bei Datenübertragung im Cloud-Computing, in: Höchstrichterliche Rechtsprechung Strafrecht (HRRS) 2016, S. 340–349

Gaede, Karsten, Beweisverbote zur Wahrung des fairen Strafverfahrens in der Rechtsprechung des EGMR insbesondere bei verdeckten Ermittlungen, in: Juristische Rundschau (JR) 2009, S. 493–502

Gercke, Björn, Der Mobilfunkverkehr als Ausgangspunkt für strafprozessuale Überwachungsmaßnahmen – ein Überblick, in: Strafverteidiger Forum (StraFo) 2003, S. 76–79

Gercke, Marco, Heimliche Online-Durchsuchung: Anspruch und Wirklichkeit – Der Einsatz softwarebasierter Ermittlungsinstrumente zum heimlichen Zugriff auf Computerdaten, in: Computer und Recht (CR) 2007, S. 245–253

Gerla, Mario/Lee, Eun-Kyu/Pau, Giovanni/Lee, Uichin, Internet of vehicles: From intelligent grid to autonomous cars and vehicular clouds, in: Internet of Things, 2014 IEEE World Forum on Internet of Things (WF-IoT), S. 241–246

Gibbs, Samuel, Hackers can hijack Wi-Fi Hello Barbie to spy on your children, in: The Guardian, 26.11.2015; abrufbar unter: https://www.theguardian.com/technology/2015/nov/26/hackers-can-hijack-wi-fi-hello-barbie-to-spy-on-your-children

Giegerich, Thomas, Schutz der Persönlichkeit und Medienfreiheit nach Artt. 8, 10 EMRK im Vergleich mit dem Grundgesetz, in: Rabels Zeitschrift für ausländisches und internationales Privatrecht (RabelsZ) 1999, S. 471–506

Gola, Peter, Neues Recht – neue Fragen: Einige aktuelle Interpretationsfragen zur DSGVO, in: Kommunikation und Recht (K&R) 2017, S. 145–149

Gola, Peter /Schomerus, Rudolf, Bundesdatenschutzgesetz, Kommentar, 12. Aufl., München 2015; zit.: *Bearbeiter*, in: Gola/Schomerus [Hrsg.]

Gornig, Gilbert, Zur Polizeifestigkeit der Pressefreiheit – OVG Frankfurt/Oder, NJW 1997, 1387, in: Juristische Schulung (JuS) 1999, S. 1167–1171

Grabenwarter, Christoph /Pabel, Katharina [Hrsg.], Europäische Menschenrechtskonvention; 6. Aufl., München 2016

Gröpl, Christoph/Guckelberger, Annette /Wohlfarth, Jürgen, Landesrecht Saarland, 3. Aufl., Baden-Baden 2017

Gropp, Walter, Lauschangriff im Pkw: der Ermittlungsreicher als Hoffnungsträger?, in: Juristenzeitung (JZ) 1998, S. 501–505

Gröschner, Rolf /Masing, Johannes, Vierter Beratungsgegenstand: Transparente Verwaltung: Konturen eines Informationsverwaltungsrechts, in: Veröffentlichungen der Vereinigung der Deutschen Staatsrechtslehrer, Band 63, 2004, S. 334–368

Gudermann, Anne, Online-Durchsuchung im Lichte des Verfassungsrechts – Die Zulässigkeit eines informationstechnologischen Instruments moderner Sicherheitspolitik, Hamburg 2010

Gumm, Heinz/Sommer, Manfred, Einführung in die Informatik, 10. Aufl., München 2013

Gusy, Christoph Informationelle Selbstbestimmung und Datenschutz: Fortführung oder Neuanfang?, in: Kritische Vierteljahresschrift für Gesetzgebung und Rechtswissenschaft (KritV), 83. Jahrgang, 2000, S. 52–64

Gusy, Christoph, Lauschangriff und Grundgesetz, in: Juristische Schulung (JuS) 2004, S. 457–462

Guttenberg, Ulrich, Die heimliche Überwachung von Wohnungen. Zur verfassungsrechtliche Problematik des § 9 II, III BVerfSchG und verwandter Vorschriften, in: Neue Juristische Woche (NJW) 1993, S. 567–576

Haas, Günther, Der „Große Lauschangriff" – klein geschrieben, in: Neue Juristische Woche (NJW) 2004, S. 3082–3084

Häberle, Peter, Die Wesensgehaltsgarantie des Art. 19 Abs. 2 Grundgesetz, 3. Aufl., Heidelberg 1983

Hamm, Rainer, Die Entdeckung des „fair trial" im deutschen Strafprozess – ein Fortschritt mit ambivalenten Ursachen, in: Straf- und Strafverfahrensrecht,

Recht und Verkehr, Recht und Medizin, Festschrift für Hannskarl Salger; Hrsg.: Eser, Albin/Kullman, Hans Josef/Meyer-Goßner, Lutz/Odersky, Walter/Voss, Rainer, Köln, München u.a.; 1995, S. 273–291

Hansen, Markus /Pfitzmann, Andreas, Online-Durchsuchung. Technische Grundlagen von Online-Durchsuchung und –Beschlagnahme, in: Deutsche Richterzeitung (DRiZ) 2007, S. 225–228

Hansen, Markus/Pfitzmann, Andreas, Techniken der Online-Durchsuchung: Gebrauch, Missbrauch, Empfehlungen, in: Online-Durchsuchungen – Rechtliche und tatsächliche Konsequenzen des BVerfG Urteils vom 27.Februar 2008; Hrsg.: Roggan, Fredrik, Berlin 2008, S. 131–154; zit.: *Hansen/Pfitzmann*, in: Roggan [Hrsg.]

Harnisch, Stefanie/Pohlmann, Martin, Strafprozessuale Maßnahme bei Mobilfunkendgeräten. Die Befugnis zum Einsatz des sog. IMSI-Catchers, in: Höchstrichterliche Rechtsprechung im Strafrecht (HRRS) 2009, S. 202–217

Hauck, Pierre, Heimliche Ermittlungsmaßnahmen im Prozessrecht der internationalen Strafgerichtsbarkeit (EU- und Völkerstrafrecht), in: Zeitschrift für die gesamte Strafrechtswissenschaft (ZStW) 2012, S. 473–489

Hauck, Pierre, Lauschangriff in der U-Haft – Anmerkung zu BGH, Urt. v. 29.04.2009 (1 StR 701/08) und Versuch einer dogmatischen Klärung – in: Neue Zeitschrift für Strafrecht (NStZ) 2010, S. 17–22

Heckmann, Dirk [Hrsg.], juris Praxiskommentar Internetrecht, 5. Aufl. Saarbrücken 2017; zit.: *Bearbeiter*, in: Heckmann [Hrsg.]

Heger, Martin, Zur Zulässigkeit der Öffnung und Verbringung eines Pkw zur Anbringung von Abhörvorrichtungen, in: Juristische Rundschau (JR) 1998, S. 163–165

Heinemann, Marcus, Grundrechtlicher Schutz informationstechnischer Systeme – Unter besonderer Berücksichtigung des Grundrechts auf Gewährleistung der Vertraulichkeit und Integrität informationstechnischer Systeme, Berlin 2015

Herrmann, Christoph, Das Grundrecht auf Gewährleistung der Vertraulichkeit und Integrität informationstechnischer Systeme – Entstehung und Perspektiven, Frankfurt am Main 2010

Hessel, Stefan, „My Friend Cayla" – eine nach § 90 TKG verbotene Sendeanlage?, in: Internet-Zeitschrift für Rechtsinformatik und Informationsrecht 2017; jurPC Web-Dok 13/2017, Abs. 1–39; abrufbar unter: http://www.jurpc.de/jurpc/show?id=20170013

Hetzer, Wolfgang, Akustische Überwachung von Wohnräumen. Der verdeckte Einsatz technischer Mittel für Beweiszwecke im Bereich der Strafverfolgung, in: Zeitschrift für Innere Sicherheit in Deutschland und Europa (ZFIS) 1999, S. 131–146

Hiéramente, Mayeul, Legalität der strafprozessualen Überwachung des Surfverhaltens, in: Strafverteidiger Forum (StraFo) 2013, 96–102

Hiéramente, Mayeul/Fenine, Patrick, Telekommunikationsüberwachung und Cloud Computing. Der § 100a – Beschluss als Nimbus der Legalität?, in: Strafverteidiger Forum (StraFo) 2015, S. 365–374

Hilger, Hans, Neues Strafverfahrensrecht durch das OrgKG – 1. Teil -, in: Neue Zeitschrift für Strafrecht (NStZ) 1992, S. 457–463

Holoubek, Michael/Lienbacher, Georg [Hrsg.], GRC-Kommentar. Charta der Grundrechte der Europäischen Union, Wien 2014, zit.: *Bearbeiter*, in: Holoubek/Lienbacher [Hrsg.]

Holzner, Stefan, Die Online-Durchsuchung: Entwicklung eines neuen Grundrechts, Kenzingen 2009

Hornick, Andreas, Staatlicher Zugriff auf elektronische Medien, in: Strafverteidiger Forum (StraFo) 2008, S. 281–286

Internationaler Kommentar zur Europäischen Menschenrechtskonvention; Kommentar, Ordner 1; 20. Aktualisierung, Köln 2016; Hrsg.: Pabel, Katharina; Schmahl, Stefanie; zit.: *Bearbeiter*, in: IK-EMRK

Isensee, Josef /Kirchhof, Paul [Hrsg.], Handbuch des Staatsrechts, Bd. IX, 3. Aufl., Heidelberg 2011; zit.: *Bearbeiter*, in: Isensee/Kirchhof [Hrsg.]

Jäger, Christian, Grund und Grenzen des Gesetzlichkeitsprinzip im Strafprozessrecht, in: Goltdammer's Archiv für Strafrecht (GA) 2006, S. 615–628

Jahn, Matthias, Unverwertbarkeit eines im Krankenzimmer abgehörten Selbstgesprächs des Angeklagten, in: Juristische Schulung (JuS) 2006, S. 91–92

Jahn, Matthias/Geck, Elena, Tagebuchfall revisited – der Bundesgerichtshof, die Gedankenfreiheit und ein Selbstgespräch im Auto, in: Juristenzeitung (JZ) 2012, S. 561–567

Jahn, Matthias/Kudlich, Hans, Die strafprozessuale Zulässigkeit der Online-Durchsuchung – zugleich Anmerkung zu den Beschlüssen des Ermittlungsrichters des Bundesgerichtshofes v. 25.11.2006 – 1 BGs 184/06 und v. 28.11.2006 – 1 BGs 168/2006, in: Juristische Rundschau (JR) 2007, S. 57–61

Jarass, Hans D., Charta der Grundrechte der Europäischen Union, 3. Aufl., München 2016

Jarass, Hans D. /Pieroth, Bodo [Hrsg.], Grundgesetz für die Bundesrepublik Deutschland, 14. Aufl., München 2016; zit.: *Bearbeiter*, in: Jarass/Pieroth [Hrsg.]

Karlsruher Kommentar zur Strafprozessordnung mit GVG, EGGVG und EMRK, 7. Aufl., München 2013; Hrsg.: Hannich, Rolf; Appl, Ekkehard; zit.: *Bearbeiter*, in: Karlsruher Kommentar StPO

Karpenstein, Ulrich/Mayer, Franz C. [Hrsg.], EMRK – Konvention zum Schutz der Menschenrechte und Grundfreiheiten, 2. Aufl. München 2015; zit.: *Bearbeiter*, in: Karpenstein/Mayer [Hrsg.]

Kasiske, Peter, Die Selbstbelastungsfreiheit bei verdeckten Befragungen des Beschuldigten, in: Der Strafverteidiger (StV) 2014, S. 423–430

Kasivelas, Ioannis, Anwendbarkeit der Grundrechtecharta beim Einsatz von Adblockern, in: Multimedia und Recht (MMR) 2017, S. 286–291

Käß, Robert, Die Befugnis zum verdeckten Zugriff auf informationstechnische Systeme im bayerischen Polizeiaufgabengesetz (sog. Online-Durchsuchung oder Online-Durchsuchung), in: Bayerische Verwaltungsblätter (BayVBl.) 2010, S. 1–15

Katko, Peter, Voice-over-IP. Entscheidender Schritt zur Konvergenz oder nur preiswert Telefonieren?, in: Computer und Recht (CR) 2005, S. 189–193

Katzenbeisser, Stefan, Technischer Schutz vor geheimdienstlicher Überwachung. Möglichkeiten und Grenzen, in: Datenschutz und Datensicherheit (DuD) 2016, S. 98–100

Kienbaum Connected Cars Studie, Studienbericht, 2016; abrufbar unter: http://assets.kienbaum.com/downloads/Connected-Car_Kienbaum-Studie-2016.pdf?mtime=20160810110250

Kleih, Björn-Christian, Die strafprozessuale Überwachung der Telekommunikation. Unter besonderer Berücksichtigung drahtloser lokaler Netzwerke, Baden-Baden 2010

Klein, Tobias, Buffer overflows und Format-String-Schwachstellen. Funktionsweisen, Exploits und Gegenmaßnahmen, 1. Aufl., Heidelberg 2004

Klein-Henning, Martin /Schmidt, Felix, Zurück auf Los – Die IT-Sicherheit zurück in der Steinzeit, in: Datenschutz und Datensicherheit (DuD) 2017, S. 605–611

Kleinknecht, Th./Müller, H./Reitberger, L., StPO, Kommentar zur Strafprozessordnung, Band 2 §§ 94–150; Hrsg.: von Heintschel-Heinegg, Bernd; Stöckel, Heinz; 83. Aktualisierung, November 2017; zit.: *Bearbeiter*, in: KMR-StPO

Klesczewski, Diethelm, Urteilsanmerkung zu BGH Urteil v. 29.04.2009 – 1 StR 701/08, in: Strafverteidiger (StV) 2010, S. 462–465

Knape, Michael /Schönrock, Sabrina, Allgemeines Polizei- und Ordnungsrecht für Berlin, 11. Aufl., Hilden/Rhld. 2016

Knierim, Thomas C. /Oehmichen, Anna /Beck, Susanne /Geisler, Claudius [Hrsg.], Gesamtes Strafrecht aktuell, 1. Aufl., Baden-Baden 2018; zit.: *Bearbeiter*, in: Knierim/Oehmichen/Beck/Geisler [Hrsg.]

Kocher, Alexander, Innovationstreiber Linux, in: ATZ- Elektronik, Band. 3, Heft 6, 2008, S. 28–35

Koehler, Thomas R./Wollenschlaeger, Dirk The digital transformation of the automobile – Five megatrends are changing the industry, Pattensen 2014

Kohlmann, Diana, Online-Durchsuchungen und andere Maßnahmen mit Technikeinsatz – Bedeutung und Legitimation ihres Einsatzes im Ermittlungsverfahren, Baden-Baden 2012

Kollaikl, Praveen /Ravuri, Sridevi /Ruvinsky, Eddie, Connected Cars, Sutardja Center for Entrepreneurship & Technology, Berkeley Engineering; abrufbar unter: http://scet.berkeley.edu/wp-content/uploads/ConnCarProjectReport.pdf

Koscher, Karl /Czeskis, Alexei/Roesner, Franziska /Patel, Shwetak /

Kohno, Tadayoshi /Checkoway, Stephen /McCoy, Damon /Kantor, Brian/Anderson, Danny/Shacham, Hovav /Savage, Stefan, Experimental Security Analysis of a Modern Automobile, in: Security and Privacy, 2010 IEEE Symposium on Security and Privacy, S. 447–462

Kötter, Matthias, Novellierung der präventiven Wohnraumüberwachung?, in: Die Öffentliche Verwaltung (DÖV) 2005, S. 225–234

Kraft, Peter/Weyert, Andreas, Network Hacking – professionelle Angriffs- und Verteidigungstechniken gegen Hacker und Datendiebe, 5. Aufl., München 2017

Kratzsch, Silke, Die so genannte Annexkompetenz im Strafverfahrensrecht, Marburg 2009

Krey, Volker, Parallelitäten und Divergenzen zwischen strafrechtlichem und öffentlichrechtlichem Gesetzesvorbehalt, in: Festschrift für Günther Blau zum 70. Geburtstag am 18. Dezember 1985; Hrsg.: Schwind, Hans-Dieter; Berlin 1985, S. 123–150

Krey, Volker, Studien zum Gesetzesvorbehalt im Strafrecht – Eine Einführung in die Problematik des Analogieverbots, Berlin 1977

Kugelmann, Dieter, Der Schutz privater Individualkommunikation nach der EMRK, in: Europäische Grundrechtezeitschrift (EuGRZ) 2003, S. 16–25

Kugelmann, Dieter, Polizei- und Ordnungsrecht, 2. Aufl. Berlin, Heidelberg 2012

Kühne, Hans-Heiner, Anmerkung zu BGH, Urteil v. 24.01.2001 – 3 StR 324/00, in: Juristenzeitung (JZ) 2001, S. 1148

Kühne, Hans-Heiner, Die Rechtsprechung des EGMR als Motor für eine Verbesserung des Schutzes von Beschuldigten in den nationalen Strafverfahrensrechten der Mitgliedstaaten, in: Strafverteidiger (StV) 2001, S. 73–78

Kühne, Hans-Heiner, Strafprozessrecht – Eine systematische Darstellung des deutschen und europäischen Strafverfahrensrechts, 9. Aufl., Heidelberg 2015

Kühne, Hans-Heiner, Strafprozessuale Konsequenzen der Entscheidung vom 27. Februar 2008, in: Online-Durchsuchungen – rechtliche und tatsächliche Konsequenzen des BVerfG Urteils vom 27.Februar 2008; Hrsg.: Roggan, Fredrik, Berlin 2008, S. 85–96

Kühne, Hans-Heiner /Nash, Susan, Anmerkung zu EGMR, Urteil v. 12.05.2000 – 35394/97 Khan./.Vereinigten Königreich, in: Juristenzeitung (JZ) 2000, S. 996–998

Kurose, James F. /Ross, Keith W., Computer networking–a top-down approach, 7. Aufl., Bosten 2017

Kurose, James F. /Ross, Keith W., Computernetzwerke – Der Top-Down-Ansatz, 6. Aufl., München u.a. 2014

Kurose, James F. /Ross, Keith W., Computernetze – Ein Top-Down-Ansatz mit Schwerpunkt Internet, München 2002

Kutscha, Martin, Mehr Schutz von Computerdaten durch ein neues Grundrecht?, in: Neue Juristische Woche (NJW) 2008, S. 1042–1044

Kutscha, Martin, Verfassungsrechtlicher Schutz des Kernbereichs privater Lebensgestaltung – nichts Neues aus Karlsruhe, in: Neue Juristische Woche (NJW) 2005, S. 20–22

Labs, Lutz, Austausch-Geräte. USB-Sticks mit Typ-A- und Typ-C-Anschlüssen, in: c't Magazin für Computer und Technik, S. 92–95

Lachenmann, Matthias, Mobile Apps. Rechtsfragen und rechtliche Rahmenbedingungen; Hrsg.: Solmecke, Christian; Taeger, Jürgen; Feldmann, Thorsten; Berlin 2013

Latzel, Clemens, Die Anwendungsbereiche des Unionsrechts, in: Europäische Zeitschrift für Wirtschaftsrecht (EuZW) 2015, S. 658–664

Lee, Segungin, Hacking, Surveilling, and Deceiving victims on Smart TV, Briefing, Black Hat Conference, USA 2013, abrufbar unter: https://www.blackhat.com/us-13/briefings.html#Lee

Lee, Segungin/Kim, Seungjoo, Hacking, Surveilling, and Deceiving victims on Smart TV, Back Hat Conference, USA 2013; abrufbar unter: https://media.blackhat.com/us-13/US-13-Lee-Hacking-Surveilling-and-Deceiving-Victims-on-Smart-TV-Slides.pdf

Leipziger Kommentar Strafgesetzbuch, Band 6; §§ 146–210; Laufhütte, Heinrich Wilhelm; Rissing-van Saan, Ruth; Tiedemann, Klaus [Hrsg.], 12. Aufl. 2009; zit.: *Bearbeiter*, in: LK-StGB

Leister, Thomas, Stillschweigende Annexkompetenz bei Strafprozessualen Grundrechtseingriffen, Hamburg 2002

Lenz, Barbara /Gerdes, Christian J. /Maurer, Markus /Winner, Hermann, Autonomes Fahren: Technische, rechtliche und gesellschaftliche Aspekte, 1. Aufl., Berlin, Heidelberg 2015

Lepsius, Oliver, Das Computer-Grundrecht – Herleitung – Funktion – Überzeugungskraft, in: Online-Durchsuchungen – rechtliche und tatsächliche Konsequenzen des BVerfG Urteils vom 27. Februar 2008; Hrsg.: Roggan, Fredrik, Berlin 2008, S. 21–56

Liebig, Britta Maria, Der Zugriff aus Computerinhaltsdaten im Ermittlungsverfahren – Cloud Computing, E-Mail und IP-Telefonie als neue rechtliche und technische Herausforderungen für die Strafverfolger, Hamburg 2015

Löffelmann, Markus, Das Gesetz zur Umsetzung des Urteils des Bundesverfassungsgerichts vom 3. März 2004 (akustische Wohnraumüberwachung), in: Zeitschrift für Internationale Strafrechtsdogmatik (ZIS) 2006, S. 87–98

Löffelmann, Markus, Die Neuregelung der akustischen Wohnraumüberwachung, in: Neue Juristische Woche (NJW) 2005, S. 2033–2036

Löwe-Rosenberg Die Strafprozessordnung und das Gerichtsverfassungsgesetz; Band 11, EMRK/IPBPR; 26. Aufl., Berlin 2012; Hrsg.: Erb, Volker/Esser, Robert/Franke, Ulrich/Graalmann-Scheerer, Kristin/Hilger, Hans/Igor, Alexander; zit.: *Bearbeiter*, in: LR-StPO

Löwe-Rosenberg Die Strafprozessordnung und das Gerichtsverfassungsgesetz; Band. 3, §§ 94–111p; 26. Aufl., Berlin 2014; Hrsg.: Erb, Volker/Esser, Robert/ Franke, Ulrich/Graalmann-Scheerer, Kristin/Hilger, Hans/Igor, Alexander; zit.: *Bearbeiter*, in: LR-StPO

Ma, Di/Tsudik, Gene, Security and privacy in emerging wireless networks, in: IEEE Wireless Communication, Oktober 2010, S. 12–21

Mahnkopf, Hans-Jürgen /Döring, Andre, Abhören von Gesprächen im Pkw, Anmerkung zu LG Stendal, Beschl. V. 12.04.1993 – 501 Qs 49/94, in: Neue Zeitschrift für Strafrecht (NStZ) 1994, S. 556–557

Martell, Jörg-Michael, Gesetz über die öffentliche Sicherheit und Ordnung des Landes Sachsen-Anhalt (SOG LSA). mit Erläuterungen, 4. Aufl., Stuttgart u.a. 2016

Mattel Hello Barbie Messaging/Q&A, 2015; abrufbar unter: http://hellobarbiefaq.mattel.com/faq/

Maunz, Theodor /Dürig, Günter [Hrsg.], Kommentar zum Grundgesetz; 81. Ergänzungslieferung, September 2017; zit.: *Bearbeiter*, in: Maunz/Dürig [Hrsg.]

Mayer-Ladewig, Jens /Nettesheim, Martin /von Raumer, Stefan [Hrsg.], EMRK. Europäische Menschenrechtskonvention: Handkommentar, 4. Aufl., Baden-Baden 2017; zit.: *Bearbeiter*, in: Mayer-Ladewig/Nettesheim/von Raumer [Hrsg.]

Merten, Detlef /Papier, Hans-Jürgen [Hrsg.], Handbuch der Grundrechte in Deutschland und Europa, Band. III, Grundrechte in Deutschland: Allgemeine Lehren II; Heidelberg 2009; zit.: *Bearbeiter*, in: Merten/Papier [Hrsg.]

Meyer, Jürgen [Hrsg.], Charta der Grundrechte der Europäischen Union, 4. Aufl., Baden-Baden 2014; zit. *Bearbeiter*, in: Meyer [Hrsg.] GRCh

Meyer, Jürgen/Hetzer, Wolfgang, Neue Gesetze gegen die Organisierte Kriminalität – Geldwäschebekämpfung, Gewinnabschöpfung und Einsatz technischer Mittel zur akustischen Überwachung von Wohnung für Beweiszwecke im Bereich der Strafverfolgung, in: Neue Juristische Woche (NJW)1998, S. 1017–1029

Meyer, K., Anmerkung zu BGH, Urteil v. 06.07.1983 – 2 StR 222/83 (BGHSt. 32, 44), in: Juristische Rundschau (JR) 1984, S. 173–174

Meyer-Goßner, Lutz, Die Behandlung kriminalpolizeilicher Spurenakten im Strafverfahren, in: Neue Zeitschrift für Strafrecht (NStZ) 1982, S. 353–362

Meyer-Goßner, Lutz /Schmitt, Betram [Hrsg.], Strafprozessordnung; Gerichtsverfassungsgesetz, Nebengesetze und ergänzende Bestimmungen; 60. Aufl., München 2017; zit.: *Bearbeiter*, in: Meyer-Goßner/Schmitt [Hrsg.]

Meyer-Wieck, Hannes, Der große Lauschangriff – Anmerkung aus empirischer Sicht. Ein Votum für die Berücksichtigung rechtstatsächlicher Erkenntnisse, in: Neue Juristische Woche (NJW) 2005, S. 2037–2039

Michael, Lothar/Morlok, Martin, Grundrechte, 6. Aufl., Baden-Baden 2017

Michéle, Benjamin, Smart TV Security – Media Playback and Digital Video Broadcast, Berlin 2015

Michéle, Benjamin /Karpow, Andrew, Watch and be Watched – Compromising All Smart TV Generations, in: Consumer Communications and Networking Conference (CCNC) 2014, S. 351–356

Miller, Michael, The Internet of Things – How Smart TVs, Smart Cars, Smart Homes and Smart Cities are changing the world; Indianapolis, USA, 2015

Mitsch, Wolfgang, Strafprozessuale unantastbare „Kommunikation mit sich selbst“, in: Neue Juristische Woche (NJW) 2012, S. 1486–1488

Möllers, Frederik /Vogelsang, Stephanie, Smart-Home-Systeme in Zeiten digitaler Kriminalität, in: Datenschutz und Datensicherheit (DuD) 2016, S. 497–502

Mosbacher, Andreas, Aktuelles Strafprozessrecht, in: Juristische Schulung (JuS) 2012, S. 705–710

Möstl, Markus, Polizeiliche Maßnahmen im Dickicht der Freiheit der Telekommunikation und des grundrechtlichen Schutzes der Wohnung, in: Polizei unter dem Grundgesetz, Hrsg.: Kugelmann, Dieter, Baden-Baden 2010; S. 27–54; zit.: *Möstl*, in: Kugelmann [Hrsg.]

Mosyagin, Jegor Using 4G wireless technology in the car, in: 12th International Conference on Transparent Optical Networks 2010; Hrsg.: IEEE, S. 1–4

Müller, Rudolf, Neue Ermittlungsmethoden und das Verbot des Zwanges zur Selbstbelastung, in: Europäische Grundrechte Zeitschrift (EuGRZ) 2001, S. 546–559

Münchener Kommentar Strafprozessordnung, Band 1, §§ 1–150, Hrsg.: Kudlich, Hans, 1. Aufl. München 2014

Niehörster, Frank, Brandenburgisches Polizeigesetz, 2. Aufl. Stuttgart u.a. 2003

Niklas, Susanne, Akzeptant und Nutzung mobiler Applikationen, Wiesbaden 2015

Noltenius, Bettina, Strafverfahrensrecht als Seismograph der Europäischen Integration, Verfassung, Strafverfahrensrecht und der Vertrag von Lissabon, in: Zeitschrift für die gesamte Strafrechtswissenschaft (ZStW), 122 (2010), S. 604–626

Nowrousian, Bijan, Heimliches Vorgehen und aktive Täuschung im Ermittlungsverfahren. Ermittlungsarbeit zwischen Beschuldigtenrechte und dem Gebot der effektiven Strafverfolgung, diskutiert am Beispiel legendierter Kontrollen; Frankfurt/Main 2015

Ohler, Christoph, Grundrechtliche Bindung der Mitgliedstaaten nach Art. 52 GRCh, in: Neue Zeitschrift für Verwaltungsrecht (NVwZ) 2013, S. 1433–1438

Oppermann, Thomas /Classen, Dieter /Nettesheim, Martin, Europarecht, 7. Aufl., München 2016

Orwell, George, 1984, 40. Aufl., Berlin 2017 (Erscheinungsdatum: 01.06.1949)

Payandeh, Mehrdad, Der Schutz der Meinungsfreiheit nach der EMRK, in: Juristische Schulung (JuS) 2016, S. 690–695

Pohl, Hartmut, Zur Technik der heimlichen Online-Durchsuchung, in: Datenschutz und Datensicherheit (DuD) 2007, S. 684–688

Prepeluh, Urska, Die Entwicklung der Margin of Appreciation-Doktrin im Hinblick auf die Pressefreiheit, in: Zeitschrift für ausländisches öffentliches Recht und Völkerrecht (ZaöRV) 2001, Volume 61, S. 771–832

Putzke, Holm/Scheinfeld, Jörg, Strafprozessrecht, 7. Aufl., München 2017

Reibach, Boris, Smart Car – Smart Privacy Law? Regionale Datenschutzregulierung des vernetzten Kfz in EU und USA, in: Smart World – Smart Law?, weltweite Netze mit regionaler Regulierung; Hrsg.: Träger, Jürgen; Edewecht 2016, S. 13–27; zit.: *Reibach*, in: Träger [Hrsg.]

Roggan, Fredrik, Präventive Online-Durchsuchungen – Überlegungen zu den Möglichkeiten einer Legalisierung im Polizei- und Geheimdienstrecht, in: Online-Durchsuchungen – rechtliche und tatsächliche Konsequenzen des BVerfG Urteils vom 27. Februar 2008; Hrsg.: Roggan, Fredrik, Berlin 2008; S. 97–128

Roos, Philipp /Schumacher, Philipp, Botnetze als Herausforderung für Recht und Gesellschaft. Zombies außer Kontrolle, in: Multimedia und Recht (MMR) 2014, S. 377–383

Rosenau, Henning, Zur Europäisierung im Strafrecht. Vom Schutz finanzieller Interessen der EG zu einem gemeineuropäischen Strafgesetzbuch?, in: Zeitschrift für Internationale Strafrechtsgeschichte (ZIS) 2008, S. 9–19

Roßnagel, Alexander, Online-Durchsuchung. Verfassungspolitische und verfassungsrechtliche Fragen der Online-Durchsuchung, in: Deutsche Richterzeitung (DRiZ) 2007, S. 229–230

Roßnagel, Alexander [Hrsg.], Beck'scher Kommentar zum Recht der Telemediendienste, 1. Aufl. München 2013; zit.: *Bearbeiter*, in: Roßnagel [Hrsg.]

Rothenbücher, Karl, Das Recht der freien Meinungsäußerung, in: Veröffentlichungen der Vereinigung der Deutschen Staatsrechtslehrer (VVDStRL), Band 4, 1928, S. 6–43

Roxin, Claus /Schünemann, Bernd, Strafverfahrensrecht, 29. Aufl., München 2017

Rühle, Dietrich G., Polizei- und Ordnungsrecht für Rheinland-Pfalz, 6. Aufl., Baden-Baden 2017

Rux, Johannes, Ausforschung privater Rechner durch die Polizei- und Sicherheitsbehörden. Rechtsfragen der Online-Durchsuchung, in: Juristenzeitung (JZ) 2007, S. 285–295

Sachs, Michael, Grundgesetz, 8. Aufl. München 2018; *Bearbeiter*, in: Sachs [Hrsg.]

Sachs, Michael, Grundrechte: Fernmeldegeheimnis und Unverletzlichkeit der Wohnung, in: Juristische Schulung (JuS) 2012, S. 374–376

Sankol, Barry, Überwachung von Internet-Telefonie – Ein Schatten im Licht des §§ 100a ff. StPO, in: Computer und Recht (CR) 2008, S. 13–18

Satzger, Helmut/Schluckebier, Wilhelm/Widmaier, Gunter [Hrsg.], Strafprozessordnung – Kommentar, 3. Aufl., Köln 2018; zit.: *Bearbeiter*, in: SSW-StPO

Sauter, Martin, Grundkurs Mobile Kommunikationssysteme. LTE-Advanced, UMTS, HSPA, GSM, GPRS, Wireless LAN und Bluetooth, 6. Aufl., Wiesbaden 2015

Schaar, Peter, Überwachung total – Wie wir in Zukunft unsere Daten schützen, Berlin 2014

Schaar, Peter/Landwehr, Sebastian, Anmerkung zum Beschluss des BGH vom 31.01.2007 – StGB 18/06 – zur verdeckten Online-Durchsuchung, K&R 2007, 158 ff., in: Kommunikation und Recht (K&R) 2007, S. 202–205

Schäfer, Günter, Sabotageangriffe auf Kommunikationsinfrastrukturen: Angriffstechniken und Abwehrmaßnahmen, in: Praxis der Informationsverarbeitung und Kommunikation (PIK) 2005, S. 130–139

Schäfer, Günter/Roßberg, Michael, Netzsicherheit. Grundlagen & Protokolle; mobile & drahtlose Kommunikation; Schutz von Kommunikationsinfrastrukturen, 2. Aufl., Heidelberg 2014

Schantz, Peter, Verfassungsrechtliche Probleme von „Online-Durchsuchungen", in: Kritische Vierteljahresschrift für Gesetzgebung und Rechtswissenschaft (KritV) 2007, S. 310–330

Schäuble, Wolfgang, Aktuelle Sicherheitspolitik im Lichte des Verfassungsrechts, in: Zeitschrift für Rechtspolitik (ZRP) 2007, S: 210–213

Schenke, Wolf-Rüdiger, Polizei- und Ordnungsrecht, 9. Aufl., Heidelberg 2016

Schenke, Wolf-Rüdiger /Graulich, Kurt/Ruthig, Josef, Sicherheitsrecht des Bundes. BPolG; BKAG; ATDG; BVerfSchG; VereinsG; München 2012

Scherff, Jürgen, Grundkurs Computernetzwerke – Eine Kompakte Einführung in Netzwerk- und Internet-Technologien, 2. Aufl., Wiesbaden 2010

Schiller, Jochen, Mobilkommunikation, 2. Aufl. München 2003

Schmidbauer, Wilhelm/Steiner, Udo [Hrsg.], Bayerisches Polizeiaufgabengesetz und Polizeiorganisationsgesetz, 4. Aufl., München 2014; zit.: *Bearbeiter*, in: Schmidbauer/Steiner [Hrsg.]

Schmidt, Rolf, Bremisches Polizeigesetz, 1. Aufl. Grasberg bei Bremen 2006

Schmitt Glaeser, Walter, Das Grundrecht auf Informationsfreiheit, in: Jura 1987, S. 567–574

Schoch, Friedrich, Die Unverletzlichkeit der Wohnung nach Art. 13 GG, in: Jura 2010, S. 22–31

Schreiner, Rüdiger, Computernetzwerke – Von den Grundlagen zur Funktion und Anwendung, 5. Aufl., München 2014

Schulze-Fielitz, Helmuth, Das Lüth-Urteil – nach 50 Jahren, in: Jura 2008, S. 52–57

Schütz, Hans-Joachim /Classen, Claus Dieter, Landesrecht Mecklenburg-Vorpommern, 3. Aufl., Baden-Baden 2014

Schwabenbauer, Thomas, Heimliche Grundrechtseingriffe, Tübingen 2013

Schweitzer, Rainer J., Die Rechtsprechung des Europäischen Gerichtshofes für Menschenrechte zum Persönlichkeits- und Datenschutz, in: Datenschutz und Datensicherheit (DuD) 2009, S. 462–468

Siegel, Thorsten /Waldhoff, Christian, Öffentliches Recht in Berlin, 2. Aufl., München 2017

Sievers, Malte, Der Schutz der Kommunikation im Internet durch Art. 10 des Grundgesetzes, Baden-Baden 2003

Singelnstein, Tobias, Bildaufnahmen, Orten, Abhören – Entwicklungen und Streitfragen beim Einsatz technischer Mittel zur Strafverfolgung, in: Neue Zeitschrift für Strafrecht (NStZ) 2014, S. 305–311

Singelnstein, Tobias, Möglichkeiten und Grenzen neuer strafprozessualer Ermittlungsmaßnahmen – Telekommunikation, Web 2.0, Datenbeschlagnahme, polizeiliche Datenverarbeitung & Co, in: Neue Zeitschrift für Strafrecht (NStZ) 2012, S. 593–606

Singelnstein, Tobias /Putzer, Max, Rechtliche Grenzen strafprozessualer Ermittlungsmaßnahmen – Aktuelle Bestandsaufnahme und neue Herausforderungen, in: Goltdammers Archiv für Strafrecht (GA) 2015, S. 564–578

Singelnstein, Tobias /Derin, Benjamin, Das Gesetz zur effektiveren und praxistauglicheren Ausgestaltung des Strafverfahrens, in: Neue Juristische Woche (NJW) 2017, S. 2646–2652

Smend, Rudolf, Das Recht der freien Meinungsäußerung, in: Veröffentlichungen der Vereinigung der Deutschen Staatsrechtslehrer (VVDStRL), Band 4, 1928, S. 44–74

Smith, Craig, The Car Hacker's Handbook. A Guide for the Penetration Tester, San Francisco, USA, 2016

Späthe, Michael, Der Ausbau der informatorischen Polizeibefugnisse in Brandenburg – Eine verfassungsrechtliche Untersuchung der erweiterten Polizeibefugnisse zur Gefahren- und Informationsvorsorge, Frankfurt 2014

Spindler, Gerald /Schuster, Fabian, Recht der elektronischen Medien; 3. Aufl., München 2015; zit.: *Bearbeiter*, in: Spindler/Schuster [Hrsg.]

Sporn, Stefan, Das Grundrecht der Meinungs- und Informationsfreiheit in einer Europäischen Grundrechtscharta, in: Zeitschrift für Urheber- und Medienrecht (ZUM) 2000, S. 537–544

Sprenger, Florian /Engemann, Christoph, Im Netz der Dinge, in: Internet der Dinge. Über smarte Objekte, intelligente Umgebungen und die technische Durchdringung der Welt; Hrsg.: Sprenger, Florian; Engemann, Christoph; Bielefeld 2015; S. 7–58; zit.: *Sprenger/Engemann*, in: dies. [Hrsg.], Internet der Dinge

Stallings, William, Betriebssysteme – Prinzipien und Umsetzung, 4. Aufl., München 2003

Stallings, William, Network Security Essentials – Applications and Standards, 6. Aufl., Bosten u.a. USA 2017

Steinmetz, Ralf /Mühlhäuser, Max /Welzl, Michael, Rechnernetze, in: Informatik Handbuch; Hrsg.: Rechenberg, Peter; Pomberger, Gustav; 4. Aufl., München 2006; S. 429–452

Stern, Klaus /Becker, Florian [Hrsg.], Grundrechtekommentar; Die Grundrechte des Grundgesetzes mit ihren europäischen Bezügen, 2. Aufl., Köln u.a. 2016

*Stern, Klaus /Sachs, Michael [*Hrsg.], GRCh; Europäische Grundrechte-Charta, 1. Aufl., München 2016; zit.: *Bearbeiter*, in: Stern/Sachs [Hrsg.] GRCh

Stingl, Franz, „Smart Cars und der Datenschutz". Datenschleuder oder sinnvolle Datenverwendung?, in: Jahnel, Dietmar [Hrsg.], Jahrbuch 16 Datenschutzrecht, Wien, Graz 2016

Stotz, Rüdiger, Die Beachtung der Grundrechte bei der Durchführung des Unionsrechts in den Mitgliedstaaten – Von Stauder über Wachauf zu Akerberg Fransson, in: Festschrift für Manfred A. Dauses zum 70. Geburtstag; Heid, Daniela A.; Stotz, Rüdiger; Verny, Arsène [Hrsg.], München 2014, S. 409–428

Streinz, Rudolf, EUV/AEUV; Vertrag über die Europäische Union und Vertrag über die Arbeitsweise der Europäischen Union, 2. Aufl., München 2012

Süptitz, Thomas /Utz, Christine /Eymann, Torsten, State-of-the-Art: Ermittlungen in der Cloud. Sicherstellung und Beschlagnahme von Dateien bei Cloud Storage-Betreibern, in: Datenschutz und Datensicherheit (DuD) 2013, S. 307–312

Systematischer Kommentar zur Strafprozessordnung, Mit GVG und EMRK, Bd. II §§ 94 – 136a StPO; Hrsg.: Wolter, Jürgen 5. Aufl. Köln 2016; zit.: *Bearbeiter*, in: SK-StPO

Tanenbaum, Andrew S., Computernetzwerke, 4. Aufl. München 2011

Tanenbaum, Andrew S. /Bos, Herbert, Moderne Betriebssysteme, 4. Aufl., Bosten u.a. 2016

Tegtmeyer, Henning /Vahle, Jürgen, Polizeigesetz Nordrhein-Westfalen – PolG NRW –; 11. Aufl., Stuttgart u.a. 2014 zit.: *Bearbeiter*, in: Tegtmeyer/Vahle [Hrsg.]

Uerpmann-Wittzack, Robert, Der Schutz informationstechnischer Systeme nach der Europäischen Menschenrechtskonvention, in: Das neue Computergrundrecht; Hrsg.: Uerpmann-Wittzack, Robert, Berlin 2009, S. 99–109

v. Mangold, Hermann /Klein, Friedrich /Starck, Christian [Hrsg.], Kommentar zum Grundgesetz; Band 1, Präambel, Art. 1–19, 6. Aufl., München 2010; zit.: *Bearbeiter*, in: v. Mangold/Klein/Starck [Hrsg.]

Valerius, Brian, Ermittlungsmaßnahmen im Internet. Rückblick, Bestandsaufnahme, Ausblick, in: Juristische Rundschau (JR) 2007, S. 275–280

Vassilaki, Irini E., Die Überwachung des Fernmeldeverkehrs nach der Neufassung der §§ 100a, 100b StPO. Erweiterung von staatlichen Grundrechtseingriffen?, in: Juristische Rundschau (JR) 2000, S. 446–451

Vedder, Christoph /Heintschel von Heinegg, Wolff [Hrsg.], Europäisches Unionsrecht; EUV/AEUV/Grundrechte-Charta, Baden-Baden 2012; zit.: Bearbeiter, in: Vedder/Heintschel von Heinegg [Hrsg.]

Vogel, Benedikt, Datenschutzrechtliche Fragen um Smart TV-Dienste, in: Smart World – Smart Law? Weltweite Netze mit regionaler Regulierung; Hrsg.: Träger, Jürgen, Edewecht 2016; S. 417–433; zit.: *Vogel*, in: Träger [Hrsg.]

Vogel, Joachim, Juristische Methodik, Berlin 1998

Vogelgesang, Stephanie /Möllers, Frederik/Potel, Karin /Hessel, Stefan, Auf der Jagd nach Schwachstellen – Eine strafrechtliche Bewertung von Portscans, in: Datenschutz und Datensicherheit (DuD) 2017, S. 501–506

von der Groeben, Hans/Schwarze, Jürgen/Hatje, Armin [Hrsg.], Europäisches Unionsrecht; Vertrag über die Europäische Union, Vertrag über die Arbeitsweise der Europäischen Union, Charta der Grundrechte der Europäischen Union, 7. Aufl., Baden-Baden 2015; zit.: *Bearbeiter*, in: von der Groeben/Schwarze/Hatje [Hrsg.]

von Elm, Kirstin, Schutz für mobile Daten, in: rt-retail technology, Heft 1, 2013, S. 82–83

Voßkuhle, Andreas, Behördliche Betretungs- und Nachschaurechte – Versuch einer dogmatischen Klärung, in: Deutsches Verwaltungsblatt (DVBl.)1994, S. 611–620

Walder, Hans /Hansjakob, Thomas, Kriminalistisches Denken, 10. Aufl. Heidelberg 2016

Warg, Günther, Anmerkung zum Kernbereich privater Lebensgestaltung – zugleich Besprechung von BGH Urteil vom 22.12.2011 (2 StR 509/10), NStZ 2012, 577 -, in: Neue Zeitschrift für Strafrecht (NStZ) 2012, S. 237–242

Warken, Claudia, Elektronische Beweismittel im Strafprozessrecht – eine Momentaufnahme über den deutschen Tellerrand hinaus, Teil 2, in: Neue Zeitschrift für Wirtschafts-, Steuer- und Unternehmensstrafrecht (NZWiSt) 2017, S. 329–338

Wegner, Kilian, Die „Fransson"-Entscheidung des EuGH – Eine Erschütterung im System der europäischen Grundrechte? Anmerkung zum Urteil des

Europäischen Gerichtshofs vom 26. Februar 2013 (EuGH C-617/10 - Fransson) = HRRS 2013 Nr. 335, in: Höchstrichterliche Rechtsprechung zum Strafrecht (HRRS) 2013, S. 126–130

Weil, Stephan, Verdeckte Ermittlungen im Strafverfahren und die Unverletzlichkeit der Wohnung, in: Zeitschrift für Rechtspolitik (ZRP) 1992, S. 243–247

Weiß, André, Online-Durchsuchungen im Strafverfahren, Hamburg 2009

Wesemann, Horst, Heimliche Ermittlungsmethoden und Interventionsmöglichkeiten der Verteidigung, in: Strafverteidiger (StV) 1997, S. 597–605

Weßlau, Edda, Verwertung von Raumgesprächen bei Telefonüberwachung; Anmerkung zu BGH, Urteil v. 14.03.2003 - 2 StR 341/02, in: Strafverteidiger (StV) 2003, S. 483–484

Wolf, Heinz/Stephan, Ulrich /Deger, Johannes, Polizeigesetz für Baden-Württemberg, 6. Aufl., Stuttgart u.a. 2009; zit. *Bearbeiter*, in: Wolf/Stephan/Deger

Wolter, Jürgen, Potenzial für eine Totalüberwachung im Strafprozess- und Polizeirecht, in: Festschrift für Hans-Joachim Rudolphi zum 70. Geburtstag; Hrsg.: Rogall, Klaus/Puppe, Ingeborg/Stein, Ulrich/Wolter, Jürgen; München 2004, S. 733–748

Woo, Samuel/Jin Jo, Hyo /Lee, Dong Hoon, A Practical Wireless Attack on the Connected Car and Security Protocol for In-Vehicle CAN, in: IEEE Transactions on Intelligent Transportation Systems, Volume 16, Issue 2, April 2015, S. 993–1006

Ziebarth, Wolfgang, Online-Durchsuchung, Hamburg 2013

Ziercke, Jörg, Pro Online-Durchsuchung, in: Informatik-Spektrum 2008, Volume 31, Issue 1, S. 62–64

Zimmer, Heiko, Zugriff auf Internetzugangsdaten. Unter besonderer Berücksichtigung der Verhältnismäßigkeit einer verdachtsabhängigen Vorratsdatenspeicherung; eine Interessenabwägung zwischen Datenschutz, Strafverfolgung und Urheberrecht im Internet, Frankfurt am Main 2012

Zimmermann, Till, Der strafprozessuale Zugriff auf E-Mails, in: Juristische Arbeitsblätter (JA) 2014, S. 321–327

Zöller, Mark A., Heimliche und verdeckte Ermittlungsmaßnahmen im Strafverfahren, in: Zeitschrift für die gesamte Strafrechtswissenschaft (ZStW) 2012, S. 411–439

INTERNATIONALES UND EUROPÄISCHES STRAFVERFAHRENSRECHT

Herausgegeben von Hans-Heiner Kühne und Robert Esser

Band 1 Sibyl Stein: Zum europäischen *ne bis in idem* nach Artikel 54 des Schengener Durchführungsübereinkommens. Zugleich ein Beitrag zur rechtsvergleichenden Auslegung zwischenstaatlich geltender Vorschriften. 2004.

Band 2 Friederike Charlotte Grube: Richter ohne Robe. Laienrichter in Strafsachen im deutschen und anglo-amerikanischen Rechtskreis. Eine rechtsgeschichtliche und rechtsvergleichende Untersuchung unter besonderer Berücksichtigung verfassungsrechtlicher Aspekte. 2005.

Band 3 Christiane Paul: Das Abwesenheitsverfahren als rechtsstaatliches Problem. Rechtsvergleichende Untersuchung deutscher, englischer, französischer, niederländischer und österreichischer Regelungen angesichts der Rechtsprechung des Europäischen Gerichtshofs für Menschenrechte. 2007.

Band 4 Kai Peter Hecheltjen: Der Richtervorbehalt im kartellrechtlichen Nachprüfungsverfahren der Europäischen Kommission. 2007.

Band 5 Martina Werwie-Haas: Die Umsetzung der strafrechtlichen Entscheidungen des Europäischen Gerichtshofs für Menschenrechte in Deutschland, Österreich, der Schweiz und im Vereinigten Königreich. 2008.

Band 6 Vera Warnking: Strafprozessuale Beweisverbote in der Rechtsprechung des Europäischen Gerichtshofs für Menschenrechte und ihre Auswirkungen auf das deutsche Recht. 2009.

Band 7 Christian Mülfarth: Grundlagen und Grenzen von Beweiserhebung und Beweisverwertung im spanischen Strafverfahren. Eine rechtsvergleichende Untersuchung. 2009.

Band 8 Daniel Joachim Hußung: Der Tatbegriff im Artikel 54 des Schengener Durchführungsübereinkommens. 2011.

Band 9 Johannes Stalberg: Zum Anwendungsbereich des Art. 50 der Charta der Grundrechte der Europäischen Union (ne bis in idem). 2013.

Band 10 Oded Friedmann: The Possibility of the ICJ and the ICC Taking Action in the Wake of Israel's Operation "Cast Lead" in the Gaza Strip. A Jurisdiction and Admissibility Analysis. 2013.

Band 11 Andreas Neuendorf: Bedeutung und Rezeption des Art. 6 Abs. 1 EMRK im deutschen und englischen Steuerrecht. 2013.

Band 12 Sandra Maria Beckert: Sachverständigengutachten im Strafverfahren zur Glaubwürdigkeit und zur Schuldfähigkeit im Falle der Untersuchungsverweigerung des zu Begutachtenden. 2014.

Band 13 Jennifer Pöschl: Recht des Angeklagten auf Vertretung. Menschenrechtliche Standards und ihre Auswirkungen auf den deutschen Strafprozess. 2015.

Band 14 Elmar Widder: A Fair Trial at the International Criminal Court? Human Rights Standards and Legitimacy. Procedural Fairness in the Context of Disclosure of Evidence and the Right to Have Witnesses Examined. 2016.

Band 15 Lena Donaubauer: Der polizeiliche Einsatz von Bodycams. Eine Untersuchung aus kriminologischer, verfassungsrechtlicher und menschenrechtlicher Perspektive. 2017.

Band 16 Tim Schlun: Die Strafverfolgung von polizeilicher Gewalt – eine empirische Analyse. 2018.

Band 17 Birthe Wiese: Akustische Überwachung mittels informationstechnischer Systeme zur Strafverfolgung und Gefahrenabwehr. Eine Betrachtung aus technischer und rechtlicher Sicht. 2019.

www.peterlang.com

www.ingramcontent.com/pod-product-compliance
Ingram Content Group UK Ltd.
Pitfield, Milton Keynes, MK11 3LW, UK
UKHW021827290926
8980IPUK00004B/308

9 783631 781333